华东政法大学
课程和教材建设委员会

主　任　叶　青
副主任　曹文泽　顾功耘　唐　波　林燕萍　王月明
委　员　王　戎　孙万怀　孙黎明　金可可　吴　弘
　　　　刘宁元　杨正鸣　屈文生　张明军　范玉吉
　　　　何　敏　易益典　何益忠　金其荣　洪冬英
　　　　丁绍宽　贺小勇　常永平　高　汉
秘书长　王月明（兼）
秘　书　张　毅

Foreign Labor Law

外国劳动法学

田思路／主编

北京大学出版社
PEKING UNIVERSITY PRESS

图书在版编目(CIP)数据

外国劳动法学/田思路主编. —北京:北京大学出版社,2019.6
高等学校法学系列教材
ISBN 978-7-301-30475-4

Ⅰ.①外… Ⅱ.①田… Ⅲ.①劳动法—法学—国外—高等学校—教材 Ⅳ.①D912.5

中国版本图书馆 CIP 数据核字(2019)第 084400 号

书　　　名	外国劳动法学 WAIGUO LAODONG FAXUE
著作责任者	田思路　主编
责 任 编 辑	孙维玲
标 准 书 号	ISBN 978-7-301-30475-4
出 版 发 行	北京大学出版社
地　　　址	北京市海淀区成府路 205 号　100871
网　　　址	http://www.pup.cn　新浪微博 @北京大学出版社
电 子 信 箱	sdyy_2005@126.com
电　　　话	邮购部 010-62752015　发行部 010-62750672　编辑部 021-62071998
印 刷 者	河北滦县鑫华书刊印刷厂
经 销 者	新华书店
	730 毫米×980 毫米　16 开本　36.25 印张　611 千字 2019 年 6 月第 1 版　2019 年 6 月第 1 次印刷
定　　　价	88.00 元

未经许可,不得以任何方式复制或抄袭本书之部分或全部内容。
版权所有,侵权必究
举报电话:010-62752024　电子信箱:fd@pup.pku.edu.cn
图书如有印装质量问题,请与出版部联系,电话:010-62756370

前　言

中国劳动法的发展离不开对外国劳动法的学习与借鉴。为此,我们不揣浅陋,编写本书,希望能为国内相关教学和研究提供有益的帮助。

学习和研究外国劳动法的意义主要在于,一是为我国劳动立法提供学理借鉴;二是为我国劳动法解释提供技术工具;三是为我国实现统一的国际劳动规则提供比较基准;四是为我国企业了解国际贸易投资相关国家的劳动法律政策提供参考依据。鉴于我国实行市场经济时间较短,劳动力市场发育尚不成熟,劳动法理论研究和实践总结还不够深入系统,因此对外国劳动法的研究和借鉴显得更为重要和紧迫。

劳动法是工业社会的产物,其产生和发展具有一定的普遍基础。同时,各国社会经济的发展具有特殊性,其法律传统和工人运动的社会背景各有不同,因此各国劳动法又具有明显的本土特色。在寻求各国劳动法理论和制度的共通性的同时,比较其差异以及产生这些差异的历史和现实根据,是十分必要的。这也提示我们,在学习、借鉴外国劳动法时不能盲目照搬,要结合我国社会背景以及劳动关系的实际加以考察和运用。此外,通过国际比较的视角,不仅可以明晰我国劳动法的特色和不足,也对构建超越国家的更为普遍的劳动法体系提出了值得思考的时代课题。随着国际经济一体化的发展,以国际劳动组织为代表的国际机构在尊重成员国劳动法理论和制度差异基础上形成的共同规则,成为国际劳动法的主要内容,越来越受到各国的高度重视,为成员国所遵循和借鉴。

本书由法国、德国、日本、英国、美国五个经济发达国家的劳动法和国际劳动法构成,一般来说,前者被称为"外国劳动法",后者被称为"国际劳动法"。为简明起见,本书以"外国劳动法学"为书名。本书在保证体系相对完整的前提下,主要以个别劳动法、集体劳动法和劳动争议处理法为基本内容(美国部分增加了反歧视法),对以上各国劳动法和国际劳动法的产生、发展和基本特征进行介绍和分析,对其重要原则、制度以及最新的理论和判例发展进行集中阐述,力图通过这样的结构和内容安排对外国劳动法的精华加以提炼和呈现。同时,我们还对国内读者关注的有关问题进行了较为深入的拓展研究。为了方便读者加深理解和展开阅读,本书还标注了大量注释,并在每一部分之后附上了相应的扩展阅读文献。

本书编写者由具有海外留学背景并在比较劳动法研究领域颇有建树的学者组成,具体写作分工如下:

导论:田思路(日本神户学院大学法学博士,华东政法大学经济法学院教授、博士生导师,日本大阪大学高等司法研究科访问学者,中国社会法学研究会副会长)。

第一编:韩壮(法国普瓦捷大学法学博士,法国国家科研中心国际法研究所研究员,华东政法大学客座教授)。

第二编:沈建峰(法学博士,中央财经大学法学院教授,德国波恩大学访问学者,曾获德国洪堡基金会"联邦德国总理奖学金")。

第三编:田思路。

第四编:闫冬(英国华威大学法学博士,北京外国语大学法学院副教授、副院长、英美法研究中心执行主任)。

第五编:柯振兴(美国印第安纳大学毛威尔法学院法学博士,南开大学法学院讲师)。

第六编:吴锦宇(意大利摩德纳-雷焦·艾米利亚大学博士,浙江工商大学讲师,曾任意大利马克·比亚吉基金会(欧洲智库)研究员、国际比较劳动法与产业关系学会学术编辑,曾参加国际劳动组织日内瓦总部项目培训)。

全书由田思路统稿、改定。由于各国资料繁杂,各人写作风格不一,本书在统稿时没有像有些比较法的教材或专著那样追求全面一致,而是在基本结构相对统一的前提下,力求开放包容,展现各位作者的学术个性和多元风格。

希望本书能给读者提供专业和系统的外国劳动法知识。

谨以此书献给中国改革开放四十周年!

田思路

2018 年 12 月

目 录

导 论 ·· (1)

第一编　法国劳动法

第一章　总论 ·· (21)
　　第一节　历史回顾 ·· (21)
　　第二节　劳动法适用主体 ··· (25)

第二章　个别劳动法 ·· (33)
　　第一节　劳动关系的成立和内容 ·································· (35)
　　第二节　劳动报酬 ·· (44)
　　第三节　劳动关系的变更 ··· (61)
　　第四节　劳动关系的解除 ··· (64)
　　第五节　雇主的法律责任 ··· (79)

第三章　集体劳动法 ·· (82)
　　第一节　职工代表制度 ·· (82)
　　第二节　集体谈判 ·· (87)
　　第三节　集体行动 ·· (90)

第四章　劳动争议处理法 ·· (95)
　　第一节　法国的法院设置 ··· (95)

第二节　法国的劳动行政机构 ·· (96)
　　第三节　个别劳动争议的解决 ·· (97)
　　第四节　集体劳动争议的解决 ·· (98)

结　语 ·· (102)

扩展阅读文献 ·· (104)

第二编　德国劳动法

第一章　德国劳动法的定位、调整对象、调整方法 ······················ (105)
　　第一节　德国劳动法的历史发展与定位 ····································· (105)
　　第二节　劳动关系及其界定 ·· (110)
　　第三节　调整劳动关系的多元机制 ··· (117)

第二章　个别劳动法 ·· (124)
　　第一节　劳动关系的建立 ··· (124)
　　第二节　劳动关系的内容 ··· (129)
　　第三节　劳动关系的给付障碍 ··· (136)
　　第四节　劳动关系的终止 ··· (141)
　　第五节　特殊劳动关系 ·· (153)
　　第六节　劳动保护法 ··· (160)

第三章　集体劳动法 ·· (169)
　　第一节　劳动结社自由及其协会 ·· (169)
　　第二节　团体协议法 ··· (174)
　　第三节　劳动斗争与调解法 ·· (181)
　　第四节　工厂层面的劳动者参与决定制度 ·································· (187)
　　第五节　企业层面的劳动者参与决定制度 ·································· (200)

第四章　劳动争议处理法 ·· (204)
　　第一节　德国劳动争议处理法的框架 ·· (204)

第二节　劳动法院程序 ……………………………………………… (206)

结　语 ………………………………………………………………………… (213)

扩展阅读文献 ………………………………………………………………… (217)

第三编　日本劳动法

第一章　概论 ………………………………………………………………… (219)
　　第一节　劳动法的产生 ……………………………………………… (219)
　　第二节　劳动法的适用主体 ………………………………………… (220)
　　第三节　劳动法的法律规范与自主规范 …………………………… (223)

第二章　个别劳动法 ………………………………………………………… (227)
　　第一节　雇佣平等 …………………………………………………… (227)
　　第二节　劳动者的人权 ……………………………………………… (230)
　　第三节　劳动关系的成立 …………………………………………… (233)
　　第四节　工资 ………………………………………………………… (238)
　　第五节　劳动时间 …………………………………………………… (243)
　　第六节　休息与休假 ………………………………………………… (246)
　　第七节　非正规劳动者的劳动合同 ………………………………… (254)
　　第八节　惩戒 ………………………………………………………… (259)
　　第九节　人事变动 …………………………………………………… (261)
　　第十节　劳动条件的变更 …………………………………………… (266)
　　第十一节　劳动合同的终止 ………………………………………… (269)

第三章　集体劳动法 ………………………………………………………… (278)
　　第一节　团结权 ……………………………………………………… (278)
　　第二节　团体交涉权 ………………………………………………… (280)
　　第三节　团体行动权 ………………………………………………… (285)
　　第四节　不当劳动行为救济制度 …………………………………… (290)

第四章 劳动争议处理法……(294)
　　第一节 劳动争议的概念与分类……(294)
　　第二节 行政途径解决劳动争议……(295)
　　第三节 司法途径解决劳动争议……(305)

结　语……(308)

扩展阅读文献……(311)

第四编　英国劳动法

前　言……(312)

第一章 英国劳动法的产生与发展……(313)
　　第一节 普通法对集体谈判态度的转化……(313)
　　第二节 集体劳动法与个别劳动法的互动……(315)
　　第三节 国家对劳动力市场的干预与管理……(316)

第二章 个别劳动法……(319)
　　第一节 个别劳动法的历史……(320)
　　第二节 劳动合同……(321)
　　第三节 信息保护……(323)
　　第四节 工资……(324)
　　第五节 工时与休假……(327)
　　第六节 劳动健康与安全……(331)
　　第七节 解雇保护……(334)
　　第八节 转让安置与经济性裁员……(337)
　　第九节 消除就业歧视……(339)
　　第十节 特殊劳动关系的调整……(343)

第三章 集体劳动法……(345)
　　第一节 历史……(345)

第二节 结社……(348)
　　第三节 产业行动豁免……(352)
　　第四节 集体争议解决……(355)

第四章 劳动争议解决机构……(358)
　　第一节 劳动咨询调解仲裁局……(359)
　　第二节 劳动法庭……(362)

结　语……(369)

扩展阅读文献……(373)

第五编　美国劳动法

第一章　导言……(374)
　　第一节　与美国劳动法有关的政治和司法制度……(374)
　　第二节　美国劳动法的体系……(377)
　　第三节　劳动者的基本概念……(378)
　　第四节　雇主的认定……(385)

第二章　个别劳动法……(388)
　　第一节　劳动关系的建立……(388)
　　第二节　个别劳动法的基本内容……(392)
　　第三节　劳动合同的变更和解除……(405)

第三章　集体劳动法……(411)
　　第一节　美国工会的特征……(411)
　　第二节　法律救济的程序和手段……(413)
　　第三节　工会的组建……(414)
　　第四节　集体合同的法律问题……(430)
　　第五节　罢工……(442)

第四章　反就业歧视法 ·· (451)
第一节　反就业歧视法的基本问题 ································ (451)
第二节　反就业歧视法的一般原则 ································ (455)
第三节　其他热点问题透视 ·· (463)

结　语 ··· (472)

美国重要法律索引 ··· (474)

扩展阅读文献 ·· (475)

第六编　国际劳动法

第一章　国际劳动法的历史演进 ······································· (477)

第二章　国际劳动法导论 ·· (483)
第一节　国际劳动法的概念与性质 ································ (483)
第二节　国际劳动立法的原则 ····································· (483)
第三节　国际劳动法的渊源 ·· (485)
第四节　国际劳动法的局限性 ····································· (489)
第五节　国际劳动私法 ·· (491)
第六节　国际劳动关系的特点及其法律适用的基本原则 ······· (491)

第三章　国际劳动组织 ··· (493)
第一节　国际劳动组织的发展历史 ································ (493)
第二节　国际劳动组织的结构、职能和主要活动 ··············· (496)
第三节　国际劳动组织公约和核心劳动标准的法律性质 ······ (501)
第四节　国际劳动标准的独特法律特征 ·························· (502)
第五节　国际劳动标准的制定 ····································· (504)
第六节　国际劳动标准的法律效力和适用原则 ·················· (506)
第七节　成员国对国际劳动标准承担的义务 ····················· (507)

第四章　个体核心劳动标准 (510)
第一节　禁止童工 (510)
第二节　禁止强迫劳动 (513)
第三节　消除就业和职业歧视 (515)

第五章　劳动就业 (517)
第一节　联合国有关劳动就业的立法 (517)
第二节　国际劳动标准中的就业标准 (520)
第三节　国际劳动组织的绿色就业理念 (525)
第四节　国际劳动组织的体面劳动理念 (528)

第六章　劳动条件 (535)
第一节　国际劳动标准中的工资标准 (535)
第二节　有关工时与休息休假的国际劳动标准 (539)

第七章　集体劳动权 (544)
第一节　劳动者结社权 (544)
第二节　集体谈判权 (548)
第三节　罢工权 (550)

第八章　国际劳动公约实施的监督机制 (552)
第一节　国际劳动公约实施的一般监督机制 (552)
第二节　国际劳动公约实施的争议解决机制 (557)
第三节　国际劳动公约的特殊监督机制 (560)

结　语 (562)

扩展阅读文献 (564)

后　记 (567)

导　　论

各国劳动法都是基于本国的社会政治经济文化背景长期积累形成的。比如,英国是产业革命的发祥地,也是工会的发祥地,其劳动法的传统是劳资自治;法国传统的产业结构和帮会结构对其行业工会的建立、发展都具有重要影响;日本终身雇佣制的社会文化背景使解雇受到严格限制;德国十分注重劳资协议,实行公司重要事项由劳动者与雇主共决制度;美国尊重个人自由和市场经济体制,在劳动法中体现为契约自由(雇佣自由和解雇自由);国际劳动组织(International Labour Organization,ILO)[①]受俄国十月革命胜利的影响,提出具有历史意义的"劳动不是商品"宣言等,都是其中的典型。产业革命和市场经济的发展,孕育和催生了劳动法,以大陆法系的法国、德国、日本以及英美法系的英国、美国为代表,劳动法在协调劳资关系、促进社会安定等方面作用彰显。因此,在学习借鉴外国劳动法时,必须从各国的具体背景进行分析考量。同时,也不能忽视劳动法产生和发展的社会基础具有一定的共通性,以及市场经济发达国家的劳动立法理念和立法技术具有可借鉴性。正因为如此,在各国劳动法发展基础上,国际劳动法得以产生和发展。可以说,各国劳动法是国际劳动法的基础,与各国国内劳动法律制度密切相关,而国际劳动法对各国劳动法又有重大影响,两者相互促进、相互协调。随着世界经济一体化的发展,劳动基准的国际化正日益成为国际劳动组织和各国研究、制定劳动法律政策所关注的重要课题。本书以法国、德国、日本、英国和美国五个市场经济发达国家的劳动法以及国际劳动法为研究对象,以个别劳动法、集体劳动法、劳动争议处理法等为主要内容。以下仅就其中几个主要问题加以概述,权作导论。

[①] 关于 International Labour Organization 的中文翻译,国内一般译为"国际劳工组织",但将 Labour 译为"劳工"似有不妥,容易让人产生该组织是劳动者的组织的误解。实际上,该国际组织是由政府、资方、劳方三方主体构成的,而不仅仅是劳方,因此我们认为将 Labour 译为"劳动"而非"劳工"更为准确,即将其译为"国际劳动组织"。本书涉及的法、德、英、日、美五个国家也都将其译为"国际劳动组织",因此本书统一使用"国际劳动组织"的译语。

一、劳动法的基本特征与法律地位

就上述各国而言,劳动法的产生和发展都比民法等传统部门法滞后很多。劳动法与民法有着极为密切的渊源,雇佣合同与劳动合同具有类似的内在属性,因此各国早期大都在民事立法中将劳动合同纳入民事合同范畴进行统一调整。但是,由于劳动者与雇主建立劳动关系后,存在事实上的不平等,劳动者在恶劣的劳动环境下从事长时间、低报酬的劳动,其劳动条件、健康和生命得不到基本保障,造成日益严重的劳资冲突和阶级对立,工人运动不断发展,社会矛盾日益激化。资产阶级政府从统治阶级的长远利益出发,意识到工业化的发展既需要廉价的劳动力,又需要市场的公平竞争和社会的长期稳定,于是开始制定对劳动者进行一定保护的法律政策。自此,以限制工时、确保最低工资和职业安全为基本内容的劳动立法开始突破传统民法的框架而独立发展。正如有法国学者所言:"民法在我们的各类法律中起了基础学科的作用,法的其他门类曾以其为模式(行政法)或为某些类的关系使之完善(劳动法)。"[1]有日本学者强调劳动法是对民法的"修正",指出"劳动法具有限制资本的商品支配,修正市民法契约自由的机能"。[2]在民法与劳动法的关系上,各国都有过长期争论,出现过"劳动法是民法的特别法""劳动法属于第三法域"等学说。但是,无论如何,劳动法是一门独立的法律学科,具有独立的法律特征和地位,这在各国已基本成为共识。

（一）英国

近代英国工厂立法的起源可追溯至1802年《学徒健康与道德法》,该法旨在保护在棉纺厂备受压迫的学徒工,也是国际劳动法学界公认的近代劳动法的重要起源。

在由传统社会向工业社会转型的大背景下,率先进行工业化的英国最早开始劳动立法活动,对劳动者进行保护和社会救济,在一定程度上缓解了劳资矛盾,开启了19世纪前期英国工厂改革的序幕,也为产业革命后的资本主义各国提供了样板。此后,英国逐步制定了多部工厂法,每一部立法都针对当时劳动领域存在的突出问题而进行,并且具有前后相继的连贯性,体现了渐进、平稳的立法特征。同时,英国始终坚持市场经济所秉持的契约自由主义的基本原则,因此在劳动法领域,虽然通过一系列立法对劳资关系进行直接规制,排除了某些方面

---

[1] 〔法〕勒内·达维德:《当代主要法律体系》,漆竹生译,上海译文出版社1984年版,第80—81页。
[2] 参见〔日〕木下正义、小川贤一:《勞働法》,成文堂1992年版,第10页。

的契约自由,但劳资双方的合同仍是法律调整劳资关系的基础。

(二) 法国

法国 1804 年《民法典》中尚没有劳动合同的概念,只有"承揽及劳务租赁关系"的规定,其中,该法第 1779 条规定了三种情况下的"劳动力租赁",将劳动合同归入租赁合同的范畴。19 世纪后半叶,理论界开始认为,无论是主仆间的"服务租赁"还是工人与雇主间的"承揽租赁",都是以从属性为特征的,二者同属于"服务租赁合同",亦即民法意义上的雇佣合同。正是在"服务租赁"与"承揽租赁"的论争中,产生了"劳动合同"的用语。但是,直至 1973 年 7 月 13 日,法国《劳动法》第 1 条才将"劳动合同"正式固定下来,并在《劳动法》中取代了"服务租赁合同"。由此,"服务租赁合同"概念为民法所保留,而"劳动合同"则成为劳动法和社会保障法的概念。法国劳动法属于公法和私法以外的第三法域,或者说是兼容公法与私法的混合法。原因是其个别劳动关系(劳动合同)受普通法规制,而集体劳动关系则深受公法的影响。

(三) 德国

在德国,主流意见认为劳动法属于私法的范畴。从法律渊源角度看,德国劳动法最主要的法律渊源之一是《民法典》。其中,《民法典》"总则"中有关于法律行为的规定,"债编"之"总论"和第八章第八节关于雇佣合同的规定将劳动合同纳入劳务合同关系中。2017 年修改的《民法典》中规定,"在劳动关系中承担依附性劳动给付义务的被称为劳动者","依附性"有别于民法中的平等主体关系,自然带来法律调整机制的改变。另外,德国没有劳动基准法之类的法律,而是由不同的法律对劳动条件加以规定,如民法中就存在这样的规定。而有关劳动法领域的各种事项,则通过各种特别法进行调整,如关于劳动时间的有《劳动时间法》。

(四) 日本

有日本学者认为,劳动条件(合同内容)主要是由雇主决定的,这被称为"他人决定劳动"。在此情形下,如果机械地贯彻契约自由的原则,就容易产生许多弊病。因此,为了从实质上对劳动者进行保护,日本对契约自由等民法原则进行了部分修正。比如,设定最长劳动时间和最低工资标准,以及规定雇主对劳动基准的遵守义务,这是对当事人自由决定合同内容的民法原则的修正;没有合理的理由,雇主不能拒绝录用和解雇劳动者,禁止差别对待和强制劳动,这是对契约自由原则的修正;实行无过错责任的工伤赔偿和保险制度,这是对过失责任主义原则的修正;保障劳动者的集体劳动权,这是对个人主义的契约自由的修正;等等。由此,劳动法逐渐从民法中分离出来,并随着社会经济的发展不断丰富和成熟。

（五）美国

美国是典型的英美法系国家,以判例法为传统的立法方式,其法律规范由大量的判例长期积累而成。许多劳动关系法律原则,如自19世纪以来确立的任意解雇原则,被作为传统的、基本的雇佣法律原则沿用至今。同时,美国也制定了一些劳动方面的成文法规定,如1865年《宪法》第十三修正案确定了禁止强迫劳动原则,1935年《国家劳动关系法》允许绝大部分私营部门的劳动者组织工会并进行集体谈判,1937年《公平劳动标准法》规定最低工资保障、禁止超时工作以及对童工的保护,1963年《平等支付法》规定同等技能的男女雇员实行同等报酬,1964年《民权法案》第七章禁止基于种族、肤色、宗教信仰、性别、出生地等原因的歧视,1967年《反年龄歧视法》禁止基于年龄(超过40岁)原因的歧视等。同时,作为联邦制国家,美国联邦和各州分别享有相应的立法权,从而形成了判例法与成文法交融、联邦立法与各州立法并存的劳动立法体系。

（六）国际组织

随着资本主义经济和各国工人运动的发展,越来越多的国家和政府通过制定劳动法来调整原来完全由市场调节的私权领域的劳资关系。在率先实行工业化的国家,其劳动立法实践对劳动者保护发挥了重要作用。但是,随着市场经济的发展,各国在国内颁布和实施的劳动法与日益激烈的国际贸易竞争产生了冲突,为了实现公平竞争,需要制定能够被各国普遍承认并共同遵守的劳动标准,以消除国际贸易竞争给工人劳动状况造成的不良影响。19世纪前半叶,英国空想社会主义者欧文和法国社会活动家勒格朗开始倡导国际劳动立法运动,经过长期曲折的历程,国际劳动立法逐步发展。第一次世界大战(以下简称"一战")结束后,随着各国工人力量的不断强大和国际社会协调能力的增强,诞生了国际劳动组织,开创了国际劳动法的新时代。

二、劳动关系及其判定

劳动关系是现代劳动法的核心概念,也是劳动法律适用的前提范畴。劳动关系多元化的发展,给劳动关系的判定和劳动法的适用带来了许多问题。为此,各国和国际劳动组织都致力于相关研究,制定系统的判定体系和基准,综合分析判定劳动关系的存在与法律适用。

（一）法国

在法国，劳动法的适用范围是与劳动合同、劳动者概念相联系的，但其实定法并没有对劳动合同和劳动者进行定义，法官在实践中一般使用"支配从属关系""组织的统合"等概念进行适用范围的扩大解释，强调人的从属性基准，而不考虑经济的从属性基准。1996年，法国最高法院在著名的兴业银行案判例中指出："从属关系的特点在于，工作是在雇主的权威下完成的。雇主有权发出命令和指示、监督该命令和指示执行并惩罚下属的失职行为。在一个有组织的部门内部进行的工作，如果工作条件由雇主单方面决定，则可构成存在从属关系的迹象。"

（二）德国

德国对劳动关系的判定一般以人格从属性为基准，经济的从属性并非必不可少。在最新修改的2017年《民法典》中，劳动关系的内涵具体由三个要素组成：其一，私法合同；其二，劳动给付；其三，依附性劳动。这种依附性劳动也被称为人格从属性或人格依附性劳动。提供人格从属性的依附性劳动这一要素将劳动关系和其他自主性雇佣关系区分开来，是认定劳动关系时最核心也是最困难的要素。具体来说，可以从以下几方面进行判定：(1) 劳动者服从雇主的指示；(2) 劳动者加入雇主的劳动组织中；(3) 其他对劳动关系认定具有影响的因素，如生产工具和生产场所的提供，劳动给付是否只可亲自完成，当事人关注的是劳动给付的过程还是结果，薪酬计算的方法，等等。对于难以判断的模糊情形，德国使用了"类似劳动者"（arbeitnehmerähnliche personen）的概念，类似劳动者是指具有经济上的依附性，且和劳动者类似，也是需要社会保护的人。类似劳动者的保护问题是近年来德国劳动法律政策讨论的重点问题之一。除了对一些特定类型的类似劳动关系进行专门立法（如《家庭劳动法》）外，一些劳动法律中也出现了可适用于类似劳动者的条款。

（三）日本

从裁判所的判例来看，日本并不重视劳动合同形式上的类型，而是从实质的劳动关系出发对从属性进行判定。1985年，日本劳动基准法研究会提出了至今仍被普遍参照的判定基准，将人的从属性、经济的从属性等纳入其中：(1) 对从事和依赖的工作的指示是否有承诺的自由；(2) 工作中有无指挥监督；(3) 工作地点、时间有无拘束性；(4) 劳务提供有无替代性；(5) 报酬与劳动有无等价性；

(6) 有无经营者的性质,具体来说是指机器、用具的占有关系;(7) 专属性程度;(8) 其他,如选拔录用的过程、所得税的事前扣除、劳动保险、劳动管理规划、退休金制度等。该研究会报告认为,前三项为主要基准,同时要对各种基准进行综合分析,以确定劳动关系从属性的有无。经过长期的理论探索和实践检验,这些基准已经得到普遍认同,成为裁判所判定劳动关系的重要参考依据。

(四) 英国

在英国,是否存在劳动关系一般由法官根据一定的基准进行判定。最初,法官更注重管理性基准,但由于技术进步和组织形态的变化,雇主对"从业者"的直接管理变得困难。于是,"企业主"基准以及"统合"或"组织"基准被经常采用。另外,英国与日本一样,除了人的从属性,经济的从属性也被作为判定的基准。20 世纪 90 年代以后,即使不属于"劳动者",根据经济从属性有必要加以保护的从业者也部分适用劳动法。具体来说,这些基准包括支配性基准、统合性基准、经济的现实基准、义务的相互性基准、复合型基准等。

(五) 美国

在美国,就业人群从法律意义上被区分为劳动者(employee)和独立承包人(independent contractor)。劳动者被纳入各种劳动法律的保护范围,而独立承包人则不受劳动法的保护。区分劳动者和独立承包人通常有两种方法:控制基准(control test)和经济现实基准(economic reality test)。控制基准主要考察雇主对劳动者的管理或者控制程度,但是当雇主在一定程度上放松控制权时,劳动关系是否成立就变得模糊。对于劳动关系的模糊化,十几年前,当"是劳动者"与"不是劳动者"的二分法在实际运用中遇到困境后,便有人讨论是否将二分法改为三分法,即"一些人很明显是独立承包人,一些人很明显是劳动者,对于处于边界线的人,设立第三种劳动关系认定标准是必要的"。[①]

(六) 国际组织

国际劳动组织经过长期激烈争论,于 2006 年通过了《关于雇佣关系的建议书》,提出了劳动关系存在的特定的判定标准:(1) 根据雇主指示,在雇主的统一管理下劳动;(2) 融入企业组织中的劳动;(3) 专为或主要为雇主的利益的劳动;(4) 必须由劳动者本人提供劳动;(5) 在雇主指定或同意的劳动时间、由雇主提

---

① See Lauren Weber: What if There Were a New Type of Worker? Dependent Contractor, https://www.wsj.com/articles/what-if-there-were-a-new-type-of-worker-dependent-contractor-1422405831, visited on June17, 2017.

供劳动场所的劳动;(6)在特定时期具有一定持续性的劳动;(7)可以要求劳动者提供劳动力;(8)根据劳动需要由雇主提供工具、材料、机械等;(9)雇主定期支付报酬,并且该报酬为劳动者唯一或主要收入来源;(10)餐食、住宿、运送等现物给付,以及承认周休、年休等资格。

总之,不论大陆法系国家使用的从属标准,还是英美法系国家使用的控制标准,都要求判断基准的体系化和具体化,这些基准的综合运用对劳动关系的判断和法律主体的适用起到了积极作用。但是,近年来,劳动关系愈发复杂多样,介于劳动关系与民事关系的中间情形日益增多,在对劳动关系的判断和劳动法适用主体的保护中,德国使用的类似劳动者概念引起了各国学者的重视,出现了许多相关的值得借鉴的学术成果。

三、解雇规制与经济性裁员

不可否认,解雇保护与各国的社会经济背景密切相关,也与不同时期执政党的执政理念和社会政策密切相关。无论各国解雇规制如何,都是在承认雇主经营自主权的基础上对雇主恣意解雇行为加以限制,而"严格"还是"宽松"更多表现为解雇程序上的规定。

（一）法国

法国的雇主解雇权如今受到越来越严格的法律限制。以能力不足等为理由解雇要有"真实并且重大的事由"。其中,"真实"是指能够被客观的证据所证明,"重大"是指达到妨碍企业正常运转的程度。同时,即使具有正当的解雇事由,在真正解雇时也要支付解雇补偿。所有在企业持续工作8个月以上的无固定期限劳动合同的劳动者,除非因重大过错被解雇,均有权领取解雇补偿金。补偿金根据劳动者的工龄计算。根据法律规定,工龄10年以下的,按工作年数乘以劳动者原月工资的1/4计算;工龄10年以上的,按工作年数乘以劳动者原月工资的1/3计算。集体合同可以规定更高标准。解雇补偿金没有上限,工龄越长,解雇补偿金越多。对于固定期限劳动合同的劳动者,如果提前解雇则必须支付损害赔偿,赔偿额不得少于合同未履行期应付的工资数额。因不可抗力等事由解雇时,则解雇补偿金仅为合同未履行期应付的全部工资数额。在双方合意解除和经济性裁员的情况下,解雇补偿金也是同样的基准,但不适用于试用期劳动者。劳动者可以就解雇向劳动法院提起诉讼,雇主如果不能对"真实并且重大的事由"进行举证,则会被判为不当解雇。在不当解雇的情况下,不但要支付解雇补偿金,还要支付赔偿金。

法国经济性裁员的实体性要件也需要具备上述的"真实并且重大的事由",主要包括"经济困难"和"技术改造"。此外,判例还认可以企业重振为目的的企业整顿以及企业歇业等。2016年《劳动法》修改时,立法者放宽了经济性裁员的限制条件。就程序而言,必须有预告期或支付预告补助;必须制订解雇计划,该解雇计划应与职工代表机构讨论协商,对解雇职工的基准、解雇的时间表作出规定;还必须规定解雇保护、回避解雇的措施,如调岗、培训、减少工时、再就业援助等;经劳动部同意,方可进行经济性裁员。对于固定期限劳动合同的劳动者来说,除了上述经济性裁员的程序外,还必须得到劳动者的个别同意。劳动者可以就解雇诉至劳动法院,但关于解雇程序的问题应诉至行政法院而非劳动法院。此外,雇主不得以经济性裁员为借口,解雇固定期限劳动合同的劳动者。

(二) 德国

根据德国的解雇规制,一般来说,企业有10名以上职工的应适用《解雇保护法》。解雇工龄6个月以上的职工应有"正当的理由",正当的理由包括三个方面:一是个人的客观理由,如长期生病导致不能持续工作等;二是个人行为的主观理由,如违纪行为、工作业绩不良(一般要事先警告,雇主有举证责任)等;三是经济理由,即所谓的"经济性裁员"。职工有关解雇的异议应在被通知解雇的3周内提出。雇主应在解雇前发出解雇预告,职工工龄越长,预告期限也越长,上限为7个月。如果职工同意,可以在雇主支付预告补助后先行退职;如果职工不同意,则即使在预告期内没有工作雇主也要支付其工资。

关于经济性裁员,德国与欧盟其他国家有着相同的规制,可导致裁员的原因不限于公司和部门的倒闭,其他生产经营的原因也被认可。其要件是:工作机会丧失;没有转岗的可能性;社会上有适当的人选。当然,实际认定十分复杂。在大规模经济性裁员时,还有附加条件,即必须事前通知劳动署。是否为大规模的经济性裁员,要根据以下基准进行判断:职工20—59人,裁员5人以上;职工60—499人,裁员10%以上或25人以上;职工500人及以上,裁员30人以上。

不论什么样的解雇,雇主都必须事先向工厂委员会提供解雇理由等各种信息,否则解雇无效。同时,对工厂委员会成员的解雇存在限制。工厂委员会成员任期为4年,在其任职期间和退任后1年内,雇主一般不得解雇。另外,在大规模经济性裁员的情况下,工厂委员会享有对"重大生产经营变更"的共同决定权,但须遵循相关的程序;工厂委员会有必要就可否进行经济性裁员、裁员的时间和方法以及经济性裁员补助等事项与雇主交涉。

（三）日本

在很长时间内，日本不存在一般的、概括性的解雇限制立法，但存在关于解雇理由的个别限制立法，以及解雇预告制度等程序规制。比如，雇主在解雇劳动者时，原则上必须提前30天预告，或者代替预告支付30天以上的平均工资（预告补助）。由于这些有关解雇的个别的、程序的规制并不充分，因此日本通过判例确立了防止解雇权滥用的法理，即"如果解雇存在显著的不合理，不被社会理念所认可，则该解雇被视为解雇权的滥用而无效"[①]。经过长期实践，该判例法理已被理论和实务界普遍接受，在此基础上，日本在2003年修改《劳动基准法》时将该判例法理移入法条（第18条之二），实现了立法化。在2007年制定《劳动合同法》时，日本又将该《劳动基准法》法条移至《劳动合同法》（第16条）。

日本的经济性裁员应基于就业规则规定的生产经营上不得已的解雇事由。在20世纪70年代石油危机后经济不景气的背景下，企业将其作为调整雇佣的模式，判例则确立了对经济性裁员进行合理性判断的"四要件"说：裁员的必要性；回避解雇的努力义务的履行；被解雇者选定的合理性；与劳动者协议和说明等程序的合理性。总体而言，其判断是十分严格的。近年来，有的判例和学术观点将"四要件"放宽解释为"四要素"，试图为经济不佳的日本企业的经济性裁员寻求弹性空间，但受到较多质疑。

（四）英国

英国的解雇保护制度设计可以划分为法律义务与法律救济两类。解雇需要有正当理由和正当程序，但总体而言，其解雇规制相对宽松。在因解雇发生争议时，雇主应对解雇理由（如工作业绩不良）进行举证，由劳动法庭进行合理性判断。关于工作业绩不良的举证，雇主须提供对工作业绩评价的材料等，但实质的举证负担还是比较轻的。英国要求经济性裁员要有客观基准，雇主在裁员之前要尽可能采取各种代替解雇的手段。

英国经济性裁员的基准并不十分严格，但解雇必须履行正当程序，其程序比较复杂、严密。比如，基于工作业绩不良、违法行为等理由的解雇，必须先通过劳动咨询调解仲裁局（Advisory, Conciliation and Arbitration Service，ACAS）进行调查、问询、调解或仲裁。在90天内解雇20人以上的情况下，雇主有必要与

[①] 高知广播事件，最高裁判所第二小法庭1977年1月31日判决，载《労働判例》第268号，第17页。

工会和职工代表达成协议,协议内容包括采取措施代替解雇,减缓经济性裁员造成的影响等。对劳动合同的解除应通过预告制度来避免滥用解雇权,即雇主解雇劳动者时必须提前通知,否则构成非法解雇;预告期根据劳动者工作年限确定,最长为12周;在预告期期间,雇主有义务继续支付工资。一定规模以上的经济性裁员,雇主还要向职业技能部报告。发生经济性裁员时,雇主应根据被裁劳动者的年龄和工龄进行经济补偿。

(五)美国

在美国,按照任意解雇原则,一般来说,如果雇主和劳动者建立雇佣关系并且没有约定雇佣期限的,则法律会默认这是一个无固定期限的雇佣关系,而任何没有固定期限的雇佣关系都被假定应遵循任意解雇原则,即雇主可以在任何时刻以任何原因(或者没有原因)解雇劳动者。美国对于裁员的规制主要来自其1988年《职工调整和再培训通知法》。该法并非针对全部雇主,而是针对雇佣100人以上的雇主,并且这些被雇佣的劳动者在过去12个月内工作6个月以上,或者每周平均工作时间不低于20小时。该法规定了工厂关闭和大规模裁员两种裁员情况,在这两种情况下,雇主裁员必须提前60天通知劳动者。尽管美国在过去几十年中颁布了一系列保护劳动者的规定,但是与其他国家相比,美国的劳动保护仍居于较低水平,依然维持了比较高的雇佣自由度。

(六)国际劳动组织

国际劳动组织就解雇保护制定了大量的公约和建议书。早在1963年,国际劳动组织就通过了《终止雇佣建议书》,但由于此后许多成员国的法律和实践发生了重大变化,特别是面临经济困难和技术领域变化带来的严重问题,1982年,国际劳动组织又通过了《终止雇佣公约》(第158号公约)以及《雇主主动终止雇佣建议书》(第166号建议书),通过程序等方面的规定终止雇主在解雇上的主动权。如规定"除非与劳动者工作能力或行为相关或基于企业、机构或事业运作的要求,劳动者不得被解雇",解雇时应将终止雇佣的理由、涉及的劳动者数量和类别、预期终止的期间等信息提供给劳动者代表,并以书面形式告知主管机关。劳动者有权就被解雇向法院、劳资审裁处、仲裁委员会等机构提出申诉,有权在被解雇时得到合理期限的提前通知或代替通知的补偿,有权得到遣散津贴或其他离职津贴,有权得到失业保险和其他社会保障。劳动者不应独自承担解雇为不合理的举证责任,承担证明解雇理由合理的责任在雇主。如为不合理解雇,雇主应承担赔偿责任。雇主应尽可能为被裁劳动者再就业提供技能上、经济上的帮助,在重新招聘职工时,被裁者有优先受雇权。政、资、劳三方之间要协调合作,就再就业培训、补偿费用等进行洽谈,等等。

总体而言,各国的解雇规制都有其独特的制度安排,并注重法律程序设计的系统平衡。比如,法国司法机关在实践中对于那些直接构成解雇"不当理由"情形之外的理由,往往不采取直接审查的方式,而是通过审查雇主处理程序是否到位来判断解雇理由是否充分,以在解雇保护领域维系一个自由与管制的平衡。日本按照解雇权滥用法理进行判断,使雇主的解雇自由受到相当程度的限制,雇主不能简单地单方解除劳动合同关系。同时,法律给予雇主在一定程度上变更劳动条件的权利。也就是说,严格限制雇主解约权,同时给予雇主"合理"范围内的合同内容的变更权。美国在强调任意解雇原则的同时,严格规制歧视性解雇。

四、集体劳动权与工会性质

为了对抗资本家的剥削,工人们自发组织起来与雇主进行交涉和谈判,甚至通过罢工与雇主进行抗争和维权。但是,在早期的资本主义各国,政府对工人行使这些集体劳动权持反对态度。随着历史发展和社会进步,集体劳动权逐渐成为人权的重要领域而受到关注,各国逐渐承认集体劳动权。特别在两次世界大战以后,各国通过宪法规定保障集体劳动权,促进了各国劳动法框架体系的建立。其中,结社权是各国最早、最基本、最普遍承认的集体劳动权。

(一)法国

1791年6月14日法国议会通过的《夏勃里埃法令》第1条宣布取消劳动者任何结社的权利;1810年《拿破仑刑法典》第414、415条规定,对结社罢工或禁止他人工作的工人处以1至3个月的监禁,为首者可处以2至5年的监禁。

直到1864年,法国才废止了禁止工人结社罢工的《拿破仑刑法典》相关规定,使结社不再受到刑法的处罚。1884年,法国又废除了1791年《夏勃里埃法令》对结社的禁止规定,工会活动从此完全合法。1936年6月签署的法国劳动法历史上重要的《马提尼翁协议》,使劳动者的结社权和罢工权受到保障。1946年,法国《宪法修正案》首次明确规定罢工为合法。

法国将工会建立在行业层面,行业工会代表企业和劳动者与雇主进行集体谈判。如果达成协议,政府会将谈判达成的工资和福利扩展到该行业所覆盖的全体劳动者。

(二) 德国

德国一开始"立法没有关注团体协议,它首先却尝试着禁止工会"①。直到1919年,"帝国宪法以宪法的形式确认了以前已经在劳动共同体协议中得到承认的集体建构劳动条件的原则"②,同时承认了劳动者的结社权。第二次世界大战(以下简称"二战")后,德国在工厂层面实行劳动者利益代表制度,还通过《参与决定法》等确立了企业层面的劳动者利益代表制度。从工会组建来看,德国与法国一样,其工会建在行业层面。但是,由于历史上形成的企业内工厂委员会制度,德国工会和工厂委员会既相互独立又相互合作,形成了二元制劳动者利益代表机制。

(三) 日本

日本在1900年前后发生了一系列工人运动,为了解决由此带来的社会问题,政府于1900年在以前颁布的《集会条例》《保安条例》《集会及结社法》基础上增加了一些限制工人运动的条款,综合而成《治安警察法》,该法第17条明确限制团结权和联合罢工权。1926年,日本取消了该条规定,由《治安维持法》加以补充。直到二战后的1945年,这些法律规定才被占领军命令废除。为了保障工人的团结和集体行动,日本于1945年制定、1946年实施《劳动组合法》,保障工会的自由组成和自主管理,规定对争议行为免除刑事、民事起诉等。另外,设立劳动委员会,负责法律实施,协助解决劳资纠纷。

日本1947年实施的《宪法》中明确规定,"保障劳动者的团结权、集体交涉权及其他集体行动的权利",这是日本集体行动权得以有效形成和发挥的重要保障。

就工会组建形式而言,日本是企业内多元工会模式的代表。日本的工会基本上属于企业内工会,行业工会和产业工会并不发达,这与其企业内终身雇佣制的传统密不可分。同时,在一个企业里可以存在许多工会,工会的组建没有人数的限制,建立工会的法定要件也十分简单。

(四) 英国

英国于1799年颁布了《结社法》,对工会的组织活动加以取缔和限制,极大地阻碍了工会运动的发展。1871年颁布的《工会法》第一次承认了劳动者结社权,由于英国的劳动者为二战的胜利做出了巨大贡献,同时经济也在逐步恢复,

---

① Waltermann, Arbeitsrecht, 19. Auflage, Verlag Franz Vahlen, 2018, S. 16.
② Ebd., S. 18.

立法机关对产业行动的容忍程度变高。英国工会的产业行动享有比较广泛的豁免权,可以针对自己的雇主实施产业行动,也可以针对其他的雇主关联方施加压力。

英国实行多元化工会结构,面对企业内部的多个工会,雇主通常只承认最有代表性的一个工会,并授予其集体谈判权。一般来说,企业职工达到20人以上,过半数职工同意其作为交涉单位的劳动者团体的,则雇主有承认该工会的义务。如果企业无故不予承认,则该工会可以要求中央调整委员作出承认决定。如果满足法定要件,该工会就会被宣告承认。被承认的工会享有各种权利,可以在企业内开展工会活动,如在经济性裁员、劳动安全卫生、企业承继等有关雇佣的事项上,有权利获得信息和要求协商等。没有被承认的工会就没有这些权利。被承认的工会数量因产业不同而不同,汽车产业被承认的工会最多。

(五)美国

美国《宪法》对结社权等没有明确规定,但其《宪法》第一修正案和第十四修正案所暗含的结社自由权已经基本上被美国法学界和司法界所接受。1958年,美国联邦最高法院宣布:"为了信仰和思想的提高而从事于结社自由,是宪法所保障的'自由'的一种不可分割的方面。"

根据《劳动关系法》,成立工会首先需要获得谈判单位内30%以上职工的支持,然后向劳动关系委员会申请,并在选举中得到50%以上职工的同意。美国工会的显著特征是排他性(exclusive)。按照美国《劳动关系法》第9条,在一个谈判单位(bargaining unit)内,为了集体协商而被指派或者被选出的谈判代表就是这个单位排他性的谈判代表。但是,该排他性并不意味着一个谈判单位只有一个工会。关于界定谈判单位,美国劳动关系委员会设定的主要标准是组成谈判单位的职工是否为一个"利益共同体"。

(六)国际组织

从国际组织相关规定来看,联合国大会1948年通过的《世界人权宣言》第20条第1款规定:"人人有权享有和平集会和结社的自由。"第23条第4款规定:"人人都有为维护其利益而组织和参加工会的权利。"联合国《公民权利与政治权利国际公约》第22条第1款规定:"人人有权享受与他人结社的自由,包括组织和参加工会以保护他的利益的权利。"联合国大会1966年通过的《经济、社会和文化权利国际公约》第8条第1款规定,"人人有权组织和参加他选择的工会""有权罢工,但应按照各个国家的法律行使此项权利"。国际劳动组织也制定了大量保护集体劳动权的公约,如 1948 年《结社自由和保护组织权利公约》、1949 年《组织权利和集体谈判权利公约》、1981 年《促进集体谈判公约》等。

总之,随着社会的进步和时代的发展,各国对于集体劳动权都经历了禁止、允许、保护的不同阶段。工会的构成方式主要有行业工会和企业工会两种模式,这决定了各国集体劳动关系的法律框架和基本走向。

五、劳动争议解决的法律规制

各国劳动争议处理和解决制度与其法律诉讼体系密切相关,体现了不同的制度特色。

(一)法国

法国集体劳动争议解决程序有和解、调解、仲裁、诉讼。法国设立了国家和解委员会和地区和解委员会,如果和解不成,可以由和解委员会主席以及政府有关部门主动启动调解程序,也可以由双方选择将争议事宜提交调解或仲裁程序。仲裁裁决对争议双方当事人具有与集体合同相同的约束力。对仲裁裁决不服可以诉至大审法院。

与集体劳动争议由大审法院管辖不同,法国有关劳动合同等个别劳动争议由企业所在地的劳动法庭处理。劳动法庭的特色是,法官由劳动者和雇主分别选出的人数相等的代表担任,不是专业法官。关于劳动法庭的处理程序,实行调解前置的原则,首先由劳资双方各派一名法官进行调解。法国的调解成功率较低。若调解不成,争议就被转至审判程序,由劳资双方各派两名法官进行审理,根据少数服从多数原则进行裁决,在票数相同时由一名职业法官介入。若当事人不服裁决,可以上诉。作为劳资双方自主解决争议的体系,企业层面的工会代表或职工代表与雇主之间的投诉处理制度发挥着重要作用。另外,劳动监察官对企业执行劳动法具有行政监督权,并且具有民事上的调解权。

(二)德国

德国严格区分利益争议和权利争议,利益争议一般交由司法裁判之外的其他机制解决。

有关个别劳动争议,除了工厂委员会可以对职工意见和投诉自主解决以外,劳动法院作为劳动争议的判定机构发挥着重要作用。近年来,企业通过调解等方式在企业内自主调解争议也受到很多关注。另外,德国的个别劳动争议仲裁中,由于行使劳动基准监督的行政机构——营业监督署只对安全卫生和工伤具有管辖权,因此有关工资和工时等争议也大多由劳动法院解决。

有关集体劳动争议,在通过劳动协议进行交涉出现僵局时,协议当事人可设立作为自主调整机构的调解委员会。另外,雇主与工厂委员会就法律上应该共同决定事项未能达成合意时,由企业内设置的仲裁委员会进行裁定。此外,即使是集体劳动争议,劳动法院也对有关的权利争议享有管辖权。如此,德国劳动法院是对个别劳动关系和集体劳动关系都具有管辖权的特别法院。从审级来说,劳动法院分为三级:地区劳动法院、州劳动法院、联邦劳动法院。劳动法院由职业法官和劳资双方各自选出的名誉法官共同审理和判定劳动争议,即所谓的"参审制"。法官人数根据审级不同而不同,地区法院和州法院为三人,其中职业法官一名,劳资双方的名誉法官各一名。名誉法官由劳动者组织和雇主组织提出候选人名单,由劳动大臣任命。就任者多为工会和劳动者代表,或者具有长期人事管理经验的专业人士。劳动法院的审判程序原则上适用《民事程序法》,先由职业法官主持调解,许多争议在此阶段便得以解决。调解不成的,转入诉讼程序,由职业法官和名誉法官共同审理,合议判决。

(三) 日本

一直以来,为了使劳动法得到有效实施,日本的行政部门发挥着很大作用。日本在各都道府县设置劳动局作为厚生劳动省的地方分局,以国家派出机关的形式承担一定的管理事务。有关集体劳动争议的主要解决手段,是通过劳动委员会实行的不当劳动行为救济程序。劳动委员会是以调整和解决集体劳动争议为主的独立的行政委员会,分为中央劳动委员会和都道府县劳动委员会。劳动委员会由同等人数的雇主委员(雇主团体推荐)、劳动者委员(工会推荐)、公益委员(学者或律师等)三方构成。其特色在于,通过公益委员的参与,有效运用劳动关系专业知识,促进劳动争议的自主解决。由于个别劳动争议增加,日本于2001年制定了《个别劳动争议解决促进法》,设立了新的行政上的解决体系,以促进个别劳动争议的解决。该法规定,地方公共团体也应该积极预防、努力解决个别劳动争议。雇主委员、劳动者委员、公益委员组成劳动委员会,也可对个别劳动争议进行调解。此外,还有司法途径的调整解决机制,包括民事诉讼、民事保全(临时处置措施)、调解、劳动审判等。日本自2006年4月1日起施行《劳动审判法》,劳动审判由一名法官作为劳动审判官、两名具有劳动关系专业经验者作为劳动审判员(劳动者、雇主各一人)组成劳动审判委员会,进行中立、公正的审理和评议,原则上通过三次以内的审理迅速解决争议。劳动审判制度实施以后,申请处理案件的数量大幅增加,审理期限被缩短,很多案件通过调解解决,制度整体评价较好。

(四) 英国

英国的劳资争议传统上通过团体交涉和意见投诉的劳资间自主解决体系进行处理,不法行为和违反合同等行为一般由法院处理。但是,1964年创立劳动审判制度以后,法院管辖范围不断扩大,并逐渐发展为劳动法庭对个别和集体劳动争议均有管辖权,成为英国主要的劳动争议解决体系。此外,英国还有行政上的争议解决体系,1974年,英国设立了以个别、集体劳动争议为对象,以促进当事人自主解决为主要任务的行政机构——劳动咨询调解仲裁局,形成了行政调解程序与法院判决程序相联结的制度。

劳动咨询调解仲裁局免费为雇主和劳动者提供劳动关系政策咨询和法律培训,对劳动争议案件进行调解。劳动法庭受理的申请,通常也经过劳动咨询调解仲裁局调解,对于调解失败的案件,双方当事人可以起诉到劳动法庭进行处理。

劳动法庭管辖大部分个别和集体劳动争议,是通过裁判解决争议的司法机关,相当于初审。劳动法庭具体负责争议的解决,由一名审判长和两名审判官组成。审判长从法官中任命,审判官由劳资双方各出一名。审判官的任命,以前实行劳资团体推荐制,1999年开始以劳动关系知识和经验等为标准实行公募选拔制。劳动法庭对劳动争议的事实和法律问题进行全面审理,并作出相应判决。双方当事人如果不服判决结果,可以上诉至劳动上诉法庭。

此外,除了安全卫生和最低工资,行政机关一般不对劳动法执行情况进行监督或取缔。另外,涉及雇佣歧视的争议,由平等与人权委员会以及种族平等委员会对劳动法庭进行援助。

(五) 美国

美国是一个诉讼大国,在劳动领域也是如此。美国没有劳动法院,对于集体劳动争议中的不当劳动行为,劳动关系委员会具有专属管辖权,原则上排除法院的管辖;个别劳动争议中的权利争议则由州或联邦的普通法院管辖。近年来,在劳动争议增加的趋势下,各种裁判外争议解决制度(ADR)得以发展。美国对劳动争议没有特殊的裁判程序,但陪审制、强力的证据公开程序、惩罚性损害赔偿等使诉讼程序十分严格。另外,在行政机关中,作为不当劳动行为审查机构的全国劳动关系委员会有权进行准司法判定,但管辖雇佣歧视的雇佣机会平等委员会没有判定权限,只能对争议双方提出的申请进行调查和改正指导,当事人可根据争议处理情况自行提起民事诉讼(但提起诉讼之前要经过雇佣机会平等委员会等机构履行行政程序)。对于最低工资、劳动时间等法律的实施,行政机关则发挥着很大作用。此外,雇佣机会平等委员会和全国劳动关系委员会等行政机构还积极推进ADR。美国法院的案件审理时间较长,诉讼费用也较高,这些在客观上成为ADR得以发展的一个原因。

(六)国际劳动组织

国际劳动组织十分重视和强调三方机制在解决劳动争议中的重要性,在其1976年《三方协商促进履行国际劳动基准公约》(第144号公约)中明确指出:三方机制是指政府、资方、劳方之间就制定和实施经济和社会政策而进行的所有交流和活动。即由政府、资方、劳方通过一定的组织机构和运作机制共同处理劳动关系问题,如劳动立法、经济与社会政策的制定、就业与劳动条件、工资水平、劳动基准、职业培训、社会保障、职业安全卫生、劳动争议处理以及对产业行为的规范、防范等。

综上所述,法国、德国、英国都建立了处理劳动争议的特别的争议解决司法体系。同时,英国除了劳动法庭以外,作为行政机关的劳动咨询调解仲裁局在争议调整中也发挥着重要作用。美国在司法上不存在特别的劳动争议解决体系,但就有关雇佣歧视、不当劳动行为事件设立了特别的行政机关加以处理,企业内争议解决体系和仲裁等自主的ADR也发挥着很大作用。其他国家也是一样,自主的争议解决制度各自发挥着一定作用,受到越来越多的关注。而且,劳动争议解决程序大多要求劳资双方的专业人士参与。此外,承担争议处理的第三方机构大多为行政机关和司法机关。总之,各国都有解决劳动争议的特有体系,同时在重视调整机能、劳资双方参与争议解决、三方机制等方面具有一定的共通性。

六、劳动法的改革与发展

劳动法是大工业时代的产物,在后工业化时代以及信息化、智能化时代,劳动关系的特征随之发生变化,从属性劳动的本质也在发生变化。同时,经济全球化带来的市场竞争也日趋激烈。因此,劳动法对劳动关系的调整面临着前所未有的困难与挑战。

在新的历史发展时期,为了使发达国家和发展中国家能够普遍适用国际劳动基准,获得国际劳动法律规制的保护,国际劳动组织以"体面劳动"为旗帜,号召各国为促进劳动者有价值、有尊严地劳动而努力。各国亦立足于本国实践,大力推进劳动法改革。

(一)法国

20世纪70年代中期以后,法国经济长期停滞不前,劳动者从"争取权利"转为"保护权利"。由于劳资双方关系日趋紧张、分歧加大,行业集体谈判模式严重受阻,迫使政府加大介入力度。1981年,社会党再次执政,开始实施一系列改善劳动者状况的社会主张。然而,这些措施打击了已经十分脆弱的法国经济,当局不得不在新政实施两年后采取紧缩政策。1986年议会改选时,右翼联盟获胜,放宽管制,减少企业负担,并在1998年开始推行缩短劳动时间改革。劳动法改革的趋势主要表现在:放宽劳动法和集体合同在决定工作时间、职工聘用与解雇等方面对企业的限制,允许雇主与工会在企业层次通过集体谈判对上述内容自行安排。2016年《劳动法修正案》更是明确规定,即便是对劳动者更为不利的企业集体合同,也优先于行业集体合同。至此,企业集体合同取代行业集体合同,占据了集体谈判的中心地位。可以说,法国劳动法正进入一个全新的时代。

(二)德国

德国强调对劳动者特别是非正规劳动者的保护。1994年制定的《劳动时间法》,其立法目标是确保工厂在安排劳动时间时,能够保障劳动者安全和健康,并优化灵活工时,强调弹性适用;1996年制定的《老年劳动者非全日制劳动法》,"使得老年劳动者能够完成从职业生涯向退休状态的平稳过渡,同时避免实践中给社会(保障)体制带来巨大负担的提前退休";2000年制定的《非全日制及有期限劳动合同法》,强调非全日制劳动者原则上应与全日制劳动者一样被看待;在因经营原因解雇问题上,德国通过2004年的法律改革引入了德国法中并不多见的经济补偿制度;2011年修改的《劳务派遣规制法》,建立了派遣工适用最低工资、同工同酬等保护机制(2014年8月通过了新的《一般最低工资法》);在2017年修改的《民法典》中,第611a条明确了劳动关系的内涵,即在劳动关系中,承担依附性劳动给付义务的被称为劳动者,承担报酬给付义务的被称为雇主。

(三)日本

进入21世纪以来,日本劳动法的改革发展不断深入。日本2001年制定实施《个别劳动争议解决促进法》,建立了厚生劳动省和都道府县劳动局的建议、劝告、调解体制;2004年制定《劳动审判法》,作为劳动审判制度的一环,用以迅速解决劳动争议;2004年制定《公益举报者保护法》,规定劳动者不能因为公益举报而受到雇主的不利待遇;2005年通过《劳动时间设定改善法》,强调劳动时间的弹性运用;2006年制定《石棉致健康被害救济法》,对劳动者因石棉造成的呼吸系统疾病加以保护和救济;2007年制定《劳动合同法》,明确劳动合同的规则。此外,近年来,日本围绕高龄化、少子化的社会问题,多次修改《育儿护理休业法》《高龄者雇佣安定法》;为了促进非标准劳动关系的发展,多次修改《派遣劳动法》;2018年6月29日,日本通过《劳动方式改革相关法案》,该法案由《劳动基准法》《劳动合同法》等8部法律组成,自2019年4月起陆续实施。

(四)英国

自20世纪末以来,英国劳动立法呈现加速之势。英国1996年制定《雇佣权利法》,在实体方面规定,雇主解雇劳动者必须具备正当事由,劳动者在遭遇经济性裁员时有权利获得赔偿;1998年通过《国家最低工资法》《工作时间条例》以及保护劳动者公益举报行为的《公共利益信息公开法》;2002年颁布了《(预防)固定期限劳动者(受到较差待遇)规定》,该规定遵循非歧视原则,要求固定期限劳动者不得比无固定期限的劳动者享有更差待遇;在已有的《性别歧视法》《种族关系法》《残疾歧视法》的基础上,2001年通过了《性别歧视(间接歧视和举证责任)条例》,2003年通过了《就业平等(宗教或信仰)条例》《就业平等(性取向)条例》,2006年通过了《就业平等(年龄)条例》,以增加反就业歧视的保护范围;2006年出台了《企业转让(雇佣保护)条例》,专门调整企业易主时雇佣合同和集体劳动合同存续问题;2010年制定《平等法》,鼓励和保护劳动者维护自身的合法权益;2015年制定《小型经营实体、企业和就业法》,加强对不支付劳动报酬的惩罚力度。

(五)美国

在美国,由于市场经济的充分发展和雇佣自由的影响,从20世纪70年代开始,自雇型劳动、远程劳动、劳务派遣、外包等新型用工方式不断涌现,劳动关系灵活化程度领跑全球。作为判例法国家,劳动关系如此复杂多元,一方面给劳动关系的认定带来很多难题,如近年来共享经济下网约车司机的劳动法适用问题,实习生的劳动者地位问题,私立大学研究生(需要完成一定任务的助教和助研)是否为劳动者、是否有权组建工会的问题等;另一方面,关于雇主以及共同雇主的认定,也出现了新的难以判断的情形。关于劳动关系多元化带来的劳动关系主体范围适用等问题,实务界人士和学者目前仍处在探索和争论阶段。

不论怎样,劳动关系的多元化,用工形式的灵活化,社会人口结构的高龄化、少子化,已经成为各国亟须面对和解决的共同课题。为了更好地适应经济社会的发展需要,劳动关系的管制与自治的平衡、安全与灵活的平衡、劳动法自身体系的内部平衡以及劳动法与社会保障法等其他法律的系统平衡等,都是各国劳动法改革发展中所遵循的基本原则。归根结底,则是要实现劳动者的体面劳动与市场机能的充分发挥之间的系统平衡,这是在劳动法框架体系和制度内容基本确立后,不断深入协调和统一的过程,也是我们在学习、借鉴外国劳动法时应该注意把握的方法和原则。

第一编　法国劳动法

第一章　总　　论

在法国,劳动法被定义为:"调整私人雇主与其雇员之间因劳动而发生的个人关系和集体关系的法律规范的总称。"[①]

虽然法国劳动法的形成已有两个多世纪,但它比民法、刑法等学科要晚得多。其间,工人运动的发展,法学家的理论开拓,劳资对话与司法实践,都促进劳动关系逐渐从传统民法中独立出来。与此同时,为了维护社会稳定,国家政权也加强了对劳动争议和劳动关系的干预,将公法规范不断引入劳动法领域,与私法规范共同构成了被法国学者界定为"混合法"或"第三法域"的劳动法。[②]

第一节　历　史　回　顾

1791年通常被认为是法国劳动法的元年。该年6月14日,议会通过的《夏勃里埃法令》第1条宣布:"取消同一地位或职业公民的任何结社是法国宪法的基本点之一,禁止以任何借口和任何形式在事实上予以恢复。"该规定有其历史渊源。最初,取消结社的法令针对的是中世纪强大的行业协会形成的垄断和行业内部的人身依附关系,此举使启蒙时代兴起的个人主义(individualisme)和国家干涉理论变为现实。而此时,法国工业革命尚未启动,工人受雇于手工作坊,

---

[①] Gérard Lyon-Caen, *Le droit du travail : une technique réversible*, Dalloz, Coll. Connaissance du droit, Paris, 1995.

[②] Philippe Malaurie et Patrick Morvan, *Introduction générale au droit*, Defrénois, 2e éd., Paris, 2005, p. 53.

他们与雇主的关系有别于大工业出现后的劳动关系；工人组织也属于法令禁止的范围。1810年《拿破仑刑法典》第414、415条规定，对结社罢工或禁止他人工作的工人处以1至3个月的监禁；为首者可处以2至5年的监禁。为了加强对流动工人的控制，法国当局于1803年建立工人手册（livret d'ouvrier）并规定，任何不持有手册的工人将被视为流浪人逮捕、处罚。

立法方面，拿破仑于1804年授意制定了《民法典》。其中，涉及雇佣劳动关系的仅三条，具体如下：

第1779条规定："劳动力的租赁主要可分为三类：一、约定为他人提供劳务的劳动力租赁；二、水陆运送旅客和货物的劳动力租赁；三、依包工或承揽从事工程建筑的劳动力租赁。"

第1780条规定："仅允许就一定的期限或一定的工作对他人承诺提供劳务。"

第1781条规定："雇主对下列事项的声明具有可信度：(1)工资的定额；(2)过去1年工资的支付；(3)本年部分工资的支付。"

1789年大革命后，法国进入一个内外关系都十分动荡的时期：1804年，拿破仑称帝并大肆对外征战；1815年，拿破仑被逼退位以及波旁王朝复辟；1830年，"七月革命"导致奥尔良王朝的建立；1848年，"二月革命"推动了法兰西第二共和国的成立；等等。受这些重大历史事件的影响，法国的工业革命直到国际和国内形势平和以后才逐渐启动，比英国晚了很多。

工业革命将法国带入大工业生产时期，劳动力的集中和强化使用导致劳动条件的急剧恶化，引发了一系列社会问题，尤其是童工问题。1840年左右，约有14.3万童工在法国工业企业中劳作，其中9.3万人在纺织领域。[1] 童工的恶劣劳动条件被魏勒梅（Louis René Villermé）医生在其调查报告棉毛丝工场工人的身体与精神状况（Tableau de l'état physique et moral des ouvriers employés dans les manufactures de coton, de laine et de soie）中揭露出来，引起社会舆论的震惊。在这样的背景下，法国议会于1841年3月22日通过了关于保护童工的法律。该法第2条规定：禁止使用8岁以下的童工，将童工的每天工作时间分别限制在8小时（8—12岁）和12小时（12—16岁）；第3条禁止使用13岁以下的童工从事夜间劳动。该法被视为法国第一个真正意义上的劳动法律。

---

[1] René SOURIAC (sous la directin de), *Histoire de France*: 1750-1995 (tome 2), Editions PUM, Toulouse, 1996, p.179.

19 世纪后半叶是法国劳动法形成的重要阶段。议会于 1864 年 5 月 25 日通过法律废止了有关禁止工人结社罢工的《拿破仑刑法典》第 414、415 条,使结社不再受刑法处罚;1884 年 3 月 21 日通过的法律废除了 1791 年《夏勃里埃法令》对结社的禁止,工会活动从此完全合法。1892 年,政府建立劳动监察制度,对雇主的违法行为进行监督检查。1899 年,社会党人亚历山大·米勒米德(Alexandre Millerand)担任工商部部长后设立劳动关系署(Direction des relations du travail),定期组织雇主与工会代表坐在一起谈判,开始形成政府、资方、工会三方集体劳动关系协调机制。

进入 20 世纪后,劳动法进入迅速发展阶段。法国议会于 1906 年 7 月 13 日通过法律,将星期日作为法定休息日。1906 年 10 月 25 日,政府首次设立劳动部。1910 年,首部法国《劳动法》问世,劳动法逐渐形成自身的体系。议会于 1919 年 4 月 23 日通过的法律宣布实行 8 小时工作制,工会多年的诉求得到满足。

20 世纪 30 年代,法国发生经济大萧条,生产总量急剧下降,企业纷纷裁员减负,导致失业人数节节攀升,被经济繁荣掩盖的社会病症逐渐暴露出来。由左派政党于 1934 年组成的"人民阵线"在 1936 年 4 月、5 月两轮选举中胜出,以捍卫工人阶级利益为自身使命的社会党首次执政。受到鼓舞的法国工人随即掀起声势浩大的罢工浪潮,罢工高潮时参加人数超过 250 万。罢工人数之多、牵涉行业之广,均前所未有。法国工人的主要诉求是增加工资、40 小时工作周、带薪休假、工会自由以及在企业设立职工代表等。

1936 年 6 月 5 日,受命组阁的莱昂·勃鲁姆发表演说,承诺敦促议会尽快通过法律满足工人们的要求。两天后,在政府的主持下劳资双方在总理府马提尼翁官邸谈判,并于翌日签署法国劳动法史上重要的《马提尼翁协议》。该协议规定:资方承认劳动者有加入工会的权利;全面增加工人工资;职工人数超过 10 人的企业设职工代表;资方保证尊重工人的罢工权。随后,议会陆续制定通过了关于集体合同、带薪休假和 40 小时工作周等法律,将劳资双方议定的内容以法律形式确定下来。

《马提尼翁协议》对法国劳动法产生了深远的影响。如带薪休假,任何职工只要在一家企业连续工作满 1 年时间,便可享受 15 天的带薪假期,首开职工带薪休假权的先河,成为世界上第一个实行带薪休假制度的国家。而 40 小时工作周在此后的几十年间一直是标准工作时间,直到 1981 年法国才开始尝试 39 小时工作周。1936年确定的职工代表制度将工资、工时、工作条件以及企业涉及职工利益的重要决策等都置于职工代表的监督之下。

1936年罢工的规模是史上罕见的,充分显示了团结起来的工人的力量,也使工会的影响大大提高,工会会员人数成倍增加。

1936年以后的很长一段时间里,由于二战前后欧洲的紧张局势以及由此带来的国内政治动荡,使得法国的社会改革没有再取得新的进展。值得一提的是,议会于1945年2月22日通过的法律规定,超过100名职工的企业必须设立企业委员会(comité d'entreprise),委员会由经理、职工代表和工会代表参加。委员会会议由经理主持,负责讨论劳动条件并有财务知情权(所在企业应提供年度报告给委员会成员)。在超过500名职工的企业,企业委员会成员有权参加董事会。议会于1946年5月16日通过的法律将设立企业委员会的义务扩及职工人数50名以上的企业。

二战后,法国劳动法的另一重要进展是1946年《宪法修正案》首次在《宪法》中明确规定罢工合法。该《宪法》导言第七项规定:"罢工权在相关法律规定的范围内行使。"

议会于1950年2月11日通过的法律设立了最低工资制度,又称"跨行业最低保障工资"(SMIG),与物价指数挂钩,设立目的是为了保证劳动者的实际购买力能够跟上物价的变动。但是,后来由于平均工资的增长速度超过了物价指数,出现了最低工资和平均工资差异越来越大的现象。

1968年的"五月风暴"是在校学生发起的运动,后扩大到产业领域,形成1936年以后的20世纪第二个工人运动高潮。劳资双方通过集体谈判于1968年5月27日达成《格勒奈尔协议》(Accords de Grenelle),并通过政府干预得以实施。

1968年以后,工人运动规模逐渐缩小,劳动法的发展趋缓。这一现象直到1981年社会党再次执政后才有所改观。其间,20世纪70年代发生两次石油危机后,法国经济告别了三十年的高速增长时期,开始了漫长的低迷状态。与此相应的是失业者越来越多,从此,减少失业成为历届法国政府劳动政策的主旋律。

1981年,社会党再次赢得大选,新成立的政府实施了其竞选纲领中的一系列改善劳工状况的社会主张,包括将最低工资提升10%,将法定工作时间从每周40小时降至39小时,限制企业与职工签订固定期限合同和部分劳动时间合同,将法定退休年龄由65岁降至60岁,将带薪年假从4周增至5周,放宽提前退休条件等。然而,这些措施却打击了已经十分脆弱的法国经济:企业倒闭数量增加,资本外流,物价上涨,法郎连续贬值。当局不得不在新政实施两年后便采取紧缩政策。该政策在就业方面主要表现为,减少公有领域职工人数,降低失业救济金发放标准,冻结物价和工资,控制提前退休人数,设立"公益合同"以鼓励公共机构录用16—21岁的待业青年,等等。

由于社会党社会经济政策的失败,法国经济状况下滑,失业率上升。1986年议会改选时,社会党失去了国民议会多数席位,获胜的右派联盟任命希拉克出任政府总理。接近企业界的法国右派依据经济合作与发展组织(OECD)的灵活性理论(flexibility),提出法国存在劳动力市场供求不对应,国家对劳动市场管理过度,以及技术性不强的劳动岗位成本过高的现象;主张将解决失业的思路转向降低劳动力成本和减少对企业的政府管制。法国政府开始大面积减轻企业负担,尤其是减轻由企业负担的低收入职工的社会保险费。目的在于鼓励企业雇用更多缺乏特殊技能的工人,因为这些人的失业风险最大。

在减少企业劳动力成本的同时,法国又在1998年开始推行缩短劳动时间改革,将每周标准工作时间由39小时降至35小时,超过35小时的工作时间属于加班。这一改革的理论基础是通过减少劳动时间促成更多的劳动者分享有限的劳动岗位。

由于减少企业社会缴费负担和缩短工作时间等措施都没有扭转失业状况,近两届法国政府又将劳动法改革重点放在强化企业内部的劳资对话上,希望通过加大企业自主权来消除企业用人顾虑,增加企业的雇佣热情。

第二节 劳动法适用主体

一、雇主

法国《劳动法》没有为雇主(employeur)下定义。2007年6月19日,法国最高法院社会庭在一个判决中对雇主作如下定义:"雇主是劳动者在一定时间内,为其利益,在其领导下完成了服务并获取作为对价的报偿。"

雇主可分为自然人和法人,可以是一个,也可以是数个。雇主可以是公法人,也可以是私法人(法国《劳动法》只适用于私人雇主)。

最常见的雇主为公司法人,如有限责任公司(SARL、EURL、EIRL),股份有限公司(SA、SAS、SASU),两合公司(SC),两合有限公司(SCA),民事公司

(SC),合名无限责任公司(SNC),生产合作公司(SCOP);也可以是集团(经济利益集团,GIE)、协会（association）、基金（fondation），等等。法律明确规定,这些机构都有资格雇佣职工,成为雇主。比较微妙的是单一雇主以及多重劳动关系中的雇主。

（一）单一雇主

1. 个人雇主

个人雇主(particulier employeur)实际上是最早出现的雇主,而最早的雇员就是取得自由支配自己劳动力权利的仆人(domestique)。从前文法国劳动法发展史可以看出,工人阶级是随着大工业生产的兴起和发展而出现并成为独立于家庭佣工(employé de maison)的新的社会团体。由于法国劳动法基本上是在工人集体运动中形成的,所以有关家庭佣工的规定甚少。

二战后,家政业迅速发展,其原因大致可以归结为健康因素和社会因素。战后科技进步带来的卫生条件和物质生活的改善延长了人们的寿命,越来越多的老年人需要他人照顾。与此同时,妇女就业权的普遍实现也满足了对家政人员的需求。

家庭佣工与一般的公司或单位雇员有一定的差别,因为他们的工作不是通过参加雇主组织的劳动向社会提供产品或服务,他们的服务只提供给其雇主或雇主家庭。个人雇主也因此与其他雇主有着显著差别。

根据法国《劳动法》第 L7221-1 条,个人雇主只能在家中或附近雇佣家政职工(salariés à domicile)从事家庭性质或家务性质的工作,以满足个人或家庭的需要。禁止利用家政职工从事牟利活动或与雇主本人职业活动有关的工作。同时,《劳动法》第 L7231-1 条进一步将家政职工的工作范围明确为:（1）看管小孩;（2）为老年人、残疾人和其他有需要的人在他们家中提供帮助,或为他们在住处周边活动提供帮助;（3）为他人在其家中从事家务。

根据《劳动法》第 L7221-2 条,该法的绝大部分规定不适用于家政职工,但有关最低工资、社会保险缴费、精神和性骚扰、五一劳动节休假、职工探亲假、职工体检以及劳动关系的解除等规定依然适用。

2. 劳务派遣中的雇主

根据法国《劳动法》第 L1251 条,劳务派遣为劳务派遣企业、被派遣劳动者和用人企业构成的三角劳务关系。该三角关系的依托是两个合同:劳务派遣企业与被派遣劳动者订立的派遣合同(contrat d'interim),劳务派遣企业和用工企业订立的调用合同(contrat de mise à disposition)。其中,派遣合同才是真正意义上的劳动合同。因此,尽管被派遣劳动者在用工企业工作,但在法律意义上其雇主是劳务派遣企业。

3. 劳务外包中的雇主

劳务外包即外包企业将劳动者提供给用人企业,因此也是三角关系。为了保护劳动者的合法权益,法国法律规定,如果发生违法外包,权利受到侵害的劳动者可以通过参加附带民事诉讼,要求法院确认劳动者与发包方之间存在事实上的劳动合同关系(见下文)。

(二) 共同雇主

共同雇佣(co-emploi)是一个判例法上的概念,是指雇主的权利义务全部或部分从一个企业延伸至另一个企业,旨在强化对劳动者的保护。

共同雇佣关系经常出现在公司集团内部,主要原因是母公司对子公司活动的不当介入。法国最高法院早在 1975 年 4 月 10 日的判决中认定:当子公司的主要管理者同时也是母公司管理者时,两个公司出现管理混同;该情形造成子公司的职工与母子两个公司同时存在从属关系。

同时,最高法院一直小心地避免将母公司对子公司有法律上的控制权变成共同雇主的必然条件。长期以来,法国最高法院一直强调:不能借口母公司因管理公司集团作出影响子公司未来的决策,或者为子公司提供财务支持,就认定母公司应与子公司承担连带责任。最高法院在 2005 年 7 月 12 日的判决中申明:"劳动合同既不取决于当事人所表达的意愿,也不取决于协议的名称,而是取决于工作是在什么条件下履行的。从属关系的特点在于,工作是在有权发出命令和指示的雇主的领导下进行的,雇主有权监督其进行并对下属违抗行为予以处罚。"因此,在共同雇佣案件中主审法官应着重审查在整个合同关系存续期间,职工是否与两个公司存在从属关系。

在 2006 年 11 月 8 日、2011 年 1 月 18 日、2014 年 7 月 2 日判决中,法国最高法院也再三强调,只有当母公司介入了子公司的管理并导致了利益、业务和管理混同时,才能够与子公司构成共同雇主,与子公司承担连带责任。

由于法国最高法院对共同雇主的确定持非常谨慎的态度,因此确定构成共同雇主的判例为数不多。在 1996 年 6 月 18 日的一个判决中,最高法院社会庭认定,Z 女士与 Y 公司签有劳动合同,被雇主派到 BHV 公司的首饰柜台担任示范推销员;Y 公司对 Z 女士拥有管理权,而 BHV 公司对 Z 女士也有同等程度的领导权;两个公司共同对 Z 女士的工作行使管理权和监督权,因此存在 Z 女士与该两个公司的从属关系,构成共同雇佣。

从法律后果上看,最高法院认为,共同雇主的存在并不导致多个劳动合同的形成,有关职工本人只能有一个劳动合同(2004 年 6 月 1 日判决),但各个雇主均对职工承担连带赔偿责任(2011 年 1 月 18 日判决)。

(三) 改制后的雇主

法国最高法院有判例认为:劳动合同具有强烈的个人色彩,除非有明确的法律规定,否则不得违背劳动者的意愿改变其雇主。然而,法律又明确允许作为法人的雇主进行改制。所谓改制,主要是指公司股权转让、兼并或分立等。《劳动法》第 L1224-1 条规定:"当雇主的法律形式发生变化时,特别是发生继承、出让、兼并、业务改变等企业公司制改造时,正在履行的所有劳动合同在新雇主和企业职工间继续存在。"在这些情形下,劳动者没有表示异议的权利,即不得以此为借口要求法院宣布劳动合同解除。

《劳动法》第 L1224-1 条规定,对劳动合同存续的职工,由新雇主承继原雇主当时承担的全部义务。

发生企业转让时,雇主对职工还需要承担以下义务:(1) 提前通知的义务。《劳动法》第 L1234-7 条规定:"企业转让时,雇主依然负有提前通知的义务。(2) 补偿义务。"《劳动法》第 L1234-10 条规定:"企业转让时,雇主依然负有必要时按照第 L1234-9 条支付解雇补偿金的义务。"根据《劳动法》第 L1234-12 条,这两项义务只有在不可抗力导致的企业转让时才可以豁免。

二、劳动者

(一) 概念

法国《劳动法》没有为劳动者(travailleur)或职工(salarié)下定义。因此只能通过劳动合同对其进行界定,即劳动者是在劳动合同中处于服从地位、提供劳动换取报酬的一方。

法国《劳动法》第 1211-1 条规定:劳动合同属于民法的调整范围。据此,劳动者的资格也需同时参考民法的有关规定。法国《民法典》将成年年龄定在 18 岁;18 岁以下的未成年人没有签约的行为能力,但是有工作能力,即允许年满 16 岁的未成年人作为学徒参加工作(《劳动法》第 L6222-1 条)。但是,学徒合同必须由其父母或监护人签字。此外,民事行为能力受限的成年人也要由其监护人代理其签署劳动合同。

劳动合同具有很强的人身关系特征。换句话说,合同具有个人属性,即使是同样条件,双方也可能不会和他人订立合同。这一特征导致劳动合同双方不得转让自己在合同中的权利和义务。因此,劳动者必须亲自完成其工作任务,不得委托第三方代替自己履行义务。这是劳动合同与其他服务合同的重要区别之一。

(二) 实习生

根据法国法律,实习生(stagiaire)有三类:未成年人学徒实习生、职业继续培训实习生和一般企业实习生。实习生的资格和待遇主要受教育法制约,同时也适用劳动法的相关规定。根据这些法律规定,实习的主要目的是为了使学员在实践中应用其学到的理论知识,同时获取实践经验。因此,实习生在企业中应以学习为主,而不是以提供服务为主,尽管在实习过程中可能也确实提供了服务,这是实习生与企业职工的一大区别。因此,法律规定实习生在实习期间的工作任务必须与培训机构、企业共同确定的教育项目相关,换句话说,企业不得安排实习生从事与其学习计划无关的工作任务,也不可以安排实习生从事一项通常是由企业固定职工完成的工作任务,或者是企业临时增加的业务、季节性工作等,这是实习生与企业职工的另一区别。如果企业违反了这些规定,一旦发生纠纷,法院可以根据事实将实习生与企业的关系重新认定为劳动关系,将实习生认定为企业职工。

实习生与企业建立的不是劳动合同关系,而是培训机构、实习生与企业三方签订的实习合同关系。

实习生在企业实习时间不得超过6个月。实习生与企业职工一样在企业食堂就餐或享受企业发给的餐券等福利。企业可以决定发给实习生一定的报酬,但该报酬为实习补贴(gratification),不是工资;实习补贴不得低于社会保险上限(plafond horaire de la sécurité sociale)的15%(法国2017年的社会保险上限为每小时24欧元)。只要实习期超过2个月(连续或1年内不连续总长超过2个月),企业就必须支付实习补贴。实习补贴在合理范围内则不需要交纳社会保险费。实习生的社会保险关系在实习期间不发生变动,即不转移到实习企业。

此外,实习生在企业实习时,受《劳动法》有关职工自由以及有关精神和性骚扰规定的保护。

(三) 外籍劳动者

1. 外籍劳动者的定义

法国劳动法对外籍劳动者实行区别对待,即分为来自欧盟经济区(Espace économique européen)的劳动者,来自优惠国(瑞士、摩纳哥、圣马力诺)的劳动者,以及来自其他国家的劳动者。

来自欧盟和优惠国的劳动者,可以在法国自由工作,除了某些政府职务和某些限制性行业的职务以外;原则上与法国公民同等待遇,不需申请居留证(titre de séjour)或工作许可(titre de travail)。在校读书的大学生勤工俭学也不需工作许可,但是年工作时间不得超过 964 小时,即标准劳动时间的 60%(法定标准年劳动时间是 1607 小时)。

根据规定,不属于上述国家和身份的外国人在法国工作首先必须持有合法居留证以及工作许可。招聘外籍职工则根据情况分两种程序:不居住在法国的外籍职工招聘和居住在法国的外籍职工招聘。

2. 不居住在法国的非欧盟外籍劳动者的引进程序

雇主首先必须到法国就业管理机构(pôle emploi)提交一份招聘启事和一份申请职工引进文件,同时将引进文件送至当地的劳动监察部门(direccte)。

引进文件必须包括:支付法国移民融入局(OFII)税费的承诺保证,准备与外籍劳动者签订的工作合同,以及有关外籍劳动者的住房条件的表格。

劳动监察部门是引进外籍职工的审批机构。由于法国长期失业率居高不下,就业机会必须优先保留给本国公民。就业管理机构登记并公示招聘启事的目的就是为了保证法国公民能够应聘。如果雇主在收到法国公民应聘后依然坚持引进外籍劳动者,则必须向劳动监察部门说明拒绝招用法国应聘公民的理由。如果理由不充分,则劳动监察部门可以拒绝批准引进外籍劳动者申请。

如果引进申请获得批准,劳动监察部门就会将文件转给外籍劳动者所属法国领馆的法国移民融入局分支机构。由移民融入局分支机构组织外籍劳动者进行体检,以及外籍劳动者的赴法行程。上述手续完成并合格后,将发给外籍劳动者赴法签证、工作许可和长期居留证。

3. 居住在法国的非欧盟外籍劳动者的雇佣程序

此类外籍劳动者可分两种情况:一是外籍人持有不允许工作的合法居留证。雇主应该在到当地移民局确认其居留合法后,向当地劳动监察部门为其申请工作许可。二是外籍人没有任何合法居留证。此类外籍人必须首先提交特殊居留申请(demande d'admission exceptionnelle au séjour),雇主开具的聘用承诺(promesse d'embauche)可以作为其申请居留的理由。

雇主提交的雇佣申请文件应该包括一切便于了解外籍人工作能力的资料,如外籍人的简历、文凭复印件、工作证明等。劳动监察部门同时也着重审查雇主的企业规模、生产经营条件、是否有过违法经历等,并根据当地就业情况对提供给外籍人的岗位以及外籍人的资质与工资的对应性(工资是否过低)进行审查。

劳动监察部门应该在收到雇佣申请后的2个月内作出决定,如果在此期限内劳动监察部门没有作出决定,则意味着申请被拒绝。

雇佣申请被拒绝后可以向劳动监察部门提出申诉,也可以向劳动监察部门的上级部门提出申诉,还可以在得知申请被拒绝的2个月内向当地行政法院起诉。

如果当地劳动监察部门批准工作许可,雇主应立即联系法国移民融入局,安排外籍劳动者进行上岗前体检,并在劳动合同签订后3个月内支付移民融入局特别税。

在劳动监察部门批准工作许可前,雇主不得安排外籍劳动者上岗,否则将面临5年监禁和1.5万欧元的罚金(《劳动法》第L8256-2条)。

4. 外国企业调派职工

外国企业(包括欧盟经济区其他成员国的企业)可以在维持劳动合同不变的条件下,将其职工临时派到法国的企业工作。根据《劳动法》第L1261-3条,调派职工(salarié en détachement)是指在法国境外合法设立、经营的企业将为其工作的职工派往法国进行短期工作的情形。外国雇主必须与调派职工已建立了劳动关系,同时该劳动关系在调派期间必须继续存在。调派职工与接收他的法国企业没有任何合同关系。

在全球经济一体化的大环境下,调派职工为国际企业的内部运作提供了便利。为了防止国际企业利用调派职工引进外国廉价劳动力,法国法律对调派职工作了许多限制。《劳动法》第L1262-1条允许在以下几种情况下调派职工:(1)安排职工基于雇主和设立在法国的接收企业订立的合同而进行的短期工作(工程承包,劳务派遣);(2)职工被从总公司派到法国分公司或被从集团的一个成员公司派到另一个成员公司工作(集团内部非营利性质的调动);(3)安排职工到与雇主没有合同关系的法国企业工作(如交货、设备调试与安装等)。

在调派前,外国企业必须先向接收被调派职工的法国企业所在地的劳动监察部门作预先声明(Déclaration préalable),并应说明被调派职工的姓名和身份。被调派职工如果是欧盟经济区其他成员国或优惠国公民则不需要办理工作许可,如果是其他国家公民则需要办理被调派职工工作许可。

为了防止因引进廉价劳动力而引起的社会倾销(dumping social),法国法律规定,调派职工的外国雇主必须遵守法国法律关于劳动报酬、男女平等、工作时间、工作条件、罢工等方面的规定,尤其是关于最低工资的规定。而劳动合同的成立、效力、解除以及社会保险缴费等,则仍适用调派职工及其雇主所在国的法律。

调派职工以临时性为特征,被调派职工在完成工作任务后必须立即返回雇主的企业,在法国的工作时间一般最长不得超过24个月。

调派职工的外国雇主的主业必须在其本国而不是在法国。如果外国雇主被证实在法国有长期、稳定、持续的业务,则必须在法国登记,且应遵守法国劳动法的全部规定。

第二章　个别劳动法

1789年的法国大革命彻底否定了中世纪的封建人身依附关系。1791年《夏勃里埃法令》第1条即宣布禁止结社，主要针对的就是中世纪强大的行业协会造成的垄断和行业内部的人身依附关系，此举将启蒙时代兴起的个人主义和国家干涉理论变为现实。1804年《民法典》第1780条规定："仅允许就一定的期限或一定的工作对他人承诺提供劳务。"其主要目的就是为了防止中世纪的人身奴役制度卷土重来。

1804年《民法典》中没有劳动合同(contrat de travail)的概念，只有承揽及劳务租赁关系(louage d'ouvrage et d'industrie)一说，即劳作人(gens de travail)为他人提供服务的租赁，运输人(voituriers)运送水陆客货的租赁，承揽商(entrepreneurs d'ouvrages)在报价或交易后的租赁。

雇主在劳动关系中处于特权地位。1804年《民法典》第1781条规定，"对下列事项所作声明有可信度：(1) 工资的定额；(2) 过去1年工资的支付；(3) 本年部分工资的支付。"也就是说，雇主对劳务报酬及其支付的说法自动具有证据力，因此双方在法律面前已经不是平等状态。

1804年《民法典》中的"承揽及劳务租赁"实际上源自古罗马法的承揽租赁(locatio operis faciendi)和劳务租赁(locatio operarum)。一般认为，二者的区别是：承揽租赁的重点是劳动成果，而劳务租赁的重点是劳动时间。

1804年《民法典》颁布时，法国工业革命尚未开始，出租劳动力的主要是手工业者和富有家庭中的仆人。前者属于承揽租赁，后者则属于劳务租赁。工业革命在法国兴起后，大量的产业工人开始出现，上述两种劳动力租赁分类变得不合时宜。劳工界、理论界和法院等都力图寻找更合理的区分方式。一种说法是：该法第1779条第1款中的劳务租赁主要指仆人，因为他们从属于雇主。应按劳动合同期限的长短对工人分别适用雇佣关系和主仆关系，即因长期合同而形成的是雇佣关系；因短期(日工)合同形成的是从属关系，理由是日工对雇主具有更多的依赖性。另一种说法是：工厂中的订有长期合同的劳动者属于该条第3款中的承揽商,因为他们的租赁合同是在意思自治的情况下与资方缔结的平等合同,是双方经过相互自由选择的结果,合同内容也都是双方自愿接受的。正是为了避免再出现中世纪的终身奴役制,1804年《民法典》第1780条仅允许在劳动者一定期限内对他人承诺提供服务。因此,以平等的名义将合同双方的义务强制限制在一定时间内,使得雇主和劳动者都可以在合同到期后重新获得自由。

19世纪后半叶,理论界开始抨击上述观点,认为无论是主仆间的服务租赁还是工人与雇主间的承揽租赁都具有从属性。逐渐地,这种区分在立法和判例中慢慢消失,劳动者的身份归于一致,不再因合同期限的长短而加以区分。二者统一于服务租赁合同(louage de serivce),也即民法意义上的雇佣合同。

在服务租赁与承揽租赁的论争中,还出现了一个新的词汇,即劳动合同。法国理论界首先使用这一概念,并迅即被法院在审判实践中采用。1910年《劳动法》也采用了劳动合同这一概念,但没有加以确切定义。其间,服务租赁合同与劳动合同作为近义词同时使用,直至1973年7月13日,《劳动法》第1条才将劳动合同正式固定下来,并取代了服务租赁合同。二者从此再次分岭:服务租赁合同概念为民法保留,而劳动合同则成为劳动法和社会保障法的概念。

劳动合同概念的出现很快便面临如何对其界定的问题。理论界和法院又重新拾起从属关系,将其作为区分劳动合同和其他服务合同的标准。起初,理论界认为从属关系可分为经济性质和法律性质两种。但是,在1931年7月6日的巴尔杜案判决中,最高法院否定了经济性从属关系的说法,只接受法律上的从属关系。

据此,劳动合同的唯一必要条件是法律从属关系(lien de subordination juridique)的存在。至于何为从属关系的存在,则需要法官根据具体案情判断。由于法官在实践中往往对这一概念作延展性解释,导致在很长一段时间内没有形成概括性标准。直到1996年11月13日,在著名的兴业银行案判决中,最高法院指出:"从属关系的特点在于,工作是在雇主的权威下完成的。雇主有权发出命令和指示,监督该命令和指示执行并惩罚下属的失职行为。在一个有组织的部门内部进行的工作,如果工作条件由雇主单方面决定,则可构成存在从属关系的迹象。"

第一节 劳动关系的成立和内容

劳动合同是雇主与劳动者关系构成的基础。法国《劳动法》没有任何条款涉及劳动合同的定义。法国最高法院在 1954 年 7 月 22 日的一个重要判决中认定:"当一个人以报酬为对价,承诺为另一人工作并服从其指挥命令时,即为劳动合同。"根据这一判例,劳动合同的三要素为:待完成的工作、支付的报酬、从属关系的存在。

法国《劳动法》第 L1211-1 条规定:"劳动合同适用一般规范。可以通过合同双方决定采纳的形式制定。"劳动法的调整对象是私人雇主与其劳动者的法律关系,故属于特殊法;而民法的调整对象是平等主体之间的人身、财产关系,故为一般法。法国《劳动法》第 L1211-1 条的规定将劳动合同纳入民法的调整范围,具体来说就是劳动合同要适用法国民法典。作为隶属于民法规范的劳动合同,属于双边有偿合同。

一、劳动合同成立的要件

劳动合同的成立必须符合实质要件和形式要件。

(一)实质要件

法国《民法典》第 1128 条规定,合同生效必须满足以下条件:双方合意;当事人有签约能力;合同内容合法。

1. 双方合意

法国《民法典》第 1101 条对合同定义如下:"合同是两个或两个以上的人,以创立、修改、转让或消灭义务为目标的自愿协议。"

合同成立必须符合法定条件。法国《民法典》第 1102 条规定"各方有权在法律规定的范围内决定签约或不签约,选择其合同方,确定合同内容与形式",条件是"契约自由不得规避有关公共秩序的规定"。法国《劳动法》第 L1211-1 条也采取了几乎同样的规定:"劳动合同适用一般规范。可以通过合同双方决定采纳的形式制定。"

此外,法国《民法典》第 1103 条规定:"依法成立的合同对各方有法律效力。"第 1104 条规定"合同应该以诚实的方式谈判、成立并履行",同时还强调"这一规定具有强制性"。

上述规定表明,法国合同法的重要原则是意思自治和合同的强制力。

2. 意思无瑕疵

根据法国《民法典》第 1130 条,误解、欺诈和暴力属于三种意思瑕疵,可能导致合同无效。劳动合同也必须满足意思无瑕疵这个基本条件。

就劳动合同纠纷实践而言,误解和欺诈多被雇主一方引用,劳动者较常引用的是雇主的暴力行为。比如,劳动者在应聘时候没有告知雇主他与前任雇主间签订的竞业限制协议,或者劳动者提供不实的工作经历(以实习经历充当工作经历),或将假学历出示给雇主。但是,劳动者对某些个人信息保持沉默不构成欺诈,如健康情况、以往触犯刑律的经历等。

无论是误解、欺诈还是暴力,都必须是决定性的,即导致一方签订合同的决定性原因。比如,上面提到的应聘时出示假学历行为,如果是为了应聘教师职位,则构成具有决定性意义的欺诈。

3. 合同内容合规

劳动合同必须遵守《劳动法》的强制性规定,以及非强制性规定的框架。同时,劳动合同不得违反相关的集体合同,除非合同内容对劳动者更有利。

(二)形式要件

首先,雇主在招聘新职工以前,必须在进行正式聘用前 8 天内递交招聘预声明(déclaration préalable à l'embauche),违反这项义务将构成非法用工罪(travail dissimulé),可能被处以每名非法用工 1062 欧元的罚金。招聘预声明须递交给当地的法国社会保险金和家庭补助金征收联合会(URSSAF)办事处。其次,雇主应就新聘职工向社会保障系统、职业健康与法定体检组织以及就业管理机构办理登记。再次,雇主还须向劳动监察部门申报首次聘用的职工。又次,雇主需要对聘用人员的身份进行确认,如果聘用的职工是外籍,还需要办理特殊审批和登记手续。最后,雇主还应根据需要与被聘用人员签订劳动合同。

根据法国《劳动法》第 L1211-1 条,劳动合同的形式由合同双方自由选择。换句话说,劳动合同允许是口头形式的。实际上,这条规定仅限于无固定期限劳动合同。《劳动法》第 L1248-6 条规定,如果没有签订书面固定期限劳动合同并明确合同标的,可处以 3750 欧元的罚金。同时,不签订书面合同还有另一个风险,那就是在双方发生纠纷后,法院可以对劳动合同重新定性,将双方的关系归结成普通劳动关系,也即全日制无固定期限劳动关系。[①] 由于全日制无固定期限劳动关系对职工的保护非常有力(后述),因此雇主的利益在于对任何非全日制无固定期限合同都采取书面形式。这种处理在法理上可以解释,在操作上也更容易促进当事人的积极参与。

这里需要补充的是,集体合同可以就上述法律规定设置更严格的规定,比如,要求全日制无固定期限合同也必须采用书面形式,这样的规定对使用该集体合同的雇主及其职工都具有约束力。

综上所述,在某些情况下,即使没有签订书面劳动合同,也不意味劳动关系不存在,而是雇主与劳动者的关系已自动成为无固定期限劳动关系。

根据《劳动法》第L1221-2条第1款:"无固定期限的劳动合同是劳动关系的一般和普通形式。"除了普通的劳动合同,还有其他特殊的劳动合同,但是受到更多限制。

《劳动法》对劳动合同的签约时间没有作一般性规定,仅在第L1242-13条要求固定期限的劳动合同必须在招用职工后的2个工作日内签订。

不签订劳动合同本身并不一律违法,重要的是不能隐瞒工作事实。也就是说,雇主和劳动者都应当将双方存在劳动关系的事实告知国家有关部门。如果故意隐瞒不报则构成非法用工罪,可判处3年有期徒刑和4.5万欧元的罚金(《劳动法》第L8224-1条)。当然,需要紧急完成的抢修工作不在此限(《劳动法》第L8224-2条)。此外,《劳动法》第L1221-5条禁止在劳动合同中规定法院管辖权。

由于固定期限劳动合同不受书面形式的制约,因此雇主可以通过相关证据证明其存在,比较常见的证据有雇佣声明、工资单、信件往来和社保机构的登记记录等。

二、劳动合同基本内容

劳动合同必须明确劳动者的工作性质,包括职位描述、工作时间和工作地点等。

关于职位,需要说明的是,企业正常业务活动相关的职位只能适用无固定期限劳动合同,不得签订短期合同。短期合同只能用于代替缺勤职工、因企业业务

---

① 参见法国《劳动法》第L1221-2条第1款规定:"无固定期限的劳动合同是劳动关系的一般和普通形式。"

临时增加导致的人员需求、季节性人员需求,以及特定行业安排的某些惯例。

长期来看,法国的工作时间趋于短时化。1919年4月23日确定的8小时工作日以及1936年《马提尼翁协议》确定的40小时工作周制度在此后的几十年间一直是标准工作时间。社会党1981年再次执政后,开始将减少工作时间作为就业政策的重要方针,将周标准工作时间改为39小时。议会于1998年通过法律,再次将法定标准工作时间由每周39小时降至35小时。目前的标准劳动时间为每天8小时,每周35小时,每年1607小时。每天超过8小时,每周超过35小时,每年超过1607小时的劳动时间均属于加班时间,雇主需要支付加班费或允许加班职工调休。需要说明的是,独立性强的职工(主要是白领管理者)可以不受上述法定工作时间的限制,自行安排工作时间,按时完成工作任务即可。也就是说,在完成工作任务的前提下,他们可以自由安排自己的日、周工作时间。但是,通常情况下,其结果是此类职工往往加班时间更长,甚至回到家中依然工作,导致一些人出现心力交瘁现象(burning out)。

关于无固定期限劳动合同中的试用期,现行《劳动法》第L1221-19条规定:"无特别技能工人的试用期为2个月,熟练工人的试用期为3个月,管理人员的试用期为4个月。如果行业集体合同有规定,则试用期可以延长一次。"

根据《劳动法》的规定,试用期按照日历天数计算,如1月1日开始的3个月试用期到3月31日截止;试用期及其延长不得推定,必须在招聘承诺书或劳动合同中加以明确约定。

关于固定期限劳动合同的试用期,如果合同期少于6个月,试用期按每周一天计算。譬如,为期2个月的固定期限劳动合同的试用期不得超过8天;同时,该劳动合同的试用期最多不得超过2周。如果固定期限劳动合同的时间超过6个月,则试用期不得超过1个月。

关于劳务派遣的试用期,如果合同期少于1个月,试用期为2天;如果合同期为1至2个月,试用期为3天;如果合同期2个月以上,试用期为5天。

劳动合同其他内容原则上由合同双方自由协商确定,可包括竞业限制条款、兼职禁止条款、跨区域调动或要求职工担任不同专业职位的条款、发明和知识产权所有权条款等。劳动合同不得与法国劳动法强制规范相违背,同时要与适用于雇主的行业集体合同保持一致,并在合同中加以注明。

三、非典型劳动关系

为防止出现终身奴役,1804年《民法典》禁止无固定期限雇佣合同。该法典第 1780 条规定:"仅允许就一定的期限或一定的工作对他人承诺提供劳务。"

议会于 1890 年 12 月 27 日通过法律,首次提出了无固定期限雇佣合同的概念。现行《劳动法》第 L1221-2 条第 1 款规定:"无固定期限的劳动合同是劳动关系的一般和普通形式。"据此,由非无固定期限劳动合同确定的劳动关系均为非典型劳动关系,包括固定期限劳动关系、劳务派遣关系、劳务外包关系等。

(一) 固定期限劳动关系

法国《劳动法》严格规定了固定期限劳动合同(contrat de travail à durée déterminée,CDD)的使用范围。根据《劳动法》第 L1242-1 条,固定期限劳动合同不能以代替企业一个长期的正式工作岗位为目的,也不可以造成类似结果。禁止利用固定期限劳动合同聘用职工专门从事危险工作;禁止利用固定期限劳动合同聘用职工替代前 6 月内由于经济原因被解雇的职工(除非合同期限不超过 3 个月或者因临时出口订单);禁止利用固定期限劳动合同聘用职工替代参加罢工的职工。

同时,根据《劳动法》第 L1242-2 条,固定期限劳动合同仅可以在以下情况使用:

(1) 代替缺勤的、临时实行部分工作时间的、劳动合同暂停的、因岗位取消离职的、尚未上岗的无固定期限劳动合同的职工;

(2) 为了应对企业临时增加的业务;

(3) 属于季节性工作岗位;

(4) 特殊就业政策规定的雇佣,如为培训 26 岁以下年轻人的半工半读合同(contrat de qualification),或为长期失业者提供的再就业合同(contrat initiative emploi)。

《劳动法》第 L1242-1 条规定,固定期限劳动合同必须采取书面形式并详细说明原因,否则将被视作无固定期限劳动合同。合同一式两份,其中一份应在招聘后的 48 小时内交给劳动者。定期劳动合同尤应载明以下条款:

(1) 有关被代替职工的职业资质;

(2) 合同截止日期以及或有的续约条款;

(3) 合同期限或最短期限;

(4) 有关工作岗位的描述;

(5) 适用的集体合同;

(6) 或有的试用期期限;

(7) 薪酬金额以及构成，包括或有的奖金和工资附加；

(8) 补充养老基金的名称和地址。

关于合同终止日期的条款无疑是固定期限劳动合同中最重要的条款之一。有时候合同终止日期很难确定，如被替代的缺勤职工重返工作岗位的日期不明（休产假的职工），因此法律允许合同不确定终止日期。这并不意味着固定期限劳动合同可以不写终止日期，因为不写终止日期有可能被法院改判为无固定期限劳动合同。所以无确切期限或终止日期的固定期限劳动合同需要写明导致合同终止的事件，如写明"本合同在某某职工重返岗位时终止"，同时还需写明劳动者有保障的最短工作期限，如写明"劳动者最短服务期限为1个月"。至于最短工作期限究竟可以短到什么程度，法律没有规定。

这里需要注意的是，固定期限劳动合同最多可以续约两次，且一般总期限最长不能超过18个月；特殊劳动合同，如资深职工定期劳动合同(CDD seniors)、管理或技术人员的项目劳动合同(CDD à objet défini)，可以延长至36个月。当劳动者为企业工作超过上述期限后，企业必须与其签订无固定期限劳动合同。然而，如果固定期限劳动合同用于暂时替代缺勤的职工，而且约定有最短工作期限，则不受该最长期限的限制，其前提条件是合同没有发生实质性改变，即被替代的职工是同一个人，替代职工也是同一个人。

过去人们曾认为固定期限劳动合同降低了劳动者的工作和生活质量。1982年，法国议会曾通过法令，将固定期限劳动合同限制在应对骤增、紧急工作或代替缺勤的职工等几个方面。但实际上，政府自己也利用固定期限劳动合同招用公有领域职工。1986年，法国议会废除了1982年的限制令，放宽了临时劳动合同的适用范围。进入21世纪以来，固定期限劳动合同一直处于上升趋势，招工合同中近85%都是固定期限劳动合同。2016年《劳动法》修改时，政府曾声称要对固定期限劳动合同增加社保缴费率，然而最终并没有增加。

(二) 劳务派遣关系

《劳动法》第L1251条对临时工作（包括劳务派遣）作出规定。对被派遣劳动者的使用予以严格限定，同时明确了劳务派遣中各方的劳动关系。根据该条规定，劳务派遣为劳务派遣企业、被派遣劳动者和用工企业构成的三角关系，该三角关系的依托是两个合同：劳务派遣企业和用工企业订立的调用合同、劳务派遣企业与被派遣劳动者订立的派遣合同。

1. 调用合同

《劳动法》第 L1251-43 条规定,劳务派遣企业和用工企业必须就每一个被派遣劳动者订立调用合同,同时调用合同的条款还必须纳入劳务派遣企业与被派遣劳动者订立的派遣合同。调用合同必须包括以下内容:

(1) 使用临时工的理由以及相应的证据;

(2) 本次工作任务的期限;

(3) 合同的修改与续约;

(4) 工作岗位的描述,必须具有的职业资格、工作地点和工作时间;

(5) 被派遣劳动者的个人劳动保护用品由劳务派遣企业提供;

(6) 劳动报酬数额及构成,包括用工企业相同职业资格的职工在试用期外领取的奖金和工资附加等。

2. 派遣合同

根据《劳动法》第 L1251-16 条,派遣合同必须以书面形式订立,并包括以下内容:

(1) 调用合同的全部条款;

(2) 被派遣劳动者的职业资格;

(3) 劳动报酬,包括《劳动法》第 L1251-32 条规定的完工补偿金;

(4) 试用期;

(5) 如果派遣到海外,须有关于派遣企业在工作结束后召回被派遣劳动者的条款,除非与被派遣劳动者解除了劳动合同;

(6) 派遣企业所属的养老保险和补充养老基金的名称和地址;

(7) 关于工作任务结束后不禁止用工企业录用被派遣劳动者的声明。

派遣合同是真正意义上的劳动合同。因此,虽然被派遣劳动者在用工企业工作,但其雇主在法律意义上是劳务派遣企业。派遣企业与被派遣劳动者之间的合同是固定期限劳动合同,期限最短为 1 天,最长一般不超过 24 个月。派遣合同可以续展两次,但是总期限不得超过 24 个月。该合同必须书面订立,最迟在劳动者到用工企业开始工作后 2 天内交给劳动者。

根据《劳动法》第 L1251-32 条,每次派遣合同履行完毕,劳务派遣企业必须加付被派遣劳动者相当于全部合同薪酬 1/10 的完工补偿金。这是立法者专门为所有从事短期工作的劳动者设立的不安补偿金。

用工企业对被派遣劳动者没有直接的支配权,但是可以对劳动者的工作作出安排；有权向劳动者提出工作要求；劳动者要遵守用工企业的工作时间和条件，如有关工时方面的规定等。但是，如果被派遣劳动者在用工企业服务时出现失误，只能由派遣企业根据其内部规章对相关劳动者进行处罚。

用工企业虽然不是法律意义上的雇主，但对被派遣劳动者仍应承担相应的义务，如休息休假、劳动保护、集体福利等。同时，在工资和福利方面，用工企业必须与本企业职工一样同等对待被派遣劳动者，劳动者同样享受带薪休假、津贴等，不受任何歧视。

被派遣劳动者的合同到期后，用工企业可以录用他们为自己的职工并直接签订劳动合同。如果用工企业在合同到期后继续使用被派遣劳动者而不订立劳动合同，则两者间的劳动关系会被视为无固定期限的劳动合同关系。

除非被派遣劳动者有严重过错或者出现不可抗力情形，如果派遣企业要求提前解除与被派遣劳动者的派遣合同，则必须向劳动者提出一份新的派遣合同，且新合同必须在 3 天以内生效。同时，新派遣合同不得在劳动者的职业资格、薪酬、工作时间或交通时间等方面作实质性的改变。如果新派遣合同的期限短于旧合同待履行期限，或者没有为被派遣劳动者提出新的派遣合同，则派遣企业必须向被派遣劳动者支付相当于旧派遣合同待履行期限的薪酬，同时还要支付完工补偿金。

如果被派遣劳动者要求提前解除合同关系，也要承担赔偿派遣企业损失的责任。但是，法律对被派遣劳动者比较宽容，如果被派遣劳动者能够证明另一个企业已经正式邀请其签订无固定期限的劳动合同，则可以免除其因提前解除派遣合同而给派遣企业造成的损失的赔偿责任。

（三）劳务外包关系

劳务外包即外包企业将劳动者提供给用工企业，因此也是三角关系。为了保护劳动者的合法权益，法国法律严格限制企业间的劳动力交换。《劳动法》第 L8241-1 条规定，"禁止任何以劳动力租借为唯一目的的营利行为。"

《劳动法》第 L8231-1 条还规定，"禁止任何外包（marchandage），即以营利为目的、损害劳动者利益或规避有关的法律或集体合同规定劳动力供给。"根据司法解释，任何通过工程外包的方式逃避有关解雇补偿金、工龄的法律规定以及最低待遇等集体合同规定,均属于禁止范围。①

违法外包的直接后果是外包合同无效,违法提供劳动力的企业无权向用工企业索要价款。② 而权利受到侵害的劳动者则可以通过参加附带民事诉讼,要求违法者赔偿经济损失,也可以要求法院确认其与外包企业和用工企业之间存在事实上的劳动合同关系。③

法国立法还强化了外包企业间的连带责任。《劳动法》第 L8232-1、L8232-2 条规定,当一个企业与另一个没有自身业务的企业签订加工或服务合同,并约定由提供服务的企业自己招用劳动力时,如果该企业出现支付困难,则由接受服务的企业支付提供服务的企业职工的工资和福利;与此冲突的任何约定皆无效。这项起源于二战时的制度④允许承包商的职工在确认承包商丧失支付能力时⑤直接向接受其服务的企业讨薪⑥,接受服务的企业只有在证明承包商拥有自身业务时才能被免除法定连带责任。根据最高法院判例,拥有营业场所⑦或独立的客户群⑧可以被确认为拥有自身业务⑨。

为了打击隐瞒用工和非法雇用外籍打工者,法国《劳动法》要求任何工程金额超过 5000 欧元⑩的发包人有义务查验承包人是否雇用未经申报的职工⑪。发包人必须每 6 个月就向承包人索取社保机构开立的社保费缴讫证明以及企业注册证明,直至工程结束。⑫ 同时,当发包人被劳动监察人员、工会或行业协会、职工代表机构告知承包人存在违法行为时,应立即要求承包人纠正其行为,否则将与承包人一起承担支付税费、职工工资和社会保险费的连带责任。⑬ 任何违反

---

① 参见最高法院刑事庭 1989 年 4 月 25 日判决。
② 参见最高法院社会庭 2005 年 6 月 17 日判决。
③ 参见最高法院社会庭 1990 年 4 月 4 日判决。
④ 这项制度起源于 1942 年。同年 10 月 1 日,法国议会通过法律,允许承包商的职工在特定条件下直接向发包商要求支付工资。这一立法目的主要在于保护建筑工人。当时,相当数量的承包商在应当支付工人工资的时候失去偿债能力或者干脆携发包商支付的价款外逃。后来,该项规定又适用于其他领域。Voir aussi Joseph Le Calonnec, *L'action directe des salariés du sous-traitant contre l'entrepreneur principal en paiement de leurs salaires*, *Revue Judiciaire de l'Ouest*, N°4, 1987, p. 414.
⑤ 参见最高法院社会庭 1995 年 1 月 17 日判决。
⑥ 参见最高法院社会庭 1971 年 6 月 24 日判决。
⑦ 参见最高法院社会庭 1982 年 3 月 22 日判决。
⑧ 参见最高法院社会庭 1971 年 11 月 4 日判决。
⑨ 同上。
⑩ 参见《劳动法》第 R8222-1 条。
⑪ 参见《劳动法》第 L8222-1 条。
⑫ 参见《劳动法》第 D8222-5 条。
⑬ 参见《劳动法》第 L8222-5 条。

法律使用黑工,以及任何直接或间接接受违法企业服务的,都将与后者一起承担支付税费、职工工资和社会保险费的连带责任。①

第二节 劳 动 报 酬

一、工资的概念

在法国劳动法中,工资是一个模糊且存在争议的概念。法国《劳动法》在关于男女同工同酬一章中为工资下了定义。《劳动法》第 L3221-3 条规定:"本章中的报酬,是指雇主基于劳动者的劳动,直接或间接地,以现金或实物形式支付给劳动者的基本工资或收入,以及所有其他福利和额外收入。"该条将劳动收入分为基本工资、其他福利和额外收入。

(一) 基本工资

基本工资即雇主和劳动者在合同中约定的在规定工作时间内支付给劳动者的劳动收入。习惯上人们往往根据雇主的实际支出以及劳动者的实际所得将劳动收入分解为超税前工资、毛工资和净工资三种形式。

超税前工资(salaire super brut)是雇主当期为劳动者支付的全部费用,包括三个组成部分:劳动者的缴费工资、雇主为劳动者缴纳的社会保险费以及代为扣除的劳动者社会保险费。

毛工资(salaire brut)从超税前工资中剔除雇主为劳动者缴纳的社会保险费后得出,即劳动者的缴费工资和劳动者自己应该支付的社会保险费。

净工资(salaire net)是劳动者实际拿到手的劳动收入,是从毛工资中剔除雇主代为扣除社会保险费后的劳动所得。

(二) 其他福利和额外收入

特殊劳动收入即劳动合同没有约定的,因加班、休假、奖励和补贴等原因支付给劳动者的基本工资以外的附加收入。

1. 加班工资

法国现行的标准劳动时间为每天 8 小时,每周 35 小时,每年 1607 小时。超过上述标准劳动时间限制的均属于加班时间,雇主需要额外支付加班费或允许加班者调休。

---

① 参见《劳动法》第 L8222-2 条。

2016年修改的《劳动法》允许在劳动合同中以周、月或年为单位安排工作时间,只要每周、每月或每年的工作时间不超过上述总小时数,即使每天实际工作时间超过了法定小时数,也不算加班。但是,应遵守以下限制性规定:劳动者加班后每天最长工作时间不得超过 10 小时,特殊情况下也不得超过 12 小时;每周最长工作时间不得超过 48 小时;连续 12 周的平均每周工作时间不得超过 44 小时(特殊情况下可以延长至 46 小时),且其中任何一周的最长工作时间不得超过 60 小时,并需要经过劳动监察部门的批准;全年工作时间不得超过 1827 小时(除非劳动监察部门批准)。

法定加班费的标准如下:每周加班时间不超过 8 小时(从第 36 到第 43 小时)的,加班费为正常工资的 125%;超过 8 小时的,加班费为正常工资的 150%。

政府鼓励劳资双方通过集体谈判签订集体合同,确定加班费。2016 年修改的《劳动法》允许通过集体谈判和签订集体合同确定低于法定加班费的标准,但是最低不得低于正常工资的 110%。如果劳资双方没有就加班费达成一致并写入集体合同,则按照法定标准支付加班费。

2. 带薪休假工资

法国《劳动法》第 L3141-1 条确定了劳动者有权享受由雇主承担的年度带薪休假。劳动者为同一雇主每工作 1 个月可享有 2.5 天的带薪休假权利;全部假期不超过 30 个工作日。[①]

休假期间,劳动者有权领取带薪休假津贴。法定的带薪休假津贴计算方式为以下两种:(1) 带薪休假津贴等于假设劳动者继续工作而取得的薪酬;(2) 带薪休假津贴为休假计算期(一般为一年)内劳动者工资总数(毛工资)的 10%。以对劳动者最有利者为准。[②] 如果惯例或劳动合同中有对劳动者更有利的规定,则适用惯例或劳动合同的约定。

3. 法定假日工资

法国每年有 11 天的法定假日:元旦(1 月 1 日),复活节周一(每年春分月圆后第一个星期日的翌日),耶稣升天节(复活节后第 40 天),圣灵降临节周一(复活节后第 50 天),劳动节(5 月 1 日),二战纪念日(5 月 8 日),国庆节(7 月 14 日),万圣节(11 月 1 日),圣诞节(12 月 25 日),圣母升天节(8 月 15 日),一战停战纪念日(11 月 11 日)。

---

① 参见《劳动法》第 L3141-3 条。
② 参见《劳动法》第 L3141-24 条。

凡在企业服务 3 个月以上的职工,在上述法定假日期间工资照发。如果雇主要求劳动者法定假日加班,除劳动节必须付双倍工资以外,其他法定假日的加班时间按平时加班工资标准即可,但是如果集体合同规定有更高的薪资则适用集体合同。

4. 特殊休假工资

根据《劳动法》第 L3142-1 条,任何劳动者都有权享受以下带薪休假:

(1) 家庭事件。本人婚假(4 天),子女出生或收养假(3 天),丧偶丧子假(2 天),子女结婚假(1 天),父母、岳父母、兄弟姐妹过世(1 天)。因家庭事件缺勤日视为实际工作日,休假期间工资照发。①

(2) 参加官方认可的就业和职业培训机构活动,或担任该活动考官。法律没有明确规定最长休假时间,但是除非休假会对企业的生产经营有不良后果,否则雇主无权拒绝职工的休假要求。休假期间,工资照发,从雇主承担的职业培训附加费中扣除。②

(3) 参加经济社会与工会培训。任何劳动者都有权要求参加工会或专业培训机构组织的经济社会与工会方面的实习或培训③,每年期限为 14 天,每次不得少于半天④。参加经济社会与工会培训时间视为实际工作时间⑤,工资照发。参加经济社会与工会培训是职工的权利,除非请假会对企业的生产经营有不良后果,否则雇主无权拒绝。

5. 奖金

在法国,奖金是一个非常宽泛的概念,没有具体的定义,包括我们常说的奖金以及各种津贴、补贴。现将常见的奖金根据发放理由区分如下:

(1) 忠诚奖励:工龄奖;

(2) 激励性奖励:出勤奖、达标奖、效益奖、第十三个月工资、利润分享奖金;

(3) 与特殊工作时间相关的津贴:夜班津贴、值班津贴、周日工作津贴;

(4) 与工作环境相关的津贴:卫生津贴、取暖津贴、繁重工作津贴、工作服津贴;

(5) 与工作安全相关的津贴:风险津贴、安全津贴;

---

① 参见《劳动法》第 L3142-2 条。
② 参见《劳动法》第 L3142-5、6 条。
③ 参见《劳动法》第 L3142-7 条。
④ 参见《劳动法》第 L3142-9 条。
⑤ 参见《劳动法》第 L3142-12 条。

(6) 与工作变动相关的补贴:企业搬家补贴、退休补贴;

(7) 家庭补贴:子女出生补贴、结婚补贴;

(8) 与某个特殊时期相关的补贴:休假补贴;

(9) 日常补贴:伙食补贴、交通补贴。

此外,法国《劳动法》没有关于奖金发放的具体条款。大部分关于奖金的事项都在集体合同、劳动合同中规定。只要是在集体合同或个别劳动合同中规定或约定的奖金条款,雇主就必须遵守。任何对奖金数额和发放时间的修改、取消都必须严格按照集体合同或个别劳动合同的规定办理。

根据奖金发放的决定方式可以作如下区分:根据习惯发放的奖金(习惯性奖金),雇主自主决定发放的奖金(任意性奖金),雇主单方承诺的奖金。各类奖金中,习惯性奖金是最容易引起争议的,它与任意性奖金的界限不是十分清晰,而将二者混淆的后果可能十分严重。因为雇主可自由决定任意性奖金的发放和取消,但是不能随意改变习惯性奖金;习惯性奖金的修改或取消必须在适当时间提前与有关劳动者沟通,协商一致。

法国最高法院曾经对奖金的"习惯性"规定了三个必要条件:持久性、普遍性和确定性(constance, généralité et fixité)。[1] 持久性是指奖金必须有重复性和周期性,一次性收入就不符合持久性条件。普遍性来自平等原则。作为劳动收入的一种,任何奖金的发放都不得带有歧视性。因此,奖金必须按照统一标准发放给全部劳动者或一个劳动者群体。[2] 奖金的确定性源自民法的义务标的必须确定的原则,[3]要求奖金的数额必须是确定的或者有确定的计算方式。[4]

具有持久性、普遍性和确定性的奖金即属于习惯性奖金。根据法国最高法院的判例,习惯性奖金的修改、取消必须提前一定时间通知职工代表和相关劳动者本人[5]。至于具体应该提前多长时间,则由法官根据具体情况判断。最高法院曾多次重申:提前 1 个月通知取消月奖金为时过短。[6]

(三) 工资定义引发的法律问题

如前所述,法国《劳动法》第 L3221-3 条将工资分为三个部分:基本工资、其

---

[1] 参见最高法院社会庭 1990 年 4 月 3 日和 2002 年 12 月 11 日判决。
[2] 参见最高法院社会庭 1979 年 10 月 26 日判决。
[3] 参见《民法典》第 1163 条规定:"义务标的可以是现存的或未来的给付。给付应该是可能的和确定的,或是可以确定的。"
[4] 参见最高法院社会庭 1987 年 11 月 26 日判决。
[5] 参见最高法院社会庭 1997 年 3 月 18 日判决。
[6] 参见最高法院社会庭 1988 年 12 月 22 日和 2012 年 5 月 3 日判决。

他福利和额外收入。

对基本工资概念发生歧义的情况不多见,因为劳动合同会注明工资数额或计算方法。费用报销也容易判定,因为有相应的支出加以证明、支持。其他福利和额外收入则因为各企业实践差异过大而难以确定。

长期以来,最高法院将工资概念与劳动者的工作联系在一起[1],认为其他福利和额外收入必须是劳动者付出直接工作的对价。正是基于这一考量,最高法院将工龄奖排除在工资概念以外,认为工龄奖仅仅是对劳动者忠诚的鼓励,与劳动者的实际工作无关[2];出勤奖也不能列入工资范畴,因为这只是对劳动者按时上班的鼓励[3];集体效益奖金因与劳动者个人实际劳动无关也被排除在外[4]。然而,这些奖金却又被社会保险征缴机构(在最高法院的支持下[5])视为应缴纳社会保险费的劳动收入,[6]造成劳动法视角下的工资概念和社会保障法视角下的工资概念的差别。

曾有法国国民议员建议合并劳动法的工资概念和社会保障法的工资概念,将缴纳社保费用的所有劳动收入纳入劳动法的工资范畴。[7] 虽然这一立法建议最终没有得到通过,但是它指出了对劳动收入在劳动法和社会保险法上的差别对待的不合理性。从后来的司法实践看,最高法院似乎也意识到这一问题。在2015年2月4日的判决中,最高法院社会庭修改了此前的判例,将雇主根据企业产出吨位数发放的集体效益奖金纳入劳动者的工资范围。

二、工资的确定方式

在法国,工资通常由四个从上到下的层次确定:首先,国家有统一的工资规定(最高和最低工资);其次,行业雇主协会与工会通过集体谈判确定行业工资以及各种福利标准(加班费、夜班工资、星期日工资等);再次,企业内部的雇主和工会组织可以通过集体谈判在企业内部对工资或福利予以调整;最后,劳动合同双

---

[1] 参见最高法院社会庭2009年9月16日判决。
[2] 参见最高法院社会庭2005年9月28日判决。
[3] 参见最高法院社会庭1997年4月23日判决。
[4] 参见最高法院社会庭2004年4月7日判决。
[5] 比如,最高法院社会庭在2004年10月8日的判决中就认为,企业集体合同规定的工龄奖应纳入社会保险费的基数。
[6] 资料来源:https://www.urssaf.fr/portail/contents/popin/tableau-des-elements-soumis-ou-n.html.ajax,2017年8月10日最后访问。
[7] 资料来源:https://www.senat.fr/amendements/2002-2003/21/Amdt_32.html,2017年8月12日最后访问。

方约定的工资。

原则上,劳动合同中约定的工资和福利不得低于企业集体合同中的水平;企业集体合同中的工资和福利不得低于行业最低标准;行业最低标准不得低于法定工资标准。这就是法国劳动法中著名的金字塔理论在工资领域的应用。

(一) 法定工资

在法国,法定工资有法定最低工资和政府条例规定的公有企业高管的最高工资。

1. 法定最低工资

法国最低工资始于1950年2月11日关于集体合同以及劳动争议解决程序的法律,当时称为"跨行业最低保障工资"(SMIG),属于最低生活保障性质的劳动收入。但是,后来平均工资的增长速度超过了最低工资的增长速度,形成了剪刀差。1970年,为了使最低工资能够跟上平均工资的增长速度,跨行业最低保障工资被改称为"跨行业最低增长工资"(SMIC),与物价指数挂钩,[①]以便劳动者能够分享国家经济发展成果。[②] 此外,法律还允许政府通过行政手段对其加以调整[③],目的就是让最低工资与平均工资的增长同步。

20世纪70年代中期以后,企业平均工资的变动越来越缓慢,而政府依然时常对最低工资实行"推一把"的政策,导致最低工资的增速大大超过平均工资的涨幅。与此同时,在经济危机的压力下,企业被迫降低用工成本,越来越多地根据最低工资招用新职工,以至于最低工资呈标准工资化。为此,法律严格控制最低工资的执行,将例外情况限制在最小范围:17—18岁的未成年劳动者可以按最低工资的90%付薪;不到17岁的未成年劳动者可以按最低工资的80%付薪。但是,如果未成年已经在本行业工作了6个月以上,雇主就必须按最低工资付薪。[④] 一些半工半读的学生在学习期间也不享受有关最低工资规定,如学徒工和签订职业化合同(contrat de professionnalisation)的年龄不到26岁的学员。[⑤]此外,《劳动法》第L3232-1条第2款还将临时工排除在最低工资适用范围之外。

2017年,法国法定最低工资(含社保缴费)为9.76欧元/小时,折合1480.27欧元/月。

---

① 参见《劳动法》第L3231-4条。
② 参见《劳动法》第L3231-2条。
③ 参见《劳动法》第L3231-10条。
④ 参见《劳动法》第D3231-3条。
⑤ 参见《劳动法》第D6325-14至D6325-18条。

2. 公有企业最高工资

法国公有企业以及国家控股企业高级管理人员的薪资和离职补贴,原则上由主管部委和财政部门决定。① 2008年经济危机爆发后,上市公司中的公有企业以及国家控股企业高管的薪金成为公众严厉批评的对象。② 在舆论压力下,政府于2012年通过条例,将公有企业以及国家控股企业高级管理人员(主要是董事会成员和总经理)的薪资和离职补偿封顶至45万欧元。③

3. 集体合同规定的工资与福利

集体合同是劳资双方在法律允许范围内签订的合同,大致可以分为行业集体合同和企业集体合同。

行业集体合同原则上只对签字的企业有约束力,但政府也可以决定将某一行业集体合同的适用范围强制扩大到没有签字的企业。

集体合同在法国劳动法中占有极其重要的地位。根据法国劳动部统计,2013年,法国全国共有704个行业集体合同,涉及1530万职工,接近私营企业和混合经济企业职工总数。④

集体合同通常对工资福利的规定十分详尽,按照不同的学历、岗位等标准分别确定最低工资是常见的惯例。比如,汽车行业服务集体合同规定:工人和普通职工的最低月薪为1495欧元;班组长的最低月薪为1754欧元;管理人员的最低月薪为2120欧元。⑤

在企业层面,《劳动法》第L2242-1条规定:在职工超过50人的企业,雇主必须每年召集工会代表开会,就劳动报酬(包括奖金和福利)、企业利润分享以及职工储蓄计划等问题进行集体谈判。如果雇主12个月中没有召集集体谈判,则工会组织有权向雇主提出谈判要求,雇主必须在12日内组织集体谈判。⑥ 但是,这只是一项程序性规定,目的是促使雇主每年与职工就工资进行对话,至于是否一定要达成怎样的结果,法律没有具体要求。

行业集体合同规定的工资不得低于法定最低标准。同时,为了防止出现推

---

① 参见1953年8月9日第n°53-707条例。
② Voir David Servenay, Entre les salaires des petits et grands patrons, 569 smic d'écart, *Rue89*, 15 décembre 2010.
③ 参见2012年7月26日第n°2012-915条例。
④ Voir DARES, Portrait statistique des principales conventions collectives de branche, *Résultats*, N°016, mars 2016.
⑤ Vior Convention Collective Nationale des services de l'automobile (IDCC n°1090).
⑥ 参见《劳动法》第L2242-5条。

动性通货膨胀,《劳动法》第 L3231-3 规定:"禁止在集体合同或协议中将工资的确定、变动与最低工资挂钩或者进行参照。"

(二)劳动合同约定的工资

根据法国《劳动法》第 L1221-1 条第 1 款:"劳动合同受普通法规则制约。"也就是说,劳动合同受法国《民法典》中有关债权和合同的规范制约。因此,从理论上讲,作为劳动合同的一部分,工资应该根据意思自治原则由合同双方自由决定。而事实上,工资与劳动合同的其他内容一样受公权力介入的影响:法定最低工资、行业最低标准(特别是当集体合同规定了十分详细的档次工资)以及同工同酬的法律制度等,将合同双方在工资方面的意思自治权压缩在很小的范围。

(三)工资确定与同工同酬原则

法国 1789 年大革命时颁布的《人权宣言》第 1 条宣布:"人们在权利上自出生后始终自由平等。"但是,自 19 世纪末到 20 世纪中叶法国劳动法形成期间,在劳动领域长期存在男女不平等的现象。其间,对女性的特殊工作安排往往被解释为是对她们的保护,女性依然是体弱并随时可能怀孕的形象。例如,议会于 1892 年 11 月 2 日通过法律,将女性工作时间限制在每天 11 小时,并禁止女性职工值夜班。二战后,有关女性工作的立法不再以保护为宗旨,而是转向男女平等。1946 年,法国《宪法》序言首次宣布男女在所有领域享有同样权利。1946 年 7 月 30 日条例禁止对女性职工在工资上的歧视,全面禁止存在已久的"女性工资"。1972 年 12 月 22 日,议会通过了关于男女同工同酬的法律。1975 年 7 月 4 日,议会通过法律,禁止在招工启事中对应聘者的性别提出要求,同时禁止以性别或婚姻状况为由雇佣或解雇职工。

现行《劳动法》包含一系列关于禁止歧视和保障男女同工同酬的规定。该法第 L1132-1 条明确禁止雇主基于种族、年龄、性别、宗教信仰、政治见解、身体健康、罢工游行、工会活动等的歧视行为。该法第 L3221-2 条规定:"一切雇主必须保证就同样工作或同等价值的工作实行男女同工同酬。"所谓"同等价值的工作",是指通过劳动者拥有的证书文凭或实践经验确定的一整套专业知识,以及劳动者在实践中获得的工作能力、担当责任能力和体力上或精神上的承受能力。[1] 如果违反男女同工同酬的规定,则被歧视的一方有权要求予以相应补偿。[2] 薪金的种类、组成、分档和增加,以及薪金其他计算依据,特别是岗位评价

---

[1] 参见《劳动法》第 L3221-4 条。
[2] 参见《劳动法》第 L3221-7 条。

等规则,都要实行男女统一标准。

男女同工同酬原则适用于一切劳动收入,包括基本工资、奖金、实物收入、利润分享和企业分发的一切个人或集体性质的福利,甚至包括雇主自由决定的与工作岗位相关的奖金[1]、补贴饭票[2]、取暖补贴[3]。

法国最高法院社会庭在1996年10月29日的判决中认为,雇主有责任保证其企业劳动者在薪资方面处于同等地位。因此,在举证责任方面,劳动者只要能够证明自己与其他同事不处于同等地位即可起诉雇主;由雇主举证证明该劳动者与同事间的差别有客观原因,不具有歧视性。

歧视不等于绝对平等。法国《劳动法》中有一系列例外措施。根据《劳动法》第L1142-3条,集体合同或个别劳动合同中以下内容不视为歧视:

① 有关保护生育的措施;
② 有关禁止产前和产后工作的措施;
③ 有关哺乳的措施;
④ 有关怀孕职工辞职的措施;
⑤ 有关父亲假的措施;
⑥ 有关收养假的措施。

此外,《劳动法》第L1133-1条规定:"第L1132-1条不妨碍基于实质性和决定性的工作经验的区别待遇,只要目的正当,要求合理。"因此,在劳动保健医生根据劳动者身体状况或缺陷对劳动者的工作能力作出判定后,雇主对劳动者的工作作出的特殊安排不构成歧视行为[4];对残疾人采取的特殊安排不属于歧视[5];对困难地区采取的特殊安排不属于歧视[6];对弱势人群采取的特殊安排也不属于歧视[7]。

在司法实践中,法国最高法院社会庭在2010年7月6日的判决中认定,一名女人事部门经理的工作价值与财务经理、生产经理的工作价值等同,要求雇主实行同工同酬。在2012年7月4日的判决中,最高法院认定一名原行政女秘书调任技术员后的工作价值与工人出身的技术员的工作价值等同,应该予以同工

---

[1] 参见最高法院社会庭2009年4月30日判决。
[2] 参见最高法院社会庭2008年2月20日判决。
[3] 参见最高法院社会庭1999年3月3日判决。
[4] 参见《劳动法》第L1133-3条。
[5] 参见《劳动法》第L1133-4条。
[6] 参见《劳动法》第L1133-5条。
[7] 参见《劳动法》第L1133-6条。

同酬。

按照劳动法的要求,法国最高法院将雇主行为的客观性作为审理工资歧视案件的重要标准。① 在 2010 年 7 月 8 日判决中,接替离职职工岗位的新职工没有获得与离职职工同样的工资,雇主的理由是新职工没有离职职工的经验和工龄,所以在工资上实行区别待遇,最高法院认为合理。

法国最高法院社会庭在 2010 年 3 月 17 日判决中认为,在不发放工龄奖的情况下,雇主可以根据劳动者的工龄长短支付不同的薪资。同时,法国最高法院社会庭在 2002 年 11 月 26 日判决中认为,以劳动者的工作成果低劣为理由的薪资差别待遇不能成立。

需要说明的是,男女同工同酬并不仅仅着眼于保护女性劳动者的权利,当男性劳动者受到歧视待遇的时候,也可以此维护权利。法国最高法院社会庭在 1996 年 10 月 8 日的一个著名判决中认定,雇主支付给女职工的生育补贴或收养补贴与保护产妇无关,应当视作帮助职工承担因生育或收养子女而面对的额外开支,属于工资附加。如果男职工也面对同样开支,则不应因为性别而受到歧视,有权享受与女职工同样的补贴。

事实上,根据法国国家统计局 2017 年公布的消息,2014 年,女性职工的劳动收入比男性职工低约 24%。男女收入差距在年长职工中尤为明显:40 岁以下的,不到 20%;55 岁以上的,几近 30%。在接受高等教育的人群中,男女收入差距更加突出:本科三年以上教育程度的,约为 35%;高中毕业到大专两年教育程度的,降至约 25%。而高中以下教育程度的,男女职工收入差距约为 27%。另外,男女收入差距还表现在,管理人员(约 25%)较普通职员(约 10%)明显,私营部门(约 28%)比公有部门(约 17%)突出。②

三、工资的计算方式

根据计算方式,工资可大致分为计时工资和计件工资。

计件工资是效益工资的一种。效益工资常见于工业领域,其特征是根据劳动者个人或集体在单位时间内的产出量计算工资。计时工资与劳动者的产出量无关,即劳动者在处于服从雇主支配的时间内所取得的报酬,常表述为劳动者在单位工作时间内的报酬。

---

① 参见最高法院社会庭 2007 年 2 月 21 日和 2007 年 5 月 15 日判决。
② Voir Insee, *Femmes et hommes, l'égalité en question*, Editions Insee, Paris, 2017, p.130.

计件工资曾经在法国的工业企业中广泛实行,后来因受到最低工资、月薪制等强制性法律规范的限制而边缘化。20 世纪 70 年代以前,工业领域仍有相当数量的工人领取计件工资,而不适合实行计件工资的技术和管理人员则按月领取计时工资(月薪),形成技术、管理人员和工人间的福利待遇差别。20 世纪 70 年代爆发的两次石油危机使法国长期存在的经济发展不平衡问题暴露无遗,失业率急速攀升,社会矛盾加剧。在无力重振就业市场的情况下,当局提出"重视体力劳动价值"的口号,试图通过制度上的安排改善脑力劳动和体力劳动的差别待遇,以缓解社会危机。① 议会于 1978 年 1 月 19 日通过法律规定,管理人员和工人统一实行月薪制度。

　　实行工人月薪制度后,减少了计件工资的灵活度。月薪制度和有关最低工资的规定相结合,迫使雇主在劳动者没有完成劳动定额时也不得按低于最低工资的标准按月支付工资。同样,企业即使开工不足也不能减少劳动者的月薪。此外,根据《劳动法》第 L3171-4 条第 1、2 款的规定②以及最高法院的判例③,劳动合同仅仅约定计件工资是不够的,还必须确定完成单位任务的时间。此外,除非雇主能提供劳动者实际工作时间的证据,否则必须按劳动者名义工作时间支付工资。这些限制在相当程度上减少了计件工资的承包性质,以至于计件工资如今已经很少使用,即便有也只是作为计算奖金的标准而已。④

　　由于计件工资本身特有的刺激作用,20 世纪 70 年代以来,无论是集体谈判还是国家法律都试图促使计件工资的适用更理智。⑤ 司法判例也积极跟进,对法律规定予以扩延性解释,如最高法院就曾宣布按照卡车司机行程公里数⑥或送货员交送的数量⑦计算的工资违法。

---

① Voir Sylvain Laurens et Julian Mischi, Les politiques de "revalorisation du travail manuel" (1975 – 1981), *AGONE*, 2011, 46, pp.33-64.
② 《劳动法》第 L3171-4 条第 1、2 款规定:"如果因为是否完成工作或所完成的工作时间发生争议,雇主应提供给法官能够证明劳动者实际工时的证据。根据上述证据以及劳动者支持起诉求而提供的证据,法官作出自己的判断,需要时可以裁决他认为必要的调查措施。"
③ 参见最高法院社会庭 1990 年 9 月 25 日、2004 年 10 月 13 日判决。
④ Voir Salaire au temps et salaire au rendement, *Le Lamy social – 2016*, N° 1251, Kluwer Wolters, Paris, 2016.
⑤ 如 1975 年的集体框架协议强调最低保障,限制计件工资的可变幅度;1976 年 12 月 6 日,国家明令禁止在危险作业中适用计件工资的规定。
⑥ 参见最高法院社会庭 2003 年 11 月 13 日判决。
⑦ 参见最高法院社会庭 2008 年 9 月 24 日判决。

四、工资的支付

(一) 工资支付方式

法国《劳动法》第 L3241-1 条规定了三种支付工资的方式：现金、支票和转账，其他支付方式无效。

受法律规定限制，现金支付只能在一定数额内使用。根据 1985 年 10 月 7 日第 85-1073 号条例第 1 条，以现金支付方式支付工资的上限为 1500 欧元。雇主不能自主决定用现金支付工资，只有劳动者有权提出这个要求。同时，如果劳动者提出用现金支付，雇主不能拒绝。

根据法国《劳动法》第 L3241-1 条，净值超过 1500 欧元的工资必须以银行支票或者转账方式支付。现实中，支票和转账是工资支付的常用方式。

法律禁止替代支付（dation en paiement），即实物工资。法国《劳动法》第 L3254-1 条禁止雇主在企业内附设商店向劳动者或劳动者家属出售食物或商品，或强迫劳动者在雇主指定的商店消费其工资的全部或部分。违反该禁令者将被处以 3750 欧元的罚金。[①] 这一规定主要是因为，在资本主义发展早期，曾经流行过雇主在企业中开设商店，以购物券形式支付劳动者的工资，而购物券只能在企业商店使用，因此实际上是一种用实物替代货币支付工资的形式。这样的做法如今已十分罕见。但是，法国最高法院对《劳动法》第 L3254-1 条进行了延伸性解释，将其适用于其他形式的替代性支付。比如，在 2015 年 9 月 17 日的判决中，最高法院社会庭认为，以减价商品支付加班费属于违法。此类判例为数不多。

需要说明的是，法律允许劳动合同约定劳动者在领取货币工资以外接受雇主免费提供的吃住，也允许雇主以履行劳动合同为目的将原料以成本价提供给劳动者。[②]

(二) 工资支付周期与日期

上文提到，议会于 1978 年 1 月 19 日通过的法律规定，管理人员和工人统一实行月薪制度。因此，无论当月有多少工作日，工资必须每月支付一次。但是，如果劳动者提出要求，雇主也可以提前两周预支一半月薪。只有在家工作的劳

[①] 参见《劳动法》第 L3255-1 条。
[②] 参见《劳动法》第 L3245-2 条。

动者、季节工、派遣工和临时工,才可以不适用有关月薪的规定。[①]

根据法律规定:对于不按月领取工资的劳动者应至少每月领取两次工资,中间最多间隔十六天。[②] 对于工作时间超过两周的计件工资,由双方共同确定具体支付日期,但是,劳动者应至少每两周领取预支工资,并在工作交付后两周内领到全部工资。[③]

最高法院不允许通过合同约定违反工资支付间隔规定的内容。[④] 同时,有关工资支付间隔的规定仅适用于基本工资,其他劳动收入,如奖金、津贴或第十三个月工资等,不受此限。

虽然法律没有规定工资支付的具体日期,但是《劳动法》第 R3241-1 条规定,除转账外,工资应该在营业日支付。据此,如果正常发薪日是休息日,则应该提前至营业日支付工资。此外,雇主还必须保证每月定期支付,违反规定者可能被处以 450 欧元罚金。[⑤] 劳动者还可以要求支付法定利息和损害赔偿,或据此行使"被迫辞职"权利(后文详述)。

(三)工资支付的证据

工资是雇主必须支付的劳动报酬,雇主应当承担其已支付工资的举证义务。

法律规定,雇主在支付劳动者工资时必须向其提供工资单,以便劳动者对其劳动收入进行核实。雇主没有提供工资单的,依法可处以每单 450 欧元以下的罚金。[⑥] 雇主故意不提供工资单的,或者故意在工资单上少记工作时间的,构成隐瞒用工罪,[⑦] 可判处三年有期徒刑和 4.5 万欧元的罚金。[⑧]

《劳动法》第 L3243-2 条规定,雇主在支付工资时有权要求劳动者在工资单上签字或旁注,说明收到工资单上写明的工资额。工资单经劳动者签字后即可推定雇主已经支付工资,如果劳动者否认收到该工资单数额的工资则应承担举证责任。[⑨] 如果劳动者没有在工资单上签字或旁注,根据法国最高法院社会庭 2017 年 2 月 8 日的判决,则不能仅因为劳动者接受了工资单就推定工资已经

---

① 参见《劳动法》第 L3242-1 条。
② 参见《劳动法》第 L3242-3 条。
③ 参见《劳动法》第 L3242-4 条。
④ 参见最高法院社会庭 2005 年 7 月 12 日判决。
⑤ 参见《劳动法》第 R3246-1 条。
⑥ 参见《劳动法》第 R3246-2 条。
⑦ 参见《劳动法》第 L8221-5 条。
⑧ 参见《劳动法》第 L8224-1 条。
⑨ 参见最高法院社会庭 1987 年 11 月 26 日判决。

支付。

法国最高法院社会庭在 2017 年 2 月 8 日的判决中曾经提出，会计文件可以作为工资已经支付的凭证。然而，最高法院后来又对会计文件的直接性和客观性提出了要求。法国最高法院社会庭 2009 年 9 月 16 日的判决是一个很有代表性的案例。该案中，雇主向法院提交了以下证据：(1) 记载支付劳动者工资记录的会计日记账和总分账；(2) 社会保险费征缴机构的财务检查以及无违规记录；(3) 劳动者五年间从未就工资支付事宜向同事和客户抱怨的证明；(4) 劳动者工资年度申报记录以及劳动者社会保险费缴清记录；(5) 雇主会计部门关于工资已经用现金支付的证明，以及现金支出记录。尽管如此，最高法院依然认为：以上资料不能构成工资已经支付的直接证据。在另一判决中，最高法院认为：雇主必须能够证明支票已经进入劳动者的账户。[①]

五、企业出现困境时的工资支付

(一) 妥协性集体协商

2013 年 6 月 4 日，法国议会通过了《就业保障法》。该法允许陷入经济困难的企业与工会代表签订维持就业集体协议（AME），以不解雇为条件对全体或部分职工的劳动报酬进行调整。劳动者自主决定是否接受企业与工会代表签订的维持就业集体协议。如果劳动者选择接受，就意味着其劳动合同有关工资部分将被按照集体协议予以修改；如果劳动者拒绝，则雇主可以经济原因将其辞退（后文详述）。[②]

维持就业集体协议于 2016 年被扩大到没有陷入经济困难的企业，改称"就业维持与发展协议"（APDE）。对拒不履行集体合同的劳动者，雇主虽然不可以经济原因将其辞退，但是可以"特殊理由"予以解雇，虽然要支付解雇补偿金，但不需要支付无理由解雇时应支付的损害赔偿金。

(二) 破产时的工资清算

1. 破产程序开始前的应付工资

(1) 作为超级优先债权的工资清算

工资在法国法上被称作"生计债权"（créance alimentaire），因为工资往往是劳动者唯一的收入来源，是劳动者及其家庭生存所必需。为了社会稳定，法律应

---

① 参见最高法院社会庭 2006 年 1 月 11 日判决。
② 参见《劳动法》第 L5125-1 至第 L5125-7 条。

予以特殊保护。因此，当劳动者工作的企业发生财务困难停止支付时，劳动者作为企业的债权人有着与其他债权人不同的地位。

根据法国《商法典》第 L625-8 条的规定，只要企业尚有剩余资金，法院应要求债务人或破产管理人在集体程序开始的 10 日内，优先支付集体程序开始前 60 天的应付工资。而且，即使应付工资总数还没有最后确认，法院也可以允许债务人或破产管理人用剩余资金暂时垫付相当于劳动者 1 个月工资的资金。

作为普通法的《民法典》第 2331 条和第 2375 条将破产企业最后 6 个月的应付工资作为优先债权对待，但是将其排在法庭费用后面；而《社会保险法》第 L243-4 条又将应缴社会保险费排在应付工资同一个序列，这些都使得劳动者的工资难以得到保障。

《劳动法》则为工资债权提供了最优保障。《劳动法》第 L3253-2 条将集体程序开始前 60 天的应付工资设定为超级优先（super privilégié）的工资债，在其他优先债权前优先受偿。

作为超级优先债权的工资，不仅仅限于劳动者的基本工资和福利，还包括雇主应为劳动者缴纳的社会保险费，①以及应当支付给被辞退劳动者的解雇补偿金、损害赔偿金等。② 但是，作为超级优先债权的工资，其总额受政府规定的上限限制，③超过部分不属于超级优先债权。

（2）其他债权性质工资的清算

企业进入保护、重整或清算程序前 6 个月到 60 天这段时间内应当支付而未支付的工资为普通优先债权，其清偿顺序在法庭费用之后，与应缴社会保险费等同时参与企业剩余财产分配。如果企业账户余款不足以支付全部应付工资和社会保险费，则按比例分摊。

企业进入保护、重整或清算程序前 6 个月之前的应付但未付的工资属于无担保普通债权。

2. 破产程序开始后的应付工资

对于企业进入破产程序后的应付工资，如果企业有足够的资金，则按规定支付；如果企业没有足够的资金，则由职工债权保障制度管理协会负责垫付（后文详述）。

---

① 参见最高法院社会庭 2017 年 3 月 8 日判决。
② 参见《劳动法》第 L3253-8 条。
③ 2017 年的上限为 78456 欧元。

六、工资支付保障制度

(一) 工资支付的监督

根据法国劳动法,职工代表有权代表劳动者个人或集体向雇主提出有关劳动报酬和劳动条件的要求。工会组织有权在所有职工人数超过50人的企业中指派工会代表(délégué syndical),工会代表有权参加企业集体谈判或在企业内成立工会小组并任命小组代表。工会小组代表(représentant de la section syndicale)也可以对劳动报酬的支付进行监督。

国家劳动监察人员(agent de contrôle de l'inspection du travail)在督促企业执行法律法规上起着非常重要的作用。根据《劳动法》第 L8112-1 条的规定,国家劳动监察人员负责监督劳动法律法规以及集体合同的执行,其中包括对劳动收入支付的合规性检查。

(二) 欠薪法律救济

雇主必须按照法律规定或劳动合同约定的日期支付工资,否则即构成欠薪。

由于劳动者的从属地位,法国最高法院对工资按时、按额支付持严格态度,即使劳动者同意也不得成为延迟工资支付的理由。[1]

最高法院社会庭认为,1 至 2 天的工资延付[2]或偶尔发生的工资延付[3]不应惩处,但是对于诸如雇主到 7 月 10 日还没有支付劳动者 6 月份工资的情形,则属于违反有关月薪支付的法律规定。[4]

此外,雇主如果没有足额支付工资,即使是因为疏忽,也构成对劳动合同的违约。[5] 雇主没有为劳动者支付社会保险(养老保险)费,也属于过错行为。[6]

劳动者在其工资被雇主克扣后,可以到劳动法庭起诉雇主。劳动者可以要求法庭撤销劳动合同,并要求相应赔偿;也可以先辞职,然后到劳动法庭起诉,请求认定"被迫辞职"并获取相应赔偿。起诉时效为劳动者得知或者应该得知被克扣情况起三年内。诉求标的根据劳动合同是否已经解除而定:如果劳动合同尚未解除,劳动者可以对起诉前三年的工资提出要求;如果劳动合同已经解除,劳

---

[1] 参见最高法院社会庭 1995 年 6 月 29 日判决。
[2] 参见最高法院社会庭 2005 年 1 月 19 日判决。
[3] 参见最高法院社会庭 2000 年 10 月 4 日判决。
[4] 参见最高法院社会庭 2002 年 1 月 29 日判决。
[5] 参见最高法院社会庭 2016 年 10 月 30 日判决。
[6] 参见最高法院社会庭 1997 年 4 月 1 日判决。

动者可以对合同解除前三年的工资提出要求。①

（三）被迫辞职

被迫辞职(prise d'acte)是司法判例创设的概念，《劳动法》没有特别规定，只是在第 L1451-1 条中规定：当劳动法庭收到要求界定劳动者因归咎于雇主的事实而主动终止劳动合同的请求时，应将案件直接交给法院审判。因此，被迫辞职就是劳动者认为雇主的行为在事实上导致劳动合同的终止，从而主动提出辞职。而雇主行为究竟是否在事实上导致劳动合同的终止，则必须由法院判定。因此，劳动者提出辞职后，应到劳动法庭起诉。如果法院认为劳动者被迫辞职的理由成立，则劳动合同的终止将被重新界定为雇主对劳动者"无真实并且重大事由的解雇"。雇主必须因此向劳动者支付法律规定的或集体合同规定的解雇补偿、带薪休假津贴、提前通知期补偿、无真实并且重大事由或无效解雇（限于职工代表或工伤职工）的赔偿以及劳动者的其他经济损失。

通常情况下，劳动者必须提供足够的证据证明雇主的上述行为。但是，法院有时也要求雇主提供证据，如有关工作时间（最高法院社会庭 2011 年 6 月 8 日的判决）或者有关企业是否按照专职劳动保健医生的建议调整劳动者的岗位（最高法院社会庭 2015 年 9 月 16 日的判决）等方面的证据。

法院除了确认劳动者指责雇主的过错是否存在以外，还应对雇主错误的严重性作出判断。只有在雇主被指责的行为属实并具有相当的严重性时，法院才会认定劳动者是被迫辞职。根据以往判例看，雇主不遵守安全规范、克扣劳动者的工资、拒绝确定浮动工资的工作指标、没有遵守约定的最低工资、没有遵守每周休息制度、不经劳动者同意修改劳动合同、对劳动者有歧视行为以及有精神或性骚扰行为等，都可以成为劳动者被迫辞职的理由。

最高法院判例将被迫辞职限于无固定期限劳动合同关系中的和实习期外的劳动者。固定期限劳动合同关系中的劳动者不在适用范围内，但是可以引用"严重过错"规则提前终止劳动合同。两种制度安排实际上非常相似。

劳动者可以随时作出被迫辞职的决定，不受提前通知期等任何限制。被迫辞职也不受任何形式条件的限制，但是劳动者写给雇主的解释信函无疑为其起诉提供了便利。此外，最高法院判例还确定，劳动者在就被迫辞职通知雇主以后不得反悔。

---

① 参见《劳动法》第 L3245-1 条。

在被迫辞职的理由存在时,劳动者也可以选择继续履行职务,同时向劳动法庭起诉,要求解除劳动合同。如果法院支持劳动者的理由,则可以判定劳动关系以雇主"无真实并且重大事由的解雇"而解除。如果法院驳回劳动者的理由,则劳动合同继续有效,劳动者必须履行合同义务,否则应赔偿企业损失。

(四) 欠薪保障制度

法国的欠薪保障制度始建于20世纪70年代第一次石油危机时期。1973年12月27日,第73-1194号法令设立了针对破产企业工资债权支付保障基金,这是一项风险分担性质的雇主互助基金。该保障基金是强制性的,除没有职工的个体企业主以外,一切私人雇主都必须参加。基金的开支全部由雇主方面的缴费承担,缴费率按失业保险缴费的一定比例[1]确定。基金由1974年成立的职工债权保障制度管理协会(AGS)负责管理。

工资债权支付保障基金只有在企业进入保护、重整或清算等集体程序,并且没有足够资金支付工资时才能介入。基金的作用是代替企业垫付所欠职工工资,并在代替破产企业支付全部或部分欠薪后,取得向雇主(或破产管理人)代位求偿的权利,然后根据情况通过企业的保护计划、重整计划或清算计划的执行收回垫付的款项。

基金保障范围包括集体程序开始时的欠薪、集体程序开始后因辞退劳动者应付的债权补偿金、企业清算时因履行劳动合同而发生的欠薪、职工参与计划应付的欠款、相关的社会保险费等。[2]

如果企业进入了集体程序,并在程序开始后10天内不能支付超级优先债权,或者在3个月内不能支付其他欠薪,破产管理人可请求职工债权保障制度管理协会垫款支付。[3] 职工债权保障制度管理协会应该在5天内向破产管理人支付该款项,破产管理人应将收到的款项立即支付给相关职工。[4]

第三节 劳动关系的变更

1996年7月10日,法国最高法院社会庭作出的判决对劳资双方劳动关系

---

[1] 2017年的比例为0.15%。
[2] 参见《劳动法》第L3253-8至L3253-13条。
[3] 参见《劳动法》第L3253-20条。
[4] 参见《劳动法》第L3253-21条。

的改变进行了重要区分,即区分对劳动条件的改变和对劳动合同的修改。根据该判决,对劳动条件的改变属于雇主的管理权限范围,而对劳动合同的修改则属于合同的范畴。

一、劳动条件的改变

对劳动条件的改变属于雇主的管理权限,带有普遍性,在劳动合同中没有具体规定,不是针对个别劳动者,劳动者有义务执行。如果劳动者拒绝执行,则雇主可给予纪律处分。属于劳动条件改变的包括:工作服式样的改变;某些工作时间的变更;工作任务的改变等。

如果劳动合同中没有规定劳动者的上下班时间,则通常认为雇主有权在不严重影响劳动者生活的前提下调整其上下班时间。比如,将劳动者的上下班时间提前或推后1小时,或要求劳动者在常规进餐时间工作等,该判决认为都在雇主的管理权限以内。

关于工作地点,如果在劳动合同中明确约定劳动者的工作区域,则雇主对该区域的改变必须征得劳动者的同意。如果情况相反,则一般认为雇主有权在同一区域内对劳动者的具体工作地点进行调整,但是超出同一区域的工作安排则需要征得劳动者同意。判断是否在同一区域(secteur),由法官根据客观标准,如交通、通信方式等,进行判定。但是,如果在劳动合同中明确约定了劳动地点不特定条款,雇主就有权单方面变动劳动者的工作地点,但不得违反法律强制性规定,并不得对劳动者的生活造成过大的动荡。如果给劳动者的生活带来过大的改变,则可能构成对劳动合同的实质性改变,必须征得劳动者的同意。比如,雇主不得以企业办公机构搬迁为理由强迫劳动者也到另外一个城市工作。

是否构成对劳动合同的实质性改变,往往取决于双方签订劳动合同时给予某些条款的重要性,以及对条款词句选择的明晰性。比如,如果在合同中约定了有关工作调动的条款,对工作地点的调整则不构成对合同的实质性改变。

二、劳动合同的修改

劳动合同的修改是对合同基本条款的修改,根据合同意思自治的原则,修改必须经过双方协商一致方能生效。因为劳动报酬、工作性质、劳动时间等均属于劳动合同必须具备的基本条款,其任何改变均构成对劳动合同的修改而不是劳动条件的改变。

(一) 对劳动报酬的修改

根据最高法院判例,雇主对劳动报酬的数额、计算方式以及支付方式的任何修改都必须征得劳动者的同意,即使修改后的报酬可能表面上或在一段时间内更有利于劳动者。但是,有一种情况是法律允许的,就是独立于双方主观意志的客观情况变化导致的劳动报酬改变。比如,有些企业规定职工工资与最低工资或物价挂钩。

(二) 对劳动时间的修改

对工作时间的修改可分为对单位劳动小时数的修改和对上下班时间的修改。

1. 对单位劳动小时数的修改

雇主没有权利任意增加劳动者的工作时间,但是可以有条件地缩短劳动者的劳动小时数。如果劳动小时数的缩短将减少劳动报酬,就必须征得劳动者的同意。这样的修改也可以视为对劳动报酬的改变。相反,如果劳动小时数缩短的同时保持劳动报酬不变,则通常认为不构成对劳动合同的修改,而是雇主对工作条件的改变,后者有权自主决定,劳动者必须接受。

2. 关于上下班时间的修改

如果合同中明确约定了劳动者的上下班时间,则雇主对合同约定的上下班时间的改变必须征得劳动者的同意。如果劳动合同没有确定具体的上下班时间,对劳动者上班时间的重大调整则可能构成对劳动合同的实质性修改,如将日班变为夜班、固定时间变为不固定时间。

(三) 特殊情况下的劳动合同修改

法国 2016 年修改《劳动法》后,放松了对劳动合同修改的限制。新《劳动法》第 L1233-3 条规定,如果出现企业产品订单或营业额同比下降,[①]或者由于技术革新、为维持竞争力进行的企业重整以及企业停产等特殊情况,可以修改劳动合同,如果劳动者拒绝修改合同,雇主可以根据经济性裁员程序将其解雇。

(四) 劳动合同的修改程序

雇主在修改劳动合同时必须征得劳动者的明示同意。根据最高法院 1987 年 10 月 8 日作出的判决,劳动者的沉默甚至按照新的工作条件上下班均不能视

---

① 具体标准是:职工 10 人以下的企业,产品订单或营业额同比下降超过一个季度;职工 11 至 49 人的企业,业绩同比下降超过两个季度;职工 50 至 299 人的企业,业绩同比下降超过三个季度;职工超过 300 人的企业,业绩同比下降超过四个季度。

为默示接受。

新《劳动法》第 L1222-6 条针对法国最高法院 1987 年 10 月 8 日作出的禁止默示的判决进行了修改。该条规定：当雇主打算援引《劳动法》第 L1233-3 条规定修改劳动合同时，应通过挂号信方式向有关劳动者提出修改建议。劳动者在收到挂号信后的 1 个月内（如果企业已经进入法定重整或破产程序，则期限缩减为 15 天内）必须答复是否接受。如果劳动者在上述期限内没有答复，则被视为接受了雇主的劳动合同修改建议。

三、拒绝改变劳动合同和劳动条件的法律后果

如果劳动者拒绝修改劳动合同，雇主可以撤回修改建议，也可以解雇劳动者。劳动者也可以劳动合同变更为由辞职。

如果劳动者拒绝雇主改变劳动条件，则雇主可撤销决定，或根据 1998 年 6 月 16 日的最高法院判决对劳动者采取纪律处分，直至将其解雇。

《劳动法》第 L1331-1 条规定，纪律处分为雇主对劳动者采取的影响劳动者上岗、履职、升迁或报酬的一切措施，但不包括口头表示的批评。同时，法律明文禁止雇主对劳动者施以罚款或类似的经济性处分，任何与此不符的规定和条款均无效。

拒绝雇主改变劳动条件的劳动者可以提出辞职。辞职请求必须是不愿继续工作的明确表示，因为拒绝改变劳动条件的事实并不能构成劳动者的自动辞职。劳动者也可以在辞职或被解雇后向法院起诉，要求雇主对其进行损害赔偿。

需要说明的是，对于受保护的职工，包括工会代表、职工代表、企业委员会中职工推举的代表，无论是对其劳动合同的改变还是对其工作条件的改变，都必须征得其本人的同意。

第四节 劳动关系的解除

劳动关系的解除可分为自动解除与主动解除。劳动关系的自动解除主要指定期合同到期、工作任务完成、劳动者退休、不可抗力原因导致的合同中止等非主观因素导致的劳动关系的终止。劳动关系的主动解除是指劳动合同一方或双方当事人主动解除劳动关系，可以分为单方解除和双方解除。单方解除可以是雇主对劳动者的解雇，也可以是劳动者辞去工作；劳动关系的双方解除是指雇主

和劳动者通过协商一致,终止劳动关系。

一、劳动关系的单方解除

(一) 辞职

如果因劳动者辞职(démission)而解除劳动关系,则劳动者无权获得雇主的经济补偿,甚至不能领取失业金;相反,如果劳动关系是因为雇主将劳动者解雇而解除,则劳动者有权要求解雇补偿金和领取失业金。正因为有如此大的差别,法国立法者和法院都对辞职采取一系列保护劳动者的措施,既要保障劳动者的自由工作权利和辞职权利,也要保证劳动者的辞职是出自其本人的真实意愿。

劳动自由和辞职都是劳动者不可剥夺的基本权利,任何人不得侵犯。这意味着,雇主不能限制劳动者在某一段时间内辞职的权利,不可采取任何手段直接或间接地限制、妨碍辞职权的行使。比如,要求劳动者不得在6月前辞职,否则就扣除前一年的奖金,这一做法就是间接限制了劳动者的劳动自由权和辞职权(最高法院社会庭2000年4月18日判决)。劳动者也不能预先放弃其辞职权。这意味着,不得在劳动合同中约定劳动者不得辞职的情形,也不得约定劳动者自动离职的特定事件,因后一种约定导致的劳动合同解除会被重新界定为解雇。

辞职是劳动者明确地终止不定期劳动合同的意思表示。辞职必须是劳动者意愿明确无疑的表示,不能有任何含糊,否则辞职可能会被重新界定为"无真实并且重大的事由的解雇"(licenciement sans cause réelle et sérieuse)。只有不定期劳动合同的劳动者可以辞职;固定期限劳动合同的劳动者不可以辞职。《劳动法》第L1243-1条规定:"除非双方同意,固定期限的劳动合同只能在存在严重过错(faute grave)或不可抗力时才可以终止。"

仅仅存在劳动者停止履行劳动合同并不能认为其提出了辞职。当劳动者无故缺勤或拒绝履行劳动合同义务时,雇主只能根据规章制度对其予以纪律处分,或者以劳动者没有提供服务为理由暂停支付工资,或者以劳动者无故缺勤为理由启动解雇程序。

劳动者辞职意愿的表示不可以有瑕疵。也就是说,辞职决定不是因错误、欺诈或暴力而被迫作出的,因雇主对劳动者施加压力或施以威胁情况下作出的辞职决定无效。同样,劳动者在意识不清醒的情况下作出的辞职请求也没有效力,如酒后或一时冲动下作出的决定。辞职决定必须是劳动者在神志清醒和健全的情况下,经过深思熟虑以后作出的决定。此外,劳动者有权在辞职信中不说明辞职的原因。一般来讲，劳动者可以因为本人原因辞职，也可以因为雇主的原因辞职。

如果劳动者确实作出了肯定无疑的辞职表示，则无权反悔。劳动者要求撤回辞职，必须征得雇主的同意。雇主的同意可以是明示或默示的。如果雇主在劳动者辞职生效后依然听任其上班而不作任何反应，则构成对劳动者撤回辞职的默示同意。雇主在明示或默示劳动者撤回辞职请求后，不得再次援引劳动者的辞职终止劳动关系。

从理论上讲，虽然劳动者的辞职不受时间和辞职形式的限制，但是也不宜滥用辞职权。集体合同和个别劳动合同一般都规定辞职必须提前一定时间通知雇主（préavis de démission），即使集体合同和个别劳动合同没有规定辞职提前通知期，劳动者也应给雇主合理的期限，以便寻找替代人员或作出相应安排。

如果集体合同或个别劳动合同规定了辞职提前通知期，则对劳资双方均具有约束力。雇主可以要求劳动者提前离岗，但必须支付劳动者提前通知期应得的工资、福利以及带薪休假津贴等。换句话说，视为劳动者一直工作到辞职提前通知期结束。劳动者也可以请求缩短或取消辞职提前通知期，但雇主没有义务接受这一请求。如果雇主接受，则劳动者从双方约定的劳动关系解除日开始即无权从企业领取任何工资和福利。如果雇主拒绝劳动者关于缩短或取消辞职提前通知期的请求，则劳动者执意提前离职可能要对雇主予以补偿。根据最高法院社会庭 2005 年 5 月 24 日判决，补偿金的数额应为劳动者当期含职工社会保险缴费在内的基本工资；在该判决中，劳动者需要支付给雇主的补偿金数额仅具有补偿性质，与雇主实际受到的损失大小无关。

根据法律规定，在某些特殊情况下，劳动者不必遵守约定的辞职提前通知期。比如，女职工怀孕后可以立即辞职；职工产假后或者收养子女休假后，如果决定继续留在家里照顾子女，则辞职提前通知期的存在也没有意义，只要提前 15 天通知雇主即可。

特殊情况下，如果劳动者的辞职给企业带来损失，则可能构成滥用辞职权。然而，这种情况十分罕见，法院判例一般要求劳动者的辞职举动具有恶意损害企业利益的主观意愿，或者劳动者在辞职时有过失行为。比如，劳动者在辞职的同时鼓动其他同事一同离职前往新单位，或者在做好充分准备后突然辞职，几天后自己成立企业从事可能违反同业竞争条款的业务（最高法院社会庭 1972 年 1 月 12 日判决）。

滥用辞职权与不遵守辞职提前通知期的法律后果不同。前文曾经提及,如果劳动者仅仅是不遵守辞职提前通知期,则只需支付给雇主数额相当于劳动者当期含职工社会保险缴费在内的基本工资的补偿金,而滥用辞职权的劳动者则必须承担赔偿雇主所受损失的责任。

集体合同和个别劳动合同有时也会规定辞职需要遵守一定的形式,如书面形式、挂号信等,但即使劳动者没有遵守这些规定,其辞职依然有效。

(二) 擅自离岗

擅自离岗(abandon de poste)是一个在劳动合同实践中发生的现象,法国《劳动法》没有规定,判例也没有明确的定义。一般认为,所谓擅自离岗,指的是劳动者擅自、长期离开工作岗位,没有向雇主提供任何理由或解释。

擅自离岗可以有很多原因:可能是劳动者个人患急病,也可能是劳动者家中发生变故。擅自离岗不等于辞职的意思表示。同时,法律也规定,辞职必须是明确无疑的意思表示,不得推定。

劳动者擅自离岗也可能是对自己的工作产生厌倦,但是由于辞职会丧失领取失业保险金的权利而不愿辞职,所以选择通过离岗让雇主解雇自己,想借此达到离开工作并能够领取失业保险金的目的。

还有一种可能是,劳动者找到了另一个更满意的、必须马上开始的工作,但是又明知雇主会拒绝取消辞职提前通知期的请求,于是选择擅自离岗。劳动者可能会因为不遵守辞职提前通知期、擅自离岗而需要向雇主支付补偿金。

根据《劳动法》第 L1332-4 条,擅自离岗可以构成劳动者的"严重过错",从而可以成为雇主处罚甚至解雇劳动者的理由。雇主必须在得知情况后的 2 个月内对离岗职工作出处罚,超过此期限,法律规定对有过错的职工应既往不咎,除非该过错在此期间受到刑事追究。

对擅自离岗职工的处罚应该遵守一定程序。当有职工没有任何明确表示就擅自离岗时,雇主应该先了解情况,如寄带回执的挂号信给离岗职工询问情况,也可以通牒勒令离岗职工尽快返回岗位。如果职工不回复,雇主可予以纪律处分,包括停发工资。雇主也可以启动解雇程序:寄带回执的挂号信就解雇事宜约谈擅自离岗职工,如果擅自离岗职工返回工作岗位则不被解雇。

(三) 解雇

议会于 1890 年 12 月 27 日通过的法律首次提出了无固定期限雇佣合同的概念,同时规定了合同任何一方可以单独解除无固定期限雇佣合同,并进而规定单独解除合同的一方可以被勒令向另一方支付损害赔偿金。此后,经最高法院判例确定:如果雇主在解雇(licenciement)前作了提前通知,则可以免除赔偿责任。由此逐渐形成雇佣合同解除的程序。

20世纪初,在经济萧条时期,针对企业对职工滥用解雇权,立法者于1928年7月11日通过法律,要求企业解雇时必须遵守事先通知义务,以及确立在滥用解雇权的情况下向被解雇职工支付赔偿金的原则。

二战后,法国政府加强了对就业的管制,特别是1945年5月25日颁布的法令(ordonnance),要求企业解雇必须申请行政批准。

1973年7月13日,《关于就无固定期限劳动合同解除修改〈劳动法〉》出台,第一次全面对解雇予以限制,要求解雇应有"真实并且重大的事由"。雇主的解雇权受到越来越严格的法律限制。

首先,《劳动法》第L1132-1条明确规定,任何解雇都不能以种族、年龄、性别、宗教信仰、政治见解、身体健康、罢工游行、工会活动等为理由。

其次,任何职工代表的竞选人,现任或卸任的职工代表(包括企业内部的工会代表、企业委员会的职工代表、企业安全卫生委员会的职工代表)以及在企业外部从事社会活动的劳动者均享受解雇保护。解雇这些被保护的劳动者的理由应比解雇普通劳动者的理由更充分。同时,基于任何理由的解雇都须事先征求企业委员的意见并经过劳动监察官的批准,否则解雇无效。保护期限为劳动者任职期间和卸任后6至12个月。

1. 解雇理由

根据《关于就无固定期限劳动合同解除修改〈劳动法〉》的规定,"雇主在职工提出书面要求时,必须说明解雇的真实并且重大的事由"(第24n条);"在发生纠纷时,由法官判定雇主引用的解雇事由是否具有真实并且重大性质"(第24o条)。这些规定后来被写进《劳动法》第L1232-1条和第L1233-2条。根据现行规定,基于个人原因的解雇和基于经济原因的解雇都必须有"真实并且重大的事由"。但是,法律对这两个概念没有进行界定,只能由劳动法庭在处理劳资纠纷的时候根据个案进行具体判断。故类似案件的判决结果往往不一致,造成解雇成本的不确定性,增加了解雇风险。解雇风险为法国企业的聘用偏好提供了解释:由于解雇成本难以估算,企业不愿招用新职工,即使聘用也只是签订临时合同(主要是固定期限合同与派遣用工合同),借以规避解雇风险。

从理论上讲,事由的真实性要求有客观存在的即已经发生的与履行劳动合同相关的(劳动者)具体行为或(企业)外界经济环境的变化。对此,提出解雇的雇主必须承担举证责任。最高法院社会庭1989年5月10日判决认为,雇主根据不存在的事实作出的解雇不满足真实并且重大的事由条件。此外,最高法院社会庭2004年2月18日的判决认为,雇主也不得解雇虽然表示要拒绝服从其领导但没有具体行为的劳动者。

事由的重大性,要求雇主据以决定解雇劳动者的原因严重到妨碍企业的正常运转。比如,最高法院2001年11月27日判决认为,如果企业职工关系严重不和,以致妨碍企业的正常运作,则雇主可在能够举证确认事实的条件下解雇造成该事实的劳动者。又如,最高法院社会庭2001年11月6日判决认为,车行职工在工作期间穿运动服而不是工作服上班可以构成重大的解雇事由。

解雇所必须具备的"真实并且重大的事由"一直是法国劳动法的难题。随着经济危机的加深与持久,企业要求放松解雇限制的呼声越来越高。同时,欧洲各国政府逐渐被自由派政治人物占据,他们主张所谓"灵活保障"(flexicurité)理论,即一方面给企业更多的用工自主权,另一方面加强对职工的保护。

法国议会2005年曾经通过法律创设《新式雇佣合同》,允许企业在与职工签订新式合同后两年内不需说明理由即可解雇职工。这一规定的目的就是为了绕过"真实并且重大"的解雇理由。但是,新式雇佣合同立即遭到工会、法学界甚至世界劳联的否定。在舆论压力下,议会在3年后取消了《新式雇佣合同》。

法国劳动法上的解雇基本可分为基于劳动者本人原因的解雇(licenciement pour motif personnel)和基于经济原因的解雇(licenciement pour motif économique)两大类,而经济原因的解雇又可以再分为经济原因个别(职工)解雇(licenciement individuel pour motif économique)和经济原因集体解雇(licenciement collectif pour motif économique)。其中,基于劳动者本人原因的解雇是针对职工个人行为、工作能力或严重过错的劳动合同解除,而基于经济原因的解雇则是企业经济和经营状况变化导致的劳动合同解除。

解雇必须同时符合实质性要件和形式要件。实质性要件是指解雇需要存在"真实并且重大的事由",形式要件则要求遵循严格的程序。

(1) 基于劳动者本人原因的解雇

法国《劳动法》没有具体列举可以导致解雇的劳动者本人原因。最高法院判例强调过"实质影响或可能损害企业运作的客观的、现实的、准确的原因"(最高法院社会庭1964年3月11日判决)。基于劳动者本人原因的解雇大致可以分为基于违反劳动纪律的解雇和非基于违反劳动纪律的解雇。前者主要是劳动者在履行劳动合同时犯下过错；后者则比较复杂，可以是劳动者缺乏工作能力、不具有工作岗位需要的体质、拒绝修改劳动合同，等等。由于无过错解雇建立在主观评判的基础上，法院往往要求雇主提出客观证据，如具体工作指标、劳动者无法完成任务的事实或者专业能力不足的证据等。

① 基于违反劳动纪律的解雇。

违反劳动纪律是犯有过错的同义词。法国劳动法将"过错"概念细分成"简单过错""严重过错"和"重大过错"。

第一，简单过错。

简单过错（faute simple）一般是指劳动者在工作中犯有失误或遗漏，通常只允许雇主对劳动者予以纪律处分，而不允许解雇。但是，在特殊情形下简单过错也可以允许雇主解雇劳动者。例如，在最高法院社会庭1987年12月17日的一个判决中，一名营业员因故短时间离开柜台，将两个装满现金的袋子放在他人触手可及的地方。最高法院将营业员行为从严重过错重新界定为简单过错，但是确认了雇主的解雇决定。再如，劳动者为了和雇主作对故意缺勤一天，电脑工程师拒绝按照数月前的工作安排在周六加班。简单过错必须是足够"严肃"的错误，由地方法院定性，不受最高法院监督。因简单过错被解雇的劳动者有权领取解雇补偿金、提前通知期补偿金和带薪假补偿金。

第二，严重过错。

严重过错（faute grave）是可直接归咎于劳动者责任的对劳动合同义务的重大违反行为，该行为使企业无法继续留用该劳动者。因此，严重过错是允许雇主将劳动者立即解雇的理由。

严重过错的判定受最高法院监督。最高法院社会庭多次对严重过错加以界定，在1964年4月22日的一个判决中指出："严重过错是导致企业无法将当事人留用到提前通知期结束的行为。"但是该判决只涉及适用提前通知期的无固定期限劳动合同。此后，最高法院在2007年9月27日的判决中认为："严重过错是企业无法继续保留职工的过错。"这一定性无论对固定期限劳动合同还是无固定期限劳动合同均适用。最高法院在2013年1月9日的判决中更具体地指出："职工犯下的过错只有对企业的正常运转造成干扰才可定性为严重。"

劳动者的过错必须与其工作有关，通常是在工作场所、工作时间所犯的过错，但也不排除劳动者在其工作场所外所犯的、引起本企业运作混乱的过错。劳动者的行为是否构成严重过错由法院根据具体情节审理、认定。法官对案件进行客观审定,除劳动者的过错外,也对雇主是否也有过错以及劳动者的年龄和健康状况、职业特点等加以考虑。以下行为可构成劳动者严重过错:无理由的缺勤或擅自离岗;拒绝执行合同规定的工作任务;作为医务护理人员故意把水泼在残疾人身上;辱骂或威胁顾客;在客户面前贬损雇主;对雇主或同事有骚扰、暴力或侮辱行为;盗窃企业财物;工作时间醉酒。

严重过错目前是雇主基于劳动者本人原因解雇劳动者最常引用的理由,因此被解雇的劳动者无权领取解雇补偿金,无权领取提前通知期补偿金。

第三,重大过错。

劳动者重大过错(faute lourde)故意损害雇主的行为与严重过错的区别在于主观要素:严重过错是过失行为,而重大过错是故意行为。劳动者的主观故意由雇主举证证明,否则不能定性为重大过错。

重大过错在某些特殊情况下较容易认定,比如,劳动者违反劳动合同中明确约定的竞业限制条款或兼职禁止条款行为,职场中猥亵行为,严重盗窃行为,诋毁行为,暴露企业商业机密行为,伪造文件或使用伪造文件行为,在罢工期间破坏企业财物、使用暴力、扣押企业管理者的行为,故意阻止和打击非罢工职工的行为,等等。

重大过错是最严重的行为,劳动者被解雇后无权领取解雇补偿金,无权领取提前通知期补偿金,还要面对赔偿给雇主造成的经济损失的风险。

② 非基于违反劳动纪律的解雇。

第一,因丧失工作能力的解雇。

《劳动法》第 L1132-1 条明确禁止基于健康原因的解雇。换句话说,雇主仅仅因为劳动者身患疾病这一事实而将其解雇的决定无效。然而,如果劳动者因患病长期缺勤,影响企业正常运转,并迫使企业安排其他职工彻底顶替该劳动者的岗位,则雇主可以将该劳动者解雇。

丧失工作能力不局限于身体健康原因,在最高法院社会庭 2015 年 12 月 15 日的判决中,劳动保健医生认为一名劳动者与整个企业集团的领导层在工作关系上丧失了工作能力,雇主根据劳动保健医生的结论将劳动者解雇,最高法院社会庭支持了雇主的决定。

劳动者工伤和患职业病应受到法律的特殊保护。在劳动者因工伤和患职业病治疗期间,禁止被解雇。治疗结束后,根据《劳动法》第 L1226-12 条的规定,如果劳动者没有丧失劳动能力,则雇主必须允许其恢复工作;如果劳动者丧失了劳动能力,雇主应为劳动者安排新的工作岗位;雇主只有在证明其无法为劳动者提供新的工作岗位,或者新的工作岗位被劳动者拒绝,或者劳动保健医生认为劳动者的健康状况使其无法继续留在本来的工作岗位也无法胜任新的工作岗位的情况下,才可以解除与该劳动者签订的劳动合同。在此情况下,雇主必须按照《劳动法》第 L1226-14 条的规定支付双倍的解雇赔偿金。

第二,因工作能力不足的解雇。

雇主可以解雇工作能力不足的劳动者,但必须满足一定条件。

首先,认定劳动者工作能力不足必须经过客观验证,不能简单地建立在雇主一方片面主观认为的基础上。雇主有向法庭举证的责任,证据可以包括以下方面:其一,具体明确的工作指标,如销售额、利润额等;其二,劳动者无法完成任务的事实,雇主必须证明完不成任务的原因在于劳动者无法胜任工作。

其次,雇主在因劳动者工作能力不足而将其解雇前,应该尽可能为其调换新的工作岗位或者提供培训。只有在劳动者拒绝换岗或接受培训的情况下,雇主才能将其直接解雇。

最高法院经常将劳动者工作能力不足与劳动者的过错联系在一起。最高法院社会庭 2009 年 10 月 20 日的判决中要求以劳动者工作能力不足为由将其解雇的雇主提供劳动者犯有过错的客观证据。

同样,仅仅因为劳动者没有完成工作指标也不足以构成解雇理由(最高法院社会庭 2007 年 10 月 19 日判决),必须通过可客观检验的因素确认工作指标的合理性(最高法院社会庭 2005 年 11 月 30 日判决)。工作指标没有完成必须归咎于劳动者本人的(最高法院社会庭 2008 年 3 月 27 日判决),可以对比劳动者完成的工作指标与同事完成的工作指标(最高法院社会庭 1990 年 4 月 5 日判决),同时不存在竞争加剧的情形(最高法院社会庭 2001 年 12 月 18 日判决)。此外,最高法院往往要求劳动者未完成工作指标的同时伴有其他事由,如劳动者有过错或工作能力不足等(最高法院社会庭 2003 年 2 月 25 日判决)。

一旦劳动者工作能力不足被证明,则雇主不需要再证明劳动者有过错即可将其解雇(最高法院社会庭 2004 年 1 月 13 日判决)。

工作能力不足的劳动者可以是普通职工,也可以是管理人员。最高法院社会庭 1990 年 2 月 20 日的判决中认定,雇主可以解雇无法胜任管理职责的化验室负责人。

(2) 基于经济原因的解雇

经济原因解雇的概念源自议会于 1945 年 5 月 25 日通过的法令的司法实践。法国最高行政法院认为，该法令关于企业解雇的行政审批仅适用基于经济原因的解雇。事实上，该法令的主要目的不是限制企业解雇行为，而是二战后的劳动力的流动，但它最终并没有被真正实施。

1975 年石油危机后，法国再次通过法律，规定任何经济原因的裁员都必须事先经过政府审批，试图以此遏制解雇潮。议会于 1975 年 1 月 3 日通过的关于经济性裁员的法律规定："任何建立在周期性或结构性经济事由上的个人或集体解雇均应由有关行政部门批准。"但是，事实证明这种限制收效甚微。1986 年，政府取消了对经济性裁员的行政审查。

在此后相当长的一段时间里，经济原因解雇的概念十分含糊。议会于 2005 年 1 月 18 日通过的重要法律（后并入《劳动法》第 L1233-3 条）将经济性裁员定性为其原因与职工本人无涉，而是由经济困难或技术改造等引起的、被职工拒绝的工作岗位的取消、改造或变动，或者由劳动合同基本条款修改而引起的解雇。

《劳动法》第 L1233-3 条规定的经济性裁员主要原因是"经济困难"或"技术改造"。最高法院判例在此之外又增加了其他经济原因解雇的原因：以重振为目的的企业整顿（最高法院社会庭 1997 年 6 月 11 日判决），企业歇业（最高法院社会庭 1997 年 6 月 11 日判决）。

经济性裁员概念自出现以来一直存在争论。之前的最高法院判例认为，企业只有严重经营困难才具有"真实并且重大"的解雇事由。然而，"经济困难"也是一个模糊的概念。2016 年修改劳动法时，立法者再次试图对"真实并且重大"的解雇事由加以限定，选择在经济性裁员上寻找突破口，针对"真实并且重大"的解雇事由以及经济性裁员的"经济困难"条件等不确定性概念，此次修改作出了更具体的规定。

首先，在特殊情况下，可以推定企业的解雇行为有"真实并且重大"的解雇事由，那就是企业对拒不履行"维持就业集体协议"（PSA）职工的解雇。这里有必要对"维持就业集体协议"加以说明。该协议首创于 2013 年关于保障就业的法律。该法律允许陷入经济困难的企业与代表职工多数的谈判代表签订协议，以不解雇为对价对职工的工作时间以及劳动报酬作出调整。这一协议的范围在 2016 年劳动法修改时扩大到没有陷入经济困难的企业。对拒不履行上述协议的职工,企业可以按照"特殊理由"予以解雇;而按照法律规定,"特殊理由"本身具有"真实并且重大"性,法院无权裁量。立法者绕了一个大圈子,无非是让企业不再担忧解雇的合法性被推翻以及承担相应的经济赔偿。

其次,针对经济性裁员的"经济困难"如何确定,新《劳动法》第 L1233-3 条予以立法中罕见的量化:职工人数不足 10 人的企业,产品订单或营业额同比下降超过一个季度的;职工人数 10 至 49 人的企业,业绩同比下降超过两个季度的;职工人数 50 至 299 人的企业,业绩同比下降超过三个季度的;职工人数超过 300 人的企业,业绩同比下降超过四个季度的,均可以进行经济性裁员。

法国法将经济原因的解雇分为个别解雇和集体解雇两类。前者是指基于经济原因解雇 1 名劳动者,后者是指基于经济原因在 30 天内解雇 2 名以上劳动者。二者的实质条件并没有区别,只是解雇程序不同。

2. 解雇程序

即便存在真实并且重大的解雇事由,如果规定的程序没有得到遵守,雇主应补办手续,否则法官可判处雇主支付职工不高于其 1 个月工资数额的补偿金。

需要强调的是,虽然《劳动法》规定了各种解雇程序,但是如果集体合同或个别劳动合同有更利于劳动者的安排,则适用集体合同的规定或个别劳动合同的约定。

解雇程序因解雇原因而相应有所不同,可分为基于劳动者本人原因解雇的程序、经济性个别裁员和经济性集体裁员程序。

(1) 基于劳动者本人原因解雇的程序

《劳动法》第 L1232-1 条要求雇主在基于劳动者本人原因解雇劳动者的时候,必须事先以双挂号信或亲手面交的方式书面通知劳动者约谈。书面通知中应该说明:① 约谈的具体目的(解雇程序)、约谈日期、时间和地点;② 劳动者有选择本企业职工或工会代表为其辩护的权利;③ 市政府或劳动监察部门的联系方式,方便劳动者寻找辩护代表。

《劳动法》第 L1232-2 条规定,为了留给劳动者充分的时间准备辩护,雇主要在书面通知送达 5 个工作日后(第 6 天起)才能与劳动者就约谈的内容进行当面沟通。该法对最迟约谈日期没有具体限制,除非因为纪律原因解雇劳动者。根据前述的既往不咎的原则,约谈必须在雇主知晓劳动者违纪事实的 2 个月内进行。面谈时,雇主有义务说明解雇理由并听取劳动者或其代理人的辩护。

根据《劳动法》第 L1232-6 条,如果劳动者拒绝亲自或者通过代理人参加面谈，或者因为其他理由未能面谈，则雇主可继续执行解雇程序，并在约谈 2 个工作日后以双挂号信的形式发出解雇通知书。如果因为纪律原因解雇劳动者，则解雇通知书必须在 1 个月内发出。

解雇通知书必须说明解雇理由，如果未说明理由或理由不够具体，则解雇决定有可能被认为不具备法定的"真实并且重大的事由"而被宣布无效。解雇通知书还应根据情况告知劳动者未休完的假期和未享受的法定培训时间等。劳动者收到解雇通知书当日为解雇通知期的起算点：工龄 6 个月以下的劳动者，享受集体合同或行业管理规定的解雇通知期；工龄 6 个月至 2 年的劳动者，享受为期 1 个月的解雇通知期；超过 2 年工龄的劳动者，享受为期 2 个月的解雇通知期。如果集体合同或个别劳动合同约定有更长的解雇通知期，则优先适用集体合同。在提前通知期间，劳动者继续领取工资和福利。

雇主在解雇后必须向劳动者提供工作证明、各项费用结算收据、提供给就业管理机构的解雇表格，并及时修改企业职工登记簿。

(2) 基于经济原因解雇的程序

① 经济性个别解雇。

当企业因出现经济困难或进行技术改造而要裁员时，雇主在决定解雇相关劳动者前有义务为其再就业提供培训，并寻找任何可以挽救工作岗位的办法。

雇主还必须遵守有关再就业(reclassement)的规定，在企业内部或集团内部为劳动者寻找再就业机会。再就业的岗位可以是与取消的岗位等同或更低，但都必须经劳动者本人同意。雇主的再就业建议必须以书面形式加以翔实说明。

只有在没有任何再就业的可能，或者劳动者拒绝雇主推荐的再就业岗位时，雇主才可以启动经济性个别解雇程序。

就程序本身而言，经济性个别解雇与基于劳动者个人原因解雇有一定差异。经济性个别解雇必须以双挂号信或亲手面交的方式书面通知劳动者约谈；在书面通知送达 5 个工作日后(第 6 天起)与劳动者就约谈的内容进行当面沟通；在当面沟通时，雇主有义务向劳动者说明其可以加入巩固就业合同(contrat de sécurisation professionnelle)。巩固就业合同是由就业管理机构组织的再就业培训合同，劳动者有 21 天的思考期。如果劳动者接受加入巩固就业合同，则解雇将被重新定性为因双方同意解除劳动关系(下述)；劳动者有权拒绝加入巩固就业合同，则雇主可以在面谈结束 7 个工作日(管理人员则是 15 个工作日)后以双挂号信的形式发出解雇通知书。解雇通知书应该向被解雇劳动者说明解雇的经济原因,告知被解雇劳动者如果企业在1年内录用人员可被优先录用,告知被解雇劳动者在12个月内有对解雇的合法性提出异议的权利。

经济性个别解雇的预告期与基于劳动者本人原因的解雇期没有区别。

解雇通知书发出之日起8天内,雇主必须用双挂号信的方式通知当地劳动监察部门,说明雇主身份、企业职工人数、营业范围、被解雇劳动者的身份和工作岗位、解雇通知书发出日期等。

雇主在解雇后必须向劳动者提供工作证明、各项费用结算收据、提供给就业管理机构的解雇表格,并及时修改企业职工登记簿。

② 经济性集体裁员。

经济性集体裁员的程序因裁员人数和企业大小而不同。雇主在30天内因经济原因解雇2—9名职工的程序,与经济性个人裁员的程序比较相似,唯一的差别是集体解雇前雇主必须召集企业职工代表机构(职工不到50人的企业为职工代表,50人以上的企业为企业委员会)开会,征求意见。

雇主在30天内因经济原因解雇10名以上职工的,必须在解雇程序开始时咨询企业职工代表机构,但是不适用与劳动者约谈程序(《劳动法》第L1233-38条)。

如果企业职工在50人以下,则雇主应该召集两次职工代表开会,就解雇程序和措施进行讨论。两次会议间隔不得少于14天。

如果企业职工在50人以上,则雇主应该召集两次企业委员会会议,就解雇程序和"维持就业集体协议"(PSA)进行讨论。两次会议间隔为14天(解雇10—99名职工)、21天(解雇100—249名职工)、28天(解雇超过250名职工)。在第一次会议召开后,雇主必须就解雇计划通知当地劳动监察部门。

雇主在30天内因经济原因解雇10名以上职工的,必须建立执行"维持就业集体协议"。

如果经济性裁员企业职工总数少于1000人或者企业进入集体程序或清算程序,雇主应该向劳动者推荐"巩固就业合同"。

雇主在完成上述程序后可以发出解雇通知书。

(3) 试用期内的解雇程序

原则上双方可以在试用期内随时解除劳动合同,但是立法者依然要求双方承担提前告知义务。根据法国《劳动法》第L1221-25条,如果劳动者开始工作不超过8天,则雇主必须提前24小时通知,方可解除劳动关系;如果劳动者已经开始工作8天以上1个月以下,则提前通知期为48小时;如果劳动者已经开始工作 1 个月—3 个月,则提前通知期为 2 周;如果劳动者已经开始工作 3 个月以上,则提前通知期为 1 个月。如果雇主没有遵守上述规定,则劳动者有权索取相当于提前通知期内劳动收入的经济补偿。

尽管劳动者也受有关提前通知期规定的制约,但是期限大大缩短。根据法国《劳动法》第 L1221-26 条规定,在试用期内,劳动者一般只需提前 48 小时通知雇主,即可解除合同;如果劳动者工作不超过 8 天,则只需提前 24 小时通知雇主即可。

如果双方都没有在上述规定的期限内通知对方解除合同,则双方的劳动关系在试用期结束后继续维持并形成基本劳动关系,即不定期劳动合同关系。

3. 解雇后果

(1) 解雇理由不成立的后果

被解雇的劳动者可以在一年内向法院起诉。如果雇主主张的真实并且重大的解雇事由不被法院认可,法院则会判处雇主支付被解雇的劳动者解雇补偿金、提前通知期补偿金、带薪假补偿金和特殊补偿金。

根据 2016 年修订的《劳动法》第 L1234-9 条,任何为雇主连续工作 8 个月以上的劳动者都有权享受法定解雇补偿金。补偿金根据劳动者工龄以及新《劳动法》第 L1235-3 条规定的上下限确定,如 2 年以下工龄的劳动者的补偿封顶为 3.5 个月工资的补偿,30 年工龄以上的劳动者的补偿封顶为 20 个月的工资。

法院也可以在符合以下条件的情况下建议恢复被解雇劳动者的工作:劳动者有 2 年以上的工龄,企业有至少 11 名职工;劳动者和雇主都不反对。雇主恢复劳动者工作的,保持其被解雇前的工资待遇。

除了法定解雇补偿金以外,《劳动法》第 L1234-9 条还规定,如果解雇缺乏真实并且重大的事由,并且劳动者或雇主反对劳动者恢复工作,那么,法院可以判处雇主支付劳动者数额不少于其最后 6 个月工资的特殊补偿金。

(2) 违法解雇的法律后果

违反法律规定的解雇(如以种族、年龄、性别、宗教信仰、政治见解、罢工游行、工会活动等为理由的解雇)不发生法律效力。被解雇的劳动者有权要求恢复工作,重返工作岗位或相同岗位。雇主不得拒绝,除非雇主由于客观原因无法满足劳动者的要求。

如果劳动者因解雇无效恢复工作,则需要返还被解雇时收到的各种补偿金和津贴,其工龄照算,被解雇期间的工资和福利照发。如果劳动者不愿意恢复工作,则可获得解雇补偿金、提前通知期补偿金、带薪假补偿金,并有权要求雇主赔偿其全部损失。

(四)退休

根据规定,1955 年以后出生的劳动者的法定退休年龄为 60 至 62 岁(根据出生年月)。达到法定退休年龄的劳动者,如果已足额缴付了养老保险金(160 至 172 季度),可以要求退休并拿到全额退休金。如果没有足额缴付养老保险金,则其养老保险金会被降值(décote);67 岁以后退休的劳动者,其养老金虽不会被降值,但也只能拿到与其缴费相应比例的退休金而不是全额退休金。

没有达到法定退休年龄的劳动者,也可以在满足下列条件的情况下提出提前退休的要求:(1)劳动者参加工作早(16 至 20 岁以前),在满 62 岁以前已经缴足了养老保险;(2)劳动者身患残疾;(3)劳动者有艰苦的职业生涯(pénibilité de la carrière)。

此外,在劳动者年满 70 岁前,雇主不得强迫其退休,否则有可能被重新界定为解雇。

二、劳动关系的协议解除

针对职工因担忧失去领取失业救济金权利而不愿辞职以及企业惧怕解雇成本的问题,议会于 2008 年 6 月 25 日通过《关于劳动市场现代化法律》,设立一个新的劳动关系解除方式:协议解除劳动合同。这种解除方式只适用于个别与雇主签订不定期劳动合同的劳动者。此种合同解除既不被视为企业解雇职工也不被视为职工辞职,被解雇职工得以保留失业者身份并可领取失业救济金;企业则得以回避真实并且重大的解雇事由以及相关的解雇程序和成本。为了避免滥用,法律规定协议解除劳动合同必须经过劳动监察部门的审查。

根据《劳动法》第 L1237-11 条的规定,劳资双方可以自由签订协议终止劳动合同。而根据《劳动法》第 L1237-12 条的规定,协议解除劳动合同的程序非常灵活。劳资双方可以举行一次到数次面谈商定终止劳动合同相关事宜;劳动者可以选择一名同事或是在劳动监察部门注册的职工顾问作为其顾问。

劳资双方应签署书面协议,约定劳动合同终止日期和终止条件,特别是雇主应当支付给劳动者的协议解除特别补偿金。根据法律规定,该补偿金的数额不得低于法定解雇补偿金或更有利于职工的集体合同或个别劳动合同规定的补偿金。终止协议签订后,双方各有 15 天的思考期,在此期间任何一方都可以书面方式告知对方悔约。思考期之后,任何一方均可以提请劳动监察部门对该终止协议加以认可。劳动监察部门应在15日内检查有关程序是否得到遵守,双方同意的特别补偿金是否合法,并决定是否批准该协议。如在15天内未收到劳动监察部门答复,则表明该协议已获得认可。如果劳动监察部门拒绝认可该协议,则被该协议终止的劳动合同继续有效。劳动合同协议终止日期不得早于劳动监察部门审批后的翌日。任何有关协议、行政审批的纠纷应在12个月内提交劳动法庭(《劳动法》第L1237-14条)。2016年修律后,上述协议解除劳动合同程序可适用于多名职工。

第五节 雇主的法律责任

雇主可能会因违约或违法而承担民事、行政甚至刑事方面的责任。

一、民事责任

法国《劳动法》第L1211-1条规定:"劳动合同受普通法规范制约。"也就是说,劳动合同服从法国《民法典》中有关债权与合同的规范制约。

雇主可能会因为违反劳动合同的有关约定而承担违约责任,也可能会因劳动合同以外的违法行为而承担侵权责任。从民法角度讲,要求对方承担违约责任或侵权责任的一方必须证明:(1)违约方或债务人的过错;(2)造成的损害。

二、行政处罚

雇主可能会因违反行政法规而受到行政处罚。比如,《劳动法》第L2242-5条规定,50人以上的企业必须进行年度集体谈判,谈判的主要内容是劳动报酬和工作时间,包括实际工资(含奖金和福利)、企业利润分享以及职工储蓄计划等;同时,集体谈判还要讨论企业消除男女工资差别措施的实施进度。没有安排年度集体谈判的雇主将受到行政罚款。[①]

根据《劳动法》第L8112-1条的规定,劳动监察人员负责监督劳动法律法规以及集体合同的执行,其中包括对劳动收入支付的检查。《劳动法》第L8115-1-4

---

① 参见《劳动法》第L2242-5-1条。

条规定,当发现雇主没有遵守法定或集体合同中有关最低工资规定的,劳动监察人员应形成报告递交当地劳动行政主管部门。后者可根据劳动监察人员的建议,在尚未开始刑事追究的前提下,决定对雇主处以不超过 2000 欧元①的行政罚款。在正式罚款前,行政主管部门应书面将违法事实、处理决定以及申辩期限告知雇主。在 15 天申辩期②之后,行政主管部门可正式作出罚款决定,说明理由,并将决定通知相关的企业职工代表。③ 被处罚的雇主对行政罚款不服的,可以到行政法院起诉,但是不得向作出决定的行政机关的上级申诉。④

三、刑事处罚

议会于 2016 年 4 月 7 日通过的法令赋予劳动监察部门以刑事辩诉交易权。《劳动法》第 L8114-4 条规定,行政主管部门在公诉开始前,可以与违反法律的自然人或法人进行"和解"。具体而言,行政主管部门将违法笔录和计划罚款金额以及纠正措施的期限通知等告知违法当事人。⑤ 如果后者接受行政主管部门的提议,行政主管部门就将和解方案送交检察官,如果检察官批准则公诉时效中止。违法当事人执行和解方案后,检察官将不再对其就此案提起公诉。⑥ 如果当事人再次违法,也不会被作为屡犯受到从重处罚。

在劳动关系方面,雇主承担刑事处罚的方式为罚金和监禁。比如,对逃避年度集体谈判的雇主,处以一年监禁和 3750 欧元的罚金;⑦对没有遵守工资支付方式的雇主,按第三级违警罪处以 450 欧元的罚金;⑧不遵守法定最低工资的,将按每个劳动者 1500 欧元的标准处以罚金,一年内累犯者加重处罚;⑨对存在歧视行为的雇主,可处以 3 年有期徒刑和 4.5 万欧元的罚金。⑩

对隐瞒用工者,可处以 3 年监禁和 4.5 万欧元的罚金,如果是法人犯罪,则可处以 22.5 万欧元罚金;还可以增加禁止参加政府采购、没收财产等附加处

---

① 《劳动法》第 L8115-3 条规定的罚款数额按涉及劳动者的人数计算,每人 2000 欧元。
② 参见《劳动法》第 R8115-2 条。
③ 参见《劳动法》第 L8115-5 条。
④ 参见《劳动法》第 L8115-6 条。
⑤ 参见《劳动法》第 L8114-5 条。
⑥ 参见《劳动法》第 L8114-6 条。
⑦ 参见《劳动法》第 L2243-1 和 L2243-2 条。
⑧ 参见《刑法典》第 131-13 第 3 项、第 R3246-1 条。
⑨ 参见《劳动法》第 R3233-1 条。
⑩ 参见《刑法典》第 225-2 条。

罚。^① 故意违反有关外包法律规定的,可处以 2 年监禁和 3 万欧元的罚金,如果是法人犯罪,则可处以 15 万欧元罚金;还可以禁止违法企业 2 到 10 年内从事劳动力外包业务。^② 非法使用外国劳工者,可处以 5 年监禁,并根据涉及的外国劳动者人数按每人 750 欧元的标准处以最高 15 万欧元的罚金。^③

---

① 参见《劳动法》第 L8224-1 至 L8224-5 条。
② 参见《劳动法》第 L8234-1 至 L8234-5 条。
③ 参见《劳动法》第 L8256-2 条。

第三章　集体劳动法

第一节　职工代表制度

一、企业内部的职工代表机构

根据法国劳动法的规定,职工10人以上的企业必须设置职工代表,50人以上的企业必须设立企业委员会以及健康、安全和工作条件委员会。

(一)职工代表

如果一家企业连续12个月或者前3年的职工人数达到10人,则必须组织职工选举职工代表(délégué du personnel)。职工人数不到10人的企业也可以根据行业集体合同或企业内部规定组织职工选举职工代表。

职工代表的人数根据职工人数决定。比如,职工人数为10至24人的企业,职工代表为1人;职工人数为25至74人的企业,职工代表为2人;职工人数为75至99人的企业,职工代表为3人;等等。

《劳动法》第L2314-15、L2314-16条规定,年满16岁、至少在企业工作3个月并未被褫夺公民权的劳动者享有选举权;年满18岁并在企业工作至少1年的劳动者享有被选举权。雇主的配偶、同居伙伴、父母、子女、兄弟、姐妹和相同亲等的姻亲没有被选举权。在几家企业同时从事兼职工作的劳动者,只能在其任选的一家企业中享有被选举权。

在劳务派遣企业中,在过去12个月中为企业工作3个月以上的职工享有选举权;在过去18个月中为企业工作6个月以上的职工享有被选举权(《劳动法》第L2314-17条)。

职工代表任期4年,可连任。职工代表可因劳动合同终止、丧失被选举资格而被解职;也可因企业职工集体决定而被撤职。

职工代表主要行使以下职责:(1)代表职工个人或集体向雇主提出有关劳动报酬和劳动条件的要求;(2)在职工权利受到侵害时向雇主提出警告;(3)向企业其他民主机构(企业委员会以及健康、安全和工作条件委员会)就上述问题反映职工的意见;(4)代表职工个人就劳动法的执行问题向劳动监察部门反映情况。

职工代表每周有 10 小时的时间履行其职责(50 人以上的企业为 15 小时)。职工代表有权在此期间离开企业履行职责,也有权在企业内部自由走动,雇主必须为其提供工作场所。职工代表至少每月与雇主开会一次。职工代表的质询和雇主的答复都必须作书面记录,以供劳动监察部门检查。职工代表在解雇方面受到特殊保护。

(二)企业委员会

1945 年 2 月 22 日,议会通过法令规定,超过 100 名职工的企业必须设立企业委员会(comité d'entreprise);1946 年 5 月 16 日,议会通过法律,将设立企业委员会的义务扩及雇佣 50 名以上职工的企业。企业委员会由雇主、职工代表或企业委员会中职工方成员选举的代表组成。企业委员会会议至少每两个月举行一次,由雇主主持,按照法律规定就企业经营方针、企业经济和财务状况、企业社会政策和劳动条件咨询委员会成员。企业委员会有财务知情权(企业应提供年度报告给委员会成员),并可以向专家求助。在超过 500 名职工的企业,企业委员会成员有权参加董事会会议。企业委员会成员享受与企业职工代表一样的法律保护,同时也应对履行职责中得知的财务与商业秘密负有保守秘密的义务。

(三)健康、安全和工作条件委员会

超过 50 名职工的企业必须设立健康、安全和工作条件委员会(CHSCT)。委员会由雇主、职工代表和企业委员会中的被选代表任命的成员组成。

如其名称所示,健康、安全和工作条件委员会的职责主要有:(1)在职工的身心健康和安全方面做好预防和保护工作;(2)争取工作条件的改善;(3)争取残疾劳动者的工作权利。

健康、安全和工作条件委员会成员享受与企业职工代表一样的法律保护。健康、安全和工作条件委员会可以向专家求助,同时其成员对履行职责中得知的财务与商业秘密负有保守秘密的义务。

(四)机构合并

2017 年议会授权政府通过法令修改劳动法后,新《劳动法》第 L2311-2 条规定,在 10 名以上职工的企业设立社会经济委员会(comité social et économique),取代上述职工代表、企业委员会以及健康、安全和工作条件委员会,统一履行三个机构的职责,从而简化企业内部劳资对话的渠道。机构合并工作将在 2020 年 1 月 1 日前完成。

二、工会组织

19世纪中期法国工业革命后,在各地出现了很多短工市场(bourse de travail),它们寻找工作的工人聚集的地方,也是工人组织积极开展活动的场所。虽然法律明文禁止,但是工人组织依然以各种形式公开或秘密地活动。

自1827年开始,法国经济危机严重,社会动荡加剧。在1848年"二月革命"的推动下,法兰西第二共和国成立,并通过了新的宪法。该法第24条确立了直接普选制度,为后来的劳动法发展带来很大影响。当局迫于选民的压力,放松了对工人阶级的镇压。

19世纪后半叶是法国工人阶级不断争得权益的阶段,劳动法开始形成自身的特色,并逐渐从民法和刑法中脱离出来。

议会于1864年5月25日通过的法律废止了有关禁止工人结社、罢工的《拿破仑刑法典》第414、415条,使结社不再受到刑法上的处罚,然而结社并没有因此而变得合法。直到1884年3月21日,《瓦尔戴克-卢梭法》才最后废除了1791年《夏勃里埃法令》对结社的禁止规定,创立了行业工会,工会活动从此完全合法。

议会于1884年通过法律规定,允许设立工会,但工会必须按照行业(而不是企业)设立。此后,法国工会进入创设和重组阶段。1895年,全法各地各行业工会组建成"劳动总联盟"(CGT),形成第一个全国性工会组织。劳动总联盟成立后,在很长一段时间里都是一家独大。第二个全国性工会组织——"基督教工会联盟"(CFTC)直到1919年才成立。

后来,这两大工会不断发生分裂:1948年,劳动总联盟一分为二,改良主义倾向的会员独立出来,组建了"工人力量总联盟"(FO)。1964年,基督教工会联盟出现世俗化倾向。在当年11月的特别代表大会上,绝大多数会员代表赞成将其更名为"法国劳动民主联盟"(CFDT);少数拒绝世俗化的反对派决定独立出来,继续保留"基督教工会联盟"的旧名称。此外,管理人员和较高层职工也于1944年组成自己的工会,即"法国管理联盟—干部总联盟"(CFE-CGC),其会员主要是白领职工(技术人员、工人干部、工程师、销售人员等)。该工会主张减少工作时间,改善劳动保护(尤其是精神上的),提高工资、退休收入以及生活质量。除上述主要的大型工会组织外,还出现许多大大小小的其他工会组织。

过多的工会组织使集体谈判变得非常复杂,议会于1950年2月11日通过法律,规定了一系列确定工会代表性(représentativité)的标准,同时决定,只有具有代表性的工会才有权参加集体谈判。"劳动总联盟""工人力量总联盟""基督教工会联盟""法国劳动民主联盟""法国管理联盟—干部总联盟"成为有代表性的工会组织。

根据议会于 2008 年 8 月 20 日通过的法律,确定工会代表性的标准如下:(1) 遵守共和原则(言论和信仰自由,不歧视不极端原则等);(2) 与雇主保持独立;(3) 财务透明;(4) 成立 2 年以上;(5) 影响力;(6) 会员人数和会费充足;(7) 在选举时有足够的支持率。

选举职工代表(职工代表或者是企业委员会的职工代表)时,得票率是最重要的标准:企业内部选举第一轮投票时至少获得有效投票的 10%,或行业选举时至少获得有效投票的 8%;参加投票人数多少不计。

目前,法国有代表性的工会组织(syndicats représentatifs)及其所得选票比例如下:(1) 法国劳动民主联盟,26.37%;(2) 劳动总联盟,24.85%;(3) 工人力量总联盟,15.59%;(4) 法国管理联盟——干部总联盟,10.67%;(5) 基督教工会联盟,9.49%。

每个有代表性的工会有权在所有职工人数超过 50 人的企业中指派工会代表参加企业集体谈判。没有代表性的工会不能指派代表参加集体谈判,也不能任命代表参加企业委员会(最高法院 2011 年 12 月 14 日判决),但是可以在企业内成立工会小组并任命小组代表。工会小组代表以工会名义展开活动,争取其工会成为具有代表性的工会。除了不能参加集体谈判以外,各工会小组代表享有与工会代表和职工代表一样的权利。

工会小组代表、工会代表和职工代表一样,其职权范围内的活动受法律保护,对他们的解雇需要获得劳动监察部门的批准;工会小组代表任职满 1 年的,则在卸任后的 12 个月内仍然受保护;任何阻碍他们进行工会活动的行为都可能受到刑法的制裁。

法国 1946 年《宪法》前言第 6 条规定:"任何人有权通过工会行动保护自己的权益,有权加入自己选择的工会。"工会权具体表现为组建工会权、参加和退出工会权以及工会自主权。

成立工会只需撰写工会章程,召开成立大会通过章程并选举工会领导人,然后将工会章程提交行政机关登记公示即可,不需任何审批手续。工会自登记日起取得法人资格,可以拥有受法律特殊保护的财产,有自由签约的权利,有起诉与被诉的权利和义务能力,其组织活动不受任何个人或机构干涉。

议会于 1982 年 10 月 28 日通过的法律规定工会活动必须有针对性:"职业工会仅以研究和维护章程中规定的集体和个人的物质与精神权益为宗旨。"这一规定决定了工会只能维护职业利益,不得从事任何政治、宗教等与职业无关的活动。

任何劳动者,无论年龄多大,是否有法国国籍,是否有民事行为能力,是否受过刑事处罚,均有自由参加工会的权利。唯一限制是职业性,即劳动者只能加入本人职业内的工会。然而,工会领导人即工会委员会(conseil syndical)成员却必须符合较严格的条件,除必须是本工会成员以外,还必须满足年龄条件(必须是成年人)、国籍条件(拥有法国国籍)、权利条件(拥有民事权利),以及没有受到限制被选举权的处罚。

法律严格保护劳动者组织工会和加入工会的自由。严禁将是否加入工会或参加工会活动作为招工条件,严禁在雇佣劳动者的时候要求其承诺不加入工会或退出工会。对违反规定的雇主,法院可以阻碍工会自由的罪名,按照法律规定对其处以罚金和监禁。

工会方面也不得通过施加压力迫使劳动者加入工会或留在工会内部。比如,不得采取措施孤立特定的劳动者,将其排除到某些集体利益之外,大工会不得利用其在集体谈判中的特殊地位为本工会争取特殊利益。

工会的诉讼主体资格表现在个体维权和集体维权两方面:一是个体维权:有代表权的工会可以帮助劳动者起诉、应诉,也可以在劳动者提出书面请求或是在征得劳动者的书面同意后代理劳动者参加起诉、应诉;二是为维护本工会成员的集体权益起诉、应诉(最高法院民事庭 2016 年 5 月 11 日判决);同时,工会也可以将拒不执行集体合同的雇主诉至法院。

工会活动必须在法律规定的范围内进行。1968 年大罢工之前,法律不允许工会在企业内部设立小组,开展活动;企业职工代表必须在企业职工中选举产生,不许工会选派。因此,法国工会的传统活动大体都是在行业层次通过集体谈判和罢工等形式展开,不能介入企业内部的劳资对话。1968 年大罢工后,工会终于可以在企业委员会中任命自己的工会代表或在企业内部成立工会小组。从此,工会运动从企业外部走入企业内部,工会成为企业管理的参与者。然而,这一改革却加大了法国历史上两大工会的分歧。比较激进的劳动总联盟仍沉醉于传统的大规模工人运动,依然热衷于在行业层面搞集体谈判和集体协议,对企业内部的工人运动持不冷不热的态度。与其相反,一向主张工人参加管理和企业工人自治的法国劳动民主联盟利用这个机会积极在企业层面开展劳资对话,积极与企业领导层谈判,签订企业集体合同,得到越来越多职工的支持。就是在这种背景下,劳动总联盟逐渐丧失了保持了一个世纪的工会领袖的地位,在最近的全国职工代表选举中退居第二,法国劳动民主联盟跃居第一。

由于历史的原因,行业层次的集体谈判是法国集体劳动关系的重要特征。行业集体谈判将劳资矛盾集中在行业层次,实际上减少了企业内部的劳资冲突。不可否认,这在相当程度上缓和了企业尤其是中小企业内部的劳动关系。然而,与此同时,工会特别是有代表性的工会组织越来越脱离劳动群众,导致工会职业化现象。与世界各国的趋势一样,法国工会组织也面临劳动者入会率持续下降的问题,目前法国全国劳动者的平均参加工会的比例在8%—11%,这与行业集体谈判恐怕不无关系。

除了工会以外,法国还有雇主协会,其中最有代表性的三个雇主协会是:法国企业运动协会(MEDEF)、法国手工业协会(UPA)、法国中小企业联合会(CGPME)。

第二节 集体谈判

1899年,社会党人亚历山大·米勒兰德担任工商部部长后设立劳动委员会,定期组织雇主与工会代表坐在一起谈判。

议会于1919年3月25日通过的法律确立以集体合同(convention collective)作为预防和解决劳资纠纷的基本手段,并首次规范了集体合同的法律框架,迈出了集体合同制度化的重要一步,集体合同开始从民法合同制度中独立出来。虽然集体合同依然适用契约自由原则,企业没有义务与工会签订集体合同,同时根据协议相对性的原则,集体合同只对签订协议的双方有约束力,不能扩展到整个行业或部门的其他没有签字的企业,由于签订集体合同缺乏强制性,因此当时的集体合同很少。

1936年是法国劳动法的转折点。始于1899年的政府、资方、工会三方协调机制在1936年得以最终确立,工会团体正式成为唯一有权与雇主进行集体谈判(négociation collective)并签订集体合同的"伙伴",法国集体合同的特色开始形成。议会于1936年6月24日通过的法律创立了集体合同扩延程序,使集体合同成为真正脱离了民法合同规范的行业法规。劳动部部长有权通过法令形式将达成的集体协议作为行业规章推广到整个行业,包括那些没有参加集体谈判的企业。违反集体合同的雇主将受到处罚,劳动监察部门的官员负责对企业遵守集体合同的情况实行监督。同时还规定集体合同可以作出比劳动法更有利的安排,并可优先适用。由此形成了劳动法—集体合同—劳动合同相互间的等级阶次和互补机制,即劳动法规范的效力高于集体合同的效力,集体合同的效力高于劳动合同的效力;低阶次的规范不得违反高阶次的规范;同时允许劳动合同作出比集体合同对劳动者更有利的安排,允许集体合同作出比劳动法对劳动者更有利的安排。在这一金字塔体系中,集体合同成为支柱。政府在筹备调整劳资关系的法律时,往往会鼓励劳资双方就有关内容开展集体谈判,形成方案,并签署集体合同。政府和议会再在集体合同的基础上制定并通过法律,在全国范围内施行。由此产生的法律更具正当性,也更易于被劳资双方接受和执行。

1946年12月23日,议会通过法律加强了国家对集体合同的谈判、内容、适用范围的控制。例如,针对集体谈判中时常出现的僵持局面,该法律规定:如果谈判过程中出现劳资双方无法自行解决的问题,则国家将取代劳资双方直接以条例形式作出规定。尽管在实践中以条例代替集体合同的情形很少出现(十几次),然而这一规定无疑给劳资双方都施加了一定的压力,促使双方达成协议,以避免屈从于法律的被动地位。再如,集体合同只有在得到政府的批准后方能生效。这些过于强化国家干预的规定不久即被废止。

1950年2月11日,议会通过法律,重新确认1936年确定的集体谈判和签订集体合同自由原则。雇主与工会组织可以在任何时间、任何层次发起集体谈判,但是该法规定只有被认定为具有代表性的工会组织(无论在选举时得票多少)才有权参加集体谈判并签订集体合同。同时,该法对企业集体谈判的范围作出了限制性规定:企业集体谈判只能在提高工资薪金问题上缔结劳资协议,在其他方面企业集体谈判只能在行业集体合同确定的框架内作出更有利于劳动者的补充约定。

1968年,法国发生了"五月风暴"。巴黎南泰尔大学学生首先罢课,学生运动随后波及巴黎其他的大学,并与警察发生了冲突。同时,学生运动迅速得到左翼党派和工会的支持。5月13日,几大工会组织工人示威游行。随后,工人占领工厂,各行各业都出现工人罢工的局面,绝大部分的生产服务行业几陷瘫痪。在这样的形势下,法国政府提出与工会组织谈判,时任总理蓬皮杜从5月25日至 27 日主持了工会和雇主协会的谈判,达成了著名的《格勒内尔协议》,规定普遍增加工资,强化企业工会的权力,减少工作时间。6 月底,工人运动基本结束。

1968 年《格勒内尔协议》开创了劳资谈判和协调的新阶段,并将劳资谈判从限于行业内扩展到企业内,形成了行业和企业两级集体谈判的模式。此后,陆续达成许多新的集体协议,这些集体协议不再局限于工资,而是越来越注重劳动条件的改善,其中最重要的有:缩减劳动时间,工资月薪化,改善工人的职业培训等。

法国工人运动历史上的劳资谈判大多在行业层次进行,这种做法有其历史成因。法国工会在 19 世纪诞生时就是以行业工会的形式出现的,1884 年首个允许设立工会的法律就规定工会必须按照行业设立。1968 年大罢工后,工会终于可以在企业委员会中任命自己的工会代表并有权在企业内部成立工会小组。议会于 1971 年 7 月 13 日通过的法律进一步承认了劳动者享有就其工作条件和社会福利参加集体谈判的权利(droit des travailleurs à la négociation collective)。从此,集体合同制度发展成为集体谈判制度。该法的另一个创新是将企业劳资协议纳入集体合同范围,此举扩大了有代表性工会在企业内部的重要性,因为有代表性工会是雇主唯一的对话伙伴。从此,工会运动从企业外部开始走入企业内部。此后一段时间,企业集体合同开始增加并超过行业集体协议。然而,在 20 世纪 70 年代两次石油危机后,就业压力持续增大,企业集体谈判走势逐渐趋弱。

为了推动劳资对话,议会于 1982 年 11 月 13 日通过法律强制规定:在雇佣 10 名以上职工的企业,雇主和工会代表必须每年就工资收入和工作时间进行集体谈判;同时,允许企业集体谈判在一定范围内对行业集体谈判规定的工作时间作出更灵活的调整。企业集体谈判和行业集体谈判的关系变得越发微妙。根据法国劳动部的统计,2013 年法国全国共有 704 个行业集体合同,涉及 1530 万名职工,接近私营企业和混合经济企业职工总数。由此可见,法国行业集体合同的覆盖面非常广,给企业层次集体谈判留下的空间实际上非常有限。

自 1982 年 11 月 13 日法律出台以来,劳动法—集体合同—个别劳动合同的等级阶次和互补机制发生了颠覆性变化。作为这一体制支柱的行业集体合同逐渐丧失重要性。在失业危机和全球经济一体化的环境下,法国试图通过加强企业层次的集体谈判赋予企业更大的自主权,使企业能够通过集体谈判降低生产成本、增强竞争力。2004 年 5 月 5 日,法国议会通过法律,除最低工资和职工解雇安置等问题以外,全面允许低层次的集体合同对高层次的集体合同作出例外安排,除非高层次集体合同禁止这样的例外安排。议会于2008年8月20日通过的关于企业民主和工作时间的法律进一步确定,在加班时间这个问题上,首先适用企业集体合同,只有在没有签订企业集体合同的情况下才补充适用行业集体合同。2016年《劳动法》更是明确规定,即便是对职工更不利的企业集体合同也优先于行业集体合同。该法完全颠倒了劳动法体系中固有的规范等级制度:企业集体合同取代了行业集体合同,占据了集体谈判的中心地位。

2017年劳动法改革法令修改再次强化企业集体谈判,扩大了职工以及职工代表的权力。新法规定:职工不到20人的企业可以就集体谈判的内容向全体职工征求意见,只要有2/3的职工赞同即算通过。在职工人数不到50人的企业,如果没有工会代表,雇主可以与没有经工会指定的职工代表进行集体谈判。该法还允许将其他企业的雇主与部分工会(代表30%以上职工的工会)签订的集体合同向全体职工征求意见,如果获得职工有效投票的多数赞同,则该集体合同便可正式签订。

第三节 集体行动

罢工是劳动者对抗雇主的最终手段,也是最有效的手段。罢工的本质在于形成力量冲突,当劳动者的要求无法通过集体谈判得到满足的时候,劳动者停止工作、向雇主施加压力,通过造成企业生产的无序来实现其要求。

罢工、游行等集体行动早在劳动法形成以前就已出现,只是频率和规模都十分有限。比如,早在1786年,里昂的纺织工人就因为增加劳动报酬的要求没有得到满足而发起罢工和暴动。

在法国工业化早期,由于工作条件恶劣、工作时间长、收入微薄,工人越来越多地加入罢工的行列。1810年《拿破仑刑法典》第414、415条规定,对结社、罢工或禁止他人工作的工人处以1至3个月的监禁;为首者可处以2至5年的监禁。1825—1864年,共有1万多名工人因罢工而入狱。

经过1848年二月革命,法兰西第二共和国成立,并制定了新的《宪法》。新《宪法》第24条确立了直接普选制度,对后来劳动法的发展影响很大。同时,当局迫于选民的压力,放松了对工人阶级的镇压。1864年5月25日,议会通过法律修改了有关镇压工人结社、罢工的《拿破仑刑法典》第414、415条,此后,对罢工、结社原则上不再予以刑法处罚,将刑罚限于欺诈行为或侵犯经营与劳动自由的行为。而议会1884年3月21日通过的《瓦尔戴克-卢梭法》在废除了1791年《夏勃里埃法令》禁止结社的规定的同时,也彻底废除了《拿破仑刑法典》第414、415条。但是,对于罢工引起的民事法律后果,在此后很长的一段时间内仍是根据一般合同法原理处理。劳动者签订了劳动合同,即表明劳动者接受了合同中约定的所有条款,因此劳动者没有权利在劳动合同履行过程中再次对合同条款提出异议,如要求增加工资、改善工作条件等,更没有权利在要求没有得到满足时采取单方面的罢工行动。因此,最高法院判例认定罢工是劳动者对劳动合同的单方面违约,雇主可以要求劳动者赔偿损失,甚至以劳动者违约为借口解除劳动合同。

1938年,法国高等劳动仲裁院成立。该院在1939年5月19日的判决中首次认定罢工是劳动合同的组成部分,与最高法院长期以来的判例相左。但是,最高法院作为普通法最高司法机关,不受高等劳动仲裁院裁决的制约。

1946年,《宪法修正案》首次明确规定罢工合法,但同时也规定罢工活动必须在法律限制的范围内进行。1950年2月11日,议会通过的关于集体合同与集体劳动纠纷解决的法律宣布:"罢工不终止劳动合同,除非存在归咎于职工的重大过错。"该规定将罢工权限制在合法和无过错范围内。

现行《劳动法》仅在第L2511-1条对罢工进行了专门规定:"罢工权的行使不得成为终止劳动合同的理由,除非存在归咎于职工的重大过错。罢工权的行使不得导致任何纪律处分,尤其是收入与福利方面的处分。任何在没有重大过错的情况下决定的解雇没有任何效力。"因此,法国的罢工制度基本上是源于判例法。

一、合法罢工的构成条件

罢工权是宪法规定的权利,任何个人和团体不得干涉;只有立法者可以通过法律予以限制。最高法院在1995年6月7日的判决中明确,即使集体合同也不得限制或规定职工罢工权的行使。

无论是《宪法》还是《劳动法》都没有明确限定罢工的发起人,因此任何组织与个人,包括企业职工代表、企业委员会成员、工会甚至普通职工都可以发起罢工。然而,合法的罢工必须满足一定的条件。根据最高法院社会庭历年的判例,可以得出合法罢工应该具有完全性、集体性、职业性和预知性。

（一）罢工的完全性

最高法院社会庭 1989 年 5 月 16 日的判决确定了罢工行为的特征，即"罢工是一个以集体方式行使的个人完全停止工作的权利，以达到某些职业性诉求的满足"。

根据这一判决，罢工的基本特征是完全停工(arrêt total de travail)。怠工不能视为罢工，而是有关劳动者对劳动合同的不履行，雇主可以就此对劳动者施以纪律处分。

罢工时间的长短与罢工的合法性无关。根据最高法院社会庭 1988 年 2 月 25 日的判决，每小时停工两次，每次 5 分钟属于合法罢工。频繁的短暂停工属于合法范围，但是不得扰乱企业的正常运作。①

（二）罢工的集体性

罢工的第二个特征是，罢工必须是集体行为，虽然不要求罢工是企业大多数职工的行为，但是原则上企业必须有 2 名以上职工参加。② 也可能有例外情况。比如，企业内部只有 1 名职工③或是企业中个别职工参加全国性罢工运动④，则罢工也可以是个人行为。

（三）罢工的职业性

罢工的第三个特征是，罢工必须有具体的与职业相关的权利诉求，比如，要求改善工作条件、劳动保障，维护集体权利或劳动报酬，等等。根据这一条件，基于纯政治性诉求的罢工⑤、声援其他劳动者的团结性罢工（如要求雇主召回一名被合法解雇的劳动者的罢工）或者是拒绝按规定值班的罢工等，均为非法罢工。

值得一提的是派遣工的罢工权利。根据最高法院社会庭 2003 年 12 月 17 日判决，被派遣的劳动者虽然是派遣企业的职工，与用工企业没有劳动关系，但是也有权利参加用工企业职工组织的罢工，条件是罢工诉求与派遣工的切身利益有关，如要求雇主接待职工代表、改善工作条件等。

（四）罢工的预知性

罢工不得采取突然袭击的方式。在罢工前，相关劳动者应该与雇主沟通，将

---

① 参见最高法院社会庭 1991 年 7 月 10 日判决。
② 参见最高法院社会庭 1963 年 10 月 3 日判决。
③ 参见最高法院社会庭 1996 年 11 月 13 日判决。
④ 参见最高法院社会庭 1995 年 3 月 29 日判决。
⑤ 比如，最高法院社会庭 1961 年 3 月 7 日判决宣布，抗议政府一般政策纲领的罢工为非法。但是，根据最高法院社会庭 1979 年 5 月 29 日的判决，抗议政府冻结工人工资、要求改善就业条件和缩短工作时间的罢工则是合法的。

诉求告知雇主。在雇主表示不能满足其诉求后,劳动者才能发起罢工。① 但是,这不意味罢工必须提前通知。根据最高法院1995年6月7日的判决,罢工权的行使不受任何预先通知期的限制,在集体合同中规定罢工预先通知期是无效的。

非法罢工的职工即使没有犯重大过错也可能遭到纪律处分,因为罢工经常伴有违抗雇主指挥的行为。对于非法罢工,雇主可以要求司法介入,并对罢工者予以处分,甚至要求其承担损害赔偿责任。

二、滥用罢工权的行为

当企业部分职工罢工时,可能发生其利益与不参加罢工职工利益、企业利益的冲突。法国最高法院一直试图在这三方利益中找到平衡点,使罢工权与自由工作权、企业经营权能够同时受到保护。

根据判例,罢工不得对企业运转造成扰乱,否则将构成滥用罢工权。② 滥用罢工权的职工可能会遭到纪律处分,如果故意扰乱企业运转则可能构成个人重大过错,并可能因此而遭到解雇。导致特定损害发生的众多罢工者则可能被勒令承担连带赔偿责任。③

因此,罢工的劳动者不得占领工作场所,妨碍未参加罢工的劳动者继续工作。他们可以在工作场所入口外劝其他职工参加罢工,但是不得组织罢工纠察队堵住入口,阻碍其他职工进入工作场所。④ 但是,暂时性的、不影响职工工作和企业的正常运作的象征性占领不构成滥用权利。⑤

如果组织或参加罢工的工会在罢工期间犯有过错并造成企业损失,则应当承担损失赔偿责任,但损失和工会的行为必须有直接因果关系。

三、雇主的义务

自从上述1950年2月11日法律颁布后,罢工不再被视为违反劳动合同的行为,罢工不自动导致劳动合同的终止,罢工者的企业职工身份不变。组织或参加罢工的劳动者的劳动合同视为暂停(suspendu),罢工结束后继续履行。

由于劳动合同因罢工而暂停,罢工期间发生的人身伤亡事故不属于工伤;由

---

① 参见最高法院社会庭1995年1月18日判决。
② 参见最高法院社会庭1992年11月4日判决。
③ 参见最高法院社会庭1989年6月6日判决。
④ 参见最高法院社会庭1984年6月21日判决。
⑤ 参见最高法院社会庭1992年2月26日判决。

于雇主对伤害事件没有直接控制力,故对工伤也不承担直接责任。原则上,雇主可以停发罢工期间的工资、节假补贴、病假补贴等;但是,如果劳动者在罢工时已经完成了工作任务,则雇主不得仅仅以劳动者组织或参加罢工为借口而克扣其工资。根据最高法院社会庭 2015 年 7 月 9 日的判决,雇主不得减少按时完成杂志出版任务的罢工职工的工资。

雇主不得仅仅基于职工组织或参加罢工这一事实而给予其任何纪律处分,也不得以此为借口减少罢工职工的劳动报酬和福利。

如果罢工职工在罢工期间犯下重大过错,比如,擅自离开保障生产安全的岗位,实施暴力行为,扣押职工,妨碍司法判决执行,等等,则雇主可给予纪律处分直至终止劳动合同。任何没有重大过错情况下的解雇决定都不产生法律效力。

雇主必须为不参加罢工的职工照常提供工作并支付报酬。不参加罢工的职工即使由于工作场地进入受限而未能工作,也有权要求雇主支付劳动报酬,只要他们听从了雇主的指挥。

雇主可以调整不参加罢工职工的工作,也可以接受义务劳动者的加入,但法律明确禁止雇主招聘临时工[①]或固定期限合同工[②]来代替罢工职工工作。

雇主无权采取临时关闭工厂(lock-out)的做法来对抗罢工,除非出现不可抗力或者罢工使企业无法开工的情况,如罢工纠察队堵住企业大门而当局拒绝派警力保障企业入口畅通。[③]

如果因罢工无法保障生产安全,而雇主又无替代措施,则可以关闭有关劳动场所,并将在该场所工作但未参加罢工的职工作为技术失业处理。[④]

---

① 参见《劳动法》第 L1251-10 条。
② 参见《劳动法》第 L1242-6 条。
③ 参见最高法院社会庭 1971 年 10 月 6 日判决。
④ 参见最高法院社会庭 2005 年 09 月 30 日判决。

第四章　劳动争议处理法

劳动争议的解决方式取决于争议性质。劳动关系中可能发生三种类型的争议：(1) 劳动者个人与雇主之间在履行劳动合同中发生的个别劳动争议；(2) 劳动者集体与雇主之间发生的集体劳动争议；(3) 劳动监察部门的决定引起的行政争议。

根据争议性质的不同，其解决方式和途径也不同。既可以通过诉讼程序解决也可以通过非诉讼程序解决，既可以通过司法程序处理也可以通过行政程序处理。

第一节　法国的法院设置

法国的法院基本可以分为司法法院和行政法院。

一、司法法院

司法法院(Juridictions judiciaires)的主要职责在于解决私人间的纠纷。司法法院系统主要由刑事法院、民事法院以及特殊法院组成。

在初审层次，民事法院为基层法院(Tribunaux d'instance)、大审法院(Tribunaux de grande instance)和亲民法官(Juges de proximité)；刑事法院为违警法院(Tribunaux de police)、轻罪法院(Tribunaux correctionnels)、重罪法院(Cours d'assise)和少年法院(Tribunaux pour enfants)；特殊法院包括劳动法庭(conseils de prud'hommes)、商业法院(Tribunaux de commerce)、社会保障法院(Tribunaux des affaires de sécurité sociale)以及农业租约法庭(Tribunaux paritaires des baux ruraux)。

上诉法院(Cour d'appel)内设民事庭、商事庭和社会庭，对初审中的事实与法律适用进行重新审理。

最高法院(Cour de Cassation)是司法系统的最高审判机构，内设民事庭、商事庭和社会庭。它不对案件事实进行再审，而是在法律适用方面审查基层法院和上诉法院对法律条款的解释是否准确。

二、行政法院

行政法院(Juridictions administratives)的职责是解决公民与行政机关之间发生的纠纷。

基层行政法院对国家、大区、省、市政部门、公有企业与它们的服务对象间发生的纠纷作出初审判决。当事人如果对初审裁决不服，则可以向行政上诉法院上诉。

国家行政法院是最高行政法院，负责全国范围的判例统一，其三大职能为：(1)作为终审法院审理不服上诉行政法院和专门行政法院判决的上诉；(2)作为上诉法院审理对初级行政法院就市镇选举、驱逐出境以及行政行为合法性所作判决的上诉；(3)作为初审兼终审法院，审理对政府法令、部委规章、国家机构决定提起的上诉以及对地方或欧洲选举提出的异议。

行政法院的判案依据主要是行政法律法规和行政法院判例。法国行政法院判例对行政法的发展有着至关重要的作用。

第二节 法国的劳动行政机构

法国的劳动行政机构(administration du travail)主要有劳动部(Ministère du Travail)与地方企业、竞争、消费和劳动局(directions régionales des entreprises, de la concurrence, de la consommation, du travail et de l'emploi, DIRECCTE)。

劳动监察官(inspecteur du travail)在劳动争议中占有特殊地位。劳动监察官是国家公务员，隶属地方企业、竞争、消费和劳动局。根据《劳动法》第 L8112-1 条的规定，劳动监察官的主要职责是：① 监督劳动法律法规以及集体合同的执行；② 帮助雇主和职工了解各自的权利和义务；③ 向上级汇报劳动就业的变化以及法律法规中存在的缺陷；④ 在发生劳动争议特别是集体劳动争议的时候，帮助双方和解。

劳动监察官享有法律规定的批准权，比如，雇主制定企业内部规章，雇用未成年职工或参加公益活动的职工(如劳动法庭的法官)等受法律保护的劳动者，以及解雇职工代表，必须经过劳动监察官的同意。

根据《劳动法》第 L8113 条的规定，劳动监察官有权随时进入劳动场所，有权向雇主调查或索取内部资料,有权提取样品,有权检查企业内部任何人员的身份证明。

劳动监察官可以向雇主提出书面建议,要求雇主改正违法行为;在发现存在危险的时候,有权勒令暂停施工或暂停营业,也可以要求紧急审理法官(juge des référés)暂停企业业务,还可以对特定的违反劳动法的行为处以罚金。如果发现存在违反刑事法律规定的行为,劳动监察官有权予以记录并送交检察官,由检察官决定是否加以追究。

为了有效保证劳动监察官履职,《劳动法》第 L8114-1 条规定,任何阻止劳动监察官履行职责的行为将处以 1 年监禁和 3.75 万欧元的罚金。

对于劳动监察官的书面决定,当事人可以向劳动监察官的上级申诉,也可以向当地行政法院起诉。

个别劳动争议案件初审属于劳动法庭的职责范围;而集体劳动争议案件初审则属于大审法院管辖。上诉案件则应根据情况(后述)诉至上诉法院社会庭或最高法院社会庭。

在特殊情况下,个别和集体劳动争议都可能会同时导致民事或刑事诉讼,比如,有关工会代表的指定,集体合同的解释,罢工纠纷,或者一方违反了刑法规定(性别歧视,违反劳动安全,非法用工),等等。另外,值得注意的是,在法国,集体争议往往通过和解、调解以及仲裁方式解决。

第三节 个别劳动争议的解决

个别劳动争议属于当地劳动法庭管辖。

劳动法庭是独立于民事、刑事和商事法院等常规法院以外的特殊司法机构,始于 1806 年。其法官由劳动者和雇主各自选出的代表担任,不是专业法官;法庭由人数相等的劳动者和雇主代表组成。

劳动争议发生后,当事人一方可以到企业所在地的劳动法庭起诉。法庭首先组成调解室(bureau de conciliation et d'orientation),针对双方当事人的争议进行调解。调解室由一名代表劳动者方面的法官和一名代表雇主方面的法官组成。如果双方经调解达成一致意见,则制作调解书。如果争议双方无法达成一致,调解室则将案件移送至法庭的"审判室"(bureau de jugement)。

审判室由劳资双方各选出两名法官组成。法官们在听取争议双方辩论后进行讨论,然后根据少数服从多数的原则作出判决。如果出现四名法官两票对两票的僵局,则请当地大审法院的职业法官主持审判室,在 1 个月内再次审理并作出判决。

在劳动法庭调解和审理过程中,双方当事人可以亲自出庭为自己辩护,也可以聘请代理人出庭辩护。劳动者还可以请注册工会辩护人(défenseur syndical)为自己辩护。

当事人可以对劳动法庭所作裁决提出上诉。如果双方当事人都没有在上诉期内上诉,则裁决发生与普通法院判决同样的法律效力。

上诉程序取决于诉讼标的价值。诉讼请求按照性质分别记值,包括工资性质的支付请求(基本工资、奖金、加班费、带薪年假津贴等)、赔偿性质的支付请求(解雇补偿金、损害赔偿等)。如果其中一类的诉讼请求价值超过 4000 欧元,不服裁决的一方可以上诉到上诉法院(cour d'appel);如果诉讼请求的价值不超过 4000 欧元,对裁决有异议的一方只能上诉到最高法院(最高法院不作事实审,只进行法律审)。

第四节 集体劳动争议的解决

在工人运动早期,谈判和罢工是集体劳动争议的主要解决方式,其中罢工往往是在谈判失败时劳资双方关系暴力冲突的表现,而当局对罢工的反应主要是刑事制裁。从 19 世纪中期开始,集体劳动争议的表现方式和处理方式趋于缓和。1864 年 5 月 25 日,对罢工予以刑事处罚的法律规定被废除;1884 年 3 月 21 日,禁止组织工会的法律规定被废除;1892 年 12 月 27 日,议会通过法律尝试建立和平解决集体劳动争议的法律程序。

1892 年 12 月 27 日,议会通过法律规定,当劳资双方的争议无法通过谈判自行解决时,可以申请和解。和解委员会(comite de conciliation)由双方选出的代表和一名基层法官(juge de paix)组成(第 5 条)。如果双方在和解委员会的斡旋下达成协议,法官则制作和解协议,由双方代表签字(第 6 条)。如果不能达成协议,法官则邀请双方各指定一名或数名仲裁人或共同指定一名公共仲裁人。如果仲裁人不能在解决争议办法上达成一致,也可以再指定一名仲裁人为他们作出仲裁(即仲裁人的仲裁)(第 7 条);仲裁人不能就指定其仲裁人达成协议的,由民事法院院长代为指定(第 8 条)。仲裁决定经全体仲裁人签字后交给基层法官(第 9 条)。

当发生罢工时,如果劳资双方都没有向法官提出和解请求,法官也可以主动邀请双方进行和解(第 10 条)。

1892 年法律没有就和解协议和仲裁决定的效力作出规定,但是要求法官将收到的和解或仲裁申请书、对方的拒绝或沉默(视同拒绝)的情况、和解委员会或仲裁的决定送交集体争议覆盖地区的各个市镇的市长,由各该市长在规定的场所予以公示(第 12 条)。

1892 年法律是法国立法者首次将调解和仲裁引进集体劳动争议,是和平解决集体劳动冲突的尝试。值得玩味的是,立法者并没有赋予和解和仲裁程序以任何强制性,争议各方自由决定是否申请或接受和解和仲裁,和解书和仲裁决定的执行也完全自愿,基层法官在程序中的角色十分被动。因此,可以说和解和仲裁程序的真正效力不是法律上的。立法者试图通过公开和解和仲裁程序从开始到结束各个阶段的信息,让社会舆论促使争议双方以和平的方式找到解决办法。

从实际操作上看,新的法律程序效果十分有限:1893—1903 年,提交和解程序的集体纠纷占总数的 17.19%—27.15%,罢工发生前提交和解申请的比例仅占 1%—2%。更为特别的是,提交申请的主要是劳动者方面(超过 50%)和法官(45% 左右);由雇主方面提交和解和仲裁的案件每年仅 1—6 起,与双方一致提交和解和仲裁的案件数量持平。说明雇主方面对新程序持明显不信任态度。事实证明,提交和解和仲裁的争议只有不到一半得到解决,不及其他争议解决途径(主要是政府和工会的介入)。[①] 由此可见,1892 年法律创设的和解和仲裁程序没能有效地解决集体劳资冲突。不少学者认为这是因为法国没有和解和仲裁的习惯,上述实证研究也的确表明雇主方面对和解和仲裁并不积极。也有人认为,政府方面长期认为劳资双方没有自主解决彼此间争议的能力,因而习惯性地介入其间。这一观点似乎也为上述研究所证实。同样引人注目的是,1899 年以后,政府与劳资双方的工会长期密切接触,形成调整集体劳动关系的三方协调机制。

1936 年 12 月 31 日,议会通过法律规定,任何罢工在开始前必须将劳动争议提交和解或仲裁,同时集体合同必须载明有关争议解决的条款、和解程序以及和解不成劳资双方对仲裁人的指定等。和解协议和仲裁决定对劳资双方有强制

---

① Vior C. de Fromont de Rouaille, *Conciliation et Arbitrage*, Librairie Victor Lecoffre, Paris, 1905, pp. 177-178.

执行力,如果罢工违背仲裁决定将导致赔偿责任,故此对罢工形成事实上的限制。但是,该强制规定很快(1946年)就被取消,和解和仲裁重新成为任意程序。

总的来说,法国工会(特别是坚持阶级对立论的劳动总联盟)传统上将罢工视为工人斗争的最终手段,对任何预防劳动争议的措施以及事先和平解决争议的手段都持不信任态度,对任何罢工开始前必须将劳动争议提交和解或仲裁的规定更是不能接受,认为是对罢工权的挑战。因此,法国政府尽可能在程序的有效性与自愿性中间寻找平衡。

1982年11月13日,议会通过的法律确定了至今有效的三个集体劳动争议解决程序:和解(conciliation)、调解(médiation)和仲裁(arbitrage)。在程序的启动与结果的执行方面都能看出设计者在协调自愿原则与有效原则上的良苦用心。

《劳动法》第L2522-1条规定,任何集体劳动争议都可以通过和解程序解决。因此,和解程序原则上依然是任意性的。然而,该条在结尾补充规定,如果在行业集体合同的缔结、修改或续展时发生争议,劳动部部长可以根据一方当事人的书面申请和论证,或自主决定启动调解程序。

《劳动法》第L2522-4条规定,如果一方当事人被和解委员会合法传唤,没有正当理由两次拒绝出席,也不指派代理人出席的,则和解委员会将制作报告,交给行政部门,由行政部门转交检察官。需要说明的是,在2008年之前,检察官甚至可以对无正当理由两次拒绝出席也不指派代理人出席的当事人处以罚金。

法国设有国家和解委员会和地区和解委员会,和解委员会成员包括雇主、劳动者有代表权的集体组织各自派出的等同人数的代表,以及人数不超过委员会成员1/3的政府代表(《劳动法》第L2522-7条)。

如果和解不成,双方可以选择将争议提交调解或仲裁(《劳动法》第L2522-6条)。同时,调解程序也可以由和解委员会主席以及政府有关部门主动发起(《劳动法》第L2523-1条),并且在争议双方对调解人选存在分歧的时候由政府有关部门代为指定(《劳动法》第L2523-2条)。

调解人名单在咨询过劳资双方的全国代表机构后确定。调解人作出的建议书发给争议双方,后者必须在8日内决定是否接受调解建议。如果拒绝接受,则需要说明理由;如果没有拒绝,则调解建议产生与集体合同同等的约束力(《劳动法》第L2523-6条)。

如果调解建议被拒绝,调解人应将调解建议书、有关争议的报告以及各方提出的拒绝理由一并交给劳动部部长,由后者在 3 个月内予以公布(《劳动法》第 L2523-7 条)。

如果当事人拒不交出进行调解所需文件,或被合法传唤后没有正当理由两次拒绝出席,也不指派代理人出席的,则调解人可制作报告,将其提交行政部门,由行政部门转交给检察官(《劳动法》第 L2523-8、9 条)。

仲裁程序可以在集体劳动合同中予以规定,同时确定仲裁人名单(《劳动法》第 L2524-1 条)。如果没有在集体劳动合同中规定仲裁程序,劳资双方通过和解、调解程序也没有能够解决争议的,则双方可协商一致将争议提交仲裁,同时选定仲裁人或确定选择仲裁人的方式(《劳动法》第 L2524-2 条)。

仲裁人实际上充当的是和解、调解程序的上诉审,因为他们只能就和解不成记录或调解建议书中的争议,或者对和解不成记录制作后发生的争议进行仲裁。仲裁人的职权广泛,既可以对因法律法规、集体合同的解释和执行争议进行仲裁,也可以对非法律法规和集体合同规定的争议(如工资、劳动条件等),以及与集体合同修改谈判相关的争议进行仲裁(《劳动法》第 L2524-4 条)。

仲裁决定必须说明理由,当事人只能以越权(excès de pouvoir)为理由上诉至高级仲裁院(cour supérieure d'arbitrage)(《劳动法》第 L2524-6 条)。高级仲裁院的特点是,全部成员均为高级专业法官。高级仲裁院由最高行政法院的副院长或庭长主持,成员中最高行政法院法官和司法系统高级法官各占一半(《劳动法》第 L2524-8 条)。如果有争议的仲裁决定被高级仲裁院撤销,争议案件将被发至当事人重新指定的仲裁人审理。如果第二次仲裁决定再次遭到高级仲裁院否决,则由高级仲裁院直接指定本院仲裁员作出终审裁决(《劳动法》第 L2524-9 条)。

双方和解协议以及仲裁决定对争议双方当事人具有与集体合同同等的约束力,在协议和决定被提交到有关行政部门的翌日发生效力(《劳动法》第 L2524-5 条)。

如果上述三种传统的和解、调解和仲裁都无法采用或均无法成功,则集体劳动争议双方可以将其分歧诉至普通法院系统中专门受理劳资集体争议的大审法院,由法院按照司法程序审理和裁决。

结　语

　　法国劳动法在 19 世纪后半叶逐渐从传统民法中脱离出来,形成独立的体系。其主要特点是:在个别劳动关系上强调民法规范的作用,在集体劳动关系上强调劳资双方在行业层次的集体谈判以及政府的积极斡旋,形成政府、资方、工会三方协调机制。劳动者的诉求通过工会集体谈判传达给资方,如果达成一致,则形成集体协议。行业集体协议不仅对签约的企业具有约束力,还可以通过劳动部的行文扩展到各该行业内没有签约的企业,所以具有很强的传播力。如今,行业集体协议几乎覆盖私营和混合经济领域。

　　由于行业集体协议的法律效力大于企业集体合同、个别劳动合同,因此企业集体合同、个别劳动合同的约定只能对劳动者更有利,否则无效。同时,行业集体协议的范围十分广泛,使得劳资双方在企业层次和个别劳动合同层次的谈判空间非常狭窄。

　　行业集体协议由此成为劳动法的重要法源。立法者在制定劳动法时也常常图省事,仅仅将行业集体协议的内容稍加修改便转化为法律规范。因此,行业集体谈判和行业集体协议在法国劳动法发展史上占有重要地位。但是,由于行业集体合同和劳动法都不是来自基层,很多内容依然过于笼统,需要法院在具体案件处理过程中予以精确化,因此出现了大量的劳动法判例。法国最高司法机构——最高法院面临大量的劳动纠纷案件,其重要判决形成司法判例,为以后的类似案件提供了解决途径。行业集体劳动协议、劳动法和司法判例构成了法国劳动法的"三驾马车"。

　　然而,日积月累的行业集体合同越来越多,劳动法的内容也相应膨胀。所有这些劳动规范在形成时都过于强调实用,没有充分的理论支持,缺乏稳定性和系统性,甚至出现规范重复、含糊乃至互相矛盾的现象,阻碍了劳动法作为第三法域的进一步发展。同时,行业集体谈判的"一家独大"虽然减少了企业层次的劳资冲突,但也导致工会活动与基层严重脱离,出现工会职业化和入会率持续下降的问题。

　　20 世纪 80 年代初以后,集体谈判模式开始改变。1982 年 11 月 13 日,法律允许企业集体谈判在一定范围内对行业集体谈判规定的工作时间作出更灵活的调整,从此开始颠覆企业集体谈判和行业集体谈判的关系。2004年5月5日,议会通过的法律规定,除最低工资和职工解雇安置等问题以外,全面解禁低层次的集体合同对高层次的集体合同的例外安排,除非高层次集体合同禁止这样的例外安排。2008年8月20日,法律进一步规定,在加班时间这个问题上,首先适用企业集体合同;只有在没有签订企业集体合同的情况下,才补充适用行业集体合同。2016年《劳动法》更是明确规定,即便是对职工更不利的企业集体合同,也优先于行业集体合同。至此,企业集体合同取代了行业集体合同,占据了集体谈判的中心地位。

扩展阅读文献

1. Auzero, G., Dockès, E., *Droit du travail*, DALLOZ, Paris, 2015.
2. Lyon-Caen, G., *Manuel de droit du travail et de sécurité sociale*, LGDJ, Paris, 1955.
3. Mazeaud, A., *Droit du travail*, LGDJ, Paris, 2014.
4. Rivero, J. et Savatier, J., *Droit du travail*, PUF, Paris, 1993.
5. Supiot, A., *Le droit du travail*, PUF, coll. Que sais je? Paris, 2011.
6. Teyssié, B., *Droit du travail*, Litec, Paris, 2009.

第二编　德国劳动法

第一章　德国劳动法的定位、调整对象、调整方法

第一节　德国劳动法的历史发展与定位

一、德国劳动法的产生与发展

现代德国劳动法的产生以消除身份关系下的用工、开始市场化用工为起点，以解决工业化背景下的社会问题为基本导向。1810 年 11 月 2 日的哈登贝格（Hardenberg）改革强制废止行会，引入营业自由。"随着营业自由的引入，劳动关系也被置于契约自由之下"[1]，从而引发了一系列的社会问题（Soziale Problme），即"雇主相对于劳动者在经济上的优势地位导致劳动条件在很大程度上由雇主单方决定。导致了严重的压榨、超长的工作时间以及在工厂和矿山中雇佣妇女和儿童。"[2]于是立法者开始通过公法措施干预劳动关系，出现了最低工资、工时、工作年龄等规则，所以学者们认为，"劳动法起步于公法"[3]。与此同时，在社会经济生活层面出现了劳动者结社等现象，但一开始"立法没有关注团体协议，却首先尝试着禁止工会"[4]。直至 1919 年 8 月 11 日，"帝国以宪法的形式确认了以前已经在劳动共同体协议中得到承认的集体建构劳动条件的原

---

[1]　Richardi, Arbeitsrecht als Sonderprivatrecht oder Teil des allgemeinen Zivilrechts, in: FS für Alfred Söllner, 2000, S. 964.
[2]　〔德〕雷蒙德·瓦尔特曼:《德国劳动法》，沈建峰译，法律出版社 2014 年版，第 29 页。
[3]　Waltermann, Arbeitsrecht, 19. Auflage, Verlag Franz Vahlen, 2018, S. 15.
[4]　a. a. O. , S. 16.

则",同时承认了劳动生活中的结社自由。① 与上述团体协议发展过程相伴的是工厂中的劳动者利益代表制度。"1891 年《工商业条例》中加入了一个可以在工厂中设立劳动者委员会的条文。1905 年在普鲁士、1909 年在整个帝国范围,在矿山设立该委员会被作为强制性规定。"②最终"1920 年 2 月 4 日的《工厂委员会法》规定了工厂中的劳动者以及职员代表制度,赋予他们的任务是协同建构企业秩序"③。二战后,在工厂层面的劳动者利益代表制度之外,通过《参与决定法》等法律,企业层面的劳动者利益代表制度得以确立,现代德国劳动法的基本制度框架全部形成。

二、德国劳动法的界定

劳动法作为一个部门法是毫无疑问的,但如何界定劳动法却存在不同思路。一种思路以劳动者的身份法为导向,认为劳动法是依附性劳动者的特别法律。④ 就这种思路而言,界定劳动法的重点在于界定何为依附性劳动者。另一种思路比较新颖,以劳动关系为导向,认为劳动法是调整通过劳动合同所建立的劳动者和雇主之间特别法律关系的法律⑤,或者"劳动法是以劳动关系为对象的法律"⑥。就这种思路而言,界定劳动法的重点在于界定什么是劳动关系。也有学者将两种思路结合起来,认为劳动法是"劳动生活中处于从属性地位者的雇佣关系的法律规则(从属地位劳动者的特别法)的总和"⑦。其中,以劳动关系为导向的思路存在的问题是,劳动法调整团体协议制度,而团体协议的重要内容是雇主的结社和劳动者的结社之间的债权性关系,并不属于劳动关系的内容。为解决此问题,学者们提出了直接调整和间接调整的观点,认为劳动法通过规定集体合同⑧间接地调整了劳动关系。以劳动者身份法为导向的界定模式指出了"劳动

---

① Vgl. Waltermann, Arbeitsrecht, 19. Auflage, Verlag Franz Vahlen, 2018, S. 18.
② a. a. O. , S. 17.
③ a. a. O. , S. 19.
④ Vgl. Preis, Arbeitsrecht/Indiviaualarbeitsrecht, 5. Auflage, Verlag Dr. Otto Schmidt, 2017, S. 1; Huech-Nipperdey Grundriss des Arbeitsrechts, 5. Auflage, Verlag Franz Vahlen GmbH, 1963, S. 1.
⑤ Vgl. Zöllner/Loritz/Hergenröder, Arbeitsrecht, 7. Auflage, C. H. Beck, 2015, S. 34; Waltermann, Arbeitsrecht, 19. Auflage, Verlag Franz Vahlen, 2018, S. 1.
⑥ Manfred Löwisch, Arbeitsrecht, 7. Auflage, Werner Verlag, 2007, S. 1.
⑦ Wilhelm Dütz, Arbeitsrecht, 12. Auflage, Verlag C. H. Beck, 2007, S. 1.
⑧ 德国法意义上的集体合同(Kollektiver Vertrag)不同于我国的集体合同概念,涵盖了团体协议(Tarifvertrag)和工厂协议(Betriebvereinbarung)等。

法社会政策目标设定的重点在于保护劳动者"①,但却存在如下问题:其一,"劳动法的目标设定早已超越了劳动者保护"②;其二,"劳动法在同样程度上包括了雇主的法律关系"③。将两者结合起来的思路也没有解决身份法导向界定存在的问题。因此,从 20 世纪 80 年代以来的讨论来看,人们多认为"在以前的法律中,劳动者的概念是关键概念,现在劳动合同的概念越来越成为劳动法的核心概念",④劳动法在进行着从身份法到劳动关系法的范式转换。这种转换为劳动者的多元身份、劳动关系的非典型化等提供了前提,也为劳动合同在劳动关系协调中的地位回归做好了准备。

三、作为特别私法的劳动法

在德国,主流意见认为劳动法属于私法的范畴。⑤ "对建立在私人生产资料所有权和营业及结社自由基础上的经济体制来说,对国家作为中立的第三方发挥作用的经济体制来说,劳动法与其两个重要的构成部分(劳动合同法和集体劳动法)都属于私法(民法),是不言自明的。"⑥从法律渊源角度看,德国劳动法最主要的法律渊源之一是《民法典》。

在该共识基础上,对于劳动法和私法的关系具体如何,却存在两种不同意见。一种观点认为,劳动法属于私法,但却具有自身的特殊性。因此,应保持劳动法的相对独立,同时积极从劳动法和传统民法中提炼出共同的规则,作为私法的一般规则。该观点以加米尔舍格(Gamillscheg)教授为代表,他认为,劳动法属于私法是不言自明的,⑦但传统民法中的财产法与劳动法"在法律体系的总体建构上,应当是并立而不是有隶属性的。以此为出发点,发掘出其共性并形成两

---

① Zöllner/Loritz/Hergenröder,Arbeitsrecht,7. Auflage,C. H. Beck,2015,S. 34.
② a. a. O.,S. 34.
③ a. a. O.,S. 34.
④ Söllner,From status to contract,wandlungen in der sinndeutung des arbeitsrechts,in:Festschrift für Wolfgang Zöllner,Band 2,1998,S. 949.
⑤ Vgl. Franz Gamillscheg,Zivilrechtliche Denkformen und die Entwicklung des Individualarbeitsrechts,in:AcP,1976,S. 198;Richardi,Arbeitsrecht als Sonderprivatrecht oder Teil des allgemeinen Zivilrechts,in:FS für Alfred Söllner,2000,S. 972.但是,也有学者认为,不能笼统地说劳动法属于私法,而是应当区别劳动法的不同部分,有的部分属于公法,有的部分属于私法。Vgl. auch Wolfgang Däubler,Eigenstaendigkeit des Arbeitsrechts,in:50Jahre Bundesarbeitsgericht,2004,S. 7.
⑥ Franz Gamillscheg,Zivilrechtliche Denkformen des Individualarbeitsrecht,in:AcP,1976,S. 198.
⑦ a. a. O.,S. 34.

个领域的总则的道路却是畅通的。"① 这样一来,就形成了以一时性债的关系、以缺乏社会思想为特征的传统民法领域和以弱者保护、持续性法律关系为特征的劳动法领域并立的格局,但二者都属于私法的范畴。在这一理论指导下,劳动法和民法在适用上的关系是:"劳动法的独立性并不意味着什么都必须是不同的,它更多意味着,在适用民法典或者商法典等规则前要先审查这些规范所要实现的结果与当今的社会国家观念是否一致。"②

与上述思路不同,以里夏迪(Richardi)教授为代表的更偏私法化的另一种观点认为,作为劳动法基本构成要件的依附性本身就是私人自治的合同建构的结果。劳动法对民法而言根本不存在独立性。③ 相反,由于民法本身缺乏社会化,而缺乏社会化是整个工业时代民法的问题,因此民法应积极吸收社会化思想,完成社会化,而不是排斥劳动法。在社会化的基础上,劳动法将融入民法中。"因为对劳动关系适用私人自治,这就预设了从法律上判断其与民法体系一性的前提。劳动法相对于民法不是具有自己的规范、自己的原则和自己的解释规则的独立法律领域。"④ 在这一理论指导下,劳动法和民法在适用上的关系"不是民法原则的适用,而是其不适用需要进行论证"⑤。

尽管存在上述分歧,但毫无疑问的是,劳动法是一个独立的部门法,且在德国2003年债法改革后,"从新的立法可以得出劳动合同法再次被融入(Reintegration)了《民法典》这个结论"⑥。另外一个值得关注的现象是,通过2017年的修订,德国《民法典》增加了第611a条,对劳动合同作出了明确的规定。劳动合同制度融入《民法典》的趋势似乎更加明显。

四、德国劳动法的法律渊源

(一)劳动法法典化的努力

德国具有悠久的法典化传统,但劳动法却始终没有完成法典化。1919年

---

① Franz Gamillscheg, Zivilrechtliche Denkformen und die Entwicklung des Individualarbeitsrechts, in: AcP,1976,S. 208.
② a. a. O. , S. 202.
③ Vgl. Richardi, Arbeitsrecht als Sonderprivatrecht oder Teil des allgemeinen Zivilrechts, in: FS für Alfred Söllner, 2000, S. 972.
④ Staudinger-B2-Ab. 8 T. 8 §§ 611- vorb., Reinhard Richardi,2005,Rn. 122.
⑤ a. a. O.
⑥ Wolfgang Däubler,Eigenstaendigkeit des Arbeitsrechts,in: 50 Jahre Bundesarbeitsgericht, 2004, S. 7.

《魏玛宪法》第157条曾明确规定:"帝国应制定统一的劳动法。"1923年,曾有一部《一般劳动合同法草案》被提出,但却无疾而终。二战后,联邦劳动和社会部再次成立了《劳动法》编撰委员会并提出了《劳动合同法草案》,但最终也没有取得实质性进展。1990年《(两德)统一协议》提出尽快进行包括劳动合同法和劳动时间法在内的劳动法统一法典编纂。然而,统一法典至今仍遥遥无期,《劳动合同法(草案)》也主要停留在民间和学者草拟的状态。劳动法法典化的困境首先来自它承载着重新分配劳动者和雇主之间利益的可能性,而劳资之间不断变换的利益平衡关系和利益冲突,必然导致其制定困难重重。同时,劳动法法典化也面临很大的技术障碍,如何解决《劳动法》相对于《民法典》的独立性问题,如何整合其内部不同部分的关系,在技术上都困难不小。

(二) 劳动法的主要法律渊源

到目前为止,德国劳动法规范主要散见于其他法典以及各种单行法中。具体包括:

1. 《基本法》(Grundgesetz)。《基本法》是德国的根本大法。《基本法》中规定的都是基本权利和原则,例如人格尊严(《基本法》第1条)、职业自由(《基本法》第12条)、劳动结社自由(《基本法》第9条)以及社会国家原则等,对劳动法的立法和司法都具有非常重要的意义,劳动法的制定法处于《基本法》的统摄之下。但是,《基本法》规范原则上仅具有间接效力,不能直接适用于劳动者和雇主之间的关系,基本法的价值判断应通过对简单法中价值条款、不确定概念等的解释适用于当事人之间的权利和义务关系。上述《基本法》间接效力学说的例外是《基本法》第9条第3款。根据该条款的表述、司法实践和主流理论,该条款规定的劳动结社自由对劳动者和雇主等具有直接效力。

2. 《民法典》,尤其是《民法典》"总则"中关于法律行为的规定,"债编"之"总论"以及第八章第八节关于雇佣合同的规定。德国《民法典》是私法的基本法律渊源,劳动法被归入特别私法的范畴,《民法典》中的规范自然也成为劳动法最重要的法律渊源。

3. 大量单行法。劳动法属于联邦和州均享有立法权限的法律领域,但大部分为联邦立法,以单行法的形式存在。比较重要的劳动法单行法为《非全日制及有期限劳动合同法》《老年人非全日制劳动合同法》《工资继续支付法》《联邦休假法》《解雇保护法》《工作岗位保护法》《跨境劳务派遣法》《劳务派遣规制法》《劳动时间法》《职业母亲保护法》《团体协议法》《工厂组织法》《劳动法院法》,等等。此外,尚有一些联邦政府制定的条例。

4. 随着欧洲一体化的推进,欧盟法律对德国变得越来越重要。欧盟法律分为首级法和次级法,次级法又分为条例和指令。在劳动法领域,欧盟首级法中比较重要的是《欧盟运行条约》第 45 条规定的保障迁徙自由、第 56 条规定的服务业自由以及第 157 条规定的歧视禁止。欧盟次级法中比较重要的是《劳动者在欧盟范围内自由迁徙条例》、各种男女平等对待的指令、《规模裁员时劳动者保护指令》《企业、工厂或部分工厂转让时劳动者保护指令》《设立欧洲工厂委员会的指令》《跨境派遣劳动者最低劳动条件的派遣指令》等。

5. 法官法。德国劳动法具有很强的法官法色彩。制定法本身的不完备导致法官在司法实践中需要不断造法或者对传统民法的规范进行修正,从而不断形成法官法意义上的劳动法。这不仅体现在个别劳动法中的劳动者赔偿责任等制度中,甚至整个劳动斗争法的制度都建立在法官法基础上。

(三) 团体协议等劳动法法律渊源

法律渊源是指法律的存在形式,也即客观法或者规范的表现形式。在我国的理论和实践中,法律渊源问题主要限于讨论国家制定或认可的法律表现形式。在此意义上,上文介绍的就是劳动法的法律渊源。但是,在德国劳动法中,由于理论和实践均认为团体协议、工厂协议等对劳动者和雇主具有规范效力,因此在法律渊源的讨论中,团体协议、工厂协议等也被作为劳动法的法律渊源。还有学者甚至将劳动合同等都纳入法律渊源的讨论范畴。[①] 这些在根本上涉及对法律渊源学说本身的讨论,本书不作进一步展开。

第二节 劳动关系及其界定

一、劳动关系的基本范畴

如前所述,劳动关系是现代劳动法界定时的核心概念,也是劳动法律适用的前提范畴。[②] 在德国,通过 1969 年修订《民法典》,劳动关系这一术语首次进入《民法典》中,但该法却既没有界定劳动关系概念,也没有界定产生劳动关系的劳动合同概念。在理论发展中逐渐形成的一般定义是:劳动关系是劳动者和雇主

---

① Vgl. Klaus Adomeit, Rechtsquellenfragen im Arbeitsrecht, Verlag C. H. Beck, 1969, S. 91 ff.
② 参见〔德〕雷蒙德·瓦尔特曼:《德国劳动法》,沈建峰译,法律出版社 2014 年版,第 43 页。

通过劳动合同建立的,以劳动者承担在雇主领导和指挥下给付约定劳动,雇主承担支付约定劳动报酬的义务为主给付义务的法律关系。① 上述理论界定最终为立法所接纳。在 2017 年修改的《民法典》中,该法通过第 611a 条对劳动合同进行了界定,同时也界定了劳动关系的内涵:"根据劳动合同,劳动者有义务在他人的机构中提供具有人格依附性的,受指示约束的,他人决定的给付。指示权可以涉及工作的内容、实施、时间和地点。受指示约束者是指实质上不能自由安排其工作,不能确定其工作时间的人。在此,人格从属性的程度也取决于不同工作的性质。确定是否存在劳动合同时,应对所有情况进行总体判断。如果合同关系的实际实施能表明涉及一个劳动关系,则(合同类型)不再取决于合同名称。"在劳动关系中,承担依附性劳动给付义务的被称为劳动者;承担报酬给付义务的被称为雇主。

上述理论和立法关于劳动关系的界定由三个要素组成:其一,私法合同;其二,劳动给付;其三,依附性劳动。② 具体地,其一,当事人之间的法律关系通过私法性的合同,也即通过意思自治而建立。因此,公务员、士兵、囚犯、家庭成员等即使存在依附性劳动,也不是劳动关系。其二,在德国法中,劳动关系是雇佣关系的一种类型,这种法律关系的基本内涵是义务人承担向另一方为有偿性劳动给付的义务。其三,也是最核心的内容,劳动者提供的是一种依附性劳动。这种依附性劳动也被称为人格从属性或人格依附性劳动。③ 其典型表现形态是劳动者加入雇主组织,在雇主领导和指示下从事劳动给付。提供人格从属性的依附性劳动这一要素将劳动关系和其他自主性雇佣关系区分开来,是认定劳动关系时最核心也是最困难的因素。

二、依附性劳动的认定

(一)从单一标准到类型化的思路变迁

如何判断人格从属性是理论和实践长期以来都关注的问题。历史上曾有学者主张通过服从指示这一点来判断人格从属性,④但在经年努力之后,理论和实践界发现很难通过抽象的单一标准来非此即彼地判断人格从属性。司法机关认

---

① 参见〔德〕雷蒙德·瓦尔特曼:《德国劳动法》,沈建峰译,法律出版社 2014 年版,第 45 页。
② Vgl. Abbo Junker,Grundkurs Arbeitsrecht,14. Auflage,C. H. Beck,2015,S. 48.
③ a. a. O.,S. 48.
④ Vgl. Hueck-Nipperdey, Lehrbuch des Arbeitsrechts, Band 1,7. Auflage,Verlag Franz Vahlen,1963,S. 41.

为,"确定对所有劳动关系都有效的认定标准是不可能的。"①在此背景下,也是在彼德林斯基(Bydlinski)②、拉伦茨(Larenz)③以及卡纳里斯(Canaris)④等人提出的类型化方法(Typologischen Methode)的影响下,通说逐渐认为:"依附性并不是一个具有确定范围的概念,而是一个类概念,它需要通过一系列的标志来确定,但是在具体运用时却不需要每一个标志都出现。"⑤该认定思路体现在联邦劳动法院的实践中,也体现在上述《民法典》第611a条的概念界定中。

　　类型化人格从属性判断的思路主要表现在如下方面:其一,人格从属性的问题不单纯是有和无的问题,可能还需要考虑多与少的问题,"劳动关系和非劳动关系的区分依赖于当事人提供劳动时人格从属性的程度。"⑥其二,除比较典型的认定人格从属性的标志外,还存在大量其他可供考虑的人格从属性认定标志,如劳动工具的提供等。其三,"对具体个案中当事人之间法律关系类型的回答,取决于对个案中所有重要情况总体的评价。"⑦而不单纯取决于个别因素的有无,在特定情况下,缺乏服从雇主指示这个最基本的人格从属性标志甚至也不影响认定人格从属性的存在。其四,人格从属性的判断应该顾及每个行业的特性。在不同行业、不同工作中,认定从属性时需要考虑的因素其实是不一样的。其五,在判断人格从属性时,当事人实际执行工作的情况优先于合同的约定。劳动关系通过当事人之间的合意成立,当事人对其属性可能会有合同约定。但是,在劳动法院的实践中,合同约定本身并不能直接作为认定从属性的根据。"合同类型产生于劳动的实际内容。法律关于劳动关系的强制性规定并不因为当事人为其劳动关系起了其他的名字而被排除。劳动的客观内容可以从当事人明确的约定或者实践中合同落实的方式得知。如果约定和实际落实不一致,则以后者为准。"⑧只有在例外的情况下,当事人的约定才可以决定法律关系的性质。联邦劳动法院认为,"当事人所选择的合同类型并非没有任何意义。如果合同所约定的工作既可以在劳动关系中实现也可以在非劳动关系中实现,则在决定当事人

---

　　① BAG Urteil vom 20. 1. 2010, 5 AZR 99/09; Zöllner/Loritz/Hergenröder, Arbeitsrecht, 7. Auflage, C. H. Beck, 2015, S. 50.
　　② Bydlinski, Juristische Methodenlehre und Rechtsbegriff, 2. Auflage, 1991, S. 543 ff.
　　③ Larenz, Methodenlehere der Rechtswissenschaft, 6. Auflage, 1991, S. 461 ff.
　　④ Canaris/Larenz, Methodenlehere der Rechtswissenschaft, 4. Auflage. , 2009, S. 209 ff.
　　⑤ BAG AP Nr. 26 zu §6 11 Abhängigkeit.
　　⑥ BAG, Urteil vom 14. 3. 2007-5 AZR 499/06.
　　⑦ BAG, Urteil vom 20. 1. 2010, 5 AZR 99/09.
　　⑧ BAG, Urteil vom 20. 1. 2010, 5 AZR 106/09; BAG, Urteil vom 14. 3. 2007-5 AZR 499/06; BAG, Urteil vom 20. 5. 2009, 5 AZR 31/08; BAG, Urteil vom 9. 6. 2010, 5 AZR 332/09.

地位的总体情况权衡中,当事人所选择的特定合同类型就必须在个案中被顾及。"①

(二) 判断人格从属性的个别因素及其确定

在上述类型化思路的指引下,在理论和实践中认定是否存在劳动关系时经常权衡如下因素:

1. 劳动者服从雇主的指示

这是最没有争议也是最重要的确定人格从属性的标志之一。"典型的、在实践中大量出现的人格从属性标志是劳动义务承担者对雇主指示的服从(Weisungsunterworfenheit)。"②劳动者对雇主指示的服从具体表现在"劳动的内容、执行、时间、延续长度和地点等方面。劳动者是不能自由决定其活动内容和劳动时间的人。"③其中最重要的是劳动者在劳动时间和劳动内容上对雇主指示的服从。根据联邦劳动法院的判决:(1) 劳动者在时间上对雇主指示的服从主要表现在,"劳动者持续性地处于随时可以工作的状态,或者在很大程度上无须相应合意雇主就可以招呼劳动者工作,对劳动者来说工作时间最终是由雇主决定的。持续处于准备工作的状态可以产生于当事人的合意,也可以产生于合同关系的实际落实中。没有提前商量而直接给劳动者分配工作计划是具备劳动者在劳动时间上服从雇主指示特征的重要标志。"④相反,如果劳动者的具体劳动时间在实质上是通过合同确立的,以至于雇主无法单方决定具体劳动时间,则不存在劳动者在时间上对雇主的从属性。⑤ (2) 劳动者对雇主在劳动内容上指挥权的服从主要表现为,雇主的指挥权广泛限制了劳动者在劳动组织方式方面的自由、自主性和独立性。⑥

2. 劳动者加入雇主的劳动组织中

对于劳动者加入雇主的劳动组织,也即"劳动者参与到雇主的企业、家务或者生活领域中"⑦,是否是决定人格从属性的标志,德国理论界存在不同意见。

---

① BAG, Urteil vom 9.6.2010, 5 AZR 332/09.
② Zöllner/Loritz/Hergenröder, Arbeitsrecht, 7. Auflage, C. H. Beck, 2015, S.50.
③ BAG, Urteil vom 14.3.2007-5 AZR 499/06; BAG Urteil vom 20.1.2010, 5 AZR 99/09.
④ BAG, Urteil vom 14.3.2007-5 AZR 499/06.
⑤ Vgl. BAG Urteil vom 20.1.2010, 5 AZR 99/09. 在此特别强调的是具体劳动时间的确定,因为劳动合同一般都会约定每天的工作时间,但是在该工作时间内,劳动者并不永远都处于劳动状态中,何时处于劳动状态取决于雇主的安排。
⑥ Vgl. BAG, Urteil vom 14.3.2007-5 AZR 499/06.
⑦ Zöllner/Loritz/Hergenröder, Arbeitsrecht, 7. Auflage, C. H. Beck, 2015, S.49.

有学者认为,加入雇主组织并不是存在劳动关系的实质性标志,①其理由在于:其一,"存在着既没有加入到工厂中也没有加入到家庭中的真正的劳动者,如私人秘书、汽车司机或者其他为了特定的人身性服务而由私人雇佣的人等。"②其二,并不是加入到企业中提供劳动的所有人都是真正的劳动者。"例如,虽然股份有限公司或者其他法人董事会的成员也加入企业,但是根据主流意见他们并不是劳动者。此外,根据合伙合同向合伙承担劳务给付的合伙人也加入企业,但也不是劳动者。"③其三,加入雇主劳动组织之概念缺乏确定性,难以为劳动关系的界定提供可操作的标准。但是,也有学者主张"加入企业(或者类似的劳动组织)是劳动关系的决定性标志(和雇佣关系的自主性相对)。"④从目前来看,主流意见认为"加入雇主组织对劳动关系的认定也并不是必需的"⑤。尽管从《民法典》第611a条的界定来看,加入雇主组织被作为认定劳动关系时需要考虑的因素。联邦劳动法院在认定劳动关系时偶尔也会提到劳动者加入雇主的组织这一因素,认为"劳动者是在一个由第三人确定的劳动组织框架中提供自己根据合同而承担的给付义务的人"⑥。但在具体判断劳动者是否加入雇主组织时,联邦劳动法院又指出,"加入他人劳动组织特别表现在劳动者处于他的合同伙伴(雇主)的指挥权之下。"⑦服从雇主的指挥在很大程度上吸收了加入雇主组织这一标志。由此可见,上述《民法典》第611a条中的加入组织如何理解依然是个需要探讨的问题。

3. 其他对劳动关系认定具有影响的因素

除上述主要因素外,劳动法院在认定人格从属性时往往也会顾及如下因素:(1)生产工具和生产场所的提供者。一般情况下,在劳动关系中劳动工具和劳动场所都应由雇主提供,但特定情况下,也会出现劳动者提供生产工具的情

---

① Vgl. Zöllner/Loritz/Hergenröder, Arbeitsrecht, 7. Auflage, C. H. Beck, 2015, S. 49; Hueck-Nipperdey. Lehrbuch des Arbeitsrechts. Band 1, 7. Auflage, Verlag Franz Vahlen GmbH, 1963, S. 43.

② Hueck-Nipperdey, Lehrbuch des Arbeitsrechts, 7. Auflage, Band. 1, Verlag Franz Vahlen, 1963, S. 42.

③ a. a. O., S. 42 ff.

④ Münchener kommentar zum Bürgerlichen Gesetzbuch, Band 3, C. H. Beck'sche Verlagsbuchhandlung, 1980, S. 1043.

⑤ Waltermann, Arbeitsrecht, 19. Auflage, München: Vahlen, 2018, S. 28.

⑥ BAG, Urteil vom 19. 1. 2000-5 AZR 644/98; BAG, Urteil vom 9. 10. 2002, 5 AZR 405/01; BAG, Urteil vom 7. 2. 2007, 5 AZR 270/06.

⑦ a. a. O.

况。① (2) 劳动给付是否只可亲自完成。对具有人格从属性的劳动关系而言,劳动者只能自己完成劳动给付。② (3) 当事人关注的是劳动给付的过程还是结果。在有关法律关系中,如果当事人关注的仅是特定给付效果的发生,而不是劳动的过程,则当事人之间欠缺人格从属性。③ (4) 薪酬计算的方法。对具有人格从属性的劳动关系而言,随着劳动时间的延续,其薪酬往往也逐渐增加。薪酬计算和支付的方法也是德国法院认定人格从属性时考虑的因素。④ (5) 其他因素。如上所述,认定劳动关系的因素具有开放性,除上述提到的经常标准外,在司法实践中,法院经常还会考虑其他因素进行综合判断。

(三) 人格从属性理论面临的挑战

人格从属性理论在一战之后逐渐被接受并成为德国劳动法的主流理论。但是,自20世纪七八十年代以来,不断有学者提出新的认定劳动关系的标准,这些标准尽管没有动摇人格从属性在劳动关系认定中的主流地位,但对理论和实践都产生了深刻的影响。

1. 经营风险理论

经营风险理论(Unternehmerrisiko)是20世纪80年代由旺克(Wank)等学者提出的区分劳动关系和非劳动关系的一种理论。经营风险理论的出发点是,"自由工作者(非劳动者)承担着和经营机会相适应的经营风险,而劳动者将自己的劳动力置于他人的支配之下,也因此而失去了经营的机会。"⑤因此,处于劳动关系中的劳动者表现出三个方面的特征:没有自己的经营组织、不参与市场竞争、不承担企业经营的风险。目前来看,更多的学者并不赞同在界定劳动关系时引入这一标准,原因在于:其一,该标准缺乏区分度。⑥ 其二,该标准将提供劳动力的主体一分为二:劳动者和非劳动者,但从市场经济发展的现实和德国的法律实践来看,提供劳动力的主体其实是一分为三的:劳动者、准劳动者和非劳动者。⑦ 其三,认为劳动者完全不参与市场竞争也是不正确的,实际上劳动者也必

---

① Vgl. BAG, Urteil vom 19.1.2000, 5 AZR 644/98.
② Vgl. BAG, Urteil vom 20.1.2010, 5 AZR 106/09.
③ Vgl. BAG Urteil vom 20.1.2010, 5 AZR 99/09.
④ Vgl. BAG, Urteil vom 20.1.2010, 5 AZR 106/09.
⑤ Burkhard Boemke, Studienbuch Arbeitsrecht, C. H. Beck, 2004, S. 24.
⑥ Vgl. Zöllner/Loritz/Hergenröder, Arbeitsrecht, 7. Auflage, C. H. Beck, 2015, S. 49; Waltermann, Arbeitsrecht, 19. Auflage, Verlag Franz Vahlen, 2018, S. 29.
⑦ Vgl. Zöllner/Loritz/Hergenröder, Arbeitsrecht, 7. Auflage, C. H. Beck, 2015, S. 49; Preis, Arbeitsrecht/Individualarbeitsrecht, 5. Auflage, Verlag Dr. Otto Schmidt, 2017, S. 57.

须面临市场竞争的问题。

2. 社会保护需求理论

社会保护需求理论（Soziale Schutzbedürftigkeit）认为，从属性劳动者和自由劳动力提供者的区别在于，劳动者具有社会保护需求，劳动者之外的劳动力提供者不具有这种需求。但是，正如学者们指出的，"劳动法适用的主要原因在于劳动者具有社会保护需求；但是劳动者提供从属性劳动却不能或只在一定范围内才能引起这种保护需求。"①因此社会保护需求并不能成为认定劳动关系以及劳动法适用的标准。

三、类似劳动者的人

"类似劳动者的人（Arbeitnehmerähnliche Personen）是指具有经济上依附性，且相比较于劳动者也需要社会保护的人。"②由于类似劳动者的人作为个体自主劳动者时，按照自己的安排自担风险地从事经营活动，因此不具有人格依附性，不是劳动者；如果类似劳动者的人"仅仅或实质上只与一个委托人建立合同关系并从其获取报酬"③，就具有经济上的依附性，经济上的依附性导致其具有保护需求。"大部分个体自主劳动者，不是以市场为导向而是仅仅为一两个委托人工作，仅仅是从法律的角度来看不依赖于指示，进而不在具有劳动法和社会法后果的劳动关系中工作。这些自主劳动者在与劳动者遵守雇主指示类似的程度上遵守他的委托人的指示。"④

近年来，上述类似劳动者的人的保护问题是德国劳动法律政策讨论的重点问题之一。除了对一些特定类型的类似劳动关系进行的专门立法（如《家庭劳动法》）外，一些劳动法律中也出现了可适用于类似劳动者的人的条款。比较重要的是：其一，在《劳动法院法》第5条第1款第2句规定的前提下，有关类似劳动者的争议可以通过劳动法院的法律途径解决。其二，根据《一般公平对待法》第6条第1款第3句第3项，类似劳动者的人和劳动者一样受到该法的保护。其三，根据《联邦休假法》第2条第2句，对类似劳动者的人适用带薪休假制度。

---

① Zöller/Loritz/Hergenröder, Arbeitsrecht, 7. Auflage, C. H. Beck, 2015, S. 52.
② 〔德〕雷蒙德·瓦尔特曼：《德国劳动法》，沈建峰译，法律出版社2014年版，第46页。
③ Zöllner/Loritz/Hergenröder, Arbeitsrecht, 7. Auflage, C. H. Beck, 2015, S. 57.
④ 〔德〕雷蒙德·瓦尔特曼：《德国劳动法》，沈建峰译，法律出版社2014年版，第53页。

第三节 调整劳动关系的多元机制

调整劳动关系的机制,是指劳动法中决定劳动关系双方权利和义务的制度或者规范来源。和传统私法只有私人自治和国家强制两种决定权利和义务的制度不同,德国劳动法在发展中形成了调整劳动关系的多元机制。

一、多元劳动关系协调机制的表现形式

(一)私人自治性的协调手段

"宪法保障根据私人自治的原则自主建立、终止劳动关系以及建构劳动关系内容的原则性自由。"[①]劳动关系存在的基础是私人意志的安排,在此基础上才存在国家强制和集体自治规则的适用问题。私人意思自治性的协调手段主要包括如下几种:

1. 劳动合同

劳动合同是劳动者和雇主之间达成的合意,据此,劳动者承担有偿劳动给付义务,雇主承担支付劳动报酬的义务;同时,劳动者和雇主还因此而分别承担信赖和保护义务。在德国,劳动合同是雇佣合同的一种类型,被界定为债法上的双务合同。[②]

2. 雇主指示

根据《工商业条例》第106条,雇主享有按照自己的意愿单方确定劳动条件的权利。如果劳动合同、工厂协议和可适用的团体协议的规定或法律规范对劳动条件没有明确,雇主则可以在公平裁量的基础上进一步确定劳动给付的内容、地点和时间。"雇主指示权是劳动关系的标志!"[③]

3. 劳动法上的特别现象

除上述通过双方意思表示和单方意思表示确定劳动关系内容的制度外,德国劳动法上还存在如下特别的确定劳动关系内容的现象:(1)总体允诺(Gesamtzusage),也即"雇主以一般方式向所有职工或劳动者的一个群体所做的有利于他们的允

---

① Waltermann, Arbeitsrecht, 19. Auflage, Verlag Franz Vahlen, 2018, S. 77.
② Vgl. Klaus Weber, Rechtswörterbuch, Verlag C. H. Beck, 2004, S. 91.
③ Waltermann, Arbeitsrecht, 19. Auflage, Verlag Franz Vahlen, 2018, S. 53.

诺"①,(2) 经营习惯(Betriebliche Übung)。是指"从特定行为的有规律重复中可以推断出表意人具体指向未来的有法律约束力的意思"②。对总体允诺和经营习惯在法教义学上如何认定,也即其效力基础,理论界存在不同意见。③ 有观点认为,总体允诺和经营习惯都属于法律意义上的要约,劳动者通过其行为予以受领,从而在劳动者和雇主之间形成合意,使得总体允诺和经营习惯产生法律约束力。也有观点认为,总体允诺和经营习惯构成德国《民法典》第 315 条意义上的由一方当事人单方确定的给付。从联邦劳动法院的裁判实践来看,采纳的是上述合意理论。④

(二) 集体劳动法上的制度设计

使得劳动法从传统民法中分离出来并日益独立的独特制度设计是集体劳动法上调整劳动关系的团体协议、劳资共决等重要制度。

1. 团体协议

团体协议是由具有团体协议能力的当事人为了调整团体协议双方当事人的权利义务关系以及规范性的调整劳动条件和经济条件而签订的合同。团体协议的当事人一方是具有团体协议能力(Tariffähigkeit)的工会,另一方是单个雇主或者雇主联合会。团体协议中涉及劳动关系的建立、内容和结束的条款对劳动者和雇主具有法律规范的效力,对确定其权利义务具有直接性和强制性;团体协议本身对签订团体协议的工会和雇主联合会或单个雇主具有债权效力,违反该协议应承担违约责任。

2. 劳资共决制度

和其他发达市场经济国家的集体劳动法相比,"德国集体劳动法最具特色的是,劳动者利益一方面由自由组成的工会代表,另一方面由法律规定的工厂委员会代表的二元主义。"⑤在团体协议之外,德国存在着工厂层面的劳资共决制度。

(1) 劳资共决

德国《工厂组织法》第 1 条规定:"在一般情况下,在雇佣至少 5 个具有选举权的劳动者且其中 3 个可以被选举时,工厂可以选举工厂委员会。"工厂委员会

---

① BAG 10.12.2002-3AZR92/02-NZA2004,271(273).
② RAG 15,6,1929-180/29-RAGE4,65 ff.
③ Vgl. Waltermann, Arbeitsrecht, 18. Auflage, Verlag Franz Vahlen, 2018, S. 51.
④ a. a. O., S. 52.
⑤ Krause, Gewerkschaften und Betriebsräte Zwischen Kooeration und Konfrontation, in: RdA 2009, S. 129.

由本工厂劳动者从由劳动者或者工会提出的选举建议名单中选出的劳动者代表组成。他们可以在社会、经济和人事事务上共同参与决定,具体可分为参与决定权和参与作用权。一般认为,工厂委员会在工厂层面上保护劳动者的利益(保护功能),并平衡同一工厂中劳动者的利益冲突(利益均衡功能)。

(2)工厂协议

对于工厂中的人事、经济和社会事务,工厂委员会都享有参与管理权。如果工厂委员会和雇主就上述问题达成了一致意见,则这种合意最重要的表现方式之一就是工厂协议。工厂协议是雇主和工厂委员会之间"具有规范特征和债权效力的私法上的合同"[1]。该协议以工厂中的劳动关系、双方当事人的义务、工厂组织和经济事务为对象。根据《工厂组织法》第77条第4款第1句,该协议首先对工厂委员会和雇主具有债权效力,其次对不论是签订工厂协议时已有的劳动者还是将来入职的劳动者以及雇主都具有直接且强制的法律规范效力。工厂协议应当采取书面形式,不具有书面形式的工厂协议,不能产生工厂协议的效力。

在德国劳动法中,团体协议和工厂协议共同构成广义的集体合同范畴。

(三)国家强制

协调劳动关系的最后一个机制是国家强制。劳动法中的国家强制主要表现在两个方面:其一,法律设置了协调劳动关系的基础框架,规定了劳动合同制度、团体协议制度以及工厂委员会制度等协调劳动关系的其他机制发挥作用的条件和前提。其二,直接调整劳动关系本身,包括劳动保护法——保护劳动者身体、健康等免受既有利益的侵害,和劳动条件法——保护劳动者在劳动成果分配时免受不利益。

二、多元劳动关系协调机制的根源:利益代表的层次性

德国劳动法中的多元劳动关系协调机制体现了不同层级的利益代表对劳动关系协调的参与,是一种多元利益主体参与劳动关系协调的机制。

(一)私人

劳动关系的双方——劳动者和雇主,首先是私的利益主体。按照现代国家的理念,私人之间的利益首先由私人来判断,私人认为对自己公正的结果,肯定

---

[1] Preis, Arbeitsrecht/Kollektivarbeitsrecht, 4. Auflage, Verlag Dr. Otto Schmidt, 2017, S. 505.

是最公正的结果。在劳动关系协调机制中,实现这种私人利益判断的机制主要是劳动合同制度。因此,有学者认为,"劳动合同是私人(Privatpersonen)所缔结的私法上的合同"①。

（二）劳动结社

尽管劳动关系是私人之间的法律关系,但劳动生活中存在的问题是,"作为私法自治前提的、当事人之间力量差异不是特别大的均等原则是缺失的,所以仅通过合同法无法保障当事人利益恰如其分地得以均衡"②。为了保证这种利益均衡的实现,德国《基本法》第9条第3款第1句规定了结社自由的基本权利,"保障所有人和所有职业为维持和促进劳动条件、经济条件而结社的权利"。在产业工会原则的背景下,结社所代表的是整个产业劳动者的利益和意志。

（三）工厂委员会

如上所述,在劳动关系协调中,个人代表的是个体的利益,工会等结社代表的是整个产业劳动者或整个产业的雇主利益。特别是德国的主流理论和实践均要求工会应当具有超企业性的组织结构(Überbetriebliche Organisation),原则上,如果不存在企业工会,在协调劳动关系时如何顾及特定工厂及其劳动者自身利益,其代表机制就是工厂委员会。"工厂委员会至少首先是同一工厂劳动者的利益照管者。"③

（四）国家

德国理论和实践界均认为,对劳动条件和经济条件的规制首先不是国家的任务,而是劳动结社的任务。但是,由于并不是所有人都是工会等结社的成员,因而可能不能都得到团体协议等制度的保护;同时,由于劳动力市场运作和劳动关系的协调需要基本的法律框架等,因而即使在传统中,国家之手也是非常慎重地介入到劳动关系协调中的。在很大程度上,它所代表的是公共利益、秩序利益以及当事人之间利益分配的底线。

三、德国劳动法中不同劳动关系协调机制之间的关系

当存在多元劳动关系协调机制和多层级利益代表时,如何协调上述机制和

---

① Hueck-Nipperdey, Grundriss des Arbeitsrechts, 5. Auflage, Verlag Franz Vahlen GmbH, 1970, S. 46.
② Waltermann, Arbeitsrecht, 18. Auflage, Verlag Franz Vahlen, 2018, S. 41.
③ Krause, Gewerkschaften und Betriebsräte Zwischen Kooeration und Konfrontation, in: RdA 2009, S. 135.

利益代表之间的关系和冲突就是一个非常重要的问题。

（一）合同的基础性作用

在市场经济条件下，劳动力的配置通过市场来完成，这种机制表现在法律上就是通过私人之间的劳动合同以及私人意志和安排来完成。所以，在德国法中，调整劳动关系的基础性机制是劳动合同等私人自治的制度。在法律设置的界限范围内，劳动关系建立、内容等的安排都是劳动合同当事人的事情。

（二）劳动合同与国家强制、集体自治的关系

1. 劳动合同与国家强制的关系

对劳动者和雇主而言，劳动法中的强制法可以分为：（1）单方强制的法律。大部分劳动法规范原则上用以保护劳动者，是单方强制的。它们只允许作有利于劳动者的安排和适用。（2）双方强制的法律。劳动法的制定法规范偶尔是双方强制的，如维护公共利益或者第三人利益的规则就是这样的。

2. 劳动合同与集体自治的关系

在集体合意的产物——团体协议和工厂协议以及个体自治的结果——劳动合同的关系问题上，德国立法、司法和理论的基本立场是：团体协议和工厂协议对劳动者和雇主具有直接并且强制的规范效力。[①] 上述规范效力包含三个方面的内涵：（1）集体合同对劳动者和雇主具有法律规范的效力。对签订团体协议的工会全体会员和签订团体协议的单个雇主或者雇主联合会的会员来说，团体协议的规定相当于法律，任何一方当事人不得违反，当事人也不得通过合意降低之。（2）集体合同对劳动者和单个雇主具有直接和强制的规范效力，除非劳动合同约定等更有利于劳动者。（3）具有规范效力的团体协议内容主要涉及劳动关系的建立、内容和结束。团体协议的内容可以非常多样，但并不是所有内容都对劳动者和雇主具有规范效力，一致的意见认为，只有涉及劳动关系的建立、内容和结束的内容具有规范效力。[②]

（三）国家强制与集体合同的关系

在引入集体合同制度时，我们一般容易将其原因归结为劳资双方的力量失衡。但问题是，如果仅仅是力量失衡，为什么国家不通过强制性立法规定劳动条件？为什么不通过强大的劳动基准法而是通过团体协议来规定劳动条件？从德

---

① 关于团体协议和工厂协议直接和强制的规范效力的具体内涵，参见集体劳动法部分的相关论述。
② Vgl. Preis, Arbeitsrecht/Kollektivarbeitsrecht, 4. Auflage, Verlag Dr. Otto Schmidt, 2017, S. 97; Zöllner/Loritz/Hergenröder, Arbeitsrecht, 7. Auflage, C. H. Beck, 2015, S. 493.

国的理论和实践来看,劳资双方力量失衡只是前提之一,在集体合同和国家强制的关系问题上,德国法所体现出的是一种国家权力的审慎态度。学者们认为,"应通过团体协议自我负责且实质上没有国家影响地调整工资和其他劳动条件,在该领域国家的规制权限应极为审慎;在此基础上,劳动结社自由有助于形成有意义的劳动生活秩序。"①国家在劳动条件建构中仅居于辅助性(subsidiaritätprinzip)地位。但在集体合同无法充分解决劳动条件和经济条件的冲突或者实现公共福祉之处,劳资双方自我管理即至其界限。这也就形成了国家采取影响措施的空间。尽管《基本法》第9条第3款保障团体协议自治,但这并不排除国家的辅助性介入。一旦国家就特定问题符合宪法与否作出强制性规定,除非该规定将自身设定为允许当事人通过集体合同等排除其效力的法律,否则集体合同必须遵守国家强制性规定。因此,可以说,集体合同在功能上对国家强制具有优先地位,在效力上则对国家强制处于劣后地位。

(四)不同集体合同之间的关系

德国法中的团体协议和工厂协议、工会和工厂委员会二元体制的形成首先是历史发展的产物,②其次才是逻辑建构的结果。到现在为止,人们主要从如下几个方面协调团体协议和工厂协议、工会和工厂委员会的关系:(1)功能上的差异。工会或者说团体协议的任务是以超越单个企业的方式调整劳动条件和报酬等;只有这样才可以从整个社会利益、产业利益的角度出发,预防企业自利主义;工厂委员会和工厂协议的任务是监督团体协议的落实、补充团体协议的规则,并限制雇主的决定权。(2)取向上的差异。工会或者结社的取向为对抗;工厂委员会的取向为合作。(3)调整对象和效力上的区分。工厂协议在调整对象和效力上劣后于团体协议,"团体协议或者团体协议习惯对工厂协议具有阻滞作用",③工厂协议不得违反强制性的团体协议规定,除非团体协议通过所谓的"开放条款"明确允许缔结补充性的工厂协议。

(五)作为补充的雇主指示权

雇主指示权赋予了雇主单方决定劳动关系内容的权利。过大的指示权将会给劳动者带来过重的法律负担。所以,在位阶上,雇主指示权是效力最低的协调

---

① Waltermann, Arbeitsrecht, 19. Auflage, Verlag Franz Vahlen, 2018, S. 21.
② Vgl. Krause, Gewerkschaften und Betriebsräte zwischen Kooeration und Konfrontation, in: RdA 2009, S. 131 ff.
③ Preis, Arbeitsrecht/Kollektivarbeitsrecht, 4. Auflage, Verlag Dr. Otto Schmidt, 2017, S. 516.

劳动关系手段。根据《工商业条例》第 106 条,只有劳动合同、工厂协议和可适用的团体协议的规定或法律规范对该劳动条件没有确定时,雇主才可以在公平裁量的范围内进一步确定劳动给付的内容、地点和时间。

(六)新趋势:从集体自治为中心向国家强制强化的过渡

1. 20 世纪末以来的新挑战

20 世纪末 21 世纪初,上述形成于 20 世纪 20 年代的以集体合同为核心的劳动关系协调体制因为劳动关系的如下新发展而面临新挑战:服务产业日益发达,全球化的发展,劳动关系的基本图景逐渐告别以工厂烟囱为中心、以流水线上的产业工人为原型的模式,出现工作方式更加多样、工作地点和时间更加灵活等趋势,在此背景下,工会的入会率下降几乎成为全球趋势,工会与雇主组织抗衡的能力也在下降。理论界提出,"在改变了的劳动世界中,团体协议自治在建构力量上不再像工业社会时代那样极为有效。首先是在服务业劳动中,人们比以前更少地谈论集体模式。"[1]立法者也认为,"通过团体协议对劳动生活制度进行调整在过去的多年间明显衰退。在当代工业和服务业社会中,劳动世界日益碎片化,这在结构上使得团体协议当事人难以完成《基本法》第 9 条第 3 款托付的使命。"[2]

2. 国家立法的应对

"在社会中日益出现的利益碎片化以及意义日益增长的服务业劳动中,劳动结社约束的回落使得国家急剧走上前台,对最低工资的讨论就是这一发展趋势的体现。"[3]这最终导致立法者将最低工资法纳入立法议程。德国议会第 18 届立法期的重要议题就是《团体协议强化法》,该法的第一部分即为《一般最低工资法》。《一般最低工资法》共包含 24 个条文,涉及最低工资标准、最低工资效力、最低工资委员会、最低工资落实等制度,该法于 2014 年 7 月 3 日由德国联邦议会通过。

---

[1] 〔德〕雷蒙德·瓦尔特曼:《德国劳动法》,沈建峰译,法律出版社 2014 年版,中文版序言。
[2] Entwurf eines gesetzes zur Stärkung der tarifautonomie, Deutscher Bundestag, Drucksache 18/1558.
[3] Waltermann, Arbeitsrecht, 19. Auflage, Verlag Franz Vahlen, 2018, S. 272.

第二章　个别劳动法

第一节　劳动关系的建立

一、通过劳动合同建立劳动关系

在当代德国劳动法的理论和实践中，劳动关系原则上通过劳动者和雇主缔结劳动合同而建立，劳动关系建立在当事人合意的基础上，无合意则原则上无劳动关系，这被称为合意原则（Konsensprinzip）。① 该结论确立于20世纪60年代合同理论（Vertragstheorie）与加入理论（Eingliederungstheorie）的激烈争论之后。

加入理论以莫利托（Molitor）、西伯特（Siebert）、尼基舍（Nikische）、毛斯（Maus）等为代表，该理论主张者的观点细节并不相同，而且在争论过程中还处于不断修正状态。早期的主张者莫利托教授以从属性是劳动关系的基本特征为着眼点，认为"从属更多是一种纯粹的事实状态，尽管它经常植根于法律，但没有法律基础也可以产生，该事实状态不像服从义务一样源自承担劳动义务的合同，而是源自于劳动给付的事实，该劳动给付通常以合同为基础，但一定情况下，没有合同义务也可能存在。也就是说，该事实状态在非合同性工作中也可能出现，并且在尽管存在合同义务但没承担工作时不出现"。② 后期最著名的主张者尼基舍教授则在与合同理论的争论中一再修正其观点，最终认为："劳动者和雇主之间紧密的人身约束使我们可以将其称为共同体。只有将劳动者接纳入工厂或者雇主的私人领域，该共同体才得以产生，共同体的信赖和照顾义务植根于劳动者归属于雇主。劳动合同本身尚不足以建立共同体关系。只有劳动者进入工厂，劳动关系才可以具有共同体关系的特征。"③ 但是，上述主张加入理论的学者们的核心观点的共同之处在于，从劳动关系是一种人身法上的共同体

---

① Vgl. Zöllner/Loritz/Hergenröder, Arbeitsrecht, 7. Auflage, C. H. Beck, 2015, S. 176.
② Erich Molitor, Das Wesen des Arbeitsvertrags, A. Deichertsche Verlagsbuchhandlung, 1925, S. 82.
③ Nikisch, Arbeitsrecht, Band 1, 3. Auflage, J. C. B. Mohr, 1961, S. 163.

(Personenrechtliches Gemeinschaftsverhältnis)关系出发,认为劳动关系不是通过劳动者和雇主之间的合同建立,而是通过劳动者事实上加入(雇主)的工厂而建立,劳动合同对于建立人身法性(persönlich)的共同体是不重要的。① 在本质上而言,由劳动合同建立的仅仅是一种债权性的财产交换关系。

合同理论以迪茨(Dietz)、许克(Hueck)、曼斯菲尔德(Mansfeld)、尼佩代(Nipperdey)等为代表,他们认为,"劳动关系作为法律关系,是通过劳动合同的缔结而建立的。"②早期合同理论代表者并不反对劳动关系是一种人身法性的共同体关系,但他们认为,从现行法来说,这种人身法性的共同体关系并不否认劳动关系持续性的债权债务关系。在德国法中,债权债务关系不仅限于是一种财产性关系。③ 债法和合同法的规则适用于劳动关系并不存在障碍。在合同理论主张者看来,合同理论和加入理论的根本差异在于,"按照合同理论,对于劳动合同的缔结来说,劳动合同既是充分的,也是必要的;而对加入理论来说,建立劳动关系除了需要缔结合同之外,还需要实际的加入行为,但是没有缔结合同也可以建立劳动关系。"④

上述争论持续长达 30 多年,终于在 20 世纪 60 年代得以沉寂。争论的结果是,加入理论基本上被抛弃,⑤尼基舍在其名著《劳动法》最后一版提出,"应当将该共同体关系视为劳动合同生效后已经开始的劳动关系的晚一点阶段。"⑥等于承认了劳动合同足以建立劳动关系。与此同时,合同理论本身也被进一步完善。二战后,合同理论的代表者采纳了关于事实劳动关系的学说,使劳动关系在有瑕疵的合同基础上也能获得恰如其分的处理。⑦ 事实劳动关系学说是支撑加入理论的最重要的制度设计,而通过劳动合同建立劳动关系则是目前德国劳动法理论和实践中的基本观点。

---

① Vgl, Abbo Junker, Grundkurs Arbeitsrecht, 14. Auflage, C. H. Beck, 2015, S. 96; München Kommentar BGB/Rudi Müller-Glöge, Band 4, Schuldrecht besonderer Teil, 611-704, Rn. 163.

② Hueck-Nipperdey, Lehrbuch des Arbeitsrechts, Band 1, 7. Auflage, 1963, Verlag Franz Vahlen GmbH, S. 116.

③ a. a. O. , S. 132.

④ a. a. O. , S. 118.

⑤ Vgl. Hueck-Nipperdey, Lehrbuch des Arbeitsrechts, Band 1, 7. Auflage, 1963, Verlag Franz Vahlen GmbH, S. 120; Abbo Junker, Grundkurs Arbeitsrecht, 14. Auflage, C. H. Beck, 2015, S. 96; München Kommentar BGB/Rudi Müller-Glöge, Band4, Schuldrecht besonderer Teil, 611-704, Rn. 164.

⑥ Nikisch, Arbeitsrecht, Band 1, 3. Auflage, J. C. B. Mohr, 1961, Vorwort, S. 2.

⑦ München Kommentar BGB/Rudi Müller-Glöge, Band 4, Schuldrecht besonderer Teil, 611-704, Rn. 163.

二、劳动合同的缔结

(一) 基本规则

在德国法中,劳动合同是《民法典》"债编"之"雇佣合同"的一种类型,因此劳动合同的缔结应遵循契约自由原则,适用《民法典》中尤其是民法总则关于合同订立的一般规则,包括行为能力、要约承诺等规则。当事人双方原则上享有缔结合同的自由、选择合同当事人的自由、解除合同的自由、合同形式的自由等,但这种契约自由并不排除法律从劳动者和雇主的结构性力量失衡等特殊性出发,对当事人的契约自由作出必要的限制。

(二) 劳动合同的形式自由及其例外

劳动合同的形式原则上是自由的,当事人可以采取口头形式,也可以采取书面或者其他形式。但形式自由存在一些例外,比较重要的包括:其一,团体协议可以对劳动合同的形式作出特别规定,在团体协议没有明确时,该规定为宣示性规定,并不导致合同本身的无效。其二,根据《非全日制及有固定期限合同法》第14条第4款,固定期限合同的期限条款应采取书面形式。一般认为,此处的书面形式具有创设效力,如果没有采取书面形式则该条款无效,劳动合同也会被视为无固定期限合同。在劳动合同形式自由的前提下,为了防止劳动关系难以证明,《(对劳动关系适用的实质条件)证明法》第2条第1句规定,雇主最晚在约定的劳动关系开始之日起1个月内应书面记录合同实质性条件、签字并交给劳动者,此处的书面记录不包括电子形式。雇主违反上述义务给劳动者带来损害的,应根据《民法典》第280条或第823条第2款承担损害赔偿责任。[①]

(三) 选择合同当事人自由的法律限制

根据契约自由原则,当事人原则上享有与谁缔结劳动合同的自由。但是,为了保护特定利益,法律在一些方面对缔约者选择当事人的自由进行了限制,主要体现在如下方面[②]:其一,雇佣障碍(Einstellungshindernisse)。雇佣障碍分为两种情况,即缔约禁止和使用禁止。所谓缔约禁止,是指一旦违反相关规定则合同本身无效,比较典型的是雇佣童工的情况。所谓使用禁止,是指违反相关规定后合同本身并非无效,但雇主却不能使用劳动者,如违反《职业母亲保护法》母亲保护规定的。其二,雇佣义务。所谓雇佣义务,指的是一种抽象的雇佣义务,而不

[①] Vgl. Hessler, Willemsen, Kalb, Arbeitsecht Kommentar, 6. Auflage, 2014, S. 2775.
[②] Vgl. Abbo Junker, Grundkurs Arbeitsrecht, 14. Auflage, C. H. Beck, 2015, S. 100.

是因特定劳动者产生的雇佣请求权。比较典型的雇佣义务是《社会法典》第9卷第71条第1款的规定,拥有20个以上工作岗位的雇主有义务在其中5%的工作岗位上使用严重残疾人。此外,团体协议也可以规定此类雇佣义务。其三,雇佣请求。所谓雇佣请求,是指特定劳动者享有要求签订劳动合同的权利,一旦提出则雇主必须缔约,可能存在强制缔约的现象。比较典型的雇佣请求如,根据《工厂组织法》第78a条第2款的规定,工厂中的学徒或者青年代表,在培训关系结束前3个月要求继续雇佣的,在培训结束后,即视为建立无固定期限劳动关系。其四,法定建立。所谓法定建立,是指发生特定事由后,当事人之间直接建立劳动关系。比较典型的如,根据《劳务派遣规制法》第10条第1款第1句的规定,劳务派遣单位在未获得派遣许可的情况下从事派遣行为,则派遣工与用工单位直接建立劳动关系。

(四) 劳动合同内容的法律限制

劳动合同的内容约定受到国家法律、团体协议和工厂协议等中的强制性规定限制,但劳动法上的强制性规定原则上都属于单方强制性规定。也就是说,在遵循有利原则的前提下,可以作出有利于劳动者的变更;而在违反上述强制性规定时,则直接适用上述强制性规定的规则。

(五) 缔约过程中的法律保护

在劳动合同双方当事人缔结过程中,为了保护尤其是劳动者的利益,德国劳动法形成了涉及双方权利和义务的规则。

1. 释明义务

"在劳动法中,了解对缔结合同重要的情况原则上是当事人自己的事情。当有关情况对合同缔结具有决定意义时,才例外地存在释明义务。"[1]与释明义务相关的是雇主在缔约过程中可以提出的问题的范围。根据《联邦数据保护法》第32条的规定,雇主有权获悉的是为决定建立劳动关系所必要的信息。雇主有过错的违反释明义务将导致其赔偿责任和合同的被撤销;另一方面,如果雇主询问了不应当的问题,劳动者有"撒谎的权利"。

2. 平等对待

平等对待、反对歧视是劳动关系建立、存续、结束等整个过程中,雇主都应承担的义务。而在求职和缔结劳动合同的过程中,平等对待具有更突出的意义。

---

[1] 〔德〕雷蒙德·瓦尔特曼:《德国劳动法》,沈建峰译,法律出版社2014年版,第140页。

根据《一般平等对待法》的规定，禁止因种族、出身、性别、宗教、世界观、残疾、年龄或性取向等而歧视。如在求职过程中发生了歧视，求职者并不享有要求雇佣的权利，但可以要求损害赔偿，包括精神损害赔偿；根据《一般平等对待法》第15条第2款第2句的规定，即使劳动者没被歧视也不会被录用，精神损害赔偿的额度最多不超过3个月工资。

3. 格式条款

劳动合同经常表现为格式合同或者充满格式条款，劳动者只有用脚投票的权利。2002年德国债法改革后，《民法典》一改以前的立场，将劳动合同中的格式条款纳入到《民法典》格式条款的审查规则之下，对其进行是否已经被纳入合同以及内容是否合法合理等两个方面的审查。在审查劳动合同中的格式条款时，应顾及劳动合同的特殊性。

4. 劳动者的请求

在雇主要求面试，并且没有事先明确是否支付劳动者面试成本时，根据德国《民法典》第675条、662条和670条的规定，求职者有权要求雇主报销其为面试所支付的必要费用，并有权要求返还其为面试而提交的材料。

三、劳动合同的意思表示瑕疵与无效

劳动合同的意思表示瑕疵与无效事由适用《民法典》中法律行为的一般规则，但也存在以下根据劳动关系的特殊性而形成的特殊规则。

（一）劳动合同的意思表示瑕疵

劳动合同的意思表示瑕疵主要表现为错误和欺诈。对错误的认定而言，重要的是当事人基于对交易具有实质意义的特质的不正确认识而缔结劳动合同。此处具有实质意义的特质可以是与劳动关系的实现直接关联的劳动者的性别、年龄、宗教信仰、专业知识和预备性知识、值得信赖性、可靠性、健康状况等。[①] 对欺诈的认定而言，重要的是释明和说明义务的存在与违反。只有存在释明和说明义务，而当事人没有说明或者没有正确说明时才构成欺诈。

劳动合同出现意思表示瑕疵的法律后果是合同可撤销。如果劳动关系已经开始履行，这种撤销只面向将来发生效力。

（二）劳动合同的无效

劳动合同无效的事由与其他法律行为无效的事由基本相同。比较特别的主

---

① 参见〔德〕雷蒙德·瓦尔特曼：《德国劳动法》，沈建峰译，法律出版社2014年版，第142页。

要包括如下方面:其一,在违反法律的强制性规定方面,违反团体协议、工厂协议等中的单方强制性规定同样也会导致合同无效。其二,违反善良风俗的认定在实践中形成了一些具有劳动关系特色的规则,例如,约定的报酬低于相关行业和经济区域常用的团体协议报酬的 2/3,则该约定违反善良风俗。其三,经常发生的是劳动合同的部分无效而不是整个合同无效。由于无法返还已经发生的劳动,对于劳动合同无效后的法律效果,传统法中主要通过事实合同关系理论来解释,但二战后的通说认为,此时应认定为存在有瑕疵的劳动关系(das fehlerhafte Arbeitsverhältnis),如劳动合同已经履行,对过去而言,则存在一个建立在有瑕疵的合同基础上的有效劳动关系。①

第二节 劳动关系的内容

一、基本思路

劳动合同确立劳动关系,劳动关系中包含双方当事人的权利和义务。德国劳动法是从法律关系的角度,特别是债的关系的角度理解劳动关系的内容。因为没有孤立的权利或者义务,只有存在于法律关系中的权利和义务。在分析方法上,因为债权的实现依赖于债务人义务的履行,所以德国债法的分析思路是义务导向,也即主要分析当事人的义务,与义务相对的权利也就同时得到了阐明。在劳动关系中,双方当事人的义务可以分为主给付义务和从给付义务,主给付义务决定了当事人之间合同的性质是不是劳动合同,以及当事人之间法律关系的性质是不是劳动关系。

二、劳动者的义务

(一)劳动者的主给付义务:劳动给付

1. 劳动给付的义务人和权利人

在劳动关系中,劳动者的主给付义务是依附性劳动的给付义务。② 依附性

---

① Vgl. München Kommentar BGB/Rudi Müller-Glöge, Band4, Schuldrecht besonderer Teil, 611-704, Rn 163.
② Vgl. Zöllner/Loritz/Hergenröder, Arbeitsrecht, 7. Auflage, C. H. Beck, 2015, S199; Abbo Junker, Grundkurs Arbeitsrecht, 14. Auflage, C. H. Beck, 2015, S109.另参见〔德〕雷蒙德·瓦尔特曼:《德国劳动法》,沈建峰译,法律出版社 2014 年版,第 147 页。

劳动的给付义务属于亲为义务，必须由劳动者亲自完成；权利人原则上是签订合同的雇主，但当事人另有约定的（如劳动派遣），也可能是由第三人享有请求给付的权利。

2. 劳动给付内容的具体确定

劳动给付的内容一般通过劳动合同、团体协议、工厂协议等来确定，但上述合同、协议等往往只对其作框架性规定，在具体给付过程中，还需要通过雇主的指示权等进一步具体化。雇主的指示权具有形成权性质，[①]同时也具有剩余权性质，也即只有上述各种协议对劳动关系的内容没有明确规定时，雇主才可以在公平裁量的基础上具体确定劳动给付的内容。同时，雇主的一些指示权的行使需要通过工厂委员会的参与来完成。

3. 劳动给付的地点

劳动给付的地点按照合同约定确定。在没有特别安排的情况下，劳动给付的地点应当是雇主的一个工厂，在该工厂中，具体工作地点通过雇主指示权来确定。工作地点的调整是否需要工厂委员会的参与，取决于该调整是否构成《工厂组织法》第 95 条第 3 款意义上的调岗。如果雇主要在其不同工厂中对劳动者工作地点进行调整，则取决于两个条件：其一，已在劳动合同中约定调岗条款；其二，这种调整往往构成《工厂组织法》第 95 条第 3 款意义上的调岗，因此需要工厂委员会参与。

4. 劳动给付的时间

劳动时间是劳动关系中最重要的确定劳动给付的因素。在具体劳动关系中，劳动时间的长度多通过劳动合同、团体协议来确定。对确定劳动时间而言，需要注意的是：其一，哪些时间记入劳动时间。[②] 根据《劳动时间法》第 2 条，劳动时间是指从劳动开始到结束并且不涵盖休息时间的时间段。但是，对于工作准备和收尾时间、在途或者出差时间、工作中的等待时间等是否记入劳动时间，立法并没有规定，主要依据司法机关在个案中逐渐确定下来的一些规则。目前一般认为，工作待命时间、生产中的等待时间、工作准备和收尾时间、职工的外勤出差时间等都属于工作时间，而从家到工厂的在途时间、呼叫待命时间等则不属

[①] Vgl. Söllner, Einseitige Leistungsbestimmung im Arbeitsrecht, Verlage der wissenschaften und der Lieteratur in Meinz, 1966, S. 1 ff; Abbo Junker, Grundkurs Arbeitsrecht, 14. Auflage, C. H. Beck, 2015, S. 111.

[②] 劳动时间的具体问题请进一步参考下述劳动保护法部分的论述。

于劳动时间。① 其二,劳动时间的状态。劳动时间的状态不同于劳动时间的长度,主要指的是劳动何时开始,何时结束,何时中间休息,是否夜班以及是否实行弹性工时等问题。劳动时间状态在法律规定的范围内由劳动合同约定,在劳动合同未约定的情况下,雇主享有指示权。但是,根据《工厂组织法》第 87 条第 2 项的规定,在依法设立工厂委员会的情况下,劳动时间的开始、结束、中间休息以及在每周的分布情况等属于工厂委员会参与决定的事项。其三,劳动时间长度的限制。《劳动时间法》《职业母亲保护法》《青少年劳动者保护法》等特别法就劳动时间的长度作出了限制性规定,违反这些规定会导致公法上的责任,还会导致约定无效,可能会给劳动者造成损害并应承担损害赔偿责任。

(二) 劳动给付义务的免除

劳动者原则上应按照合同约定、雇主指示等完成劳动给付,但基于当事人合意、雇主单方免除以及法律的规定,劳动者也可以被免除劳动义务。② 首先,劳动者和雇主可以约定,在劳动关系存续情况下,在特定时间内,劳动者免于劳动给付。在此期间雇主是否支付工资,取决于当事人的约定或者根据免于劳动给付的目的和意义来判断。③ 其次,出现法律规定的特定情形,如劳动者罢工、雇主闭厂等,劳动者或者雇主可以单方决定免于劳动给付。此时雇主是否继续支付工资,取决于劳动斗争法等的具体规则。最后,法定免于劳动给付,是指在法定节假日、带薪休假等法律规定的情况下,劳动者依法直接免于劳动给付。在该领域存在着大量制定法规定,比较重要的法定免于劳动给付的情况包括:

1. 带薪休假

在劳动关系连续存续满 6 个月后,劳动者在每一自然年度都享有带薪休假的请求权;休假长度最少 24 个工作日,并且不涵盖周日以及法定节假日。该休假请求权被设计为一个请求权结构:劳动者享有带薪休假的请求权,雇主则承担在该休假期间免于劳动者劳动给付的义务。在具体确定休假日期时,雇主应顾及劳动者的意愿,除非有重大的生产经营需求或者有其他劳动者的休假请求更值得优先得到满足。在休假期间,劳动者有权得到休假工资,在大部分情况下还能根据团体协议等得到休假金。但是,在休假期间,劳动者不得从事其他有偿劳动。此外,休假原则上应在一个自然年度完成,自然年度终结时,休假请

---

① Vgl. Hessler, Willemsen, Kalb, Arbeitsecht Kommentar, 6. Auflage, 2014, S. 397.
② Vgl. Zöllner/Loritz/Hergenröder, Arbeitsrecht, 7. Auflage, C. H. Beck, 2015, S. 206.
③ a. a. O., S. 206.

求权消灭。

2. 教育假

德国一些州的继续教育法或者一些团体协议中规定了带薪教育假制度。大部分州情况下,该假长度为一年5天;在教育假期间,劳动者免于劳动给付并可以获得报酬。

3. 法定节假日

根据各州和联邦的节假日法,在法定节假日劳动者原则上停止劳动给付但却可以获得劳动报酬。其中,联邦层面上的法定节假日仅10月3日一天。

4. 父母假与照顾假

根据《照顾时间法》的规定,在15人以上的企业中,如果劳动者需要在家庭中照顾一名亲属,则可以在最长6个月内完全或部分免于劳动给付;在免于劳动给付期间,其工资请求权将不再发生。而根据《联邦育儿金及父母假期法》第15条及以下的规定,为照顾和教育孩子,父母享有一个最长3年的部分或全部免于劳动给付的请求权,在此期间其工资请求权也不再发生。不同于上述《照顾时间法》的是,该请求权的享有不取决于企业规模。

(三)劳动者的其他义务

1. 作为义务

除了劳动给付义务外,劳动者还应履行如下作为义务:其一,交还劳动成果的义务。劳动者在劳动结束后应将劳动成果交还雇主。对于有体物,根据法律的规定,雇主一般已经成为物权人;对于智力成果的著作权,根据《著作权法》第43条的规定,著作权归劳动者所有,但是劳动者应当在雇主需要的范围内,将其使用权转让给雇主。① 其二,通知义务。首先,一些特别法规定了劳动者的通知义务;其次,即使在法律没有特别规定的情况下,根据《民法典》第241条第2款规定的"任何一方负有顾及另一方的权利、法益和利益的义务",为了维护雇主的利益,劳动者也负有及时通知雇主其劳动过程中出现的相关问题的义务。其三,报告义务。主要表现为在劳动事务处理过程中、处理结束后,根据合同约定、法律规定、惯例等劳动者承担的计算并报告情况的义务。

2. 不作为义务

当劳动者的作为有害劳动合同目的实现或有害雇主正当利益时,劳动者承

---

① Vgl. Abbo Junker,Grundkurs Arbeitsrecht,14. Auflage, C. H. Beck,2015,S. 123.

担不作为义务。① 劳动者承担的不作为义务可以产生于劳动合同的约定,也可以产生于《民法典》第 241 条第 2 款的规定。一般认为,劳动者的不作为义务主要表现为竞业限制、保密义务等,但除非有正当理由并有明确约定,劳动者并不承担不兼职的义务。② 劳动者违反上述义务给雇主带来损害时,应根据《民法典》第 280 条第 1 款、第 823 条第 1 款和第 2 款、第 826 条,并结合《反不正当竞争法》第 17 条、第 19 条承担损害赔偿责任。在此,需要特别注意的是劳动者对雇主的违法行为是否有不能举报的义务。对此,理论和司法实践的基本立场是,"在雇主有违法行为时,国家机关和公众对工厂内部违法状态以及(进一步)对公共安全和秩序有威胁的危险的知情利益,决不能一开始就为源自劳动关系的不能精确确定的忠实义务让步。"③ 在个案中,司法机关往往依据比例原则(Grundsatzes der Verhältnismäßigkeit)来确定劳动者的举报行为是否违反了劳动合同的顾及和保护雇主利益的从义务。

三、雇主的义务

(一)雇主的主给付义务:支付劳动报酬

1. 支付劳动报酬的义务、数额、方式等

支付劳动报酬即工资是劳动关系中雇主承担的主给付义务,与劳动给付义务构成对待给付关系。在当事人没有约定报酬给付的情况下,按照《民法典》第 612 条的规定,根据具体情况,如果可以期待只有支付报酬才可能提供劳务的,则视为已默示约定报酬。

报酬数额主要通过劳动合同和团体协议确定。在劳动合同没有约定工资、当事人又不受团体协议约束的情况下,雇主应当支付通常工资;这种情况下,相关团体协议约定的工资一般被视为通常工资。工资计算可以采取计时工资和绩效工资等不同形式。在确定计件工资标准、超额奖金标准等时,工厂委员会享有参与决定权。从 2015 年开始,德国引入了普遍的最低工资制度,劳动合同约定的报酬数额不得低于法定最低工资。

根据《民法典》第 614 条第 2 句的规定,报酬一般应当在工资计算周期届满后支付。工资计算周期应当按照合同约定或者团体协议规定的周期确定;如果

---

① Vgl. Abbo Junker,Grundkurs Arbeitsrecht,14. Auflage,C. H. Beck,2015,S. 124.
② a. a. O.,S. 125.
③ 〔德〕雷蒙德·瓦尔特曼:《德国劳动法》,沈建峰译,法律出版社 2014 年版,第 153 页。

没有合同约定或者团体协议规定,则适用当地或行业习惯确定。① 如果工资计算周期是日或者小时,则一般在每周结束后支付工资。② 在雇主迟延支付或未足额支付报酬的情况下,应向劳动者支付迟延利息,并且该迟延利息是按照毛工资计算的。③ 支付报酬时,雇主应扣除由劳动者承担的社会保险费用和所得税等,劳动者得到的是纯收入。劳动报酬的支付形式原则上应当是金钱,例外情况下才可以支付实物工资(Naturallohn)。根据《营业条例》第107条第2款的规定,例外情况是指它符合劳动者的利益或者劳动关系的特征。在根据合意将实物记入工资的情况下,实物价值应按照实物本身的平均价格计算,并且以实物形式发放的工资不得高于工资保护制度中可扣押的工资额度。对于报酬支付的形式、方法等,工厂委员会享有参与决定权。

2. 劳动报酬保护

劳动报酬是劳动者收入的基本来源也是其生活基础,因此法律对债权人扣押劳动者工资、雇主抵消劳动者工资以及企业破产时劳动者的工资债权等提供了特殊保护。首先,执行扣押限制。根据《民事程序法》第829条、第835条的规定,劳动者的债权人意欲根据支付判决对劳动者进行强制执行时,他可以扣押劳动者的工资,要求雇主向自己进行划拨。在这种情况下,根据该法第850a条至第850l条的规定,劳动者享有扣押保护:特定性质的支付,如圣诞节津贴,是绝对禁止扣押的;其他的工资则享有相对保护,也即在特别额度内不得扣押,该额度取决于劳动者的抚养义务。其次,转让、质押和抵消限制。在依据上述禁止扣押的范围内,工资请求权也不得转让或者质押。同时,在上述禁止扣押的范围内,即使雇主享有抵消权,也不得对其主张抵消。最后,破产程序中的保护。在破产程序开始前劳动者享有的报酬支付请求权为破产债权,开始后发生的报酬请求权为共益债权。共益债权应用全部破产财产清偿;而破产债权如果未能在破产程序中得到全部清偿,则劳动者对破产程序开始前3个月的工资享有要求联邦劳动署以最后1个月纯收入数额为标准支付破产金(Insolvenzgeld)的请求权。

3. 特别给付

在一般工资外,雇主还可能向劳动者支付其他特别给付,包括回扣

---

① Vgl. Zöllner/Loritz/Hergenröder, Arbeitsrecht, 7. Auflage, C. H. Beck, 2015, S. 224.
② Vgl. Hessler, Willemsen, Kalb, Arbeitsecht Kommentar, 6. Auflage, 2014, S. 1733.
③ Vgl. Abbo Junker, Grundkurs Arbeitsrecht, 14. Auflage, C. H. Beck, 2015, S. 135.

(Provision)、红利(Tantieme)、补贴(Gratifikation)等。特别给付也属于工资,处于工资保护制度之下。特别给付的请求基础可以是合同约定、团体协议规定、经营习惯等。其中,回扣是指外勤人员、销售人员享有的按比例对特定交易价值的分享。红利是指劳动者对营业利润的分享,其目的在于让劳动者对企业的经营发展有兴趣。补贴则是基于特定事由(如圣诞节、年庆等)而支付的工资构成部分。但在实践中,它们之间的界限也并不永远是清晰的。除了上述特别给付外,对股份有限公司的管理层等还存在着股权选择权(Aktionoptionen/Stock-options)等工资构成形态。[1]

(二)雇主的其他义务

1. 保护义务

雇主对劳动者承担保护义务,该义务也被称为照顾义务。该义务的依据是《民法典》第241条第2款中"任何一方负有顾及另一方的权利、法益和利益的义务"的规则,但该条款涵盖的很多内容已经被专门的劳动保护法具体化了。另外,《民法典》第618条、第619条就雇主对劳动者的健康保护也提出了具体要求。在理论和实践中,尚有两种雇主应承担的特殊保护义务:其一,防止对劳动者的"围攻"(Mobbing)。"人们将劳动者被雇主、上司或者同事系统性地排挤或者差别对待称为围攻。"[2]围攻的典型特征在于,"在单个敌视的背后可以发现一种侵害人—被害人格局(Täter-Opfer-Konstellation)以及系统性(Systematik)"[3]。如果雇主怠于干预其工厂中劳动者的同事或者上司从事的侵害其人格权的行为,或者雇主自己从事了这种行为,则可能因违反《民法典》第280条第1款规定的义务或因构成第823条等规定的侵权行为而产生损害赔偿义务。其二,劳动者的个人数据保护。保护劳动者的个人数据对于保护劳动者的人格利益非常必要。德国联邦和州层面都有大量保护个人数据的法律。《联邦数据保护法》第32条对劳动者个人数据保护作出了特别规定。据此,只有劳动者的个人数据对建立劳动关系或在劳动关系建立后的实施、终止等是必要的,才可为劳动关系而收集、存储和使用个人数据。违反数据保护法侵害劳动者利益的,将承担损害赔偿义务。

---

[1] Vgl. Zöllner/Loritz/Hergenröder, Arbeitsrecht, 7. Auflage, C. H. Beck, 2015, S. 230.
[2] Abbo Junker, Grundkurs Arbeitsrecht, 14. Auflage, C. H. Beck, 2015, S. 146.
[3] 〔德〕雷蒙德·瓦尔特曼:《德国劳动法》,沈建峰译,法律出版社2014年版,第163页。

2. 平等对待义务

雇主不仅在订立劳动合同的过程中应平等对待所有求职者,在劳动关系履行的过程中也应平等对待所有劳动者。该义务的法律基础在于:首先,《基本法》第 3 条确立了平等对待的原则,该原则要求通过《民法典》第 315 条的雇主公平行使单方确定权规制劳动关系。其次,在大量其他法律中,如《民法典》第 612a 条,《非全日制及有期限劳动合同法》第 4 条第 1、2 款都包含有平等对待义务的条款。最后,就平等对待而言,最重要的制定法规范是《一般平等对待法》。该法规定的免遭歧视的保护涵盖了劳动者、学徒、类似劳动者的人以及求职者等。它禁止基于该法第 1 条规定的原因,即性别、人种、肤色、种族、社会出身、基因标志、语言、宗教或世界观、政治或其他观念、民族、能力、出身、残疾、年龄以及性取向而从事区别对待行为。但是,"因从事工作的类型或从事工作的条件,构成了实质性、决定性的职业要求,并且其目的是合法的、要求是妥当的"时也可以对劳动者进行区别对待。在雇主违反《一般平等对待法》时,劳动者享有控告权、给付拒绝权;在违反歧视禁止时,雇主有义务赔偿损失或支付抚慰金。

3. 偿还劳动者劳动过程中支付的必要费用的义务

根据《民法典》第 675 条的规定,《民法典》第 670 条的规则准用于以处理事务为标的的雇佣合同,包括劳动合同。据此,如果劳动者在劳动过程中支出了其根据具体情况认为必要的费用,则雇主有义务偿还。

4. 使工作的义务

所谓使工作的义务,是指雇主有义务将劳动者投入实际劳动中。[①] 安排劳动者工作不仅是雇主的权利,也是雇主的义务。它涉及劳动者职业自由的实现,特别是对那些需要在劳动中提高或保持劳动技能的劳动者,使其工作是雇主的重要义务。

第三节 劳动关系的给付障碍

一、范畴与意义

"给付障碍(履行障碍)是指所承担的给付根本没有、没有按时或者没有按照

---

① 参见〔德〕雷蒙德·瓦尔特曼:《德国劳动法》,沈建峰译,法律出版社 2014 年版,第 170 页。

要求也没有其他替代履行的状态。"①劳动关系中的给付障碍也应适用《民法典》中给付障碍的一般规则,但由于传统民法中的履行障碍制度是以一时性债权债务为原型建立的,而劳动关系却是一种典型的持续性法律关系,并且劳动关系中的劳动给付内在于劳动者身体之中。② 因此,围绕着劳动给付的提供和受领迟延等形成了劳动关系中给付障碍的一些特殊规则。在此需要注意的是,工资支付并不是劳动关系中的特征性给付,因此工资给付障碍在劳动法中并没有什么特殊规则,雇主按照毛工资向劳动者支付迟延利息即可。劳动法中的给付障碍问题主要围绕具有持续性色彩的劳动给付等展开。另外,我国劳动法中很多所谓的"假",如病假、探亲假等,都属于德国劳动法中给付障碍研究的范畴。

二、劳动者未为劳动给付

(一)劳动者不提供劳动给付的一般规则

就劳动给付来说,传统上认为它具有严格的定期债务(Fixschuld)的特点。劳动者没有在确定的时间为给付行为,则其行为构成义务违反,并且履行将不再可能,一般无法通过实际履行进行补救。在例外情况下,如当事人达成了灵活工时的约定,则不履行可以通过事后履行补救。在劳动者不提供劳动并且不能补救的情况下,劳动者能否取得劳动报酬,取决于双方是否有过错以及在双方都没有过错的情况下不履行的风险由谁来承担。在劳动者对不能履行有过错的情况下,雇主将被免除报酬给付义务;如果雇主尚有其他损失,则可以要求劳动者承担损害赔偿责任。如果雇主对劳动者不能履行有过错,则劳动者继续享有报酬请求权,但是应扣除因为没有履行而节省的、获得的或者恶意不获得的费用。如果双方当事人都没有过错,劳动者将不能获得报酬请求权;但在该种情况下,存在大量法定的例外规则,如下述的劳动者生病、劳动者因人身原因而无法给付等。

(二)劳动者因人身原因不履行的特殊规则

德国《民法典》第616条确立了"没有劳动就没有工资"(Ohne Arbeit keinen Lohn)规则的一个例外:在一个相对不长的时间内,劳动者因其人身方面的原因无法提供劳动给付但又没有过错的,则在该期间内继续享有工资请求权,但劳动

---

① Medicus, Lorenz, Schuldrecht, Allgemeiner Teil, 18. Auflage, C. H. Beck, 2008 S. 153.
② Vgl. Preis, Arbeitsrecht/Individualarbeitsrecht, 5. Auflage, Verlag Dr. Otto Schmidt, 2017, S. 412.

者应允许雇主从在此期间的工资中扣除其从健康保险或事故保险中获得的金额。该条中"因其人身方面的原因"的一些情况已经规定在相关特别法中,如《工资继续支付法》(因病无法劳动)、《工厂组织法》(完成工厂委员会职务)、《职业母亲保护法》(分娩等)、《照顾时间法》(紧急的照顾需要)等,在这些情况下适用相应的特别法;在没有特别法时,则适用该条规定。"因其人身方面的原因"主要涵盖的是劳动者一方主观的原因,其本身具有一定的开放性。按照联邦劳动法院的意见,"根据诚信原则权衡双方利益后,如果劳动者因为过高的道德和法律义务无法被期待能提供劳动给付",则构成因人身方面的原因无法履行劳动给付。① 司法机关在判决中逐渐形成了一些类型化的原因:②其一,照顾生病的家人;其二,家庭重大事件,如自己结婚、亲属下葬、家庭失火等;其三,履行公共义务或者名誉职务;其四,宗教义务与良心冲突等。在这种情况下,所谓的"相对不长的时间"到底是多长,法律并没有明确规定,需要根据具体原因在个案中分别确定。其中的一些情况已形成了基本的判决意见,例如,一般认为照顾生病的亲属的"不长的时间"为5天。③ 需要注意的是,该第616条的规则为任意法规定,当事人可以通过劳动合同、团体协议或者工厂协议将其排除。④

(三) 劳动者生病时的工资支付规则

因病无法提供劳动也是一种劳动者个人原因导致的无法为劳动给付的情况,本应属于《民法典》第616条的适用范围,但《工资继续支付法》对这种情况作出了特别规定。在劳动关系不间断地持续达4周时,如果劳动者因疾病丧失劳动能力无法完成劳动给付,并且对此其没有过错,则在因疾病丧失劳动能力直至6周的期间内劳动者享有由雇主继续支付其工资的请求权。报酬的额度为劳动者非因丧失劳动能力而不能为劳动给付时应得的报酬。在发生因病无法为劳动给付的情况下,劳动者有义务毫不迟延地将疾病导致不能劳动的事实以及预计延续的时间通知雇主;如果预计丧失劳动能力超过3天,劳动者应向雇主出示医生出具的证明。团体协议、劳动合同可以对疾病时的工资继续支付规则作出有利于劳动者的变更。

---

① Vgl. Preis, Arbeitsrecht/Individualarbeitsrecht, 5. Auflage, Verlag Dr. Otto Schmidt, 2017, S. 428.
② Vgl. Hessler, Willemsen, Kalb, Arbeitsecht Kommentar, 6. Auflage, 2014, S. 1773 ff.; Preis, Arbeitsrecht/Individualarbeitsrecht, 5. Auflage, Verlag Dr. Otto Schmidt, 2017, S. 429.
③ Vgl. Hessler, Willemsen, Kalb, Arbeitsecht Kommentar, 6. Auflage, 2014, S. 1778 ff.
④ Vgl. Preis, Arbeitsrecht/Individualarbeitsrecht, 5. Auflage, Verlag Dr. Otto Schmidt, 2017, S. 431.

三、雇主受领迟延

雇主受领迟延是指在劳动者能够为劳动给付并且已经提出劳动给付时,雇主没有接受劳动给付的情况。雇主受领迟延只是一个事实状态,并不取决于雇主的过错与否。根据德国《民法典》第615条的规定,劳动者有权就因雇主受领迟延而未提供的劳动请求约定的报酬,且不负事后补充给付的义务。但是,应允许将因劳动者不提供劳务而节省的开支价额,或因劳动者将劳动用于他处而取得或恶意怠于取得的利益的价额从报酬中扣除。劳动者已经提出给付,原则上指的是劳动者已经实际提出给付,只有在例外的情况下才可以口头提出。在解雇保护诉讼中,在劳动者胜诉、劳动关系得以维持的情况下,雇主受领迟延具有非常重要的价值。

四、经营风险的承担

"工厂非因雇主的过错,而因缺乏能源供给、天气所导致的燃料短缺或供货停止而陷于停滞"时,则发生经营障碍。① 经营障碍涵盖了技术性的或者组织性的障碍,例如,因机器设备失灵而不能经营,因不可抗力而不能经营,因政府管制而停止经营等。② 在发生经营障碍时,雇主应继续向劳动者支付工资。"雇主应承担经营风险,因为他领导着经营过程,经营的经济成果归属于他。和他的经营机会相匹配的经营风险,只要在预测规划中不可避免,就可进入价格机制中,它们中的部分还可以投保。在这一背景下,在经营障碍时雇主必须继续支付工资,除非该障碍(如罢工)源自劳动者的领域。"③

早期的理论和实践多认为《民法典》没有规定经营风险问题是一个法律漏洞,但现代学说认为,"经营风险更多只是《民法典》第615条规定的雇主受领迟延的一种情况。"④后经修改法律,经营风险被规定在《民法典》第615条的最后,准用雇主受领迟延的规则。与经营风险类似但又不相同的是经济风险(Wirtschaftsrisiko),即因为市场原因引发的订单不足或者滞销等,进而导致企业停产或者半停产的状态。按照德国法的理论,经济风险由雇主承担,所以出现

---

① 参见〔德〕雷蒙德·瓦尔特曼:《德国劳动法》,沈建峰译,法律出版社2014年版,第185页。
② Vgl. Abbo Junker, Grundkurs Arbeitsrecht, 14. Auflage, 2015, S. 162; Preis, Arbeitsrecht/Individualarbeitsrecht, 5. Auflage, Verlag Dr. Otto Schmidt, 2017, S. 569.
③ 〔德〕雷蒙德·瓦尔特曼:《德国劳动法》,沈建峰译,法律出版社2014年版,第185页。
④ Preis, Arbeitsrecht/Individualarbeitsrecht, 5. Auflage, Verlag Dr. Otto Schmidt, 2009, S. 570.

上述情况后，雇主应继续支付工资。但是，如果是因劳动者一方原因而导致停产停业、雇主无法受领劳动给付，则不属于经营风险，劳动者一方的工资请求权也因此而消灭。这种情况比较典型地出现在基尔电车案中。在该案中，"因发电厂工人罢工，基尔的有轨电车必须停止运营。法律争议在于因罢工而引起的运营障碍期间有工作意愿的乘务人员的工资请求权。帝国法院驳回了该工资请求权，因为障碍来自劳动者一方的领域。"①

五、劳动关系中法律责任的特殊规则

(一) 制度概况

按照债法的一般规则，任何一方当事人违反合同中的主义务或者从义务，给对方带来损害的，原则上都应承担违约责任，并通过赔偿完全填补对方遭受的损害。但是，由于劳动者服从雇主指示这一依附性因素等的存在，完全按照债法的一般规则确定当事人之间的责任可能有失公允。在长期司法实践的基础上，德国通过法官造法形成了一系列劳动关系中当事人之间赔偿责任的特殊规则。因为这些特殊规则适用于上述履行障碍的违约责任，所以放在本部分论述。同时应注意的是，这些责任规则不仅适用于违约责任还适用于侵权责任；不仅涉及劳动者和雇主之间的关系，还涉及劳动者和第三人之间等赔偿责任问题。

(二) 劳动者对雇主的责任

劳动者侵害雇主利益时的侵权或违约责任构成适用民法典的一般规则，例如，根据《民法典》第254条第1款的规定，雇主对损害的发生也有过错的，应根据过错程度减免劳动者责任。在此之外，德国劳动法的裁判实践形成了更加重要的劳动者对雇主承担责任的限制规则，并且该规则作为单方强制的法律，不可通过约定作出不利于劳动者的变更。据此，劳动者、派遣工以及高级管理人在从事根据劳动合同所负担的劳动或者为雇主利益而从事活动过程中给雇主带来损害的，适用如下责任减免规则：在轻过失的情况下，劳动者不承担责任，雇主承担损失。在故意或重大过失的情况下，劳动者原则上不能免责；其中，劳动者存在故意时，其责任不受限制；存在重大过失时，一般情况下劳动者应独立承担全部损失，但如果劳动者的劳动报酬与其工作造成的损害风险明显不成比例，法院则会进一步限制劳动者的责任。在劳动者有中等过失的情况下，损害由劳资双方

---

① 〔德〕雷蒙德·瓦尔特曼：《德国劳动法》，沈建峰译，法律出版社2014年版，第185页。

分担;劳动者应赔偿由法院根据具体案件情况确定的损害份额。①

(三)雇主对劳动者的责任

雇主对劳动者的责任也适用民法典的一般规则。在此基础上,存在如下特殊的规则:(1)对劳动者的人身损害。如果劳动者在劳动过程中遭受人身损害,根据《社会法典》第7卷第104条的规定,原则上劳动者应从社会保险中获得各项赔偿,雇主无须承担赔偿责任,除非该事故因雇主故意而引起。(2)对劳动者的物的损害。如劳动者经雇主同意将特定物投入劳动过程,而在劳动过程中该物遭受了损害,则雇主应对该物的损害承担无过错赔偿责任。

(四)对第三人的责任

劳动者在劳动过程中给第三人造成损害的,如果其行为符合《民法典》第278条第1款(履行辅助人)或者第831条第1款(事务辅助人)的构成要件,则受害人应当以雇主为赔偿请求对象。② 雇主承担责任后能否追偿,按照劳动者给雇主带来损害时的责任分担规则决定。在劳动者的行为不符合上述要件、自身成为责任人的情况下,德国劳动法按照侵害的第三人是同事还是同事之外的人进行区分和处理。在劳动者侵害同事之外的第三人的情况下,对外原则上适用债法的一般规则,劳动者应承担责任并且没有责任限额,但对内劳动者有权要求雇主按照劳动者给雇主带来损害时的责任分担规则分担责任。③ 在受侵害的第三人是同事的情况下,如果受损的是同事的财产,则适用上述侵害其他第三人的规则;如果侵害的是同事的人身,由于工伤保险的存在,在大部分情况下,其责任往往由工伤保险承担。

第四节 劳动关系的终止

一、劳动关系终止的基本制度框架

作为持续性法律关系,劳动关系并非一次性交易即告结束,劳动关系的终止需要特定原因和事由。在德国法中,比较重要的原因包括如下方面:其一,时间

---

① 参见〔德〕雷蒙德·瓦尔特曼:《德国劳动法》,沈建峰译,法律出版社2014年版,第195页。Vgl. auch Abbo Junker, Grundkurs Arbeitsrecht, 14. Auflage, C. H. Beck, 2015, S. 166 ff.
② Vgl. Abbo Junker, Grundkurs Arbeitsrecht, 14. Auflage, C. H. Beck, 2015, S. 172 ff.
③ Vgl. Preis, Arbeitsrecht/Individualarbeitsrecht, 5. Auflage, Verlag Dr. Otto Schmidt, 2017, S. 486.

届满和目的实现。如果劳动关系为特定时间、特定目的或特定条件而缔结(有期限劳动合同),当时间届满、目的实现或条件具备时,劳动关系自动终止。其二,最典型也是最重要的劳动关系终止原因是解除,解除分为正常解除和特别解除,解除制度的核心之一是解雇保护制度。其三,废止合同,也即当事人通过签订新的合同而消灭劳动关系。废止合同应采取书面形式,为保护劳动者利益,一些团体协议中规定有废止合同的撤回权。废止合同可能导致劳动者无法享受失业保险待遇。其四,法院判决。在解雇保护诉讼中,如果出现尽管劳动者胜诉但劳动关系的存续对劳动者来说不可预期或者不可期待劳动者和雇主为了经营目的而合作的情况,则根据《解雇保护法》第9条的规定,经劳动者或者雇主申请,法院也可以判决解除劳动合同。其五,劳动者死亡。劳动关系是一种必须亲为劳动给付的法律关系,在劳动者死亡的情况下,劳动关系终止。

需要注意的是,我国劳动法中讨论的一些事由,如劳动斗争期间劳动关系的中止、雇主的死亡、工厂转让、雇主破产等,在德国法中都不构成劳动关系终止的事由。此外,劳动者达到特定年龄能否终止劳动关系,取决于劳动合同或者团体协议有无约定,属于劳动合同期限规则的一种类型;"劳动法上并不存在法定年龄界限。养老保险法上的年龄界限(《社会法典》第6卷第35页以下)确定的是,在养老保险法规定的其他条件都具备时,在哪个年龄可以向保险人请求支付养老金。"[1]

二、劳动关系的解除

(一)解除的基本结构

"解除是单方需受领的意思表示,通过该意思表示,劳动关系根据解除者的意愿立刻或者在解除期限届满后直接终止。"[2]有效解除以当事人享有解除权为前提,解除权属于形式权。解除的意思表示应采取书面形式,并不可用电子形式替代。解除的意思表示到达对方当事人处时发生法律效力。在德国,行使劳动关系解除权并不需要主动告诉对方当事人解除原因,但如果有工厂委员会,雇主作出任何解除决定前,应告知工厂委员会解除原因,工厂委员会可以表示反对解除,尽管该反对并不能阻止解除的生效。

---

[1] 〔德〕雷蒙德·瓦尔特曼:《德国劳动法》,沈建峰译,法律出版社2014年版,第224页。
[2] Preis, Arbeitsrecht/Individualarbeitsrecht, 5. Auflage, Verlag Dr. Otto Schmidt, 2017, S. 505.

(二) 正常解除

所谓正常解除,是指当事人遵守预告解除期限解除无固定期限劳动合同的情况。正常解除仅适用于无固定期限合同,不适用于固定期限合同。正常解除以遵守解除期限为前提,根据《民法典》第 622 条,解除期限的长度和计算主要包含如下几方面规则:①其一,不论劳动者还是雇主提出解除劳动关系,基础解除期限均为四周,该四周从自然月第 15 日或月底起算。其二,雇主解除劳动关系的,尚需遵守该条第 2 款规定的根据劳动关系存续期限长短而相应延长了的解除期限(见下表)。其三,在约定的最长不超过 6 个月的试用期期间,双方当事人都可以提前两周预告而解除劳动关系。其四,上述法定预告期限属于团体协议任意法(tarifdispositives Gesetzrecht),可以通过团体协议作出变更,包括延长和缩短;对于团体协议作出的不同安排,在该团体协议适用领域中,即使不受团体协议约束的雇主和劳动者也可以约定适用上述团体协议规则。其五,在如下两种情况下,也可以通过劳动合同缩短上述基础性预告期:(1) 劳动者被作为临时助手而雇佣的,但劳动关系已存续满 3 个月的除外;(2) 雇主雇佣的劳动者(不包括学徒)不多于 20 人并且解除期限不短于 4 周的。其六,不论以何种方式对预告解除的期限进行变更,都不得使劳动者的预告期长于雇主的预告期。

劳动关系存续年限(年)	2	5	6	10	12	15	20
预告期(月)	1	2	3	4	5	6	7

注:预告期从月底起算。

(三) 特别解除

特别解除是指在出现对当事人来说难以期待劳动关系存续到解除期限届满或约定的终止时间的重要事由时,当事人无须预告即可单方解除劳动合同的情况。特别解除适用于固定期限合同,也适用于无固定期限合同;该解除权应当在当事人知悉足以导致解除的事实之日起两周内行使,并且在对方要求时应即书面告知解除理由。特别解除的合法性主要取决于是否出现了足以导致劳动关系无法存续的重要事由,对于该问题德国司法实践形成了两个层次的审查思路。"第一步,审查特定事实情况是否本身(一般)就足以构成重要的解除原因,无须

---

① Vgl. Zwanziger, Altmann, Schneppendahl, Kündigungsschutzgsetz, Bund Verlag, 2015, S. 271.

考虑个案中的特别状况。"① 这种特定事实多表现为当事人严重违反劳动合同,可区分为人身原因、行为原因或者经营原因等情况。第二步,考虑个案中的所有情况、权衡双方当事人之间的利益,并在此基础上确认"难以合理期待劳动关系继续存续至正常解雇期限届满或合同约定的劳动关系终止时"②。在利益权衡的过程中,应符合最后手段原则、预测原则(Prognoseprinzip)和比例原则。从最后手段原则来看,雇主行使解除权之前往往需要先进行督促。

（四）变更解除

变更解除是当事人将解除意思和变更要约相结合而提出的解除劳动关系形态,其根本目的在于变更劳动合同,但如果对方当事人不接受变更要约,则劳动合同解除。③ 变更解除中的解除意思表示可以是正常解除也可以是特别解除。劳动者和雇主都可以提出变更解除,在实践中比较重要的是雇主提出的变更解除。《解雇保护法》第 2 条将雇主提出的变更解除界定为:雇主向劳动者提出劳动关系以变更后的劳动条件继续存续,否则就解除劳动关系。在雇主提出变更解除时,其解除的意思表示要遵守解除保护制度等中的限制规则。而劳动者可以选择拒绝变更要约,并提起解雇保护之诉;也可以接受变更要约,劳动关系以变更后的条件存续;还可以以变更符合社会妥当性为保留前提,接受变更要约,同时提起诉讼要求审查解雇的社会妥当性和变更的社会妥当性,变更的妥当性主要取决于该变更是否符合比例原则。

三、解雇保护制度

（一）解雇保护的基本思想和制度框架

劳动者解雇保护和雇主的解雇自由,是劳动法中最需要权衡也是社会政策上争论最激烈的问题。劳动关系是劳动者及其家庭收入的基本来源;劳动关系本身构成了劳动者社会生活的中心;只有劳动关系的存续得到保障,劳动者的其他权利才可能得到实现;对于一些特殊劳动者由于其特殊利益或公共利益等原因,其劳动关系的存续应得到特殊的保障。在这一系列思想的影响下,在雇主职业自由、契约自由、所有权保障等之上,德国劳动法中的解雇保护制度得

---

① 〔德〕雷蒙德·瓦尔特曼:《德国劳动法》,沈建峰译,法律出版社 2014 年版,第 252 页。
② 同上书,第 253 页。
③ Vgl. Abbo Junker, Grundkurs Arbeitsrecht, 14. Auflage, C. H. Beck, 2015, S. 232 ff; Wolfgang Hromadka, Frank Maschmann, Arbeitsrecht, Band 1, Individualarbeitsrecht, 5. Auflage, Springer, 2012, S. 489.

以确立。① 解雇保护的基本目标在于防止雇主恣意决策、作出没有社会妥当性的解除行为。但是,何为社会妥当性?这本身是一个需要在个案中权衡的问题,因此德国解雇保护制度中充满了一般条款和不确定概念,极具法官法特点。根据解雇保护适用的范围不同,在体系上人们将解雇保护区分为一般解雇保护和特殊解雇保护。一般解雇保护是指所有劳动者均享有的解雇保护,而特殊解雇保护的适用则依赖于特殊的构成要件。

(二)一般解雇保护

1. 一般解雇保护的基本取向、思路和原则

一般解雇保护制度主要规定在《解雇保护法》中,从立法取向来看,"《解雇保护法》本身首先是状态保护法而不是经济补偿法,其目的在于让劳动者保有岗位"②。一般解雇保护的基本思路是,如果雇主无法证明解雇具有社会妥当性,则雇主对劳动者提出的解雇是无效的。当一个解雇不能通过劳动者人身方面的原因、劳动者行为方面的原因或者雇主经营方面的原因正当化时,该解雇就欠缺社会妥当性。在一般解雇制度发展过程中,逐渐形成了法院审查社会妥当性时的三个基本原则:其一,预测原则。所谓预测原则,是指解雇必须是未来导向的,"一个有效的解雇以如下预测为前提:对劳动关系的干扰(在人身原因或行为原因解雇时)或者雇佣可能性的丧失(在经营原因解雇时)在将来也会继续存在。"③其二,最后手段原则。也即"根据实际情况所有其他适当的、柔和的手段,如变更解除、敦促或者调岗都已穷尽,解雇是别无选择的最后措施"④。其三,利益权衡原则。也即"在所有三个解雇事由中,都必须对劳动者的状态利益和雇主的解雇利益进行权衡"⑤。在个案中,对解雇社会妥当性的审查一般经历两个阶段:其一,相关的解雇原因本身足以导致解雇;其二,经过全面利益权衡可以确定,解雇是一个正直的雇主可以采取的妥当且合理的措施。在德国劳动法中,一般解雇保护属于单方强制的法律,不可以通过约定作出不利于劳动者的变更。

---

① Vgl. Wolfgang Hromadka, Frank Maschmann, Arbeitsrecht Band 1, Individualarbeitsrecht, 5. Auflage, Springer, 2012, S. 403. 另参见〔德〕雷蒙德·瓦尔特曼:《德国劳动法》,沈建峰译,法律出版社 2014 年版,第 261 页。

② Wolfgang Hromadka, Frank Maschmann, Arbeitsrecht, Band 1, Individualarbeitsrecht, 5. Auflage, Springer, 2012, S. 404.

③ Abbo Junker, Grundkurs Arbeitsrecht, 14. Auflage, C. H. Beck, 2015, S. 200. 另参见〔德〕雷蒙德·瓦尔特曼:《德国劳动法》,沈建峰译,法律出版社 2014 年版,第 265 页。

④ 同上。

⑤ 同上。

2. 一般解雇保护的适用范围

一般解雇保护虽名为一般解雇保护,但在平衡各种不同利益的基础上,其适用范围也受到几个方面的限制。在解雇类型上,一般解雇保护仅适用于雇主提出的正常解除(预告解除),不适用于劳动者提出的解除,也不适用于特殊解除。在工厂类型上,一般解雇保护适用于一般情况下雇佣10名以上劳动者(在2004年之后,工厂中只要有5名以上2003年12月31日前入职的劳动者,即可主张解雇保护)的工厂或者公私法上的管理机构;在计算劳动者人数时,对于非全日制劳动者,周工时20小时以下的按0.5人折算,周工时30小时以下的按0.75人折算。在劳动关系类型上,在适用一般解雇保护规则时,劳动者应在该工厂或企业中连续工作满6个月以上。在人的范围问题上,一般解雇保护适用于所有劳动者,包括高级雇员,但不适用于法人的法定代表人。对有权决定是否雇佣他人的高级雇员而言,他们不享有状态保护,雇主支付经济补偿后可以解除与他们的劳动关系。

3. 一般解雇保护的特定事实原因

(1) 因劳动者人身原因的解雇

可以导致解雇的人身原因是指影响雇主利益的涉及劳动者特征或者能力的原因。[1] 例如,缺乏职业前提,缺乏从业许可,劳动给付能力降低,因受监禁无法提供劳动,因信仰或良心原因无法完成安排的工作等。在判断人身原因时,劳动者的过错本身并不重要。在因人身原因的解雇中,劳动者生病导致无法提供劳动是一种非常重要的案件类型。对于此类案件,联邦劳动法院发展出了三个层次的审查规则:首先,根据解雇时的客观事实,可以合理预测疾病在现有程度上继续存续,并在可预见的时间内无法预期可以恢复劳动能力;其次,目前为止,疾病以及可预期的后果给经营利益带来了很大的妨碍。最后,在利益权衡后可以得出,考虑到可采取的过渡措施,上述妨碍给雇主带来了难以接受的负担。[2]

(2) 因劳动者行为原因的解雇

可导致解雇的行为原因是指"劳动者严重地违反了主给付义务或者从给付义务,以至于不可期待其在将来能够持续地不受干扰地履行合同"[3]。比较典型

---

[1] Vgl. Abbo Junker, Grundkurs Arbeitsrecht, 14. Auflage, C. H. Beck, 2015, S. 201.

[2] 参见[德]雷蒙德·瓦尔特曼:《德国劳动法》,沈建峰译,法律出版社2014年版,第267页。Vgl. auch Abbo Junker, Grundkurs Arbeitsrecht, 14. Auflage, C. H. Beck, 2015, S. 203.

[3] Abbo Junker, Grundkurs Arbeitsrecht, 14. Auflage, C. H. Beck, 2015, S. 203.

的行为方面的原因包括拒绝履行、重复的不可原谅的失误、迟到、围攻他人、中伤雇主、对雇主从事犯罪行为、参加违法的劳动斗争等。不同于人身原因,在认定行为原因时往往需要劳动者存在过错。根据最后手段原则,在劳动者行为原因导致解雇时,原则上雇主在解雇前应进行敦促,也即指出劳动者违反合同的行为,要求其履行自己的义务,并告知其再次违反可能出现的法律后果。

(3) 因经营原因的解雇

可导致解雇的经营原因是指出现了紧急的经营需求,该需求导致无法在工厂中继续雇佣劳动者。该经营原因可以来自工厂内部,如引入新的生产工艺、调整工厂组织结构、停产或者缩减生产规模等;也可以来自工厂外部,如销售困难、订单减少、原料缺乏、能源不足等。因经营原因的解雇是一种源自雇主领域的解雇行为,是因雇主决策导致劳动者的岗位丧失并引起的解雇,只是从内部原因来说,其本身就是雇主决策行为,而外部原因是雇主进行决策的外部动因。在因经营原因的解雇中,最重要的是对雇主恣意决策的控制。需要注意的是,法律首先承认雇主的经营自由和决策自由,因此对其恣意决策的控制的核心并不是审查雇主决策是否符合其目的性,而是防止其明显没理由、不理性、恣意的决策,属于对滥用的控制。[①] 在上述审查的基础上,司法机关将进一步判断是否因为上述原因导致劳动者岗位的丧失(因果关系)、在解雇期限届满前状况是否不能改变(预测原则)并且不存在采取解雇之外更柔和的措施的可能性(最后手段原则)。即使上述条件都具备了,雇主在挑选需要解雇的劳动者时如果没有顾及社会视角,未考虑劳动者的厂龄、年龄、抚养负担等,存在社会选择不具有合理性,也会导致解雇违法。

在因经营原因的解雇问题上,德国通过2004年的法律改革引入了德国法中并不多见的经济补偿制度。据此,如果雇主提出因经营原因的解雇,而劳动者没有提起解雇保护之诉,则在解雇期限届满后劳动者可以主张经济补偿。该经济补偿按照劳动关系存续一年支付半个月工资的标准支付,劳动关系存续超过半年的按一年计算。

---

① Vgl. Abbo Junker, Grundkurs Arbeitsrecht, 14. Auflage, C. H. Beck, 2015, S. 206; Wolfgang Hromadka, Frank Maschmann, Arbeitsrecht, Band1, Individualarbeitsrecht, 5. Auflage, Springer, 2012, S. 429.

(三) 特殊解雇保护

1. 基本制度内涵

所谓特殊解雇保护,是指法律出于特殊的原因为特殊群体提供的解雇保护。不同于一般解雇保护之处不仅在于其适用范围限于特定群体,更重要的是其解雇保护的原因——不允许解雇欠缺社会妥当性,以及追求其他社会政策目标。特殊解雇保护主要针对雇主的正常解雇,在功能上对一般解雇保护具有补充作用,劳动者可以主张特殊解雇保护,也可以主张一般解雇保护。特殊解雇保护的规则也属于单方强制的规则,不可预先通过约定加以变更。

2. 重要类型

德国劳动法中比较重要的特殊解雇保护包括:母亲解雇保护、残疾人解雇保护、劳动者利益代表解雇保护、议员以及服兵役者的解雇保护等。具体如下:

(1) 母亲、父母期、照顾期解雇保护

雇主在知悉或者解雇通知送达后2周内知悉相关情况的,不得解雇孕期和产后4个月的妇女。在3年的父母期和《照顾时间法》上的照顾期内,劳动者不得被正常解雇;孕期、产后4周的母亲和父母期的父母,除非在特别情况下经相关劳动保护机构允许,不得被特殊解雇。

(2) 残疾人解雇保护

严重残疾人的劳动关系存续已经满6个月的,则可享有相对严格的解雇保护。只有以不少于4周的解雇期限,并经融入局同意后,才可以在1个月内解除严重残疾人的劳动关系。如解雇是以与残疾没有关系的原因提出,则经融入局同意后,也可以对残疾人进行特别解除。

(3) 劳动者利益代表的解雇保护

为了各种保障劳动者利益的代表不因畏惧劳动关系被解除而无法履行职务,工厂委员会成员、青年和学徒代表组织成员、工厂委员会选举委员会成员、人事代表组织成员等均享有特殊解雇保护。在他们履行职务期间以及离职后1年内,不得被正常解除;对其进行特别解除时,应经过工厂委员会或者人事代表组织的同意。

(四) 规模裁员时的解雇保护

1. 基本制度目标

德国对于规模裁员的特殊解雇保护本身并未增加任何特别的解除事由,也即其适用的基础依然是雇主行使正常解除权或者特殊解除权。之所以作为一个特殊制度存在,是因为当解雇人数达到一定数量时,可能给企业内部生产秩序、社会秩序、社会保险等带来影响。因此,规模裁员制度存在的根本目的并不是维护个别劳动者的利益,但其在客观上给个别劳动者带来了特殊的解雇保护效果。

2. 基本制度内容

(1) 通知工厂委员会并报告劳动署

雇主意欲在 30 天内解雇较大数量的劳动者(按照与雇佣劳动者总数的比例计算,见下表)时,应向劳动署报告。在有工厂委员会时,雇主在从事上述解雇行为前应即时向工厂委员会报告相关信息,尤其是法律规定的解除原因、解除的人数和职位、本工厂通常雇佣的人数等。工厂委员会应就上述解雇行为表态。雇主应将上述通知以及工厂委员会的表态等同时报告劳动署。

工厂人数	解雇人数
20—59 人	解雇 5 人以上
60—499 人	解雇 10% 的劳动者或者 25 人以上
500 人及以上	解雇 30 人及以上

(2) 解雇阻滞期

在上述报告完成后,未经劳动署同意雇主在 1 个月内不得作出有效解雇行为;在紧急情况下,劳动署可以将上述期限延长为 2 个月。此期限即为解雇阻滞期。如果雇主没有能力在上述阻滞期继续雇佣劳动者,则可在经劳动署同意后,缩短工时并相应缩减工资。

(五) 解雇保护之诉

1. 诉讼期限及诉讼提起

劳动者如果想主张雇主提出的解雇无效,则必须在解雇书面通知到达后 3 周内提起解雇保护之诉。如果劳动者没有在此期限提起解雇保护之诉,则除非出现《解雇保护法》第 5 条规定的例外情况,否则劳动者将无权主张解雇无效,该解雇也被视为自始有效。该有效推定涵盖了解雇不具有社会妥当性、违反解雇禁止以及未遵守解雇期限等情况。劳动者提起的诉讼为确认之诉,劳动者可以根据《解雇保护法》第 4 条要求确认劳动关系没有因雇主的解雇行为而解除,也可以根据《民事诉讼法》第 256 条要求确认劳动关系至最终法庭辩论结束前一直存续,也即劳动关系不仅未因雇主的特定解雇行为而被解除,也未因其他原因而影响存续。

2. 判决解除劳动关系

在法院最终确认劳动关系并未因雇主的解雇行为而被解除时，如劳动者提出解除劳动关系申请并说明劳动关系继续存续对其来说难以期待，或雇主提出解除劳动关系申请并说明难以期待与劳动者进行符合其经营目的的合作，则法院可以判决解除劳动关系，同时判决雇主向劳动者支付相应的经济补偿。法律并没有规定经济补偿的支付标准，只是规定上述经济补偿一般不超过相关劳动者12个月的工资，特定情况下可以增加至15个月或18个月工资。

3. 继续雇佣

在解雇之诉进行过程中，当事人之间的劳动关系处于不确定状态，为了维护双方的特定利益，德国劳动法中存在两种继续雇佣制度：其一，《工厂组织法》上的请求权。在有工厂委员会的工厂，如工厂委员会在收到解雇劳动者通知后的1周（正常解除）或3天（特别解除）内以书面形式提出了反对意见，则在劳动者要求时，雇主应继续以原有条件雇佣劳动者直至解雇保护之诉结束。但是，在例外情况下，如工厂委员会的反对理由明显不能成立等时，经雇主申请，法院也可以免除雇主继续雇佣的义务。其二，一般继续雇佣请求权。除上述继续雇佣规则外，德国司法实践还承认劳动者的一般继续雇佣请求权：在解雇明显无效的情况下，在一审判决作出之前，劳动者可以要求雇主继续雇佣；如果劳动者在一审解雇保护程序中胜诉，而雇主提起上诉，则在二审期间劳动者原则上也享有继续雇佣请求权。[①]

四、工厂转让时劳动关系的存续

（一）问题与思路

工厂转让时劳动关系如何处理？雇主能否主张因经营原因的解雇？如果可以，则每次雇主的变更均会导致劳动者被解雇。理论和实践人士均认为此处存在法律漏洞，因此德国于1972年通过《民法典》改革引入了第613a条，此后在欧盟法的影响下又多次对该条文进行修改，最终形成了目前的工厂转让时劳动关系存续规则。其基本的思路是：尽管工厂或工厂的部分所有人变更了，但工作岗位，也就是旧雇主设立并由新雇主承继的劳动组织的具体劳动任务如果继续保

---

① Vgl. Abbo Junker, Grundkurs Arbeitsrecht, 14. Auflage, C. H. Beck, 2015, S. 218. 另参见〔德〕雷蒙德·瓦尔特曼：《德国劳动法》，沈建峰译，法律出版社2014年版，第285页。

持的话,则劳动关系应保持不变。① 在上述目的之外,该条还确保工厂转让时工厂委员会功能的存续以及新旧雇主之间责任的承继。

(二) 工厂转让的构成要件

《民法典》第 613a 条意义上的工厂转让涵盖如下的构成要件:其一,工厂或工厂的部分转让,即"保持其同一性的经济统一体的转让,该经济统一体是完成经济上主要或次要活动的、组织起来的资源(辅助手段)的组合"②。在具体案件中认定工厂或者工厂的部分转让时,联邦劳动法院接受了欧洲法院判决中形成的七要点审查标准:涉及的企业或工厂的类型;物质性生产设备的转让;非物质利益的价值;对职工的接纳;对客户的承继;此前和此后行为的相似度;可能发生的事务中断延续的时间等。③ 同时,司法机关还会区分劳动力密集型的工厂和生产资料密集型的工厂。对于劳动力密集型的工厂,接受组织起来的劳动者整体就是最重要的工厂转让的标志;而对于生产资料密集型的工厂而言,生产资料的实质性转让具有决定意义。其二,将工厂或工厂的部分转让给另外一个工厂主,出现了工厂所有人的转换。其三,通过法律行为实现上述转让。这意味着,工厂转让并不因为法律规定、国家公权力行为等而发生;此处的法律行为可以是买卖行为,也可以是租赁行为等,但并不要求法律行为直接发生在前后工厂主之间;对该构成要件而言,"必要的是,工厂(部分)获得者在承继组织权力和领导权力后以自己的名义实际上继续运营工厂(部分)。"④

(三) 工厂转让的法律效果

如果出现上述意义上的工厂转让,则发生如下法律效果:其一,工厂主不得因工厂转让而解除劳动关系。其二,除非劳动者反对,否则在新工厂主进入原劳动关系那一刻,便成为转让时已经存在的或应归属于工厂或工厂的部分的权利义务的承担者;同时,劳动者与原雇主的劳动关系解除,但对于转让前已经存在的、转让后一年内到期的债务原雇主与新雇主承担连带责任。其三,原工厂协议和团体协议规范中的权利义务在新主和劳动者之间继续有效,并不得在工厂转让后一年内作不利于劳动者的变更。其四,劳动者可以对劳动关系的承继表示

---

① Vgl. Wolfgang Hromadka,Frank Maschmann, Arbeitsrecht, Band 1, Individualarbeitsrecht, 5. Auflage, Springer, 2012, S. 500;〔德〕雷蒙德·瓦尔特曼:《德国劳动法》,沈建峰译,法律出版社 2014 年版,第 299 条。

② Abbo Junker, Grundkurs Arbeitsrecht,14. Auflage,C. H. Beck,2015, S. 72。

③ Vgl. Abbo Junker,Grundkurs Arbeitsrecht,14. Auflage, C. H. Beck, 2015, S72. 另参见〔德〕雷蒙德·瓦尔特曼:《德国劳动法》,沈建峰译,法律出版社 2014 年版,第 300 页。

④ 〔德〕雷蒙德·瓦尔特曼:《德国劳动法》,沈建峰译,法律出版社 2014 年版,第 300 页。

反对,如反对则其与旧雇主的劳动关系继续保留,但旧雇主在满足条件时,可主张因经营原因的解除。

五、劳动关系结束后的权利义务

(一) 基本制度框架

劳动关系终止以后,当事人之间的主给付义务因此结束,但当事人之间基于法律规定、合同约定或者诚信原则等发生的后合同义务会继续存续,甚至有些义务在劳动关系终止后才会发生。这些后合同义务包括劳动者交还自己掌握的生产资料、生产结果等的义务,劳动者竞业限制的义务,雇主报销劳动者应报销尚未报销的花费的义务,出具相关证书的义务,等等。此外,在劳动关系终止之前,雇主有义务留给劳动者适当的找工作时间。

(二) 证书出具

在雇主提出解除或者其他劳动关系终止事由发生后,劳动者可以要求雇主出具相应证书。证书可以只记载劳动者工作的类型和时间的长度(简单证书),在劳动者要求时,也可以记载劳动者工作期间的业绩和表现。证书应保证真实和清晰,并且应采取书面形式,不得以电子形式替代;如证书记载不实,劳动者有权要求更正。

(三) 竞业限制

在劳动关系存续期间,劳动者根据法律规定或者《民法典》第241条第2款规定的顾及对方利益的原则承担竞业限制的义务;而在劳动关系终止以后,劳动者的竞业限制义务原则上源自当事人之间的书面约定。涉及该问题的主要规定是《商法典》第74条,它不仅适用于商事辅助人,还适用于其他劳动者。根据该规定,约定劳动关系终止后的竞业限制必须同时约定对劳动者损失予以填补的规则,补偿数额一般为劳动者离职前工资的一半;如果没有约定补偿或者约定数额过低,则竞业限制约定不具有法律约束力。竞业限制的范围以保护雇主正当的经营利益为必要,并不应给劳动者带来过重的负担。在时间上,最长不应超过两年;雇主可以在劳动关系终止时宣布其一年后不再支付上述补偿,而一年时间届满后劳动者也将不再承担竞业限制义务。

(四) 企业养老照顾

企业养老照顾是私人养老、社保养老之外劳动者养老的第三根支柱。劳动者和雇主可以在劳动合同中约定养老金给付,也可以在工厂协议中约定养老金给付,还可以通过总体允诺或者经营习惯确立养老金给付请求权。如果劳动者离职时其已满 35 岁,养老金允诺存续已满十年或者与该工厂劳动关系已满十二年,并且养老允诺已存在三年,则其养老金请求权继续存续。

第五节 特殊劳动关系

一、基本制度框架

德国劳动法的制度体系是以无固定期限、全日制雇佣的标准劳动关系为一般情形构建的。但是,在用工实践中,出于种种原因,还存在一些不同于上述标准劳动关系的由特别法调整的劳动关系,我们称其为"特殊劳动关系"。这些劳动关系包括有期限劳动关系、非全日制劳动关系、劳务派遣关系、老年劳动者非全日制劳动关系、群组劳动关系,等等。在德国劳动法中,学徒和实习关系并不是劳动关系,由特别法调整,但由于它们具有一些劳动关系的因素,在一些方面可以适用劳动法的规则。

二、有期限劳动关系

(一) 作为特殊劳动关系的固定期限劳动关系

在德国,"就雇佣政策上的目标设定而言,应当认为无期限劳动合同是雇佣关系的通常形态,与此相反,对有期限劳动关系的使用则具有例外特征"[1]。固定期限劳动合同是作为例外存在的,以法律允许为前提,是一种特殊劳动关系。限制固定期限劳动合同使用的最直接原因是解雇保护方面的考虑。"随着期限的届满,劳动关系将'自动终止',也就是说无须解除。如果允许不受限制的劳动合同期限约定,则劳动关系的状态保护这一劳动法的核心关切就会失去价值。"[2] 允许任意约定劳动合同期限,将会导致解雇保护法的规则被轻易规避。事实上,不仅德国将固定期限劳动合同作为特殊劳动合同处理,从欧盟的立法实践来看,为了避免固定期限合同的滥用,欧盟 1999/70 号指令第 5 条也规定:"为避免因连续的有期限劳动合同或劳动关系而发生的滥用,如成员国尚没有同等

---

[1] 〔德〕雷蒙德·瓦尔特曼:《德国劳动法》,沈建峰译,法律出版社 2014 年版,第 228 页。Vgl. auch Wolfgang Hromadka, Frank Maschmann, Arbeitsrecht, Band 1, Individualarbeitsrecht, 5. Auflage, Springer, 2012, S. 79.

[2] Abbo Junker, Grundkurs Arbeitsrecht, 14. Auflage, C. H. Beck, 2015, S. 243; Wolfgang Hromadka, Frank Maschmann, Arbeitsrecht, Band 1, Individualarbeitsrecht, 5. Auflage, Springer, 2012, S. 80.

的制定法规定的防止滥用措施,则成员国在根据制定法或团体协议规定的,或在成员国通常的与社会伙伴的听证后,在顾及特定行业和/或劳动者类型要求的情况下,采取如下一个或多个措施,规定:1. 能够使该合同或法律关系的延长正当化的实质理由;2. 总体上最多许可的连续订立劳动合同或劳动关系的期限;3. 该合同或法律关系允许延长的次数。"

(二)使用固定期限劳动合同的前提

在《非全日制及有期限劳动合同法》制定前,德国主要是由司法机关对是否存在使用固定期限劳动合同的实质性理由进行合理性审查,防止固定期限劳动合同的滥用。2000年制定的《非全日制及有期限劳动合同法》第14条在吸收上述法官法的基础上,规定了使用固定期限劳动合同的法定条件,此后该条件又得到进一步的补充。根据该第14条等的规定,固定期限劳动合同的期限条款应采取书面形式,否则将被视为无固定期限劳动合同;以下情况可以使用固定期限劳动合同。

1. 存在事实上的理由时的固定期限劳动合同

如事实上的理由能使劳动合同期限约定正当化,则允许劳动合同约定期限。何谓事实上的理由,是一个需要在个案中具体确定的范畴,但为了法律规则的明确,法律对其进行了示例性的列举。根据《非全日制及有期限劳动合同法》第14条第1款的规定,事实上的理由尤其指如下情况:(1)存在着仅是暂时的对劳动给付的经营需要;(2)紧接大学毕业或职业教育之后的期限约定,以使劳动者过渡到随后的雇佣变得更容易;(3)劳动者顶替其他劳动者被雇佣;(4)劳动给付的类型使得期限约定正当化;(5)为了试用而约定期限;(6)劳动者自身存在着可使期限约定正当化的理由;(7)劳动者的报酬来源于财政,财政法规定了有期限雇佣;(8)建立在法院调解基础上的期限约定。

2. 无理由两年期固定期限劳动合同

《非全日制及有期限劳动合同法》第14条第2款允许在没有事实上的理由时使用依据日历确定的两年期限劳动合同,并且在不超过两年的总长度内,可以最多三次延长该根据日历确定期限的劳动合同。但是,如果劳动者与同一雇主此前已存在一个有期限或无期限劳动关系,则不可以使用上述两年期固定期限劳动合同。此外,为了满足特定产业对合同期限的特殊要求,法律允许通过团体协议确定不同于上述法律规定的延长次数和最高期限长度;在该团体协议的适用范围内,可以约定对不受团体协议约束的雇主和劳动者适用该团体协议规则。

3. 无理由新设企业固定期限合同

为了促进企业设立,方便新设企业应对市场变化,2003年《劳动市场改革法》为《非全日制及有期限劳动合同法》第14条增加了第2a款。根据该条款,在企业刚成立的第一个四年内,在不存在事实上的原因时,允许约定根据日历确定不超过四年期限的劳动合同;在四年的总时长限度内,可以多次延长该根据日历确定期限的劳动合同。但是,该规定不适用于因企业或康采恩重组而致的新建。法律对无理由两年期固定期限劳动合同使用的限制以及通过团体协议扩大适用的规则,也适用于新设企业无固定期限劳动合同。

4. 无理由老年劳动者固定期限合同

为了促进老年劳动者的就业,解决其就业困难问题,《就业促进法》第1条第2款曾规定,与年满60岁的人可以不受限制地签订固定期限劳动合同。在对固定期限劳动合同的时间作了必要限制后,该规则被纳入《非全日制及有期限劳动合同法》中。在随后的法律修改中,该规则适用的年龄先后被降低为58岁、52岁。根据现行《非全日制及有期限劳动合同法》第14条第3款,在没有事实上的原因时,也可以约定不超过五年的根据日历确定期限的劳动合同。如果在该有期限的劳动合同开始时劳动者已满52岁,并且在有期限的劳动合同开始前至少4个月处于《社会法典》第3卷第138条第1款第1项意义上的失业状态,或领取过渡性缩短工时金,或参加了《社会法典》第2卷或第3卷规定的公共就业促进措施,在满五年之前,该合同期限可以多次延长。

(三)固定期限合同的特殊法律效果

固定期限劳动合同的特殊法律效果主要体现在劳动关系终止方面。根据《非全日制及有期限劳动合同法》第15条的规定,固定期限劳动合同期限届满则终止。在解除权问题上,对固定期限劳动合同原则上只能进行特别解除;除非合同有约定或者团体协议另有规定,不能以类似我国法律规定的预告解除的方式解除。但是,如果约定的劳动关系期限为终身或者长于五年,为了防止对劳动者的不适当约束,劳动者在五年期满后可以6个月为预告期要求正常解除。有期限劳动合同到期后如果继续履行,而雇主没有及时反对,则该合同被视为已转变为无固定期限劳动合同。

三、非全日制劳动关系

(一)非全日制劳动者的范畴

非全日制劳动关系是德国很常见的用工形式,但德国的非全日制用工概念和我国并不相同。根据《非全日制及有期限劳动合同法》第 2 条第 1 款第 1 至 4 句,非全日制劳动者是指周工作时间比可比较的全日制雇佣劳动者短的劳动者。如果没有合意约定通常周工作时间,则当劳动者在一个年度的雇佣期间的平均通常劳动时间比可比较的全日制劳动者低时,该劳动者是非全日制雇佣劳动者。可比较的劳动者是指该工厂中同类型劳动关系以及同类或类似劳动关系中的全日制劳动者。如果在该工厂中没有可比较的全日制劳动者,则可比较的全日制劳动者依据可适用的团体协议来确定。在其他情况下,应当以在各该个经济部门中通常被视为可比较的全日制劳动者为标准。

(二)非全日制劳动的繁荣及其原因

20 世纪末以来,非全日制劳动关系在德国经历了极大的繁荣。这主要得益于如下原因:其一,对雇主来说,非全日制劳动者能承受更大的工作压力,并且在税法和社保法等方面享有一定的优惠;其二,非全日制劳动者可以很好地协调家庭和工作的关系,非全日制劳动还可以协助老年劳动者逐渐过渡到完全退休状态;其三,非全日制劳动可以解决劳动力短缺的问题;其四,非全日制劳动可以促进就业。《非全日制及有期限劳动合同法》的立法理由中提出,20 世纪末德国经济发展和失业率的回落也可归功于"既有的劳动总额通过非全日制劳动的形式通过个性化地缩短工作时间在不同人之间进行了分配"[1]。

(三)非全日制劳动的立法及其主要规则

非全日制劳动者虽是真正的劳动者,但其用工方式却存在一定的特殊性,为了对非全日制劳动关系进行特别调整,欧盟于 1997 年制定了 97/81/EG 号关于 UNICE,CEEP,EGB 缔结的非全日制劳动的指令,德国于 2000 年制定了《非全日制及有期限劳动合同法》。这样一来,在法律适用时就会形成如下结构:"非全日制劳动关系是真正的劳动关系,原则上对它适用一般规范(参见《非全日制及有期限劳动合同法》第 4 条第 1 款)。《非全日制及有期限劳动合同法》包含的是补充性和特殊的规范。"[2]

梳理《非全日制及有期限劳动合同法》可以发现,该法目标并不在于弱化对非全日制劳动者的保护,非全日制劳动者原则上应被与全日制劳动者一样看待,该法的立法目标及其特殊规定主要有三个方面:

其一,防止对非全日制劳动者的区别对待。作为《非全日制及有期限劳动合

---

[1] BT-Drucksache14/4374, S. 11.
[2] 〔德〕雷蒙德·瓦尔特曼著:《德国劳动法》,沈建峰译,法律出版社 2014 年版,第 315 页。

同法》立法背景的欧盟97/81/EG号指令,其首要目标就是防止对非全日制劳动者的区别对待。为了实现此目标,该法令第4条规定了区别对待禁止,第5条规定了歧视禁止。根据该法令第4条,非全日制劳动者不得因非全日制劳动而得到比具有可比性的全日制劳动者差的待遇,除非该区别对待可以通过实质上的理由被合理化。根据该法令第5条,雇主不得因为劳动者主张非全日制劳动的权利而歧视该劳动者,防止对非全日制劳动者的歧视,同时也是防止对妇女的间接歧视。因为在非全日制劳动者中,女性占据很大的比例,对非全日制劳动者的不公平对待,大部分等于是对妇女的不公平对待。

其二,促进非全日制用工。"为了充分发掘因扩大非全日制用工而产生的就业潜力,符合非全日制指令规定、能确保全日制劳动者提出的转换为非全日制劳动关系的申请尽可能被尊重的措施是必要的。"[1]为了实现该目的,《非全日制及有期限劳动合同法》赋予全日制劳动者将合同变更为非全日制劳动的请求权,以及缩短和延长工作时间的请求权。根据该法第8条,在劳动关系存续达6个月以及雇主一般情况下雇佣15名以上劳动者时,劳动者可以提前3个月预告,要求缩减工作时间,该请求权最晚应当在缩减前3个月主张(3个月的预告期限)。只要不存在经营方面的反对理由,雇主就应当同意工时的缩减并确定符合劳动者愿望的时间分配。为了防止劳动者因担心工时缩短后无法恢复全日制劳动者的身份,从而不主张非全日制劳动,提高非全日制用工的吸引力,该法第9条规定了劳动者的工时延长请求权。[2] 在劳动者提出延长工作时间请求时,除非有经营方面的特殊理由或者与其他非全日制劳动者的时间相冲突,否则在同等条件下,在安排空余岗位时,雇主应顾及该请求。

其三,促进透明公开。"劳动者和劳动者代表对工厂或企业中非全日制用工可能性的充分知悉是提高非全日制劳动利用的前提。对于符合需求的建构工厂中的非全日制劳动来说,透明性是不可或缺的。"[3]从《非全日制以及有期限劳动合同法》的规定来说,实现该目的的是其第7条。根据该条,雇主有义务公布适合非全日制用工的岗位;雇主应通知有意愿从事非全日制劳动的在职劳动者出现了相应的岗位;雇主应告知工厂中的劳动者代表工厂或企业中非全日制用工的情况。

---

[1] BT-Drucksache14/4374, S. 12.
[2] Vgl. Erfurter Kommentar zum Arbeitsrecht, C. H. Beck, 1. Auflage, 2018, S. 2840.
[3] BT-Drucksache14/4374, S. 12.

四、劳务派遣关系

(一) 德国劳务派遣的范围

在德国法中,劳务派遣的范围要比我国的大,"劳务派遣是指雇主(派遣方)暂时将其劳动者派往第三方(用工单位)提供劳动"①的现象。此概念涵盖了真正劳务派遣和非真正劳务派遣两种类型。在真正劳务派遣的情况下,劳动者原则上直接在其合同雇主那里提供劳动给付,但在个别情况下,允许劳动者基于适当原因被派遣(出借)至第三方。在非真正劳务派遣(unechte Leiharbeit)中,劳动者就是为了被派遣到用工单位而被雇佣。关于界定"为了被派遣到用工单位而被雇佣",在 2011 年之前,《劳务派遣规制法》将其限定为在经营性活动(gewerbliche Tätigkeit)中,但在 2011 年法律改革后,经济活动(wirtschaftliche Tätigkeit)这一表述替代了经营性活动,非真正劳务派遣的内涵进一步扩大。在我国劳动法中,和劳务派遣概念相对应的是非真正劳务派遣;而在我国用工实践中,所谓的借调和真正劳务派遣的内涵是大概一致的。鉴于真正劳务派遣并不受法律的特别限制,德国《劳务派遣规制法》第 1 条第 3 款 2a 项将其原则上排除出适用范围,即它适用一般劳动法的规则。本书讨论的劳务派遣也限于非真正劳务派遣。另外,需要与劳务派遣相区别的是跨境劳务派遣(劳务输出):外国雇主派到本国的劳动者,可以是直接用工,也可以是派遣用工。跨境劳务派遣受到专门的《跨境劳务派遣法》的调整,并不涉及本书讨论的问题。

(二) 现行劳务派遣法的主要思路和规则

现行《劳务派遣规制法》主要建立了如下派遣工的劳动关系协调机制或者说派遣工的保护机制:

其一,许可机制。是《劳务派遣规制法》一开始就建立的核心保护机制之一,也是在立法实践中不断被讨论和调整以及逐渐被弱化的机制:从事经济活动中的劳务派遣原则上应当获得劳动监管机构的许可。"该职业行使限制是为了在劳务派遣的情况下,实现符合社会法治国家要求的状况,排除对相关劳动者的盘剥。"②该法第 1 条界定了经济生活中劳务派遣的范围以及不属于该范围的若干例外,并在此基础上确立了从事劳务派遣应当经过许可的机制;当派遣方缺乏许

---

① Preis, Arbeitsrecht/Individualarbeitsrecht, 5. Auflage, Verlag Dr. Otto Schmidt, 2017, S. 68. Waltermann, Arbeitsrecht, 19. Auflage, Verlag Franz Vahlen, 2018, S. 193.

② BT-Drucksache 6/2303, S. 10.

可时,它与用工单位签订的派遣合同以及与被派遣劳动者签订的劳动合同都是无效的,在这种情况下,视为劳动者与用工单位之间存在劳动关系。同时,从公法的角度看,许可机关必须禁止此种派遣,并根据行政执行法的规定阻止继续派遣。

为促进就业,防止失业,《劳务派遣规制法》第 1a 条引入了一个许可机制的例外,据此,当雇佣少于 50 名劳动者的雇主为避免缩短工时或解雇而在不长于 12 个月的期限内向其他雇主派遣非为派遣目的而雇佣的劳动者时,只需以书面形式提前向联邦劳动署报告,而无须获得许可。此外,该法还规定了许可的拒绝、延长、自动延长、撤回等制度。

其二,同工同酬同待遇。在许可机制例外越来越多的背景下,同工同酬同待遇变得日益重要,从而导致保护机制范式的转换。这一机制主要体现在三个方面:(1)派遣方有义务在派遣期间向被派遣劳动者提供其所在用工单位对同等劳动者适用的劳动条件,包括劳动报酬。(2)派遣工有权使用用工单位中的共同机构,除非有实质性的正当理由可以排除其使用。(3)派遣达到 3 个月时,派遣工有权参与用工单位的工厂委员会选举。不管怎样的用工方式,只要劳动者利益不受损,在法律上也就没有可指责之处,这就是为何同工同酬同待遇原则被认为对派遣工保护越来越重要的原因;另外,通过同工同酬同待遇可以间接剥夺用工单位使用派遣工的经济动力,也可以防止劳务派遣的滥用。需要注意的是,同工同酬同待遇要求也是团体协议任意法,团体协议可以作出非同工同酬同待遇的规定。

其三,最低工资机制。在传统德国劳动法中,最低工资制度并没有得到有效实施。为了保护派遣工的特殊利益,通过对《劳务派遣规制法》的修改,德国专门为劳务派遣工引入了最低工资制度。根据该法第 3a 条的规定,对在劳务派遣中工作的成员享有权限并且在联邦范围内在劳务派遣领域达成团体协议最低工资的工会和雇主联合会,可以向联邦劳动和社会部共同建议,以法律条例的方式将其达成的团体协议中的最低工资作为有约束力的工资底线。在出现公共利益要求时,联邦劳动和社会部可以不经联邦参议院同意,在法律条例中确定该被建议的团体协议中的最低工资为具有约束力的工资底线,适用于条例效力范围内的所有雇主以及派遣工。随着 2014 年 7 月《一般最低工资法》的颁布实施,上述专门适用于派遣工保护的最低工资逐渐失去意义。

其四,劳动者知情权保障机制。该机制主要涉及三个方面的内容:(1)派遣方有义务在订立合同时向劳动者出示许可机关制作的包含《劳务派遣规制法》要求的实质内容的须知。派遣方应毫不迟延地通知劳动者许可失效的时间点。(2) 派遣工有权要求用工单位告知该单位同类劳动者适用的工作条件,包括劳动报酬。(3) 用工单位应告知派遣工该单位空缺的工作岗位。

其五,建筑领域劳务派遣的原则禁止。建筑业企业原则上不允许使用派遣工完成通常由劳动者完成的工作,但《劳务派遣规制法》第 1b 条规定了一些例外,主要涉及团体协议等的规定可以保障派遣工权益的情况。

五、老年人和雇主的劳动关系

(一) 年龄在劳动法上的一般意义

"劳动法上并不存在法定年龄界限。"[①]法定年龄界限解决的主要是可享受养老保险的年龄问题。因此,尽管在劳动合同、团体协议、工厂协议等中可能规定有达到特定年龄则劳动关系终止的规则,但法律并没有因年龄而设置特别的劳动关系终止规则。相反,在司法实践中,根据年龄在劳动合同、团体协议中设置不同的权利义务,将年龄设置为劳动关系终止的时间等,反而受到年龄歧视禁止等规则的限制。

(二)《老年劳动者非全日制劳动法》的特别关照和规则

与因年龄原因而削减劳动法对老年劳动者保护不同的是,为了"使得老年劳动者能够完成从职业生涯向退休状态的平稳过渡,同时避免实践中给社会(保障)体制带来巨大负担的提前退休",[②]德国 1996 年制定了《老年劳动者非全日制劳动法》。根据该法,如劳动者在年满 55 岁之后与雇主达成合意,将其劳动时间缩减 50%,则相对于其缩短的劳动时间劳动者的工资可提高 20%。同时,雇主还应当向劳动者支付较高的养老保险费。在上述情况下,雇主可以要求联邦劳动署补偿该笔费用。该法具有就业促进法的色彩。

第六节 劳动保护法

一、劳动保护法的定位与目标

在德国,劳动法起源于公法性的劳动保护法。[③] 在此后的发展中,虽然团体

---

① 〔德〕雷蒙德·瓦尔特曼:《德国劳动法》,沈建峰译,法律出版社 2014 年版,第 224 页。
② 同上书,第 321 页。
③ 同上书,第 29 页。

协议制度等集体劳动法上的机制得到发展,但公法性的劳动保护规范并没有急剧增加。长期以来,德国劳动法保持国家较少介入市场主体之间利益分配之中的思路,其结果就是劳动保护法的相对不发达,这种状况在教科书中的体现之一就是,一些教科书甚至没有把劳动保护法作为一个主题单独讨论。① 在劳动法中,团体协议以及个别劳动合同法中的相关制度都具有保护劳动者的功能,但所有集体劳动法、劳动合同法上的制度落实都依赖于当事人自己的主张,而在劳动法中,有些劳动保护的实现无法由个人主张,或者不能任由当事人决定是否来实现,这样的制度领域就属于公法性的劳动保护法范畴。"劳动保护法是所有为了保护劳动者而赋予雇主或劳动者以公法性义务的法律规范的总和。"②它与劳动合同法或集体劳动法的差异并不在于规范的内容和目标,而在于落实保护的措施。"在劳动保护法中,保护不依赖于劳动者的主动性。而是通过国家监管、强制履行以及刑罚或者罚款保障保护规定的实施,并且强制雇主、有时也强制劳动者遵守。"③

二、劳动保护法的制度体系

对劳动保护法的制度体系可以从不同角度认识。从适用于特定劳动者还是所有劳动者角度,可以分为一般劳动保护法和特殊劳动保护法,教科书的体系一般从这个角度展开。从所保护的利益或防止的危害来源角度,德国学者一般将其分为危险保护(也称"技术性劳动保护")、劳动时间保护、劳动合同保护、工资保护等。其中,保护劳动者免受劳动过程中危险的法律是劳动保护法中最重要的部分,德国主要的危险保护法包括:《劳动保护法》《工厂医师、安全工程师及其他安全人员法》(ASiG)、《劳动场所条例》(ArbStättV)以及《和平使用核能及其危害防治法》(AtomG)、《基因技术规制法》(GenTG)、《危险物质防治条例》(GefStoffV)、《向市场供应产品法》(ProdSG)、《危险物质防治法》(ChemG)等。工作时间保护在本质上也属于危险保护范畴,它解决最高工时等问题,但由于它在历史发展中的特殊地位及重要性,日益被作为独立的范畴讨论。劳动合同保

---

① Vgl. Abbo Junker, Grundkurs Arbeitsrecht, 14. Auflage, C. H. Beck, 2015; Wolfgang Hromadka, Frank Maschmann, Arbeitsrecht, Band 1, Individualarbeitsrecht, 5. Auflage, Springer, 2012; Brox, Ruethers, Henssler, Arbeitsrecht, 18. Auflage, Verlag W. Kohlhammer, 2011.

② Hueck-Nipperdey, Grundriss des Arbeitsrechts, 5. Auflage, Verlag Franz Vahlen GmbH, 1970, S. 146.

③ 〔德〕雷蒙德·瓦尔特曼:《德国劳动法》,沈建峰译,法律出版社 2014 年版,第 336 页。

护最早用于保证劳动者免受欠缺社会性的劳动条件之苦,但在德国,由于集体劳动法的发展,其意义相对较小,[1]而且在体系上多被放在个别劳动法中讨论。随着集体合同保护功能的下降,最低工资立法得到发展,在2014年引入《一般最低工资法》后,工资保护也属于劳动保护法的范畴。

三、劳动保护法的制度实施

在德国劳动法中,并不存在统一的劳动监察机构,[2]而是存在着国家劳动保护和自治劳动保护二元体制,[3]这种二元体制也体现在劳动保护法的实施和落实上:其一,工厂中利益代表机构的职责。工厂委员会和人事代表机构在劳动保护领域承担着特定职责。例如,根据《工厂组织法》第80条的规定,工厂委员会应监督事故预防规则的落实,促进实施劳动保护措施,就一些工厂中的劳动保护规则形成享有参与决定权。其二,工厂中的劳动安全保护机构。在雇佣超过20人的工厂,应设置1名以上安全专员,其职责是支持雇主进行事故预防。另外,在工厂中还应设立由工厂医生、雇主、安全专员以及2名工厂委员会成员共同组成的劳动保护委员会。其三,营业监督。各种劳动保护法律中都规定有营业监督的主管问题,各州的法律对此往往也有相应的规定。其四,工伤保险机构的监督。

尽管劳动保护法是公法,但它却可以产生私法效力,在上述各种公私法上机构的监督外,还可以通过私人之手实现规则落实。这种公法在私法上的效力体现在[4]:其一,违反公法性劳动保护法的劳动合同约定无效,在当事人之间直接适用该公法规范;其二,在雇主违反劳动保护法的情况下,劳动者有拒绝履行劳动给付的权利,此时因雇主不能提供劳动条件导致受领迟延,雇主应继续支付工资;其三,劳动保护法构成《民法典》第823条第2款意义上的保护他人利益的法律,违反它给劳动者带来损害的应承担侵权责任。

---

[1] 参见〔德〕雷蒙德·瓦尔特曼:《德国劳动法》,沈建峰译,法律出版社2014年版,第340页。
[2] 参见〔德〕沃尔夫冈·多伊普勒:《德国劳动法(第11版)》,王倩译,上海人民出版社2016年版,第423页。
[3] 参见〔德〕雷蒙德·瓦尔特曼:《德国劳动法》,沈建峰译,法律出版社2014年版,第343页。
[4] Vgl. Hueck-Nipperdey, Grundriss des Arbeitsrechts, 5. Auflage, Verlag Franz Vahlen GmbH, 1970, S. 148.

四、劳动时间法

(一) 劳动时间法的立法目标和适用

在德国劳动法的发展过程中,劳动时间立法是较早的劳动立法之一,但专门的《劳动时间法》直至 1994 年才制定。该法的立法目标是确保工厂在安排劳动时间时能够保障劳动者安全和健康,并优化、灵活工时,保障劳动者周日及节假日的休息,最终实现劳动者免受过长工时带来的过度劳累、早衰等问题。德国法定工作时间保护并没有采取一刀切的模式,而是在一定程度上考虑了不同劳动者群体、产业等在工作时间上的特殊要求。这一点主要体现在如下方面:其一,该法限定了自己的适用范围。根据该法第 18 条的规定,《工厂组织法》第 5 条第 3 款意义上的高级雇员、首席医师以及在公共服务中对人事事务具有独立决定权的单位负责人、负责人代表或劳动者不适用该法的工时制度。其二,该法第 19 至 21 条对公共服务中的雇员、航空运输领域的雇员、内河航运领域的雇员、道路交通领域的雇员的工作时间作出了特别的规定。其三,特别法对工作时间有特别规定的,适用特别法。这里的特别法主要是《青少年保护法》和《船员法》。其四,根据该法第 7 条的规定,一般的工时规则在法定条件下具有团体协议任意法的色彩,也即在很多情况下,可以通过团体协议作出不同于法定工时的规则。例如,在工作时间通常情况下有很多时间处于工作待命(Arbeitsbereitschaft)或者值班(Bereitschaftsdienst)状态,并且给劳动者其他时间补休的,则可以通过团体协议将日工时延长至 10 小时以上。

(二) 工作时间的范畴

根据《工作时间法》第 2 条第 1 款的规定,工作时间是指不涵盖休息时间的、从工作开始到工作结束的时间;但矿井下工作者,休息时间记入工作时间。在工作时间计算上,比较特别的是工作待命、呼叫待命(Rufbereitschaft)和值班三种特殊状态。工作待命是指"劳动者必须出现在工作岗位并随时准备工作,一旦有必要就可主动加入到工作过程中"的状态。[1] 呼叫待命是指劳动者没有义务待在确定工作地点,但应随时可联系上,并在呼叫时可以出现在工作地点的状态。值班则是指劳动者根据雇主要求在雇主确定的工厂之内外的地点做好身体上的准备,但是却可以做自己想做的事的状态。[2] 目前,根据德国主流的司法裁判

---

[1] 参见〔德〕雷蒙德·瓦尔特曼:《德国劳动法》,沈建峰译,法律出版社 2014 年版,第 338 页。
[2] Vgl. Zöllner/Loritz/Hergenröder, Arbeitsrecht, 7. Auflage, C. H. Beck, 2015, S. 459.

和理论,工作待命、值班应计入工作时间,而呼叫待命则只有实际工作的时间才属于工作时间;在工作待命和值班的情况下,团体协议可以将工时进一步延长。

(三)工作时间的长度、工间休息与休息时间

每个工作日的劳动时间不能超过8小时,如果在6个月或者24周内平均日工作时间尚未超过8小时,则日工作时间可以延长至10小时。在不可归责于当事人意志并不可通过其他方式避免的紧急或者异常等情况下,工作时间可以不受上述规则限制,只要在6个月或者24周内,平均周工时不超过48小时即可。日工作时间在6至9小时的,应安排30分钟的工间休息;日工作在9小时以上的,应安排45分钟的工间休息。上述工间休息可以分割安排为每次15分钟,多次休息。每天工作结束后,劳动者应享有不短于11小时的不间断休息时间。在法律列举的特定机构,如医院,上述不间断休息时间最多可缩短1小时,但该1小时应在1个月内通过延长休息时间予以补休。

(四)加班与超时工作

德国法区分加班(Überstunden oder Überarbeit)和超时(Mehrarbeit)两种超工作时间工作情况。如果超过了劳动合同、团体协议规定的工作时间或者企业通常的工作时间而工作,则称为加班。而超时则指超过法定工作时间而工作。[1] 在劳动合同、团体协议和工厂协议中都可以规定加班规则,否则劳动者原则上没有加班的义务,除非在个案中根据具体的紧急情况,从《民法典》第241条规定的"任何一方负有顾及另一方的权利、法益和利益的义务"中产生该义务。对于加班期间也即超越约定劳动期间的工资支付,德国法律并没有特别规定。理论和实践均认为,在这种情况下"加班工资的请求权可以产生于劳动合同、工厂协议、团体协议。在缺少上述明确约定的情况下,则可以考虑以经营习惯作为请求权的基础"[2]。在没有约定的情况下,至少可以根据《民法典》第612条视为当事人之间达成了一个支付正常工资的约定。在实践中,根据约定或者根据经营习惯,劳动者往往可以获得相应的加班津贴。

---

[1] Vgl. Preis, Arbeitsrecht/Individualarbeitsrecht, 5. Auflage, Verlag Dr. Otto Schmidt, 2017, S. 237.

[2] Preis, Arbeitsrecht/Individualarbeitsrecht, 5. Auflage, Verlag Dr. Otto Schmidt, 2017, S. 237.

五、最低工资法

(一) 制度变迁

德国 1952 年制定的《最低劳动条件确定法》规定了最低工资制度,尽管该法在此后几经修改,但由于其复杂的最低工资确定程序,"从未得到适用"[①]。在以团体协议为中心的工资确定制度日益不能发挥作用的背景下,关于引入能落实的最低工资制度的讨论从来没有停止过。在此过程中,《劳务派遣规制法》以及《跨境劳务派遣法》等分别就特定用工方式规定了最低工资。在多年争论之后,德国于 2014 年 8 月最终通过了新的《一般最低工资法》,该法于 2015 年 1 月 1 日生效。

(二) 最低工资及其确定

根据《一般最低工资法》的规定,最低工资由联邦政府在常设的最低工资委员会建议的基础上通过条例予以确定,每两年调整一次。最低工资委员会由一名主席、六名常设的有表决权的委员和两名没表决权的学界代表组成。六名常设委员由联邦政府在雇主和劳动者的顶级组织分别推荐的三名代表的基础上任命。2015 年,德国确定的最低工资为每小时 8.5 欧元,从 2017 年 1 月 1 日开始,最低工资为 8.84 欧元。在德国境内外的所有雇主,只要在德国雇佣劳动者,都应支付不低于上述最低工资的工资。根据该法第 14 条的规定,最低工资的监管主要由海关管理处负责。

六、母亲和父母劳动保护法

(一) 立法目标

"职业母亲保护法的目标是,保护处于劳动关系中的母亲及其胎儿,避免遭受经济损失或因其怀孕或成为母亲而失去工作岗位。"[②]为实现此目的,《职业母亲保护法》设置了使用禁止、工资保护与帮扶、特殊解雇保护等制度。其中,特殊解雇保护已在前文"解雇保护制度"中介绍过,此处不再赘述。对父母的保护主要规定在《联邦父母金及父母时间法》中,其目的在于在孩子出生后为父母照顾孩子提供时间和经济来源。对母亲和父母的保护不仅涉及这些个体自身的利益,也涉及家庭和社会的利益;其制度在体系上不仅涉及劳动法的内容,同时还

---

① 〔德〕雷蒙德·瓦尔特曼:《德国劳动法》,沈建峰译,法律出版社 2014 年版,第 464 页。
② 同上书,第 345 页。

涉及国家给付问题,属于德国社会法的内容。

（二）使用禁止

使用禁止主要涉及如下方面:其一,如果医生证明持续工作将会有害胎儿或者母亲的健康,则雇主不得安排该孕妇工作;其二,在生产前6周不得安排孕妇工作,除非该孕妇明确向雇主表示愿意工作;其三,在生育后的8周（早产或多胞胎为12周）内雇主也不得安排孕妇工作。此外,在怀孕期间,雇主也不得安排孕妇从事一些禁忌劳动。

（三）工资保护与母亲金

如雇主因医生证明持续工作将会有害胎儿或者母亲的健康、使用禁止等而不得使用孕妇或哺乳期的女职工,则该女职工在该期间继续享受工资支付请求权,雇主应支付其最近13周或者3个月的平均工资,即使因为上述原因该劳动者工作岗位已调整亦是如此。如果女职工是法定医疗保险的成员,则在产前6周和产后8周,可依法从医疗保险获得相应母亲金;如果她不是法定医疗保险的成员,则可以从联邦保险局获得最高每月210欧元的母亲金。在上述期间,女职工还可以从雇主处获得补助,补助额度为13欧元与其正常日平均工资之间的差额。

（四）父母保护

在孩子出生至满3岁前,劳动者可以主张停薪留职,照顾和教育孩子,此段时间被称为父母时间。如果父母没有工作或者没有全职工作,而是照顾和教育与自己在一个家庭中生活的子女,则父母双方加起来总共可以从公权机构获得14个月的父母金。其额度为孩子出生前12个月月平均工资的67%,但每月不高于1800欧元,不低于300欧元。

七、少年儿童劳动保护法

（一）立法目标和措施

德国于1976年制定了《少年儿童劳动保护法》,该法的目的在于保护参加劳动的未满18岁的未成年人的健康以及身体、精神和心理发育。[1] 其保护对象不仅是处于劳动关系中的未成年人,也涵盖了处于职业教育、家庭劳动等中的未成年人。其保护方法是,原则上禁止雇佣15岁以下的未成年人,更严格地保障15

---

[1] 参见〔德〕雷蒙德·瓦尔特曼:《德国劳动法》,沈建峰译,法律出版社2014年版,第349页。

岁至18岁的未成年人学习和休息的权益,禁止或者限制未成年人从事特定工作,以及设置更严格的健康检查和保障措施等。《少年儿童劳动保护法》的实施监督机构由各州的法律具体确定。

(二) 童工禁止

童工禁止,是指原则上禁止使用15岁以下的未成年人(童工),但存在如下例外:其一,为劳动治疗(Beschäftigungs-und Arbeitstherapie)目的;其二,全日制学习期间从事实习;其三,实施法官的指示;其四,经照管人同意,13岁以上的未成年人可以从事轻微和力所能及的劳动;其五,经行政机关许可,一些文艺行业在特定前提下可以使用更小的未成年人;其六,不承担全日制教育义务的未成年人,可以在职业教育关系中被使用或者从事力所能及的、每天不超过7小时、每周不超过35小时的工作。

(三) 少年劳动的特殊保护

少年指的是已满15岁、未满18岁的未成年人。从保障少年成长的角度出发,法律为少年劳动者设置了更严格的劳动时间保护,提供了更多的休息时间,并确保其受教育的机会不受影响。具体保护措施主要涵盖如下方面:其一,更短的法定工时。少年劳动者原则上每天工作不超过8小时,每周不超过40小时。其二,学习期间不得安排工作。雇主在少年需要上课的时间不得给时间安排工作。例如,在每天参加5节45分钟课程的情况下全天不得给其安排工作,在少年需要参加考试等情况下不得其他安排工作。其三,更多的休息时间。例如,工作时间为4.5小时至6小时的,工间休息30分钟;工作时间多于6小时的,工间休息60分钟。两个工作日之间不少于12小时的休息。除法律规定的例外,在每天6点至20点之外不得安排工作;每周工作5天,原则上周六、周日不得安排工作,法定节假日不得安排工作。其四,更长的休养休假。例如,未满16岁的,每年享受最少30个工作日的休假;未满17岁的,每年享受最少27个工作日的休假;未满18岁的,每年享受最少25个工作日的休假。其五,从事特定工作类型的限制。未成年人原则上不得从事法律列举的具有危险性的工作,不得从事计件工等类似工作,不得从事矿井下工作。其六,被特定人雇佣的限制。根据法律规定,特定身份的人不能雇佣未成年人。例如,因犯罪被处于自由刑并且服刑结束未满两年的人等不得雇佣未成年人。其七,其他限制。监管机关可以确定个别情况或者通过条例规定未成年人的特定劳动禁止或限制。

八、严重残疾人劳动保护法

（一）规范目的和主要制度

所谓严重残疾人，是指任何残疾程度至少达到 50% 的人；残疾程度在 30% 至 50% 之间的人，在无法获得和保持合适劳动岗位的情况下，应按严重残疾人对待。"严重残疾人保护法首要的目的在于使严重残疾人易于融入劳动过程中，为其创造和维持劳动岗位，在该岗位上他可以为了自己的利益同时也为了大众的福祉而投入他的能力和力量。"[①]从德国法来看，严重残疾人劳动保护法的制度设计主要包括如下方面：其一，符合特定条件的严重残疾人的雇佣强制；其二，为恢复和保持严重残疾人的劳动力，对劳动条件的设置提出特殊要求；其三，严重残疾人的特殊解雇保护；其四，严重残疾人的特殊休假制度，每年享有 5 天附加的带薪休假请求权，在雇主安排加班时，严重残疾人可以主张不加班。上述制度中，最重要的是雇佣强制和解雇保护制度，其中严重残疾人的特殊解雇保护本书在解雇保护制度中已经介绍过，此处不再赘述。

（二）雇佣严重残疾人的义务

《社会法典》第 9 卷第 71 条第 1 款规定了雇主雇佣严重残疾人的义务。据此，1 年内平均每月拥有超过 20 个工作岗位的雇主都有义务在其全部岗位的 5% 中雇佣严重残疾人。为照顾小企业的利益，该款第 2 句进一步规定，少于 40 个岗位的，应当雇佣至少 1 个严重残疾人；少于 60 个岗位的，应当雇佣至少 2 个严重残疾人。除了上述雇佣比例要求外，该法第 72 条还要求雇主应雇佣特殊类型的严重残疾人以及 50 岁以上的老年残疾人。如雇主未能按照上述规定雇佣适当比例的严重残疾人，则应当按照法定比例支付补偿费，该笔费用为每月 105 欧元至 260 欧元不等，但对小企业有适当减免。

---

① 〔德〕雷蒙德·瓦尔特曼：《德国劳动法》，沈建峰译，法律出版社 2014 年版，第 352 页。

第三章 集体劳动法

第一节 劳动结社自由及其协会

一、集体劳动法的制度观念和体系

在德国,一般认为劳动结社制度、团体协议制度、工厂组织法以及(在不严格的意义上)企业层面上的劳动者参与决定属于集体劳动法的范畴。[1] 但是,没有太多集体劳动法的抽象界定:很多教科书并不界定集体劳动法的概念,已有的界定也并不统一。著名劳动法学者尼佩代(Nipperdey)认为,所谓集体劳动法,是指"劳动法中规范劳动团体在职业、工厂以及公共管理机构中的权利,其之间的合同以及其斗争关系的部分"[2]。而加米尔舍格(Gamillscheg)则认为,集体劳动法是指"调整劳动者和雇主之间的关系以及他们的团体之间的关系的劳动法部分,即劳动者共同抑或集体实现其诉求或者共同被相关事件涉及的劳动法规范,如闭厂时"[3]。显然,上述概念也只是列举式的或者描述式的,并不是严格的采取属加种差的概念界定技术完成的周延概念界定。这其实也是由集体劳动法庞杂的内容所决定的。在不严格的意义上,我们可以说集体劳动法是劳动法中劳动者集体实现权益或者集体被针对的部分。按照德国集体劳动法的内容体系,本部分将分析介绍劳动结社制度、团体协议制度、工厂组织法以及企业层面的参与决定制度。

需要注意的是,我国劳动法理论经常使用集体劳动关系的概念,并认为集体劳动法就是调整集体劳动关系的法律规范。但是,在德国劳动法中,只有集体劳动法的概念,并没有集体劳动关系的概念。这首先是因为,在观念上,集体并不是一个主体,无法成为法律关系的主体;其次,更重要的是,在技术上,德国集体劳动法中的两个最主要机制——团体协议和工厂协议都被解构为具有债权效力

---

[1] Vgl. Franz Gamillscheg, Kollektives Arbeitsrecht, Band 1, Verlag C. H. Beck. 1997, S. 1.
[2] Huech-Nipperdey, Grundriss des Arbeitsrechts,5. Auflage,Verlag Franz Vahlen GmbH,1970, S. 158.
[3] Franz Gamillscheg, Kollektives Arbeitsrecht, Band 1, Verlag C. H. Beck. 1997, S. 1.

的部分和具有规范效力的部分,其权利和义务的承载者均为法律意义上的单个主体,而不是抽象的集体。

二、劳动结社自由

(一) 劳动结社的范畴

集体劳动法的起点是劳动结社。但是,德国却没有关于劳动结社的立法,也没有关于劳动结社的专门立法。在理论上一般认为,根据德国《基本法》第 9 条第 3 款的规定,"劳动者或雇主为维持和促进其在建构劳动条件和经济条件时的利益而进行的结社(Vereinigung)在传统中被称为(劳动法上的)劳动结社(Koalitionen)"[1]。我国有学者将 Koalitionen 这一术语翻译为"同盟",[2]但本书认为,"同盟"一词并不能准确反映 Koalitionen 这一术语是结社的一种特殊形态这一技术含义,也不能反映 Koalitionen 中包含的结社自由这一价值内涵。因此,应从德国《基本法》第 9 条的逻辑体系出发,将该术语译为劳动结社。在德国劳动法中,劳动结社主要包括工会和雇主联合会两种类型,但又不限于此。

(二) 劳动结社自由的发展与内涵

1. 劳动结社自由的历史发展与实证法规定

劳动者团结起来维护自身权益的现象由来已久,但它最早只是作为一种社会现象而在法律之外得到发展。在工业化时代到来后,立法者对此的反应首先是禁止。例如,1845 年《普鲁士工商业条例》禁止成立劳动结社。此后的《北德意志联邦工商业条例》尽管未禁止成立劳动结社,但认为因劳动结社而签订的协议不具有可诉性。直到 20 世纪初,劳动结社在德国状况是"劳动结社是自由的,自由到失去法律保护的地步"。在此背景下学者们提出,"先创设劳动结社权吧。"[3]1916 年 12 月 5 日通过的《志愿服务法》第一次认可了工会的职权。1919 年通过的《魏玛宪法》承认了劳动结社自由,该规定经补充和完善后被纳入 1949 年通过的德国《基本法》中,此后该条又被进行了必要的修改。现行德国《基本法》第 9 条第 3 款规定:"保障所有人、所有职业为维护和促进劳动与经济条件而结社的权利。限制或者妨碍该权利行使的约定无效,以此为目的的措施违法。

---

[1] 〔德〕雷蒙德·瓦尔特曼:《德国劳动法》,沈建峰译,法律出版社 2014 年版,第 31 页。
[2] 〔德〕沃尔夫冈·多伊普勒:《德国劳动法(第 11 版)》,王倩译,上海人民出版社 2016 年版,第 16 页。
[3] 〔德〕雷蒙德·瓦尔特曼:《德国劳动法》,沈建峰译,法律出版社 2014 年版,第 352 页。

本法第 12a 条、第 35 条第 2 款和第 3 款、第 87a 条第 4 项以及第 91 条规定的措施不得针对第 1 句意义上的结社、维护和促进劳动与经济条件而进行的劳动斗争。"该规定成为德国劳动结社制度和集体劳动法最重要的法律渊源。

2. 劳动结社自由的效力——宪法的直接效力

在德国基本法理论中，原则上基本权利调整的是国家和公民的关系问题，而不直接规定公民之间的权利和义务。基本权利作为法律的价值判断，应得到尊重和准守。司法机关在运用简单法的过程中，应尊重基本权利的价值判断，在解释简单法的原则、一般条款和不确定概念时应顾及基本权利中包含的价值。这被称为基本权利的间接效力理论。在整个基本权利的体系中，《基本法》第 9 条第 3 款规定的劳动结社自由首先被认为指向国家，对国家具有约束力，但同时"它也具有对私法交往的直接效力。如《基本法》第 9 条第 3 款第 2 句所表明的那样，一方面，任何对劳动结社自由的限制，也就是任何对该基本权利的客观干预都是禁止的；另一方面，任何企图妨碍的尝试就已经违反了《基本法》第 9 条第 3 款，即使并没有在客观上导致对劳动结社自由的限制"[1]。

3. 劳动结社自由的内涵

(1) 个体劳动结社自由与集体劳动结社自由

劳动结社自由被称为双重基本权利，它既涵盖了个体所享有的权利，又涵盖了集体所享有的权利，分别被称为个体劳动结社自由和集体劳动结社自由。[2] 个体劳动结社自由是指个体成立劳动结社、加入劳动结社、保留在劳动结社中并参加活动的自由。集体劳动结社自由是指劳动结社本身所享有的存在和行为自由，涵盖两个方面：其一，状态保护。保护劳动结社的存在、内部组织机构的设置、团体意志的形成程序等。其二，行为保护。保护劳动结社以符合自身特性的方式为维护和促进劳动与经济条件而采取行动，包括但不限于进行集体谈判、从事劳动斗争行为等。具体哪些行为被涵盖在集体劳动结社自由保护下，必须在个案中分别确定。在此过程中，"维护和促进劳动与经济条件"这一目的性要求是最重要的标准。综上所述，德国法上的劳动结社自由所涵盖的不仅仅是围绕劳动结社的自由，还涵盖了个体从事结社安排的活动以及结社本身活动的自由。在一定程度上，它包含了结社权、集体谈判权、劳动斗争权等内涵。

---

[1] 〔德〕雷蒙德·瓦尔特曼：《德国劳动法》，沈建峰译，法律出版社 2014 年版，第 374 页。
[2] Vgl. G. Schwerdtfeger, Individuelle und kollektive Koalitionsfreiheit, Springer, 1981, S. 1 ff.

（2）积极劳动结社自由与消极劳动结社自由

劳动结社自由所保护的不仅是积极地成立、参加和留在劳动结社中并参加其活动的自由，而且也保护消极的结社自由。所谓消极的结社自由，是指"个体不加入劳动结社的自由，也就是保持无组织状态以及从劳动结社中再次退出来"[①]。一般认为，消极劳动结社自由仅能得到相对保护，"不是任何对加入工会者和未加入工会者进行区别处理都构成对基本权利的侵害；对基本权利侵害的前提更多是影响决定的、可感知的压力，以使劳动者决定加入劳动结社（加入施压）。"[②]在团体协议签订实践中，对会员和非会员的区分处理的合理性往往会涉及消极结社自由的保障问题。

三、德国工会的范畴及现状

（一）德国工会的范畴

工会是最重要的劳动结社。按照德国劳动法的主流观点和相关立法术语的使用，劳动者一方的劳动结社可能是法律意义上的工会（Gewerkschaft），也可能不是；具有团体协议能力和民主的内部结构的劳动结社才是工会，工会的构成要件比劳动结社的构成要件更多。[③] 由于法律对工会的特别保障以及工会的特殊地位，甄别是否是工会对司法实践和团体协议签订都具有前提性的意义。但是，德国并没有立法规定工会的要件，也没有工会成立登记制度。因此，关于工会的界定标准，更多源自司法实践和理论对《基本法》第9条第3款的运用和解释。

总结相关的论述和裁判实践可知，工会是由劳动者组建的劳动结社，它应当具有团体协议能力，自由成立、独立于对手和第三方并存在于工厂之外。它的结构必须独立到足以可持续地代表其会员在劳动和社会领域的利益。具体而言，必须具备如下条件才可以成为法律意义上的工会：其一，工会应是私法上的社团。作为私法上的社团，工会应当依据《民法典》和《社团法》的规则建立在人的自愿结合的基础上。据此，一些建立在公法基础上的行会、协会等，由于不属于私法上的社团，因此不能成为工会。关于结合的人数量，法律并没有规定，一般认为应当为2人以上。此外，按照主流意见，工会应在一定时间内持续存在，一时性的结合不能成为工会。其二，工会应当是劳动结社，也即工会必须以维持和

---

① 〔德〕雷蒙德·瓦尔特曼：《德国劳动法》，沈建峰译，法律出版社2014年版，第376页。
② 同上书，第377页。
③ Vgl. Franz Gamillscheg, Kollektives Arbeitsrecht, Band 1, C. H. Beck, 1997, S. 425.

促进劳动条件与经济条件为目的。这种目的可以体现在章程中，也可以体现在行为中；同时，工会不得追求政治目的。其三，工会应在组织、人事、财务等方面独立于雇主组织，独立于国家，独立于政党和教会。其四，工会应具有团体协议能力。团体协议能力是指缔结团体协议的资格。并不是所有劳动结社都具有团体协议能力，只有具备团体协议能力的劳动结社才是工会。团体协议能力制度的目的在于，保障那些具有足够社会力量和对抗力的劳动结社缔结团体协议，组织劳动斗争，并为同一产业内的劳动关系设定合理的劳动条件。在认定团体协议能力时，司法实践主要考虑劳动结社的社会能力。劳动结社的社会能力主要取决于其会员数量，但又不仅仅取决于此。一些小型工会组织的是关键岗位上的职务精英，如火车司机、飞行员等，尽管人数不多，但因为能够掌控关键岗位，司法实践也认可其团体协议能力。另外，如果劳动结社已经有效地缔结过一些团体协议，也可以成为其团体协议能力被认可的因素。在实践中，如果对一个组织体的团体协议能力发生争议，当事人可以向劳动法院提起诉讼，通过裁定确定该组织体是否具有团体协议能力。其五，工会应具有民主的内部结构，保障会员能够以适当的方式影响劳动结社意志的形成。

（二）德国工会的组织和法律形式

历史上，德国工会曾主要采取职业工会形态，也即将同一个职业的劳动者组织到一个工会中。二战后，德国工会在形态上多采取产业工会形式，也即被组织在一个工会里的是一个产业部类中的所有劳动者，无论其职业。近年来，一些专门工会或者部门工会得到发展，它将特定行业数量不多的职务精英组织起来，是一种职业工会形态，具有较强的谈判和团体协议能力。在法律形式上，德国工会多不登记，而是采取《民法典》中的无权利能力社团形式。在传统中，无权利能力社团比照适用合伙的规定，但在理论和实践发展中，工会这种无权利能力社团首先获得了主动和被动的诉讼能力，而且随着无权利能力社团制度本身的发展，其本身也被承认具有权利能力。

（三）德国工会的基本状况

目前，德国工会主要被组织在三个工会联合会中，也即德国工会联合会（DGB）、德国公务员联盟（DBB）、德国基督教工会联盟（CGB），另外还有一些诸如上述职务精英组织起来的单体工会。德国工会联合会是德国历史最悠久也是最大的工会联合会。截至2017年年底，其会员人数达到约600万人；联合在其下的包括建筑业、农业和环保产业工会，矿山、化学和能源产业工会，铁路和交通工会,教育和科学工会,五金产业工会,营养、餐饮和饭店业工会,警察工会,联合服务业工会等;其中,五金产业工会有会员约 230 万人。① 联合在德国公务员联盟下的工会会员有 128 万人(2014 年),联合在德国基督教工会联盟下的工会会员有 28 万人。2012 年,德国工会的入会率(工会会员数/依附性劳动者人数和失业者人数)为 20.2%,这一比例在历史上的峰值是 39.6%(1955 年)。②

四、德国雇主协会及其现状

由于单个雇主也可以签订团体协议,所以雇主联合会或者雇主协会的认定等问题就不像工会的界定那样迫切。在德国,雇主一般都联合在地区性协会中,这些协会多按产业原则成立,但也存在涵盖不同经济部类的协会。上述协会一般都按照《民法典》社团的规定而成立,往往都被登记为《民法典》第 21 条意义上的登记社团。地区性协会往往又联合组成联邦总会,最终,48 个专业总会和 14 个州雇主协会联合会组成德国雇主协会联邦联合会。③

第二节 团体协议法

一、团体协议的概念与功能

(一)团体协议的概念

团体协议(Tarifvertrag)是指"有团体协议能力的当事人之间调整双方权利和义务以及规范性地调整劳动条件和经济条件的合同"④。在概念上,团体协议更类似于我国的集体合同。但在德国法中,团体协议或集体合同(Kollektivvertrag)却是一个上位概念,它包含两种类型:本节的团体协议和将在下一节谈到的工厂协议(Betriebsvereinbarung)——雇主和工厂委员会达成的形式性合意。为准确表达有关制度的内涵,本书采纳团体协议这一表述。团体协议的一方当事人是工会,另一方当事人则可以是单个雇主或雇主联合会。根据雇主一方签订主体的不同,可以将团体协议区分为社团团体协议和企业(公司)团体协议。前者的雇

---

① Vgl. Waltermann, Arbeitsrecht, 19. Auflage, Verlag Franz Vahlen, 2018, S. 226.
② Vgl. Wolfgang Schroeder, Handbuch Gewerksschaften in Deutschland, Springer, 2014, S. 703.
③ Vgl. Waltermann, Arbeitsrecht, 19. Auflage, Verlag Franz Vahlen, 2018, S. 227.
④ 〔德〕雷蒙德·瓦尔特曼:《德国劳动法》,沈建峰译,法律出版社 2014 年版,第 395 页。Vgl. auch Zöllner/Loritz/Hergenräder, Arbeitsrecht, 7. Auflage, C. H. Beck. 2015, S. 473.

主一方的主体是雇主联合会,而后者的雇主一方的主体则是单个雇主。团体协议由两个私法上的主体——工会与雇主或雇主联合会通过合意而签订,并对二者具有法律上的约束力,这一点和普通私法上的合同并无实质差异。但是,团体协议又对签订者的成员具有规范约束力,可以直接并强制性地规定劳动者和雇主之间的劳动条件和经济条件,这一点有别于传统私法中的合同。这种特殊的效力结构并不妨碍很多学者主张团体协议是一种私的合同[1]、私法上的制度或者私法性的规范合同[2]。

(二)团体协议的功能

团体协议具有多方面的功能:其一,保护功能。劳动合同约定的劳动条件原则上不得低于团体协议的规定,由此实现团体协议保护劳动者的目的。其二,秩序功能。团体协议不仅安排劳动关系,而且安排同一产业内部共同的劳动条件,具有形成竞争秩序的功能。其三,分配功能。通过对劳动条件的规定,团体协议可实现对社会生产结果在不同参与者之间的分配。其四,和平功能。在团体协议有效期内,双方当事人均不得进行劳动斗争。此外,还有学者认为,团体协议具有卡特尔功能,它通过协议统一了劳动条件,在团体协议的有效范围内,自由市场受到了限制。[3]

在德国劳动法的传统中,团体协议是非常核心的劳动关系协调机制。近年来,由于团体协议自身的制度变化、产业结构的变化等原因,团体协议在劳动关系协调中的地位有所下降。尽管如此,在德国,社团团体协议因为其规范效力或者合同参引,覆盖了约50%的劳动者;企业团体协议覆盖了约10%的劳动者。[4]

二、团体协议的缔结、内容与终止

(一)团体协议的缔结与公开

团体协议由具有团体协议能力的工会和雇主或雇主联合会缔结。缔结团体协议的主体的前提是其具有团体协议能力,但具有团体协议能力并不意味着可以缔结任何团体协议。对此,在理论和实践中重要的问题是,哪个工会可以签

---

[1] Vgl. Zöllner/Loritz/Hergenräder, Arbeitsrecht, 7. Auflage, C. H. Beck. 2015, S. 482; Abbo Junker, Grundkurs Arbeitsrecht, 14. Auflage, C. H. Beck 2015, S. 279.

[2] Vgl. Preis, Arbeitsrecht/Kollektivarbeitsrecht, 4. Auflage, Verlag Dr. Otto Schmidt, 2017, S. 62.

[3] a. a. O., S. 64 ff; Abbo Junker, Grundkurs Arbeitsrecht, 14. Auflage, C. H. Beck 2015, S. 278. 另参见〔德〕雷蒙德·瓦尔特曼:《德国劳动法》,沈建峰译,法律出版社2014年版,第395页。

[4] Vgl. Abbo Junker, Grundkurs Arbeitsrecht, 14. Auflage, C. H. Beck 2015, S. 278.

订相应内容的团体协议？也即团体协议的主管问题。只有具有(空间、人员和专业)主管(zuständigen)资格的团体协议当事人才可以缔结相应的团体协议，这是团体协议的生效要件。① 团体协议的主管根据劳动结社的章程来确定；在章程规定的主管范围冲突的情况时，由德国工会联合会负责解决并作出裁决。

团体协议的缔结和效力规则原则上适用法律行为的一般规则和理论。根据《团体协议法》第 1 条的规定，团体协议应采取书面形式，该书面形式是为了保障受约束的主体(劳动者和雇主)知悉该协议的内容，具有创设效力，违反形式要件的团体协议合意不具有法律约束力。雇主应将对其具有约束力的团体协议陈列在工厂的显著位置，但即使没有陈列，也不影响团体协议本身的效力。此外，在联邦劳动和社会部也设置有人人可以查阅的团体协议索引。

(二) 团体协议的内容

按照法律行为的规则，在主管权限范围内，当事人原则上可以自由约定团体协议的内容。从实践来看，团体协议可以是一揽子团体协议，规定一般性的劳动条件，如劳动时间、工资或薪金群组的划分、休假、解雇期限以及解雇原因等，也可以是规定特定事项的团体协议，如工资或者工时等。对团体协议的内容而言，理论和实践中的一个重要问题是，通过团体协议可以调整的事项范围如何确定？与此相关但又不完全相同的是劳资自治(Tarifautomonie)的范围。劳资自治调整的范围是劳动结社可以就那些事项采取行动；而团体协议调整的事项范围是，工会和雇主或雇主联合会可以就哪些事项订立团体协议并产生规范效力。由于劳动结社可采取的行动不仅是缔结团体协议，也由于团体协议的规范效力源自《团体协议法》的特殊认可，因此原则上团体协议应在劳资自治的范围内缔结，但相对于劳资自治的范围它又受到一定的限制。从《基本法》第 9 条第 3 款的规定来看，劳资自治的范围主要受到"保障与促进劳动条件和经济条件"这一目的限定，超越这一目的的活动不属于劳资自治的范围，也不能通过团体协议调整。例如，企业的生产和投资决定就不属于团体协议可以规定的事项范围。除基于劳资自治范围而受到的限制外，由于团体协议的规范效力源自《团体协议法》这一简单的赋予，因此它还受到宪法和其他法律的进一步限制，违反强行法和基本权利规范的团体协议无效。

(三) 团体协议的终止

团体协议可以因期限届满而终止，也可以因为当事人合意解除或者用新团

---

① 参见〔德〕雷蒙德·瓦尔特曼：《德国劳动法》，沈建峰译，法律出版社 2014 年版，第 417 页。

体协议替代旧团体协议而终止。作为持续性的法律关系,团体协议存在解除制度。首先,当事人可以约定团体协议解除的规则;其次,如果当事人没有约定,司法实践中一般认为可以提前3个月预告解除团体协议;最后,在非常极端的情况下,也可以特别解除(立即解除)团体协议。需要注意的是,团体协议终止后,并不必然丧失效力。

三、团体协议的效力

(一) 团体协议的债权效力与规范效力

团体协议首先调整的是缔结者之间的权利和义务,同时它还对缔结者的成员等具有相当于法律规范的效力。前者被称为债权效力,后者被称为规范效力。债权效力约束的是工会和雇主或雇主联合会,据此,工会和雇主或雇主联合会承担和平义务和实施义务,也即在团体协议有效期内,双方当事人不得进行劳动斗争,并有义务避免妨碍团体协议实现,以及积极采取措施保障成员实际履行团体协议。除此之外,当事人还可以约定其他债权性义务,如建立争议仲裁或调解机构等。违反债权效力义务的,应对对方承担违约损害赔偿责任。对团体协议来说,最特别的效力是规范效力,团体协议中涉及劳动关系的内容、协议的缔结和终止、工厂问题、工厂组织法上的问题、团体协议当事人共设机构等的规范具有法律规范的效力。其中,涉及工厂问题的规范是指使雇主承担有利于工厂中全体劳动者或者劳动者群体的义务的团体协议规范;涉及工厂组织法上问题的规范是指涉及工厂组织法上的事务,如工厂组织机构、工厂委员会的权限等的团体协议规范。

(二) 团体协议规范效力的生效方式

具有规范效力的团体协议的内容对团体协议当事人——工会和雇主或雇主联合会的成员具有直接且强制的效力,劳动合同当事人不得通过个别约定排除或者限制团体协议的效力。所谓直接效力,是指团体协议的规范性内容无须通过劳动合同等的转化,直接依法在当事人之间发生效力;所谓强制效力,是指劳动关系当事人的约定原则上不得背离团体协议的规范性内容,否则无效,并直接适用团体协议的规定。但是,团体协议规范内容的强制效力受到两方面的限制:其一,有利原则。按照《团体协议法》第4条第3款的规定,允许个别劳动合同对团体协议作有利于劳动者的变更。在理论和实践中,对有利原则而言,重要的是判断何为对劳动者有利。在此过程中,"主流学说和判决一致认为,不是去比较单个规定,而是要分别比较结合在一起的规则"[①]。其二,开放条款。所谓开放条款,是指团体协议的缔结者在团体协议中规定的劳动者和雇主可以排除的条款。对于开放条款,劳动关系双方的约定优先于团体协议规定。

(三) 团体协议的后续效力与继续效力

团体协议的后续效力,是指团体协议到期后继续具有约束力,除非被其他约定所替代。团体协议的后续效力是为了避免团体协议到期后决定当事人之间权利和义务的规则依据出现断档期。这种后续效力依法发生,具有直接效力,但不具有强制效力。任何性质的规则,包括劳动合同约定、工厂协议规定等都可以排除该后续效力。团体协议的继续效力,是指当事人退出签订团体协议的工会或者雇主联合会后,团体协议的规范性内容继续对其有效,直至团体协议本身终止或者团体协议调整的法律状况发生改变。后续效力是为了防止雇主通过退出协会以摆脱团体协议的约束。

(四) 团体协议的约束范围与效力竞合

团体协议的约束范围原则上按其规定来处理。在人的范围上,团体协议原则上约束的是其会员,对会员之外的人没有约束力。但是,会员之外的人可以通过劳动合同中的引入条款,将团体协议适用于合同当事人之间。在该约束范围规则下,可能会出现团体协议的约束力竞合,即劳动者和雇主同时处于多个团体协议的约束下,出现同一个劳动关系可以适用多个团体协议的情况。例如,当事人已经签订社团团体协议后又签订企业团体协议,或者当事人退出了旧协会而加入了新协会等。在出现团体协议竞合时,如果是新旧团体协议竞合,当事人没有约定的,则按照上述终止规则处理。在地域和人的范围问题上,主流理论和实践主张团体协议统一原则,即对一个劳动关系只能适用一个团体协议;具体适用哪个团体协议,一般遵循特殊性原则,即在经营、业务、人员、空间上关系紧密而特别的团体协议规范具有优先性。据此,在地域范围上,小范围团体协议的适用优先于大范围团体协议;如果无法确定哪个团体协议适应范围窄、属于特别规则,则按照多数原则,即适用将工厂中大部分劳动关系涵盖在内的团体协议。

(五) 团体协议多元

团体协议多元,是指"雇主的一个工厂或工厂部分被涵盖在两个(或多个)团体协议的效力范围内,并且只有雇主受两个(或多个)团体协议约束(因为组织从

[①] 〔德〕雷蒙德·瓦尔特曼:《德国劳动法》,沈建峰译,法律出版社2014年版,第432页。

属性或因为普遍约束宣告),对劳动者来说,只有一个团体协议基于团体协议约束而生效"的情况。① 不同于团体协议竞合的是,在此情况下,只有雇主受到两个(或多个)团体协议约束,劳动者仅受到一个团体协议约束。对于团体协议多元的情况,联邦劳动法院曾坚持只能适用一个团体协议的观点。但是,近年来,联邦劳动法院放弃了上述观点,认为"一个企业一个团体协议的原则可以被突破;在同一个企业中可以有多个团体协议同时获得适用"②。在多个团体协议均适用的情况下,企业中统一的劳动条件等如何协调依然是需要理论和实践进一步探讨的问题。

四、团体协议规范效力的正当性基础

(一) 问题与解决问题的早期努力

对团体协议制度来说,最大的理论挑战在于如何解释其对会员约束力的正当性基础:为何当事人不能对劳动条件作出比团体协议更差的约定?团体协议为何约束缔结时尚不是会员、后来才加入的劳动者?雇主退出协会后团体协议为何对其还有约束?团体协议终止后为何还有后续约束力?这些问题都不是传统的私人自治理论所能解释的。团体协议法发展过程中的重要任务之一就是对上述团体协议约束力的正当性基础进行合理性说明。为解决上述问题,早期曾出现有利于第三人的合同理论、团体协议共同体理论、代理理论、社团理论等不同的学说。③ 这些学说基本上都是在传统民法的制度框架下解释团体协议的约束力问题,但都未能在根本上解释团体协议约束力方面的特殊问题。

(二) 目前的理论现状

二战后,人们重新开始在《基本法》规定的劳动结社自由制度之下,结合法律行为的理论思考团体协议的约束力问题,并形成新的不同的学说。其中比较重要的观点如下:其一,会员身份合理性说明等学说(Lehr von der mitgliedschaftlichen Legitimation)。该观点认为,会员加入社团的行为导致社团通过合意确立的规则具有法律的强制约束力。④ 该观点除了观念上的不足外,⑤如团体协议实际上还具有秩序功能等,其最大的问题之一在于,无法解释劳动者或者雇主退出劳

---

① 参见〔德〕雷蒙德·瓦尔特曼:《德国劳动法》,沈建峰译,法律出版社2014年版,第446页。
② 同上书,第446页。
③ 同上书,第396页以下。
④ Vgl. Zöllner/Loritz/Hergenräder, Arbeitsrecht, 7. Auflage, C. H. Beck. 2015, S. 478.
⑤ Vgl. Franz Gamillscheg, Kollektives Arbeitsrecht, Band 1, C. H. Beck, 1997, S. 558 ff.

动结社后,团体协议依然对其有约束力的问题。其二,私法上的授权理论(privatrechtliche Delegationstheorie)。该观点认为,国家通过《团体协议法》将调整劳动关系的权力授予团体协议当事人。① 实践中,在很长一段时间内,联邦劳动法院等都遵循私法上的授权理论。② 而对该观点的批评意见是,调整劳动条件和经济条件本身就是《基本法》规定的劳动结社的权利,而不是国家通过《团体协议法》赋予劳动结社的权利。学者们认为,进入 21 世纪以来,联邦劳动法院已经放弃了该观点。③ 其三,双轨制效力学说。这种观点认为,"团体协议被证实是一个杂糅的产物。私人自治和法律设置在其中得到了统一。团体协议作为私法上协会之间的私法上的合同(法律行为)而成立,但却根据《团体协议法》第 1 条第 1 款而发展出了法律规范效果。"④也就是说,团体协议约束力基础是私人自治加国家承认。上述不同观点在解释团体协议约束力问题上各有一定的优势,讨论的共同出发点是对团体协议自治的承认以及《团体协议法》本身规定的制度内容,但同时也都存在一定的不足。从目前来看,双轨制效力学说具有更多的合理性。

五、团体协议的普遍约束宣告

(一) 普遍约束宣告制度的创设原因

如上所述,团体协议原则上仅对会员具有约束力。但是,从团体协议的理念来说,一方面,一般认为团体协议能创设较为合理的劳动条件;另一方面,不受团体协议约束的雇主可能会因为提供较差的劳动条件而获得市场竞争中的优势。为了解决此类问题,德国《团体协议法》创设了团体协议普遍约束宣告(Allgemeinverbindlicherklärung)制度。根据团体协议普遍约束宣告制度的要求,本不受团体协议约束的劳动者和雇主也将受到该团体协议的约束。联邦劳动法院认为,普遍约束宣告是一种独立类型的法律规则创设行为。

(二) 普遍约束宣告制度的适用

1. 实体条件

根据《团体协议法》第 5 条第 1 款的规定,在公共利益要求时,可以申请对团

---

① 参见〔德〕雷蒙德·瓦尔特曼:《德国劳动法》,沈建峰译,法律出版社 2014 年版,第 399 页。Vgl. auch Preis, Arbeitsrecht/Kollektivarbeitsrecht, 4. Auflage, Verlag Dr. Otto Schmidt, 2017, S. 231 ff.
② 同上书, S. 231.
③ 同上书, S. 234.
④ 〔德〕雷蒙德·瓦尔特曼:《德国劳动法》,沈建峰译,法律出版社 2014 年版,第 403 页。

体协议进行普遍约束宣告。一般情况下,如果团体协议在其效力范围内对建构劳动条件具有重要意义,或针对经济的不利发展为保障团体协议规范设定的有效性要求时,则原则上认为满足了公共利益所要求的进行普遍约束宣告的条件。《团体协议法》第5条1a款规定了对涉及共设机制的团体协议进行普遍约束宣告的特殊规则。据此,为了保障共设机制功能的发挥,当团体协议调整的是通过共设机制针对休假、休假金、工厂养老照顾、学徒工资、超工厂的教育机构设置、雇员财富积累等事项缴纳费用或保障给付时,则可以对涉及该共设机制的团体协议进行普遍约束宣告。

2. 程序条件

普遍约束宣告依团体协议当事人的共同申请而启动。在共同申请基础上,联邦劳动和社会部在劳资委员会同意后可以进行普遍约束宣告。该委员会由联邦劳动和社会部从工会和雇主联合会全国最高组织建议名单中各选三名代表组成。在普遍约束宣告作出前,各利益相关者,如工会、雇主联合会等均可以在书面或者公开的口头交流中表达意见。如被涉及的州最高劳动主管机关对普遍约束宣告表示反对,则只有经联邦政府同意才可以作出普遍约束宣告。在公共利益要求的情况下,经劳资委员会同意,联邦劳动和社会部也可以撤回普遍约束宣告。联邦劳动和社会部可以在个案中授权相关州的最高劳动主管机关作出或者撤销普遍约束宣告。

(三) 普遍约束宣告的法律效果

经普遍约束宣告的团体协议,其具有规范效力的部分在其适用的空间和业务范围内对非协议签订者会员的劳动者和雇主也产生法律上的约束力,但团体协议的债权效力并不因普遍约束宣告而受到影响。

第三节 劳动斗争与调解法

一、团体协议签订争议的定性及其解决的基本思路

工会与雇主或雇主联合会就团体协议的签订无法达成合意时即发生团体协议签订争议。团体协议签订争议属于规则争议或利益争议,即形成规则并分配利益的争议,"在这种争议中,不同的利益冲突方通过创设事实上或法律上的规

则面向将来协调其之间的利益"①。利益争议的最终解决依赖于重新形成利益分配的规则。"利益争议的特点是法律没有规定解决问题的方案。"②在利益争议存在的前提是国家对团体自治的承认这一认识的基础上,利益争议的解决以及利益分配规则的形成在根本上还是要通过当事人之间的合意完成。据此,所有能促使当事人达成合意的制度都属于利益争议的解决机制;利益争议解决机制的最优目标在于促使当事人达成合意。以劳动斗争这种极端的形式为例,"其目的依然是缔结团体协议"③。在德国劳动法中,利益争议解决的最重要机制是劳资调解(Tarifliche Schlichtung)和劳动斗争(Arbeitskampf)。④

二、团体协议签订争议的调解

解决团体协议签订争议的基本方式之一是调解,即"通过和平对话方式,在团体协议双方当事人间居中调停,以实现一致的终止冲突的制度"⑤。团体协议签订争议的调解主要包括两种:合意调解(Vereinbarte Schlichtung)和国家调解(Staatliche Schlichtung)。

合意调解以双方当事人在团体协议中或者团体协议外所作的调解合意为前提。在团体协议实践中,许多工会和雇主联合会都签署了这样的调解协议,一旦签署了这样的协议或者团体协议中存在此类条款,则根据"最后手段原则",在"调解程序结束之前,劳动斗争措施是不被许可的"⑥。调解的具体程序由当事人约定,调解机构由双方当事人分别任命的人和一名中立的主席组成。调解机构调解的最理想目标是双方当事人达成合意,即达成新的团体协议;如果双方无法达成合意,则调解机构可以提出合意建议,该建议原则上没有法律约束力,除非双方当事人都对该建议表示同意或者双方当事人在调解前就表示接受该建议。

国家调解以《盟国管制委员会第 35 号法律:劳动争议和解和调解法》以及个别州颁布的调解法律为基础。"相对于合意调解,国家调解处于辅助性地位。"⑦

---

① Wolfgang Hromadka, Frank Maschmann, Arbeitsrecht, Band 2, Kollektivarbeitsrecht, Arbeitsstreitigkeiten, 5. Auflage, Springer, 2010, S. 548.
② Eduard Bötticher, Regelungsstreitigkeiten, in: Festschrift für Lent, 1957, S. 102.
③ Walterman, Arbeitsrecht, 19. Auflage, 2018, S. 280.
④ Vgl. Preis, Arbeitsrecht/Kollektivarbeitsrecht, 4. Auflage, Verlag Dr. Otto Schmidt, 2017, S. 373.
⑤ a. a. O.
⑥ Zöllner/Loritz/Hergenröder, Arbeitsrecht, 7. Auflage, C. H. Beck, 2015, S. 598.
⑦ a. a. O.

国家调解原则上并不是强制的，而是以当事人一致同意将团体协议签订争议提交有关国家调解机构为前提。有德国学者认为："强制性的国家调解违反了《基本法》第 9 条第 3 款劳资自治的规定和国家在团体协议签订争议上的中立原则。"[1]但是，在个别州的法律中存在强制调解。例如，"《巴登州劳动争议调解法》第 12 条第 2 款规定，在具有实质性公共意义（wesentlicher öffentlicher Bedeutung）时调解依职权发生。"[2]国家调解的机构由州当局设立，可以是一个调解员，也可以是包括一名主席和最多五名调解员组成的调解委员会。其启动以当事人均同意调解并将争议提交州当局为前提，由州当局将争议呈交调解委员会处理。国家调解程序的目的也是促使当事人达成合意。

三、劳动斗争的含义、表现形式及制度基础

（一）劳动斗争的含义

在团体协议签订的过程中，如果双方当事人无法达成合意并且不存在调解约定、当事人不愿意调解或者调解无法达成合意的，就可能会涉及劳动斗争问题。"劳动斗争是指雇主一方或者劳动者一方为了实现特定目的通过集体干扰劳动关系进行的施压行为。"[3]具体而言，劳动斗争是当事人通过集体干扰劳动关系，展示其力量，使其在集体谈判中被拒绝的请求得到满足。在我国，有些学者认为劳动斗争本身就是利益争议，但从德国学者的论述来看，劳动斗争被定位为一种利益争议解决机制，即"在世界范围内，当所有法律上已制度化的或传统的和平解决机制未能奏效时，均将通过劳动斗争解决该冲突"[4]。

（二）劳动斗争的表现形式

在德国，劳动斗争的具体表现形式非常多样：在劳动者一方，可以表现为罢工（Streik）、附条件的集体解除劳动合同（Massenändergungskündigung）、共同行使保留或者拒绝给付权、抵制、减少劳动给付（也称"怠工"，Bummelstreik）等；而在雇主一方，劳动斗争的基本手段表现为闭厂（Aussperrung）、共同行使保留或者拒绝给付权、抵制、歇业（Betriebsstilllegung）、拒付工资等，二者共同的特征

---

[1] Preis, Arbeitsrecht/Kollektivarbeitsrecht, 4. Auflage, Verlag Dr. Otto Schmidt, 2017, S. 375; Zöllner/Loritz/Hergenröder, Arbeitsrecht, 7. Auflage, C. H. Beck, 2015, S. 599.

[2] Zöllner/Loritz/Hergenröder, Arbeitsrecht, 7. Auflage, C. H. Beck, 2015, S. 599.

[3] a. a. O., S. 545; Wolfgang Hromadka, Frank Maschmann, Arbeitsrecht, Band 2, Kollektivarbeitsrecht, Arbeitsstreitigkeiten, 5. Auflage, Springer, 2010, S. 157.

[4] Walterman, Arbeitsrecht, 19. Auflage, Verlag Franz Vahlen, 2018, S. 277.

在于集体干扰劳动关系。就每一类劳动斗争而言,其表现形式又可以有很多种,如罢工,可以是总罢工、警告式罢工、浪潮式罢工等。另外,劳动斗争的形式也在不断创新过程中,如近年来出现的以快闪行动作为劳动斗争的手段等现象,引发了新的法律问题。

(三) 劳动斗争的制度基础

对劳动斗争作出明确规定的是《基本法》第 9 条第 3 款的规则:"本法第 12a 条、第 35 条第 2 款第 3 款、第 87a 条第 4 款以及第 91 条的措施不得针对第 1 句意义上的结社并维护和促进劳动与经济条件而进行的劳动斗争。"在《基本法》之外的其他制定法中,并没有关于劳动斗争的具体规则。也就是说,德国劳动斗争法的具体规则建立在习惯法或者法官法的基础上。①

四、劳动斗争的合法性判断

(一) 劳动斗争中的利益冲突

劳动斗争的正当性建立在《基本法》的基础上,但作为一种集体干预劳动与经济条件的行为,劳动斗争又必然和其他人利益发生冲突。从个别劳动法、侵权责任法和团体协议法的角度看,劳动斗争可能引发违反合同行为或侵权行为。首先,从个别劳动关系的角度,劳动斗争行为可能会违反因个别劳动合同产生的在劳动关系存续期间依照诚实信用原则为劳动给付或者提供劳动条件等的义务。其次,从团体协议的角度,"在团体协议有效期内,任何一方当事人不得通过劳动斗争手段试图变更团体协议"②。这种双方当事人都承担的义务被称为和平义务(Freidenspflicht),劳动斗争可能会导致对和平义务的违反。最后,劳动者的劳动斗争行为可能会干扰企业的正常运营,从而侵害雇主"对设立和运营中的营利企业的权利"(Recht am eingerichteten und ausgeübten Gewerbebetrieb),构成德国《民法典》第 823 条第 1 款规定的侵权行为。因此,劳动斗争虽然建立在《基本法》的基础之上,却时刻都可能触发其他责任规则。合法的劳动斗争,即在上述《基本法》的保障和其他法律的限制之间寻找平衡点。理论和实践的共识是:合法劳动斗争应得到法律的保护,应被豁免上述侵权责任法或者团体协议法上

---

① Vgl. Wolfgang Hromadka, Frank Maschmann, Arbeitsrecht, Band 2, Kollektivarbeitsrecht, Arbeitsstreitigkeiten, 5. Auflage, Springer, 2010, S. 151; Abbo Junker, Grundkurs Arbeitsrecht, 14. Auflage, C. H. Beck,2015, S. 321.

② Zöllner/Loritz/Hergenröder, Arbeitsrecht, 7. Auflage, C. H. Beck, S. 497.

的责任;但并不是任何形式的停工、闭厂等都属于合法劳动斗争。

(二) 认定合法劳动斗争的具体标准

劳动斗争涉及复杂的利益冲突,如何认定合法劳动斗争一直是德国劳动法中非常有争议的问题。根据主流观点,只有符合下述条件的劳动斗争才是合法的劳动斗争:①

1. 劳动斗争由具有团体协议能力的当事人领导

所谓具有团体协议能力的当事人,对劳动者一方来讲,主要是指工会;而对雇主一方而言,则可以是单个雇主,也可以是雇主联合会。因为德国存在企业团体协议和社团团体协议之分,企业团体协议的当事人是单个雇主和工会;而社团团体协议的当事人是工会和雇主联合会。不由工会领导的罢工是不被允许的。② 这是因为"违反根据劳动合同承担的劳动义务而通过劳动斗争的形式改善劳动条件是自由在结社权的保护下才是允许的"③。但是,对于一开始未经有团体协议能力的当事人发动的劳动斗争,如果后来为有团体协议能力的主体所接管和领导,则从接管的那一刻起,劳动斗争行为即合法化。

2. 劳动斗争的目的是订立团体协议

劳动斗争的目的在于建立不违反法律规定的团体协议规则。因此,追求订立团体协议目的之外目的的劳动斗争,如政治性的劳动斗争(Politischer ArbeitsKampf)、④游行示威性的劳动斗争(Demonstationsarbeitskämpf)⑤、同情性的劳动斗争(Sympathiearbeitskämpf)⑥以及为了特定劳动者在个别劳动合同关系中的利益而进行的罢工,都是不被允许的。

3. 遵守和平义务

依法签订的团体协议对签订合同的工会和雇主或者雇主联合会具有债权效力。这种效力的基本内容之一就是和平义务,即在团体协议有效期或者没有被解除前,任何一方当事人不得发动劳动斗争。和平义务在当事人没有特别约定

---

① Vgl. Zöllner/Loritz/Hergenröder, Arbeitsrecht, 7. Auflage, C. H. Beck, 2015, S. 558 ff.; Wolfgang Hromadka, Frank Maschmann, Arbeitsrecht, Band 2, Kollektivarbeitsrecht, Arbeitsstreitigkeiten, 5. Auflage, Springer, 2010, S. 167 ff.

② Vgl. BAG AP Nr. 32,41,58,106 zu Art. 9GG Atbeitskampf.

③ Zöllner/Loritz/Hergenröder, Arbeitsrecht, 7. Auflage, C. H. Beck, 2015, S. 573.

④ 指追求实现政治目的的劳动斗争。

⑤ 指以游行示威的方式进行的劳动斗争。其违法性的根源是"无论何种形式的意见表达,都不能以合同相对人的利益为代价"。

⑥ 指为了声援其他劳动斗争者而进行的劳动斗争。在同情性劳动斗争中,由于斗争者并不是要和被斗争者签订集体合同,被斗争者也没有能力实现斗争者的斗争目的,因此该劳动斗争是不被许可的。

时表现为相对和平义务,也就是双方当事人仅仅承担不针对已建立的团体协议规则进行劳动斗争的义务,但是对团体协议没有调整的事项,可以进行劳动斗争;如果对于所有事项在团体协议有效期都禁止劳动斗争,则存在绝对和平义务。绝对和平义务以团体协议有明确约定为前提。如果当事人之间存在和平义务,则任何一方不得发动劳动斗争。

4. 没有违反过度禁止

过度禁止(Einhaltung des Übermaßverbots)主要包含两方面内容,即必要性原则(Grundsatz der Erforderlichkeit)和比例原则。必要性原则也称"最后手段原则"(ultima-ratio-Prinzip),该原则要求"谈判的可能性和团体协议所规定的调解机制都已被用尽,只有在上述途径都被拒绝后才可以进行劳动斗争"①。比例原则要求,斗争的手段和斗争的目的必须成比例,特别是劳动斗争的地域、时间等都不应该过度。也有学者主张分别探讨这两个原则,没有必要将其归入一个规则之下。②

5. 其他条件

除上述合法劳动斗争的一般要求外,根据劳动斗争的不同类型,如是进攻性劳动斗争还是防御性劳动斗争等,还存在其他具体认定合法劳动斗争的前提。此外,在以社团为当事人进行的劳动斗争中,发动劳动斗争往往还需要经过社团内部的决策程序,尽管也有学者认为这种内部决策程序并不影响劳动斗争本身的合法性。

五、劳动斗争的法律效果

(一) 合法劳动斗争

合法劳动斗争最重要的法律效果是排除了参加者不履行劳动关系中主给付义务的违约以及侵权责任等。在德国,在合法劳动斗争期间,当事人劳动关系中的主给付义务,即劳动者的劳动给付义务和雇主的劳动报酬支付义务均中止。因此,雇主不得以劳动者不履行主给付义务为由而主张解除劳动关系。但是,在劳动斗争期间,劳动关系项下的一些从给付义务,如保护义务等可能会继续存续。在罢工期间,响应工会号召参与罢工的劳动者往往会从工会罢工基金等中

---

① Zöllner/Loritz/Hergenröder, Arbeitsrecht, 7. Auflage, C. H. Beck, 2015, S. 573.
② Vgl. Wolfgang Hromadka, Frank Maschmann, Arbeitsrecht, Band 2, Kollektivarbeitsrecht, Arbeitsstreitigkeiten, 5. Auflage, Springer, 2010, S. 176 ff.

获得一定的工资损失补偿。

比较特别的问题是,在合法劳动斗争期间愿意继续工作的劳动者的地位问题。具体而言,如作为罢工的应对措施,雇主采取了闭厂这一手段,则有工作意愿的劳动者和雇主间的主给付义务也被中止;如雇主没有采取闭厂措施,有工作意愿的劳动者继续工作,则可以得到正常报酬;如因罢工导致雇主停业,并且雇主已向劳动者明确作出停业表示,则在停业范围内雇主不存在受领迟延,有工作意愿的劳动者也不能获得劳动报酬;如因罢工导致生产秩序混乱,无法生产,则有工作意愿的劳动者也应承担工资丧失的风险。至于劳动者一方应承担多大的工资丧失风险,劳动法院考虑的基本标准是必须保障谈判对等原则不因此受到影响。

(二) 非法劳动斗争

对工会或者雇主一方来说,非法劳动斗争可能因违反团体协议中的和平义务而产生损害赔偿责任。就个别劳动关系而言,参与非法劳动斗争不能排除不履行劳动关系中的主给付义务而产生的违约或者侵权责任,对方当事人还可以行使特别解除权。

第四节 工厂层面的劳动者参与决定制度

一、劳动者参与决定的不同层面

在长期发展过程中,德国形成了双轨制的劳动者参与决定制度——企业层面的参与决定(Unternehmensbezogene Mitbestimmung)与工厂层面的参与决定(Betriebliche Mitbestimmung),"一方面是通过工厂委员会(Betriebsrat)、欧洲工厂委员会和代言人委员会进行的参与决定,另一方面是通过在监事会、董事会或执行机构中的劳动者董事实现的参与决定"[1]。这两种参与决定的区分立足于工厂(Betrieb)和企业(Unternehmen)这一对概念的区分。在内涵上,"Betrieb 可理解为企业主(Unternehmer)通过它运用物质和非物质手段,投入人的劳动力直接追求生产技术目的推进的组织体;与此不同,Unternehmen 则是企业主追求较远经济或非经济目的的组织体。Betrieb 可服务于一个

---

[1] Wolfgang Hromadka, Frank Maschmann, Arbeitsrecht, Band 2, Kollektivarbeitsrecht, Arbeitsstreitigkeiten, 5. Auflage, Springer, 2010, S. 217.

Unternehmen,这样 Betrieb 和 Unternehmen 就是同一经营组织体的不同侧面；但是一个 Unternehmen 也可以由多个在组织上互相紧密结合的 Betrieb 组成。"①工厂和企业在概念上的根本区别在于,工厂是生产技术统一体,而企业是经济统一体。

这两种参与决定的内容区分表现为,企业层面的参与决定的基本内容是,劳动者选出利益代表参加到大企业、矿山及五金企业等特定企业的监事会并享有同等经营决策权利,同时可以选出一名劳动者董事。而工厂层面的参与决定主要体现为,在通常情况下雇佣超过五名劳动者的工厂可以建立工厂委员会等,并通过工厂委员会等参与决定。也就是说,企业层面的参与决定是发生在企业机构内部意思形成中的参与决定,②而工厂层面的参与决定则在企业组织及其受托人之外发挥作用。③

在教科书的体例上,一般地,工厂层面的参与决定被认为是劳动法上的制度、放在劳动法中讨论,而企业层面的参与决定有时被认为是公司法上的制度,放在公司法中研究。这种体例安排,往往会导致人们忽视参与决定的其中一个层面。本书分两节分别讨论上述两个层面的参与决定制度,本节主要讨论工厂层面的劳动者参与决定制度。

二、工厂层面劳动者参与决定制度的形成与组织形式

19 世纪中叶以后,随着德国工业化、市场化、企业巨型化等现象的出现,如何实现企业内部管理的合理化,维护劳动者在企业内部的利益,防止企业主的恣意和专断,成为日益突出的问题,劳动者参与管理的思路开始出现。④ 1890 年,威廉二世在"二月谕令"中提出了劳动者选举代表参与共同事务调整的思路,该思路在 1891 年《帝国营业条例》中得以落实。据此,"雇主有义务在颁布劳动规章前听取全体(成年)劳动者或事实上存在的工人委员会的意见。"⑤劳动者参与管理的制度初现雏形。"1920 年 2 月 4 日《工厂委员会法》规定了劳动者和职工

---

① Waltermann, Arbeitsrecht, 19. Auflage, Verlag Franz Vahlen, 2018, S. 34; Preis, Arbeitsrecht/Indiviaualarbeitsrecht, 5. Auflage, Verlag Dr. Otto Schmidt, 2017, S. 74.

② Vgl. Wolfgang Hromadka, Frank Maschmann, Arbeitsrecht, Band 2, Kollektivarbeitsrecht, Arbeitsstreitigkeiten, 5. Auflage, Springer, 2010, S. 217.

③ a. a. O.

④ Vgl. Hermann Reichhold, Betriebsverfassung als Sozialprivatrecht, C. H. Beck, 1995, S. 83 ff.

⑤ Krause, Gewerkschaften und Betriebsräte zwischen Kooperation und Konfrontation, in RdA, 2009, S. 129.

在工厂中的代表,赋予他们的任务是协同建构企业秩序。"[①]二战后,纳粹时期被废止的参与管理制度得以恢复。1952年,德国制定新的《工厂组织法》,该法后经1972年和2001年两次修改,得到进一步的完善。

目前,在工厂层面上,劳动者参与决定可以通过各种劳动者的意见表达途径或利益代表机构来实现,利益代表机构包括但不限于工厂委员会、工厂大会(由工厂中所有劳动者、雇主以及在工厂中代表工会的受托人等组成)、总工厂委员会(在具有多个工厂委员会的企业,由各工厂委员会委派的代表组成)、康采恩工厂委员会(由总工厂委员会在《股份公司法》第18条第1款意义上的康采恩中设立)、青年代表机构、学徒代表机构以及严重残疾人代表机构等。在上述机构中,最重要的是工厂中的劳动者选举出的利益代表组成的工厂委员会,就实现工厂层面的劳动者参与管理而言,它具有核心和基础性意义。

鉴于公共机构的特殊性,根据《工厂组织法》第130条,该法不适用于联邦、州、市镇以及其他公法实体、机构和基金会的行政机关或工厂。因此,在私有经济企业中工厂层面的劳动者代表机构——工厂委员会之外,公共服务领域的劳动者参与决定制度得到独立发展。具体在制度上,联邦行政机构的劳动者参与决定适用《联邦人事代表法》,各州也制定了自己的人事代表法。在上述公共机构中,劳动者参与决定通过人事委员会(Personalrat)实现,以办公机构(Dienststellen)为单位设置。在具体规则上,上述人事代表法深受《工厂组织法》的影响,但劳动者一方的参与决定权限以参与为主,参与决定的权限非常罕见。长期以来,公共机构的劳动者参与决定制度更多被认为属于公法领域,关于人事代表问题发生的争议也是通过行政诉讼途径解决。考虑到人事代表制度的特殊性,下文将不再具体介绍。

三、工厂层面的劳动者参与决定制度的功能定位

(一)保护功能

参与决定制度在劳动法上产生的重要背景是,在劳动生活领域,劳动者加入到雇主的生产组织中,相对于雇主而言处于结构性的力量低下状态。因此,为了防止雇主决策时的恣意,需要在雇主决策过程中加入劳动者的意志和意见。"参与决定的目的是,在作出直接涉及劳动者的措施,或在作出虽间接涉及劳动者但

---

① 〔德〕雷蒙德·瓦尔特曼:《德国劳动法》,沈建峰译,法律出版社2014年版,第35页。

或早或晚可能对劳动条件等产生影响的措施时,保护劳动者的利益。"①这种保护劳动者利益的功能被德国学者认为是工厂委员会和其他利益代表最重要的任务。② 在此需要注意的是,尽管在客观上劳动者参与决定限制了雇主的决策自由,但德国学者认为,"限制经营者的权利本身并不是参与决定的目的"③。它仅仅是在实现保护功能等时的副产品。

（二）均衡功能

在工厂组织中,相对于雇主,劳动者的利益是一致的;但不同劳动者群体之间的利益却并不总是相同。例如,有的劳动者希望增加工资,有的劳动者希望更多的工作时间。在裁员的情况下,当人数确定时,哪些劳动者应该留、哪些应该去等,这些问题不仅涉及雇主的决策自由问题,也涉及不同劳动者之间的利益均衡。这种利益均衡主要通过劳动者参与管理机构的选举以及内部表决等程序实现。所以,德国学者认为:"对建立在多人合作基础上的劳动参与机构,相对雇主而言重要的是,既要实现劳动者之间分歧利益的互相均衡,又要实现其共同的确定利益。"④参与管理对劳动者内部的利益均衡"不仅表现在通过一个工厂中的工厂委员会进行的参与决定中,而且表现在总工厂委员会和康采恩工厂委员会对不同工厂和企业的劳动者的利益协调中"⑤。

（三）公共福利功能

尽管理论界存在不同意见,⑥但联邦德国宪法法院认为:"通过制度性参与决定所追求的不仅仅保护纯粹的群体利益,其合作和融合也具有一般社会政策意义;参与决定在政策上确保着市场经济,因此也是妥当的。在这一意义上,参与决定也服务于公共福祉。"⑦

---

① Wolfgang Hromadka, Frank Maschmann, Arbeitsrecht, Band 2, Kollektivarbeitsrecht, Arbeitsstreitigkeiten, 5. Auflage, Springer, 2010, S. 216.
② Vgl. Franzen Gamillscheg, Kollektives Arbeitsrecht, Band 2, Betriebsverfassung, 2008, S. 22.
③ Wolfgang Hromadka, Frank Maschmann, Arbeitsrecht, Band 2, Kollektivarbeitsrecht, Arbeitsstreitigkeiten, 5. Auflage, Springer, 2010, S. 215.
④ Guether Wiese, Zum Zweck des Betriebsverfassungsrechts im Rahmen der Entwicklung des Arbeitsrecht, in: FS für Kissel, 1994, S. 1274.
⑤ Franzen Gamillscheg, Kollektives Arbeitsrecht, Band 2, Betriebsverfassung, C. H. Beck, 2008, S. 29.
⑥ Vgl. Volker Rieble Hsg, Zukunft der Unternehmensmitbestimmung, ZAAR Verlag, 2004, S. 19.
⑦ 参见联邦德国宪法法院 1979 年 3 月 1 日判决,1BvR532/77u. a.,载《联邦宪法法院判决集》第 50 卷,第 365 页。

四、工厂委员会制度

(一) 工厂委员会的法律属性、职责及其实现

工厂委员会是由具有选举权的劳动者选举的代表组成的、在工厂中代表劳动者(不包括《工厂组织法》第5条第2、3款意义上的高级雇员等)利益的机构。从法律属性看,工厂委员会不是法人,仅在法律规定其享有权利和承担义务的范围内具有部分权利能力,在《劳动法院法》规定的相应裁决程序中它可以成为诉讼当事人。工厂委员会应和雇主在遵守有效团体协议的基础上,在工会的协助下,为劳动者和工厂的福祉而充满信任(vertrauensvoll)地合作。

根据《工厂组织法》第80条的规定,工厂委员会主要承担如下职责:(1)监督有利于劳动者的现行法律、条例、事故保护规定、团体协议和工厂协议的执行;(2)要求雇主实行服务于工厂和职工的措施;(3)促进男女事实上平等的贯彻,特别是在入职、雇佣、培训、继续教育、进修以及职业升迁等方面;(4)促进家庭和职业活动的可协调性;(5)接受劳动者以及青年代表机构和学徒代表机构的动议,在动议看起来合理时,通过与雇主的谈判谋求实现它,并向相关劳动者报告谈判的状况和结果;(6)促进严重残疾人以及其他特别需要保护者的融入;(7)准备和落实青年代表机构和学徒代表机构的选举,与其紧密合作促进第60条第1款规定的劳动者的利益,其间青年代表机构和学徒代表机构可以督促它提出建议或表明态度;(8)促进老年人在工厂中的雇佣;(9)促进外国工人在工厂中的融入以及他们与德国工人之间的相互理解,并可要求雇主采取措施对抗工厂中的种族主义和排外行为;(10)促进和保障工厂中的雇佣;(11)促进劳动保护措施和工厂环境保护措施。

工厂委员会实现上述职责的重要机制是行使参与决定权。"工厂委员会参与权具有不同的强度,它们被整理为一个层级体系(Stufensystem)。在总体上可区分为参与作用权(Mitwirkungsrechte)和参与决定权(Mitbestimmungsrechte)。"[1]参与作用权具体体现为知情权、听证和建议权、质询权等,但这些权利对雇主作出决定都不具有决定意义,尽管它可能会给雇主带来其他不利法律后果。参与决定权的特点在于,如果未经工厂委员会同意,则雇主不能作出有效决定,除非所谓的和解机构以其裁决替代该工厂委员会的同意。在特定情况下,工厂委员会甚

---

[1] Waltermann, Arbeitsrecht, 19. Auflage, Verlag Franz Vahlen, 2018, S. 331.

至享有积极提出动议的权利,此时雇主必须根据工厂委员会的动议而行动。至于工厂委员会在哪些事项上享有参与决定权,哪些事项享有参与作用权,首先取决于法律的列举,其次团体协议等也可以对此进行约定。总体上来说,对于《工厂组织法》第 87 条规定的社会事务,工厂委员会都具有参与决定权;在人事事务上,"对于人事问卷调查的安排(《工厂组织法》第 94 条第 1 款),一般评判原则的设立(《工厂组织法》第 94 条第 2 款),以及入职、调岗、分组和解雇时的人员挑选准则(《工厂组织法》第 95 条),工厂委员会享有具有约束力的真正的参与决定权"[1]。对此外的其他事项,工厂委员会享有的多为参与作用权。

(二) 工厂委员会和工会的关系

德国在历史发展中形成了工会和工厂委员会并存的二元制劳动者利益代表机制。在工厂委员会形成的初期,国家对工会采取打压态度,试图以工厂委员会这种合作式的劳动者利益代表机制代替工会;[2]而工会担心因此会出现另外一个代表劳动者利益的组织,削弱工会的地位,对工厂委员会制度持反对态度。[3]但是,在该制度的发展中,在工厂之外建立的工会发现可以通过工厂委员会在工厂内部发挥作用,同时雇主也意识到与工厂中劳动者利益代表合作的好处。因此,无论是雇主还是工会对工厂委员会的态度都发生了变化。

在现行法中,工会和工厂委员会属于各自独立存在的法律机制,工会和工厂委员会的关系主要体现在如下方面:从形式上看,工会原则上在工厂之外设立,而工厂委员会则设置在工厂中;从组织结构上看,工厂委员会并不属于工会下属机构,不用遵从工会的指示或者决定,而工会的任务,尤其是其维护成员利益的职责也不受《工厂组织法》的影响;从行动取向上看,工厂委员会承担着与雇主充满信任的合作的义务,而工会则不是。在各自独立的同时,工会和工厂委员会也存在合作关系。[4] 首先,《工厂组织法》第 2 条第 1 款原则性地提出,工厂委员会和雇主"在工厂中代表的工会的协助下"为劳动者和工厂的福祉而充满信任地合作。其次,在具体制度上,也可以看到工会和工厂委员会之间的协作以及工会对工厂委员会的支持。例如,在工厂委员会选举中,在工厂中代表的工会可以提出选举建议;可以在工厂委员会选举委员会中派驻无投票权的受托人;在工厂委员

---

[1] Waltermann, Arbeitsrecht, 19. Auflage, Verlag Franz Vahlen, 2018, S. 343.
[2] Vgl. Däubler, Gewerkschaftsrechte im Betriebe, 11. Auflage, Nomos, 2009, S. 45.
[3] Vgl. Krause, Gewerkschaften und Betriebsräte zwischen Kooperation und Konfrontation, in: RdA,2009, S. 129.
[4] Vgl. Däubler, Gewerkschaftsrechte im Betriebe, 11. Auflage, Nomos, 2009, S. 60.

会任期届满 8 周后依然没有任命选举委员会时,可以申请法院任命选举委员会;对工厂是否符合设立工厂委员会有争议时,可以提请劳动法院裁决;在工厂委员会选举存在瑕疵时,可以提请法院撤销该选举;可以申请法院开除严重违反职责的工厂委员会成员或解散工厂委员会;可以向法院申请要求雇主停止从事违反其义务的行为;在 1/4 工厂委员会成员要求时,可以参加工厂委员会会议。

(三) 工厂委员会设立的必要性

工厂委员会并不是必设机构。根据《工厂组织法》的规定,通常情况下,在雇佣 5 名以上具有选举权的劳动者并且其中 3 名具有被选举权的工厂中才可以设立工厂委员会,这是因为,在小工厂中劳动者可以和雇主直接交流和协商,劳动者并不愿意在自己和雇主之间插入一个利益代言者。另外,就 5 名以上劳动者的工厂而言,工厂委员会的设立也不具有强制性,由劳动者一方自主决定。这是因为,工厂委员会是劳动者的利益代表机构,如果劳动者没有意愿,法律根本无法强制设立工厂委员会。这种设置工厂委员会的任意性规则导致在实践中中小企业中工厂委员会的设立非常不普遍。在确定上述 5 名劳动者时,在工厂中工作超过 3 个月的派遣工也被计算在内,并且也享有组成工厂委员会时的选举权;非全日制劳动者也是按人头计算(而不是按工时折抵),并在工厂委员会的选举中享有选举权和被选举权。

(四) 工厂委员会的组成

工厂委员会成员由有选举权的劳动者选举的代表组成,任期 4 年,其组成人数为奇数,根据《工厂组织法》第 9 条按照工厂总人数规模来确定。例如,雇佣 5 至 20 名有选举权劳动者的工厂为 1 名,雇佣 21 至 50 名有选举权劳动者的工厂为 3 名,51 至 100 名劳动者的工厂为 5 名,雇佣 101 至 200 名劳动者的工厂为 7 名,等等。总体来说,工厂雇佣的劳动者越多,工厂委员会成员人数则越多;但随着工厂规模扩大,工厂委员会人数的增幅却有所下降。如雇佣 9000 名以上劳动者的工厂,每 3000 名增加 2 名工厂委员会成员。法律对工厂委员会成员的数量并没有上限限定。

工厂委员会成员的选举由选举委员会负责,而选举委员会原则上由即将任期届满的工厂委员会确定。工厂中年满 18 岁的劳动者均享有选举权,在工厂中工作满 3 个月的派遣工也享有选举权。在该工厂中工作满 6 个月的劳动者原则上享有被选举权,除非出现法律规定的被剥夺公法上选举权等例外情况。经一定数量劳动者或工厂中代表的工会推荐,具有被选举权的劳动者可以成为被选举人。工厂委员会成员应秘密并直接选举,一般应采取比例选举规则,只有在50人以下的小工厂中进行的简易程序选举中才可以适用多数选举规则。存在严重瑕疵的选举无效,三个选举权人、在工厂中代表的工会以及雇主均可以在选举结果公布之日起两周内向法院申请撤销有瑕疵的选举。

工厂委员会成立一周内,应从内部选举出主席和副主席,对外代表工厂委员会。9人以上工厂的工厂委员会可以选举组成常委会,100人以上工厂的工厂委员会还可以设立专门委员会。工厂委员会以会议形式决策,半数以上代表出席会议时方可作出决议。工厂委员会的活动经费由雇主承担。

(五)工厂委员会成员的权利和责任

工厂委员会成员不应因任职而得到更好或更差的待遇。工厂委员会成员只是名誉职位,没有报酬;但在参与工厂委员会活动期间,成员可免于劳动,并不得因此而被减少工资。在200人以上的工厂中,应按比例配备一定数量完全免于劳动的专职工厂委员会委员。工厂委员会成员有权参加为履行职责所必要的培训,并被视为参加工厂委员会活动。除必要的培训外,工厂委员会成员在任期内均有权带薪参加州最高劳动主管机关经商工会和雇主联合会后认为适当的教育和培训活动,期限为3周,首次担任工厂委员会成员的为4周。在任职和任职结束后6个月期间,工厂委员会成员享有特别解雇保护,其劳动关系解除应经工厂委员会同意或者经法院同意。

工厂委员会成员任职期间和离职后均应保守其所获得的工厂秘密。工厂委员会成员严重违反职责时,经工厂中代表的工会、1/4有选举权的劳动者以及雇主向法院提出申请,可以将其开除出工厂委员会。

五、工厂委员会参与决定的具体权限

(一)参与决定的领域

工厂层面的劳动者参与决定可以分为三个领域:社会事务(soziale Angelegenheiten)、人事事务(personelle Angelegenheiten)及经济事务(wirtschaftliche Angelegenheiten)。"社会事务是指劳动条件,虽然主要是指形式性劳动条件,但部分也涉及实质性劳动条件。形式性劳动条件调整的是给付和对待给付的类型和方式,涉及如何给付问题(Wie,劳动时间的开始和结束、工资的形式、劳动者的行为);实质性劳动条件调整的是给付和对待给付本身,涉及是否给付问题(Ob,

加班、缩短工时、计件工资及津贴)。"①尽管《工厂组织法》第 4 章第 3 节以"社会事务"为标题,但立法本身并没有对社会事务进行抽象界定,只是在《工厂组织法》第 87 条对强制参与决定的社会事务范围进行了列举。人事事务被区分为一般人事事务、职业教育和个别人事措施。一般人事事务是指"人事计划、招聘岗位公布、人事问卷、人事判断规则和人事选择准则"②,个别人事措施是指针对个别劳动者的入职(Einstellung)、分组(Eingruppierung)、调组(Umgruppierung)和调岗(Versetzung)等。工厂委员会对经济事务的参与非常有限。"劳动者在工厂层面上对经济事务的微薄参与主要适用两个规范的组合:《工厂组织法》第 106 至 110 条规定了为工厂内部信息目的而设立的经济委员会,《工厂组织法》第 111 条至 113 条赋予了工厂委员会在工厂变更(Betriebsänderung)时的参与决定权限。"③

(二) 工厂委员会参与决定的社会事务

社会事务是工厂委员会参与决定的最重要领域。根据《工厂组织法》第 87 条的规定,除非法律或者团体协议另有规定,工厂委员会对下列事项享有参与决定权,雇主只有经工厂委员会同意才可以采取措施,否则有关措施无效:(1) 工厂秩序和劳动者在工厂中的行为问题。(2) 每天工作时间的开始和终止,包括工间休息以及工作时间在各周内的分配。(3) 暂时缩短或延长工厂通常工作时间。(4) 劳动报酬支付时间、支付地点和支付方式。(5) 一般休假原则和计划的设置,以及当雇主和相关劳动者就单个劳动者休假时间状况不能达成合意时时间状况的确定。(6) 用以监控劳动者行为和给付的技术设施的引入和使用。(7) 工伤事故和职业病防治规则,以及法律规定或事故防止规定范围内的健康保护规则。(8) 在工厂、企业或康采恩范围内发挥作用的社会机构的形式、安排和管理。(9) 基于劳动关系存续而出租给劳动者的住房的分配和终止以及一般使用条件的确定。(10) 工厂工资的形态问题,特别是报酬原则以及新报酬计算方法的引入、使用、改变。(11) 计件工资标准、超额奖金标准以及类似的与给付相关的工资(包括每件工资)的确定。(12) 工厂建议制度的原则。(13) 实施群组劳动(Gruppenarbeit)的原则。除上述法定的必须参与决定的事务外,当事人

---

① Wolfgang Hromadka, Frank Maschmann, Arbeitsrecht, Band 2, Kollektivarbeitsrecht, Arbeitsstreitigkeiten, 5. Auflage, Springer, 2010, S. 369.
② Preis, Arbeitsrecht/Kollektivarbeitsrecht, 4. Auflage, Verlag Dr. Otto Schmidt, 2017, S. 557 ff.
③ Waltermann, Arbeitsrecht, 19. Auflage, Verlag Franz Vahlen, 2018, S. 348.

还可以就其他事项自愿安排参与决定。

(三) 工厂委员会参与决定的人事事务

工厂委员会对人事事务的参与决定分为三个具体领域:

其一,对一般人事事务的参与。主要包括如下方面:雇主应将工厂的人事计划,包括目前和将来的用工需求、人事措施等告知工厂委员会,并就拟采取措施的类型、范围等听取工厂委员会的意见,工厂委员会可以就人事计划及其实施提出建议。工厂委员会可以向雇主提出保障和促进雇佣的建议。工厂委员会可以要求雇主首先在工厂中公布相关岗位的需求。其中,工厂委员会享有决定意义的参与决定权的主要有两项:雇主发布人事问卷应经工厂委员会同意;雇主提出的入职、调岗、分组和解除等的准则应经过工厂委员会同意。

其二,对职业教育的促进。雇主和工厂委员会必须在工厂人事计划的框架内与职业教育或促进职业教育的机构合作,促进对劳动者的职业教育,并注意使劳动者能参与工厂内外的职业教育。应工厂委员会要求,雇主必须告知其职业培训需求,并与其就职业教育问题进行咨询,工厂委员会可以提出建议。雇主应就工厂中职业教育机构的设置、措施的引入以及工厂外职业教育措施的参与等征询工厂委员会意见。如果雇主打算引入导致劳动者活动改变以及职业技能无法满足任务需要的措施,则该引入必须经工厂委员会同意。如果工厂职业教育受托人不具备相应的能力或对完成任务漠不关心,工厂委员会可以反对该任命或要求召回此人。工厂委员会还可以就职业教育提出其他建议。

其三,对个别人事措施的参与决定。通常情况下在雇佣超过20名有选举权的劳动者的工厂中,雇主采取入职、分组、调组和调岗等个别人事措施前应告知工厂委员会,向其出示必要的材料,提供应聘人员信息,并告知其相关措施的影响,以征得工厂委员会的同意。在法定情况下工厂委员会可以拒绝同意。工厂委员会如拒绝同意,则应在一周内以书面形式告知雇主,并附以理由,否则视为同意。雇主在作出解雇决定时,应听取工厂委员会的意见并告知其理由,否则解雇无效。工厂委员会如对正常解雇有疑虑,则应在一周内通知雇主,并附以理由,否则视为同意;工厂委员会如对特别解除有疑虑,则应立即并最晚于3天内书面通知雇主。在需要时,工厂委员会可以听取劳动者意见。在法定情况下,如解雇违反了选择规则等,工厂委员会可以对正常解雇表示异议。在工厂委员会提出异议、劳动者提出解雇保护之诉并主张劳动关系未解除时,应劳动者要求,在解雇之诉结束前,雇主应继续以原劳动条件雇佣劳动者;除非出现法定情况并经法院同意,否则雇主必须雇佣该劳动者。工厂委员会和雇主也可以达成协议并规定,解雇必须经过工厂委员会同意。

(四)工厂委员会参与决定的经济事务

工厂委员会对工厂经济事务的参与非常有限。在通常情况下,雇佣超过100名劳动者的工厂应设立经济委员会,经济委员会就工厂经济事务为企业主提供咨询意见并将其告知工厂委员会。经济委员会只是一个信息沟通平台。在通常雇佣超过20名享有选举权的劳动者的工厂,工厂变更时工厂委员会拥有相对较大的参与决定空间。首先,企业主必须及时全面告知工厂委员会计划中的可能给职工或很大一部分职工带来实质性不利益的工厂变更,并就工厂变更听取其意见。其次,达成利益平衡。企业主和工厂委员会应就工厂变更进行利益平衡。如达成一致意见,应将其以书面形式记录下来并由双方签字。如就工厂变更无法达成利益平衡,企业主或者工厂委员会可以请求联邦劳动署执行委员会居间调解;如调解未果或者请求调解未果,任何一方均可诉诸和解机构;和解机构应推动二者达成合意。最后,形成社会计划。社会计划是平衡和减少计划中的工厂变更给劳动者带来的经济上不利益的协议。社会计划形成的前期过程与上述利益平衡一致。唯一不同的是,在推动达成合意的过程中,如果当事人之间无法达成合意,则和解机构可以作出对双方具有约束力的决议。

六、工厂协议

(一)工厂委员会与雇主之间合意的体现形式

在参与决定的过程中,如工厂委员会与雇主达成了合意,这种合意可以以两种形式表达出来:工厂协议(Betriebsvereinbarung)或工厂约定(Betriebsabsprachen,即规则约定(Regelungsabreden))。工厂协议是指雇主和工厂委员会之间达成的具有书面形式和规范效力的合意;工厂约定则是指二者之间达成的不具有书面形式和规范效力的合意。二者的差异首先表现在形式上,前者以书面形式为有效要件,并且应当公布,而后者则不用;其次体现在效力上,前者签订后对劳动者和雇主具有直接且强制的效力,而后者的落实必须由雇主通过私法上的机制如雇主指示、劳动合同等予以转化。尽管工厂协议和工厂约定都是工厂委员会参与决定的体现形式,但其中工厂协议具有核心且最重要的意义。

(二)工厂协议的签订和效力

工厂协议由工厂委员会和雇主以书面形式缔结,雇主有义务将工厂协议在工厂中适当位置公示。对于工厂委员会和雇主是否对劳动关系中的所有事项均具有缔结工厂协议的权限,理论界多持反对意见,①认为"工厂协议的客体仅限于工厂委员会必须参与决定的事项以及其他社会事务。"②但是,联邦劳动法院却认为所有劳动条件都可以成为工厂协议的调整对象,对工厂协议的限制仅仅是不得违反强行法和团体协议规定。

依法缔结的工厂协议对工厂中除高级雇员以外的劳动者,包括缔结时的劳动者和缔结后进入工厂的劳动者和雇主都具有强制且直接的效力,因此工厂协议和团体协议一样被认为属于规范合同(Normenvertrag),该效力也因此被称为规范效力。只有经工厂委员会同意,才可以不发生该效力。其中,所谓强制效力是指劳动合同或者雇主指示等不得违反工厂协议,但如果相关约定或指示有利于劳动者则可除外。③ 所谓直接效力是指工厂协议的约定无须通过劳动合同、雇主指示等转化就对劳动者和雇主具有约束力。工厂协议到期后依然具有后续效力,即属于法律规定的强制参与决定的内容依然具有直接约束力,直到它被其他协议所替代。

根据《工厂组织法》第77条第5款的规定,除非另有约定,当事人可以提前3个月通知解除工厂协议。

(三)工厂协议约束力的正当性基础

工厂协议由两个私的利益主体——工厂委员会和雇主签订,但它却对工厂中的所有劳动者具有强制且直接的效力,而且在工厂协议到期后被其他约定替代前依然具有约束力。如何从法教义学角度解释该约束力的正当性是现代劳动法的难题之一,逻辑上的最大障碍之一在于,工厂本身并不是一个社团,劳动者入职前可能不知道该工厂协议的存在等。大量的专业人士加入到解决该问题的讨论中,④并提出了各种不同意见。例如,有的学者认为,完全可以从法律行为的基本结构——私人意思自治为基础加国家对其约束力的承认出发论证工厂协议,工厂协议尽管以合同的形式缔结,但国家法律已认可其效力,它是一种私人

---

① 参见〔德〕雷蒙德·瓦尔特曼:《德国劳动法》,沈建峰译,法律出版社2014年版,第598页。
② Reinhard Richardi, Frank Bayreuther, Kollektives Arbeitsrecht, 2. Auflage, Velag Franz Vahlen, 2012, S. 25.
③ Vgl. Reinhard Richardi, Frank Bayreuther, Kollektives Arbeitsrecht, 2. Auflage, Velag Franz Vahlen, 2012, S. 257.
④ Vgl. Peter Kreutz, Grenz der Betriebsautonomie, C. H. Beck, 1979; Hermann Reichhold, Betriebsverfassung als Sozialprivatrecht, C. H. Beck, 1995; Waltermann, Rechtssetzung durch Betriebsvereinbarung zwischen Privatautonomie und Tarifautonomie, J. C. B. Mohr, 1996.

他治(Privatheteronom)的法律机制。① 而更多的学者则认为,它依然是一种私人自治机制,通过双轨制的模式,它完成了私人立法:"自治的私的法律设置者(在此就是工厂委员会和雇主)自我决定颁布私的规则——通过双方合意,并经国家赋予(对于工厂协议就是通过《工厂组织法》第77条第4款)该自治的私的规则以规范效力。国家的效力命令创设了统一法律秩序中国家法和私的规则之间的必要连接。"②

七、工厂层面的争议解决

（一）问题和解决路径

如上所述,工厂委员会参与决定的权限分为参与作用权和参与决定权,对于工厂委员会享有参与决定权的事项,未经工厂委员会的同意则雇主无法作出有效的决定,双方也无法达成工厂协议,并可能引发工厂层面的争议。这种争议一方面涉及利益的分配和新规则的达成,属于利益争议的范畴,按照传统做法无法通过司法机关裁判解决;另一方面,为了维护工厂和平,《工厂组织法》规定工厂委员会与雇主应当充满信任地合作,禁止在工厂中为缔结工厂协议发动劳动斗争,因此传统上劳动斗争这一最重要的利益争议解决机制也不能使用。在这种两难状况中,德国劳动法采取了强制和解的路径:"由于《工厂组织法》排除了劳动斗争的可能,所以在此需要一个强制性的调解程序,该程序可以作出对工厂委员会和雇主均有约束力的决议。"③承担此职责的是和解机构(Einigungstelle),"它的决定可以代替雇主和企业委员会之间的合意"④。

（二）和解机构及其程序

1. 和解机构的组成

对于工厂委员会有权参与决定的事项,在当事人无法达成合意时,应当成立和解机构。实践中在大部分情况下,和解机构都是临时机构,但也可以在工厂协议中安排常设性的和解机构,在团体协议中也可以规定用调解机构代替和解机构。和解机构由工厂委员会和雇主分别确定同等数量的人员以及一名作为主席的中立第三方组成;中立第三方由当事人双方合意选定,如无法选定则由法院任

---

① Vgl. Peter Kreutz, Grenz der Betriebsautonomie, C. H. Beck, 1979, S. 99.
② 〔德〕雷蒙德·瓦尔特曼:《德国劳动法》,沈建峰译,法律出版社2014年版,第596页。
③ Zöllner/Loritz/Hergenröder, Arbeitsrecht, 7. Auflage, C. H. Beck, 2015, S. 659.
④ a. a. O.

命。在当事人就和解机构的成员数量无法达成合意时,应由法院作出裁决。和解机构的费用由雇主承担。和解机构成员中属于企业职工的,不应因此获得额外报酬;不属于企业职工的,享有对雇主的报酬请求权;报酬数额由联邦劳动和社会部通过条例确定。

2. 和解机构的程序

和解机构成立后应立即开展工作。和解机构应首先促成和解。在和解不能时,和解机构应在开展口头咨询后,按照多数人的意见作出决议。在决议作出过程中,主席应先不投票;在无法形成决议时,主席应在进一步咨询各方后参与投票。作出决议后,应以书面形式记录,经主席签字后交付给雇主和工厂委员会。工厂协议也可以规定和解机构的工作程序。

在法律规定的工厂委员会必须参与决定的事项中,和解机构的工作因一方申请而启动,如果另一方不指派和解机构成员或者其成员经邀请不参与会议,则申请方和主席可以在公平衡量的基础上,考虑工厂的需要而作出决议。如果认为决议超过裁量限度,双方当事人都可以在决议送达后两周内申请法院撤销该决议。在非法定强制参与决定的事项中,和解机构只有经双方申请才可以启动。

3. 和解机构决议的效力

对法定必须经工厂委员会参与才可以作出而当事人无法达成合意的事项,和解机构的决议可以替代工厂协议,具有和工厂协议一样的对劳动者和雇主强制而直接的效力。对于非法定强制参与决定的事项,和解机构的决议并不能替代工厂协议,只有当事人双方事先约定遵守该决议或者事后决定接受该决议的,它才具有工厂协议的约束力。

第五节 企业层面的劳动者参与决定制度

一、制度的生成与发展

企业层面的劳动者参与决定制度在一战后逐渐形成,1920 年《工厂委员会法》规定,工厂委员会应向股份公司的监事会中派两名成员。二战后,特殊的契机进一步推动了该制度发展。当时德国煤钢等关键行业的企业都被盟国扣押,随后占领当局、工会和旧的所有人达成合意,由劳动者代表和股份所有人代表共同占有该企业,享有同等权利,并可以根据劳动者的建议在董事会中安排一名劳动者董事。1949 年德意志联邦共和国成立后,工会以总罢工相威胁,捍卫了该既已形成的企业层面上的参与决定格局。① 1951 年 10 月 11 日,《五金矿业产业参与决定法》将上述煤钢产业中的同等权利参与决定法律化并予以进一步扩张;此后,1952 年《工厂组织法》又规定了 500 人企业中的 1/3 参与决定制度,即企业监事会中应当包含 1/3 的劳动者代表;1976 年《参与决定法》规定了 2000 人以上的大企业中的劳动者同等权利参与决定制度;2004 年《三分之一参与决定法》替代了 1952 年《工厂组织法》中的有关规定,但未作实质性变动。至此,德国企业层面的参与决定的基本制度得以建立。此后,随着欧洲一体化的进行,德国境内的跨国企业即欧洲公司开始多见,《欧洲公司条例》对这种类型企业的参与决定制度作出了原则性规定。据此,该类企业的领导层和劳动者代表应通过协商确定参与决定问题;如不能达成协议,则应保持参与决定达到欧洲公司成立前的水平。

德国企业层面劳动者参与决定制度的基本特征是,劳动者一方往资合公司或合作社(Kapitalgesellschaften und Genossenschaften)的决策管理机构和代表机构中派驻法律确定数量的代表。这些代表是各该机构中享有同等权利和义务的成员,参与企业的经营和管理。② 企业层面的参与决定是极具德国特色的制度安排,一般认为其制度目标有三个方面:对民主的追求、自我决定的思想以及对权力控制的强化。③ 但是,有关反对意见也一直不绝于耳。④ 在理解德国企业层面的参与决定制度时需要注意的是,德国资合公司中的监事会是企业的核心管理机构,董事会成员由监事会决定。这一点有别于我国的公司治理结构。

二、五金矿业产业企业参与决定

最强形式的企业层面劳动者参与决定是五金矿业产业企业的参与决定。它涉及的主要是经营煤炭和钢铁产业的企业,原则上是雇佣超过 1000 名劳动者的股份有限公司或有限责任公司。该类企业根据规模,其监事会分别由 11、15 或 21 名成员构成,除 1 名中立的主席外,其余监事按照对等原则在劳动者一方和

---

① Vgl. Abbo Junker, Grundkurs Arbeitsrecht, 14. Auflage, C. H. Beck, 2015, S. 435.
② 参见〔德〕雷蒙德·瓦尔特曼:《德国劳动法》,沈建峰译,法律出版社 2014 年版,第 596 页。
③ Vgl. Abbo Junker, Grundkurs Arbeitsrecht, 14. Auflage, C. H. Beck, 2015, S. 429.
④ Vgl. Mitbestimmung im Unternehmen, Bericht der Mitbestimmungskommission, Januar 1970, Bundestag Drucksache VI/334; Zöllner/Loritz/Hergenröder, Arbeitsrecht, 7. Auflage, C. H. Beck, 2015, S. 722.

出资人一方中分配,所有监事享有同等地位和权利。监事会成员的选举按照公司法的一般规则进行,但劳动者一方监事人选以及中立的监事会主席人选的选举受到相关机构选举建议的约束。具体而言,中立的 1 名主席由其余监事向选举机构共同提出选举建议,以 11 名成员的监事会为例,劳动者一方的代表分为三种情况:其一,劳动者一方的代表中必须有 2 名是该工厂中的劳动者,由工厂委员会秘密选举,在征询企业中代表的工会及其最高组织后向选举机构提出建议。其二,另有 2 名劳动者一方代表由工会最高组织征询企业中代表的工会后由工厂委员会提出建议。其三,还有 1 名劳动者代表依然由工会最高组织提出建议,但该名代表却不得与工厂、企业、工会、雇主联合会等存在《五金矿业产业参与决定法》第 4 条第 2 款意义上的关系。除了监事会外,在上述企业的代表机构——董事会中亦应任命 1 名劳动者董事。

三、1/3 参与决定

1952 年《工厂组织法》规定、2004 年《三分之一参与决定法》进一步完善的参与决定制度是劳动者 1/3 参与决定制度。它是效力最弱的一种企业层面上的参与决定形式。根据上述法律规定,在雇佣超过 500 名劳动者的股份有限公司、股份两合公司、有限责任公司、互保协会和登记合作社,其监事会中通常应有 1/3 劳动者代表参与。其中,劳动者代表少于 2 名时,必须同时是企业中的劳动者;多于 2 名时,则必须有 2 名是企业中的劳动者。作为监事会成员的劳动者必须年满 18 岁,并且在企业中工作满一年。劳动者代表的选举由工厂委员会和劳动者提出选举建议,该选举建议必须有 1/10 选举权人或至少 100 名选举权人签名,并最终由企业中的劳动者在普遍、秘密、平等和直接选举中选出。

四、大企业中的参与决定

目前,实践中最重要的是 1976 年《参与决定法》规定的参与决定制度。在《三分之一参与决定法》和《五金矿业产业参与决定法》适用范围之外,企业层面的参与决定均适用该法。该法适用于通常情况下雇佣超过 2000 名劳动者的股份公司、股份两合公司、有限责任公司或者工商业与经济合作社等企业中的劳动者参与管理。在这些企业中,企业监事会由同样数额的出资人代表和劳动者代表构成:雇佣 1 万名以下劳动者的企业,各 6 名代表;雇佣 1 万名以上 2 万名以下的,各 8 名代表;雇佣 2 万名以上的,各 10 名代表。上述劳动者代表需在企业劳动者和工会之间进一步分配,具体而言:劳动者一方代表的 6 名代表的,必须有 4 名是企业中的劳动者,2 名是工会代表;劳动者一方的 8 名代表的,则 6 名为企业中的劳动者,2 名是工会代表;劳动者一方的 10 名代表的,则 7 名是企业中的劳动者,3 名是工会代表。同时,企业中的劳动者代表必须有 1 名是高级雇员。在监事会中的劳动者代表,在 8000 名以下的企业,原则上由劳动者直接选出;在 8000 名以上的企业,由劳动者代表按照比例选举原则选举。监事会成立后,由已有监事以全体监事 2/3 多数的方式在他们之中选出监事会主席 1 名及其接替者 1 名。在监事会决策时,如果出现平票,则应进行第二轮投票;如果第二轮依然平票,则监事会主席享有两个投票权,以打破投票僵局。

除了上述监事会中的劳动者参与外,在企业代表机构——董事会中亦应配备 1 名劳动者董事。

第四章 劳动争议处理法

第一节 德国劳动争议处理法的框架

一、利益争议与权利争议的区分

德国劳动法中的劳动争议处理制度比较严格地区分了利益争议和权利争议。

"利益争议的特点是法律没有规定解决问题的方案。"①在利益争议中,"不同的利益冲突方通过创设事实上或法律上的规则面向未来协调其之间的利益"②。利益争议的最终解决依赖于重新形成利益分配规则,因此利益争议也被称为规则争议。在德国,利益争议主要涵盖签订团体协议的争议和缔结工厂协议的争议。在现代国家中,由于司法机关需要依法裁判,裁判的前提是存在法律规则,而利益争议的特点是国家将利益分配规则的形成交给当事人来完成,因此当事人之间发生的利益争议在严格意义上无法依法裁判。德国利益争议处理的实践表明,国家介入利益争议的裁决往往会将劳动者和雇主之间的利益冲突转化为劳动者和政府之间的冲突。在上述思路的基础上,利益争议往往被交给司法裁判之外的其他机制解决。如前所述,涉及工厂组织法事务的,特别是参与决定事务的,通过和解处(Einigungsstellen)解决;涉及达成团体协议争议的,通过调解处(Schlichtungsstellen)以及劳动斗争来解决。

从主观权利的角度看,权利争议是指当事人对既存权利的存在、内容、实现等发生争议;从客观规范的角度看,则是当事人对规范的理解、运用和实施发生了分歧。权利争议存在的前提是当事人之间已经存在权利依据,如法律规定、集体合同、工厂协议、劳动合同等,因此权利争议可以通过司法机关的裁决来解决。在德国,"劳动法上的权利争议原则上由劳动法院裁决"③。

---

① Eduard Bötticher, Regelungsstreitigkeiten, in: Festschrift für Lent, 1957, S102.
② Wolfgang Hromadka, Frank Maschmann, Arbeitsrecht, Band 2, Kollektivarbeitsrecht, Arbeitsstreitigkeiten, 5. Auflage, Springer, 2010, S. 548.
③ 〔德〕雷蒙德·瓦尔特曼:《德国劳动法》,沈建峰译,法律出版社2014年版,第514页。

在本书中,利益争议的解决在团体协议法和参与决定法部分进行介绍,本部分主要介绍德国权利争议的解决制度,即劳动法院制度。

二、集体劳动争议的德国范畴

从德国法的术语来看,人们在两种意义上使用集体劳动争议的概念。其一,"集体劳动争议是指工会和雇主及其协会之间的所有争议,集体劳动争议可以区分为因既存集体合同产生的争议以及谈判者之间因为不能达成新的集体合同而发生的争议。"①因此,集体劳动争议包含签订新集体合同的争议和履行既有集体合同的争议。这种意义上的集体劳动争议是从当事人的角度对劳动争议进行分类而得出的结果。这种争议从形式上看可能涉及众多当事人,但当事人众多并不是集体劳动争议的根本特征。集体劳动争议的集体性具体表现为:当事人的诉求是为了整体利益,是因为全体劳动者或雇主共同的劳动条件或经济条件而发生争议;诉求主张者是整体利益代表者,这种整体权益的代表者可以是工会、雇主联合会、其他劳动者或雇主集体利益的代表者。② 正是因为上述集体争议诉求和主体的整体性,在德国的传统中,集体劳动争议又被称为"总体劳动争议"(Gesamtstreitigkeit)。相反,如果缺乏上述整体性,只是一方当事人人数众多的主张劳动合同或者法律规定的权利,并不是集体劳动争议,而是个别劳动争议的累积。其二,"集体劳动争议就是雇主或雇主联合会与工会之间以及雇主与一个工厂的全体雇员或部分雇员之间就集体劳动法调整的问题发生的争议。集体劳动争议(Gesamtsteitigkeit)就是集体规则争议,而不是权利争议"③。这就将集体劳动争议等同于利益争议或规则争议。这种认识的原因在于,在德国,对于当事人之间存在集体合同,其效力被分解为对工会、工厂委员会等劳动者利益代表机构的债权效力和对所有工会会员或工厂职工的规范效力。债权效力表现为工会等机构承担和平义务和贯彻义务,违反该义务构成违约;对受集体合同约束的劳动者而言,集体合同的规则对他们而言相当于法律,但劳动者可以单独主张集体合同中的权利。这样一来,集体权利争议也就是履行集体合同的争议就

---

① Johannes Schregle, Die Regelung von Arbeitsstreitigkeiten aus rechtsvergleichender Sicht, in: 25 Jahre Bundesarbeitsgerichts, 1979, S. 328.
② Vgl. Wolfgang Hromadka, Frank Maschmann, Arbeitsrecht, Band 2, Kollektivarbeitsrecht, Arbeitsstreitigkeiten, 5. Auflage, Springer, 2010, S. 547.
③ Hueck-Nipperdey, Grundriss des Arbeitsrechts, 5. Auflage, Verlag Franz Vahlen GmbH, 1970, S. 271; Nikisch, Die Schlichtung von Arbeitsstreitigkeiten, in: Hundert Jahre deutsches Rechtsleben Band 1, Verlag C. F. Müller, 1960, S. 318; Münchener Handbuch zum Arbeitsrecht, 2. Auflage, 2000, Rn. 2.

完全被分解到传统的权利争议解决体制下。因此,在术语使用上,集体权利争议的概念不再被经常使用,出现了上述不严格的将集体劳动争议与集体利益争议等同的现象。

第二节 劳动法院程序

一、劳动法院的形成和发展[①]

德国劳动法院发端于柏林工厂法院与营业专家委员会。之所以在传统民事法院之外创设独立的劳动争议裁判机构,主要原因在于,对于劳动争议而言,由于传统民事诉讼程序裁判人员缺乏专业知识,事实上很难作出充分的调查,其审理过程受太多形式性约束,作出裁决花费时间太长,诉讼成本积累等。[②] 在上述两种专门劳动争议解决机构发展的基础上,通过1849年2月9日《营业法院条例》、1869年《南德意志营业条例》、1890年7月29日《营业法院法》等规定,同等数量劳动者代表和雇主代表被引入劳动争议解决机构。1926年《劳动法院法》"第一次在德国实现了劳动法院组织法和劳动案件程序的统一"[③]。在劳动法院的设置上采取了折中的道路:一审为独立的法院,二审法院和复审法院分别被称为州劳动法院和帝国劳动法院,但却归属于州法院和帝国法院。劳动法院的行政事务和业务监管由州司法行政机关经州最高社会管理机构同意后进行。在具体审判庭的构成上,(基层)劳动法院和州劳动法院的审判庭由一名庭长和代表雇主方与劳动者方利益的名誉法官各一名组成。帝国法院的劳动审判庭由三名职业法官和代表雇主方与劳动者方利益的名誉法官各一名组成。

二战后,德国于1953年重新制定了《劳动法院法》。该法紧紧跟随1926年《劳动法院法》,但与其相比又有如下不同:其一,确立了三级劳动法院的独立性,劳动法院、州劳动法院以及联邦劳动法院均为独立于普通民事法院的司法机关;其二,扩大了劳动法院的管辖范围,将团体协议能力争议等纳入劳动法院管辖范围;其三,重新设计了裁定程序。

---

① 参见沈建峰:《德国劳动法院的历史、体制及其启示》,载《中国劳动关系学院学报》2015年第6期。

② Vgl. Linsenmaier, Von Lyon nach Erfurt-Zur Geschichte der deutschen Arbeitsgerichtsbarkeit, in: NZA 2004, S. 402; Leinemann, Die geschichtliche Entwicklung der Arbeitsgerichtsbarkeit bis zur Errichtung des BAG, in: NZA 1991, S. 961.

③ Deutscher Bundestag, 1 Wahlperiode, 1949, Drucksache Nr. 3516, S. 22.

1953年《劳动法院法》实施后,虽经多次修改,但时至今日仍总体保持稳定。六十多年来,比较大的修改主要包括:通过1961年《法官法》改革,排除了非专业法官担任庭长的可能性。通过1979年修改,废止了300马克以下的争议不得请律师代理的规则,改变了复审提起的条件。2015年《团体协议强化法》通过后,《劳动法院法》也经历了最新的修改,其最大的变化是将团体协议普遍约束宣告的有效性问题纳入劳动法院的管辖范围。在20、21世纪之交,由于财政紧张,德国出现了将劳动法院合并入普通法院的呼声,但从德国劳动法院发展的过程看,维持独立劳动法院的思路始终占据主导地位。

二、德国劳动法院体制的突出特点

(一)法院组织上的社会参与

在德国劳动法院发展过程中,一直保持着社会参与思想。这种法院组织上的社会参与突出地表现在三个方面:其一,从劳动法院的雏形到根据现行《劳动法院法》建立的劳动法院,在审判组织的构成上,都积极吸收了劳动者一方和雇主一方推选代表的参与;其二,特定法院管理规则的形成积极吸收劳资双方代表的意见;其三,劳动法院的主管和业务监督由司法机关和劳动与社会保障主管机关共同进行,在这个意义上它是司法机关,但绝不是单纯的司法机关。

这种社会参与的思想,首先,是顾及了劳动争议处理时劳动关系等方面知识的必要性。"劳动生活中的外行法官具有两个功能:一方面,他们服务于法院,获得关于劳动生活的更好的认知;另一方面,在此程度上,在事实审中,他们具有制度化的鉴定人的意义。"[1]其次,它也是从劳动关系协调的特征出发,是对司法权力刚性的弱化,这是德国劳动法院体制发展初始就意识到的问题。"营业领域争议的调解需要只有工厂主、工长、手工业者才具有的知识。其活动除了需要不可改变的官方严格性外,也需要父亲般的友善,该友善可以减弱法官的严格性,有时充满体谅、总是能唤醒信赖,实现服从。"[2]最后,社会参与其实也是通过三方机制协调劳动关系的思想的落实。"经双方协会建议而任命的外行法官的参与

---

[1] Volker Rieble, Arbeitsrechtfpflege unter Modernitätserwartung, in: Zukunft der Arbeitsgerichtsbarkeit, ZAAR Verlag, 2005, S. 22.

[2] Linsenmaier, Von Lyon nach Erfurt-Zur Geschichte der deutschen Arbeitsgerichtsbarkeit, in: NZA 2004, S. 403.

是社会对话的表达,也就是劳动生活中的协会对司法的制度性的参与。"① 具体而言,"外行陪审员作为社会化的、受阶级约束的人,劳动者或雇主作为阶级代表并成为劳动法院的成员。通过这种方式,对中立的法官来说,每一个权利争议都成为广泛的阶级斗争的个案,如果劳动者和雇主的代表通过双方合意排除了个案中的分歧,通过这种单个决定的社会影响,法官可以作出比没有陪审员能更符合事理的裁判。"②

(二) 快速化的纠纷解决

在德国法院体制发展中,一直都将快速化解决纠纷作为制度设计重要的考虑因素。有德国学者提出,"我们回望历史就会发现,总是存在着尽可能快地裁决劳动者和雇主之间争议的需求。早在1746年,弗里德里希大帝就致力于尽可能快地裁决此类争议。"③ 从制度安排来看,该考虑突出表现在对上诉权限的限制上。例如,根据《营业法院法》第55条的规定,标的超过100马克的争议才可以提起上诉。而现行《劳动法院法》尽管确立了三审终审的体制,但上诉和复审的请求被限制在一定的范围内。这就避免了冗长的程序给当事人,特别是劳动者带来的负担。

此外,快速化的纠纷解决也表现在不同于民事诉讼的一些时效制度上。

(三) 调解的优先地位

在纠纷处理方法上,德国劳动法院在发展过程中始终将善意谈判和协商解决而非对抗作为纠纷解决的重要思路。"目前,在劳动法院程序开始之前依然存在的必须进行的善意谈判发端于营业专家委员会的程序。"④ 为了保障该善意谈判,避免对抗,"1890年《营业法院法》确立了(劳动争议案件)排除律师代理的规则(该法第29条),该规则直至1979年才被完全清除。"⑤ 该善意谈判的思路在《劳动法院法》中的体现就是调解的优先地位。"劳动法院程序的最大优势和目的是心平气和的合意优先于对抗性的争议判决(调解而不是判决)。合意思想在

---

① Volker Rieble, Arbeitsrechtfpflege unter Modernitätserwartung, in: Zukunft der Arbeitsgerichtsbarkeit, ZAAR Verlag, 2005, S. 22.
② Gustav Radbruch, Vorschule der Rechtsphilosophie, Verlag Scherer, 1948, S. 100.
③ Richardi, Diskussion, in: Zukunft der Arbeitsgerichtsbarkeit, ZAAR Verlag, 2005, S. 32.
④ Linsenmaier, Von Lyon nach Erfurt-Zur Geschichte der deutschen Arbeitsgerichtsbarkeit, in: NZA 2004, S. 403.
⑤ a. a. O., S. 405.

调解这一关键词下,已超越法律救济途径而成为一般的财富。"①

三、劳动法院的审级和组织结构

德国劳动法院主要分为三个审级:劳动法院、州劳动法院和联邦劳动法院。劳动争议案件三审终审,但并不是所有案件都可以提起上诉和复审。

一审劳动法院一般在区县(Bezirk)设立,但也可以跨区县等设立。其事务管理和业务监管由相应的州最高机关进行,该机关可以决定劳动法院审判庭的数量。州政府也可以通过条例将事务管理和业务监督委托院长进行。在颁布涉及事务管理和业务监管的一般规则时,应听取工会和雇主联合会的意见。在人员构成方面,一审劳动法院包括必要数量的庭长和名誉法官,庭长由所在州最高机关经商州法律规定的委员会后任命,名誉法官由州最高机关或法律委托的机构按照代表劳动者和雇主团体人员各一半来任命。每个审判庭由一名作为庭长的职业法官和各一名来自劳动者团体和雇主团体的名誉法官共同组成。

在州设置州劳动法院,该法院的事务管理和业务监管由相应的州最高机关进行,州政府同样也可以通过条例将事务管理和业务监督委托院长进行。州劳动法院的人员构成和审判庭的人员构成与(基层)劳动法院一样,但是名誉法官应在(基层)劳动法院从事劳动事务审判满 5 年。

在全国层面设联邦劳动法院,联邦劳动法院以审判委员会(以下简称"审委会")的形式裁决,审委会由一名庭长、两名其他职业法官和各一名来自雇主和劳动者团体的名誉法官组成。联邦劳动法院的行政管理和业务监督由联邦劳动与社会部经联邦司法部同意后进行。联邦劳动与社会部经联邦司法部同意后,也可以将该事项委托院长进行。为了保障裁判的统一,如果一个审委会想要背离其他审委员的决定,或者一个审委会在基本问题上认为有必要续造法律或者保障判决统一,联邦劳动法院应召集大审委会。

四、劳动法院管辖的案件范围

(一)劳动法院管辖的一般范畴

德国劳动法院管辖的不仅仅是关于劳动关系的争议,而且包括其他和劳动

---

① Volker Rieble, Arbeitsrechtfpflege unter Modernitätserwartung, in: Zukunft der Arbeitsgerichtsbarkeit, ZAAR Verlag,2005,S.22.

关系有关的争议,例如,劳动者因共同劳动而产生的民事权利争议以及与此相关的侵权行为也属于劳动法院管辖,而不是普通民事法院管辖。劳动法院的司法管辖原则上不可以通过仲裁协议予以排除,除非团体协议就非常例外的案件约定了仲裁条款。具体而言,法律列举的劳动法院管辖范围如下:

1. 民事权利争议。根据《劳动法院法》第2条的规定,主要包括:其一,涉及团体协议、劳动斗争和劳动结社自由的民事权利争议,即团体协议当事人之间或当事人与第三人之间因团体协议或者因团体协议是否存在而产生的争议;有团体协议能力的当事人之间或当事人与第三人之间因侵权行为而产生的争议,只要该争议涉及实现劳动斗争目的的措施或劳动结社自由的问题。其二,劳动者与雇主之间的民事权利争议。主要包括:因劳动关系而产生的争议;关于劳动关系是否存续的争议;就建立劳动关系的协商及劳动关系的后续效力而产生的争议;因侵权行为而产生的争议,只要该争议与劳动关系有关;因雇佣证书而产生的争议;因《劳动发明法》第20条第1款规定的职务发明或技术改进建议请求支付已确定报酬而产生的争议,以及劳动关系中的著作权酬劳争议等。其三,劳动者之间因共同劳动而产生的民事权利争议以及与此相关的侵权行为;雇主与相关机构之间的民事争议,劳动者与相关机构之间的民事争议等。

2. 工厂组织法上的争议。劳动法院对源自《工厂组织法》的事务,对依据《参与决定法》选举监事会劳动者代表,对源自《欧洲工厂委员会法》的事务等享有专属管辖权。

3. 关于团体协议能力和团体协议管辖等的争议。劳动法院在裁定程序中对协会的团体协议能力或团体协议管辖的决定具有专属管辖权。劳动法院对《团体协议法》第5条规定的普遍约束宣告、《跨境劳务派遣法》第7条或7a条规定的条例以及《劳务派遣规制法》第3a条规定条例的有效性的决定享有管辖权。对工厂中适用的团体协议的判断享有管辖权。

4. 扩张的管辖。主要包括两种情况:其一,如果有关请求权与可交普通法院审理的或被同时交普通法院审理的劳动法类的民事争议存在法律上的关联或直接经济上的关联,并且不存在其他法院对该请求权的专属管辖,则可以向劳动法院主张该非劳动法上的请求权。其二,如果法人与其代表人(如股份公司对其董事会成员提起的诉讼)协议约定将其民事争议提交劳动法院,则劳动法院获得此类争议的管辖权。

(二)仲裁管辖的可能性

真正意义上的仲裁,是一种建立在合意基础上的纠纷解决机制。"在程序正式开始前,关于由哪个特定的机关处理纠纷这一点需要形成合意。"①在德国,劳动法院原则上对劳动争议具有专属管辖权,"通过缔结仲裁协议排除国家司法管辖的可能性受到《劳动法院法》的限制。劳动法院的法律保护所提供的保障原则上不应被放弃"②。同时,该原则存在两项例外:其一,对于团体协议当事人之间源于团体协议的民事争议或者关于团体协议存否的民事争议,团体协议当事人可以通过明确的由仲裁院裁决的合意一般地或者在具体情况下排除劳动法院的管辖。其二,对于因根据团体协议确定的劳动关系而发生的民事争议,如果该团体协议适用的人的范围主要涉及戏剧演员、电影工作者和马戏演员,则团体协议当事人可以在团体协议中通过明确的由仲裁院裁决的合意排除劳动法院的管辖。

五、劳动法院的审理程序

(一)审判程序和裁定程序

德国劳动法院的审理程序从类型上可分为审判程序和裁定程序。

审判程序是最常用的程序。审判程序原则上适用《民事程序法》,其中(基层)劳动法院适用初级法院的程序;州劳动法院适用《民事程序法》的上诉程序;联邦劳动法院则相应地适用《民事程序法》的复审程序。劳动法院审判程序具有如下几方面的特点:其一,劳动法院收取的费用要比民事法院低,并且不得预先收取。其二,在一审程序中必须进行调解,并且调解贯穿于审判的始终。其三,通过一系列具体规则,缩短了审理等的时限,加速了程序进行。其四,即使判决尚未生效,除非判决本身不许可,否则可以对判决暂时先予执行。

裁定程序主要用于裁决《工厂组织法》上的争议,用以确定各工厂组织法上机构和机制的职责、权限和义务。该程序具有如下特点:不收取费用;以申请的方式启动;以听证的形式进行;以裁定的方式作出决定。在程序推进过程中,法院采取职权调查主义的立场。

(二)上诉程序和复审程序

尽管劳动争议案件是三审终审,但法律严格限制了上诉审和复审的提起。据此,上诉审只有在如下情况下才可以提起:(1)劳动法院的判决允许上诉时;(2)抗告标的超过600欧元时;(3)对劳动关系的存在有争议时;(4)对缺席判

---

① 棚濑孝雄:《纠纷的解决与审判制度》,王亚新译,中国政法大学出版社2004年版,第99页。
② 〔德〕雷蒙德·瓦尔特曼:《德国劳动法》,沈建峰译,法律出版社2014年版,第634页。

决不服时。根据《民事程序法》第 64 条第 3 款的规定,在以下情况下,劳动法院必须允许对相关判决提起上诉:(1) 争议具有重大意义;(2) 团体协议当事人之间对团体协议或者团体协议存否存在争议;(3) 争议涉及超越区县之外的生效的团体协议的解释问题;(4) 争议涉及具有团体协议能力的当事人之间或当事人与第三人之间因劳动斗争措施、结社自由问题而引发的侵权行为;(5) 劳动法院要偏离此前的判决解释规范时。

复审程序的提起也需要上诉法院的许可,或者符合法律规定的特定前提。该许可事由与上诉事由类似。

结　语

德国劳动法在大陆法系国家极具代表性,对其他大陆法系国家和地区产生了深远影响。有日本学者认为,"普遍存在的共识是,德国魏玛时期的劳动法理论对日本劳动法理论的形成发生了深刻的影响"[①]。梳理德国劳动法的发展、理念和制度可以发现,如下方面尤其值得我们关注和思考。

一、劳动法的制度前提:市场配置劳动力资源

劳动法的出现是为了解决劳动关系中劳动者结构性的力量低下等引发的社会问题。因此,劳动法具有很强的保护法色彩,劳动合同法、劳动保护法、集体劳动法甚至劳动法院法中无不包含着保护劳动者的思想。但是,劳动法的根本出发点却是工业化和市场经济。所有时代都有使用他人劳动力的现象,依附性劳动甚至彻底的人身依附性劳动在历史上也毫不罕见,但在德国直到19世纪工业化发展和市场经济发展后,现代劳动法的问题才开始出现。

没有市场经济,没有从身份关系的约束与保护中解放出来的劳动者,没有市场配置劳动力资源,就不会有劳动法,因此劳动法的制度前提是对市场经济的承认。这种对市场经济和市场功能的承认在德国法中至少表现在如下方面:其一,对劳动合同中当事人意思自治的尊重。将劳动合同建立在私人自治的基础上,在传统私法的制度框架下理解劳动合同制度。在劳动力配给的问题上,对自治的尊重就是对市场的尊重,因为市场经济就是自治经济。其二,对集体自治的尊重。在一定程度上,德国建立的是以集体合同为中心的劳动关系协调机制,这种以集体合同为中心的机制体现之一就是对国家介入劳动关系协调的慎重态度。甚至最低工资这一看起来非常必要的劳动者保护机制,在德国的引入过程也充满了争议。德国立法长期以来秉承的理念大致是,在市场经济条件下,劳动关系的协调应留给当事人自治,包括通过当事人结社等力量博弈去完成。集体合同虽然具有保护功能,但它和国家立法保护的最大差异在于它本身也是一种市场

[①] Keiji Kubo, Bemerkungen über die Aufnahem von Sinzheimers Gedanken in japan, in: Hugo Sinzheimer-Vater des deutschen Arbeitsrecht, otto Brenner Stiftung, 1995, S. 213.

机制。市场主体通过结社、根据市场变化、以合意的形式调整双方的权利和义务。其三,以合意为中心的利益争议解决机制。利益争议,尤其是团体协议签订争议的解决并不提倡国家的积极介入,利益争议解决的根本在于促使当事人重新达成合意。即由当事人根据市场形势,通过利益博弈形成分配彼此之间利益的新规则。

二、劳动法的立法目标:灵活且安全

劳动法立足于市场经济,但它的出现却是要克服仅依靠市场配置劳动力资源引发的社会问题,即在市场经济的基础上实现对劳动者的保护,因此现代劳动法发展的永恒命题之一就是市场与保护的平衡,而不是偏废于保护或市场。进入21世纪后,经常为人们提及的劳动关系的"灵活且安全"(Flexicurity)这一命题[1]背后隐藏的依然是市场与保护的平衡问题。从制度发展来看,灵活与安全并重的思路导致劳动法本身经历了从保护法到秩序法的变迁。"如今,保护趋势依然是劳动法的实质特征。但是,在保护目标之外,通过劳动法建构企业或者经济组织的因素日益凸显。通过其分配工厂和企业内部权力和引导企业收益的功能,劳动法日益成为经济秩序法的实质性构成部分。"[2]劳动法不仅应被理解为一种保护法,亦应被理解为一种秩序法。[3]

三、劳动法的制度定位:劳动法对民法的独立与从属

在我国,通说认为劳动法属于社会法的范畴。在德国,历史上也不乏著名学者如辛茨海默[4]、拉德布鲁赫[5]、卡斯柯[6]、尼基施[7]等都曾将劳动法归入社会法的范畴。但是,二战后逐渐形成的主流意见认为劳动法属于特别私法。特别私法的定位意味着劳动法立足于私法,同时又在不断修正传统私法。劳动法的学科独立性建立在修正私人自治而形成的个别合同的社会化、集体合同制度的发

---

[1] 参见〔德〕雷蒙德·瓦尔特曼:《德国劳动法》,沈建峰译,法律出版社2014年版,第40页。
[2] Zöllner/Loritz/Hergenröder, Arbeitsrecht, 9. Auflage, C. H. Beck, 2015, S. 2.
[3] 参见〔德〕雷蒙德·瓦尔特曼:《德国劳动法》,沈建峰译,法律出版社2014年版,第21页。
[4] Vgl. Hugo Sinzheimer, Das Problem des Menschen im Recht, in: Hugo Sinzheimer, Abeitsrecht und Rechtssoziologie, Europäische Verlaganstalt, Band 2, 1976, S. 59.
[5] Vgl. Radbruch, Vom Individualistischen zum sozialen Recht, in: Gustav Radbruch, Rechtsphilosophie, II, C. F. Müller, 1999, S. 490.
[6] Vgl. Kaskel, Dersch, Areitsrecht, 5. Auflage, Springer, 1957, S. 3.
[7] Vgl. Nikisch, Arbeisrecht, Band1, 3. Auflage, J. C. B. Mohr, 1961, S. 51.

展、管制性的公法在私人间的效力等制度基础上。完全抛弃传统私法，不仅会导致劳动法规则体系的不完善，而且会导致劳动法成为市场经济异质的法律，毕竟传统私法尤其是民法是市场经济的基本性法律。劳动法是独立学科，但劳动法却属于私法范畴，是修正私法而不是抛弃私法。

四、劳动关系协调机制：多元机制的分工与协作

与传统私法相比，德国劳动法在私人自治和国家强制之外形成了包含集体自治、雇主指示权等在内的多元劳动关系协调机制。劳动法中决定当事人权利和义务的规则体系更加复杂，这种多元机制为个体、集体、社会和国家利益的实现都提供了制度路径，为劳动关系中自治和管制的平衡提供了可能，同时也将多元主义的社会价值落实在了具体制度中。在多元机制共存的前提下，德国劳动法比较注意不同机制之间的协调和配合。从理念来看，个人自治（合同机制）不能实现劳动力资源合理配置时，通过集体自治（团体协议与工厂协议）来完成；集体自治不能胜任的，通过国家强制来实现。从具体制度来看，国家立法、集体合同与个别合同之间复杂的效力关系规则其实是在协调上述不同机制之间的关系。从立法变迁来看，这种协调也体现在 2014 年的最低工资法立法中。当团体协议不能承载维护劳动者权益的重任时，国家立法之手就会伸出。

五、集体劳动法的制度结构：合作与对抗

在德国集体劳动法中，最具特色的是建立了工会和工厂委员会并存的二元制劳动者利益代表机构，规定了集体谈判与参与管理两种集体劳动法上的利益平衡机制，以及团体协议和工厂协议两种实现利益平衡的手段。这种二元机制的形成，具有历史偶然因素，但它在发展过程中却逐渐塑造起了内部的价值逻辑。一般认为，劳资关系是一种既有合作又有对抗的关系，这种基本认知如何落实为制度现实？除了各种合同或者协议的订立以及履行中的合作与对抗外，德国集体劳动法上的二元机制在一定程度上实现了劳资之间合作与对抗关系的制度落实。根据《工厂组织法》的规定，工厂内部设置的工厂委员会应当与雇主进行充满信任的合作；而企业外部组成的工会从它诞生之时开始首要的使命就是团结起来维护劳动者权益，罢工等劳动斗争手段的存在使其与雇主及其组织之间的对抗色彩大于合作色彩。工厂中劳动者利益代表的合作倾向在一定程度上是在现代化分工合作生产的背景下以工厂作为生产单位的，因此劳资之间相互信任的合作是工厂正常运转的基本前提。

六、独立劳动法院的正当性基础:结构与功能

独立的劳动争议处理体制何以存在?这是我国以劳动争议仲裁为核心的劳动争议处理制度时常面临的质疑。实际上,德国劳动法院发展的过程和现存的体制在一定程度上可以回答上述质疑:独立劳动法院存在的根源之一在于因劳动法本身的特殊性导致的劳动争议处理过程中的社会参与。劳动争议的处理不仅仅涉及法律的运用问题,而且还涉及劳动关系领域其他知识的运用,这些是仅有法律知识的法官所不能独立完成的。因此,德国劳动法院发展过程中的重要趋势就是引入劳动者和雇主方利益代表参与司法机关的争议处理。

这样的司法机关有意无意间又承载着实现劳动关系灵活与安全平衡的功能。德国劳动法具有很强的法官法色彩。这不仅是因为劳动法本身立法不完善、司法者迫不得已,更是因为劳动关系调整具有很强的动态性和细节性,并不是所有劳动关系中的问题都可以通过立法来具体确定。因此,除了立法者没有完成的规定外,已有的劳动立法中也存在着大量的价值条款(如充满信任的合作)、不确定概念(如解雇的社会妥当性)等,这些条款需要通过司法机关之手来具体适用。司法机关在适用这些条款的过程中,实现了个案中的社会公正,也实现了个案中的灵活与安全的平衡。实际上,司法机关这种功能的发挥在一定程度上得益于社会参与的司法机关构成,相关利益主体的利益代表者对司法裁判的参与在一定程度上为上述裁量和造法提供了专业知识、不同视角以及利益在个案中对抗的可能,最终保障了裁量和造法的妥当性。

扩展阅读文献

一、中文文献

1. 黄卉:《德国劳动法中的解雇保护制度》,载《中外法学》2007 年第 1 期。
2. 〔德〕雷蒙德·瓦尔特曼:《德国劳动法》,沈建峰译,法律出版社 2014 年版。
3. 林嘉主编:《社会法评论(第六卷)》,中国人民大学出版社 2016 年版。
4. 沈建峰:《德国法中按企业规模对劳动关系分类处理的技术与方法》,载《中国人力资源开发》2017 年第 5 期。
5. 沈建峰:《德国集体性劳动争议处理的框架及其启示》,载《中国劳动关系学院学报》2013 年第 3 期。
6. 沈建峰:《德国劳动法院的历史、体制及其对中国的启示》,载《中国劳动关系学院学报》2015 年第 6 期。
7. 王倩、朱军:《德国联邦劳动法院典型判例评析》,法律出版社 2015 年版。
8. 王倩:《德国法中劳动关系的认定》,载《暨南大学学报(哲学社会科学版)》2017 年第 6 期。
9. 王倩:《德国特殊解雇保护制度及其启示》,载《德国研究》2014 年第 3 期。
10. 〔德〕沃尔夫冈·多伊普勒:《德国雇员权益的维护》,唐伦亿、谢立斌译,工人出版社 2009 年版。
11. 〔德〕沃尔夫冈·多伊普勒:《德国集体工资谈判制度》,王建斌、章晓宇译,社会科学文献出版社 2014 年版。
12. 〔德〕沃尔夫冈·多伊普勒:《德国劳动法(第 11 版)》,王倩译,上海人民出版社 2016 年版。
13. 吴文芳:《德国集体合同"法规性效力"与"债权性效力"之研究》,载《法商研究》2010 年第 2 期。

二、德文文献

1. Abbo Junker, Grundkurs Arbeitsrecht, 14. Auflage, C. H. Beck, 2015.
2. Hueck-Nipperdey, Lehrbuch des Arbeitsrechts, Band 1(1963), 2(1970), 3(1967), Verlag Franz Vahlen.
3. Nikisch, Arbeisrecht, Band 1(1961), 2(1959), 3(1966). J. C. B. Mohr.

4. Preis,Arbeitsrecht/Indiviaualarbeitsrecht, 5. Auflage,Verlag Dr. Otto Schmidt,2017.
5. Preis,Arbeitsrecht/Kollektivarbeitsrecht, 4. Auflage,Verlag Dr. Otto Schmidt,2017.
6. Waltermann,Arbeitsrecht,19. Auflage,Verlag Franz Vahlen,2018.
7. Zöllner/Loritz/Hergenröder,Arbeitsrecht,7. Auflage,C. H. Beck,2015.

第三编　日本劳动法

第一章　概　　论

第一节　劳动法的产生

一、对契约自由原则的修正

契约自由是民法的基本原则。在近代民法的原则下,劳动者与雇主的关系是一种私人间对等的合同关系,该合同关系因当事人之间的自由合意而成立。但是,与雇主相比,劳动者在交涉能力等方面处于弱势地位,反映到现实中,即使劳动条件低下、劳动环境恶劣,劳动者为了生存也只能被迫同意雇主的苛刻条件,而一旦达成这样的所谓"合意",便建立形式上平等而实质上不平等的劳动关系,导致劳动者权利保障的缺失。这在日本又被称为"他人决定劳动",劳动条件(合同内容)主要是根据雇主意愿来决定。在此情形下,如果机械地贯彻契约自由原则,就容易产生许多弊病。因此,和其他许多国家一样,日本为了从实质上对劳动者进行保护而对契约自由原则进行了部分修正。比如,设定了最长劳动时间和最低工资标准,限制解雇,实行无过错责任的工伤制度,承认劳动者的团结权,等等。这样,劳动法逐渐从民法中分离出来,并随着社会经济的发展不断丰富和成熟。

二、劳动法与劳动关系

日本并不存在以"劳动法"为名的法律,所谓的"日本劳动法"是由诸多法律构成的法领域。即劳动法是调整、规范劳动关系的法律,是在现代社会形成的与劳动关系相关的法领域。具体来说，日本的劳动法是以劳动关系为媒介形成的规范劳动者、雇主①、劳动者团体（工会）、雇主团体以及国家（包括地方公共团体）之间相互关系的法律。其中最为重要的是规范个别劳动关系的《劳动基准法》和规范集体劳动关系的《劳动组合法》②。此外，随着劳动市场的发展，与劳动市场相关的劳动法律不断发展，形成了劳动市场法的法领域，代表性法律是《职业安定法》。在日本，这些法律所规范的全部法律关系被总称为劳动法。

劳动法上的劳动，是指通过雇佣联结起来的、以劳动关系为媒介的劳动。这种劳动的特征是与报酬相对价的服从雇主命令的劳动力提供（日本《民法》第623条），或称为"被雇主所使用"（日本《劳动基准法》第9条），这种"从属劳动"③是决定劳动法基本性质的要素，同时也是决定劳动法适用对象的基准。

劳动关系是指向他人提供劳动并获得报酬者与利用该劳动并支付报酬者之间形成的一定的法律关系。由于劳动关系是通过建立劳动合同以当事者为中心形成的，所以劳动合同在劳动法中占有极为重要的基础地位。

第二节　劳动法的适用主体

一、劳动者

作为劳动法的对象，劳动者是指被雇主有偿雇佣并服从该雇主而提供劳动力的人。日本的劳动者概念在不同的法律关系中含义有所不同。在劳动形态多样化、劳动关系复杂化的现实中，劳动者概念在不同的框架中根据什么样的基准进行判断？各种各样的劳动者如何适用劳动法上的法理和规定？这些都是理论和实践中需要重点解决的问题。

（一）作为合同当事人的劳动者

劳动者是与雇主建立劳动关系的一方当事人。④ 劳动合同是受雇劳动的合同，即在雇主的指挥、监督下（被使用），劳动者提供劳动力（劳动），雇主支付对价

---

① 日语为"使用者"，是"经营者""企业主"等的总称，类似于我国的用人单位。
② 即《工会法》，日语的"劳动组合"意为工会，但为了保存日本法律法规原称，本书仍然使用《劳働组合法》《劳动组合法》的用语。同时，为了便于阅读理解，除此语境之外的"劳働组合"（"劳动组合"），一律译为"工会"，如"组合员"译为"工会会员"，"组合活动"译为"工会活动"等。
③ 也称"劳动的从属性"或"使用从属关系"。
④ 参见《劳働契约法》第2条第1款。

报酬(工资)的合同。①

为了他人而进行劳动并获得报酬,并不限于劳动合同,《民法》上的承包合同和委任合同等也是如此。但是,承包合同和委任合同不是在"他人的指挥、监督下劳动",所以与劳动合同不同。承包合同和委任合同的当事人不是"劳动者"而是"自营业者"。

(二)《劳动基准法》上的劳动者

日本《劳动基准法》第9条规定的"劳动者"是"不论其从事何种职业,被企业或事务所使用并被支付工资者",符合该条规定者就可以得到《劳动基准法》的保护。另外,《劳动合同法》第2条、《工资确保法》第2条、《最低工资法》第2条、《劳动安全卫生法》第2条规定的各该法律适用范围的劳动者与《劳动基准法》中的劳动者概念相同。《劳动者灾害补偿保险法》上的"劳动者"没有被定义,也视为与《劳动基准法》上的劳动者概念相同。

在上述《劳动基准法》规定的劳动者概念中,"不问职业的种类"是指不论"工作性质"(管理人员、专业技术人员、生产劳动者)和身份名称(全日制劳动者、临时工、短时间劳动者等)都加以适用的意思;"被使用"是指劳动实施(内容、方式等)中个人自由调整和决定的程度受到限制,要在他人的具体指挥、监督下提供劳动;"工资"是指向劳动力提供者支付与劳动相等价的报酬。其中,重要并且容易产生疑义的问题是如何判断"被使用"。

从日本的判例来看,不是重视合同形式上的类型,而是从实质的劳动关系出发对使用从属性进行判断,并通过判例不断细化判断基准,进行综合性的分析判断。② 1985年,劳动基准法研究会进一步提出了至今仍被普遍参照的判断基准:(1)工作指示是否必须执行;(2)工作中有无指挥、监督;(3)工作地点、时间有无拘束性;(4)劳务提供有无代替性;(5)报酬与劳动有无等价性;(6)有无经营者的性质,具体来说,指机器、用具的占有关系;(7)专属性的程度;(8)其他,如选拔录用的过程、所得税的事前扣除、劳动保险、劳动管理规划、退休金制度等。该研究会报告认为,前三项为主要基准,同时要对各种基准进行综合分析,以判定劳动者性质(是否为劳动者)的有无。③

---

① 参见《劳働契约法》第6条。
② 例如,大塚印刷事件,东京地方裁判所于1973年2月6日作出判决,载《劳働判例》第179号,第74页。
③ 关于劳动者性质的判断基准和问题点,参见田思路、贾秀芬:《契约劳动的研究——日本的理论与实践》,法律出版社2007年版,第77—97页。

(三)《劳动组合法》上的劳动者

《劳动组合法》和《劳动基准法》是在同一劳动法体系下的,但《劳动组合法》规定的劳动者概念与《劳动基准法》上的规定并不一致。《劳动组合法》的目的是通过组建工会与雇主进行自治谈判,以维护和改善劳动条件以及规范集体劳动关系,因此《劳动组合法》第 3 条将"劳动者"定义为:"不问职业的种类,以工资、报酬和其他相当于工资、报酬的收入为生活来源者。"该定义与《劳动基准法》的规定的最大差异在于没有涉及"被使用"的用语,因此,没有"在指挥、监督下提供劳动"的人也可能成为《劳动组合法》上的劳动者。如失业者,因为没有劳动,不受任何雇主的指挥、监督,也就不是《劳动基准法》《劳动合同法》上的劳动者,但有关被企业违法解雇导致失业以及失业保障等问题,却可以通过工会为其争取权利,因此失业者可以成为《劳动组合法》上的劳动者。此外,职业棒球运动员、一部分家内劳动者等也是《劳动组合法》上的劳动者。[①] 可见,与《劳动基准法》中的劳动者相比,《劳动组合法》中的劳动者外延有所扩大。[②]

二、雇主(使用者)

在日本劳动法中,将雇佣他人的一方称为"使用者"。"使用者"是日本独有的概念,重点强调劳动关系的从属性,即劳动者被雇主所使用,在雇主的使用下提供劳动力。日本的"使用者"概念包含了"雇主""个人业主"等,为了便于理解,本书将日本劳动法中的"使用者"统称为"雇主"。

雇主对作为另一方当事人的劳动者主要负有三个方面的义务:一是支付工资等劳动合同上的义务;二是遵守《劳动基准法》等劳动关系法律规范的义务;三是履行《劳动组合法》与工会进行团体交涉的义务。所以,相应的劳动法上的"使用者"概念也分为三个方面:一是作为劳动合同责任主体的使用者概念;二是作为《劳动基准法》责任主体的使用者概念;三是作为《劳动组合法》责任主体的使用者概念。以下分别论之。

(一)作为合同当事人的雇主

雇主是与劳动者缔结劳动合同的另一方当事人,是"向所使用的劳动者支付工资者"(《劳动合同法》第 2 条)。雇主可以是法人(公司、公益法人、学校法人

---

① 参见〔日〕東京大学労働法研究会编:《注釈労働基準法·上卷》,有斐閣 2003 年版,第 140 页。
② 关于日本《劳働组合法》上的"劳动者"概念与《劳働基準法》上的"劳动者"概念的区分和评析,参见田思路、贾秀芬:《契约劳动的研究——日本的理论与实践》,法律出版社 2007 年版,第 60—76 页。

等),也可以是个人。一般来说,作为与劳动者签订劳动合同的一方当事人的雇主,既是劳动合同上的雇主,又是《劳动组合法》上的雇主,同时也是《劳动基准法》上适用罚则和成为行政监督对象的雇主。

(二)《劳动基准法》上的雇主

《劳动基准法》上的雇主是该法规定的各种法律责任和义务的主体。该法第10条规定:"本法中的雇主,系指企业主以及企业经理人或代表企业主处理企业中有关劳动者事宜的人。"该定义中的"企业主"在私人企业的情况下指企业主个人,在法人组织的情况下指法人;"企业经理人"指法人的理事、股份公司的董事长等负有一般企业经营权限的责任者;"代表企业主处理企业中有关劳动者事宜的人"是指企业主决定劳动条件、进行劳务管理、发布业务命令等的具体指挥、监督者。由此,厂长、部长、科长、股长以及现场监督者,都可以理解为是《劳动基准法》上的雇主,这里的科长、股长等如果符合《劳动基准法》第9条的规定,又同时成为《劳动基准法》上的劳动者,这样在企业人事管理等方面,会发生这类中下层管理人员的雇主性质问题的争论。《劳动基准法》对雇主加以界定,是为了明确《劳动基准法》上的责任,明确现实的行为者的主体责任,也明确企业主的责任。

此外,《最低工资法》第2条规定的雇主,与《劳动基准法》上的雇主意思相同。

(三)《劳动组合法》上的雇主

《劳动组合法》没有对雇主加以界定。一般来说,与劳动者缔结劳动合同的另一方当事人是《劳动组合法》上的雇主。但是,即使不是劳动合同上与劳动者相对的直接当事人,也可能成为《劳动组合法》上的雇主,并承担相应责任。比如,对于劳动者的基本劳动条件,如果能够部分具有与雇主同等程度的现实而具体的支配和决定地位,这样的当事人也可以成为《劳动组合法》上的雇主。[①] 再如,承包公司的劳动者与承包公司之间缔结了劳动合同,而与发包公司之间并没有直接的合同关系,但该劳动者的劳动条件由发包公司实际(现实而具体地)决定,承包公司对此没有任何权力,在这种情况下,发包公司对劳动者负有《劳动组合法》上的雇主责任,并在一定情况下,负有与该劳动者的工会进行团体谈判的义务。

第三节 劳动法的法律规范与自主规范

在日本,劳动法由国会制定的法律以及其他各种形式的法律所构成,如宪

[①] 参见朝日放送事件,最高裁判所1995年2月28日判决,载《民事裁判集》第49卷第2号,第559页。

法、法律、命令、公约、条例等，这是其法律规范。

同时，日本还存在劳动法自主规范，除一般意义上的劳动合同之外，日本还将集体协议、就业规则、工会规约等作为劳动法的自主规范。此外，劳资习惯、判例法理等也对法律规范具有一定的影响，这是日本劳动法的一个特征。以下择要论之。

一、劳动法规

劳动法的规则大多由劳动合同加以确定，但又受到一定制约。《劳动基准法》《劳动合同法》《劳动组合法》《男女雇佣机会均等法》《最低工资法》等各种劳动法律规定，效力皆优先于劳动合同。换言之，劳动合同不能违反劳动法规。比如，根据《劳动基准法》第 13 条的规定，劳动合同规定的劳动条件没有达到《劳动基准法》规定的标准的，该没有达到的部分为无效，无效部分的内容按照《劳动基准法》规定的标准处理。

二、自主规范

（一）劳动合同

劳动法的规则，基本上由劳动合同即雇主与劳动者的合意加以确定。如上所述，劳动合同是指劳动者在雇主的指挥、监督下提供劳动力，雇主对此支付对价报酬的合意。劳动合同可以是书面的，也可以是口头的（诺成合同）。劳动合同规定了劳动者和雇主的权利义务，包括劳动条件等基本的权利义务和附随的权利义务。基本的权利义务的核心是：劳动者劳动的义务（雇主的劳动受领权利）与雇主支付工资的义务（劳动者获得工资的权利）。附随的权利义务主要包括：雇主对劳动者的指挥命令权和违纪惩处权，劳动者对企业的忠诚义务和保密义务，雇主对劳动者的安全照顾义务，等等。2008 年开始实施的《劳动合同法》还规定了劳动合同的五项基本原则，即劳资对等决定原则、均衡对待原则、工作与生活相协调原则、诚实信用原则、禁止权利滥用原则。[①]

（二）就业规则

就业规则是企业在听取劳动者意见的基础上，制定或统一变更劳动条件和职场规则的文书。在日本，劳动合同很少对具体的劳动条件进行详细规定，大多

[①] 关于日本劳动合同的基本原则的阐述，参见田思路、贾秀芬：《日本劳动法研究》，中国社会科学出版社 2013 年版，第 95—97 页。

数情况下,通过就业规则所确定的内容被认为是劳动合同的内容。① 也就是说,劳动者的具体劳动条件基本上由就业规则加以决定。根据《劳动基准法》的规定,如果个别劳动合同确定的劳动条件没有达到就业规则确定的基准,则没有达到的部分为无效,无效的部分按照就业规则的基准执行。但是,如果劳动合同规定的基准高于就业规则的规定,则遵循有利性原则,适用劳动合同的基准。比如,如果劳动合同规定每小时工资为 900 日元,而就业规则规定为 1000 日元,根据就业规则法律效力高于劳动合同的原则,则按照 1000 日元执行;如果劳动合同规定每小时工资为 1100 日元,而就业规则规定为 1000 日元,根据有利性原则,则按照 1100 日元执行。另外,就业规则的法律效力低于下述的集体协议。

(三) 集体协议

集体协议是工会与雇主(或雇主团体)之间关于规定劳动条件和劳资关系行为模式的书面合意,即团体合同,又称"劳动协约"。它主要规定两类事项:一是债务的部分,即作为团体的工会与雇主之间约定的规制事项,比如,在企业内设立工会事务所的租金以及团体谈判的程序等;二是规范的部分,即通过工会这一劳动者团体,与雇主协议(谈判),规定工资、工时等工会会员个人的劳动条件事项,对个别劳动合同的内容加以规定,而规定的基准是一致的,因此它与就业规则一样具有统一劳动条件的机能,这样的效力被称为"规范的效力"。由于日本工会大多为企业内工会,因此集体协议也基本限于在企业内进行具体详细的规定。日本《劳动组合法》第 14 条、第 16 条的规定认可集体协议的法律效力,劳动合同中违反集体协议的劳动条件基准的部分无效,无效的部分按照集体协议规定的基准处理。也就是说,关于劳动者劳动条件的基准,集体协议的效力优于个别当事人之间的劳动合同。

需要注意的是,与德国劳动法不同,日本的集体协议不承认有利性原则。比如,不论个别劳动合同、就业规则规定每小时工资为 900 日元还是 1100 日元,如果集体协议规定为 1000 日元,则一律按照 1000 日元执行。这样一来,个别劳动合同、就业规则中的劳动基准不论是低于还是高于集体协议,都按照集体协议加以规范。从这个意义上来说,该规范的效力被认为具有"两面的效力"。这与上

---

① 由于雇佣管理的个性化和劳动者的多样化的发展,实践中根据劳动合同确定劳动条件(如通过个别劳动合同对工作地点和工作内容加以特定等)的事例在增加,法政策上也朝着劳动合同上劳动条件明确化的方向发展,随着劳动合同的重要性日益提高,2007 年 12 月颁布了《労働契約法》,并于 2008 年 3 月 1 日实施。

述就业规则承认有利性原则是不同的,需要注意区分。

(四)规范之间的效力关系

从法律规范、自主规范的效力强弱来区分,其顺序为:法令(强行规定)、集体协议、就业规则、个别劳动合同。也就是说,违反法令的集体协议、就业规则和个别劳动合同无效,违反集体协议的就业规则和个别劳动合同无效,违反就业规则的个别劳动合同无效。①

三、判例法理

判例与法律不同,本来就只是对个别案件的判决,因此,日本不承认先前判例的约束力,裁判所的判决从严格意义上来说也不能成为法律规范和自主规范,即不能成为法源。但是,通过长时间对同类案件的判决的积累,或者根据最高裁判所提出的一般规则,形成了一些被称为"判例法理"的重要规则。例如,录用内定法理,解雇权滥用法理,惩戒权滥用法理,男女平等对待法理,就业规则的不利益变更法理,等等,劳动合同约定的内容不能违反这些判例法理,否则将会因构成民法上的权利滥用和违反公序而无效。从这个意义上来说,判例法理也对劳动合同的内容产生影响。并且,一些判例法理在逐渐成熟和被广泛认可后,可能会被移入立法规定中,实现"判例法理的立法化"。

四、劳资习惯

有关劳动条件的事项、工会活动的方式方法,在就业规则和集体协议中没有具体规定,但经过长期反复实行,形成劳动者(或者工会)与雇主之间事实上的规则,这些规则一般被称为劳资习惯,最典型的就是终身雇佣制。劳资习惯本身不是具有强制力的法律规定,也不能成为严格意义上的法律规范和自主规范,但在一定情况下发挥着法律效力。比如,根据"事实习惯"(《民法》第92条)和默示的意思表示来决定个别劳动合同内容以及确定集体协议、就业规则的解释适用的基准时,雇主违反劳资习惯构成"不当劳动行为"(《劳动组合法》第7条)和"滥用权利"(《民法》第1条)时,等等。当然,违反公序的劳资习惯,如"女职工结婚就要辞职"等是没有法律效力的。

---

① 参见《勞働基準法》第13条、第92条、第93条,《勞働契約法》第92条,《勞働組合法》第16条。

第二章　个别劳动法

第一节　雇佣平等

一、《男女雇佣机会均等法》制定前

（一）均等待遇原则

日本《劳动基准法》第3条规定："雇主不能以劳动者的国籍、信仰、社会身份为理由，在有关工资、劳动时间以及其他劳动条件上差别对待。"

1. 劳动条件

劳动条件包含了工资、劳动时间、休息休假、福利厚生给付等。需要注意的是，在日本《劳动基准法》中，解雇（的基准）包含在劳动条件中，但录用（的基准）不包含在劳动条件中。比如，以劳动者是外国国籍为由予以解雇，是对《劳动基准法》第3条均等待遇原则的违反；但如果在招聘时以应聘者为外国国籍为由不予录用，则并不违反该条法律规定。判例对此进行了说明，认为该条所谓的劳动条件是指"劳动者雇入以后的劳动条件"，"不是制约雇佣时劳动条件的规定"。[①]可见，这是对劳动条件概念的狭义解释，这样的解释也体现了日本对雇主"招聘自由"的广泛尊重。

2. 差别对待的理由

在《劳动基准法》第3条所列举的"国籍""信仰""社会身份"等差别对待理由中，"国籍"被认为包含人种；"信仰"不仅包含宗教信仰，也包含政治信仰；关于"社会身份"，包括歧视农村或偏远地区出身者、非婚生子女等。有学者认为，非典型劳动者与典型劳动者的雇佣形态差异也相当于社会身份歧视，但裁判所对此并不认可。相关判例认为，这里所称的社会身份，不论是与生俱来还是后天所致，皆指无法依自己之意思而脱离的社会的分类。非典型劳动者是根据雇佣合同内容而产生的合同上的地位，所以不相当于该条所称的社会身份，两种雇佣形

[①] 参见三菱树脂事件，最高裁判所大法庭1973年12月12日判决，载《民事判例集》第27卷第11号，第1536页。

态不过是合同上的地位不同而已,与该条之规定无涉。①

(二) 男女同工同酬原则

《劳动基准法》第 4 条规定,雇主不能以劳动者为女性之由,在工资上差别对待,违者要被处以刑罚,在私法上也为无效或违法。该条规定虽然没有明确不能以男性为由的差别对待,但并不能由此认为对男性的差别对待为合法,如此规定只不过是因为在制定《劳动基准法》时,鉴于日本社会男女地位不平等、女性就业问题较为突出的状况,而重点对女性加以强调。

《劳动基准法》第 4 条中的"同一工资",不仅是指每月的工资,还包括退职费和福利厚生给付等。甚至有关家庭补助、住宅补助等也属于该条的"工资"范围。另外,该条只是禁止"以女性为由"的差别对待,因此,性别以外的理由,如根据工作能力、工作内容等实得的工资差别不受此限,如主体岗位和辅助岗位、正式职员和非正式职员之间的工资差别,等等。

(三) 男女平等对待的法理

日本《劳动基准法》只是禁止男女性别方面的工资差别,在《男女雇佣机会均等法》实施之前,并没有规定在工资以外的其他劳动条件上的男女差别对待为违法。但是,相关判例认为,关于女性劳动者结婚退职制度、男女有别的退休年龄制度等《劳动基准法》上未被明确禁止的差别对待,根据违反公序等理由也可以判定其违法。② 这就是著名的男女平等对待法理。在《男女雇佣机会均等法》实施以后,该判例法理仍被普遍遵循。

二、《男女雇佣机会均等法》制定后

(一) 立法经过及法律修改

男女雇佣平等的问题仅仅通过《劳动基准法》和相关判例法理加以调整是不够的,随着社会的发展和进步,要求对男女平等加以专门立法的呼声越来越高。1979 年,联合国通过了《消除对妇女一切形式歧视公约》,日本加入该公约后,要求国内法尽快加以对应和完善。1985 年,日本制定了《男女雇佣机会均等法》③,

---

① 参见丸子警報器事件,长野地方裁判所上田支所 1996 年 3 月 15 日判决,载《労働判例》第 690 号,第 32 页。
② 参见日产自动车事件,最高裁判所 1981 年 3 月 24 日判决,载《民事判例集》第 35 卷第 2 号,第 300 页。
③ 《雇佣の分野における男女の均等な機会及び待遇の確保等に関する法律》(《关于雇佣领域男女均等机会以及待遇确保等女子劳动者的福祉增进的法律》),简称为《男女雇傭機會均等法》(《男女雇佣机会均等法》)。

规定雇主在募集、录用、安排岗位、晋级等方面不得歧视女性,同时修改《劳动基准法》,禁止女性劳动者加班、休息日劳动、深夜劳动等。此后,日本又分别于1997年和2006年对《男女雇佣机会均等法》进行了大幅修改。

(二)从"女性差别禁止法"到"男女平等法"

1997年修法时,将在募集、录用、安排岗位、晋级等方面不能对女性歧视的规范性规定改变为禁止性规定,并增加了企业有义务采取措施防止性骚扰的规定。2006年之前的《男女雇佣机会均等法》可以说是"为了女性不受就业歧视的法律",是以为了不使女性劳动者因为性别而致差别,尽可能度过充实的职业生活为立法目的(第2条)。因此,禁止的是"对女性劳动者的歧视",而"男女差别"问题并没有在目的范围之内。于是,2006年修法时,将立法目的修改为:"劳动者不因性别而致差别,并且,对女性劳动者要尽可能尊重其母性,确保其度过充实的职业生活。"可见,除了"女性保护"情形外,不论"女性差别"还是"男性差别",都不能以性别为由存在歧视。从此以后,以前"仅限于女性""女性优先"的原则被禁止,以前的禁止对女性歧视被修改为禁止性别歧视。

(三)禁止性别歧视

1. 雇主在募集、录用劳动者时,必须与性别无关地提供均等机会(第5条)。虽然公法对此没有直接规定罚则,但在私法上有一些禁止规定和强行规定,如以劳动者是女性为由拒绝录用是违法的。当然,如上所述,即使雇主以劳动者是女性为由拒绝录用被判为违法,法律也不能强制要求雇主雇佣该女性,只能基于雇主的不法行为要求其进行相关损害赔偿。当然,在文艺、体育等特殊行业,对应聘者的性别提出要求并无不当。

2. 雇主有关劳动者的岗位配置、晋级、教育培训、住房贷款等福利厚生措施的提供,劳动者职业工种和雇佣形态的变更,提前退休、固定年龄退休、解雇以及劳动合同的更新,等等,不得以性别为由差别对待(第6条)。

3. 禁止间接歧视。比如,在招聘时,虽明言与性别无关,无差别录取,但却对身高、体重等提出要求,表面上对女性没有歧视,但实际上因为身高、体重的限制,符合条件者的应聘者基本为男性,这样所谓中立的标准存在着实质上的差别,构成了间接歧视。2006年该法修改时,对这种间接歧视进行了一定范围的禁止,比如,雇主在募集、录用、安排岗位、晋级等有关事项上的措施以劳动者性别以外的事由为要件,但实质上可能带来以性别为由的歧视,如果没有雇佣管理上的特别必要等合理的理由,这些措施就不被认可(第7条)。这些措施包括:募集、录用时以一定的身高、体重、体力为要件；募集、录用时将以前的男性、女性雇佣区分改为基干岗位的综合职（男性）与辅助岗位的一般职（女性）的分类雇佣管理制度；要求工作地点长距离迁徙的岗位，使具有家庭负担的女性事实上难以胜任，而职务晋升又以此为要件；等等。

（四）对女性劳动者的有关规定

1. 禁止以结婚、生育为由的歧视。雇主不能预先设定以女性劳动者结婚、生育为退职和解雇理由。许多企业有"结婚退职制""生育退职制"的不成文习俗，这是日本长期形成的雇佣习惯，但在现代社会的发展中，法律规定不能以怀孕、生育、要求和获得产前产后休假以及其他与之相关事项为理由，给予女性劳动者解雇以及其他不利益待遇。对于怀孕期间和生育不满一年的女性劳动者的解雇，不能是因为怀孕、生育的原因所致，雇主如果对此不能举证，原则上该解雇无效。可见，虽然《男女雇佣机会均等法》基本上成为男女平等法，但它并不否定对女性劳动者的母性保护的必要性。

2. 实行男女平等基础上的女性优先政策。虽然以男女平等为基础，但在日本现实职场中依然是以男性为主，为了实现男女机会均等和确保待遇，对女性劳动者采取男女平等基础上的优先政策。比如，对女性人数相对少的职业工种（女性低于40%），在同等条件下女性可被优先录用和配置；在女性管理者人数较少的情况下，对参加管理岗位晋升考试的女性给予奖励，或者对达到基准的女性优先录用……这些都不构成对《男女雇佣机会均等法》的违反。

（五）雇主预防性骚扰的法律责任

《男女雇佣机会均等法》从男女平等的角度出发对性骚扰加以规制。为了防止职场性骚扰的发生，该法要求雇主建立与劳动者的对话机制，开设咨询窗口，完善雇佣管理体制，制定相关规制，实行相关培训等。2006年该法修改前，相关规定是以被害人是女性为前提的；2006年修改法律后，要求雇主不论性别对男女劳动者都要采取必要的性骚扰预防保护措施。

第二节 劳动者的人权

一、劳动宪章

（一）禁止强制劳动

《劳动基准法》第5条规定："雇主不得凭借暴力、胁迫、监禁或其他妨碍精神和身体自由的不正当手段,强迫劳动者从事违反其意志的劳动。"对于违反规定者,可处以 1 年以上 10 年以下有期徒刑以及 20 万日元以上 300 万日元以下的罚款(第 117 条)。这是该法中最重的罚则,且处以有期徒刑实际上是刑法的内容,在此加以规定实际上是为了突出强调该规定本身的意义。

(二)排除中间克扣

《劳动基准法》第 6 条规定,除法律允许的情况以外,任何人不得以帮助别人就业为职业从中获得利益,以此防止"黑中介""工头"等对求职者的盘剥。当然,基于《职业安定法》等法律规定进行职业介绍是被允许的。

(三)保障公民权的行使

对于劳动者在工作时间行使选举权以及其他公民权利,或者为执行公共职务而请求的必要时间,雇主原则上不得拒绝。日本的选举一般在周日进行,但如果在平时的工作时间进行投票选举的话,劳动者投票权利的行使也是受到保障的。

二、关于劳动合同的规制

(一)合同期限的限制

为了防止雇主对劳动者长时间的不当束缚,日本限制缔结期限较长的劳动合同。以前,劳动合同期限原则上不得超过 1 年,现已被修改为 3 年(《劳动基准法》第 14 条)。

上述原则规定认可两种例外:一是以完成一定业务为必要期限的劳动合同期限可以超过 3 年(《劳动基准法》第 14 条第 1 款),但如果期限超过 5 年则约束力会减弱(《民法》第 626 条第 1 款)。二是在高度专业知识岗位上的劳动者,以及 60 岁以上的劳动者,其合同期限最高可以为 5 年(《劳动基准法》第 14 条第 1 款)。这样规定的意义在于,前者可发挥专业人员的作用,后者可促进高龄者被雇佣。

在一些国家,必须有"临时性"等一定的必要事由,否则不能缔结固定期限劳动合同;有的国家则限制了固定期限劳动合同的更新次数。因此,有人主张日本也应该对固定期限劳动合同的缔结事由和更新次数加以规制。反对者认为,如果强化对固定期限劳动合同的规制,无固定期限劳动合同的规制就会放宽,典型劳动者的解雇就要变得容易,否则就会导致劳动力市场的僵化。比较而言,对于具有终身雇佣制传统的日本来说,放宽对无固定期限合同的规制恐怕是更难的选择。

（二）预定赔偿的禁止

《劳动基准法》第 16 条规定，禁止雇主签订预先规定不履行劳动合同时的违约金或损害赔偿金的合同。但是，民法上对此是予以认可的。其原因在于，日本在封建劳资关系时期经常给求职者设置高额的赔偿金、限制劳动者辞职自由。因此，二战后，《劳动基准法》从保护劳动者的角度出发对此加以禁止。比如，钟表修理店的雇主与实习生签订的劳动合同，以如果中途解约则实习生应支付每月 5000 日元的教学费、食费为条件，被判决为违法。① 但是，如果是企业出资进行培训等情况，则不构成违法。比如，在签订劳动合同时，雇主要求劳动者承诺，如果参加企业出资的有关国家职业资格考试，不论考试合格与否，从公布成绩之日起一年内不得辞职，否则要向雇主支付考试培训费等 3 万日元。一审判决企业的做法违法，但二审推翻了原判，认为该规定并非是对全体劳动者的要求，而只是针对希望参加考试者，其费用是实际发生的合理费用，可以理解为是雇主先行代付，并且只有一年的约束时间，从整体来看，没有强行要求劳动者继续不当的雇佣关系，因此不构成违法。②

近年来，关于企业资助劳动者赴海外研修、劳动者归国后即行辞职等情况，围绕劳动者是否需要返还学费等问题发生了很多争议。企业可以预先要求劳动者签订费用返还合同吗？这是否为法律规定的"预定赔偿"？对此，由于研修制度和研修期间的待遇各公司有所不同，所以不能一概而论。个案不同，判决结论也相应不同。③

禁止预定赔偿，并不是对雇主要求劳动者损害赔偿本身的禁止，但也要合理有度。具体来说，要根据工作内容、损害发生的形态、雇主为了预防该行为发生采取的措施等情况，从公平分担损害责任的原则出发，只有在信义规则允许限度内方可被认可，并且赔偿数额不能超过实际发生损害数额的 1/4。④

---

① 参见長谷川時計店事件，三島简裁 1950 年 4 月 15 日判决。〔日〕松岡三郎：《労働法》，日本自由国民社 1989 年版，第 36 页。

② 参见藤野金属工业事件，大阪高等裁判所 1968 年 2 月 28 日判决，载《判例时报》第 517 号，第 85 页。

③ 其中认为违法的判例有新日本证券事件，东京地方裁判所 1998 年 9 月 25 日判决，载《労働判例》第 746 号，第 7 页。认为不违法的判例有野村證券（留学费用返還）事件，东京地方裁判所 2002 年 4 月 16 日判决，载《労働判例》第 827 号，第 40 页。

④ 参见茨城石炭商事事件，最高裁判所 1976 年 7 月 8 日判决，载《民事判例集》第 30 卷第 7 号，第 689 页。

（三）禁止抵偿从前借款和强制储蓄

《劳动基准法》第17条规定，雇主不得以从前借款或其他劳动为条件抵偿从前贷款的债权和工资。这与禁止预定赔偿同样道理。在封建劳资关系下，日本经常发生父母借款后由子女通过劳动偿还，以及企业以强制储蓄为手段束缚劳动者自由等情况。二战后，为保护劳动者的人权，《劳动基准法》对此加以禁止。该法第18条则明确规定，雇主不得在劳动合同之后附加储蓄合同或由雇主管理储蓄金的合同。

第三节 劳动关系的成立

一、概说

劳动者与雇主之间的劳动关系，一般是通过劳动合同加以联结的。建立劳动合同的典型方式，是雇主募集劳动者，对应聘的求职者进行笔试、面试等考核，然后决定是否录用，如决定录用则双方缔结劳动合同。根据《劳动基准法》第15条第1款，缔结劳动合同时，雇主必须向求职者明示工资、工作时间以及其他劳动条件。特别是关于劳动合同期限、工作地点、工作内容、工作时间、工资、辞职、退休、解雇等重要事项，雇主必须明示，同时应采取书面合同的形式（《劳动基准法施行规则》第5条）。

通过什么样的方式和基准募集、录用劳动者，基本上是雇主的自由。当然，这种自由也是受到限制的。比如，《男女雇佣机会均等法》规定禁止在募集和录用时以性别为由的歧视（第5条），《雇佣对策法》原则上禁止在募集、录用时进行年龄限制（第10条），《障碍者雇佣促进法》规定雇主有义务雇佣一定比例以上的残疾人（第37条、第43条以下），《劳动组合法》规定在雇佣劳动者时禁止以其为工会会员为由实行不利益对待（第7条第1款、第3款），等等。问题是，在不违反法律明文规定的情况下，雇主是否可以完全自由地决定募集条件和录用劳动者，比如，是否可以以求职者的思想、信仰或以性取向为由在招聘时进行歧视？录用内定、试用期与通常录用后的劳动关系相比在性质上有何不同？其权利义务如何设定？劳动关系法规如何适用？录用内定被取消、试用期被认定不合格时如何依法处理？等等，这些关于劳动合同成立过程中的法律问题都需要进行具体考察。

二、录用

（一）原则：录用自由

录用是劳动关系的入口，"契约自由"的民法原则在劳动法中同样适用，体现为录用自由。雇佣什么样的人，以何种方法、何种基准雇佣等，是雇主的自由。这方面的代表性判例是三菱树脂事件[①]。该事件中的原告——劳动者在大学期间加入了政党组织，但应聘时没有将该情况告知雇主，在试用期结束前雇主得知该情况，故拒绝正式录用该原告。判决认为："雇主有缔结合同的自由，为了自己的经营而雇佣劳动者，雇佣何人、以何种条件雇佣，如果法律没有其他特别限制，原则上雇主可以自由决定。"

在承认录用自由原则的基础上，该判决进一步指出："雇主拒绝雇佣具有特定思想和信仰的人，并不是当然的违法。"《宪法》虽然规定国民具有思想和信仰的自由，但该规定并没有私人间的效力，不能直接禁止"录用"这种私人行为。《劳动基准法》虽然也规定禁止以劳动者的信仰为由进行劳动条件的差别对待，但这是禁止录用"后"的劳动条件的差别对待，不是对录用基准的制约。

进而言之，雇主在录用之前可以对求职者进行思想和信仰方面的调查，可以要求求职者对相关问题进行申告，这并不违法。雇主最为关心的是劳动者的态度和行为是否会给企业正常经营活动带来妨碍，雇主与劳动者需要一种继续的相互信赖的人际关系，为此，雇主在决定是否录用前对应聘者的性格、思想等进行调查，对于日本这样实行所谓终身雇佣制的社会来说，是企业雇佣活动不可或缺的，具有合理性。

（二）录用自由的例外

在录用自由的基本原则下，也存在例外的情形。即使在法律上，对于企业来说，企业的存在也不仅仅具有私人的性质，还具有社会的、公共的意义，因此录用自由也存在法律上的规制，这便是录用自由的例外。

一是禁止性别歧视。《男女雇佣机会均等法》等法律都禁止雇主在募集和录用劳动者时歧视女性。

二是禁止年龄歧视。《雇佣对策法》规定，除了厚生劳动省规定的例外情形，雇主对于有关劳动者的募集和录用应与年龄无关，必须给予求职者均等机会。

[①] 参见三菱树脂事件，最高裁判所大法庭1973年12月12日判决，《民事裁判集》第27卷第11号，第1536页。

该法虽然对此没有规定罚则,但原则上不能存在年龄限制。同时,《高龄者雇佣安定法》规定,雇主在招聘劳动者时,如果有年龄限制,则必须存在不得已的理由,并对该理由加以明示。

三是不能禁止对残疾人的雇佣。虽然现行法并没有规定不雇佣残疾人就构成违法,但《促进残疾人雇佣法》规定,具有一定规模的企业,有义务雇佣一定比例以上的残疾人,即要达到残疾人法定雇佣率,如民营企业的残疾人法定雇佣率为1.8%。没有达到残疾人法定雇佣率的企业,须在一定条件下交纳"残疾人雇佣纳付金";对于达标和超标的企业,政府会向其支付"残疾人雇佣调整金",以示褒奖。也就是说,在尊重雇主录用自由的同时,政府通过"纳付金"和"调整金"来促进残疾人的雇佣。

(三)缔结合同的自由

假设一名女性求职者因为性别歧视而被雇主拒绝录用,构成对《男女雇佣机会均等法》的违反。那么,如果该女性提起诉讼并胜诉,裁判所可以作出"企业必须雇佣该女性求职者"的判决吗?企业必须雇佣该女性求职者吗?答案均是否定的。因为录用自由虽然存在例外情形,使其在法律的规制下有所受限,但是录用自由的最后一道防线是雇主的"缔结合同的自由",裁判所不能强制雇主与特定的劳动者缔结劳动合同。如果雇主存在违法的歧视行为,劳动者则可以通过请求支付慰问金、损害赔偿等加以解决。

(四)缔结劳动合同时的规制

在缔结劳动合同时,雇主必须向劳动者明示工资、劳动时间和其他劳动条件。其中,工资、劳动时间等必须以书面形式加以规定。

三、录用内定

(一)定义

录用内定是指企业招聘应届毕业生时,在学生毕业前(一年甚至一年半前)进行选拔考试,给合格者发出内部录用通知。收到通知的学生一般要递交在该企业就业的誓约书和身份保证书,进行体检,并在毕业后与企业签订正式劳动合同的一种录用方法。①

该制度已经成为日本的一种劳资习惯,在实践中被广泛采用。但是,由于录

---

① 日语为"采用内定",类似于我国应届大学毕业生的就业协议,但不涉及学校一方。

用内定从发出内部录用通知到正式订立劳动合同还有一段时间,在该段时间中录用内定可能会因为种种原因被取消,并由此产生相关的法律问题。

(二) 录用内定的法律性质

录用内定的法律性质如何？又具有怎样的法律约束力？对此,以前有两种学说,一是"合同订立过程说",即录用内定只是企业与学生订立劳动合同的一个前期过程；二是"合同预定说",即录用内定是企业与学生建立劳动合同的预约。不论上述哪一种学说,如果该录用内定被取消,只能以侵害期待权为由要求违约方承担损害赔偿责任。但是,如果学生被取消录用内定的话,事实上就错过了去其他企业应聘的时机,因此,相对于企业而言,学生受到的损害更大,而上述两种学说的民法思维导致对学生(求职者)一方的保护不够充分,因此遭到质疑。[1]

现在,学说和判例普遍主张"保留解约权的劳动合同说",认为劳动合同是依据当事人的合意而成立的诺成合同,因此签订录用内定可以视为企业与学生之间的劳动合同的成立。但是,考虑到录用内定是附带效力发生开始时间[2]的劳动合同,故录用内定是附带了保留解约权和效力发生期限的劳动合同,解约理由比劳动合同更宽泛。最高裁判所认为,企业进行招聘,学生应聘,企业经过审核和考试向合格者发出内部录用通知,这表明双方的意思表示一致,要约承诺过程完成,故合同成立。最高裁判所在判决中进一步指出,对录用内定的法律性质的解释,要通过录用内定的通知内容、录用程序、双方的事实关系、企业曾经实施的对策等进行综合判断。[3]

(三) 保留解约权的行使

如果将录用内定解释为保留解约权的劳动合同,那么,在何种情况下可以行使保留的解约权,即什么情况下取消录用内定具有合理性呢？具体来说：

第一,学生因为各种原因不能按时毕业；

第二,学生在毕业前患有需要长期治疗的疾病或涉及刑事案件的起诉、拘留等,被认为无法在毕业后立即提供劳动力的；

第三,学生在毕业前学业成绩显著下降,企业对该学生的劳动力素质评价发

---

[1] 相关学说、判例的发展,参见〔日〕水町勇一郎：《労働契約の成立過程と法》,载日本労働学会编：《講座 21 世纪労働法(4)労働合同》,有斐閣 2000 年版,第 43 页；〔日〕東京大学労働法研究会编：《注釈労働基準法(上)》2003 年,第 210 页,中窪裕也执笔的部分；〔日〕武井寛：《録用内定、試用期限》,载〔日〕角田邦重、毛塚胜利、浅仓むつ子编：《労働法の争点》,有斐閣 2004 年版,第 132 页等。

[2] 日本大学生毕业一般是在 3 月份,企业新职工的入厂日为 4 月 1 日。

[3] 参见大日本印刷事件,最高裁判所第二小法庭 1979 年 7 月 20 日判决,载《民事判例集》第 33 卷第 5 号,第 582 页。

生变化；

第四，企业发生经营困难，需要经济性裁员。

(四) 违约的法律后果

无论怎样，如果认为录用内定具有劳动合同的性质，那么即使可保留解约权，取消录用内定也相当于法律上的解雇。因此，企业未正当行使解约权而取消录用内定属于无效解雇。但是，由于录用内定阶段学生尚未提供劳动，因此取消录用内定的正当事由与通常的解雇事由存在差异。一般来说，取消录用内定要存在客观合理的事由，根据保留解约权的宗旨、目的进行客观、合理的判断，并应符合社会理念和公序良俗。

如果是学生一方违约，根据《民法》第 627 条第 1 款的规定，则按照无固定期限劳动合同的解约来处理，即只要提前两周告知企业即可自由解约。但是，在明显违反信用规制的情况下，学生也需要承担损害赔偿责任。

四、试用

录用内定之后，下一个阶段就是试用。经过录用内定程序，日本绝大多数企业在 4 月 1 日开始录用新的职工。但是，此时的录用一般还不是正式录用，而是试用。在确定劳动关系（正式录用）之前，企业一般设置 3 个月—6 个月的试用期。日本法律并没有对试用制度加以规定，该制度是在长期终身雇佣制下形成的雇佣习惯，不同的企业使用"试用期""见习期""试录用期"等不同名称。

试用与录用内定的不同在于，劳动者已经开始了实际工作。但是，由于日本成文法中并没有对试用期加以规定，因此对试用期间及期满后不予正式录用的情形也没有判断基准。《劳动基准法》关于试用期的规定主要有：试用期的工资不作为平均工资的算定基础，免除试用期间的解雇预告制度，试用期间解除劳动合同不支付经济补偿，试用期内可以随时解除劳动合同。

关于试用期间劳动关系的法律性质，学说和判例有不同的见解。但是，既然录用内定的法律性质已经被普遍认为是"保留解约权的劳动合同"，那么，如果学生已经开始提供劳动力，成为企业组织中的一员而被"试用"，不认可其具有劳动合同的性质显然是不合适的。"保留解约权的劳动合同说"在此仍然可以适用。根据该学说，试用期基于其试用之特别目的，保留了雇主的解约权（不予正式录用），这种解约权的行使比正式录用后的解约相对宽泛。尽管如此，试用期间双方关系具有劳动合同的性质是不能否认的。因此,试用期后雇主拒绝正式录用意味着劳动合同的解约,被试用者可以对此提起诉讼,该见解得到了最高裁判所的认可。最高裁判所在三菱树脂事件的判决中指出:试用期的法律性质应该根据就业规则的规定以及实际状况加以判断,本案中雇主拒绝正式录用是行使保留解约权,相当于解雇。试用期保留解约权的宗旨是,在决定是否录用时因为对劳动者是否合格的调查和资料收集不充分,需要保留日后的调查、观察以最终决定的权利。该保留解约权的行使比通常的解雇具有更为广泛的自由,但必须对照保留解约权的宗旨和目的,在存在客观合理的理由并被社会理念所认可的情况下才被允许。比如,根据新的调查结果,或者根据试用期间劳动者的工作状态,掌握了企业当初不知道或不期待知道的事实,等等。[①] 此后的判例进一步确认,试用期间的劳动者与一般劳动者从事同样的工作,劳动条件没有差别,但没有特别的正式录用程序,在这样的事实关系下,试用期是保留解约权的劳动合同关系。[②]

法律允许企业设定试用期,试用期属于雇主自行调整的范围,但如果是不适当的长时间试用以及反复更新和延长试用期,则可以视为对公序和诚信规则的违反,应判定为无效。[③]

第四节 工　　资

一、工资与平均工资的概念

根据《劳动基准法》第11条,工资系指:不论被称为工资、薪金、补贴、奖金还是其他名称,作为劳动的对价,雇主向劳动者支付的劳动报酬。

在工资的要件中,最为关键的是"劳动的对价"。作为劳动的回报,狭义解释的话,家庭补贴、住房补贴等不包含在工资中。但实际上,在日本通常并不作如此狭义的解释,只要在集体协议、就业规则上对支付条件作了明确规定的,都被作为"劳动的对价"的工资。因此,除了基本工资等直接具有工资性质的对价以

[①] 参见三菱树脂事件,最高裁判所大法庭1973年12月12日判决,载《民事判例集》第27卷第11号,第1536页。

[②] 参见神户弘陵学园事件,最高裁判所第三小法庭1990年6月5日判决,载《民事判例集》第44卷第4号,第668页。

[③] 参见きょうだい工业事件,名古屋地方裁判所1984年3月23日判决,载《判例时报》第1121号,第125页。

外,全勤补贴、家庭补贴、住房补贴、奖金、退职费等都可能包含在工资之内。这也是行政实务、学说、判例的一致立场。

雇主向劳动者支付的不与劳动等价交换的费用不属于工资,如结婚礼金、疾病慰问金等任意的恩惠费用,借款、贷款、福利厚生的费用,工作服以及差旅费等与工作相关的费用等。此外,由于工资是雇主向劳动者支付的对价,因此顾客支付的小费等不是工资。

平均工资是 3 个月前的除奖金外的日平均工资额。平均工资在计算解雇预告补助、休业补助、带薪休假期间工资等时经常使用,是实务中非常重要的概念。

二、工资支付的各项原则

如果雇主不支付工资,劳动者当然可以追究雇主不履行支付工资的债务责任。但是,仅此显然不够,因为工资是劳动者维持生活的重要基础,为了在发生工资请求权时确保劳动者能够得到工资,《劳动基准法》第 24 条规定,工资支付必须坚持四项原则,即通货支付的原则,直接支付的原则,全额支付的原则,每月一次以上定期日支付的原则。

(一)通货支付的原则

工资原则上使用通货支付。通货是指强制使用的日本流通货币或银行券[1]。也就是说,要使用日元支付劳动者工资。现在,通过银行账户进行支付比较常见,也有使用支票支付退休金的情况,但都需要与工会或职工代表签订协议,以防出现交换困难、价格不明确和任意给付等问题。

(二)直接支付的原则

工资必须向劳动者直接支付。不能交付给职业中介人、工厂师傅、劳动者亲属等,即使集体协议有例外规定,也不被认可。工资受领委托和代理的法律行为在私法上是无效的[2],代理人受领工资可课以 30 万日元以下的罚金[3]。但是,在法规解释中,如因劳动者工作繁忙,雇主向其秘书或配偶支付工资是被认可的。[4]

工资债权不能实质性让渡。在根据有关法律规定实施没收财产处罚时,雇

---

[1] 参见《通貨の単位及び貨幣の発行等に関する法律》第 2 条 3 款,第 7 条;《日本銀行法》第 46 条。
[2] 参见 1951 年 12 月 27 日《労働基準局通達》第 840 号。
[3] 参见《労働基準法》第 120 条。
[4] 参见 1988 年 9 月 10 日《労働基準局通達》第 150 号。

主可以向债权人、国税征收职员直接支付劳动者的工资,这不违反工资直接支付的原则。但是,为了保障劳动者的所得,没收的额度不得超过工资的3/4。

在劳务派遣的情况下,派遣公司可以将派遣劳动者的工资委托用工企业发放。①

(三) 全额支付的原则

工资原则上必须全额支付。工资是劳动者最重要的生活来源,为保障劳动者经济生活的安定,工资必须全额支付,禁止雇主对工资予以部分余留或扣除。② 但是,工资全额支付原则是以发生了劳动合同上的劳动者工资请求权为前提的,如果劳动者存在旷工等行为,就不发生工资请求权,雇主不予全额支付工资就不构成对法律的违反。同时,在法律另有规定或雇主与职工代表签订书面协议的情况下,雇主可以扣除所得税、居民税、各种社会保险费、工会会费等费用,未经同意的扣除才是对全额支付原则的违反。③

关于以工资抵消债权债务。《劳动基准法》第17条规定,雇主享有的对劳动者的债权,包括借贷款债权以及基于劳动者不履行债务或不法行为的损害赔偿债权等,不能通过工资予以抵消(有别于《民法》第505条的规定),否则相当于扣除工资,是对工资全额支付原则的违反,这是判例④和通说的主张。但是,最高裁判所认可两种例外:

一是基于劳资合意。即雇主征得劳动者的同意,以劳动者的退休金债权进行抵消。抵消必须基于劳动者的自由意思表示,并被认为客观上存在充足合理的理由,才不视作对全额支付原则的违反。⑤ 同时,还要进行严格、慎重的判断,并通过劳资协议进行"集体"的同意。

二是调整的抵消。即由于计算上的原因,比如,当月按正常出勤计发工资,因迟到早退、旷工等扣除的工资要在次月工资支付中体现,这种调整的抵消必须

---

① 参见1986年6月6日《劳働基準局通達》第333号。
② 参见日新製鋼事件,最高裁判所第二小法庭1990年11月26日判决,载《民事判例集》第44卷第8号,第1085页。
③ 参见济生会病院事件,最高裁判所第二小法庭1989年12月11日判决,载《民事判例集》第43卷第12号,第1786页。
④ 以债务不履行作为理由的损害赔偿请求权与债权抵消的案例,参见関西精機事件,最高裁判所第二小法庭1956年11月2日判决,载《民事判例集》第10卷11号1413页。以劳动者的不法行为作为理由的损害赔偿请求权与债权抵消的案例,参见勧業経済会事件,最高裁判所大法庭1961年5月31日判决,载《民事判例集》第15卷第5号,第1482页。
⑤ 参见日新製鋼事件,最高裁判所第二小法庭1990年11月26日判决,载《民事判例集》第44卷第8号,第1085页。

事先告知劳动者,并且不能影响劳动者经济生活的安定。① 根据《民事执行法》的限制规定和判例,对不超过工资的1/4的扣除应予认可。②

另外,关于劳动者是否可以放弃工资债权,判例认为,如果劳动者放弃工资债权是其"自由的意思表示",则应肯定其效力。③ 但是,对该意思表示要进行"严格且慎重"的认定,如果认定"自由的意思表示"不明确,则应否定该放弃工资债权的效力。④

(四) 定期支付的原则

工资必须每月一次以上在确定日期(定期日)支付。其中,"每月"是指历月,"定期日"是指每月的第一天至最后一天中的某个具体的特定日。根据该项原则,即使采取年薪制,也要每月先行支付一定额度的工资。临时支付的工资、奖金以及超过1个月期限的津贴、补助等不受此限。⑤

三、休业补助

休业是指劳动者在劳动合同上本来应履行劳动义务的时间未提供劳动。

因雇主的责任发生休业的,雇主应向休业期间的劳动者支付相当于其平均工资60%以上的补助(《劳动基准法》第26条),此为"休业补助"。但是,《民法》第536条第2款规定,劳动债务如果因为债权人(雇主)的责任而不能履行,劳动者有权获得作为"对待给付"(或译为"反对给付")的工资,而对待给付是支付100%的工资。于是就产生了如何理解和把握《民法》规定的"对待给付"与《劳动基准法》规定的60%以上的休业补助的关系问题。判例认为,《民法》第536条第2款的"债权人(雇主)的责任"是从过失责任的观点出发加以规定的,仅指"故意、过失以及相当于诚信规则上的原因";《劳动基准法》第26条"因为雇主的责任""是从与一般交易原则上的过失责任不同的观点出发形成的概念",比《民法》第536条第2款规定的"债权人(雇主)的责任"范围更广,还包含民法上故意、过

---

① 参见福岛县教组事件,最高裁判所第一小法庭1969年12月12日判决,载《民事判例集》第23卷第12号,第2495页。群马县教组事件,最高裁判所1970年10月30日判决,载《民事判例集》第24卷第11号,第1693页。

② 参见水道機工事件,东京地方裁判所1978年10月30日判决,载《民事判例集》第29卷第5—6号,第682页。

③ 参见シンガー・ソーイング・ンーカムパニー事件,最高裁判所1973年1月19日判决,载《民事判例集》第27卷第1号,第27页。

④ 参见北海道国际航空事件,最高裁判所2003年12月18日判决,载《劳働判例》第866号,第14页。

⑤ 参见《労働基準法施行規則》第8条。

失以外的"因为雇主而引起的经营、管理的阻碍"①。由于《劳动基准法》比《民法》规定的雇主责任范围更为广泛,因此作为对劳动者的最低生活保障,应支付平均工资的60%。

另外,从通说和判例的立场来看,即使雇主已支付了60%休业补助,但如果对待给付成立,雇主仍应支付100%的工资,即补足对待给付与已支付的休业补助之间的40%的差额。② 比如,劳动者与雇主一起出差,因为雇主迟到没有赶上飞机,改签航班后造成了4小时的延误,雇主认为劳动者这4小时并没有提供劳动,于是按照休业补助标准支付了工资。显然,4小时的延误是雇主的过失原因造成的,应该按照对待给付支付100%的工资。

四、有关工资的其他法律规则

(一) 最低工资

由于劳动关系的特殊性质,与雇主相比,劳动者在交涉能力等方面处于劣势地位,因此完全遵循契约自由原则可能会带来社会的不公正和对劳动者实质性保护的缺失。于是,国家直接介入劳动者最为重要的劳动条件——工资方面,规定了最低工资制度。《劳动基准法》和《最低工资法》对工资的最低基准加以设定,雇主负有以不低于最低工资标准向劳动者支付工资的义务,如违反则适用罚则。劳动合同约定的工资标准如果没有达到最低工资标准,相关部分无效,无效部分按最低工资标准对待。

(二) 确保工资支付

为了确保劳动者按时、足额得到工资,除了上述《劳动基准法》第24条规定的工资支付的四项原则以外,《民法》《商法》也认可工资的优先受偿权③。此外,《民事执行法》《破产法》《公司更生法》也对工资债权保护进行了规定。但是,由于经济持续低迷,企业生产经营出现困难,在企业破产特别是未经法律程序而私自处分的情况下,劳动者的充分救济难以保障。鉴于民商法、破产法对工资债权保护的不足,日本1976年制定了《工资支付确保法》,该法规定了四种确保工资支付的方法:企业存款准备金的保全措施;退职补助的保全措施;对未支付退职

---

① ノース・ウエスト航空事件,最高裁判所1987年7月17日判决,载《民事判例集》第41卷第5号,第1283页,《劳働判例》第449号,第6页。
② 参见ノース・ウエスト航空事件,最高裁判所第二小法庭1987年7月17日判决,载《民事判例集》第41卷第5号,第1283页,《劳働判例》第449号,第6页。
③ 参见《民法》第306条2号,第308条,第311条8号;《商法》第295号。

劳动者工资的企业实行延期支付的高利息政策;未付工资由国家部分代付制度。

(三) 工资的非常时期支付

《劳动基准法》第 25 条规定,劳动者在生育、疾病、工伤以及厚生劳动省令所规定的其他非常时期,即使未到工资支付日,也可以要求雇主支付其已经提供劳动天数的工资。这是一项弹性化的规定,实践中基本上没有被使用。

(四) 时效

《劳动基准法》第 115 条规定,工资请求权的时效为 2 年,退职补助请求权的时效为 5 年。

第五节 劳动时间

一、法定劳动时间与实定劳动时间

《劳动基准法》没有对劳动时间进行定义,但从该法第 32 条的文意来看,可以认为劳动时间是指雇主使劳动者劳动的时间。相关判例认为,《劳动基准法》上的劳动时间是指"劳动者被置于雇主指挥命令下的时间,是否相当于劳动时间,要根据劳动者的行为是否被评价为置于雇主指挥命令下加以客观决定,而不能根据劳动合同、就业规则、集体协议等的规定来决定"[①]。

一周 40 小时,一天 8 小时,这是《劳动基准法》规定的劳动时间,被称为法定劳动时间。但是,10 人以下的小微服务业等的法定劳动时间为一周 44 小时、一天 8 小时。雇主原则上不能使劳动者超过法定劳动时间劳动。

除了法定劳动时间外,日本还使用实定劳动时间的概念(日语为"所定劳动时间"),是指就业规则上规定的劳动时间,该劳动时间也是劳动合同中的劳动时间。企业不同,实定劳动时间也不同。这就产生了劳动基准上的法定劳动时间与劳动合同上的实定劳动时间的关系问题。就业规则规定的实定劳动时间以外的时间,如果是"被置于雇主指挥命令下的时间",则也是《劳动基准法》上的劳动时间。

二、劳动时间的例外情形

"劳动者被置于雇主指挥命令下的时间"存在例外情形。

[①] 三菱重工業長崎造船所事件(第一次诉讼,公司上告),最高裁判所 2000 年 3 月 9 日判决,载《民事判例集》第 54 卷 3 号,第 801 页。

（一）工作开始前的行为

有些企业在工作开始前要求进行"朝礼""早操"等，如果该行为强制性要求劳动者参加，则一般被认为是《劳动基准法》上的劳动时间。判例认为："劳动者被命令工作，在工作场所内进行业务的准备行为，如为雇主要求的义务而不得不执行的，该行为即使在实定劳动时间以外进行，如无特殊情况，只要能够被认定是置于雇主的指挥命令之下，那么该行为所需要的时间，如果被社会理念认为必要，则相当于劳动基准法上的劳动时间。"①据此，在指定的更衣室更换作业服和安全保护着装、从更衣室到工作场所的移动等有义务在工作前实施的行为所需时间均为劳动时间。

（二）工作结束后的行为

判例认为，与工作开始前的行为一样，从工作场所到更衣室的移动、在指定的更衣室更换安全保护着装等所需时间，均为《劳动基准法》上的劳动时间。但是，上述时间之后的洗浴等不是义务的行为，不洗浴不会给下班通勤带来严重困难，因此所占用的时间不是法定劳动时间。②

（三）待机时间、假寐时间

待机时间、假寐时间一般被视为法定劳动时间，但实践中要根据具体情形加以确定。比如，餐厅服务员在等待顾客进店时并没有实际进行工作，但如果雇主有指示，或当客人进店，他们就必须进入实际工作状态。而客人什么时候进店，有多少客人进店，除预约情况以外，是难以预估的。由于该待机时间不可以自由利用，是置于雇主指挥命令下的时间，因此被认为是法定劳动时间。又如，有的判例认为住宅小区管理人员的待机时间是法定劳动时间。③

保安人员、夜间值班人员等的假寐时间，被认为与待机时间性质相同，因此也被视为法定劳动时间。有判例认为："即使在不活动的假寐时间，也不能保障劳动者从劳动中解放出来，因此该时间相当于劳动基准法上的劳动时间。"该判例还认为，假寐时间中劳动者在休息室负有待机和对警报、电话等即时应对义务，因此不能认为劳动者已被从劳动时间中解放出来，该假寐时间仍是劳动基准

---

① 三菱重工業長崎造船所事件（第一次诉讼，公司上告），最高裁判所2000年3月9日判决，载《民事判例集》第54卷第3号，第801页。
② 参见三菱重工業長崎造船所事件（第一次诉讼，工会上告），最高裁判所2000年3月9日判决，载《労働判例》第778号，第11页。
③ 参见大林ファシリティーズ（オークビルサービス）事件，最高裁判所2007年10月19日判决，载《労働判例》第946号，第31页。

法上的劳动时间。①

三、劳动时间制的多样化

一周 40 小时、一天 8 小时为法定劳动时间,但这只是标准工时制。此外,《劳动基准法》第 32 条规定,在一定条件下可以实行多样的工时制度,具体主要有综合劳动时间制、选择劳动时间制、裁量劳动时间制等。②

(一)综合劳动时间制

根据《劳动基准法》第 32 条,综合劳动时间制是以月或者年为单位计算劳动时间的制度,以便企业按工作量进行劳动力的灵活配置。比如,在劳动时间以月为单位计算的情况下,如果劳动时间分别为第一周 48 小时、第二周 32 小时、第三周 44 小时、第四周 36 小时,则劳动时间为平均每周 40 小时,此情形中即使其中某一周超过了 40 小时,超过部分也不被认为是法定外劳动时间,不存在支付加班费的问题。

采取该劳动时间制需要在劳资协议中加以规定。

(二)选择劳动时间制

选择劳动时间制是劳动者在规定的劳动时间范围内,自由决定每天上下班时间的制度。与企业按工作量进行劳动力灵活配置的情形不同,这是劳动者因为自身的原因对劳动时间进行的不规则分配。一种情形是完全的选择劳动时间制。比如,企业规定每月劳动 150 小时,只要能够保证该时间,劳动者每月上下班的时间是自由的。在此情形下,即使劳动时间每天超过 8 小时、每周超过 40 小时,超过部分也不被认为是法定外劳动时间,不存在支付加班费的问题。另一种情形是选择上下班的时间段。比如,企业规定每天劳动时间为 8 小时,劳动者可以选择"早九晚五",也可以"早八晚四",还可以"早十晚六",等等。

采取该劳动时间制也需要在劳资协议中加以规定。

(三)裁量劳动时间制

裁量劳动时间制是劳动者享有一定的劳动时间裁量权的制度,是劳动者自律的、弹性的劳动时间制度。随着信息社会的迅速发展,从事某些专业工作的劳动者,如教授、律师、研发人员等,由于其工作性质使其工作上的裁量幅度大幅增

---

① 参见大星ビル管理事件,最高裁判所 2002 年 2 月 28 日判决,载《労働判例》第 822 号,第 5 页。
② 我们曾经"综合劳动时间制"直译为"变形劳动时间制",将"选择劳动时间制"归类在"变形劳动时间制"中。为使其清晰易懂,本书仅作简单划分和说明。参见田思路、贾秀芬:《日本劳动法研究》,中国社会科学出版社 2013 年版,第 163—165 页。

加，雇主对其指挥命令变得弱化，对这些劳动者的劳动条件和待遇的评定，更重视其劳动的质（成果）而非量（时间）。因此，上述人员并不适用通常的统一的劳动时间管理，在满足一定要件的情况下，可以实行裁量劳动时间制。具体包括专门业务裁量劳动制和企划业务裁量劳动制。

专门业务裁量劳动制，是以从事专门业务的劳动者为适用对象的裁量劳动时间制。这些业务的实行手段以及劳动时间的分配对雇主来说存在具体指示的困难，有必要在工作方法上委以劳动者大幅裁量实施。这些具体业务包括：新技术等研究开发业务，信息处理系统的分析与设计，广播电视节目的策划、取材、编辑和制作业务，设计业务，大学教授的研究业务，以及其他劳动大臣指定的业务（如公认会计师、律师、一级建筑师、不动产鉴定师、税务师、证券分析、金融商品开发、室内装饰、电子游戏程序制作、中小企业诊断师等）。实行该制度时，劳动者的劳动时间与实际劳动时间无关。比如，不论一天劳动时间是 7 小时还是 9 小时，均视为 8 小时。实行该制度应缔结劳资协定。

企划业务裁量劳动制，是以企业重要部门从事企划、文案、调查及分析业务的劳动者为对象实施的制度。该制度的实施要求劳动者具有相关业务知识和经验，因此经验欠缺或仅具有一般知识的劳动者不包含在内。由于事业运营以及企划、文案、调查、分析业务的实行手段和劳动时间的分配对雇主来说存在具体指示的困难，因此在工作方法上有必要大幅委以劳动者裁量实施。其劳动时间和缔结劳资协议的规定与专门业务裁量劳动制相同。适用该制度的人员层次较高，法律要件更为严格，劳资委员会的相关决议须经 4/5 以上赞同，并经劳动者同意方可实施。

第六节　休息与休假

一、休息

（一）休息时间

休息是"作为劳动者的权利而受到保障的从劳动中分离出来的时间"[1]。根据《劳动基准法》第 34 条，雇主必须在劳动时间的中途给予劳动者休息时间：劳动时间超过 6 小时的，至少 45 分钟；劳动时间超过 8 小时的，至少 1 小时。法定休息时间是恢复劳动者蓄积的精神和肉体疲劳的最低基准，在该最低基准之上

---

[1] 1947 年 9 月 13 日《労働省労働基準局長次官長通達》第 17 号。

给予更多的休息时间当然是被许可的,比如,在劳动时间为 7 小时的情况下,法定休息时间应为 45 分钟,但实际上很多企业根据就业规则给予职工 1 小时的休息时间,并将此作为劳动合同上的义务。

(二) 给予方法

休息时间原则上要同时给予职场劳动者,这样也会提高休息的效果,但劳资协议有例外规定的则遵循该例外规定。同时,将休息时间分段实行也是允许的。但是,休息是与劳动分离而得到的保障时间,从该性质来看,不能将休息时间过细划分,否则是对该制度性质的违反。

(三) 利用自由

如何利用休息时间原则上是劳动者的自由,故类似于"休息时间不许离开公司"等规定是不被认可的。但是,行政解释认为可以实行休息时间外出许可制。① 对此,判例认为,原则上认同在休息时间参加活动(包括政治活动和工会活动等)实行许可制,但如果不存在扰乱秩序等特殊情况,也可以不适用许可制,以保证劳动者的自由。② 学说上一般认为,休息时间的利用,原则上应该是自由的,制约必须被限定在必要的最小限度内。

(四) 遵守秩序

劳动者可以自由利用休息时间,但也有义务在休息时间遵守企业秩序。比如,未经允许不能在工作场所散发传单等。③

二、休息日

休息日,法律上是指劳动者不负有劳动合同上的劳动义务之日。根据《劳动基准法》第 35 条第 1 款、第 2 款,雇主必须给予劳动者每周不少于一天或四周累计四天以上的休息日。虽然很多企业实行每周休息两天的制度,但《劳动基准法》并没有对此强制的规定,国民假日和企业自主实行的休息日也是如此。也就是说,只要不低于《劳动基准法》的法定基准,企业就可以"任意"实行。

除法定休息日外,日本还有法定外休息日(非法定休息日)。比如,在每周休息两天的情况下(法律规定的是"每周不少于一天"的休息),其中的一天为《劳动

---

① 参见 1948 年 10 月 30 日《労働基準署長通達》第 1575 号。
② 参见電電公司目黒電話電報局事件,最高裁判所第三小法廷 1977 年 12 月 13 日判决,载《民事判例集》第 31 卷第 7 号,第 974 页;《労働判例》第 287 号,第 26 页。
③ 同上。

合同法》上规定的法定休息日,另一天则为就业协议规定的法定外休息日。

因为是休息"日",因此必须给予一个"历日"的休息。也就是说,法定休息日不仅是持续 24 小时给予劳动者休息的意思,而且必须是作为"历日"从 0 时至 24 时的休息。①

三、"三六协定"对加班的规定

如上所述,《劳动基准法》规定劳动时间不得超过每周 40 小时、每天 8 小时,雇主超时使用劳动者要适用罚则。但在以下两种情况下可以例外,一是因为自然灾害而"临时的必要的情况下"可以加班(但此情况毕竟为数不多);二是雇主与企业内过半数劳动者组成的工会(一个企业内可以存在多个工会),或者不存在这样的工会时与该企业内过半数劳动者的代表订立书面的劳资协定,并向行政官厅申报,根据该协定的规定可以加班。后者因为是《劳动基准法》第 36 条的规定,所以俗称"三六协定"。

"三六协定"确定的事项包括:(1) 加班的必要的具体的理由;(2) 业务的种类;(3) 劳动者人数;(4) 加班的上限时间和天数;(5) 有效期限等。也就是说,在什么情况下加班需要具体的书面说明。其中,最为重要的问题是加班的上限,而"三六协定"对此并没有直接规制的条文。对此,1998 年修改的《劳动基准法》规定由劳动行政部门制定有关基准。此后,厚生劳动省规定,在劳资协议的基础上,加班的上限不得超过"一个月 45 小时,一年 360 小时",但该基准属于行政指导,并没有强制力。2018 年 6 月 29 日,日本通过了《劳动方式改革关联法》②,作为其中的一环,《劳动基准法》也作了相应的修改。其中,加班时间的上限一般为"一个月 45 小时,一年 360 小时";在例外情形下,经劳资双方协商,劳动者月加班时间可以超过 45 小时,但超过的月份限制在 6 个月以内,同时上限为一年不超过 720 小时。同时,在前述例外情形下,单个月的加班时间不得超过 100 小时,复数月平均加班时间不得超过 80 小时(均含休息日劳动)。该规定具有法律约束力,加班时间超过上限就要受到处罚。但是,该加班时间上限规定的适用则分不同情况:大企业自 2019 年 4 月 1 日起施行,中小企业自 2020 年 4 月 1 日起施行,汽车运输业、建筑业、医疗业自 2024 年 4 月 1 日起施行,而新技术、新产品

---

① 参见 1948 年 4 月 5 日《劳働基準署長通達》第 535 号。
② 《働き方改革を推進するための関係法律の整備に関する法律》,2018 年第 71 号。

研发业则不适用该规定。

雇主在根据"三六协定"要求劳动者（职场全体劳动者）加班时，不构成对《劳动基准法》的违反，并免去相关法律责任。但是，这并不意味着雇主取得了可以命令劳动者加班的法律权利，"三六协定"只是具有对雇主的免罚的效果。"三六协定"不是就业规则，也不是集体协议，并且不当然地成为每个劳动者的劳动合同的内容。

四、加班工资

（一）增加比例

根据《劳动基准法》第37条的规定，雇主使劳动者超过法定劳动时间加班，要按照一定比例增加工资：平日加班要支付125%以上的工资；法定休息日加班要支付135%以上的工资；在一个月加班超过60小时的情况下，超出部分要支付150%以上的工资。需要明确的是，由于劳动者夜班劳动（22点至次日5点）较之白班劳动其劳动付出更大，所以夜班劳动即使没有加班也按照上述125%以上的标准支付工资，而夜班劳动如果出现了加班的情形，则分为以下几种情况：夜班劳动如果一个月加班时间在60小时以下要支付150%的工资，超过60小时的部分要支付175%的工资。另外，如果在法定休息日夜班劳动的加班，要支付160%的工资。

根据最新修改的《劳动基准法》，单月加班时间超过60小时部分的加班费，从支付125%的工资上调至150%。该规定大企业自2019年4月1日起施行，中小企业自2023年4月1日起施行。从事新技术、新产品研发业务者，在医生指导下以及企业安排调休等健康保护措施下，不适用该上限规定。

（二）代休制度

2008年修改的《劳动基准法》规定可以实行代休制度。比如，如果劳资协议作出了规定，则一个月加班超过60小时的部分可以不按增加50%而是仍然按照增加25%工资支付，然后该超出部分再用代休加以清算。当然，如果劳资协议未作代休规定的话，雇主不得强制实行，超过60小时的部分仍支付150%的工资。

（三）计算基础

按照比例增加工资的计算基础是"通常的劳动时间或劳动日的工资"。在月薪制的情况下，是该月工资除以"实定劳动时间数"得出的金额。实定劳动时间数每月发生变化时,使用1年月平均实定劳动时间数。在小时工资制的情况下,以时给数额为计算基础。

此外,作为加班工资的计算基础,不包含家庭补贴、交通补贴、子女教育补贴、住宅补贴、临时性工资、支付期间超过一个月的工资等。

(四)法内超勤与加班

如果公司的实定劳动时间为"早九晚五",中间休息一个小时,那么在下午5点至6点加班的情况下,雇主有支付《劳动基准法》规定的按照比例增加工资的义务吗?答案是否定的。因为《劳动基准法》规定的劳动时间是每天不超过8小时,这是法定劳动时间,在"早九晚五"、中间休息一个小时的模式下,实际工作时间为7小时,加班的一个小时仍在法定劳动时间之内,并非法定劳动时间之外,所以该情况也被称为"法内超勤"。如果下午5点至7点加班两个小时,则前一个小时是法内超勤,可以不支付增加的工资,后一个小时就是法定外的加班时间,需要支付125%的工资。当然,许多企业在就业规则上规定,包括法内超勤在内,只要超过实定劳动时间就支付125%的工资,这样的规定高于《劳动基准法》的基准,当然可以成为劳动合同的内容。在此情况下,如果企业没有支付125%的工资,则属于债务不履行,是对劳动合同上的义务的违反,而不是对《劳动基准法》的违反。

休息日劳动也是一样。实行周六、周日休息的公司,如果周六加班的话,可能并不是《劳动基准法》上的休息日劳动,因为如果周日被确定为《劳动基准法》上的休息日,则对周六加班雇主就没有支付135%的工资的法定义务,"三六协定"也无必要。不过,如果就业规则对此作了规定,当然可以支付135%的工资。

对于雇主要求劳动者法内超勤的情况,虽然不需要缔结"三六协定",但关于超过实定劳动时间的劳动必须有劳动合同上的根据。一般来说,与法定时间外劳动的情况相同,只要在就业规则上有相关规定即被认可。

五、有关劳动时间、休息、休息日规制适用的除外

《劳动基准法》第41条规定,农业和水产业的从业人员、管理监督人员和处理机要事务人员、未经行政机构许可从事录像画面监控或间断性劳动的人员,不适用该法有关劳动时间、休息休假的规制。因为上述人员劳动方式较为特殊,不应与一般劳动者适用同样的规定,因此不受法定劳动时间的规制,也不受法定时间外、休息日劳动的规制。即使没有"三六协定",雇主也可以要求其在法定时间

外劳动,且没有必要支付增加比例的工资。上述适用的除外只是有关劳动时间、休息、休息日方面的规制,不包括夜班劳动和带薪休假的规制。

根据最新修改的《劳动基准法》,对年收入不少于1000万日元的高度专业化劳动者,在从事相关业务的情形下,如果每年已有104天的休息日,且雇主提供了体检等健康保护措施,则经本人同意和劳动委员会作出决议,不适用一般劳动者的劳动时间、休息日、深夜加班费等规定。

六、年度带薪休假

(一) 定义

年度带薪休假制度是使劳动者从劳动义务中解放出来的自由使用时间的保障制度,日本《劳动基准法》第39条第1款、第2款规定,雇主从雇佣之日起算,对连续工作6个月以上、出勤率达到80%以上的劳动者,必须对应其劳动期间给予10—20天的年度带薪休假。劳动者休假期间,劳动义务消灭,但可以得到正常工资。从法律规定的条文上看,年度带薪休假是雇主给予劳动者的,但该休假权(年休权)本身的成立并不需要得到雇主的承认,使用年休假的原因和方式等也均为劳动者的自由,雇主不得干涉。[1]

这里所谓"连续工作",是指劳动合同存续期间即在职期间的意思。如果半年的固定期限劳动合同被更新一次,则连续工作期限为一年。"出勤率"是指出勤日占全部劳动日的比例;"全部劳动日"是指根据劳动合同劳动者被课以劳动义务的天数,除实际出勤日外,因工作造成伤病的休业、产前产后以及法定的育儿休业、护理休业等期间,被视为出勤。

(二) 休假天数

年休假的天数与劳动者在企业连续工作时间成正比,具体见下表。

连续工作时间与年休假天数一览表

劳动时间	半年	一年半	二年半	三年半	四年半	五年半	六年半以上
年休假天数	10天	11天	12天	14天	16天	18天	20天

短时间劳动者的劳动天数每周不超过4天(或不超过30小时),以及全年不超过216天,其年休假天数根据劳动天数(时间)按比例确定,具体见下表。

---

[1] 参见白石营林署事件,最高裁判所第二小法庭1973年3月21日判决,载《民事判例集》第27卷第2号,第191页。

短时间劳动者年休假天数一览表

周劳动天数	年劳动天数	连续工龄						
		半年	一年半	二年半	三年半	四年半	五年半	六年半以上
4 天	169—216 天	7 天	8 天	9 天	10 天	12 天	13 天	15 天
3 天	121—168 天	5 天	6 天	6 天	8 天	9 天	10 天	11 天
2 天	73—120 天	3 天	4 天	4 天	5 天	6 天	6 天	7 天
1 天	48—72 天	1 天	2 天	2 天	2 天	3 天	3 天	3 天

（三）年休假的指定权与变更权

由于法律上并没有明确年休假权在年度内行使的具体时间，因此劳动者具体在什么时间使用年休假，即何时行使年休假权，有必要事先指定。法律规定，劳动者有权要求在什么时间休假，即劳动者的时间指定权，如果雇主没有异议，则指定日的劳动义务被休假权消灭。为了防止劳动者在某一时间集中休假，如果认为劳动者指定的时间"妨碍业务的正常运营"，雇主可以进行时间变更，即拥有合法的时间变更权。何为"妨碍业务的正常运营"要根据实际情况加以"通常的考虑"[①]，一般要考虑企业规模、业务内容、该劳动者的职责内容和性质、业务的忙闲、替代人员的配置难易程度等。

由于长时间的连续的年休假容易给生产经营带来影响，因此雇主有必要事前做好业务计划以及对其他劳动者休假预定时间等进行调整。对于未进行事前调整的时间指定，雇主在行使变更权时有裁量的余地。[②]

劳动者为了参加重要的学习和进修而希望取得年休假时，如果雇主认为不参加该学习和进修不会导致其知识、技能的下降，则可以行使时间变更权。[③]

为保障劳动者年休假规定的有效执行，根据最新修改的《劳动基准法》，雇主有义务主动听取劳动者关于年休假的要求。同时，对于每年拥有 10 天以上带薪休假的劳动者，雇主应至少保证其休假 5 天。

（四）计划性年休假

年休假是劳动者个人的权利，原则上由劳动者个人指定休假时间。但是，为了提高年休假的实施率，促进劳动时间的缩短，使劳动者希望的年休假时间与企

---

① 弘前電報電話局事件，最高裁判所第二小法庭 1987 年 7 月 10 日判决，载《民事判例集》第 1 卷第 5 号，第 1229 页。

② 参见時事通訊社事件，最高裁判所第三小法庭 1992 年 6 月 23 日判决，载《民事判例集》第 46 卷，第 306 页。

③ 参见 NTT 事件，最高裁判所 2000 年 3 月 31 日判决，载《労働判例》第 781 号，第 18 页。

业生产经营计划相协调,有必要进行集团的、计划的年休假设计,于是产生了计划性年休假制度。根据《劳动基准法》第 36 条第 6 款,雇主对每个超过 5 天的劳动者年休假,可以根据劳资协议有计划地集体实施。也就是说,劳动者可以自由决定 5 天以内的年休假,5 天以上的年休假则根据劳资协议有计划地集体实施。其方法有三种,一是企业全体职工统一休假;二是班组交替制休假;三是根据企业统一的年休假排列计划表进行,如甲在一月份第一周休息,乙在该月第二周休息,丙在该月第三周休息,等等。在计划年休假的情况下,劳动者的指定权和雇主的变更权都不得行使。①

(五)事后请求与跨年度实施

劳动者因病缺勤或因事迟到,事后希望用年休假来代替的,被称为"年休假的替换"或"事后请求"。由于劳动者并没有被赋予这种替换的权利,因此对劳动者的这种事后请求,雇主可以拒绝。②

虽然年休假是当年度的休假,但当年度没有实施或没有全部实施的,可以转到下一年度实施,不过只能跨越一年。另外,年休假权的时效为两年(《劳动基准法》第 115 条)。

(六)分割使用

从年休假的性质来说,应该实行长期的连续休假,但现实生活是复杂多变的,所以日本可以以天为单位实施休假,后来行政解释对半天休假也予以认可,判例也认为"雇主给予半天年休假不受妨碍"③。2008 年修改的《劳动基准法》第 39 条第 4 款进一步规定,对短时间劳动者等一定范围的劳动者,年休假 5 天以内的部分,经劳资双方书面协议,可以以小时为单位分割使用。

(七)禁止不利益待遇

《劳动基准法附则》第 136 条规定,雇主不得以劳动者取得年休假为由,对其进行"减少工资等不利益待遇"。另外,通过出勤率计算奖金时也不得将年休假作为缺勤来处理。④

---

① 参见 1988 年 3 月 14 日《労働基準局長通達》第 150 号。
② 参见東京儲金事務センタ事件,东京地方裁判所 1993 年 3 月 4 日判決,載《労働判例》第 626 号,第 56 页。
③ 学校法人高学園事件,东京地方裁判所 1995 年 6 月 19 日判決,載《労働判例》第 678 号,第 18 页。
④ 参见エス・ウント・エー事件,最高裁判所 1992 年 2 月 18 日判決,載《労働判例》第 609 号,第 12 页。

根据相关行政解释①和判例②,是否为不利益待遇要在公序良俗的框架内进行判断,不能造成劳动者该权利的法律保障的实质性丧失。该规定的宗旨是防止雇主对劳动者取得年休权加以限制。

第七节 非正规劳动者的劳动合同

需要特别注意的是,在日本,只有签订无固定期限劳动合同的劳动者才被视为正规劳动者,即正式职工。而签订固定期限劳动合同的劳动者,不论用工形式如何,均被视为非正规劳动者,即非正式职工。如此区分也从一个侧面反映了日本终身雇佣制的传统。但是,随着企业国际化竞争的加剧,日本终身雇佣制逐渐被动摇,非正规劳动者不断增加,并在固定期限劳动合同中出现非全日制、派遣、外包、临时用工等各种劳动关系形态。按理说,不论正规劳动者还是非正规劳动者,都是在劳动合同下劳动的劳动者,受到劳动法的保护也应该是同样的。但事实上,非正规劳动者的劳动合同与正规劳动者的劳动合同并不相同,法律适用也存在差异。因此,对非正规劳动者的法律定位与保护成为日本理论和实务界近年来重点关注的问题。

一、短时间劳动者

在日本非正规劳动者中,占比例最大的是短时间劳动者。《关于短时间劳动者雇佣管理改善的法律》(以下简称《短时间劳动法》)第2条规定:"短时间劳动者是指与同一事业所被雇佣的正式职工相比一周所定劳动时间较短的劳动者。"在日本,从事短时间劳动者的大多为女性,特别是"主妇",一般家庭中,丈夫为正式职工、妻子为短时间劳动的非正式职工是很普遍的现象,主妇可以根据照顾家庭、育儿等情况灵活调整劳动时间。短时间劳动者是比正式职工劳动时间短的劳动者,如每天工作5小时或每周工作3天等。在现实职场中,有的短时间劳动者与正式职工的劳动时间基本相同或相差无几,但工资等劳动待遇则差别较大,他们被称为"疑似短时间劳动者"。

有这样一个著名判例:某生产汽车报警器的公司,雇用了与正式职工不同的女性短时间劳动者,雇佣期限只有2个月,但原则上可以反复更新。她们的工作

---

① 参见1988年1月1日《劳働基準局長通達》第1号。
② 参见沼津交通事件,最高裁判所1993年6月25日判决,载《劳働判例》第636号,第11页。

内容与正式职工别无二致,只是名义上的工作时间比正式职工每天少15分钟,但实际上可通过延长15分钟工作时间的方法使她们与正式职工同时上下班。她们被以所谓的"短时间劳动者"为由,在工资待遇上低于正式职工。对此,判决认为,如果这些"疑似短时间劳动者"的工资低于同样工作年限的正式职工的80%,则违反了以同工同酬为基础的均等待遇原则,违反了公序良俗。[①]

为了保障短时间劳动者的利益,《短时间劳动法》规定,雇主在雇佣短时间劳动者时应交付书面文书,对决定待遇时的考虑事项进行说明。此外,该法规定了以下三项重要的规制:

一是禁止歧视。对有关"应该与正式职工等同视之的短时间劳动者",雇主不能以其为短时间劳动者为由,在决定工资和其他劳动条件时存在歧视。这里"应该与正式职工等同视之的短时间劳动者"应具备以下三个要素,即职务内容(业务内容与责任程度)与正式职工同一;劳动合同为无固定期限,或者通过对固定期限劳动合同的反复更新已经被视为无固定期限;雇佣关系终止前的职务内容及岗位配置的变更可以预见与正式职工相同。可见,这里强调的是,尽管形式上是短时间劳动者,但除了劳动时间较短以外,在工作内容、合同期限的实质以及变动的可能性等方面皆与正式职工相同,因此应获得与正式职工同等的对待。

二是提供教育培训和福利厚生设施。雇主对正式职工实施的教育培训,原则上也必须对与正式职工职务内容相同的短时间劳动者实施。也就是说,只要满足上述第一个要素即相同工作相同责任,短时间劳动者就能接受相同的教育培训。另外,雇主有向所有短时间劳动者(即使职务内容不同一)提供诸如食堂、休息室、浴室等福利厚生设施的照顾义务。

三是向正式职工身份转换。对短时间劳动者雇主有义务采取措施,提供向正式职工转换的途径。具体来说,在招聘正式职工时,应告知短时间劳动者;新设正式职工岗位时,应给予短时间劳动者提出申请的机会;设立向正式职工转换的制度。

二、劳动者派遣

我国所称的"劳务派遣"在日本被称为"劳动者派遣",是用工企业使用他人

[①] 参见丸子警报器事件,长野地方裁判所上田支所1996年3月15日判决,载《劳働判例》第690号,第32页。

雇佣的劳动者为自己工作的一种形式。即该劳动者与派遣公司缔结劳动合同,被派遣到用工企业进行劳动,接受该用工企业的指挥、监督。可见,在派遣劳动关系中,劳动关系中的指挥命令权被转让给了第三方的用工企业。

因为这样的劳动关系的构成,使得原来基于直接雇佣的法律规制不能完全适用,所以在对派遣加以法律规制的过程中必须考虑到三者之间的特殊雇佣形态。同时,鉴于日本传统的雇佣习惯,派遣不能威胁到正式职工的雇佣成为不言而喻的底线。日本法律是禁止劳动者供给的,《职业安定法》规定的劳动者供给是指"基于劳动者供给合同,使劳动者接受他人的指挥命令从事劳动"[1],而早前劳动者派遣被认为是劳动者供给的一种形态。为了使劳动者派遣获得合法地位,1985年,日本制定了《劳动者派遣法》,将劳动者派遣从劳动者供给中独立出来,并定义为:"自己雇佣的劳动者,在该雇佣关系下接受他人的指挥命令,为该他人从事劳动。不包含该他人雇佣该劳动者。"该法还对劳动者派遣的种类、适用对象、期限、法律关系与责任主体等进行了规定,并于1990年、1996年、1999年、2003年、2008年、2012年、2015年进行了多次修改,由此也可看出劳动者派遣立法经历的曲折。

(一)派遣形式的多样化

从派遣形式来看,可分为常用型派遣和登录型派遣。常用型派遣,即派遣公司与劳动者存在常态的雇佣合同关系,劳动者不被派遣时也能获得一定的工资;登录型派遣,即当派遣公司与用工企业有派遣合同时,劳动者在派遣公司登录,派遣公司按派遣合同期限与劳动者签订雇佣合同,派遣合同结束,则雇佣合同相应结束。派遣公司实行常用型派遣必须告知厚生劳动大臣,实行登录型派遣则必须得到厚生劳动大臣的许可,但根据2015年最新修改的法律,两者统一实行许可制,并遵守新的许可基准:一是派遣公司要制定实施提高派遣劳动者能力的教育培训制度;二是教育训练等管理资料在劳动合同终止后保存三年;三是在劳动者与派遣公司签订无固定期限劳动合同或者固定期限劳动合同存续期间,派遣公司不能仅以与用工企业的派遣合同终止为由解雇劳动者。

此外,日本还实行将职业介绍与劳务派遣相结合的介绍预定派遣制度。即派遣公司以职业介绍为目的,将希望就业者先以派遣的方式介绍到用工企业,期限不超过6个月,在派遣期间或派遣期间结束后,该劳动者可以被用工企业直接

---

[1] 关于劳动者供给的论述,参见田思路、贾秀芬:《日本劳动法研究》,中国社会科学出版社2013年版,第19—20页。

雇佣为正式职工,这样对于该劳动者来说,原来的用工企业就变成了直接雇佣的雇主,在此情况下不得再设立试用期。当然,派遣期限结束后,用工企业没有意向将该派遣劳动者转为直接雇佣也是可以的。

(二) 适用对象的扩大

1985年《劳动者派遣法》对适用业务范围进行了限定,采取"原则禁止,例外许可"的正面列举方式。适用例外许可的业务是,只有具备专门知识、技术、经验才能够迅速有效实施的业务,以及根据雇佣形态的特殊性需要对从事该业务的劳动者加以特别雇佣管理的业务。该法当时规定了16种许可派遣的业务,1996年修改时将派遣业务从16种扩大到26种。1999年修改时,全面扩大了派遣业务的范围,将"原则禁止,例外许可"的正面列举改为"原则自由,例外禁止"的负面列举方式,除了建筑业、港口运输业、警备业、医疗业被禁止以外,其他领域被全面放开。其中,制造业不属于禁止范围,但也不包含在26种许可范围之内,直到2003年,制造业劳动者派遣才被允许。该法不断修改的过程呈现了派遣范围不断扩大的趋势。

(三) 派遣期限的放宽

与此同时,劳动者派遣期限也呈不断放宽的趋势。《劳动者派遣法》规定,派遣公司与用工企业之间签订的派遣合同所确定的期限不能超过劳动大臣确定的期限,其目的是防止利用重复派遣代替常规的雇佣。1999年修改的该法规定,对26种业务没有最长期限的限制;26种业务以外的派遣,期限原则上以一年为限,并禁止合同更新。2003年修改的该法进一步放宽对派遣期限的限制,26种业务以外的派遣,期限被延长至三年。为了防止派遣期限的短期化,2008年修改的该法规定,禁止派遣日雇劳动者。2012年修改的该法规定,如果用工企业违法使用派遣劳动者,则在一定条件下可以认定派遣劳动者与用工企业存在劳动合同关系。2015年修改的该法规定,派遣期限不再根据业务类型确定,而是根据派遣合同的类型,与派遣公司签订无固定期限劳动合同的劳动者没有派遣期限的限制,而签订固定期限劳动合同的劳动者的派遣期限为三年。

总之,虽然该法不断修改,但两个基本原则没有改变。一是派遣只能是临时性的就业;二是防止用派遣代替常规的雇佣。在坚持这两个原则的前提下,根据社会经济发展的情况和派遣实施中的问题,进行法律规制的宽严调整。

三、外包劳动者

外包劳动者是指"基于委托、外包合同依据用户企业的指示提供服务的人"①。具体来说，是指超出企业雇佣的劳动者的范围，对企业来说是以外包、委托的形式从事劳动的人。这种形态"是为了特定的目的在特定的场所将人才集结起来，工作任务完成后随即解散，成员们再去各自从事其他工作"②。

为了区别派遣与外包，厚生劳动省 1986 年颁布了《关于从事劳动者派遣和外包的区分基准》③，提出了"指挥监督性"和"独立性"两个判断要件，并被 1999 年《派遣业务处理要领》④进一步具体化。这两个判断要件是：

第一，指挥监督性，是指雇主直接利用该劳动者的劳动力，即该劳动者的工作必须在该雇主的直接指挥监督下进行。具体来说，包括工作岗位的配置与变更、工作实施的方法与评价、劳动时间和劳动纪律的管理等。

第二，独立性，是指该业务虽是该雇主的业务，但有必要基于外包公司自己的能力和责任加以处理。具体来说，包括法律责任的承担、经费的管理、机械设备的使用、专业技能的发挥等。⑤

指挥监督性越强、独立性越弱，越趋向派遣劳动形态；指挥监督性越弱、独立性越强，越趋向外包劳动形态。

然而，事实上，在劳动现场特别是在制造业现场，经常发生用工企业对外包劳动者实施指挥和管理的情况，如对工作的分配、作业方法的指示、加班的要求等实施业务管理。另外，在许多用工企业，外包劳动者与正式职工在同样的场所从事同样的工作(混岗作业)，导致派遣与外包不加区分或难以区分的问题，也导致了"假外包真派遣"(即"伪装外包")现象的大量发生。⑥

---

① 〔日〕鎌田耕一：《契約労働の研究》，多賀出版社 2001 年版，前言 iii。需要注意的是，该定义将被外包企业雇佣为第三者企业提供劳动和服务的人，即所谓的"转外包劳动者"排除在外。
② 〔日〕ダニエルピンク：《フリーエージェント社会の到来—'雇われない生き方'は何を変えるか》，玄田有史解説，池村千秋訳，ダニエルピンク 2002 年版，第 385 頁。
③ 关于区分基准的意义的详细论述，参见《日本弁護士連合会日弁連研修叢書現代法律実務の諸問題》，第一法規株式会社 2000 年版，第 830 頁。
④ 1999 年 11 月 17 日付職発第 814 号。
⑤ 参见《職業安定法施行規則》第 4 条。国有鉄道札幌運転区事件，最高裁判所第三小法廷 1979 年 10 月 30 日判決，载《民事判例集》第 33 卷第 6 号，第 647 頁。
⑥ 参见田思路、贾秀芬：《日本劳动法研究》，中国社会科学出版社 2013 年版，第 27—29 页。

第八节 惩 戒

一、企业秩序与惩戒处分

企业"是为了维持其存在和顺利运营为目的,将构成的人的要素以及所管理的物的设施两者进行合理的符合目的的综合配备的组织"[①]。由于企业是一个组织体,劳动者在企业中进行的是集体性劳动,因此维持企业秩序十分必要。

维持该企业秩序的手段之一是惩戒处分。惩戒处分是在发生劳动者违反企业秩序行为时,雇主对其采取的制裁措施。那么,雇主在什么情况下可以对劳动者采取怎样的惩戒处分呢?

二、惩戒权的法律依据

关于惩戒权的法律依据,学说上有两种观点,即固有权说和合同说。

固有权说认为,雇主原本在本质上就享有惩戒权。惩戒权是在企业组织之上、在劳动合同之上的作为经营者的当然权利,是维持企业秩序的当然要求和固有权利。

合同说则认为,雇主可以进行的惩戒处分,是基于劳动合同关系上的雇主的权利,必须以合同双方的合意为基础,惩戒的种类和事由必须在就业规则中加以规定。

三、惩戒处分的种类

(1)谴责、戒告。这是较轻的一种处分,一般只要求劳动者提出书面检查。但是,如果劳动者多次受到该处分,就有可能会被加重处分。

(2)减薪。是将劳动者工资的一部分不予支付作为制裁的处分。关于减薪数额,《劳动基准法》规定:"一次减薪的数额不能超过日平均工资的一半,减薪的总数额不能超过一个工资支付周期的工资总额的十分之一。"

(3)停止工作。即在一定期限内停止劳动者工作。停止工作期间雇主原则上不支付工资。法律上对停止工作期限没有明确规定,实践中一般是一周或十

---

① 国有鉄道札幌運転区事件,最高裁判所第三小法庭1979年10月30日判决,载《民事判例集》第33卷6号,第647页。

天左右。

（4）惩戒解雇。这是最严厉的惩戒处分。作为对破坏企业秩序的行为的制裁，惩戒解雇可即时实施，无须解雇预告，也无须支付代替解雇预告的补助。其中与一般解雇不同的是，在一定情况下，劳动者的退职费的一部分或者全部雇主可以不予支付。

四、惩戒事由

什么样的行为是惩戒处分的对象？如上所述，惩戒事由必须在就业规则上加以规定，没有规定的不能成为惩戒的对象。但事实上，在就业规则上很难对此进行详细、具体的规定，现实中大多进行一般性的、概括性的规定，如违反劳动纪律、工作业绩不良、因故意或重大过失给企业造成损害等。因此，对这些规定如何进行解释就成为重要的问题。以下对典型的惩戒事由举例加以分析。

（一）履历欺诈

也称经历欺诈，是指求职者在向企业提交的履历书中和面试时，伪造或隐匿与自己的学习、工作、工会活动、犯罪等相关经历的行为。

履历欺诈之所以成为惩戒解雇的事由，主要有两个原因：一是导致企业在招聘时对求职者的能力评价产生误判；二是有损劳资间的信赖关系，对企业秩序的维持和安定带来影响。[1] 前一个原因比较容易判断。就后者来说，有这样一个判例，求职者以高中毕业的学历应聘，这符合企业招聘的学历条件，但被录用后企业发现其隐瞒了大学被退学的经历，于是将其惩戒解雇，最高裁判所以损害信赖关系以及影响企业秩序为由，认可了该企业的惩戒解雇的有效性。[2]

（二）违反工作指示

劳动者如果对雇主的正当的工作指令不予遵守或加以拒绝，就违反了劳动合同上的义务，雇主可以追究该劳动者不履行合同（债务）的责任；同时，如果就业规则中已将违反工作指令作为惩戒事由加以列举的话，基于该条款雇主还可以实行惩戒处分。比如，劳动者拒绝工作岗位的变动，拒绝出差等。

（三）违反劳动纪律

职工违反劳动纪律的行为，其表现方式多种多样。比如，在职场内作出暴

---

[1] 参见茬原製造所事件，东京地方裁判所1972年7月20日判决，载《判例時報》第677号，第100页。
[2] 参见炭研精工事件，最高裁判所第一小法庭1991年9月19日判决，载《労働経済判例速報》第1443号，第27页。

力、胁迫、性骚扰等妨碍工作的行为,在职场内进行政治活动、集会、散发传单等影响企业秩序的行为,在职场内利用私人电子邮件、微信等大量发送诽谤、中伤信息等超过社会理念认可范围的行为,对企业物品的私用、贪污、冒领等行为,长时间频繁的无故旷工、迟到等影响企业秩序的行为,等等。

（四）企业外的行为

一般来讲,劳动者在工作时间之外的个人生活是完全自由的,雇主没有加以管理和干涉的权利。但是,即使在工作时间之外,劳动者在社会上的犯罪行为,对企业进行批判、举报行为,泄露企业秘密和违反竞业限制的行为,兼职行为等,如果侵害了企业利益,损害了企业形象,扰乱了企业秩序,并且违反了就业规则上的相关规定,也可以成为惩戒对象。

五、惩戒权的滥用

法律上严禁雇主恣意滥用惩戒解雇权,2008年实施的《劳动合同法》第15条规定:"雇主对劳动者的惩戒,对照与其相关的劳动者行为性质、形态等其他事项,如果欠缺客观的合理的理由,不符合相关社会理念,则应被认定为惩戒权利的滥用,该惩戒无效。"

为了防止解雇权滥用,在实施惩戒解雇时一般要坚持以下三个原则:一是对同一行为的处分在劳动者之间要实行无差别的平等对待原则;二是必须严格遵守处分事由与处分结果相平衡的相当性原则;三是惩戒要遵循程序合理原则,即应由劳资代表组成惩戒委员会,在听取劳动者本人的事实陈述后加以决定。如果违反上述原则,就会构成惩戒权的滥用。

第九节 人事变动

人事变动是日本劳动法中的重要内容,是其特色之一。在长期实行终身雇佣制的背景下,由于解除劳动合同存在较为严格的规制,于是雇主为了增加管理的灵活性,对劳动者进行人事变动就成为必不可少的选择。雇主有对劳动者进行调动、考评、职务升降等权利,该权利属于人事权,是根据劳动合同产生的权利。当然,人事权的行使也是有限制的。以下从内部调动、借调、外部调动、职务升降等人事权行使的具体类型出发,对其规则加以阐述。

一、内部调动

(一) 概念与类型

内部调动一词的日语为"配转",从字面上理解是调配转岗的意思。内部调动是雇主对劳动者的工作内容(职务)或工作场所,或两者兼有,在一定程度上的长时间变动。这与"公出"(临时的劳动场所变更)和"支援"(临时向其他工作岗位的配置)的短时间变动是有区别的。

日本企业对职工进行内部调动极为频繁,其类型包括:岗位人员不足的欠员补充型,岗位人员过剩的冗员吸收型,为了避免经济性裁员而进行的代替解雇型,等等。此外,为了使职工熟悉生产经营流程和建立良好的人脉关系,许多企业还实行轮岗锻炼型,如规定职工入职3年或5年内必须进行一次内部调动,等等。内部调动已经成为日本雇佣习惯的一个重要组成部分,也是招聘正式职工的当然前提。

(二) 以劳动合同为根据

鉴于工作场所和工作内容是劳动合同的重要内容,因此雇主如果对此加以变更,便是向劳动者发出调动命令,应以劳动合同为依据。

日本企业在招聘职工(特别是录用管理人员)时,普遍以长期雇佣为前提对合同内容加以考虑,所以一般认为,合同的成立包含了雇主对劳动者(特别是管理人员)的工作调动权。如果没有对日常的工种和工作地点进行限定,雇主对劳动者进行调动时就没有必要征求劳动者的同意。判例也持同样的立场。[①]

同时,调动权是存在限制的,如果劳动合同和就业规则对工作内容和工作场所作出了明确的限定,则雇主不能单方面进行变动;如果确需变动,需要个别征得劳动者的同意。

(三) 根据权利滥用法理对调动权的限制

如果劳动合同上对工种和工作场所没有限定,则雇主享有调动命令权,但该权利被限制在一定范围内,不能滥用。具体来说:

一是调动必须存在业务上的必要性。判例认为,内部调动命令如果没有业务上的必要性,则构成权利滥用。但是,业务上的必要性只要达到一般程度即

---

① 参见東亜ペイント事件,最高裁判所第二小法庭1986年7月14日判决,载《労働判例》第477号,第6页。

可,如劳动力的合理配置、业务运营的顺利性等,而无须达到高度必要性之程度。

二是调动的动机和目的必须正当。即使调动存在业务上的必要性,但如果其动机和目的不正当,也构成权利滥用。比如,为了削弱工会力量而对工会干部进行调动的行为,就属于动机和目的不正当。

三是劳动者受到的利益损害不能明显超过通常能够忍受的程度。实践中对这种情况的认定十分严格,并要求雇主采取措施保障劳动者不受明显的利益损害。比如,在选定调动人员时,对双职工家庭护理老人、接送入托子女等情况就要加以考虑和照顾;对于将劳动者长期调至外地工作、与家人分居的单身赴任,从家庭生活与职业生活相协调的观点(《劳动合同法》第3条第3款)出发,雇主应该承担相应的照顾义务。①

二、借调

(一) 概念与类型

借调一词的日语为"出向"。除了内部调动以外,日本企业还经常实行借调,这也是日本企业长期形成的雇佣习惯。借调是企业之间以合意为前提的人事变动,是将本企业的职工派到第三方企业工作的一种形式。借调与内部调动不同,劳动者是到第三方企业工作;借调与对第三方企业进行支援的情形也不同,借调时间较长,工作时间等劳动条件由第三方企业的就业规则加以确定;借调与派遣不同,借调承认劳动者与本企业、第三方企业存在双重劳动关系,而派遣则不承认双重劳动关系。

借调的类型多种多样,比如,进行企业间业务合作的人事交流型,对经营业绩不好的企业(特别是关联公司)进行技术指导的业务指导型,对企业职工进行综合能力培养的人才育成型,作为企业富余人员消化对策的雇佣调整型,确保中老年劳动者待遇的高龄者雇佣对策型,等等。

(二) 劳动合同的部分让渡

从法律性质上来说,借调是本企业将与劳动者签订的劳动合同中的权利义务部分让渡给第三方企业,因此,借调被认为是部分双重劳动合同关系的成立,这与劳务派遣的单一劳动合同关系不同。

在多大程度上进行让渡,由双方企业通过合意来确定。一般来说,与解雇权

---

① 参见帝国臟器製薬事件,最高裁判所1999年9月17日判决,载《労働判例》第768号,第16页。

等劳动合同存否相关的权利由本企业承担,而工作时间、休息休假等与工作相关的事项,则由第三方企业负责。

(三)劳动者的"同意"

如果由本企业通过行使人事权即可单方面决定,将本企业与劳动者之间缔结的劳动合同上的部分权利义务改变为劳动者与第三方企业之间的权利义务,这显然容易侵害到劳动者的权益,因此需要法律加以规制。

《民法》第625条第1款规定,雇主的权利让渡需要有劳动者的承诺,体现了权利义务的人身专属性,该规定对于让渡指挥命令权的借调同样适用。也就是说,借调必须有劳动者的"同意"。该"同意"并不要求必须为当事人的个别的同意,还可以通过就业规则、劳资协议上的具体规定以及招聘时的谈话内容来判断是否为"同意"。判例认为,如果就业规则上存在有关借调的一般规定,劳资协议上也有关于借调期间和借调待遇的详细规定,则没有劳动者的个别的同意,雇主也可以发出借调命令。[①]

(四)根据权利滥用法理的限制

与内部调动一样,在承认雇主具有借调权利的同时,其权利的行使亦不能滥用。《劳动合同法》第14条规定:"雇主向劳动者发出借调命令的,该借调命令与实施的必要性和人员的合理选择等事项相对照,如果能够认定是滥用该权利的,则该命令无效。"权利是否滥用,其具体的判断基准与内部调动基本相同,要求存在"业务上的必要性",对借调劳动者的选定要公正,劳动者的损失不能超过通常所能忍受的程度,等等。

借调不仅仅对劳动者的生活可能带来不利影响,也可能带来工资下降等实质性的劳动条件问题。另外,在没有确定借调期限的情况下,劳动者不能预见回归日期,可能导致心理压力加大,以及对未来工作存在不安定性、不确定性的担忧,等等,这些都是雇主在决定借调时应该加以考虑的。

三、外部调动

(一)概念与类型

外部调动一词的日语为"转籍",是指终止本企业与劳动者的劳动合同关系,把劳动者调动到本企业之外的其他企业工作,就像学生从一个学校转到另一

---

① 参见新日本製鉄事件,最高裁判所2003年4月18日判决,载《労働判例》第847号,第14页。

个学校,学籍发生改变一样,"转籍"是劳动者的公司(会社)即"社籍"发生了改变。

外部调动有解约型和让渡型两种类型。解约型,是指劳动者与企业合意解除劳动合同,再与新的企业缔结劳动合同;让渡型,是指劳动合同上的雇主地位由原企业让渡给新的企业。外部调动的具体形式多种多样,如将临近退休的高龄职工在给予其一定待遇后调动到子公司,将劳动者的借调改为外部调动,两个企业之间为了确保雇佣而进行的调动,等等。

(二) 劳动者的"同意"

从契约自由的原则出发,不能强制劳动者与新的企业建立劳动合同关系,因此,不论何种形式的外部调动,都不允许雇主以单方面的命令来实施,必须得到劳动者的个别同意。在解约型的情形下,劳动合同的解约以及新的合同的缔结都需要相关双方的同意;在让渡型的情形下,有关雇主地位的让渡也必须得到劳动者承诺。另外,外部调动与借调不同,是完全解除与原企业的雇佣关系,再与新的企业建立雇佣关系,所以,不能与原企业在劳资协议、就业规则中以及通过事前的合意规定相关义务。比如,即使在就业规则中规定了"无正当理由不能拒绝外部调动",外部调动仍然必须征得劳动者的同意。[1]

劳动者的"同意",不能只是形式上的"同意",雇主要根据合意原则和诚实信用原则,向劳动者提供充分的新企业的劳动条件、工作内容和其他相关待遇,要得到劳动者真实的"同意"。

(三) 与企业合并、分立的关系

在企业合并、分立的情况下,未经劳动者的个别同意,也可以进行外部调动。

企业合并有两种情形,一是复数的企业合并后成立一个新的企业,二是一个企业将复数的企业兼并。不论是哪一种情形,原企业的劳动者都成为合并后新企业的劳动者。

企业分立是一个企业分立为若干新的企业。企业分立应严格按照《劳动合同承继法》规定的程序进行。关于新的企业的劳动条件,在让渡型的情况下,由原企业整体性转移;在解约型的情况下,根据劳资双方合意加以确定。

---

[1] 参见製造所事件,高知地方裁判所1978年4月20日判决,载《労働判例》第306号,第48页。

第十节　劳动条件的变更

一、劳动条件变更的方法

关于劳动条件的变更,法律上的要求为劳动合同内容的变更。

对于劳动条件的变更,除了与个别劳动者进行协议变更以外,在日本还可以采用以下两种方法:一是通过变更就业规则来变更劳动条件,二是通过改订集体协议来变更劳动条件。如果企业没有工会,则只能采用前者,即变更就业规则;如果企业全员为一个工会的会员,则只能采用后者,即改订集体协议。但是,如果企业既存在工会,又不是全员加入,那么是否就业规则的变更和集体协议的改订两者都可以采用呢?

二、就业规则的变更

(一) 就业规则变更的法理

就业规则的变更,是雇主的单方面行为,如果其变更对劳动者有利,自然没有问题。但是,如果变更给劳动者带来了不利益,就容易发生争议。对此,《劳动合同法》和判例一般从就业规则变更是否具有合理性来认识和解决该问题。

《劳动合同法》第 9 条规定,"雇主未与劳动者合意,不能通过变更就业规则,来变更对劳动者不利益的作为劳动合同内容的劳动条件。"第 10 条规定,"(就业规则的变更)为合理时,作为劳动合同内容的劳动条件,根据变更后的就业规则决定。"可见,如果是对就业规则的合理的变更,劳动者即使反对也对其具有约束力。上述法律条文是对一直以来判例规则的明文化。[①] 同时,也可以这样认为,该规定保留了雇主在合理范围内对劳动条件的一定的变更权。之所以允许这种"合理"的变更,主要源于以下两个原因:

一是劳动合同具有继续性、集体性。在缔结劳动合同时不可能对当时的情况以及以后合同履行中的各种变化情况完全考虑周到;另外,尽管劳动者是合同的另一方当事人,但不能取得每个劳动者的个别同意就什么都不能变更也的确太过繁琐。因此,在合理的范围内对合同内容进行变更有其必然性,但前提是要

[①] 参见秋北バス事件,最高裁判所 1968 年 12 月 25 日判决,载《民事判例集》第 22 卷第 13 号,第 3459 页。

缔结劳动合同。

二是在劳动合同关系上,合同终止的自由是对劳动者而言,对于雇主来说基本上没有这样的自由。因此,根据解雇权滥用法理(《劳动合同法》第16条),雇主的解雇自由受到相当程度的限制,雇主不能简单地单方解除劳动合同关系。雇主向劳动者提出的变更要约,如果劳动者不予承诺,雇主是不能解雇劳动者的。而如果雇主完全无法变更劳动条件,就会导致劳动合同关系的僵化。因此,给予雇主在一定程度上变更劳动条件的权利,是立法者和司法者必须考虑的。也就是说,法律严格限制雇主解约权,代之以给予雇主"合理"范围内的合同内容的变更权。

变更后的就业规则就会成为劳动合同的内容,所以有必要以适当方式向劳动者告知。但是,即使就业规则已被变更,如果劳资双方对其中一部分达成不变更的合意,则该合意优先(《劳动合同法》第10条)。

(二)就业规则变更的合理性判断

就业规则的变更需要具备合理性,在日本,通过长期以来的判例积累,确立了一定的基准。① 即从就业规则变更的必要性和内容两方面进行判断,特别是有关工资、退职费等对劳动者来说重要的劳动条件的变更,要求具有"高度的必要性"。具体来说,合理性的有无要根据以下因素进行综合判断:(1)不利益的程度;(2)变更的必要性、内容和程度;(3)变更后就业规则内容本身的适当性;(4)代偿措施以及其他相关劳动条件的改善状况;(5)与工会的交涉过程;(6)其他工会或其他职工的对应;(7)关于同种事项在日本社会的一般状况等。②

《劳动合同法》基本上直接使用了上述判例法理,予以明文化。该法第10条规定,"就业规则的变更,要与劳动者受到不利益的程度、劳动条件变更的必要性、与工会等交涉的状况以及其他有关就业规则变更的事项相对照"来判断其是否为合理。上述判例法理中的"代偿措施"和"社会的一般状况"等内容,则包含在《劳动合同法实施通知》"变更后的就业规则内容的适当性"之中。

---

① 参见大曲市農業協同組合事件,最高裁判所第三小法庭1988年2月16日判决,载《民事判例集》第42卷第2号,第60页;第四银行事件,最高裁判所第二小法庭1997年2月28日判决,载《民事判例集》第51卷第2号,第705页;みちのく銀行事件,最高裁判所第一小法庭2000年9月7日判决,载《労働判例》第787号,第6页;等等。

② 关于日本就业规则变更的合理性判断框架,参见〔日〕荒木尚志:《雇佣体系与劳动条件变更法理》,田思路译,上海人民出版社2017年版,第188—194页。

三、集体协议的修订

(一) 工会会员的情形

在通过修订集体协议规定与从前相比不利益的劳动条件的情形下,工会会员受此约束吗?换言之,集体协议的规范效力(《劳动组合法》第 16 条)在此情形下不受妨碍吗?

如上所述,就业规则由雇主单方制定和变更,因此为了防止雇主任意为之,判例以合理性加以规制。而集体协议是雇主与劳动者根据"合意"而缔结,劳动者一方不是劳动者个人,必须是劳动者的团体,因此对集体协议的规制较之对就业规则更为和缓。实际判例中也是这样考量的,通过缔结新的集体协议,即使对以前的劳动条件进行了不利益的变更,但如果不是"以特定的或一部分工会会员特别不利益对待为目的的脱离了工会目的之缔结",则对每个工会会员都具有规范效力。①

集体协议是劳资交涉和谈判的结果,其中的劳动条件对劳动者有利与否,是从协议整体规定以及劳动者整体加以把握和考量的。比如,缩短工间休息时间但同时减少了工作时间,对少数劳动者不利但对多数劳动者有利,等等。因此,集体协议对劳动者具有整体的约束性。

(二) 非工会会员的情形

根据《劳动组合法》第 17 条,通过对集体协议的扩大适用(一般的约束力),集体协议也适用于非工会会员。但是,如果通过扩大适用,非工会会员的劳动条件与以前相比被不利益变更,在此情形下该如何应对呢?这涉及雇主与工会的团体谈判问题,将在集体劳动关系部分加以论述。

总之,如果企业存在大多数劳动者加入的工会,则较之就业规则首先要着眼于对集体协议的交涉和修订。如果修订顺利,则应在集体协议修订同时变更就业规则,并与其相吻合。从顺序上来说,集体协议的变更更为优先。在存在工会的企业,就业规则变更问题基本上是包含管理岗位在内的非工会会员的问题。

---

① 参见朝日火灾海上保险(石堂)事件,最高裁判所第一小法庭 1997 年 3 月 27 日判决,载《劳働判例》第 713 号,第 27 页。

第十一节　劳动合同的终止

一、解雇

解雇是雇主对劳动合同的解除。

（一）民法上的原则

1. 固定期限劳动合同的情形

《民法》规定，原则上当事人在固定期限劳动合同期间应受到约束，因此雇主不能在合同期间简单地将劳动者解雇。如果在此期间解约，不论什么样的情况，都需要具备不得已之事由。如果解约事由系因当事人一方过失而产生时，则应对另一方负损害赔偿责任（《民法》第628条）。日本2007年实施的《劳动合同法》也作出了这样的规定。

2. 无固定期限劳动合同的情形

民法上的原则是，解雇是劳动合同的解除，在当事人未约定雇佣期限的情形下，各当事人可以随时提出解约申告。但是，根据《民法》第627条，申告应在解约两周前提出。由于劳动者与雇主实质上不是对等的合同当事人，因此从保护劳动者的角度出发，劳动法对该民法规定进行了修正，即对解雇加以规制。

（二）劳动法上的解雇规制

1. 解雇时间的限制——解雇禁止期间

根据《劳动基准法》第65条、第19条第1款，在劳动者工伤、患病休息治疗期间及其后30日内，以及产前产后休假期间及其后30日内，雇主不得解雇劳动者。

2. 解雇的程序性规制——解雇预告制度

《劳动基准法》第20条第1款规定，在解雇劳动者时，原则上雇主必须提前30日预告，或者代替预告而支付30日以上的平均工资（预告补助）。这是对民法规定的两周前预告期限的延长。但是，根据《劳动基准法》第20条第1款但书、第3款，在天灾等不得已的事由使生产经营无法进行，以及因为劳动者的责任而被解雇等情况下，经行政部门认定，可以未经预告和不支付预告补助而即时解雇。

3. 解雇的实体性规制——解雇理由的限制

《劳动基准法》等法律规定，禁止歧视性解雇。比如，以劳动者的国籍、信仰、社会身份为由的解雇；以劳动者不同意实行裁量劳动制为由的解雇；以劳动者向监督机构投诉为由的解雇；以性别以及以女性劳动者婚姻、妊娠、生育、请求产前产后休假等为由的解雇；以劳动者申请或取得育儿、护理休假为由的解雇；以劳动者为工会会员，加入、结成工会，或者参加正当的工会活动为由的解雇；以劳动者公益举报为由的解雇；以劳动者基于《个别劳动争议解决促进法》请求争议解决援助为由的解雇；等等。

（三）解雇权滥用法理的立法化

日本不存在一般的、概括性的解雇限制立法，只有关于解雇理由的个别限制立法，以及解雇预告制度等程序规制。但是，由于这些有关解雇的个别的、程序的规制并不充分，因此，判例作为一般的制约解雇权的依据，确立了解雇权滥用法理。例如，最高裁判所在日本食盐制造事件的判决中指出："雇主解雇权的行使如果缺乏客观的、合理的理由，不被社会理念所认可，则应被视为权利的滥用而无效。"[①] 又如，关于就业规则中规定的解雇理由，最高裁判所在高知广播事件的判决中指出："如果解雇存在显著的不合理，不被社会理念所认可，则该解雇应被视为解雇权的滥用而无效。"[②] 这样，通过最高裁判所判例的反复强调，解雇权滥用的法理得到确认，成为日本劳动法中最为重要的法律规则。该解雇权滥用法理在2003年修改《劳动基准法》时被明确规定在第18条之中，实现了立法化。2007年制定《劳动合同法》时，又将该规定明确规定为《劳动合同法》第16条。

（四）经济性裁员

1. 概念与类型

经济性裁员一词的日语为"整理解雇"，是指雇主为了改变经营不良局面和促进经营合理化而以削减富余人员为目的的解雇。经济性裁员有以经营困难和经营不良为由的"危机回避型"，有在陷入经营困难之前以经营合理化和强化竞争力为目的的"战略的合理化型"[③]。由于经济性裁员不是劳动者的责任造成的解雇，因此被加以严格规制。比如，生产规模的缩小和车间停产等本身是企业的经营自由，但如果以此为由裁员的话，就要服从解雇的规制。

[①] 日本食塩製造事件，最高裁判所第二小法庭1975年4月25日判决，载《民事判例集》第29卷第4号，第456页。

[②] 高知广播事件，最高裁判所第二小法庭1977年1月31日判决，载《労働判例》第268号，第17页。

[③] 最早的判例是東洋酸素事件，东京高等裁判所1979年10月29日判决，载《労働判例》第330号，第71页。

2. 四要件说

经济性裁员应基于就业规则规定的生产经营上不得已的解雇事由进行。在20世纪70年代石油危机后的经济萧条背景下,作为企业调整雇佣的模式,判例确立了对经济性裁员进行合理性判断的四要件说,具体如下:

第一,裁员的必要性。经济性裁员必须存在达到必须解雇的高度的经营上的必要性,但从判例来看,并不要求达到如果不裁员就导致企业破产的状况。① 虽然裁判所要对企业经营的实际状况进行详细审查,但基本上尊重企业对经营状况的判断。如果企业财政状况没有问题,或者裁员后企业采取重新招工等明显的相互矛盾的行为,解雇的必要性可能就会被否定。②

第二,回避解雇的努力义务。此要件在四要件中具有中心地位,被作为解雇的"最后的手段的原则"加以重视。即雇主是否通过停止招工、在职职工减薪、减少加班、内部调动、借调、提前退休等解雇以外的其他手段来努力回避解雇,如果欠缺这种努力,则解雇无效。③

第三,被解雇者选定的妥当性。被解雇者的选择必须具有客观的合理的基准,如果基准不合理,或者没有按照合理的基准进行,则该解雇无效。但是,何为合理的基准,在判断上是存在困难的。比如,一般来说,以工作能力和工作业绩为解雇基准具有合理性,以"双职工中的女性劳动者"为解雇基准则不具有合理性。

第四,程序的合理性。许多集体协议都规定,雇主在实施经济性裁员时,有与工会进行协商的义务。即使集体协议上没有这样的规定,作为信义规则上的义务,也要求雇主与工会或者劳动者就有关经济性裁员进行充分说明和诚恳协商。例如,有判例认为,对因为不得已的事由进行的经济性裁员,没有进行任何说明,在解雇前6天突然通知解雇,这是对信义规则的违反,属于解雇权的滥用,因而无效。④

(五)违法解雇与劳动关系处理

1. 劳动合同关系的存续

《劳动合同法》第16条规定,如果解雇被认为是权利滥用,则该解雇无效,原

---

① 参见東洋酸素事件,东京高等裁判所1979年10月29日判决,载《労働判例》第330号,第71页。
② 参见ホクエツ福井事件,名古屋高金沢支部2006年5月31日判决,载《労働判例》第920号,第33页。
③ 参见あさひ保育園事件,最高裁判所1983年10月27日判决,载《労働判例》第427号,第63页。
④ 同上。

劳动关系继续存在。在这种情况下，一般来说雇主与劳动者之间的信任关系已经受到很大损害，所以继续维持原劳动合同关系对于双方都不一定是最好的选择。对此虽然也有学者提出将违法解雇视为有效，不再恢复原劳动合同关系，然后用损害赔偿加以解决，但并没有被立法者采纳，这也许是重视雇佣保障、维持雇佣继续的日本雇佣习惯的一种体现。当然，现实中也有很多企业在判决以后向劳动者支付和解金，而作为交换条件，劳动者提出退职。需要注意的是，即使违法解雇无效，劳动关系继续存在，劳动者也可以雇主违法解雇为由要求雇主支付损害赔偿金。

2. 未支付的工资

在判定为违法解雇的情况下，解雇无效，原劳动合同关系继续存在，而劳动者在被违法解雇期间如果未被支付工资，则有要求雇主支付该期间工资的权利。由于违法解雇通常是雇主的原因，根据《民法》第536条第2款前半段，"因应归责于债权人的事由致不能履行债务时，债务人不失受对待给付的权利"。劳动者在被违法解雇期间当然不能工作，但该劳动债务的不履行是雇主的原因造成的，所以作为劳动债权的对待债权的工资请求权不会消灭。

3. 解雇期间的"中间收入"

劳动者被违法解雇期间，不能在原企业劳动，如果到其他企业工作并获得收入（即"中间收入"），就产生了新的法律问题。因为日本《民法》第536条第2款后半段规定，在该条款前半段情形下，"通过免除自己的债务获得利益的，必须将其偿还于债权人"。如果按照这样的规定，劳动者上述"中间收入"就要返还原雇主。显然，这对于劳动者来说是不公平的。因为劳动力是不能储存的，无法通过劳动力的不使用而保值增值，在劳动者被解雇期间，出于对判决结果的不可预见以及维持家庭经济生活的考虑，有时不得不通过临时性等劳动获得"中间收入"。因此，需要对民法规则进行修正。判例认为，在存在"中间收入"的情况下，雇主可以扣除（折抵）一部分"中间收入"，但最低应支付60%的平均工资，或者说，最多扣除（折抵）数额不能超过雇主未支付的平均工资的40%。比如，如果未支付的平均工资为20万日元，则雇主最少应支付12万日元（最多扣除8万日元）。日本最高裁判所认为，至少支付60%的根据是《劳动基准法》第26条的规定，"由于雇主责任发生休业时，雇主应向休业期间的劳动者支付相当于其平均工资60%以上的补助"。但是，违法解雇期间的工资与休业期间的补助毕竟性质不同，因此需要注意区分。

二、固定期限劳动合同的到期终止——雇佣终止法理

固定期限劳动合同到期,合同即行终止,这本来没有什么需要说明的,但在日本却成为实务中的一个很大问题。比如,经常发生对于短期合同不履行更新手续,而劳动关系状态持续,形成事实上数次数年的反复更新的状况,但突然有一天,雇主告知劳动者本期合同到期不再续约,这在日本被称为对具有固定期限劳动合同的劳动者的"雇佣终止"。

从民法上的合同理论来看,无论合同更新多少次,都只是一个固定期限合同的重复。但是,对于劳动合同,这种更新不仅是"形式"上的更新,而是经过多少次未履行程序的反复更新,相关劳动者已经有了与正式职工同样的劳动关系实质,有了继续被雇佣的期待,这就提出是否需要对其加以保护的问题。

(一)"与无固定期限劳动合同没有实质性不同"的情形

日本曾有过这样的案例,固定期限劳动合同为2个月,但雇主反复更新该合同多达23次之后,对该劳动者实行了"雇佣终止"。对此,最高裁判所认为,雇主在招聘时对求职者表示有长期继续雇佣以及转为正式劳动者的可能,即使对此姑且不论,对劳动合同多次的反复更新,已经与无固定期限合同没有本质上的不同。因此,该雇佣终止的意思表示实质上是解雇的意思表示,在判断其效力时,应该类推适用与解雇相关的法理。[①]

可见,即使是对固定期限劳动合同的劳动者的雇佣终止,在该劳动合同与无固定期限劳动合同没有实质不同的情况下,也必须有客观、合理的符合社会理念的理由,仅仅因为期限已到即行雇佣终止是不被法律认可的。

(二)"在一定程度上继续雇佣被期待"的情形

在东芝柳町工厂事件以后,最高裁判所又进一步指出,即使不能说是"与无固定期限劳动合同没有实质性不同"的情形,但只要该雇佣不是临时性,而且期满后"在一定程度上继续雇佣被期待",在此情形下也应该类推适用解雇的法理。[②] 可见,即使劳动合同不是被反复更新,该固定期限劳动合同中雇佣的劳动者如果对雇佣的继续持有合理的期待,也受到法律的保护。

(三)与解雇正式劳动者的差异

毫无疑问,对固定期限劳动合同的劳动者的雇佣终止不可以任意进行,最高

---

① 東芝柳町工場事件,最高裁判所1974年7月22日判决,载《民事判例集》第28卷第5号,第927页。

② 参见日立デイコ事件,最高裁判所1986年12月4日判决,载《労働判例》第486号,第6页。

裁判所在判例中明确了雇佣终止的法理界限。即固定期限劳动合同的劳动者，其解雇终止的效力的判断基准，与期待终身雇佣之下缔结的无固定期限劳动合同的正式职工的解雇要有合理的差异。在需要裁员时，先于对正式职工实行提前退休政策，对临时职工实行雇佣终止是不得已的。[①] 可见，不论类推适用什么样的解雇法理，与无固定期限劳动合同的正式职工相比，固定期限劳动合同的劳动者受到保护的程度还是有差距的。进而言之，为了保证正式职工的雇佣而对固定期限劳动合同的劳动者实行雇佣终止并不违法。当然，为了防止争议的发生，《劳动基准法》第 14 条第 2 款规定，雇主应对雇佣终止进行事先通知以及制定必要的基准。

三、合同终止的其他事由

（一）合意解约

合意解约是根据合意终止劳动合同，在日本也被称为"依愿退职"，是在合意基础上的劳动者的圆满退职。劳动者提出退职书，一般被认为是申请合意解约的意思表示（要约）。劳动者提出退职申请后是否可以撤回，雇主需要多长时间答复，这些问题其实是解约合意何时成立的问题，法律上对此并没有明文规定。判例认为，企业人事部部长受理退职书，就是对劳动者合意解约申请的雇主承诺的意思表示。[②]

（二）辞职

是指劳动者一侧对劳动合同的单方解除。辞职一般是雇主不希望劳动者辞职，而劳动者执意辞职，双方没有达成合意。可见，辞职是解雇（雇主单方解除劳动合同）的相对概念。与雇主解雇劳动者不同的是，《劳动基准法》基本上没有对劳动者辞职的有关民法规则进行修正。

1. 固定期限劳动合同的情形

原则上劳动者也受该固定期限的约束，所以在劳动合同期间不能简单地辞职。根据《民法》第 628 条，如果辞职，无论如何都需要有"不得已的事由"。但是，根据《劳动基准法附则》第 137 条，劳动者缔结的劳动合同如果固定期限在一年以上（除了以完成一定业务为必要期限等情形外），则一年以后可以自由

[①] 参见日立デイリコ事件，最高裁判所 1986 年 12 月 4 日判决，载《劳働判例》第 486 号，第 6 页。
[②] 参见大隈鐵工所事件，最高裁判所 1987 年 9 月 18 日判决，载《劳働判例》第 504 号，第 6 页。

辞职。

2. 无固定期限劳动合同的情形

《民法》第 627 条第 1 款规定:"当事人未定雇佣期间时,各当事人可以随时提出解约申告,于此情形,雇佣因解约申告后经过两周而消灭。"如前所述,为了保护劳动者的利益,《劳动基准法》规定,雇主解雇劳动者的,应提前 30 天向劳动者预告(或代替 30 天预告向劳动者支付不低于 30 天的平均工资),但《劳动基准法》对劳动者辞职的预告期限并未作出规定(未对民法的规定进行修正)。因此,学说上一般认为,《民法》关于当事人未定雇佣期间情形下解约申告的两周期限,适用于劳动者在无固定期限劳动合同情形下的辞职,是强行规定。也就是说,即使就业规则上规定劳动者辞职需要提前 30 天预告,该就业规则的规定也没有约束力,应以两周为据。

(三)固定年龄退休制度

1. 固定年龄退休制度的性质及其合理性

固定年龄退休制度在日本被称为"定年制",是日本长期(终身)雇佣制的重要组成部分,在日本企业被普遍实施。根据法律规定,"达到一定年龄"为劳动合同终止事由之一,被认为是合意、约定。

最高裁判所的判决认为,固定年龄退休制度是企业为了人事制度更新、经营改善、企业组织以及运营合理化等而实施的,一般来说是合理的制度。[①] 下级裁判所也基于同样的前提肯定该制度,同时该制度也是政府制定实施雇佣政策的前提。但是,有学者对此提出质疑,认为该制度不考虑劳动者的能力,只以达到一定年龄为由单方终止劳动合同,违反了雇佣保障的理念,不具有合理性;也有学者认为其违反公序,是违法的无效的制度。

2. 相关法律规制——高龄者雇佣安定法

根据《高龄者雇佣安定法》第 8 条,企业实行固定年龄退休制度,原则上劳动者退休年龄必须在 60 岁以上。另外,如果企业规定的固定退休年龄没有达到 65 岁,则雇主必须在提高固定退休年龄、实行继续雇佣制度和废除固定年龄退休制度等三项政策中择一实施。

---

① 参见秋北バス事件,最高裁判所 1968 年 12 月 25 日判决,载《民事判例集》第 22 卷第 13 号,第 3459 页。

四、与退职相关的其他法律问题

(一) 退职费的减额和不支付

支付退职费并非雇主的法定义务,但如果在集体协议或就业规则上被制度化地加以规定,成为劳动合同的内容,则劳动者享有对退职费的请求权。另外,退职费的支付期限是就业规则的(相对的)必要记载事项,退职费债权的时效为五年。

许多企业在就业规则中规定,在劳动者受到惩戒解雇,或者退职后就职于同行业其他企业的情况下,退职费减额或不支付。而对这种规定是否具有法律效力,是存在争议的。如果强调退职费作为"工资的后支付"的性质,则退职费减额或不支付的规定无效。因为在此种观点中退职费为劳动的对价,只不过是在退职后支付。因此,不论是否为惩戒解雇,以及是否存在就职于同行企业,都不能剥夺劳动者获得这种劳动对价。但是,有的判例似乎并不这样认为,例如,雇主在有关退职费规则中规定,如果劳动者转职于同行业其他公司或因劳动者个人原因退职,则退职费半额支付。对此,最高裁判所认为,"本案的退职费如果被视为同时具有功劳报偿的性质,则该措施为合理。"[①]还有其他判例也基本持有相同立场。但是,退职费的减额和不支付并非没有限制,要考虑退职费制度的性质,以及减额或不支付的理由等各种因素,根据个案分别对待。比如,劳动者因为不道德行为被企业惩戒解雇,裁判所承认该解雇的有效性,但对于雇主全额不支付退职费的决定不予支持,认为必须存在"将该劳动者长年劳动的功绩抹消的重大的不信行为"[②]才能全额不支付,本案没有达到这样的程度,遂改判支付退职费的30%。

(二) 退职后的竞业限制义务

《民法》第627条第1款规定,劳动者有职业选择的自由,只要提前两周告知,即使雇主不同意也可以辞职。但在有些情况下,劳动者的辞职可能存在违法性,最为典型的就是违反竞业限制义务。

雇主通过就业规则或者个别的特约,课以劳动者退职以后的竞业限制义务,如"退职后两年内不得从事相同业务"等。但是,劳动者有职业选择自由,因此,

---

① 三晃社事件,最高裁判所1977年8月9日判决,载《労働経済判例速報》第958号,第25页。
② 小田急電鉄(退職金請求)事件,东京高等裁判所2003年12月11日判决,载《労働判例》第867号,第5页。

竞业限制义务的范围需要加以限定。代表性的判例认为,根据"竞业限制的期间、场所的范围、成为限制对象的职业种类的范围、代偿的有无"等基准,判断竞业限制是否超过了"合理的范围"[①]。此后的其他判例也大都沿用这样的基准。

在没有明确的竞业限制规定或没有特约的情况下,如果劳动者不存在超过社会理念上自由竞争的范围那样的竞业行为,则不应成为请求损害赔偿的对象。[②]

(三) 离职证明等

劳动者在离职时要求雇主出具其雇佣期限、业务种类、工作中的地位、工资、离职理由等证明书时,雇主不得延迟,必须交付。其中,有关解雇理由的证明书在解雇预告期间也可以申请提出。

---

① フォセコ・ジャパン・リミティッド事件,奈良地方裁判所1970年10月23日判决,载《判例時報》第624号,第78页。
② 参见三佳テック事件,最高裁判所2010年3月25日判决,载《労働判例》第1005号,第5页。

第三章　集体劳动法

集体劳动法又称劳资关系法,是劳动者组建工会,通过与雇主进行团体交涉和缔结集体协议,以促进劳动条件的提高为目的的法的领域。集体劳动法调整和规范劳动者团体(工会)与雇主之间的关系,是对日本《宪法》第 28 条规定的"保障劳动者的团结权、集体交涉权及其他集体行动的权利"的具体保障。其中,团结权是保障劳动者以维持和改善劳动条件为主要目的结成和运营工会的权利;团体交涉权是保障工会与雇主就劳动条件和其他有关劳资关系进行交涉的权利;团体行动权分为争议权和工会活动权,争议权是保障为有利推进团体交涉而以罢工为压力手段的权利,工会活动权是保障争议行为、团体交涉以外的多样活动的权利。

第一节　团　结　权

《劳动组合法》第 2 条第 1 款指出,工会是"以劳动者为主体,以维持和改善劳动条件以及提高其他经济地位为主要目的自主组织的团体或其联合体"。其中,"以劳动者为主体"是主体性要件,"自主"是自主性要件,提高自身经济地位是目的性要件,"团体或联合体"是团体性要件,这些要件构成了工会与其他团体的区别。

一、自由、自主组建工会

劳动者作为个体,与雇主之间不具有对等的地位,为此,基于《宪法》对团结权的保障,劳动者可以组建工会,通过集体的力量与雇主进行交涉,以保障自身权利。在日本,任何劳动者都可以自由组建工会;工会的成立没有人数限制,一个人也可以成立工会;一个企业内可以有多个工会。同时,工会的成立只需提供法人登记等必要的基础资料,进行形式上的资格审查即可,没有必要得到行政部门的许可。

日本的工会大多是以企业为单位组成的企业工会,同一个企业的劳动者,不论职业和工种如何,都可以加入同一企业内的工会。日本也存在行业工会和地区工会,但数量不多。其中,行业工会如汽车总工会、电机劳动工会等,实际上基本上是相关企业工会聚集起来的联合体。

既然工会是劳动者的组织,就要排除雇主的利益代表人加入工会。换句话说,代表雇主利益的人所加入的团体,不能成为《劳动组合法》上的工会。雇主的利益代表人包括董事长、监察长、理事、监事、具有人事权的高级管理者以及人事劳务管理职员等。而根据《劳动组合法》第 2 条第 1 款,对于科长等中层管理岗位的人员加入的团体,不论该团体的名称如何,都有必要对其是否属于该法上的工会进行实质的判断。

另外,为了保障工会的自主性,《劳动组合法》第 2 条第 2 款规定:"团体运营经费不能接受雇主财政上的援助。"

二、自由加入和退出工会

工会是劳动者以提高自身经济地位为目的而自主组织的团体,其性质是任意的团体,因此,加入工会是劳动者的自由,不能强制其加入或不加入。但是,有的工会由于对职业种类等的要求不同,可能会对加入资格有所限制。比如,有的工会限定只能是全日制劳动者,有的要求必须是主体岗位职工,这些都属于工会的自治范围,并不违法。同时,没有加入全日制劳动者工会的劳动者,并不妨碍其加入其他工会。当然,根据《劳动组合法》第 5 条第 2 款第 4 项,如果以种族、宗教、性别、出身、门第等为由不承认劳动者加入工会的资格,则属违法。

同样,退出工会也是劳动者的自由。有的工会规定必须符合工会章程规定的退出认可事项,判例认为这在法律上是无效的。[①]

三、工会章程与工会民主运营原则

工会章程是规定有关工会组织运营的基本事项的规则(所谓"工会宪法"),具体规定了工会的内部组织、意思决定的程序和方法、会员资格与权利义务、会员管理等。关于工会章程的法律性质有多种学说,但不论怎样,工会的组织活动都必须按照工会的意思决定程序和管理程序进行。

工会不是纯粹的私人的任意团体,因此要有统一的基本原则和组织运行规

[①] 参见東芝労働組合小向支部・東芝事件,最高裁判所 2007 年 2 月 2 日判决,载《民事判例集》第 61 卷第 1 号,第 86 页。

制。工会活动最为重要的原则是民主原则,即工会的民主主义原则。具体包括:保障工会会员平等参与和处理工会事务的权利;保障工会会员的信仰自由和言论自由;对工会会员实行均等待遇,会员资格平等,禁止性别和人种歧视;工会会员要遵守工会章程,服从工会的管理;工会要实行财务信息公开;在工会活动中要坚持少数服从多数原则,实行无记名投票的公正选举,同时也要充分倾听少数人的意见,照顾少数人的利益。实践中,工会通过团体交涉和集体协议来规制劳动条件,对相关劳动者的权益产生重大影响,因此工会民主主义原则更显得重要。

四、工会会费

按照工会章程,工会要向其会员征收会费,交纳会费是会员的基本义务。为了便于缴纳会费,雇主与工会签订协议,接受工会会员的委托,每月将工会会费从会员的工资中扣除,统一转交工会。这不构成对工资全额支付原则的违反。如果劳动者终止委托,则雇主必须停止扣除。

会费如何使用,基本上是工会的自由,只要在符合工会目的的范围内即可。

五、工会设施的提供

日本的工会基本上是企业内工会,因此工会活动大多以企业为单位,在企业内进行,因此需要工会事务所等办事场所。但是,企业设施是不属于工会的企业的财产,因此,一般来说,工会事务所要由企业向工会提供租赁,这种向工会提供设施不属于雇主对工会的经济上的支援,不构成不当劳动行为。当然,向工会租赁事务所等并非雇主的法定义务。

第二节 团体交涉权

一、团体交涉的意义与法律地位

(一)团体交涉的意义

团体交涉(也称"集体谈判")是指工会与雇主就劳动条件或集体劳动关系规则进行的交涉。团体交涉的意义在于:一是通过团体交涉来维持和改善劳动条件,提高劳动者的经济地位。特别是进行团体交涉,代表劳动者利益解决争议,在雇佣和劳动条件等方面确立劳资对等关系。二是促进劳资关系的合理运行。

企业内工会容易促成工会与雇主的直接沟通对话,对企业经营可以产生一定影响。这样的团体交涉,对于交涉能力较弱的劳动者来说可以通过团结权作为压力手段以保障劳动条件,对于企业来说也避免了与每一个劳动者单独交涉带来的不便。如果工会与雇主通过交涉缔结了集体协议,就确定了工会全体会员的劳动条件,并在协约有效期内维持劳资和平。

(二)团体交涉的法律地位

正是因为团体交涉十分重要,因此日本对团体交涉采用了助成和促进的法律政策,规定了团体交涉的刑事免责、民事免责以及不当劳动行为制度。特别是不当劳动行为制度,规定雇主如无正当理由拒绝团体交涉,则构成不当劳动行为,为法律所禁止,课以雇主团体交涉的义务。同时,团体交涉的主体、目的、形式、程序等如果是正当的,就不能受到雇主方面的不利益对待。

需要明确的是,团体交涉只是交涉,对于雇主来说,并没有一定要达成合意或让步的义务,雇主在团体交涉时虽负有诚实交涉义务,但不能强制雇主必须让步。

二、团体交涉的当事人与团体交涉事项

(一)团体交涉的当事人

团体交涉的一方当事人是雇主或雇主团体,另一方当事人是《劳动组合法》上的工会。在日本,不论工会规模的大小,法律保障所有工会的平等交涉权,因此在同一企业内存在复数工会的情况下,雇主不可以指定某一个工会为唯一的交涉团体而拒绝企业内其他工会的团体交涉,即雇主负有与所有工会交涉的义务,否则会构成不当劳动行为。

(二)雇主诚实交涉的义务

雇主必须与工会诚实交涉,"有义务向工会具体说明自己的主张和根据,提出必要的资料等,……通过诚实的回应,摸索达成合意的可能性"[1]。当然,诚实交涉义务的具体内容根据交涉内容不同而有所不同。比如,工会没有提出对于工资的具体要求,也没有努力寻求合意,却要求雇主提供与工资相关的资料,雇

---

[1] 中劳委(日本株式会社シムラ)事件,东京地方裁判所1997年3月27日判决,载《劳働判例》第720号,第85页。

主对此即使不予回应，也不能说雇主违反了诚实交涉义务。① "劳资双方对该议题竭力发表各自的主张、提案和说明，经过反复交涉仍不能预见其进展，在这样的情况下，可以说雇主尽到了诚实交涉的义务。"②

(三) 团体交涉事项

一般认为，团体交涉事项是雇主根据《劳动组合法》产生的义务的团体谈判事项。雇主没有处分权限的事项不能成为义务的团体交涉事项，如政治方面的问题，即使进行交涉，且不论雇主如何让步，也不能解决。工会主要是为了维持和改善劳动条件而组织的团体，有权与雇主进行团体交涉，缔结集体协议，并有权根据不同的情况提起争议行为诉讼。比如，必须对应的团体交涉事项（义务的团体交涉事项），不论它是什么形式，都必须是有关劳动者的劳动条件的事项，或者必须是有关团体交涉以及其他团体行动的事项。

经常遇到的问题是，企业生产计划、合并分立、破产倒闭、人事管理等所谓的雇主经营专权事项是否为团体交涉事项？一般来说，这些事项是雇主根据经营责任判断和决定的事项，但同时，这些事项又是与劳动者的劳动条件"密切关联的事项"③，可以"部分左右劳动条件"④，所以这些事项也可能被认定为是团体交涉的事项。

三、集体协议缔结权

集体协议是工会与雇主就团体交涉的成果而缔结的书面合意（协议）。日本的工会普遍是企业内工会，相应的团体交涉在企业内进行，所以集体协议也普遍在企业层面缔结。

(一) 规范效力

集体协议从法律上来说是工会与雇主之间的合同（集体的合意），但它会成为该团体成员的个人的劳动条件——即个别劳动合同的内容。对于每个工会会员（劳动者）来说，集体协议具有对其劳动条件加以规制的强制效力，该效力被称

---

① 参见中劳委（日本アイ・ビー・エム）事件，东京地方裁判所2002年2月27日判决，载《労働判例》第830号，第66页。
② 中劳委（日本株式会社シムラ）事件，东京地方裁判所1997年3月27日判决，载《労働判例》第720号，第85页。
③ 栃木化成事件，东京高等裁判所1959年12月23日判决，载《労働民事判例集》第10卷第6号，第1056页。
④ 日本プロフェッショナル野球組織（団体交涉等仮処分抗告）事件，东京高等裁判所2004年9月8日判决，载《労働判例》第879号，第90页。

为"规范效力"。也就是说,在每一个工会会员的劳动合同中,违反集体协议规定的劳动条件以及其他基准的部分无效,无效的部分直接采用集体协议的基准(《劳动组合法》第 16 条)。如前所述,劳动合同规定的基准高于或低于集体协议规定的基准均为无效,即不承认有利原则。但是,即使集体协议作出了规定,在有些情况下对有些工会会员也没有约束力,即不成为这些工会会员的个别劳动条件,此为"协约自治的界限"。

另外,即使通过缔结新的集体协议对以前的集体协议进行了不利益变更,原则上也不能否认其对每个工会会员的规范效力。[①] 因为工会经过团体交涉达成的合意将对劳动者不利的部分也包含在内,原则上对劳动者(工会会员)具有约束力。

(二) 债务效力

如果说规范效力是集体协议的特别的效力的话,那么,债务效力就是其普通的效力,也就是劳动合同作为合同的效力,即通过合同的约定对当事人的权利义务加以约束。比如,集体协议规定公司有义务向工会租赁工会事务所,工会有义务支付租金等。如果当事人一方没有履行义务致使另一方受到损害,另一方可以要求损害赔偿。债务的效力具有使劳资关系安定的功能。

欧洲的工会是产业工会,集体协议也是在产业层面缔结,所以普遍制定了产业劳动条件。但是,日本的集体协议是根据各企业的业绩和实际情况设定劳动条件,这是其特色。因此,日本的集体协议的普遍的"产业法律"的性质相对薄弱,但另一方面,在规定各企业的现实的劳动条件、促进企业劳资关系的安定方面则具有重要功能。

(三) 集体协议的扩大适用——一般约束力

1. 何谓一般约束力

集体协议的效力原则上只适用于缔结该协议的工会会员,非该工会会员不应该受到该协议的约束,但这样会给企业带来适用规则上的极大混乱。为此,法律对集体协议的扩大适用进行了规定。《劳动组合法》第 17 条规定:"一个企业经常被使用的同类劳动者中,有四分之三以上的人适用同一个集体协议时,该企业聘用的其他同类劳动者也适用该集体协议。"即使不是该工会会员,也可能适用该工会与雇主缔结的集体协议,这样的效力被称为"集体协议的一般约束力"。

[①] 参见朝日火灾海上保险(石堂)事件,最高裁判所第一小法庭 1997 年 3 月 27 日判决,载《劳働判例》第 713 号,第 27 页。

而换个角度来说,对不是该工会会员的劳动者适用该集体协议则被称为"扩大适用"。

2. 扩大适用的要件与作用

上述规定中的"一个企业"是指同一个工厂、车间或分店,"同类劳动者"基本上以集体协议的适用对象为基准进行判断。只要满足了这些要件,1/4以下劳动者就有权利要求扩大适用。但是,扩大适用的只能是规范效力的部分。

通过扩大适用,一是有利于雇主实现企业劳动条件的统一,雇主与工会的合意决定了企业全体的劳动条件。二是有利于少数劳动者(1/4以下)适用工会通过团体交涉确定的劳动条件。少数劳动者没有交纳工会会费,没有承担工会的工作,交涉能力也较弱,但却便利地搭上了"顺风车"。三是有利于工会的团结权。因为工会团体交涉决定了企业的全体劳动者的劳动条件,这样就可以防止少数劳动者与雇主单方协议降低劳动条件和劳动力价格。判例也认为,《劳动组合法》第17条的目的是"统一该企业劳动条件,维持和强化工会的团结权,实现该企业公正适当的劳动条件"[①]。可见,该条规定也是从有利于雇主(统一劳动条件)、有利于工会(维持和强化团结权)、有利于少数劳动者(实现公正合理的劳动条件)等三个方面加以考量的。

3. 对少数劳动者的保护

企业未满1/4的劳动者如果没有组建或加入工会,在满足一定要件的前提下,通常可以被扩大适用集体协议。但是,如果扩大适用降低了该少数劳动者的劳动条件,该扩大适用是否有效呢?就集体协议的性质来说,劳动者通常不能通过个别交涉取得比集体协议更有利的劳动条件(有利性原则否定说),而即使重新缔结的集体协议的劳动条件被不利益变更,原则上劳动者也必须接受(集体协议的两面的效力说)。而对这些未组建工会的少数劳动者来说,不参与也不能参与工会的意思决定,却也要承担他人决定的降低劳动条件的结果,似乎有失公平。于是,有的学说认为,在扩大适用的情况下,只认可有利性原则,即对少数劳动者来说,集体协议中只有对其有利的部分才予以扩大适用。

对此,最高裁判所认为:第一,集体协议中的基准部分,即使会给未组建工会的劳动者的劳动条件带来不利益,其不利益部分的规范效力原则上也不被妨碍。也就是说,一般的约束力也包含了对少数劳动者不利益的情况。《劳动组合法》

[①] 朝日火灾海上保险(高田)事件,最高裁判所第一小法庭1996年3月26日判决,载《民事判例集》第50卷第4号,第1008页。

第 17 条在文义上没有任何限定,其根据是该条的劳动条件的统一宗旨。第二,如果该集体协议对未组建工会的劳动者的适用存在严重不合理的特别事项,则集体协议的规范效力对这些劳动者不予适用。这些劳动者没有参与工会的意思决定,工会也没有为这些劳动者的劳动条件的改善进行活动。该"特别的事项"的有无,要根据集体协议对这些劳动者不利益的程度和内容、集体协议缔结的过程、工会会员资格的有无等进行判断。[1]可见,该判决的立场是,即使对少数劳动者带来不利益,原则上集体协议也扩大适用;但如果存在"特别的事项",则该扩大适用被否定。

第三节 团体行动权

日本宪法保障的工会的团体行动权,主要包括罢工等争议行为的权利(争议权)和工会活动的权利(工会活动权)两个方面。争议行为是指,在团体交涉中,为了实现其要求,工会通过罢工、怠工、组织罢工纠察队等压力手段阻碍雇主正常的业务运营的行为。争议行为是非常时期的行为,是在企业非正常状态下的工会的权利。而对于企业正常的业务运营没有阻碍的行为,如集会、张贴传单等,属于正常时期的行为。

一、法律保护正当的争议行为

在团体交涉不能相互让步形成一致意见的情况下,工会可以行使争议权,正当的争议行为受到法律保护。

(一) 刑事免责

工会组织进行正当的争议行为,其刑法上的违法性被阻却,不被课以刑罚,此为刑事免责。

争议行为可能构成《刑法》上的暴力妨害业务罪、胁迫罪、强迫罪(《刑法》第 234 条、第 222 条、第 223 条)。但是,如果争议行为是正当的,则适用《刑法》第 35 条关于犯罪不成立的规定,而不问及刑事上的责任(《劳动组合法》第 1 条第 2 款)。因为犯罪的成立要件之一是违法性,而正当的争议行为不具备这种违法性。

---

[1] 参见朝日火災海上保险(高田)事件,最高裁判所第一小法庭 1996 年 3 月 26 日判决,载《民事判例集》第 50 卷第 4 号,第 1008 页。

（二）民事免责

雇主不能因正当的同盟罢工或其他争议行为使其受到损害之故要求工会或会员赔偿，此为民事免责。

劳动者负有劳动合同上的劳动义务，但在罢工情况下不提供劳动，劳动债务未履行，违反了劳动合同约定，由此造成的损害本应负有赔偿责任；同时，工会或者工会干部指导了这种不履行劳动合同的违法行为，本来也应被追究不法行为责任。但是，如果此皆为正当的争议行为所致，则雇主不能追究工会或会员的损害赔偿责任。即正当的争议行为应被免除债务不履行的法律责任，即使发生损害也没有必要赔偿。比如，职业棒球选手因为罢工而停赛，导致球团无法收回几万张门票的损失，如果该罢工是正当的，则工会和球员个人都没有必要对此赔偿。

（三）不受制裁

雇主不能以劳动者指导或参加正当的争议行为为由对其实施解雇或惩戒处分，以及给予其他不利益对待（《劳动组合法》第 7 条第 1 款），因为这样的惩处在法律上是无效的。

二、争议行为的正当性

正当的争议行为受到保护，不正当的争议行为得不到保护，因此，关于争议行为正当与否的判断就成为十分重要的问题。一般来说，争议行为的正当性要从其主体、目的、形式和程序等方面加以判断。

（一）主体

争议行为的主体必须是团体交涉的主体。比如，行为主体是《劳动组合法》上的工会就没有问题。但是，如果像"山猫"罢工那样，一部分工会会员没有得到工会的正式承认便擅自进行罢工，就不具备法律上团体交涉的主体资格，因此其行为不具有正当性。[1]

（二）目的

有判例认为，以政治为目的的罢工，与《宪法》第 28 条"保障劳动者的团结

---

[1] 参见川崎重工事件，大阪高等裁判所 1963 年 2 月 18 日判决，载《労働関係民事裁判判例集》第 14 卷第 1 号，第 46 页。

权、集体交涉权及其他集体行动的权利"无关,不具有正当性。① 虽然学说上对此有反对意见,但以政治为目的的罢工对于雇主来说是没有处分能力的事情,不存在通过交涉而让步的问题,所以这样的判例主张基本上是妥当的。而作为平常时期工会的活动,开展和参加政治活动、社会活动都是可以的。

此外,与雇主经营专权事项相关的争议行为,如果是以维持和提高劳动者的劳动条件为目的,则争议行为的正当性不能被否定。

(三) 形式

争议行为的不可缺少的要素是对雇主的业务进行阻碍,保障争议权就必须在法律上允许一定程度上的对雇主业务实施阻碍的行为。但是,劳动者实施争议行为时需要注意:一是不能有暴力行为,二是必须尊重雇主的法律权利,特别是财产权。

1. 罢工。罢工是争议行为的一种形式,是指劳动者集体性地拒绝提供劳动力的行为,是为了提高集体劳动条件而对雇主业务的阻碍。如果没有暴力因素,没有对雇主财产权的侵害,原则上应承认其正当性。

2. 怠工。怠工是劳动者集体性地导致作业效率降低的争议行为。怠工行为必须是消极的,如减少作业数量和作业效率的行为②、拒绝转岗的行为③、拒绝出勤打卡的行为④,等等;而破坏机器、故意生产不合格产品等积极的对业务进行阻碍的行为,则不是正当的争议行为。

3. 纠察。纠察是为防止对罢工的破坏,维持和强化罢工者的连带感,而采取的占据工厂、封锁厂门、监视、劝说等行为。对破坏罢工和退出罢工者的纠察,只要是非暴力的,则给予一定程度的有形的压力被认为是正当的。但是,对雇主或者纯粹的第三者的纠察,如果没有特殊情况,仅限于在"和平地劝说"的范围内才被认为是正当的。比如,对于出租车公司司机的罢工,为了防止未参加罢工的非工会会员出车运营,罢工者在车库门前封锁的行为就超过了"和平地劝说"的

---

① 参见三菱重工長崎造船所事件,最高裁判所第二小法庭 1992 年 9 月 25 日判决,载《労働判例》第 618 号,第 14 页。

② 参见日本化薬厚狭作業所事件,山口地方裁判所 1955 年 1 月 13 日判决,载《労働関係民事裁判判例集》第 6 卷第 9 号,第 916 页。

③ 参见花園病院事件,甲府地方裁判所 1972 年 3 月 31 日判决,载《労働関係民事裁判判例集》第 23 卷第 2 号,第 206 页。

④ 参见門司信用金庫事件,福岡地方裁判所小倉支部 1970 年 6 月 30 日判决,载《労働関係民事裁判判例集》第 21 卷第 3 号,第 1052 页。

范围,一般来说,在纠察过程中只能用语言进行"和平地劝说"[①]。

(四) 程序

争议行为是为了使团体交涉获得进展而被认可的手段,因此未经完全的团体交涉而进行的争议行为原则上没有正当性。在劳资协议和劳资习惯中,大多对工会的争议行为规定了事前预告义务,因此未经预告而进行争议行为,原则上没有正当性。

三、工会活动权保障

工会有权通过团体交涉的争议行为来维持和改善劳动者的劳动条件,同时,为了维持和发展工会组织自身,工会也需要开展各种活动。因此,团体行动权除了上述的争议权以外,还包括工会活动权。

(一) 工会活动的法律保障

平常时期的正当的工会活动是受到法律保护的,如免受不当劳动行为侵害的保护制度(《劳动组合法》第7条)以及刑事免责规定(《劳动组合法》第1条第2款)等。对于民事免责,《劳动组合法》第8条规定:"雇主不能因正当的同盟罢工和其他争议行为使其受到损害之故,要求工会或会员赔偿。"可见,只有在争议行为的情况下才能免责,平常时期是不适用民事免责的,因为平常时期不会发生劳动合同关系停止的效力,通常的劳动合同上的义务仍然存续。

(二) 工会活动的正当性

争议行为是在非常时期进行的,而工会活动是在正常时期进行的,因此两者的正当性的判断基准当然存在不同。但是,依然可以从主体、目的、形式、程序等几个方面加以判断。

1. 主体。与争议行为的情形相比,工会活动的主体还包括其他少数工会。

2. 目的。因为广泛的政治活动、社会活动也是在工会目的范围内的活动,因此,工会活动的目的基本上未被限定。

3. 形式。关于形式,法律对其要求有所不同。正常时期的工会活动要以"不妨碍业务的正常运营"为绝对条件,除了根据劳资习惯被允许的情况以外,工会活动原则上要在工作以外的时间进行,在工作时间内进行的工会活动没有正

[①] 御国ハイヤー事件,最高裁判所1992年10月2日判决,载《労働判例》第619号,第8页。

当性。① 也就是说,不能违反劳动合同上的劳动义务、专心工作义务等,即使在工作时间以外,也不能有违反诚实义务之类的情形,否则该工会活动没有正当性。当然,由于是企业内工会,自然会利用企业场所、设施等开展活动,因此,雇主也负有一定的"容忍义务"。

4. 程序。基本上也没有限定,即使没有事先向雇主进行预告,也不丧失正当性。

有些工会活动的正当性判断存在困难,对此,审判实践中积累了一些基本的判定方法:

一是在工作中佩戴袖标、丝带等行为,如果没有违反专心工作义务、没有对业务带来具体的阻碍,则被认可。是否对业务造成阻碍,要根据标语和丝带的尺寸大小、书写内容、着用目的、工作场所、劳动者的身份、业务的类型等进行综合的分析判断。

二是关于在企业内张贴标语和宣传海报等行为,如未经雇主许可,则是对雇主的设施使用权的侵害,并影响了企业秩序,不具有正当性。②

三是在企业内散发海报和宣传资料等行为,如未经许可则会发生与雇主的设施管理权的冲突。但是,与张贴海报和宣传资料不同的是,散发是一次性行为,所以如果对业务没有造成阻碍,且在休息时间和上下班前后和平地进行,则具有正当性。③ 但是,如果其内容存在对企业的诽谤中伤,则违反了忠诚义务,没有正当性。

四、争议行为与工资

(一) 参加争议行为劳动者的工资

在参加罢工等情况下,劳动者没有提供劳动,由此,作为对待给付的工资请求权亦消灭。劳动者根据自己的意思不提供劳动,当然不能获得工资,但工资由很多部分构成,是全额不被支付,还是其中的部分不被支付? 曾有学说认为,与劳动力提供不直接对应的补贴部分应该予以支付,如住宅补贴、家庭补贴等,即

---

① 参见大成观光事件,最高裁判所第三小法庭1982年4月13日判决,载《民事判例集》第36卷第4号,第659页。
② 参见国铁札幌運転区事件,最高裁判所第三小法庭1979年10月30日判决,载《民事判例集》第33卷第6号,第647页。
③ 参见倉田学園事件,最高裁判所第三小法庭1994年12月20日判决,载《民事判例集》第48卷第8号,第1496页。

实行工资两分说,当时判例也支持这种观点。① 但是,现在的判例更多采纳合同说作为判决的依据,即工资扣除与否和扣除范围等要根据当事人之间的劳动合同的解释来个别处理,因此住宅补贴、家庭补贴等也可能被包含在扣除范围之内。②

(二) 未参加争议行为劳动者的工资

日本《民法》第536条规定,因债权人(雇主)的原因不能履行债务(提供劳动)的,债务人(劳动者)不丧失对待给付(工资)的请求权。对于未参加争议行为的劳动者来说,不论其是否为工会会员,如果雇主没有不当劳动行为的意思和其他不当目的,罢工等争议行为不是雇主的责任,则未参加争议行为的劳动者不能履行劳动义务的,根据债务人(劳动者)负担主义原则(《民法》第536条第1款),没有工资请求权。③

(三) 未参加争议行为劳动者的休业补贴

未参加争议行为的劳动者可否获得休业补贴?《劳动基准法》第26条规定,在因为雇主的原因导致休业的情况下,雇主必须对休业期间的劳动者支付其平均工资60%以上的补偿。如上所述,《劳动基准法》上的"雇主的原因"比《民法》规定的范围要广,所以存在劳动者不能得到工资但可以得到休业补助的可能性。这里的雇主的原因与《民法》上的过失责任主义不同,除了自然灾害等不可抗力以外,还包含内部经营的原因。从该见解出发,未参加争议行为的非工会会员的休业补偿请求权是有可能被认可的。但是,有的判例认为,由工会进行的争议行为是"工会基于自身的主体的判断和责任而进行的",不是"企业方面的原因引起的",不是"雇主的原因",因此未参加该争议行为的工会会员没有休业补偿的请求权。④

第四节 不当劳动行为救济制度

以上对工会的团体交涉权和争议权进行了分析,对于这些权利法律是予以

---

① 参见京新聞社事件,东京地方裁判所1969年10月18日判决,载《労働関係民事裁判判例集》第20卷第5号,第1346页。
② 参见三菱重工長崎造船所事件,最高裁判所1981年9月18日判决,载《民事判例集》第35卷第6号,第1028页。
③ 参见ノース·ウエスト航空事件,最高裁判所第二小法庭1987年7月17日判决,载《民事判例集》第41卷第5号,第1350页,《労働判例》第499号,第15页。
④ 同上。

保障的,因此这些权利一旦受到侵害,当事人可以向裁判所请求救济。日本《劳动组合法》将侵害工会这些权利的行为称为不当劳动行为,对其救济有特别的程序,由劳动委员会这一特别机构进行处理,即不当劳动行为救济制度。据此,工会以及作为其会员的劳动者在组建工会、参加工会活动时,可以要求排除雇主的一定的行为。需要注意的是,只有工会及其会员可以利用该程序。

一、不当劳动行为

法律上没有专门定义不当劳动行为,不当劳动行为是《劳动组合法》第7条列举的不利益对待、拒绝团体交涉、支配介入等行为的总称。可以说,妨碍劳动者组建工会和自主活动的雇主行为被统称为"不当劳动行为"。在发生不当劳动行为的情况下,当事人可以向裁判所请求司法救济。但是,为了迅速、简易地解决不当劳动行为争议,日本还设立了有别于一般诉讼程序的行政机关劳动委员会制度,进行特别的行政救济,以对工会活动进行具体保障(《劳动组合法》第7条、27条)。

对于为何设立劳动委员会对不当劳动行为实行特别的救济制度和程序,学说上存在各种观点。简而言之,裁判所是以过去的事实为根据决定权利义务关系,是司法救济;而劳动委员会是以未来的劳资关系正常化为着眼点寻求妥善的解决方法,是行政救济。正是因为以未来的劳资关系正常化为其独特目的,因此需要设立与裁判程序不同的行政救济程序。也就是说,为了实现其独特目的,通常的裁判程序力所不及,需要建立不当劳动行为救济程序。这种司法制度与行政制度并存的双轨制的救济制度,是日本不当劳动行为制度的最大特点。

二、不利益待遇

不利益待遇是不当劳动行为的一种形式。《劳动组合法》第7条第1款规定,雇主不得因劳动者为工会会员、加入和组建工会或者进行工会正当行为之故,解雇相关劳动者或给予其他不利益待遇。法律上严格禁止该行为,劳动者可以就此向劳动委员会提出救济申请。

(一) 不利益待遇的形式

从大的方面来划分,不利益待遇的形式可以区分为法律行为和事实行为两种。法律行为中最为典型的是解雇和惩戒解雇,此外还有申请合意解约、调动、转岗、停止工作等。事实行为的不利益待遇包括不支付工资、不安排工作、与其他劳动者相隔离等行为。上述行为通常会给工会会员带来重大的经济上的不利益,也会给相关劳动者本人带来显著的精神痛苦。①

（二）不当劳动行为的意思表示

判断是否为不当劳动行为,需要存在不当劳动行为的意思表示,即意思必要说,判例也持这种观点。② 也就是说,不当劳动行为意思表示是不当劳动行为的成立要件。不当劳动行为的成立必须基于雇主存在反对工会的意图,该意图通常根据雇主行为的性质、状况、结果等外部客观事实来推定。除意思必要说之外,还存在意思不要说和折中说的观点。

（三）黄犬合同

黄犬合同(yellow dog contract)是指"以劳动者不加入工会或退出工会作为雇佣条件的合同"(《劳动组合法》第7条第1款),也包括要求劳动者即使加入工会也不能积极进行工会活动作为雇佣条件的合同,都属于不当劳动行为而被禁止。另外,在劳动合同修改、更新时,黄犬合同也是被禁止的。

三、拒绝团体交涉

拒绝团体交涉也是不当劳动行为的一种形式。雇主没有正当理由,对劳动者代表(通常是工会)提出的团体交涉予以拒绝,以及不诚实地进行团体交涉,都属于不当劳动行为而被禁止(《劳动组合法》第7条第2款)。也就是说,如果没有尽力履行诚实交涉义务,就构成拒绝团体交涉的不当劳动行为。

四、支配介入

支配介入也是不当劳动行为的一种形式,是指"雇主对劳动者组建和运营工会进行的支配或介入的行为"(《劳动组合法》第7条第3款),法律对此也是禁止的。另外,雇主给予工会运营经费上的援助也被禁止。工会是作为劳动者的代表与雇主对立的组织,雇主不能采取弱化工会的行为来损害工会的自主性。具体来说,雇主不能采取的行为包括：对工会组建和工会活动的非难、妨害,对工会重要成员的调转、解雇,对工会内部运营和人事安排的干涉,根据雇主的意愿组

---

① 参见纪伊木工所事件,和歌山地方裁判所1962年3月17日判决,载《劳働関係民事裁判判例集》第13卷第2号,第229页。
② 参见山冈内燃機事件,最高裁判所第二小法庭1954年5月28日判决,载《民事判例集》第8卷第5号,第990页。

建御用工会,对工会会员进行反对工会的教育,对工会会员进行退出工会的劝说,对工会干部实行怀柔和收买政策,在存在复数工会时对特定的工会实行差别或优惠对待,等等。

五、与复数工会的团体交涉

在同一企业内同时存在复数的工会时,雇主应该以中立的立场对待各个工会。如果没有合理的理由而对各个工会差别对待,使不同工会的会员之间存在工资、奖金等劳动条件以及利用企业设施上的差别,则属于不利益待遇或支配介入的不当劳动行为。[①] 但是,在一个企业中存在人数较多的工会和人数较少的工会时,雇主首先将重点置于与人数较多的工会的团体交涉,这是合理的。关键在于,"对各个工会要保持中立态度,应该平等地承认和尊重各个工会的团结权","根据各个工会的组织力和交涉力,进行合理的、合目的性的对应交涉"。

---

① 参见日产自動車(残業差別)事件,最高裁判所第三小法庭 1985 年 4 月 13 日判决,载《民事判例集》第 39 卷第 3 号,第 790 页。

第四章 劳动争议处理法

第一节 劳动争议的概念与分类

劳动争议是劳动关系领域产生的争议。一般来说,劳动争议是以复数当事人的具体利益对立为基础,一方当事人为了实现自己的主张而行为,对方当事人进行对应行为的状态。这样的争议因为在劳动关系领域产生,故称为劳动争议。[①] 可见,劳动争议首先是以劳动关系领域具体的利益对立为基础,像思想信仰那样的抽象的争议则不包含在内;其次,是一方当事人的行为导致对方当事人的对应行为,如果只是一方对另一方不满,或者只是一方对另一方提出意见,而另一方并未采取相应行为,则不能视为劳动争议的发生。

根据劳动关系的内容加以区分,劳动争议可以分为个别劳动争议和集体劳动争议。个别劳动争议即劳动者与雇主在个别劳动关系上产生的争议,如关于解雇效力之争;集体劳动争议是以工会等劳动者集体与雇主的关系为中心,在集体劳动关系上发生的争议,如罢工。但是,有时两者的区分十分模糊,比如,在企业不存在工会情况下因修改就业规则引发的争议,从概念上区分是个别劳动争议,但由于涉及多数劳动者,所以带有集体争议的性质。

根据争议的对象加以区分,劳动争议可以分为权利争议和利益争议。"权利争议是关于法律已经规定的有关权利义务的存否与内容的争议,……利益争议是在争议对象的权利义务关系不存在法定规则的情况下,为了通过相互合意形成规则而发生的争议。"[②]前者如雇主对劳动者的解雇是否为解雇权滥用的争议,后者如要求提高工资谈判未果引发的争议。同样,权利争议和利益争议也有难以区分的模糊状态,对此日本并不刻意加以区分,而是在实践中通过是否具有可诉性进行把握。

本章主要针对劳动关系的内容分析研究劳动争议的处理方法,因此主要采用个别劳动争议和集体劳动争议的分类方法。

---

① 参见〔日〕山川隆一:《劳働争议处理法》,弘文堂2012年版,第3页。
② 同上书,第4页。

第二节 行政途径解决劳动争议

一、概说

在日本,为了使劳动法规则得到有效遵守,行政部门一直以来发挥着很大作用,即使在劳动基准等法规之下,也有不少劳动争议是通过监督、取缔以及行政指导等来最终解决。作为厚生劳动省的地方分局,都道府县劳动局在各都道府县设置,作为国家派出机关承担一定的管理事务职责。[①]

有关集体争议的解决,主要是通过劳动委员会实施不当劳动行为的救济程序。但是,由于个别劳动争议增加,日本于2001年制定了《个别劳动争议解决促进法》,厚生劳动省的地方分局也通过行政途径促进个别劳动争议的解决。

二、个别劳动争议解决促进制度

(一)立法目的与制度框架

根据《个别劳动争议解决促进法》第1条,促进个别劳动争议迅速且适当解决是其立法目的。

基于《个别劳动争议解决促进法》设立的国家促进争议解决支援制度,其内容包括有关募集、录用的争议解决,有关劳动条件以及其他有关劳动关系的事项等,因此是以个别劳动者(求职者)与雇主之间的争议为对象(第1条),解决的是各个劳动者与雇主之间因劳动关系引发的个别劳动关系争议,劳动关系的成立、内容、终止等方面的争议也包含在该法解决的争议范围内。

该法设立了通过行政机关促进争议解决的制度,作为国家制度,主要从以下三个方面加以构建。一是劳动局的信息提供和咨询;二是都道府县劳动局局长的建议、指导;三是劳动局争议调解委员会的调解。上述三种制度,劳动者可以免费利用。为了保证该制度的有效性,雇主不能以劳动者利用上述制度为由,对其进行解雇等不利益对待。

此外,该法第20条第1款规定,地方公共团体也应该积极预防、努力解决个别劳动争议;由公益委员、企业委员、劳动者委员组成的劳动委员会,也可对个别劳动争议的解决进行调解。

[①] 参见《厚生労働省設置法》第17条,《厚生労働省組織令》第156条。

(二) 劳动局的信息提供和咨询

根据《个别劳动争议解决促进法》第 3 条，都道府县劳动局对劳动者（求职者）、雇主就有关劳动关系事项和劳动者募集、录用事项提供信息、咨询以及其他援助。为此，劳动局在全国设立了约 300 个都道府县劳动局综合劳动咨询中心，配置综合劳动咨询员实施综合的信息提供和咨询，对劳动关系等事项进行谈话，提供法律咨询，对有关制度进行介绍，如建议指导制度、调解委员会调解制度等。及时疏导、化解劳资双方的疑问、不满，防止矛盾激化。

根据法律规定，如果有些事项由劳动基准监督署、职业安定所或者劳动委员会等其他机构处理更为合适的，咨询员应向当事人说明和介绍。

(三) 都道府县劳动局局长的建议、指导

根据《个别劳动争议解决促进法》第 4 条第 1 款，对有关个别劳动关系争议，在当事人一方或双方为解决争议请求帮助时，都道府县劳动局局长对该争议的当事人提供必要的建议和指导。同时，根据该法第 4 条第 2 款，为了进行该建议和指导，在必要的情况下，都道府县劳动局局长应听取通晓产业、社会实情的劳动问题专家的意见。都道府县劳动局局长应对争议的事实关系加以整理分析，对照法令和判例指出存在的问题，提出解决问题的建议和指导，促进当事人正确理解法律规定，自主解决争议。

在下列情况下，个别劳动关系争议不适用都道府县劳动局局长的建议、指导制度：(1) 处在诉讼过程中或者已经作出判决的争议；(2) 在民事调停程序进行中或者已经调停结束的争议；(3) 在劳动审判程序中，或根据该审判程序达成调停或作出判决的争议；(4) 在劳动委员会进行调解、其他机构启动了解决程序或者已经达成合意的争议（除了撤回申请的情况）；(5) 建议、指导程序已经结束的争议（除了撤回申请的情况）；(6) 工会与雇主之间达成自主解决合意的争议；(7) 超过个别劳动关系范围的事项，建立企业全体劳动者适用的制度，要求增加工资等的利益争议；(8) 发生期间较长、没有明确原因的难以进行建议、指导的争议；(9) 申请人的主张明显缺乏根据的争议。[①]

(四) 劳动局争议调解委员会的调解

根据《个别劳动争议解决促进法》第 5 条第 1 款，在符合上述建议、指导对象的个别劳动争议（除募集、录用的争议）中，经当事人申请，都道府县劳动局局长

---

① 参见《厚生労働省事務次官名で発する大臣官房地方課関係の通達》，2001 年 9 月 19 日第 129 号。

认为必要时可委任争议调解委员会调解。该调解程序是当事人为了自主圆满解决个别劳动关系争议,基于都道府县劳动局局长的委任,由专业人士组成争议调解委员会,在争议当事人之间促进两者对话的个别争议的非公开调解程序。该争议的解决方式是促成当事人合意,一般来说,该调解与上述都道府县劳动局局长的建议、指导相比调整劳动关系的性质更强。由于大多只经过一次调解,因此还具有迅速处理争议的优势。

作为调解对象的个别劳动争议的范围,基本与上述建议、指导的对象范围相同,但不包括有关募集、录用的争议。在实际运用中,对于有些争议,都道府县劳动局局长如果认为没有必要,可以不委任争议调解委员会进行调解,具体情形与上述不适用都道府县劳动局局长的建议、指导制度的基本同样,但建议、指导结束之后的争议可以成为调解的对象。①

根据《个别劳动争议解决促进法》第6条第1款,争议调解委员会在各都道府县劳动局设置。同时,根据该法第7条、第8条,委员会由被任命的具有相关学识经验的委员组成,其中有劳动领域的专家学者、律师、社会保险人士等,委员任期两年,具体人数各都道府县有所不同,一般在3人以上36人以下。

根据《个别劳动争议解决促进法》,调解程序始于争议的一方或双方当事人提出申请(第5条),都道府县劳动局局长认为有必要(除上述一定的争议以外)可以委任争议调解委员会调解(第5条第1款)。接受调解委任以后,争议调解委员会会长通常指定3名调解委员进行非公开的调解,调解委员应确认双方当事人的主张,听取当事人的意见,探索合意的可能性(第12条第2款),必要时还应听取有关劳资代表意见(第14条),也可以要求有关行政部门提供资料等必要的协助(第17条)。调解委员根据争议情况努力进行调解,调解方案由调解委员全体一致作出,可以向当事人提示(第13条)。如果当事人之间达成合意,则该合意一般被作为民法上的和解合同来处理。当调解委员预计不能解决争议时,可以停止调解(第15条)。在对方当事人明确表明不参加调解程序或当事人不接受调解方案等情况下,视为预计不能解决争议。在停止调解的情况下,如果申请调解一方在接到停止调解通知后30日以内提起诉讼,则该诉讼被视为从提出调解申请时开始(第16条)。

---

① 参见《厚生労働省事務次官名で発する大臣官房地方課関係の通達》,2001年9月19日第129号。

(五) 相关法律的规定

与《男女雇佣机会均等法》有关的争议,不适用《个别劳动争议解决促进法》规定的建议、指导和调解的有关规定,而是根据《男女雇佣机会均等法》第 17 条规定的建议、指导、劝告,以及该法第 18 至 27 条关于争议调解委员会的调停的规定进行。但是,该法第 5 条规定的募集和录用的争议除外。

与《短时间劳动法》《育儿护理休业法》有关的争议,解决程序与《男女雇佣机会均等法》规定的争议解决程序基本相同。与这些法律有关的争议,在当事人一方或双方向都道府县劳动局局长提出帮助解决时,都道府县劳动局局长可以进行必要的建议、指导、劝告。除了上述的建议、指导外这里增加了劝告,这是其特色之一。另外,在上述当事人提出请求解决的申请时,都道府县劳动局局长在认为必要的情况下可以委任争议调解委员会进行调解。具体调解程序是,委员会可以根据需要要求相关当事人出席,听取意见,建议当事人接受调解方案(非强制性),这是与《个别劳动争议解决促进法》中的调解的不同之处。①

与《男女雇佣机会均等法》《短时间劳动法》《育儿护理休业法》等有关的争议,"与民事上的权利义务争议不同,一般更具有公益的色彩,所以,与上述《个别劳动争议解决促进法》规定的建议、指导或者调解相比,这些争议解决程序的行政参与程度更强。"②

三、劳动委员会的争议解决制度

(一) 劳动委员会的组织与权限

根据《劳动组合法》,劳动委员会是以调整和解决集体争议为主的独立的行政委员会(第 19 条、第 20 条),分为中央劳动委员会(中劳委)和都道府县劳动委员会(都道府县劳委)(第 19 条第 2 款)。劳动委员会由同等人数的雇主委员(雇主团体推荐)、劳动者委员(工会推荐)、公益委员(学者或律师等)三方构成(第 19 条第 1 款)。其特色在于,通过公益委员的参与,有效运用其劳动关系专业知识,促进劳动争议的自主解决。

中央劳动委员会是国家机关,其委员由内阁总理大臣任命,其中的公益委员要经过国会参议院和众议院同意。都道府县劳动委员会委员由都道府县知事任

---

① 参见《男女雇用机会均等法》第 17 条、18 条、20 条、22 条;《パートタイム労働法》第 21 条、22 条、23 条;《育児介護休業法》第 52 条之四至六。
② [日]山川隆一:《労働争議処理法》,弘文堂 2012 年版,第 64 页。

命,雇主委员和劳动者委员的任命要基于雇主团体和劳动者团体各自的推荐,公益委员的任命要经劳动者委员、雇主委员的同意。

根据《劳动组合法》,劳动委员会的权限主要有两个:一是对不当劳动行为进行审查和救济,即通过准司法程序对雇主是否构成不当劳动行为进行审查判断。在此过程中,劳动委员会可以强制审查工会的资格以及集体协议扩大适用的决议,要求当事人提供相关证明、报告、账目,进行临检、检查等,如果认为构成不当劳动行为,可以令其改正(第27条)。二是调整集体劳动争议,即通过调解、调停、仲裁等促进集体劳动争议的自主解决,具体程序按照《劳动关系调整法》的规定实行。

根据《劳动组合法》,除上述权限外,中央劳动委员会还具有以下特别权限:(1)对特定独立行政法人和国有林业的集体争议调整以及有关不当劳动行为审查具有专属管辖权,对涉及两个以上都道府县或全国性的重要事件具有优先管辖权(第25条第1款);(2)对都道府县劳动委员会有关不当劳动行为争议的审查决定可以进行再审查(第25条第2款);(3)制定中央劳动委员会和都道府县劳动委员会的有关程序规则(第26条第1款);(4)在都道府县劳动委员会进行个别争议调整时具有建议、指导等特别权限(第20条第3款)。

(二)不当劳动行为的行政救济程序

为了实现其立法目的,《劳动组合法》对雇主的一定行为加以禁止。根据《劳动组合法》第7条,该"一定行为"即不当劳动行为。为了对受到雇主不当劳动行为损害的劳动者进行救济,法律规定了特别的行政程序(第27条以下),即不当劳动行为的行政救济制度。通常情况下,劳动者或者工会因雇主的不当劳动行为受到侵害时,可以直接提起民事诉讼,通过裁判所获得司法上的救济,通过民事裁判来确定劳动者在劳动合同中的地位和获得损害赔偿,该救济具有私法上的强制性,是对宪法保障的劳动基本权规定的具体化。但是,从不当劳动行为救济的实效性来看,裁判所的司法救济在所需费用、时间以及救济内容上都存在欠缺,为了弥补民事诉讼的不完善,发挥准司法的功能,该法规定了通过行政机关的劳动委员会实行不当劳动行为的行政救济制度。劳动委员会并不论及劳资双方私法上的权利义务关系,而是对不当劳动行为采取迅速妥善的行政救济措施。①

根据《劳动组合法》第27条、《劳动委员会规则》第32条,行政救济的具体程

---

① 参见田思路、贾秀芬:《日本劳动法研究》,中国社会科学出版社2013版,第295页。

序为,劳动者或者工会可以向具有管辖权的都道府县劳动委员会提出书面或口头的不当劳动行为救济申请,申请必须在行为发生后一年之内提出。如果该事件在全国有重大影响,作为例外,中央劳动委员会拥有初审管辖权。如果工会为申请人,则必须接受其是否为合法工会的资格审查。

劳动委员会的审查实行两审制。首先由都道府县劳动委员会对当事人提交的申请进行调查和讯问,通过合议对雇主的行为是否属于不当劳动行为作出判断并发出命令。其次,不当劳动行为救济制度对作为当事人的劳动者(工会)和雇主进行准司法审查程序,如果是不当劳动行为就发出救济命令,反之就发出退回申请的命令。救济命令和退回命令均为行政(处分)决定。

关于劳动委员会发出的救济命令的内容,法律上没有特别规定,原则上由劳动委员会裁量决定。最高裁判所认为,"裁判所尊重劳动委员会的裁量权,该权利的行使对照上述(不当劳动行为救济制度的)宗旨和目的,限于不被认为是超过正当范围或者显著不合理的滥用,该命令不应该为违法"。劳动委员会可以不对应劳资间私法上的权利义务关系,而是从每个案件出发,采取适当的应对措施。当然,对救济命令也不是没有限制,它必须是以不当劳动行为的损害救济为目的,同时要确保正常的集体劳资关系秩序的迅速恢复。[①] 另外,不存在申请救济成立的事实时,不能发出救济命令。

救济命令的内容很多,如命令雇主恢复被不当解雇劳动者原职并支付其被解雇期间工资,命令雇主不得拒绝集体谈判,命令雇主不得支配和介入工会活动,等等。

不当劳动行为行政救济程序与裁判所民事诉讼程序相比具有独特的构成。在民事诉讼中,如果具备实体法上的适用要件,就在当事人之间产生了权利义务关系,裁判所对于当事人所主张的权利,根据法律规定作出具有法律效力的判决。与之相对,劳动委员会的不当劳动行为救济制度,在判断是否具备法律规定(《劳动组合法》第 7 条)的要件时,事实认定程序大多与民事诉讼相同,但劳动委员会不对私法上的权利义务关系是否存在进行判断,救济命令也不是通过命令实现私法上的权利义务,而是在具备法律规定的要件的情况下,劳动委员会取得了通过裁量确定和发出救济命令的公法上的权利,是行政(处分)决定的行为。[②]

[①] 参见第二鸠タクシー事件,最高裁判所大法庭 1977 年 2 月 23 日判决,载《民事判例集》第 31 卷 1 号,第 93 页。

[②] 同上。

从行政救济与司法救济的关系来看,劳动委员会的行政救济是以将雇主的不当劳动行为恢复原状为直接目的,通过下发及时、妥当的救济命令加以实现。而司法救济则是以救济被侵害的权利为目的,雇主的行为因为违反了《劳动组合法》第 7 条的规定,因此被认定为不当劳动行为,是违法的、无效的;同时,对劳动者和工会被侵害的权利,要根据其性质、状态、程度进行妥善救济。需要注意的是,对雇主的不当劳动行为,劳动者在申请行政救济的同时,也可以向裁判所申请司法救济。[①]

根据《劳动组合法》第 27 条第 5 款、第 11 款,对上述命令如果存在异议,劳动者和雇主都可以在 15 日内向中央劳动委员会申请再审。

(三)再审查程序

再审查程序是中央劳动委员会对都道府县劳动委员会作出的初审决定进行合法性审查的程序。该程序一般基于当事人的申请,也可由中央劳动委员会根据职权直接进行,具有行政上的不服审查的性质,但不适用《行政不服审查法》,而是受《劳动组合法》的规制。《劳动组合法》第 25 条规定,中央劳动委员会"具有对都道府县劳动委员会的决定进行取消、承认或者变更的再审查的全部权限"。

再审查程序大都准用初审程序的有关规定,有时也可以不经审问而只根据书面审查作出决定。中央劳动委员会以初审的审查资料以及再审查阶段的新的资料为基础,独立进行事实认定,对初审决定适当与否进行判断。具体判断从以下两个方面进行:一是初审对不当劳动行为成立与否的判断是否正确,二是如果不当劳动行为成立则其救济内容是否适当。中央劳动委员会具有独立的裁量权,对初审决定可以取消、承认或者变更。

《劳动组合法》第 27 条第 15 款规定,再审查期间,原都道府县劳动委员会的命令的效力不予停止,直到中央劳动委员会再审查后作出取消或者变更原命令,原命令的效力才会丧失。

需要注意的是,劳动者在其权利受到雇主不当劳动行为侵害的情况下,在申请行政救济的同时,也可以向裁判所申请司法救济。

(四)提出取消劳动委员会命令的诉讼

对都道府县劳动委员会以及中央劳动委员会的命令,当事人可以向裁判所

---

① 参见田思路、贾秀芬:《日本劳动法研究》,中国社会科学出版社 2013 版,第 295 页。

提出请求取消该命令的行政诉讼。

雇主对都道府县劳动委员会的救济命令等没有向中央劳动委员会提出再审查申请的，或者在收到中央劳动委员会发出救济命令的30日以内，可以提起取消命令的诉讼。雇主对都道府县劳动委员会的命令可以直接提起取消该命令的诉讼，也可以向中央劳动委员会申请再审查；在申请再审查的情况下，可以不对都道府县劳动委员会的命令而只对中央劳动委员会的命令提起诉讼。

根据《行政事件诉讼法》第14条第1款，工会或者劳动者对都道府县和中央劳动委员会的命令，从知悉该命令之日起6个月内可以提起取消该命令的诉讼。如果中央劳动委员会进行了再审查并发布了命令，则工会或劳动者可以仅就取消再审查的命令提起诉讼。

在诉讼期间，原救济命令的效力并不停止，但裁判所可以根据劳动委员会的请求，采取"紧急命令"强制暂停原救济命令的效力，这是《劳动组合法》上的独特制度。采取紧急命令应有必要性，是以迅速停止和恢复不当劳动行为造成的损害为目的。雇主不履行紧急命令的，应适用罚则。

（五）劳动争议的调解制度

1. 制度概述

为了帮助当事人通过合意自主解决集体劳动争议，《劳动关系调整法》设立了劳动委员会的行政支援制度，即争议调解制度。该制度调整争议的方法主要有调解、调停、仲裁等，其中调解在实务中的运用最为广泛。

《劳动关系调整法》第1条规定，劳动争议调整制度以实现劳动关系的公正调整，预防和解决劳动争议，维持产业和平，希冀经济发展为目的。该法第2条规定，"劳资当事人应该通过集体协议设置争议调整机构，努力自主地解决劳动争议。"

《劳动关系调整法》第6条将劳动争议定义为：劳动关系的当事人之间有关劳动关系的主张不一致，为此发生争议行为的状态或者担心发生争议行为的状态。这里的劳动关系当事人是指工会和雇主（团体），可见该法的争议调整对象是集体劳动争议。另外，并未将其特定为权利争议，因此利益争议也包含其中。

根据《劳动组合法》第20条，劳动委员会除了审查不当劳动行为事件以外，还具有进行劳动争议的调解、调停、仲裁的权限。劳动争议在一个都道府县域内发生的，则该地域的都道府县劳动委员会具有该争议调整的管辖权。劳动争议涉及两个以上都道府县，以及中央劳动委员会认为该争议系全国性的重要问题或需要作出紧急调整决定的,由中央劳动委员会管辖,即优先管辖。① 中央劳动委员会认为必要时,可以指定有关都道府县劳动委员会处理特定事件。②

2. 调解(斡旋)

调解是争议调整的主要形式。《劳动关系调整法》第 10 条至第 12 条规定,基于争议当事人一方或双方的申请,劳动委员会会长从调解员名单中指定调解员。该法第 13 条规定,调解员确认当事人双方主张,努力进行使双方达成合意的调解。该法第 14 条规定,是否达成合意、是否同意和解是当事人的自由;调解员经过努力认为不能达成和解时,可以停止调解,并将事件要点向劳动委员会报告。

3. 调停

根据《劳动关系调整法》第 24 条、第 26 条,调停是由劳资政三方组成的调停委员会,听取当事人意见,制定调停方案,劝导当事人接受的争议解决程序。通过当事人合意解决劳动争议,这是调停与调解的相同之处。但是,调解更强调通过努力促成双方自主解决争议,而调停则强调由三方组成调停委员会,劝导争议当事人接受调停委员会提出的调停方案。

根据《劳动关系调整法》,调停的启动一般由争议当事人单方或双方提出申请,但对于有关公益的事件,则由相关当事人单方提出申请或由劳动委员会依职权作出调停决定。对于规模较大的公益事件以及性质特殊的对公益带来显著影响的事件,厚生劳动大臣或都道府县知事可以要求劳动委员会作出调停决定(第 18 条)。调停委员会由代表雇主的调停委员、代表劳动者的调停委员、代表公益的调停委员组成,劳资双方的委员数量要求等同,委员会的会长应从公益代表中选出(第 22 条)。委员会的议事由出席会议的过半数者决定(第 23 条第 1 款)。委员会可以禁止无关人员参加会议(第 25 条)。

根据《劳动关系调整法》,调停委员会有权要求相关当事人在规定日期出席,以征求其意见(第 24 条)。委员会应制订调停方案并劝告当事人接受,必要时该方案可以通过媒体公开(第 26 条第 2 款)。是否接受调停方案由当事人自主决定,当事人作出接受或不接受的意思表示后,调停结束。根据《劳动委员会规则》第 75 条,调停委员会应将调停情况向会长书面报告。该规则第 74 条规定,因为不得已的事由使调停不能继续时,调停委员会可以停止调停,但应将理由通知当

---

① 〔日〕菅野和夫:《劳働法(第 9 版)》,弘文堂 2010 年版,第 731 页注④。
② 参见《劳働関係调整法施行令》第 2 条之二。

事人并向会长书面报告。

4. 仲裁

仲裁是由仲裁委员会下达约束双方当事人的仲裁裁定的程序。程序的启动由双方当事人提出申请,或基于集体协议由单方提出申请。仲裁是基于合意而进行的争议调整程序。仲裁裁定对当事人具有约束力,这是仲裁与调解、调停的不同之处。

根据《劳动关系调整法》第31条,仲裁委员会由3名仲裁委员组成。仲裁委员由当事人从劳动委员会的公益委员或代表公益的特别委员中合意选出。根据该法第31条之二,当事人不能达成合意时,由劳动委员会的会长听取有关当事人意见后在上述人员范围中指定。根据该法第31条之三,仲裁委员会的委员长由仲裁委员互选,根据该法第32条委员会的议事由过半数委员决定,委员会可以禁止无关人员参加会议。

根据该法第33条,仲裁委员会下达的仲裁裁定,应以书面形式,并记载效力发生日期,当事人受此约束。而根据《劳动委员会规则》第81条、第74条,因为不得已的事由使仲裁不能继续时,与调停的情况同样,可以停止仲裁程序。

5. 公共行业的特例与紧急调整

公共行业是指运输行业、邮电通信行业、水电煤气供应行业、医疗和公共卫生行业等公众生活不可或缺的行业。由于公共行业发生劳动争议会对公众生活带来影响,因此《劳动关系调整法》第37条、第39条要求相关当事人在进行争议行为时,必须提前10天告知劳动委员会、厚生劳动大臣或都道府县知事,违者适用罚则。根据该法第18条、第21条,劳动委员会依据职权开始调停时,有关公共行业的调停应优先处理。

根据《劳动关系调整法》第35条之三,对有关公共行业的争议,内阁总理大臣如果认为规模较大或者性质特殊,比如,因争议行为造成公共行业业务停止,严重阻碍国民经济的运行,对国民日常生活带来显著危害,可在听取中央劳动委员会的意见后,作出紧急调整的决定。该决定必须公示,并通知中央劳动委员会和有关当事人。中央劳动委员会在接到紧急调整决定后,必须全力进行调解、调停和仲裁,调查事件真相,采取必要措施。

在紧急调整决定公布之日起50天以内,相关当事人不得进行争议行为,违者适用罚则。

(六)个别劳动争议的调整程序

除了上述作为国家制度规定的劳动咨询、建议、指导、调解(斡旋)等程序以外,根据《个别劳动争议解决促进法》第 20 条第 1 款,地方公共团体必须结合国家政策,根据所在地区的实际情况,为了防止个别劳动争议的发生和促进个别劳动争议的自主解决而努力向劳动者、求职者和雇主提供信息,进行咨询、调解以及推进其他必要的措施。

一直以来,地方公共团体通过劳政事务所等劳政主管部门提供有关劳动争议的咨询,并根据情况进行调解。但是,在《个别劳动争议解决促进法》实施后,各地方公共团体的劳动委员会可以接受地方公共团体负责人的委托的形式,对个别劳动争议进行调解。现在,日本 44 个都道府县的劳动委员会都可以进行个别争议的调解。

第三节 司法途径解决劳动争议

一、概述

裁判所的直接任务是解决争议,但在劳动案件中,裁判所通过解决当事人之间的争议,还发挥着设定或者明确劳动关系规则的作用,特别是最高裁判所的判决,对劳动关系规则的设定具有很大作用,是劳资关系各方和行政机关的普遍行动规范。

司法途径的调整有民事诉讼、民事保全(临时处置措施)、调解、劳动审判等。比如,劳动者或者工会的权益因雇主的不当劳动行为受到侵害时,可以直接提起民事诉讼,请求裁判所给予司法上的救济。司法救济是以救济被侵害的权益为目的,因为雇主的行为违反了《劳动组合法》第 7 条的规定,作为不当劳动行为是违法的、无效的,对劳动者或者工会被侵害的权益,应根据被侵害的性质、状态、程度进行妥善救济,该救济具有私法上的强制性,是对宪法保障的劳动基本权规定的具体化。

由于日本个别劳动争议不断增加,一般的民事诉讼(包括作为临时处置措施的民事保全)更适用于复杂、大额的争议,且时间较长,诉讼费用较高。因此,为了迅速、公正、有效地解决个别劳动争议,作为司法制度改革的重要内容,日本于 2004 年 4 月 28 日通过、2006 年 4 月 1 日起施行《劳动审判法》。限于篇幅,本书主要对其中的劳动审判程序进行简要介绍。

二、劳动审判程序

《劳动审判法》设立了劳动审判程序，以雇主与个别劳动者之间的个别劳资争议为对象，具体规定了包括解雇、雇佣停止、转岗、借调、惩戒处分、劳动条件变更的约束力、工资与退职金的请求权等与劳动关系相关的事项。当上述争议在雇主与劳动者之间发生时，当事人可以向地方裁判所起诉。

劳动审判由一名法官作为劳动审判官，两名具有劳动关系专业经验者作为劳动审判员（劳动者、雇主各一人），组成劳动审判委员会，进行中立的、公正的审理和评议。

劳动审判在全国50个地方裁判所设置，原则上由劳动审判委员会通过三次以内的审理迅速协商解决争议，相当于民事上的口头辩论。这种明确规定与诉讼法相关的审理次数，在日本是第一次。

首次审理应在当事人提出仲裁申请后40天以内进行，当事人可以委托律师，可以对答辩状进行口头反论（民事诉讼要求"书面"）。审判原则上不公开进行，审判手续费一般相当于民事裁判的一半左右（聘请律师的，律师费另付）。通过不超过三次的对事实关系的主张、举证、辩论，劳动审判委员会根据当事人之间的权利义务关系进行调解；如果未达成调解，则根据劳动审判委员会三人中的多数意见，作出具有一定法律约束力的结论。

劳动审判委员会如果认为案件复杂，不适合通过劳动审判程序进行，则可以终止劳动审判，将其移至通常的诉讼。

三、劳动审判程序的特征

劳动审判程序的特征主要表现为：(1) 在裁判所设立；(2) 由法官和劳资双方专业人士共同参加；(3) 限于解决个别劳动争议；(4) 属于迅速、简易的争议解决程序；(5) 基于权利义务关系进行"审判"，同时要促进和发挥调停在当事人自主解决争议中的作用；(6) "审判"程序是非诉讼程序，对结果有异议时可以移至通常诉讼，与诉讼相联结。

需要强调的是，该程序虽是在地方裁判所且有法官参加下进行，但它并不是诉讼程序，也不是诉讼的前置程序，而是与诉讼程序并行的一种独立的争议解决程序，当事人也可以选择民事诉讼的临时处理程序或者通常诉讼程序。因此可以认为，该法在文字上虽被称为《劳动审判法》，但从其内容和法律效力来看，这里的"审判"有"仲裁"的含义。

与该制度民事诉讼相比,该程序节约了费用和时间;与地方劳动争议调解委员会实施的劝告、指导、调解相比,更具有强制力。另外,与劳动委员会的职能不同,该程序不涉及集体劳动关系产生的争议。①

四、劳动审判的效力

对于劳动审判结论,如果当事人没有异议,则劳动审判成立,与诉讼中的和解具有同样的效力,因此具有强制执行力。

如果当事人对劳动审判结论不服,可以在两周以内提出异议,在这种情况下劳动审判的效力丧失。劳动审判的效力丧失后,如果当事人提起诉讼,则原先提起劳动审判的申请之日被视为向同一裁判所提起民事诉讼之日,转入诉讼程序(前述劳动审判委员终止劳动审判,移至诉讼也是同样)。移至诉讼后,当事人只需要补足与申请劳动审判的手续费的差额即可,按照民事诉讼程序进行。

这种劳动审判程序与民事诉讼程序相衔接的规定,缩短了争议解决的时间。② 但是,需要注意的是,劳动审判的记录不能在诉讼中继续使用。

劳动审判制度实施以后,申请案件数量大幅增加,审理期限缩短,整体制度评价较好。

---

① 参见田思路、贾秀芬:《日本劳动法研究》,中国社会科学出版社2013年版,第228页。
② 同上。

结　语

二战后，日本劳动法得到重建和发展，在劳动法体系的表现形式上，日本没有制定一部统一的劳动法典，而是以一系列单行法律为框架。其中，根据日本《宪法》关于劳动基本权的规定而制定的《劳动基准法》和《劳动组合法》是日本劳动法的基本法，是支撑日本劳动法的两块基石，具有重要地位。其他劳动立法和劳动政策都是对上述两个基本法的具体化。从 20 世纪末开始，在社会经济迅速发展变化的背景下，日本劳动法改革作为经济体制改革的重要内容被提上日程。2018 年 6 月 29 日，日本通过《劳动方式改革相关法案》。其改革的特征和趋势主要表现在：

一、个别劳动法的规制放宽与个别劳动合同的功能强化

就整体调整对象而言，日本劳动法对个别劳动关系和集体劳动关系的调整并重。而在内容上，前者通常占主要地位，而且随着劳动关系的复杂化、劳动形态的多元化、劳动力流动的活泼化，具有弹性的个别劳动关系立法成为近年来日本劳动法发展的主流。

个别劳动关系的立法调整主要体现在两个方面：

一是放宽各种法律规制。比如，在促进就业方面，实行职业介绍所民营化和允许职业介绍所实行收费制度，并根据《职业能力开发促进法》扩充了企业横向的职业能力开发政策；在劳动时间方面，实施多样的裁量工时制度；在雇佣形态方面，近年来多次修改《劳动者派遣法》和《短时间劳动法》，通过放宽规制实现灵活就业；修改《育儿护理休业法》《高龄者雇佣安定法》等，强化了有关休假制度以及 65 岁退休的雇佣确保政策，以适应少子化、高龄化社会的需要；等等。

二是强化个别劳动合同的功能。比如，在修改《劳动基准法》时强化了劳动条件的明示义务，还将解雇权滥用法理纳入立法规定；2007 年《劳动合同法》将以前根据判例形成和确立的劳动条件的不利益变更、固定期限劳动合同的处理、经济性裁员的要件、保守秘密和竞业限制、人事变动与惩戒的法律规则等有关劳动合同的判例法理纳入立法规定。

二、集体劳动法体系完整与劳资共同体意识的增强

二战之前,日本不存在保护工人运动的立法。对工会保护的立法始于1945年公布、次年实施的《劳动组合法》,该法规定了刑事免责、民事免责、集体协议的规范效力、不当劳动行为制度等,在日本的劳动立法史上具有划时代的意义,成为劳动关系法的核心。此后,又相继制定了《劳动关系调整法》《罢工规制法》《国家公务员法》《地方公务员法》《国营企业劳动关系法》《地方公营企业劳动关系法》等,对工会组织、集体谈判、集体协议、争议行为、工会活动、不当劳动行为等进行规范,形成了相对健全、稳定的劳动法体系。

近年来,由于产业结构的变化和劳动形态的多样化,工厂劳动者、全日制劳动者的比重下降,传统的以工厂集中劳动为基础谋求团结权的工会组织逐渐变得松散,工会组建率降至20%以下,劳动者团结力下降,工人运动出现了倒退。曾被日本誉为"传家宝刀"的工人罢工越来越弱化,甚至被讥讽"刀不出鞘"。与此同时,由于经济长期低迷,劳资共同体意识增强,集体劳资纠纷数量减少,劳资交涉的形式更趋于理性和成熟,工人运动以非暴力、非罢工、平和的方式表达诉求和解决矛盾成为趋势。

正因为如此,在向这种"没有罢工的劳资关系"时代的发展中,集体劳动法的改革显得并不迫切,更为侧重的是以不当劳动行为为代表的集体劳动争议,着眼于审理的迅速化与和解的制度化。2004年修改的《劳动组合法》,对不当劳动行为的救济审查体制和程序进行了完善。

在新的历史发展时期,企业职工代表制度的完善,工会发挥作用的方式与途径,都是需要深入研究的课题。

三、劳动争议处理法律体系的健全与完善

二战后,日本根据《宪法》和《劳动组合法》的规定,设立了解决劳资争议的程序和机构,即通过政府、劳动者、雇主三方组成的劳动委员会进行劳动争议调整程序以及不当劳动行为救济程序。因此,有关劳动关系上的权利义务争议并没有在劳动法律制度上加以特别设计,而是通过民事诉讼制度加以规定,这是二战后解决劳资争议的基本体系。但是,随着劳动市场和劳资关系的变化,集体劳资争议数量大幅减少,个别劳动关系争议数量急速增加,日本便着重对劳资争议解决体系加以改革。

一是作为劳动争议的行政解决途径,2001年制定、实施《个别劳动争议解决促进法》,建立了厚生劳动省和都道府县劳动局的建议、劝告、调解体制。由于效果较好,许多劳动委员会此后也相继设置了个别劳动关系争议的调解制度。这些都促进了劳动争议行政解决制度的发展。同时,随着劳动审判制度的建立,在司法上确立了个别劳动争议的专门解决制度,个别劳动争议的解决由劳动行政与司法协同进行,劳动关系争议解决制度体系有了很大改善。

二是作为劳动争议的司法解决途径,日本于2004年制定、2006年施行《劳动审判法》,作为劳动审判制度的一环,用以迅速解决劳动争议。该法实施效果较好,被寄希望成为劳动争议处理的基本法。

总之,日本劳动法近年来不断进行重大改革,体现了劳动法作为市民基本法的立法重要性,也体现了基于公正、透明的法律规则与原理,经过正当程序进行司法制度改革的理念。在巨大的社会变革面前,随着就业促进法的迅速发展,劳动基准法的规制放宽,劳动争议处理机制的不断强化,劳动法的未来发展值得在理论和实践上进一步加以研究考察。

扩展阅读文献

一、基础文献

1. 日本労働法学会編:《労働法講座(1巻—7巻)》,有斐閣 1956—1959 年版。
2. 日本労働法学会編:《新労働法講座(1巻—8巻)》,有斐閣 1966—1967 年版。
3. 日本労働法学会編:《現代労働法講座(1巻—15巻)》,総合労働研究所 1980—1985 年版。
4. 日本労働法学会編:《講座 21 世紀の労働法(1巻—8巻)》,有斐閣 2000 年版。
5. 蓼沼謙一:《蓼沼謙一著作集(1—8)》,信山社 2008—2010 年版。
6. 菅野和夫:《労働法(第 11 版補正版)》,弘文堂 2017 年版。
7. 土田道夫:《労働契約法(第 2 版)》,有斐閣 2016 年版。
8. 荒木尚志:《労働法(第 3 版)》,有斐閣 2016 年版。
9. 西谷敏:《労働法の基礎構造》,法律文化社 2016 年版。
10. 中窪裕也、野田進:《労働法の世界(第 13 版)》,有斐閣 2019 年版。

二、拓展文献

1. 馬渡淳一郎:《三者間労務供給契約の研究——労働者派遣法時代の労働契約論》,総合労働研究所 1992 年版。
2. 濱口桂一郎:《労働法政策》,ミネルヴァ書房 2004 年版。
3. 西谷敏:《規制が支える自己決定——労働法的規制システムの再構築》,法律文化 2004 年版。
4. 角田邦重、毛塚勝利、浅倉むつ子編:《労働法の争点(第 3 版)》,有斐閣 2004 年版。
5. 遠藤昇三:《戦後労働法学の理論転換》,法律文化社 2008 年版。
6. 道幸哲也:《労働組合の変貌と労使関係法》,信山社 2010 年版。
7. 小嶌典明:《労働市場改革のミッション》,東洋経済新報社 2011 年版。
8. 村中孝史、荒木尚志編:《労働判例百選(第 9 版)(別冊法学家 197)》,有斐閣 2016 年版。
9. 諏訪康雄:《雇用政策とキャリア権——キャリア法学への模索》,弘文堂 2017 年版。
10. 日本労働法学会編:《講座労働法の再生(1巻—6巻)》,日本評論社 2017 年版。

第四编　英国劳动法

前　言

经过漫长的发展,英国已形成一套成熟、有效的劳动法体系,在很多方面都带有鲜明的时代和地域特点,具有十分重要的研究价值。英国劳动法包括个别劳动法和集体劳动法,其中个别劳动法囊括一套广泛且基本的劳动权利,这些权利属于法定个体劳动权利,有别于传统的通过集体合同形成的约定劳动权利,是近代对个体劳动权立法发展的产物,零散地分布在多部与劳动保护有关的法律中。正是由于英国劳动法体系的形成具有时代性,因此需要对其发展脉络进行梳理。本编将从纵向与横向两条脉络来呈现英国劳动法。

英国劳动法纵向脉络是它的历史与传统背景,这些因素不仅决定着它的定位与范畴,甚至还影响其发展方向。英国劳动法的横向脉络是它目前所覆盖的范围与保护手段。英国集体劳动法在整体上呈现出加强管制趋势,对产业行动的程序性要求逐渐增多、限制性门槛逐渐增高。劳资冲突虽然在数量上并未明显减少,但破坏力却呈现下降之势。劳动者基准权利的范围不断扩大,在原来的工资、工时和健康与安全保护的基础上增加了消除不当解雇与就业歧视等高位阶的保障。与此同时,英国对劳动权利的保护与救济手段也日趋全面和成熟,有效地保护了这些基本权利。而且,针对近年来出现的经济"新常态",英国政府也对劳动法作出了相应的调整。一方面,放松了某些常态的劳动规制,以激活经济活动。另一方面,对于新出现的用工模式,立法者和司法者往往采取严格限制的态度,从而维护一个动态的平衡。

第一章 英国劳动法的产生与发展

英国产业关系领域三方面因素的变化推动了英国劳动法的发展与变化。[①]这些动因变量因素是：普通法对集体谈判态度的转化、集体劳动法与个别劳动法的互动、国家对劳动力市场的干预与管理。这些因素不仅推动了英国劳动法的发展，也决定了它的现状和未来发展趋势。

第一节 普通法对集体谈判态度的转化

相对于大陆法系的国家干预主义，由于固守古老的英格兰普通法，英国在市场经济兴起的过程中一直秉承着契约自由主义的治国方略。虽然英国早在19世纪就已经出台《主仆法》(Master and Servant Law)，对雇主(主)和劳动者(仆)之间关系进行直接规制，排除了某些方面的契约自由，但双方的合同仍是法律调整其关系的基础。只要劳动者接受了工厂的雇佣要约，从法律角度来讲，双方就已经完成合同的缔结，而无论双方是否约定了工资或工作时间等要件。在对合同未约定事项产生争议的时候，如果没有相关立法规定，普通法法院就会通过引用默示条款的方式对合同进行解释。法院推演默示条款是依据合同法平等保护原则开展的，而且极少引用公共政策进行排除，即便存在某些不公正条款。法官在推导合同的默示条款时，则在很大程度上依赖习俗和惯例，如关于工作效率、劳动者的工作条件以及对纪律的遵守等都根据相关惯例来推定。有些义务，如忠诚、信任、保密以及对雇主合理要求的服从，被认为是最基本的义务。

由此而言，劳动者采取的罢工行为，在合同法上往往被认为属于违约行为而应受到惩罚。正如西蒙所描述的19世纪工人运动的困境："雇主对罢工(尤其是小规模罢工)惯用的策略就是让罢工者因违反合同而被逮捕，然后使他们面临着要么屈从雇主条件返回工作，要么忍受3个月监禁的两难选择。正是由于有法

[①] See Gerry Rubin, *War, Law, and Labour*, Clarendon Press, 1987; Paul Davies, Freedland Mark, *Labour Legislation and Public Policy*, Clarendon Press, 1993; Deakin Simon, The Changing Concept of the Employer in Labour Law, *Industrial Law Journal*, Vol.30, 2001, pp.72-84.

律作梗,罢工的劳动者被认为是麻烦制造者,并被不止一次地压制。"①

同时,工会结社活动和罢工在历史上也应受到刑法和侵权法的制裁。1875年之前,成立工会和发起罢工行为是触犯"刑事共谋"的法律明文规定的,属于刑事犯罪,应受到制裁。在同一时期,法院根据普通法之要义,确立了工会在组织产业行动方面的侵权责任,牢牢地限制了工会活动。甚至在议会于1875年通过《共谋和财产保护法》(Conspiracy and Protection of Property Act)、废除了劳资纠纷中简单共谋构成犯罪的规定之后,英国法官仍然判定工会对产业行动造成的损失承担侵权责任。

从19世纪70年代开始,英国立法者逐步取消对集体劳动活动的限制和惩罚,并最终形成了自由集体主义的劳动关系管理模式。1867年,负责管理产业关系的皇家委员会(Royal Commission)发布报告认为,工会对保护劳动者起到了很多积极作用,所以应在普通法与刑法上赋予工会以豁免权。1871年,议会颁布了《工会法》(Trade Union Act,TUA),为工会的合法性进行背书,不再认为它们是自由贸易的障碍。同年,议会还对刑法进行了修改,使工会活动不再受到刑事规定的干扰。此后,经过工会组织进一步的斗争和争取,议会于1906年出台了《产业争议法》,为工会在产业行动中造成的财产损失提供豁免保护。此外,在Amalgamated Society of Railway Servants v. Osborne②案中确立的对工会政治活动的限制被1913年修改的《工会法》所取消。而富有争议的Rookes v. Barnard③案又恢复了该案判决,但豁免了工会在促进或激化劳资纠纷过程中进行威胁的侵权责任。议会陆续出台的这些有利于工会的法律,推动英国在产业关系与劳动保护领域逐渐形成自由集体主义的管制模式。

伴随着工人组织规模的扩大和力量的上升,通过自发式集体谈判形成的集体合同往往成为企业劳动标准的执行依据。在这一时期,国家只是对一些被忽视或缺乏集体谈判条件的领域作出一些补充性质的规定,如未成年工的工作条件、学徒工薪酬标准等。从20世纪初开始,工会成员数量虽然在两次大萧条期间经历一些波动,但是一直保持着上升的势头。到20世纪20年代,工会成员已

---

① Daphne Simon, Master and Servant, in John Saville (ed.), *Democracy and the Labour Movement: Essays in Honor of Dona Torr*, Lawrence & Wishart, 1954, p. 160.
② (1910) AC87.
③ (1964) AC1129.

经占据了总劳工数量的40%。[①] 与此同时,国家也不遗余力地支持雇主与工会进行集体谈判,协商制定行业劳动标准,并自觉执行相关的集体合同。1918年,英国出台《贸易委员会法》,专门成立国家级的劳资集体协商机构——产业合作委员会(Joint Industrial Council)来鼓励通过集体谈判解决问题。当时,包含劳动标准内容的集体合同虽然不具有法律约束力,但却被各行各业作为重要依据来执行。

第二节 集体劳动法与个别劳动法的互动

相比而言,全国范围内的劳动标准立法却一直难以推进。英国劳动方面的立法起步很早,如早期的《主仆法》和《工厂法》等,都是在19世纪上半叶甚至更早就已经出现了。在集体放任主义形成之前,国家已经开始对劳动标准作出了直接规定,涵盖了工资标准、劳动标准和培训等领域,也强调了国家对劳动力流动的控制。但是,自从集体放任主义模式兴起之后,之前的这些劳动标准立法被《贸易委员会法》和《工会法》等新法律所消解。1897年,议会曾试图制定一部有关工作时间上限的法律,但因为遭到各方反对而被搁置。1909年,英国议会又拒绝了某些议员提出的给各行各业划定一个国家最低工资水平线的提议,坚持由雇主与工会自行决定其行业工资标准。

英国在劳资治理领域的自愿主义传统和二战后的经济特点使其在劳动标准方面呈现出与西欧其他国家不同的形态。英国劳动标准法不仅数量少,而且在行业内业已形成的标准也没有获得议会立法的背书和支持。回顾历史不难发现,政府对自愿主义体系的默许态度来源于中产阶级对产业力量平衡的社会认同。早在20世纪30年代,英国工薪阶层就享受到了相对的繁荣,利用海外殖民地提供大量资源来解决其本土的经济危机。虽然英国在二战期间损失了7亿英镑,占国家财富的1/4,但英国没有像其他欧洲国家那样遭受军事占领或物质上巨大损失,因此在重振工业和革新劳资关系方面没有太大压力。在此背景下,英国并没有引入任何"激进"的劳资关系改革和立法。事实上,法国在1946年就建立了最低工资制度,并在1950年设立了法定的最低工资标准。而当时英国尽管已经有不少设定工资最低标准的行业性规范存在,但却迟迟没有能够推出此类

---

① See Bob Simpson, The Labour Injunction, Unlawful Means and the Right to Strike, *The Modern Law Review*, Vol. 50, 1987, pp. 506-516.

立法，直到相关的欧盟指令出台后，才于 1998 年颁布了第一部全行业性的《最低工资法》。

在集体放任主义盛行的时代，虽然个别劳动合同依然存在，但它所发挥的关键作用是将集体合同内容加以落实。当时，一般的个别劳动合同都被默认包含了集体合同的内容，或者特别增设"转致条款"（Bridging Term）与集体合同联系起来。

第三节　国家对劳动力市场的干预与管理

20 世纪 70 年代，个别劳动合同逐渐被现代劳动法作为实现最低劳动标准的重要途径。英国立法者认识到劳动合同可以成为调整个别劳动关系的平台，开始对个别劳动合同进行干预。例如，1963 年《雇佣合同法》（Contracts of Employment Act）规定了一系列的劳工基本权利，并为劳动者设置了一些工资与解雇方面的保护。这些做法在一定程度上摒弃了普通法对意思自治传统的坚守，转而设置一些法定的规则来限制一方当事人——雇主的经营自主权，以实现对劳动者权利的保护。

二战后，面对频频出现的产业运动和它们所造成的破坏，英国政府尤其是撒切尔领导的保守党政府，转而奉行社团主义的治国方略：一方面，邀请劳资代表积极参与国家的政策制定；另一方面，强化对经济管理的直接干预。例如，工党政府在执政期间（1964—1970）对自由的集体薪酬管理机制发难，通过颁布《价格与收入法》（Prices and Incomes Act）直接干预工资水平。不仅如此，政府也开始更多地插手集体谈判的内部事务。例如，议会于 1971 年出台《产业关系法》（Industrial Relations Act）专门调整集体组织结构和集体谈判活动，并设立国家产业关系法庭来仲裁集体纠纷。

自 20 世纪 80 年代起，由于受到新经济自由主义思潮的影响，英国政府对劳动法的看法与运用都发生了改变。传统观点仅仅把劳动法视为实现分配正义和维护产业和平的工具，而新经济自由主义者认为，除了上述功能之外，劳动法还可以在另外两个方面起到维护市场良性竞争环境的功效。

第一，劳动法可以帮助提高劳动力市场的灵活性，以满足生产的需要。保守党政府于 1985 年发布的白皮书认为，集体劳动规范形成的标准太多、太杂和太高，劳动法应着手将这些规则瘦身，制定全国统一的、合理的最低保障标准来降低经营成本,提升劳动力市场的灵活性。① 同时,还应采取其他策略,如改革社会保障系统来解决灵活就业者享受社会保障的问题,并适当降低相关标准以降低雇主的负担。在培训方面,政府应向雇主提供培训资金,鼓励企业招聘无工作经验的人。

第二,劳动法可以被用来消解产业运动带来的负面影响。英国通过立法和判例收窄了工会可以享受的豁免范围。1984年《工会法》规定投票程序为宣布罢工的前置条件,未经投票程序就采取的罢工行动将会被视为非法,并应承担相应的侵权责任。同时,在罢工过程中,工会也必须保证参与人员的行为不能超出规定或承诺的范围,否则作为罢工的组织者——工会也应承担相应的责任。此外,《工会法》全面禁止开展同情性罢工行动,防止罢工波及其他领域。这一系列举措让工会开展产业运动时瞻前顾后,主动性大大降低。

工党政府重新上台之后,推出了一套"新劳动"(New Labour)政策,进一步管理劳动关系,开辟"第三条道路"。所谓"第三条道路",其中心观点是:劳资关系的基础是合作而不是冲突,政府应该建立一个高效而公平的劳动力市场。② 具体举措有:将原来产业博弈模式下的集体谈判机制转变为集体合作机制;大量出台劳动标准方面的规定来挤占这些原来属于自治的领域;构建"权责相一致"的劳动力市场。

政府设定了一系列的权利,包括个体权利和集体权利,同时保留了一些保守党政府制定的限制劳资行为的关键性条款。比较典型的例子就是1998年通过的《国家最低工资法》(National Minimum Wage Act,NMWA)和《工作时间条例》(Working Time Regulations)。前者为覆盖英国各地区、各经济部门的国家最低工资体制的建立奠定了基础,改变了旧有最低工资制度无法覆盖所有行业的局面,彻底抛弃了原先奉行的策略。通过法律设定而不是集体谈判来建立权利的统一门槛的运动,随着欧洲《保护人权和基础自由公约》(Convention for the Protection of Human Rights and Fundamental Freedoms)和1998年《人权法》(Human Rights Act)在英国的生效而更加声势浩大。同时,对欧共体《社会政

---

① See Hugh Collins, Market Power, Bureaucratic Power and the Contract of Employment, *Industrial Law Journal*, Vol.15, 1986, pp.1-5.
② See Claire Kilpatrick, Has New Labour Reconfigured Employment Legislation? *Industrial Law Journal*, Vol.32, 2003, pp.135-163.

策协议》(Agreement on Social Policy)①的认可,促使英国成为《阿姆斯特丹条约》(Treaty of Amsterdam)的成员国。这反过来促使政府去执行日益兴盛的欧盟法律。故 1998 年《工作时间条例》完全落实了欧盟《工作时间指令》(EU Working Time Directive)和部分落实《青年劳动者指令》(Young Workers' Directive),直接将集体谈判的传统领域纳入到了调整领域。

这些政策的实施带来了两个明显的效果:第一,个别劳动法在立法中频繁出现和广泛覆盖;第二,集体谈判活动不断减少,集体合同对劳动标准的规定弱化。不过,集体合同的地位并没有完全被劳动基准立法所取代,它依旧是英国劳动标准的一个重要渊源。这些改革也预示着英国劳动法将会继续沿着个别劳动标准立法与集体劳动合同约定这种混合型的模式走下去。

---

① 它是《马斯特里赫特条约》一个附件,但英国一开始排斥该附件,后来英国认同了相关条款,为其加入《阿姆斯特丹条约》扫除了障碍。

第二章　个别劳动法

除了集体劳动合同之外,英国调整个别劳动关系的规范包括普通法、制定法和实操指导(code of practice)三个大类。首先,普通法是规范劳动合同的主要法律工具。对于调整个别劳动关系而言,普通法中有关合同规则和传统一直发挥着作用。以解雇保护为例,解除无固定期限劳动合同和无特殊约定的固定期限劳动合同时,首先要遵循的是合同解除的"提前通知义务"。另外,对于劳动合同的解释,英国的法院也是遵照默示合同和普通法惯例原则进行处理。其次,英国议会和行政部门的制定法逐渐成为调整劳动关系主要依据。自19世纪以来,国家从过去的放任主义到逐步介入劳动关系的调整当中。其中,比较明显的是劳动健康与安全保障、反歧视、工资和解雇保护等方面。最后,实操指导往往是由英国官方实务部门制定的用以指导实践工作的规则,类似我国的实施细则,不同之处在于它不具有正式的法律约束力。英国的劳动咨询调解仲裁局(ACAS)是劳动方面实操指导的主要发布机关,例如,ACAS发布的《纪律和申诉程序实务守则》(Code of Practice on Discipline and Grievance Procedures)就得到了广泛的适用。除此之外,机会平等委员会发布了消除种族歧视和性别歧视的实操指导,健康与安全委员会制作了关于安全代表和安全委员会方面的实操指导。虽然这些实操指导不具有法律约束力,但在司法审判过程中,如果雇主遵守了相应的实操指导,劳动法庭会认定雇主尽到了相应的注意义务,从而可减轻雇主的证明责任。因此,英国的实操指导在实践中得到了广泛的适用。

在劳动领域,英国普通法与制定法之间的关系非常复杂,对此史蒂芬·哈迪教授于2012年作出了相对详细的总结:

(1)一些制定法上的权利完全在劳动合同之外运作。例如,根据1974年《工作健康与安全法》(Health and Safety at Work Act),雇主对法定安全责任的违反可能使其成为刑事控告或行政强制的对象,而在有些案件中,劳动者的受伤则可能导致民事侵权责任。

(2)在有些案件中,法定权利和合同权利并存。例如,关于被解雇劳动者的收入保障、孕产期的工资、假期的报酬等案件中,成文法往往有明确的规定,以避免合同约定与法律规定的重叠,这些规定或者为根据法定条款来核算支付总额,或者反过来适用合同中约定的条款而排除对法定条款的适用,或者创设一个"混合权利"(composite rights)使劳动者可以从法定条款和约定条款中选择对其最有利的条款。

(3) 有些立法明确规定法定义务须被作为合同条款而生效。1970年《平等工资法》就是一例。该法规定,"平等条款"理应被包含在受雇于大不列颠内机构的每一名男性和女性劳动者的合同之中。

(4) 其他制定法在此问题上保持沉默,任由法院或劳动法庭决定合同是否产生法定权利。这样有时导致劳动者被剥夺法定的保护(例如,合同因骗税而违法的情况下,劳动者就失去了不得被不公平辞退的法定保护)。

(5) 中央仲裁委员会在其法定管辖权下作出的仲裁裁决具有效力,视同相关劳动者合同的强制性条款。

第一节 个别劳动法的历史

当代英国劳动立法的起源可追溯至1802年《学徒健康与道德法》(The Health and Morals of Apprentices Act),这也是近代劳动法的重要起源。在20世纪60年代以前,英国劳动立法都秉持着自由主义的传统,对于劳资关系的介入是极为谨慎的。在这一时期,集体谈判起到了调整劳动关系的重要作用,国家仅对"需要保护的群体"进行立法保护,具体包括未成年劳动者、妇女和不受集体谈判保护的劳动者。因此,直到欧盟法带来变革之前,成年男子的工作时间在英国仍然通过集体谈判来规制。随着欧盟指令的适用,英国的传统不可避免地受到来自欧洲大陆的影响。例如,通过对欧盟《工作时间指令》的执行,英国开始针对工作时间、带薪休假等问题出台相应的法律规定。

英国对于劳动者个体权利的立法主要集中在两个时间段内:一个是1970—1979年,议会通过的关于规制就业的立法多达30部,内容涉及劳动者个人权利的方方面面,其中较为重要的法律有1970年《平等工资法》、1971年《劳资关系法》、1975年《性别歧视法》、1975年《雇佣保护法》等。另一个是20世纪90年代以后,随着工党政府的重新上台,出台了大量劳动标准方面的规定,取代了原本属于集体协商领域的条款,主要包括1996年《雇佣权利法》、1998年《国家最低工资法》、1998年《工作时间条例》等。

现在,在普通法、制定法和实操指导的共同作用下,英国个别劳动法方面的法律规范已经相对形成体系。例如,1978 年以来,英国将有关劳动就业方面的法律加以修改和补充,出台了多部涉及劳动基本权利的法律,逐渐形成了一套完善的"底线性权利"体系。具体而言,这一体系覆盖了六个方面的内容:(1) 劳动合同;(2) 信息保护制度;(3) 工资制度;(4) 工时制度;(5) 解雇保护制度;(6) 反就业歧视制度。

第二节 劳 动 合 同

英国运用普通法与特别规定并用的模式来规范个别劳动合同。英国立法者通过普通法关于合同的一般规定对劳动合同进行定义,不对劳动合同的形式和内容作要求,允许使用明示或隐含条款,也允许采取书面或口头形式。[①] 但是,法律规定雇主有责任向劳动者提供有关劳动条件的书面信息,这些信息包括某些合同条件和法定权利。[②] 根据 1996 年《雇佣权利法》(Employment Rights Act,ERA)第一节的规定,雇主必须将指定的两类雇佣信息列入同一份书面文件中,并提供给劳动者。第一,有关雇佣关系的基本信息,包括双方的名称、雇佣开始的时间或续聘开始的时间等。第二,该书面文件中必须包括某些雇佣条件和要求。它们是:工资的幅度与计算方法;工资支付的周期;与工时有关的要求和正常工时;与休假有关的规定(包括公共假期和假日工资);职位名称;工作地点或雇主的名字和地址等。

《雇佣权利法》还规定,对于其他涉及劳动合同关系的信息,雇主有义务书面通知劳动者。书面信息必须在雇佣关系建立之后 2 个月之内提供,即便雇佣关系存续期间不超过 2 个月也不例外。如果这些信息不是在一份文件中,那么所有文件都必须在用工之日起 2 个月内通知到劳动者。另外,该法还规定,雇主可以对劳动合同进行非实质性变更,并以通知的形式告知劳动者,如果劳动者未表异议,就视为其接受该变更。

这些书面通知与劳动合同既有所区别,又是相辅相成的。劳动合同是双务行为,对双方都有约束力。在出现劳动合同争议的时候,普通法有关合同的原则与规定完全适用于劳动合同。而雇主的书面信息通知则是单务行为,是雇主一

---

① See ERA 1996,s. 230(2).
② See ERA 1996,s. 1.

方承担的义务,因此不能将其视为合同。在实践中,这样的书面信息通知往往起到保护劳动者利益的重要的证据作用,那些对于劳动者有利的通知内容可以被视为合同之约定,而那些对劳动者不利的书面通知则不成为对劳动者不利的证据。当然,书面通知信息并非只能作为有利于劳动者的证据,在某些情况下,也可以作为雇主已经履行某些法定责任的证据。

雇主与劳动者之间的权利义务往往取决于劳动合同的条款,包括明示和默示条款。由于英国具有普通法的传统,对于当事人没有明确约定的事项,法院会发掘当事人的默示条款。主要采取两种方法:第一,尽量尊重双方当事人的意思自治,不否定合同的效力;第二,推定相对规律性的内容。在劳动关系当中,英国根据默示条款规则推导出了一系列义务:(1) 相互合作的义务;(2) 劳动者诚信服务的义务;(3) 雇主对劳动者的健康安全进行合理注意之义务。但是,即使在普通法的理念下,明示条款的效力也还是要高于默示条款的,虽然有时候明示条款在某些方面不利于劳动者。

集体合同约定的条款往往通过某些"桥梁"安排使其对个别劳动合同产生约束力。一般而言,集体合同不具备法律强制约束力,除非当事人以书面形式使其产生效力。因此,英国一般通过在集体合同和个别劳动合同之间搭建"桥梁"的方式来填补两者之间的鸿沟,具体有三种方式:(1) 明示合并——雇主与劳动者明确表示个别劳动合同受制于特定的集体合同;(2) 按惯例合并——作为普遍认可的合同法原则,合同可包含约定俗成的条款,其中不乏集体合同确定下来的惯例;(3) 默示合并——当没有明示条款或惯例存在的话,劳动法庭也可能会根据默示条款的规则,推定集体合同对个别劳动合同的约束。

另外,雇主单方面制定的规章制度也可能通过以下三种方式成为劳动合同的一部分:(1) 劳动者单独签署承认书,通过明示的方式承认规章制度对其具有约束力,或者雇主以合理的方式通知规章制度的存在,而劳动者没有提出反对意见;(2) 劳动者接受工作之时,默认接受了工作场所的一般条件,其中包括规章制度;(3) 该规章制度已经转化为习惯和惯例。

就劳动合同期限而言,劳动合同分为无固定期限劳动合同与固定期限(fixed-term)劳动合同。固定期限劳动合同的劳动关系的终止取决于某个客观条件,如达到特定的期限、完成特定的任务等。这些劳动者一般受雇时间较短,工作连续性经常被中断,并受雇于特定的雇主。由于上述这些工作特性,使得固定期限劳动者常常被排除在雇佣保护之外。首先,劳动者对于特定工作时间的选择自由及雇主拒绝劳动者工作的自由,导致双方的关系没有充分构成劳动合同所需的义务相互性特征;① 其次,固定期限劳动者不具备被雇佣的连续性以及因此方可享有的特定的法定权利。针对此种情况,英国于 2002 年颁布了《(预防)固定期限劳动者(受到较差待遇)规定》(The Fixed-term Employees (Prevention of Less Favourable Treatment) Regulations,FER)。该规定遵循非歧视原则,要求固定期限劳动者不得比无固定期限劳动者享有更差的待遇,② 除非存在正当的客观理由。③ 此外,雇主应当为固定期限劳动者提供适当的培训机会以增强其工作技能、职业发展以及职业流动性,并且必须把无固定期限劳动者的职位空缺信息通知给固定期限劳动者。而固定期限劳动者在享受特殊保护的同时,也失去了一些权益。例如,在被经济性裁员的时候,固定期限劳动者往往无法满足连续工作两年的这一条件,因而无法获得赔偿。这里还需要注意的是,上述对于固定期限劳动者的规定并不适用于学徒制、政府培训及劳务派遣等情况。

第三节 信 息 保 护

根据英国劳动法的规定,保密义务通常是劳动者对雇主的一项重要责任。劳动者不得将在劳动合同期内获取或知晓的商业秘密泄露,否则将会因该行为违反法律而受到追究。不仅如此,在某些情况下雇主与劳动者还可以约定一些后合同义务,限制劳动者在一定期限内为同行业其他雇主提供服务。

同时,英国劳动法又赋予了劳动者两项基本权利:为了保护公共利益的"揭发权"和个人信息保密权。根据 1998 年《公共利益信息公开法》,劳动者的揭发行为如果属于适格的告发,那么该劳动者的人身权和就业权将受到特殊保护。如果雇主因为劳动者的揭发行为而进行打击报复,该劳动者有权向劳动法庭进行提告以获得救济。如果劳动者因此被辞退的话,根据《雇佣权利法》第十部分的规定,可以自动认定雇主行为属于不当解雇。法律还规定,劳动合同中如果出现限制合法揭发权的条款,该条款无效。④ 但 2010 年之后,因行使揭发权而获

---

① 参见〔英〕史蒂芬·哈迪:《英国劳动法与劳资关系》,陈融译,商务印书馆 2012 年版,第 101 页。
② See FER 2002,s. 3.
③ See FER 2002,s. 5.
④ See ERA 1996,s. 43J.

得特殊保护的前提必须是为了保护公共利益,而此处的"公共利益"必须严格限定,不能随意扩大解读。

就揭发行为所谓保护的公共利益而言,劳动者必须有合理理由相信下列后果之一已经或即将发生:犯罪行为;行为人未能遵守法律义务;违背公平正义;威胁人们的健康或安全;破坏环境;蓄意隐瞒与上述事项有关的信息。就劳动者的揭发行为而言,其行为必须按照法律规定的方式进行才能受到法律的保护。一般来说,这些信息必须向雇主或雇主指定的人揭发,或者向所涉问题的负责人揭发。此外,还可向法律顾问、王室大臣或监管个体及机构揭发。首先,劳动者应当证明其揭发的信息是真实的;其次,揭发不是为了自身的私利;最后,所揭发的信息涉及"性质特别严重"的行为。只有满足上述条件的揭发者,劳动者才可获得相应法律的保护。

对于雇主掌握的劳动者的个人信息,雇主有责任保护这些数据,不得随意泄露、侵犯个人隐私。根据1998年出台的《信息保护法》(Date Protection Law),雇主属于劳动者个人信息的"数据控制人",因此有责任保护这些信息。对于某些"敏感的"个人信息,雇主负有更为严格的保密责任,这些信息包括种族、宗教信仰、政治倾向、是否是工会会员、身体和精神状况等。劳动者有权利知道雇主收集这些信息的目的与用途,并有权在就业时决定需隐藏的部分内容等。当出现因为个人信息被泄露而对劳动者造成损害的情况时,劳动者有权要求赔偿。

第四节 工　　资

一、法定标准

劳动者在工资方面的基准权利是由三个层面的法律或规范来规定和调整的。

第一个层面是《国家最低工资法》(NMWA)规定最低工资,以便劳动者能够享受到最低的收入保障。虽然英国工资委员会早在1909年就开始推行最低工资保护,但一直以来只是在有限的行业里执行,在其他大部分行业最低工资都是由集体合同来调整,直到1998年才出台了一部覆盖全国劳动者的最低工资法。NMWA将劳动者按年龄分为21岁以上和以下两个群体,并分别规定了最低小时工资。该法还设立了一个三方机构,低收入委员会(Low Pay Commission)为国务大臣制定和执行最低工资标准提供建议。NMWA适用对象的劳动者范围很广,指那些依照劳动合同从事劳动的人,以及某些为他人提供服务但不存在类似于经营者与顾客关系的人。[1] 这一定义使得劳动派遣工和家政工都可以适用此法。同时,该法还明确其适用于公务员(除了军人)。但是,该法并不适用于渔民、志愿者、第一年学徒工、实习保姆和在押犯人。此外,农业劳动者的最低工资标准由农业工资理事会决定。在 NMWA 出台的同时,《农业工资法》也进行了相应的修改,以保证农业理事会设定的最低工资标准不低于国家最低工资标准。[2]

第二个层面是工资保障类的法律。这些法律的目的在于保障劳动者能够按时收到工资,且不受到任何不正当的克扣。1986 年出台的《工资法》就属于这类法律的典型代表。该法规定,工资扣减必须遵守法定标准或者事先有约定,且扣减时必须书面通知劳动者原因和数额。这类法律主要是从程序上规范工资发放与扣减行为,保障劳动者获得持续的生活来源。例如,《工资法》第 1 条就开宗明义地规定工资扣减的前提是基于法定和约定事由,并从程序上保障劳动者的知情权和意思自治,不允许雇主擅自克扣工资。此外,对于劳动合同中约定的工资扣减条款,《工资法》第 1 条第 3 款规定,工资扣减约定事项不得具有追溯力。随后,1996 年《雇佣权利法》将《工资法》有关工资扣减的限制纳入其中。

另外,根据英国法律规定,劳动者有享受病假工资的权利。在普通法传统中,病假工资是由劳资双方通过谈判确定并固定在劳动合同中的,所以历史上只有约定病假工资,并没有法定病假工资之说。

第三个层面是集体合同形成的薪酬标准。按照英国产业关系调整的传统,集体合同往往是决定基本工资、工资支付周期和计算方式的重要习惯渊源。但是,随着集体谈判的影响力逐渐减弱,工资支付逐渐在行业内呈现标准化的趋势,劳动者的工资更多地依据个人的工作能力和工作量来决定。立法者也鼓励公司采用利润与劳动者收入挂钩方式决定劳动者的工资。

根据 2015 年《小型经营实体、企业和就业法》(Small Business, Enterprises and Employment Act)的规定,英国加强了对未支付工资的惩罚力度。如果雇主拖欠工资,劳动法庭有权处以所欠工资 50% 的罚款,但不得超过 5000 英镑。如果雇主在收到罚款支付令之日起 14 天内偿付所欠工资,罚款可以减半征收。

1997 年,工党成立了低收入委员会来设定和管理国家最低工资标准,开创

---

[1] See NMWA 1998, s. 54(3).
[2] See NMWA 1998, s. 28.

了英国劳动力市场治理的新纪元。英国历史上曾经赋予法官决定某些行业工资水平的权利,但后来政府以此举干扰经济为由剥夺了法官的这项权利。事实证明,由于劳动力过剩的情况长期存在,工资水平被压得很低,无法维持劳动者最基本的生活和营养需求,并带来普遍的社会问题。到19世纪末,伦敦有超过1/3的适学儿童都生活在贫困线以下。1909年,英国批准在某些行业执行最低工资标准。1945年,负责制定最低工资标准的机构被重新命名为薪资委员会,由劳动者和工人代表组成,并吸收了一些无党派人士,以打破不时出现的僵局。此时,最低工资标准所涉及的行业包括公路运输、面包烘焙、零售和手工业行业等。但是,工会逐渐怀疑法定的最低工资标准破坏了集体讨价还价的空间,从而由支持转为抵制态度。低收入委员会的设立,使国家级的最低工资制度再次成为焦点。

二、法定机构

1998年,《国家最低工资法》使低收入委员具备了法定职责。低收入委员会是一个规模非常小的机构,共有九名委员、九名全职辅助人员。委员们都是来自劳动关系领域的专业人士,要么曾任雇主或工人代表,要么是中立的无党派专家。低收入委员会的工作每两年围绕一个重大主题展开,主要评估最低工资带来的影响,并对未来两年最低工资提出合理的建议。

低收入委员会的另一项重要工作就是评估已设定的标准所带来的影响,并且提出合理的建议。低收入委员会在设定一个最低工资标准以后,会接着收集调整标准对为数众多的受益人群的影响以及他们的真实反映,具体包括最低工资标准对就业、生产效率、工作时间、就职或离职以及受益人群的特征等方面。低收入委员会通过普查、咨询采访和调查活动来发现最低工资标准适用过程中出现的新问题,为下一次调整收集素材。在英国,每次调整最低工资标准首先考虑的就是就业问题,以及可能会对经济产生的实质性影响。比如,将最低工资标准设定在什么位置会导致大规模失业或是抑制新岗位的产生,这是低收入委员会关注的重点。同时,受访者对国家经济发展、物价上涨的感受也影响着最低工资标准的制定。当然,除了本国的现实情况需要考虑外,国家之间的比较和借鉴也是一条途径,尤其是经济发展程度相似国家间的相互借鉴。

在英国最低工资标准的实施机制中,除了雇主的自愿执行方式外,还设有负责最低工资标准执行的专门机构,同时,劳动者可向法院提起诉讼来获得救济。

在最低工资标准确定后,雇主如果确认执行最低工资标准不会削弱其与竞争对手抗衡的竞争力时,通常会愿意遵守。当然,最低工资标准的实施,仅依赖雇主的自动遵守还是不够的。在1998年《国家最低工资法》中,应低收入委员会的建议,对于支付劳动者工资屡次不达最低标准的雇主将处以更严厉的罚款,故对于违法行为规定了实质性的罚款措施。

英国负责最低工资标准执行的机构是英国收入关税委员会(HMRC,也译为税务海关总署),HMRC对雇主偷税漏税的整顿颇有成效,同时还承担劳动检查的职责。HMRC负责最低工资标准的执行,有权进行必要的调查、检查活动,复制雇主的相关记录以及从自然人处获取证据等。在具体的执行活动中,执行官员还可发出执行通知和处罚通知,以及代表劳动者向法庭或者法院起诉。具体说来,雇主未执行最低工资标准的,执行官员可向雇主发出执行通知,要求雇主遵守最低工资制度,并支付其应付的工资数额。而当雇主没有遵守执行通知时,执行官员可向雇主发出处罚通知。另外,当执行通知没有被全部或者部分遵守时,执行官员可代表劳动者向劳动法庭提出申诉,也可以代表劳动者提起民事诉讼、主张合同上的权利。不过,在英国的低收入劳动力市场中,违反最低工资标准的现象较为常见,英国政府也知道最低工资标准的执法力度还需进一步加强。同时,当雇主没有遵行最低工资标准,实际支付工资与最低工资标准之间存在差额时,劳动者也可向法院主张合同权利,以获得救济;或以雇主违反1996年《雇佣权利法》中有关"未经授权的工资扣除"的规定起诉,以获得救济。也就是说,劳动者也可对雇主违反最低工资标准规定的行为主动提起诉讼进行救济。

第五节 工时与休假

一、概述

根据欧盟有关工作时间的指令要求,英国也开始立法干预工作时间的上限,以保障劳动者的健康与安全方面的权利。长期以来,英国对工作时间的规制都通过企业或行业内的集体谈判来实施。1993年,欧盟出台了《工作时间指令》,要求欧盟成员国通过设定自己的最高工时来保障劳动者的休息权和健康权。随后,英国于1998年制定和颁布了《工作时间条例》,并将其适用于所有行业和企业,打破了过去此类法律的分散适用原则。《工作时间条例》与欧盟《工作时间指令》的适用范围基本一致,面向所有的劳动者,但"航空、铁路、公路、海运、河运、渔业、其他海上工人或实习医生"等除外。在英国,《工作时间条例》(WTR)可以适用于公务员、上下议院工作人员、警察和军人,但这些人员在执行特殊任务时可以不予适用。

英国的《工作时间条例》对工作时间作出了具体的规定:雇主有责任确保劳动者工作时间每周不超过 48 小时;正常情况下,每 24 小时周期内,夜间工作一般不得超过 8 小时;在有特殊危害的环境中或从事搬运重物的工作,每 24 小时时间段内工作应不得超过 8 小时;必须为夜间工作者提供周期性的免费体检,如果发现有不适于夜间工作的劳动者,应及时为其调整工作班次。另外,每 24 小时最低休息时间不少于连续 11 小时;[1]每工作 6 小时需休息至少 20 分钟;[2]而且,每 14 天必须保证劳动者能够不受干扰地享受两个 24 小时的休息期间或一个 48 小时休息期间,在一年当中可以享受 4 周的带薪休假。

对于工时计算有困难的,即"由于劳动者所从事工作的特殊性,使得其工作时间无法计算、预先确定或劳动者自己也不能确定的",其中包含主管、经理等拥有自主决定权的劳动者,还包括家庭工作者和宗教活动仪式的主持者等,可以享受工时制度的例外。另外,对于远距离工作的、从事安保和监测的、持续性服务或产出的(如医院、码头、媒体)、季节性波动的(如农业、旅游业和邮政)、无规律波动的劳动者,其工时参考期从 17 周延长到 26 周。在轮班的情况下,当他们在换班且无法在两班之间提供日休息时间或周休息时间的,可以不受日休息时间或周休息时间规则的限制。

除此之外,集体合同可以修改或排除适用该法中关于夜间工作、休息时间以及班中休息时间的规定。例如,如果存在客观条件所限的情况,集体合同可以将工时参考标准从 17 周延长至 52 周。虽然集体合同在调整工时方面享有优先权,但雇主仍有义务"尽可能"地确保劳动者可以享受等量的补偿休息时间。而且,该类集体合同必须以书面形式签订,并且期限不得超过 5 年。集体合同规定的工时制度必须由全体劳动者代表或特定团体代表签署,适用于同一工作场所的所有劳动者。

《工作时间条例》规定了运用刑事和民事途径来落实工时方面的标准。对于每周工作超过 48 小时的情况,由刑事监察官或健康与安全执行部门进行监督和处罚。对于没有按照规定执行休息或带薪休假政策的情况,由劳动者自己向劳

---

[1] See Directive 2003/88, Art. 3; WTR 1998, reg. 10.
[2] See Directive 2003/88, Art. 4; WTR 1998, reg. 12.

动法庭提告,通过诉讼来进行权利救济。

劳动者在下列七种特定情况下享有请假权利。第一,已经被认可的工会代表享有与从事集体谈判相关的带薪休假。1989年《雇佣法》规定,工会代表可以请假从事雇主认可的集体谈判事宜和其他劳动者代表的活动。工会代表可以请假参加培训,但必须是与其履职相关的培训。第二,工会成员可以参加工会活动、担任工会代表为由请假,但不享受工资待遇。第三,劳动者有权因履行某些社会义务(如担任治安法官、法庭陪审员等)而请假,但不享受工资待遇。第四,因雇主裁员而被辞退的劳动者,有权在通知期内休假,以便寻找新工作或进修,但仅适用于在该单位工作两年以上的劳动者。第五,怀孕的劳动者有权请假接受产前预约检查。第六,工作场所安全代表有权带薪休假,接受法定安全职责的培训。[1] 第七,劳动者有权因照顾受其抚养的人而请假。其中包括受劳动者抚养的人生病、需要照顾或死亡,需要劳动者采取必要措施,或者是劳动者的子女在上学期间出现意外,需要劳动者处理等情况。雇主如果违反上述法定义务,劳动者可以在请假申请被拒绝的3个月内向劳动法庭提起诉讼。

二、具体休假标准

(一) 产假

在英国,适格职工(eligible employees)依法可享受最多52周的产假(Maternity Leave)。前26周被称为"一般产假"(Ordinary Maternity Leave),后26周被称为"附加产假(Additional Maternity Leave)"。产假最早可在预产期前的第11周开始,除非发生早产的情况。在婴儿出生后,母亲在重返工作岗位前至少应休息2周,一线工人至少应休息4周。

关于产假工资,产假的前39周均为带薪休假。其中,第1至6周可享受该劳动者税前90%的周平均工资。第6周后则分为两种情况:(1) 若该劳动者税前90%的周平均工资低于140.98英镑,则继续享受该工资水平;(2) 反之,则按照140.98镑/周支付其工资。以上所有的工资均为税前工资,并包含了国家保险费用。

(二) 育儿假

在劳动者提前结束产假后,根据法律规定,余下的产假即自动转化为育儿假

---

[1] See Safety Representatives and Safety Committees Regulations(1977), s.4(2).

(Parental Leave)。该育儿假既可以转让给该劳动者的配偶,也可由该劳动者自身享受。同时,育儿假不仅可作为一个整体,还可分为独立的三个部分。举例来说,若新妈妈 A 和她的配偶 B 均为适格劳动者,A 在休完 12 周产假后就恢复工作,她余下的 40 周产假(包括 27 周带薪产假和 13 周无薪产假)即自动转化为育儿假,A 与 B 均可享受。此外,育儿假可以被分割为单周或多周连续使用,但必须以周为单位。

育儿假与产假有着极为密切的关联性。严格意义上来说,育儿假也是产假的一部分,只是主体增加了分娩者的配偶。育儿假及其中带薪部分的时长在法律规定中均与产假一并计算。

(三) 陪产假

2002 年《雇佣法》引入了陪产假(Paternity Leave)的规定,即劳动者的配偶在劳动者分娩后可享受 1 周或连续 2 周的陪产假。这里的陪产假与上文所述之育儿假可同时存在,具体取决于劳动者自身是否休满 52 周之产假。若劳动者与用人单位约定休满 52 周的产假,则其配偶只能享受陪产假;若劳动者与雇主约定的产假不满 52 周且自身放弃育儿假,则其配偶在享受育儿假的基础上还可享受陪产假。

根据法律规定,陪产假的起始时间应在婴儿出生以后,对于确切日期法律并没有明确的规定,但陪产假必须在婴儿出生以后 56 天内休完。工资方面,配偶在陪产假期间,配偶的工资标准也是与 140.98 英镑/周进行比较:若其 90% 的周平均工资低于 140.98 英镑,则按其 90% 的周平均工资支付;若高于 140.98 英镑/周,则按照 140.98 英镑/周支付。在这里,工资同样包含了税及国家保险费用。

此外,劳动者的配偶在劳动者分娩前还可基于产前预检请假,每次最多可请假 6.5 小时,但基于此理由的请假不得超过两次,且雇主无须支付请假时间的薪水。

(四) 病假

根据《法定病假工资法》(Statutory Sick Pay)规定,若劳动者因身体原因连续请假超过 3 天的,从第 4 天起,该劳动者即可适用病假制度。英国的病假最长可达 28 周,在此期间,雇主应向劳动者支付 89.35 英镑/周的病假工资。能够享有法定病假工资的劳动者应该满足以下几个条件:(1) 与雇主有劳动合同;(2) 在合同期内完成过一些工作;(3) 周薪至少达到 113 英镑;(4) 已给雇主正确的通知;(5) 在请假 7 天以后,向雇主提供相关的病情证明。劳动者可在多于一种工作的情形下适用法定病假工资,即劳动者就这一工作适用病假工资时仍可以在另一个适合的岗位上继续工作。

第六节 劳动健康与安全

一、法定标准

对于劳动健康与安全,英国普通法是逐步强化雇主责任的。英国于 1974 年出台了《工作健康与安全法》,将过去分散的劳动健康与安全保护规定统一起来。该法的主要成就是普遍性地赋予所有雇主保护劳动者健康与安全的法定职责,在某些方面还对自雇人员提出了要求;建立了由健康与安全执行机构主导的监察体系,成立了健康与安全委员会,负责起草相关法律和流程标准,并会同工会制定在工厂里推选劳动安全监督员的流程。该法不仅赋予了劳动安全主管部门监察的权力,而且还赋予司法机关刑事惩罚的权力。1999 年,英国颁布了《工作健康与安全管理条例》(Management of Health and Safety at Work Regulations),在原有规定的基础上加重了雇主的责任。该条例要求,无论是一般雇主还是自雇人员,都需要对劳动者或那些可能会面临健康与安全危险的人进行风险评估,并向在其场所临时工作的人员提供安全方面的信息和保障。

英国的法律和判例还赋予了劳动者在劳动过程中拒绝执行非法命令的权利。根据普通法和劳动法之规定,劳动者对于雇主有服从命令的义务。不过,英国在多个判例中确立了劳动者有权利拒绝雇主发出的非法指令。[①]所谓非法指令,不仅是指那些要求从事非法活动的指令,而且包括雇主要求劳动者从事劳动健康与安全没有保障的工作的指令,一旦发生这些情况,劳动者有权利予以拒绝。

结合具体情况,英国法律对各类劳动安全均作出了相应的规定:

(一) 工作场所的消防安全

根据《消防安全指令》(The Fire Safety Order),消防安全的责任人主要包括以下几种:雇主、工作场所拥有者、房东、占用人(occupier)和任何房屋的控制人,

---

① See Gregory v. Ford,(1951) 1 All ER 121; Lister v. Romford Ice and Cold Storage Co. Ltd.,(1957) AC 555 (Viscount Simonds); Morrish v. Henlys (Folkestone) Ltd.,(1973) ICR 482.

如设施及大楼管理者、风险评估人等。如果有多个责任人,他们必须共同承担这一责任。

《消防安全指令》规定了五种具体责任:(1)制定场所消防安全评估并按期更新;(2)告知全体劳动者或劳动者代表责任人已经发现的消防风险;(3)采取适当的消防安全措施;(4)制定紧急预案;(5)向全体劳动者提供消防安全信息和培训。此外,在建造一个全新的工作场所时,责任人有义务依照建造管理规定,将消防安全设计考虑在内。

违反消防安全相关规定将会受到极为严厉的惩罚,视情节严重情况,责任人将被处以最少5000英镑的罚款。情节特别严重、造成恶劣后果的,责任人将被处以不设上限(unlimited)的罚款及2年监禁。

(二)船上健康与安全

根据英国健康与安全执行局(HSE)的规定,远洋航行及小型商业船舶的管理者必须采取以下几种手段保证船上工作人员的健康与安全:(1)遵守安全标准和操作规范;(2)保证机器设备的安全;(3)保证船舶处于安全驾驶的状态下,并确保所有职工都具有必需的资质;(4)具备完善的紧急情况应对措施和装备;(5)提供健康保护和医疗保险;(6)按时进行风险评估;(7)提供必要的防护装备;(8)检测海上安全信息广播;(9)咨询职工或其代表有关健康和安全的相关事项。此外,职工上船工作前,管理者必须对其进行必要的安全和健康培训,并将安全和健康政策以书面形式放置于船舶上。

(三)农场交通工具及农具使用健康与安全

根据工作健康与安全执行局的规定,农场主及农场管理人员对于劳动者和受劳动者行为影响的人的健康与安全负有如下义务:(1)评估农场可能发生的任何风险;(2)制订计划来控制这些风险并保护劳动者免受伤害;(3)制订计划并设定标准以确保安全和健康守则得到执行;(4)在常规巡查和监控中检查自身的行为。对于农场内的交通工具和农具,责任人应确保其:(1)可安全使用;(2)可在相关工作中被适当使用;(3)安全风险被尽可能地减少。

(四)残疾劳动者就业

如果残疾人应聘者有需要,雇主在招聘时必须作出合理调整,如将面试地点调整至一楼,以方便轮椅使用者;允许应聘者使用电脑完成需要手写的测试。雇主可以通过无障碍工作拨款获得帮助,以对工作场所进行相应的改造。

(五)个体经营者

根据工作健康与安全执行局的规定,个体经营者也应与其他企业一样,执行相应的健康和安全规定。此外,个体经营者还需为其所经营的业务单独购买保险,家庭保险并不涵盖其经营的事业。

(六) 工作时吸烟

在英国,任何封闭的工作场所、公共建筑和公共交通中均禁止吸烟,违者将被处以最高不超过 2000 英镑的罚款。该禁烟规定并不包括对电子烟的禁止,雇主可自行决定是否要在工作场所中禁止电子烟。

在企业中,雇主应将"禁止吸烟"的标识张贴于所有工作场所和交通工具中,并保证所有人在封闭的工作场所和交通工具中不得吸烟。即使是吸烟室,在工作场所中也不得设置,吸烟的职工必须到户外才能吸烟。违反上述规定的企业将被处以罚款:未张贴标识的最高罚款 1000 英镑,不禁止职工抽烟的最高罚款 2500 英镑。

(七) 工作场所温度

法律对于室内工作场所的最高及最低温度并没有明确的规定。

根据工作健康与安全执行局的指导意见,工作场所的温度一般不低于 16℃,若其中均为体力工作者则不低于 13℃;对于最高温度,指导意见没有作出限制。对于雇主来说,应将室内温度保持在一个舒适的水平上,并应提供清洁新鲜的空气。若工作场所温度不适宜,职工应及时与雇主进行沟通。

二、法定机构

《工作健康与安全法》创设了健康与安全委员会、执行局,专门负责劳动健康与安全工作。顾名思义,健康与安全委员会、执行局是两家机构,即健康与安全委员会、健康与安全执行局。前者的职责包括建议新的法律和标准、进行调查、提供信息和建议,并保障劳动者的参与;后者主要负责执行前者的政策,并担当与地方政府协调执法的责任。这两个机构都是独立的法人,相互之间不存在名义上的隶属关系或指导关系。

作为政策制定机构,健康与安全委员会与产业领域的社会伙伴保持着良好合作关系。健康与安全委员会在成立之初就强调劳动者和企业的参与,吸收了大量的工会作为咨询对象,并成立了多达 13 个行业指导委员会,以针对各自行业特征制定相应的劳动与安全行为规范。但是,由于英国劳资关系的自治性基础,在一些工会比较强大的行业,委员会往往被排除在外,仍由工会直接与雇主协商制定劳动安全方面的标准,并监督实施。

健康与安全执行局需要与地方政府开展合作,以落实劳动健康与安全方面的政策。虽然执行局有将近 2000 名劳动者,但面对数量多达 170 万家的企业,执法资源仍旧捉襟见肘,十年才能将所有企业巡视一遍。因此,执行局发现问题的方法主要是群众举报和重点巡查,也离不开工会的配合。同时,执行局在执法方面还需要借助外力,主要是依靠地方政府共同处理劳动健康与安全的隐患。除此之外,执行局还担负着接受社会咨询和提供培训的职责,企业(尤其是中小企业)往往对劳动安全方面的规定缺乏认识,经常会求助于执行局获取相应的资讯。

工作健康与安全委员会、执行局虽然在形式上各自独立,但在业务上合作密切。根据《工作健康与安全法》的规定,委员会有权任命三名执行局的管理层,但无权干涉执行局的日常工作。在英国劳资关系特有的政治生态当中,委员会其实扮演着国家部委与执行局的缓冲带的角色,切断了部委与执行局的直接联系,让执行局在公众眼中摆脱其政府干预市场的工具之嫌,也避免了某些选择性执法的指责。

第七节 解雇保护

"英国最初也是以个人诉讼和通过集体谈判签订协议的方式确定解雇规则。但从 20 世纪 60 年代起,逐步建立了正式的解雇诉讼制度,其特点是规定解雇的法律程序、经济补偿以及强制性裁定。"[①]1964 年,英国接受国际劳动组织所提建议,同时也是呼应其他国家的类似规定,作出了制度调整。具体而言,在劳资关系调整方面采纳了一些新的规定,诸如解除雇佣关系必须遵守提前通知的最短时限、须采用具体的书面形式约定解雇条件,以及对因经济萧条而失去工作的劳动者给予裁员赔偿等,开始向法律监管转化。在此基础上,英国雇佣关系立法建立了独特的双重违法解雇体系:普通法(Common Law)中的非法解雇(Wrongful Dismissal/Unlawful Dismissal)和成文法(Statutory Law)中的不当解雇(Unfair Dismissal)制度。

英国普通法在劳动合同解除程序中采取了预告制度,从程序上避免滥用解雇权。"普通法关心的只是资方是否遵循了解雇的通知程序;至于解雇的原因何

---

① 程延园:《英美解雇制度比较分析——兼论解雇中的法律和经济问题》,载《中国人民大学学报》2003 年第 2 期。

在及其对错与否,法院拒绝作出任何裁决。"①雇主解雇劳动者时必须提前通知,否则构成非法解雇。预告期的长短由合同约定,如果合同约定的预告期低于法定的最低预告期,该约定的预告期无效,适用法定的最低预告期。最低预告期以劳动者工作年限为计算依据:工作不足一年的,预告期为1周;之后每多工作一年,预告期相应增加1周,直至达到12周这一上限。在预告期期间,雇主有义务继续支付工资。

对于被非法解雇的劳动者来说,其主要的诉请在于雇主违反了劳动合同中诸如预告期等解雇程序,实际上属于"违约解雇",因而与其相对的解雇救济即为被解雇劳动者因雇主非法解雇而受到的损害。普通法为被非法解雇的劳动者提供的损害救济措施限于:(1)雇主未给予解雇通知的情形;(2)被解雇劳动者合同权利的直接损失,不包括预期利益;(3)被解雇劳动者在通知期内的净收入,通常不包括解雇对被解雇劳动者的名誉损害和其谋生能力的损失。

相对而言,不当解雇由制定法规制,目的在于克服不当解雇在保护劳工权益方面的缺陷。英国不当解雇制度源于1971年《产业关系法》,并在之后的立法中不断发展完善,现行立法体系关于不当解雇的规范主要由几部重要法律规制:《雇佣保护(合并)法案》(Employment Protection (Consolidation) Act)、《雇佣权利法》《雇佣权利(争议解决)法案》(Employment Rights (Dispute Resolution) Act),以及ACAS《纪律和申诉程序实务守则》。依据解雇保护制度相关规定的性质,英国的解雇保护制度设计可以被划分为法律义务与法律救济两类。

1996年《雇佣权利法》(ERA)在实体方面规定,雇主解雇劳动者必须具备正当事由。解雇的法定正当事由包括:第一,劳动者不具备相应能力和资格。不具备相应能力,是指劳动者不能达到可接受的工作标准,或者由于疾病或事故无法从事先前的工作。不具备资格则是指劳动者不具备与工作相关的任何学位、学历或其他技术或专业资格。第二,不当行为。根据判例,如果劳动者存在不当行为,如严重的旷工和迟到、不忠诚、拒绝遵守雇主合法且合理的指示、不诚实、暴力或其他斗殴行为,则雇主可以解雇劳动者。第三,经济性裁员。雇主可以因经济原因而将裁员作为解雇的正当事由。第四,资格限制。例如,如果劳动者的会计师资格被剥夺,会计师事务所可以将其解雇。第五,其他实质性的原因,如"商业需要"。解雇劳动者如果缺乏以上正当事由或者法院不认可雇主的理由,雇主

---

① 〔英〕琳达·狄更斯、聂尔伦编:《英国劳资关系调整机构的变迁》,英中协会译,叶静漪审校,北京大学出版社2007年版,第3页。

将承担不当解雇的责任。①

根据规定,某些解聘理由可以自动构成不当解雇。这些理由包括:工会会员资格以及参与工会活动;劳动者拒绝加入工会;裁员违反共同议定的程序;怀孕、分娩或其他事假;向雇主要求法定权利(包括工作时间、最低工资或税收优惠权,拒绝在星期日工作);参与作为安全代表、劳动者代表职责范围内的活动;曾有不良记录;检举揭发。

对于"公正性"(fairness)的界定,1996年《雇佣权利法》第98条第4款规定:"……决定解雇的公正与不公正(关于雇主提出的理由):(a)取决于在这种情况下(包括雇主企业的规模大小和管理资源),雇主把某种因素看作解雇劳动者的充足理由这种做法是否合理;而且(b)须依照案件的公平性和是非曲直来决定。"对此,根据1996年《雇佣权利法》的解释,劳动法庭不能用自己的意见代替管理层的意见。丹宁勋爵(Lord Denning)指出:"务必记住的是,在所有这些案件中,都有一定范围内的合理性,在这种框架中,一个雇主可能会持这样的观点,而另一个雇主可能会持不同的观点。"②劳动法庭的作用就是"决定在每个案件的特定情形下,解雇劳动者的决定是否属于通情达理的雇主可能采取的合理反应范围"③。

对于不当解雇的救济措施,可以由劳动法庭自由裁量的判决包括:复职(reinstatement)、重新录用(re-engagement)、经济性补偿(compensation)。复职,即恢复原职,使劳动者重新回到其原来的工作岗位;重新录用,即劳动者从原雇主处重新获得与原岗位类似的工作,这两种情形可以统括为重新雇佣(re-employment)。关于经济性补偿,有别于我国的经济补偿金,更多地带有赔偿金的性质。因而,在英国不当解雇的制度设计中,对于权利受损一方的救济同我国的规定相似,亦可归纳为"恢复劳动关系"和"赔偿金"。

对于上述解雇保护,英国劳动法自2010年开始进行了一些调整。首先,对于固定期限劳动合同的劳动者,要享受不当解雇保护,需要工作满一定期限,该期限从之前的1年提高到2年。其次,自2013年开始,经济性裁员的协商期从以前的90天减半为45天,从而提高协商效率。最后,不当解雇赔偿金的上限得到进一步的提高,从过去的7.23万英镑提高到7.42万英镑。

---

① See ERA 1996, s.98 (1)(2).
② British Leyland UK Ltd. v. Swift, (1981) IRLR 91.
③ Iceland Frozen Foods v. Jones, (1983) ICR 17.

2002年《雇佣法》规定了工作场所内部纠纷的解决程序。该法案的第29—33条、附件2及其2004年实施条例《2002年雇佣法（纠纷解决）条例》(Employment Act 2002 (Dispute Resolution) Regulations 2004 SI 2004/752，于2004年10月1日生效)，对纪律惩戒程序和解雇程序作出了规定。

对于纪律惩戒和解雇而言，都包括两种处理程序，雇主可以根据具体情况选择执行。这两种程序即"标准"(standard)程序和"改进"(modified)程序，分别对应正常解雇（类似于我国的预告解雇）和推定解雇（类似于我国的即时解雇）事由。标准程序包括三步骤：(1)雇主陈述理由并发出讨论邀请；(2)会议讨论；(3)申诉。改进程序只有两个步骤：(1)雇主说明理由；(2)申诉。在标准程序中，雇主在第一步陈述理由时，只要说明劳动者的不当行为即可。而在改进程序中，雇主不仅要陈述劳动者的不当行为，而且要对不当行为提出自己的看法。

不过，2004年条例也规定了免于适用上述程序的例外情况：(1)一方有理由相信，如开始或完成程序将导致自己或自己的财产、他人或他人的财产遭受重大威胁；(2)一方受到骚扰并有理由相信，如进行相应程序将导致进一步的骚扰；(3)在合理的期限内开始或者完成程序是不可能的。

从英国的不当解雇制度中不难看出，立法者在界定"不当理由"时是非常谨慎的。一方面，立法者力求雇主的解雇权不被滥用，从而淡化了契约自由原则，对雇主的解雇权加以限制。因此，对于某些明显不当的理由，如歧视因素、工会会员身份等，法律直接予以禁止。另一方面，立法者明显表现出不愿干预过多的态度。对于常见的解雇理由是否达到"不当"程度，法律并没有完全交给司法机关去裁断，尽管司法机关的专业素养已经十分优良。在实践中，司法机关对于那些直接构成"不当理由"的情形之外的理由，往往不采取直接审查的方式，而是通过审查雇主处理程序是否到位来判断其解雇理由是否充分。其背后的逻辑是，雇主如果因为劳动者的某些过错行为而不惜代价地走完烦冗的解雇程序，那么对于雇主而言该行为已经足够严重，继续维系劳动关系的可能性比较低。立法通过这样的方式试图在解雇保护领域维系一个灵活与管制的平衡。

第八节 转让安置与经济性裁员

对于企业并购中的转让安置问题，英国于2006年出台了《企业转让（雇佣保护）条例》(The Transfer of Undertakings (Protection of Employment) Regulations,

TUR），专门调整企业易主时劳动合同和集体合同存续问题。该条例主要对"关联转让"(relevant transfer)中的雇佣保护问题进行调整，而关联转让主要针对以下两种法定情况：

第一类是"（在转移行为发生前处于的）企业、商行或部分企业、商行被转移，就构成符合特征的经济实体转让。"[1]

第二类是所谓的"服务提供（主体）的改变"，具体包括："（1）不再由当事人（委托人）以其自己的名义实施，转而由另一个当事人（承包人）完成；（2）不再由承包人以委托人的名义实施（无论这些活动以前是否由委托人自己实施），而是由另一当事人（后续承包人）代表委托人实施；（3）不再由承包人或后续承包人代表委托人实施（无论活动之前是否由委托人以其自己的名义实施），而由委托人以其自己名义实施。"[2]

上述规定旨在适用于以下三种情况：（1）外包；（2）将合同转让给重新招标的新承包人；（3）内包，即将已经外包的业务转回企业内部。应该注意的是，该条例第3(3)条还列出了适用条件："（1）必须有已经组织起来的劳动者团体；（2）该条例不适用于承包人自己的项目，且持续时间比较短。"条例对此进行限制的主要目的是保障原有的集体合同和集体劳动关系。

该条例规定，对于转让时已经存在的集体合同，转让后继续有效。受让方不仅需要承继转让方的集体合同，而且需要承认已经设立的工会。但是，由于英国集体合同的特殊法律效力问题，条例增设了通知义务以及与被认可工会进行协商义务。[3]转让人与受让人都有义务告知工会代表如下事项：转让的事实、时间安排、"法律、经济、社会影响"及设想的措施，以及劳动者将受到的影响。而被通知的劳动者无须是工会成员。转让人与受让人还共同承担与被认可工会进行协商的义务。如果劳动者或工会发现受让方违反上述义务，可以向劳动法庭提起诉讼。如果起诉有充足的证据，劳动法庭应作出纠正不当行为的裁定或要求受让方提供"公平合理的赔偿"。如果未得到赔偿，劳动者可再次起诉，要求劳动法庭强制雇主支付。

按照英国1996年《雇佣权利法》，劳动者在遭遇经济性裁员时，有权利获得赔偿。对于进行经济性裁员的条件，《雇佣权利法》第139条有较为详细的规定：

---

[1] TUR 2006, s.3(1)a.
[2] TUR 2006, s.3(1)b.
[3] See TUR 2006, ss.13-16.

"(1)劳动者的雇主已经或者打算停止以下事宜的事实:a.继续以前该劳动者受雇的业务,b.继续劳动者受雇地的业务;(2)该业务以下要求已经不再存在或减弱:a.要求劳动者从事特定工作,b.要求劳动者在其当初雇佣地从事特定工作。"

根据《雇佣权利法》第162条之规定,对于经济性裁员的补偿是依据劳动者的年龄和工作年限进行的:18—21岁的劳动者受雇每满一年可获得半周的工资收入作为补偿;22—40岁的劳动者受雇每满一年可获得一周的工资收入;41—64岁的劳动者受雇每满一年可获得一周半的工资收入。如果劳动者受雇年限超过20年,则超出的年限不再计入补偿金的计算。

以下情况下不享受经济性裁员补偿:(1)受雇不满连续两年的;(2)劳动者已经达到其所属行业规定的正常退休年龄,或者没有行业退休年龄但已满65岁的;(3)劳动者无理地拒绝来自雇主或雇主的继任者给予的另一份适当工作;(4)劳动者接受来自雇主或雇主继任者的续约或重新雇佣;(5)在解雇通知期间就离职的劳动者,除非他们遵守特定的正式要求通知了雇主;(6)有其他不当行为或在解雇通知期间内参与了罢工的。

第九节 消除就业歧视

一、法定标准

英国在就业歧视方面的规范是以成文法的形式存在的,针对的对象是基于性别、种族、残疾、宗教信仰、年龄实施的歧视。在英国,涉及就业歧视的成文法主要包括1970年《平等工资法》、1975年《性别歧视法》(Sex Discrimination Act)、1976年《种族关系法》(Race Relations Act)和1995年《残疾歧视法》(Disability Discrimination Act)。需要指出的是,《性别歧视法》《种族关系法》《残疾歧视法》调整的范围不仅包括就业,还包括教育以及商品、服务或者设施的提供等其他事项。除了以上成文法,英国还通过条例的形式不断修改法律或者增加反歧视的保护范围,如2003年《就业平等(宗教或信仰)条例》、2003年《就业平等(性取向)条例》,以及2006年通过的《就业平等(年龄)条例》。

英国对于就业歧视的救济也有一套完备的制度。对于各种就业歧视现象,英国进一步地将其细化为直接歧视和间接歧视,并采取针对性的标准,对劳动者的平等权进行保护。直接歧视是指由于劳动者本身某些非工作能力方面的特征而受到的不利待遇(treated less favorably)。但是,如果雇主考虑的是人们本身的自然差异,则不构成歧视。例如,在 Smith v. Safeway plc 案中,熟食店的着装要求为男性必须留短发;女性可以留长头发,但应将头发系在脑后等。法院认为这并不构成歧视。[①] 对于直接歧视,雇主可以使用的抗辩理由非常有限,只有因为工作需要、劳动者必须拥有某项职业资格而采取的差别性待遇,才不受反歧视法律的追究。而间接歧视是指雇主实施了一项表面上是中立的行为,但是实际上使得某一性别的人或者某一肤色、种族群体、种族或民族出身的人处于一种不利的状态,而且雇主的行为在客观上没有正当理由可解释其行为动机。对于间接歧视,如果被告能够证明"规定、标准或做法"是有合理理由的,即该"规定、标准或做法"是实现某一合法目的(legitimate aim)的适当方式(proportionate means),则可以作为对抗原告主张间接歧视的抗辩。基于这一划分,英国 2001 年通过的《性别歧视(间接歧视和举证责任)条例》对间接歧视举证作出了如下规定:当原告完成初步证明可能有歧视现象存在之后,如果从雇主的行为可以推论出有歧视现象的存在,那么下一步应由被告举证推翻这种推论,证明自己采取的行动是出于其他原因。这种举证责任倒置的制度安排,有利于解决歧视行为的隐蔽性带来的认定困难问题。

针对工作场所骚扰(harassment)问题,英国的规定主要体现在 2010 年《平等法》中。根据该法规定,骚扰行为是基于特定的原因而实施的不受欢迎的行为,特定的原因主要包括:年龄、性、残疾、性别(包含跨性别者)、婚姻及其他合法伴侣关系、怀孕与妊娠、种族、宗教信仰、性取向;具体行为主要包括:(1)恶意散播谣言;(2)不公正对待;(3)为难或长期诋毁他人;(4)破坏他人培训或晋升的机会。在工作场所遭遇骚扰的情况下,劳动者可先与单位经理、人事部门或工会代表沟通,也可以向 ACAS 寻求帮助;若通过上述手段仍无法解决,则劳动者可直接向法院提起诉讼。

对于受到歧视和骚扰的劳动者,《平等法》第 27 条还作出了反报复的规定,以鼓励和保护劳动者维护自身的合法权益。根据该条,对于劳动者在面对危害行为作出的自我保护举动,或根据法律规定的程序维护自身权利的行为,雇主不得以任何理由对该劳动者施加报复行为。这无疑大大减轻了劳动者维权的心理压力,也进一步促进了劳资双方关系的平等。

[①] Smith v. Safeway plc, (1995) IRLR 472.

二、法定机构

为了保障反歧视法的贯彻和实施,英国设立了三个专门机构,以监督反歧视法的实施。平等机会委员会(Equal Opportunities Commission,EOC)是根据1975年《性别歧视法》设立的,种族平等委员会(Commission for Racial Equality,CRE)是根据1976年《种族关系法》设立的,残疾人权利委员会(Disability Rights Commission,DRC)是根据1995年《残疾歧视法》设立的,它们的职权基本相同,只不过针对的对象有差别。2007年10月之前,对于因年龄、性倾向等原因受到的歧视,由于没有专门的救济机构,开展救济的工作主要落在ACAS和劳动法庭身上。

平等机会委员会是一个独立的特别法人,通过专门的法案经议会批准设立,由政府提供主要的办公经费,由内政大臣指定8—15名专职或兼职委员组成。其职权包括:(1)禁止性别歧视,增加妇女和男性的平等机会;(2)审查《性别歧视法》和《同工同酬法》的执行效果;(3)发布有关性别歧视和公平工资的执行规则;(4)对有关事项进行调查;(5)协助个人维护权利,根据《性别歧视法》第75条,遭受非法歧视的受害人可以向委员会提出协助,委员会必须给予帮助;(6)发行各种刊物,积极从事研究工作,同时将其研究成果向社会大众发表,寻求支持。同时,平等机会委员会还可以向内阁及议会提出具体的政策或立法建议。

由于专门机构在处理反歧视问题上存在不协调、不统一,从2003年开始,英国筹划设立一个统一的反歧视机构——平等及人权委员会(Equality and Human Rights Commission)。2003年3月,英国议会人权联合委员会(Joint Committee on Human Rights)经过长达两年时间的准备,发表了一份题为《关于人权委员会的提议》(The Case for a Human Rights Commission)的报告,探讨如何促进英国人权保障。报告的主要结论是,确有迫切需要在当地设立独立的机构,以促进和保护人权。人权联合委员会在该报告中认为,1998年《人权法》(Human Rights Act)获得通过后,尊重人权的文化并未在英国蓬勃发展,其原因是缺乏相应的机构推动人权保护的发展。人权联合委员会进一步指出,设立负责人权事务的政府部门或机构并非适当的做法,因为这样会令人关注有关部门或机构能否保持独立和公正。要培育尊重人权的文化,最有效的方法是设立独立的人权委员会。该人权委员会的首要目标是,让公众更加意识到需要促进当地的人权,以及使公众认识自身的权利,并引导公众维护这些权利,借此培育尊重人权的文化。

英国政府分析了平等事务机构提供的咨询意见、建议和人权联合委员会的报告后,于2003年10月宣布成立平等及人权委员会。政府在2004年5月发表题为《人人平等:为平等及人权成立的新委员会》(Fairness for All: A New Commission for Equality and Human Rights)的白皮书,提出关于成立平等及人权委员会的详细建议,邀请社会各界发表意见。政府还成立了一个专责小组,就该新设委员会提供意见,小组成员分别代表各有关方面的不同利益,包括人权、性别、种族、残疾、宗教、性倾向、年龄、学术/专业、商业及公营机构。2005年3月,英国政府向议会提交《平等法案》(Equality Bill)。人权联合委员会审议《平等法案》,并就新设平等及人权委员会的职权和架构、以及该法案是否符合人权的原则等作出若干细微修正。《平等法案》随后获得议会通过,并于2006年2月得到批准。

新设立的平等及人权委员会于2007年10月正式开始运作,将残疾人权利委员会、平等机会委员会的工作并入其中。2009年,平等及人权委员会更一并吸纳种族平等委员会的工作,从而把实现人人平等、多元共融和维护人权所需的专才集中于一个机构。英国政府指出,成立单一的平等及人权委员会有很多重大益处,包括:(1)汇聚平等事宜方面的专家,集中提供有关资料和意见;(2)为个人、企业、志愿团体及公营部门提供一个中央接触点;(3)协助企业加深对平等事宜的了解,防止企业因该等事宜被诉诸法庭或特别法庭而承担巨额诉讼费;(4)对付多重歧视——有些人受到的歧视可能不止一类;(5)对年纪较大的人士来说,该委员会是一个能有力对付年龄歧视的国家机构。

平等及人权委员会是不属于政府部门的公共行政机构,须向议会负责,由国务大臣按照规定向议会上下议院提交该委员会的年度报告。倘议会认为适当,也可由其下辖的职权范围涵盖平等及人权委员会的专责委员会对该委员会的年度报告进行审查。国务大臣有权批准平等及人权委员会的补助拨款。补助拨款是由政府批出的拨款,用以支付某一机构的全部或部分开支,该笔拨款的使用受议会监察。

平等及人权委员会覆盖英格兰、苏格兰和威尔士,但不包括北爱尔兰(北爱尔兰在1999年已经设立了人权平等委员会)。委员会同时在卡迪夫、爱丁堡、格拉斯哥、伦敦和曼彻斯特设立办公室。

平等及人权委员会主席的任命须获首相批准。其理事会由10至15名成员组成,由国务大臣按照公职人员委任专员公署的规定委任。理事会成员主要是非全职的非执行理事,负责对平等及人权委员会进行策略性监督。理事会有权设立委员会,支持或协助理事会履行各项职责。平等及人权委员会下辖的委员会可担当咨询角色,或由理事会授予若干决策职能。该等委员会须向理事会负责,并须在平等及人权委员会的策略、政策与预算框架内工作。平等及人权委员会下辖的各委员会委员,由理事会从理事会成员、平等及人权委员会职员或外界人士中委任。

平等及人权委员会经授权履行以下职责:(1)就平等及人权事宜提供资料。《平等法》(Equality Act)第8条规定,平等及人权委员会主要的目标在于:① 宣扬人人平等、多元共融的信息,使公众明白其重要性;② 鼓励采取一些能实现人人平等、多元共融的理想做法;③ 促进平等机会;④ 加深公众人士对《平等法》规定的权利的认识和了解;⑤ 致力消除不合法的歧视和骚扰。(2)发布实务守则及指南,协助公营、私营机构的雇主及服务提供者、志愿机构和工会奉行尊重平等及人权的原则。(3)就持续存在的需予正视的不平等情况、人权或维持良好关系方面的问题进行正式聆讯;如有证据证明有人受到不合法歧视,则进行正式调查。(4)向就歧视提出申请者提供策略支持,介入须提出平等及人权论据的个案,以及对抵触平等及人权法例的决定进行司法复核,并在需要时进行调解;如果调解未成功,则委员会可以支持当事人进行诉讼。(5)在订立策略方案的过程中咨询有关各方。另外,平等及人权委员会每三年发表一次国情报告,载明以下事项:英国(北爱尔兰除外)在平等及人权方面欠妥之处、预期要取得的成果,以及衡量进度的基准。

第十节 特殊劳动关系的调整

英国劳动法对于特定身份的劳动者,作出了相对不同的制度安排。例如,公共机构的劳动者虽然能够享受某些劳动法对个别劳动权利的保护,但在集体劳动权利方面却要受到一定程度的限制。以警察为例,他们能够享受劳动法上不受歧视的保护,但工作时间和工作条件都由国家单方面以法令的形式加以规范,其中还包括纪律规范。另外,警察虽然可以成立工会,但不享有产业行动的权利。

劳动派遣工在英国通常被称为中介工(agency worker)，其法律关系主要受到 1973 年《职业中介法》(Employment Agencies Act)和一系列判例调整。具体而言，职业中介机构直接雇佣劳动者并将被雇佣劳动者提供给他方使用。该法第 5 条对于监督管理这一类机构作出规定，国务大臣通过制定规章要求中介机构做好记录，记录的格式和所要填写的条目由国务大臣统一规定。接受派遣的用工单位向中介机构交付的押金也应在国务大臣的监管之下。

不同于一般的雇佣关系，劳动者与中介机构之间的联系较为松散。根据《职业中介法》第 6 条的规定，劳动者没有义务接受中介机构分配的工作，中介机构也不得以任何形式向劳动者收取费用。劳动者与中介机构之间的关系受法律调控的程度很有限，中介机构主要负责工资的发放，向劳动者提供书面的雇佣条件，并代扣代缴社会保险费。一般而言，用工单位负责劳动者的工伤赔偿和劳动保护。从形式上而言，职业中介机构属于中介工的雇主，而第三方属于用工单位。但在现实中，英国已经出现多个对上述关系有所突破的案例，如果第三方对中介工的控制程度明显偏高的话，劳动法庭就可能认定中介工和第三方存在劳动关系。

2010 年前后，英国出现了零时合同(zero-hours contracts)。它是指雇主虽然名义上雇佣劳动者，但是却不保证为其安排工作的合同。签订这种合同就意味着，劳动者只在有工作需求时干活，须随叫随到，做多少工作拿多少报酬。有些零时合同要求劳动者必须接受雇主提出的工作时间要求，有些会让劳动者考虑后再决定；不过，大部分零时合同都不包括带薪病假或休假，也没有裁员津贴或养老金。

由于零时合同的灵活性过高，不利于劳动者劳动权利的实现和保护，因此英国通过立法对此类合同加以限制。2015 年出台的《小型经营实体、企业和就业法》明确限制排他性条款(exclusivity clause)的适用范围，那些禁止已经签署零时合同的劳动者为其他雇主提供服务的条款将不再具有执行力。易言之，不能限定零时合同劳动者只为一名雇主工作。

此外，英国劳动法庭也开始关注在全球范围迅速崛起的共享经济中的劳动关系问题。2016 年 10 月 28 日，英国劳动法庭就 Uber 司机与 Uber 公司之间的劳动纠纷作出裁判，认定双方存在劳动关系。由此，Uber 公司需要承担对 Uber 司机的劳动保护义务。这预示着，英国的个别劳动法已经逐步介入调整共享经济当中。

第三章　集体劳动法

如前所述,英国劳动立法发端最早,但所走的路径和最终的框架却有别于其他西方发达国家,尤其是欧洲大陆国家。究其原因,是英国特有的集体劳动关系规制传统为其劳动法律体系打上了深深烙印,同时也影响着英国劳动立法的未来走向。因此,需要从英国集体劳动法的历史入手,阐述其特征和全貌。

第一节　历　　史

英国是工业革命的发源地,"英国工人也是现代工业的头一个产儿"[1],同时也催生了集体劳动关系。工人阶级在工业化的过程中逐步形成,他们有自己的鲜明特征,并追求共同产业利益。该群体为了对抗资本的剥削、实现自己的产业利益,自发地组织起来与雇主进行谈判,提高劳动力价格和维护工作条件。[2] 因此,工会逐渐出现并成为产业工人群体的代表,与雇主进行谈判,在必要的时候甚至以采取产业行动的方式相威胁来实现目的。但是,集体谈判这一新生事物起初并不为英国法律所接受,尤其是那些带有严重违约、暴力性质的产业行动,更因其有违普通法传统而受到限制或制裁。

正如学者所分析的,劳动者团体不通过暴力就不可能提高工资;可能是被动地使用暴力、主动地使用暴力或者是保持暴力的威慑,但背后必定要有暴力支撑;他们必须拥有强制或强制雇主的力量(如罢工);他们必须强制那些落伍的成员(如建立工人纠察队);他们必须在劳动力市场上有更高的占有率,强迫其他劳动者加入他们(如推动排他雇佣制)。[3]与此同时,集体行动往往伴随着一些其他的暴力现象,如破坏机器、破坏社会秩序和政治斗争等。而英国当时奉行的是以合同法、物权法和侵权法为中心的传统普通法理念,维护谈判的自愿和平等,强

---

[1] 《马克思恩格斯全集》第12卷,人民出版社1962年版,第4页。
[2] 参见丹尼尔·奎因·米尔斯:《劳工关系》,李丽林、李俊霞等译,机械工业出版社2000年版,第22页。
[3] 参见曼瑟尔·奥尔森:《集体行动的逻辑》,陈郁等译,上海三联书店、上海人民出版社2004年版,第84—85页。

调"财产绝对""契约自由"和"过错责任"。因而,无论是立法者还是法院都对集体行动持反对态度,罢工被视为"违约"行为而受到打压,而一旦在罢工中出现破坏行为,那么更加不可避免地要被追究侵权责任。

结社和集体行动在英国历史上甚至会被追究刑事责任。18世纪末,鉴于法国大革命的前车之鉴,为了防止出现动荡,英国政府颁布了《结社法》(Combination Act),对工会的组织活动加以限制和取缔,严惩劳动者参加任何以提高工资、变更工时为目的组织或者集会。① 在18世纪,英国法院认为,工会存在限制贸易自由之不法目的,构成普通法上的刑事共谋(conspiracy)和限制贸易(restrain of trade)之犯罪要件,往往倾向于追究工会领导人之刑事责任。②

正是普通法起初的敌视态度强化了英国工会自愿主义的作风,通过百年奋斗,英国工会最终争取到一定的地位,并逐渐适应了通过自主开展集体谈判的模式来实现自己利益,既不寄希望法律之保护,更不愿法律之干涉或制裁。然而,在英国撼动普通法传统绝非易事,集体劳动关系也难以完全脱离普通法的掌控。这造就了英国特色的工会立法,即通过责任豁免这一被动模式从普通法体系中撕开一个口子,来达到包容集体行动之目的。议会于1871年通过的《工会法》使工会合法化并给予其财政保障,一改将工会的行为视为"限制贸易自由"而施以制裁的做法。③ 不过,该法同时规定,为了换取"限制贸易自由"方面的豁免,工会必须完成相应的登记,否则此类豁免将无法生效。④ 1875年,议会颁布了《共谋和财产保护法》(Conspiracy and Protection of Property Act,CPPA),规定刑事共谋罪不再适用于合法的产业争议和行动。⑤ 1965年《产业争议法》(Trade Disputes Act,TDA)为集体行动在违约和侵权方面提供豁免,但前提是该集体行为必须属于《工会法》所规定的合法罢工。⑥ 易言之,在英国产业关系的立法上,采取一般禁止罢工、特殊免责的立法技术,通过规定工会的各种免责事由,使得罢工引起的民事损害赔偿和民事制裁得以豁免。

需要指出的是,免责事由往往绑定一定前提条件,而这些附随义务正是为了维护集体行动秩序而设立的。正如前文所述,如希望被豁免因涉嫌"限制贸易自

---

① 参见王泽鉴:《民法学说与判例研究(2)》,中国政法大学出版社1998年版,第344页。
② 同上书,第328页。
③ See TUA 1871, S. 2.
④ See TUA 1871, S. 6.
⑤ See CPPA 1875, S. 5.
⑥ See TDA 1965, S. 4.

由"而受到制裁,必然需要注册登记为合法工会,而非其他经济性或政治性团体,其目的是为了防止某些组织假借维护劳动者利益之名行垄断经济或搅动政治之实。又如,《产业争议法》规定的合法罢工之通知义务,是为了防止工会搞突然袭击,对国民经济产生毁灭性的影响。

由于英国的劳动者为二战的胜利做出了巨大的贡献,同时经济也逐渐恢复,因此二战后立法机关对集体行动容忍度比较高,豁免的范围也比较宽。工会的集体行动享有比较广泛的豁免权,可以针对自己的雇主采取行动,也可以针对其他的关联方雇主施加压力。例如,在雇主的客户企业中开展罢工,迫使其向相关雇主传导压力。[①]另外,工会开展罢工行动完全由其自己决定,事实上最终是由工会领导层的少数人操纵罢工按钮。此外,工会在罢工中的各种纠察行为也享受豁免,不仅能消减自己会员的消极态度,而且可以阻止非工会会员复工。1965年《产业争议法》甚至将法定豁免范围扩及口头威胁,规定只要没有达到人身暴力威胁的标准,法律就不加置喙。[②]

此外,撒切尔上台之前的工党政府普遍采取劳方、资方和政府方三方协商的国家法团主义机制规制劳动关系,进一步放宽了对集体行动豁免的范围,也减少了对超出豁免范围的集体行动的实际制裁。20世纪60年代,英国先后成立了国家经济发展委员会、国家收入委员会等以三方为基础的国家级工作机制,在国家层面上掌控了工资的调升机制,对微观情况往往不予干涉,[③]其放任态度造成集体关系的畸形发展。但是,工党治下的劳动关系并未因为政府的纵容态度而呈现稳定和谐的趋势,相反地,工会在集体谈判中的"滥权"和"集权"现象非常普遍,不仅未能真正代表广大劳动者的长远利益,而且给企业带来难以承受的工资刚性增长,其相关政策破坏了市场机制的运作逻辑,阻碍了市场的发展。

从20世纪90年代开始,英国对集体劳动关系进行了全面的调整,逐渐形成了现今的集体劳动关系框架和机制。英国现代集体劳动法包括结社、集体行动豁免和集体争议解决三个主要方面。

---

① See TDA 1965, S.7.
② See TDA 1965, S.9.
③ 1965年,政府成立了皇家委员会(因法官多诺万勋爵任主席又称"多诺万委员会"),通过提交报告的形式解决工会有关的问题,其报告多认为集体谈判是处理劳资关系的最好方法。

第二节 结 社

英国政府对劳动者的结社自由持开放态度。在英国,劳动者有权组织工会并自由参加工会。在国际层面上,英国批准了多个涉及结社自由的公约,即国际劳动组织关于结社自由的 87 号公约、关于组织工会和集体谈判权利的第 98 号公约、关于公共服务行业组织工会权利的第 151 号公约,以及向履行职工代表责任的劳动者提供保护和设施的第 135 号公约。此外,英国还通过了欧洲《保护人权和基本自由公约》第 11 条的义务——对结社权和加入工会权的认可,认可了《欧共体社会宪章》(The Human Rights Convention)第 11 条。

一、加入工会的自由

普通法并没有禁止劳动者成为工会会员。1971 年颁布的《劳资关系法》规定了劳动者有权选择工会加入。1992 年颁布的《工会与劳工关系法》(TULRCA)对于加入工会的劳动者提供了一系列的保障,具体表现在:

第一,独立工会的代表和会员享有为参加工会活动而请假的权利,具体规定在 TULRCA 第 168 条第 1 款、第 3 款中。对于工会代表请假的情形,该法主要列举了五种情形:(1)与雇主讨论有关本法第 178 条第 2 款规定的集体协商的事宜;(2)代表劳动者履行雇主根据规章允许工会发挥之功能;(3)根据本法第 188 条接受来自雇主的咨询信息;(4)基于 2006 年《企业转让(雇佣保护)条例》,与雇主就其对劳动者使用的问题进行协商;(5)代表劳动者与雇主就上述规定达成一致。

第二,任何劳动者都不得因其工会会员身份或者正当参加工会活动而遭受不当解雇。TULRCA 第 152 条第 1 款规定,基于以下理由解雇劳动者将被认定为不当解雇:(1)劳动者曾经是或曾打算成为独立工会的一员;(2)劳动者曾参加或曾打算参加独立工会于适当时间组织的活动;(3)劳动者未参加过任何工会,或曾拒绝成为任何工会的成员。

第三,劳动者参加或成立工会不得遭受任何报复。根据 TULRCA 第 146 条第 1 款 a、b 项之规定,雇主不能基于以下两种原因阻止或处罚劳动者:(1)成为或打算成为独立工会的一员;(2)在适当的时间参加独立工会的活动。在这里,"适当的时间"具体是指劳动者工作以外的时间以及"工作时间内的雇主所同意的安排为参与工会活动的时间"①。

第四,劳动者具有或者不具有某种工会身份不得作为录用条件。根据 TULRCA 第 137 条之规定,雇主不得因为劳动者是或不是工会的一员而拒绝雇佣这名劳动者。此外,雇主也不能将劳动者加入或拒绝加入工会作为雇佣这名劳动者的条件,更不能对上述这些行为给予奖励或处罚。

欧洲《保护人权和基本自由公约》于 2000 年被转化为英国的国内法,从而开启对结社自由进行积极保护的道路。该公约第 11 条规定,自由结社权包含"为了保护自身利益而组织和参加工会的权利"。与此同时,自由结社权的主体扩大到私营机构之外的劳动者,包括公共管理机构。

就自由结社权而言,英国法律也作出了一些限制。第一,只有个人才能够行使结社自由的权利。个人的结社自由权的行使和救济只能由劳动者决定,工会不得强制执行。虽然工会可以在结社自由争议处理阶段提供支持,但主要还得根据劳动者个人意愿来控制策略和执行。第二,只有劳动者才享受自由结社权,那些非劳动者的个人,如自雇人员,是无法享受此项权利的。第三,劳动者加入工会的权利并非是无限的。劳动者只能加入独立工会,从而排除那些雇主控制的"公司工会"(company unions)。

二、不加入工会的自由

在英国存在一种争议比较大的机制——"只雇佣工会会员"机制。"只雇佣工会会员"的企业(closed shop)把工会会员身份作为受雇的先决条件。对此,两派意见分歧明显,支持者认为,"只雇佣工会会员"制度是有利于集体谈判的,可以保持有序的劳资关系。反对意见则认为,这种做法是对个人自由的干涉。

英国法律也经历过一个从认可到否定"只雇佣工会会员"制度的过程。20世纪 70 年代之前,"只雇佣工会会员"一直在法律的默许之下存在,并得到壮大。1979 年,"只雇佣工会会员"制度覆盖了大约 1/4 的劳动力,约 520 万人。② 但是,自 20 世纪 80 年代起,"只雇佣工会会员"制度开始走下坡路;到 1982 年,其所覆盖人群降低约 13%,降至约 450 万;到 1998 年,只有约 1% 的雇主继续采用"只雇佣工会会员"制度,所涉及的劳动者数量已不足 15 万。③

---

① TULRCA 1992, S. 146(2).
② Stephen Dunn, John Gennard, *The Closed Shop in British Industry*, Palgrave, 1984, p. 15.
③ See Alex Bryson, *et al.*, *All Change at work*? Routledge, 2000, pp. 89,146.

出现上述情况的主要原因在于当时的保守党政府对"只雇佣工会会员"制度的敌视。保守党政府在1980年和1982年分别对《雇佣法》进行了两次修改,要求只有在得到劳动者广泛支持的情况下,才能合法解雇非工会会员的劳动者。1988年修改的《雇佣法》全面废弃了因劳动者的非工会会员身份而被解雇的做法,但并未明确"只雇佣工会会员"制度违法。这样做的目的是为了避免工会强行开展入会动员活动。另外,雇主在招聘的过程中也不得以明示或暗示的方式表示只招募有加入工会意愿的求职者。就业服务机构也不得拒绝为非工会会员的求职者提供服务。

三、认证官

认证官(Certificate Officer)是一个具有与工会和雇主组织相关的特定职能的独立法定机构,根据1975年《就业保护法》创设,并于1976年2月正式就位。认证官履行的职能在1979年至1997年之间发生了六次改变,才逐渐形成现在的范围。认证官具体履行六项重要职能:

第一,维护工会和雇主组织清单。工会和雇主组织基于自愿申请列入相关清单,并缴纳法定费用。工会一旦被获准列入,就迈出了确认独立性的第一步,从而获得承认并享受相应的税收减免。工会和雇主组织一旦被纳入认证官掌握的清单中,认证官将定期采集其数据并公布出来。这些数据详细记载了每个工会和雇主组织的财产。

第二,认证官负责判定工会的独立性。判断工会的独立性主要考察其与雇主组织之间的关系,防止出现"黄狗工会"(主要是指那些依附于雇主的工会),从而推动有效的集体谈判。认证官会要求申请认证的工会进行必要的信息披露,着重考察工会与雇主之间是否存在不正当的关联关系,工会是否能够代表成员表达利益,工会成员对雇主的抗议行为是否能够得到工会的保护。相关信息将刊登在《伦敦公报》《爱丁堡公报》以及认证官官方网站,鼓励社会公众监督。

第三,认证官负责审核工会和雇主组织的活动信息和账目。确保这些组织提供年度报告以及按规定形式出具账目,监督工会的退休金计划,调查工会的财务状况,确保工会遵守一系列投票要求,监督工会政治活动基金的使用,监督工会的合并以及受理工会成员依法对工会不当行为提起的控诉。

第四,认证官有权调查工会和雇主组织的财务。1993年《工会与劳动权利法》规定,当有工会会员对工会的财务管理提出质疑时,认证官有权要求工会自身或是第三方出示与该工会财务有关的任何文件,并对相关事由作出解释。如果认证官高度怀疑工会的违法行为,可以专门任命一位稽查员调查。工会拒绝与稽查员合作将可能承担刑事责任。

第五,认证官有责任监督工会或雇主组织的兼并。工会的兼并可以通过协议转让或是合并进行。工会和雇主组织合并或转让协议在付诸投票之前必须经过认证官的批准。转让或合并协议须交由认证官公示六周,在此期间如果有人基于法定理由提出异议,认证官将进行调查,如果无人提出异议,兼并议案将获通过。

第六,认证官还有权裁决工会会员之间的部分争议。如果工会未能提供最新的劳动者名单和地址登记表,拒绝工会会员查阅账目,涉嫌设立政治献金基金,或者在兼并的过程中没有履行法定的投票程序,认证官可以进行调查和裁断。另外,法律要求工会至少每五年举行一次管理层的换届选举,如有违反,认证官可以作出相应裁决。

认证官由英国贸易和工业部大臣会同 ACAS 商议之后根据 1992 年《工会与劳工关系法》的有关规定任命。虽然认证官的任期为 3 年,但期满之后可自动重新任命,直至 70 岁,除非从事了不法行为,因此基本上属于终身制的职位。这一制度安排是为了确保认证官的独立性。在经费保障方面,法律规定:"ACAS 应当向认证官提供履行其任何职责所要求的资金,还有必要的职员、场所、设备和其他设施。"

当出现认证官职权范围内的争议时,认证官有权遵照一定程序进行处理。当事人对相关事项提出指控之后,认证官必须在 6 个月内进行处理,可以选择听审的形式,也可以书面的形式开展。听审过程采取的是普通法院的对抗性方式,原告必须提供证据,双方有同等机会参与答辩。工会一方通常会聘请律师作为代理人,工会会员一方偶尔也会聘请律师,认证官通常不提供法律援助,但会根据具体情况提供一些费用补偿。与一般的民事诉讼相似,当事人双方在庭上的辩论需集中在争议事项上,禁止发表政治演说或进行人身攻击。认证官审理之后必须发布书面裁决结果,该裁决具有和法庭判决同等的强制力。例如,针对工会选举程序瑕疵的案件,认证官有权要求重新开展选举,对此工会必须严格执行,否则将构成藐视法庭罪。对于认证官的裁决,当事人有权向劳工上诉法庭提起上诉,但只能针对法律适用问题,对事实认定问题不得上诉。

认证官制度是英国工会 19 世纪以来的发展成果,并不多见于其他国家。从

1871年到1971年,认证官的前身一直只能通过承认工会的合法性来换取些许规制权。但是,当认证官这一职位最终设立之后,认证官逐渐发展成为一个专家型的法庭,并逐步扩大了其对劳资关系的管辖权,其专业性使其对工会事务的监督具有很强的优势,获得了较为广泛的认可。

第三节 产业行动豁免

如前所述,英国对工会及劳动者的侵权或者违约行为通过消极豁免的方式予以免除责任。但是,工会及劳动者所开展的集体行动并非当然地享受民事责任豁免的待遇。事实上,工会及劳动者获得侵权或者违约责任豁免的前提条件就是行动具备合法性。正如沃森(Watson)法官在 Allen v. Flood (1898)案中所指出的:罢工只有通过合法的方式才具有效力。

一、豁免前提

在英国,集体行动被定义为罢工或者集体停供劳动力,该行动不仅仅指劳动者通过集体停供劳动力(狭义的罢工),还指拒绝加班、怠工、拒绝完成特定工作任务、以静坐对雇主施加压力等。采取集体行动的目的是对抗工会与雇主就提高雇佣条件和待遇的集体谈判失败,或者对抗雇主降低现有合同标准的行为。迪普卢克(Diplock)法官在 Dimbleby & Sons Ltd. v. National Union of Journalists (1984)案中确立了合法的集体行动必须满足以下两个条件:第一,是否由于雇主原因促使了该项集体行动;第二,参加集体行动的工会及劳动者是否促使或者激化了劳资争议。如果是,该行动即满足1992年《工会与劳工关系法》第219条之豁免规定。

具体而言,其合法要件可以从以下四个方面分析:第一,主体合法。不管劳动者是否为工会会员,他们参加的集体行动必须是在工会的领导下进行。第二,目的合法。该集体行动目的是对抗工会与雇主就提高其雇佣条件和待遇的集体谈判失败,或者对抗雇主降低现有合同标准的行为,即只有为了集体利益争议才具有合法性。第三,程序合法。集体行动必须在集体协商程序之后采取,并且遵守投票及通知雇主的规定。第四,手段合法。英国法律明确规定了集体行动仅仅包括罢工、拒绝加班、怠工、拒绝完成特定工作任务、静坐等非暴力手段。

为了保障主体的合法性,英国政府根据《产业关系法》之规定,于1975年设立了认证官这一机构,主要负责认证新成立工会的合法地位,并维护合法工会的名单,以便公众周知。

关于目的的合法性,英国法律要求集体行动的目的必须限定在本企业内部为争取权利和利益之目的,不得开展同情性和政治性的"次生"集体行动。英国制定法一直都对次生集体行为进行限制,1990年《就业法》规定了范围非常有限的合法次生集体行动,将其限定在罢工纠察队的狭窄范围内。1992年《工会与劳工关系法》废除了包括引诱违约和恐吓这类侵权行为的民事豁免,该法第224条对次生集体行动作出了严格规定,明确次生集体行动发生的情形是相关雇佣合同的雇主不是争议当事人。例如,甲公司的劳动者与甲公司发生劳动争议,而甲公司的工会诱使乙公司的劳动者破坏他们与乙公司的雇佣合同,此举即为非法次生集体行动,甲公司工会将丧失其侵权行为的免责保护。同时,仅仅为了获得认证官的认可而采取的集体行动也不符合法定目的。另外,根据1990年《雇佣法》相关规定,参加非法罢工的劳动者将不能获得不当解雇保护,据此,被解雇劳动者也不能让其同伴发起集体行动来获得救济。

此外,在程序方面,对于罢工行为,工会必须遵守相应的投票程序。《工会与劳工关系法》第226—235条对投票程序进行了详细规定。涉及"由工会所发动的集体行动",在行动之前必须要有秘密投票程序,否则该行动不得予以民事豁免。合法的集体行动只有在下列条件得到满足的情况下才能获得法律责任豁免:(1)只有参加集体行动的劳动者才有权进行投票。在PvNAS v. UWT[1]案中,学校领导坚持让一个被班主任开除的暴力倾向学生复学。该校工会组织了一次关于是否拒绝该学生复学的正式投票,该学生利用其第三方的权利,要求停止该行动。该学生诉讼称该项投票存在缺陷,因为该校32名老师中有30名是工会会员,只有他们才有权进行投票,其他2名老师是近期刚转入该学校,他们还未被工会告知该行动。尽管结果是以26票通过该行动,但是因为其程序上的瑕疵而取消了该行动。(2)每一个工作场所独立投票。不同地区、不同行业甚至不同工厂的劳动者对是否采取集体行动的态度是不同的。例如,A工厂90%劳动者反对罢工,但是他们占全部投票的比例非常小,工会可能通过让相对好战的工厂一起参与来操纵投票,这样随意扩大投票范围的做法是法律所禁止的。(3)秘密邮寄方式投票。投票必须符合法律规定,如以书面形式进行平等投票、

---

[1] (2003) IRLR, 307.

不受工会工作人员干涉、监票员由律师等理解投票事项的人员构成等。(4)设置投票单。自1984年开始,每张投票单必须有投票应知晓的内容,且该内容受制于详细的法定规定:(1)投票单必须提出两个独立问题:当事人是否已准备好去参加或者继续参加罢工;针对非罢工性的行动提出同样的问题。(2)必须声明:如果你参加罢工或其他劳资行动,那么你可能破坏自己的雇佣合同。(3)必须通知雇主。自1993年开始,工会必须在投票之前7天告知投票的时间以及可能投票的劳动者等;在投票之前3天提供选票样本。(4)必须有过半数的有投票权的劳动者参加投票。(5)一般情况下,参加投票的劳动者必须过半数支持罢工方可开展罢工行动。但是,根据2016年《工会法》之规定,对于消防、公共交通、健康、教育和边防等重要公共行业,投票通过罢工的门槛需要达到超过40%具有投票权的劳动者的支持方可行动。

二、侵权责任的豁免

目前,英国对集体劳动争议中侵权行为免责的相关规定包含在1974年《工会与劳工关系法》第13条和1992年《工会与劳工关系法》第219条中。但是,工会及劳动者的民事豁免权并非一蹴而就的,也并非不受任何限制。

工会及劳动者因以下行为促成或者激化集体劳动争议的,不可免责:(1)诱使他人违反劳动合同,或妨碍第三人干扰合同的履行;(2)威胁他人违反或妨碍劳动合同(无论行为人是否为合同一方当事人)的履行。

和平纠察行为享受侵权责任豁免。和平纠察行为,是指参与罢工的劳动者聚集在工作场所的大门口,目的是劝说没有罢工的职工或者替补职工不要继续工作,以防削弱集体劳动争议中劳方行动的影响。《工会与劳工关系法》第220条具体规定了合法纠察所产生的民事侵权责任将被豁免。根据该条,正在预谋或促成集体劳动争议的工会及劳动者为了和平地获取信息、劝说其他劳动者工作或者不工作,参加以下场所的集体行动是合法的:(1)在自己的工作场所或附近;(2)工会工作人员为了代表或陪同其会员,在会员的工作场所或附近。但是,并非普通法认定的所有跟集体行动有关的侵权行为都可以被免责,免责并不扩展适用于诽谤、妨碍或者违反法定义务的侵权行为,并且"用非法手段干扰工作业务"的侵权行为也得不到豁免。

三、违约责任的豁免

劳动者采取集体行动一般都会违反其劳动合同,但是,如果劳动者参加的是受保护的集体行动,则雇主不能随意解雇,更不能对组织集体行动的劳动者采取报复性行为。关于劳动者违约责任的豁免,参加受保护的集体行动的劳动者在以下期间内不被解雇:(1)保护期内,该保护期为开始参加受保护的集体行动之日起的十二周,并且因罢工而停工的时间不得计算在内。(2)保护期满后,前提是劳动者在保护期内停止参加集体行动。(3)保护期满后,条件是雇主拒绝采取程序上的措施结束基于合理目的集体争议。程序上的措施包括遵守合意程序、继续集体谈判、不得不合理地拒绝调解或者仲裁等。雇主违反以上规定解雇劳动者将被自动认定为不当解雇,劳动者的劳动合同期限或者起诉最长期限将不受限制。

第四节 集体争议解决

英国的集体劳动争议包括范围十分广泛。除了涉及普通劳资谈判争议之外,还包括一些其他劳动争议:雇主不遵守公认或是一般雇佣条件的规定而提起的请求,依据《公平工资决议》及其司法解释而提起的仲裁,关于集体谈判的信息披露争议,强制承认命令未获遵守之诉,修订集体合同中有关性别歧视的内容,等等。

英国负责处理集体劳动争议的机构是中央仲裁委员会(Central Arbitration Committee)。中央仲裁委员会的历史可以追溯至1975年《就业保护法》,其职能是由产业法庭(Industrial Court)衍生过来的。产业法庭是政府于1919年建立起来的,以解决自愿提交仲裁的集体劳资争议为主。1971年,产业法庭更名为中央仲裁委员会,继承了产业法庭集仲裁者和判决者于一身的混合角色。在实践中,中央仲裁委员会已不再仅限于受理自愿提交仲裁的劳资争议,但英国劳资关系发展的历史传统使得中央仲裁委员会仍旧鼓励争议双方自己解决争议,而且当双方将争议提交委员会裁决时,委员会还应考虑相应的社会影响。

中央仲裁委员会的组成人数随着服务范围的增减变动非常大。1976年,中央仲裁委员会由1名主席、5名副主席和25名委员组成;但到了第二年,它就扩大到18名副主席和63名委员;后来,由于职能被部分削减,它一度减少为3名副主席和9名委员;2000年之后,随着职能的增加,它又一度扩大到11名副主席和45名委员。中央仲裁委员会在任命所有新成员之前需将职位空缺进行公示,然后进行相应的选拔测试,候选人往往是劳资关系领域的高级专业人士,如各个工会现任或前任秘书长以及大公司的人力资源总监,而主席则多由具有司法工作背景的法官担任。委员会成员定期举行会议,讨论委员会的程序问题。

委员会成员的任期是三年,但通常可以获得连任任命,除了出现品行不端的情况,或者因机构调整而需要裁员,从而保证了委员会成员的独立性。委员会下设秘书处,辅助各成员开展工作,秘书处成员在名义上属于劳动咨询调解仲裁局雇佣的公务员,通常充当各方当事人的联系人角色,收集相应的文件和报告。但是,秘书处是独立于劳动咨询调解仲裁局的,直接归属于中央仲裁委员会。

中央仲裁委员会通常会成立由三个人组成的专家小组(panel)来处理案件。专家小组根据双方当事人提交的证据作出裁决,裁决是依据简单多数作出的,但与普通法庭不同的是,裁决书中不会陈述少数派意见(minority decisions)。根据以往经验,专家小组的意见通常是高度统一的。中央仲裁委员会的裁决通常会公之于众,但是不具有判例法上的效力。

双方当事人在提请中央仲裁委员会处理争议时应遵循程序方面的要求。双方当事人须提前交换证据,并且可以就对方提交的证明材料发表意见。专家小组可以自行决定是否就某一特定事项进行开庭审理。对于一些涉及对工会承认的案件,如果焦点是程序性问题,则可以通过书面审理方式开展。但是,对于一些比较复杂的争议,如集体谈判主体是否适格的问题,则应通过开庭审理的方式处理。在听审过程中,中央仲裁委员会应按照自然争议法则居中处理案件,无权主动要求当事人证明或提供材料,或者要求证人出庭。中央仲裁委员会对争议作出的裁决通常是需要附理由的,其中包括说明作出这一裁决考虑的因素。

中央仲裁委员会虽然有权作出裁决,但无权直接执行其作出的裁决。例如,中央仲裁委员会对当事人开展集体谈判的方式作出了裁决,那么该方式就会成为集体合同中的条款,或者属于当事人的先合同义务,任何一方违反此条款或义务,守约方则有权要求法院施以救济。然而,缺乏强制执行力并不意味着当事人不遵守仲裁裁决将不会受到处罚,仲裁裁决事实上会被嵌入到相关合同当中,任何违反行为将会被视为违约行为而受到制裁。不过另一方面,缺乏强制执行权使得中央仲裁委员会在发挥促进良好劳资关系的作用方面起到了直接作用。

作为一个具有法定权力和职能的机构,中央仲裁委员会须接受上诉法院(Court of Appeal)的审查。当事人如果对于中央仲裁委员会裁决所涉及的法律适用问题有异议,有权向上诉法院提起上诉。不过,纵观其裁决历史,只有极少数案件由于法律适用错误而被上诉法院撤销。上诉法院一般都认同中央仲裁委员会的专家意见,认为它是一个专业性机构,法院在干预其裁决时应谨慎行事。

第四章　劳动争议解决机构

在劳动争议处理方面，英国设有两个重要机构，即劳动咨询调解仲裁局（ACAS）和劳动法庭（Employment Tribunal）。其中，ACAS 免费为雇主和劳动者提供劳动关系政策信息咨询。这些信息通过多种渠道提供给咨询者：首先，免费咨询电话是最主要的方式。其次，对于大中型企业，ACAS 在成立之初就设有深度咨询项目，即由高级咨询顾问担任企业团体的顾问，为提高企业的运行效率和解决其劳动关系所面临的制度性问题提出咨询建议。最后，ACAS 还积极开展培训活动，普及法律法规。近年来，ACAS 更是将其官网建设成了一个使用方便的信息交换平台，将大量的政策信息和它的解读上传到网站，免费供公众阅览、下载。同时，调解也是 ACAS 的主要职能，它可以在诉讼前和诉讼中两个阶段发挥作用。当出现劳动争议的时候，争议双方可以自愿将争议提交 ACAS 进行调解。此外，虽然 ACAS 也有仲裁职能，但只针对部分集体争议，且不常被使用。

对于 ACAS 调解失败的案件，双方当事人可以起诉到劳动法庭。1964 年《工业培训法》确立了现在的劳动法庭的前身——产业法庭，该法第十二章授权设立了产业法庭来处理因劳动培训、补偿引起的纠纷。一年之后，政府将劳动合同纠纷和裁员补偿纠纷从地方法院划归产业法庭管辖。[①] 劳动法庭成为审理劳动争议案件的专门初审法庭，并创造性地采取三方参审机制来处理劳动争议案件。劳动法庭对劳动争议的事实和法律问题进行全面的审理，并作出相应的判决。双方当事人如果不服判决结果，可以上诉至劳动上诉法庭。但是，劳动上诉法庭只对上诉案件进行法律审，而不再审理事实问题。劳动法庭审理劳动案件曾经是不收费的，但保守党政府 2013 年决定收取案件审理费，个案最高可以收取高达 1200 英镑的费用。正是由于此次收费改革，劳动争议案件自此直线下降，而 ACAS 的调解成功率却大幅提高。

---

① 1875 年《劳资关系法》规定，这些争议由地方法院管辖和受理。

第一节 劳动咨询调解仲裁局

一、ACAS 的历史

ACAS 的历史可以追溯到 1896 年政府设立的"自愿协商和仲裁服务委员会"。当时,ACAS 是一个由政府直接控制的机构,主要职责是从事劳动争议的调解和集体劳动争议的仲裁工作。虽然该机构在 1960 年和 1972 年分别被更名为"参与服务委员会"和"调解咨询服务委员会",但其主要职责一直保持未变。新的调解仲裁委员会于 1974 年 9 月成立,并脱离了政府的直接控制。1975 年,该委员会的名称前被追加了"咨询",形成了现在的"咨询调解仲裁局"。同年,这一名称和机构设置被《就业保护法》固定下来。需要指出的是,20 世纪七八十年代,英国还存在着一些其他的处理工作场所争议案件的组织机构,它们同样可以提供调解服务。在政府部门里,就业处依旧有权力干预就业关系,处理就业争议。[1]与此同时,劳动争议双方也可以请求民间组织或个人作为第三方调解劳动争议,因此很多具备此类功能的公民社团也参与到调解劳动争议的活动中。[2]

在 ACAS 成立之初,劳动争议的各方对它都有过很多批评和怀疑。ACAS 设有一个兼职主席、一个全职总执行人、七个区域性主任,他们都是由政府任命的。直到 2003 年,中层工作人员才从政府任命改为公开招聘。[3]而且,虽然还有其他两类成员(即工会和独立成员)参与它的运行,但它是完全依靠政府的资助来运转的。也就是说,即使政府不直接插手 ACAS 的日常运转,也不能排除政府通过财政杠杆使其屈服于政府的指令,因此其独立性在一开始就受到广泛的质疑。[4]

---

[1] Alan Neal, Linda Dickens (ed.), *The Changing Institutional Face of British Employment Relations*, Kluwer Law International, 2006, p.25.
[2] Purcell J., After collective bargaining? ACAS in the age of human resource management, in Brian Towers, William Brown (eds.), *Employment Relations in Britain: 25 years of the Advisory, Conciliation and Arbitration Service*, Wiley-Blackwell, 2000, p.12.
[3] Alan Neal, Linda Dickens (ed.), *The Changing Institutional Face of British Employment Relations*, Kluwer Law International, 2006, p.27.
[4] 有学者指出,工会代表曾经非常怀疑 ACAS 的中立性。在 ACAS 成立之初,它有权裁决集体争议,因为当时的保守党政府与工会组织之间充满矛盾,故工会代表一直怀疑政府是想利用 ACAS 的这一权力干涉工会的事务。这种不信任情绪导致 ACAS 当时的工作开展起来十分困难。工会代表倾向于鼓励它的成员在 ACAS 之外去寻求解决纠纷的途径。

自成立以来，ACAS 通过在信息咨询和争议调解业务上的突出表现回应了这些批评和怀疑，也为其在劳动争议解决体系中的核心地位打下了坚实的基础。随着个别劳动争议案件数量的增加和劳资关系环境的变化，对 ACAS 的信息咨询服务需求大幅增加。[①] ACAS 在为企业和个人提供信息咨询的过程中也逐步赢得了劳资双方的信任，从而使相关争议方能够自觉地寻求和接受 ACAS 所提供的服务和指导，这反过来也提高了 ACAS 调解工作的效能。

二、ACAS 的信息和咨询服务

ACAS 免费为雇主和劳动者提供劳动关系政策信息咨询。这些信息是通过多种渠道提供给咨询者的。

首先，免费咨询电话是最主要的方式。热线电话尤其受到中小企业的青睐，很大一部分咨询者都服务于小型企业，而这些企业大多没有自己的人力资源方面的职工和专家。劳动者通过热线电话所咨询的问题涉及劳动关系的方方面面，最常见的问题是关于节假日补贴、解雇、病假工资、裁员及裁员赔偿等方面的个别劳动权利事项。[②]

其次，对于大中型企业，ACAS 在成立之初就设有深度咨询项目，由高级咨询顾问担任企业团体的顾问，为提高企业的运行效率和解决其劳动关系所面临的制度性问题提出咨询建议。咨询顾问不仅和当事人一起工作，共同研究问题，共同寻求解决办法和工作方案，还对合理化方案的执行提供必要的帮助。[③] ACAS 每年承担大约 400 家大中型企业的咨询工作。

最后，ACAS 还积极开展培训活动，普及法律法规。目前提供的培训主要有两种形式：第一种是面向公众的大型培训。此类培训是为了使雇主和劳动者能够跟上劳动立法的步伐，遵守相关的法律规范。从 2004 年到 2005 年，ACAS 开展了近 3000 次这样的培训活动，培训人数超过 3 万人，他们均来自不同地方。第二种形式是应企业的要求，根据企业所面临的问题、经过事先预约和安排的专场培训。同时，ACAS 的顾问和企业密切配合，对企业的管理者和劳动者进行培训，完善他们的专项劳动法律知识，比如，设计如何应对劳动场所骚扰的培训方

---

① See Hugh Collins, Employment Law, Oxford University Press, 2003, p.117.
② Ibid.
③ See Purcell J., After collective bargaining? ACAS in the age of human resource management, in Brian Towers, William Brown (eds.), *Employment Relations in Britain: 25 years of the Advisory, Conciliation and Arbitration Service*, Wiley-Blackwell, 2000, p.178.

案,或提高他们在信息获得和咨询方面的能力。①

近年来,ACAS 将自己的官网建设成了一个使用方便的信息交换平台。ACAS 把大量的政策信息和它的解读上传到官网,免费供公众阅览、下载。使用该网站的人数在 2000 年后急剧增长,到 2005 年年末,访问者已经增加到 250 万人次,每月有大约 15 万篇文章被下载,每年的点击量达到 1000 万次以上。②

ACAS 在提供咨询服务方面的优势不仅来源于其对政策法律的了解,而且得益于它和英国劳动法庭之间的良好沟通和信任关系。ACAS 的咨询员和调解员都是来自长期从事相关工作的专家以及工会和企业界人士。他们对劳动法律政策和劳动关系处理技巧都有深入的了解和丰富的经验。更为重要的是,ACAS 的工作人员同英国劳动法庭的法官也保持着经常性的交流活动,以便统一对劳动法律的认识。例如,从 1995 年开始,ACAS 在每个劳动法庭的办公场所派驻一名工作人员,进行经常性的沟通。③ 因此,ACAS 对法律的解释和出具的咨询建议,常被人们认为是获得了司法机构的背书,具有很高的可信度。与此同时,劳动法庭也在多种场合下明示或暗示对 ACAS 咨询服务的肯定,从而进一步加深了公众对它的信任。④ ACAS 也因此成为当事人寻求解决劳动争议的第一站。

ACAS 在咨询方面的出色表现,不仅使其在咨询阶段就已经化解相当数量的潜在的劳动争议,而且疏导了大部分的劳动争议,将它们分流到其调解机制之中,避免它们直接涌入劳动法庭。据统计,ACAS 在 2005 年收到咨询请求 880787 件,其中仅 86816 件(即不到 10%)劳动争议案件进入其调解程序,最终只有少量案件直接在劳动法庭立案。⑤根据 ACAS 的解释,它在为企业提供咨询的时候不仅为其提供法律政策信息,同时还提出合理化建议,使企业能够提前预见到自身劳动制度的问题,并且也能够在出现问题后积极补救和化解纠纷。⑥在

---

① See Alan Neal, Linda Dickens(eds.), *The Changing Institutional Face of British Employment Relations*, Kluwer Law International, 2006, p. 27.
② Ibid.
③ ACAS 派驻在劳动法庭的人员一般都是劳动争议调解员。他们起到两种作用:第一,在案件庭审过程中,如果需要调解,ACAS 可以及时参与。第二,和劳动法官沟通,他们可以经常性地和劳动法官交换对案件的看法,以统一思想。由于 ACAS 经费的限制,这个制度后来被取消了,不过 ACAS 和劳动法庭的沟通始终都没有间断过。
④ 后文中将会提到,当事人在劳动法庭立案之后,案件卷宗将会被自动转入 ACAS 的系统当中。案件在庭审之前,必须由 ACAS 进行调解。另外,ACAS 还参与制定了很多行业性自治规范。实践中,劳动法庭在处理劳动争议案件的时候往往会参考这些规范,间接为 ACAS 背书。
⑤ See ACAS Policy Discussion Papers, Retrieved 4/5, http://www.acas.org.uk/CHupHandler.ashx? id=590&p=0, pp. 3, 16, visited on Apr. 16, 2018.
⑥ Ibid.

为企业和劳动者提供咨询的过程中,很多劳动争议的当事人也就自然而然地在 ACAS 寻求调解解决争议。

三、ACAS 的调解服务

当劳动争议案件在劳动法庭立案之后,案件将会被自动转到 ACAS 进行调解。根据英国 1996 年《劳动法庭法》,对已经提交劳动法庭的诉请,法庭秘书会将相关信息复制给 ACAS。ACAS 会根据案件争议的性质分配专业调解员介入案件,对双方进行调解。

近年来,劳动法庭引进了先进技术、制度和业务处理方式,为信息和数据在 ACAS 和劳动法庭服务处(Employment Tribunal Service, ETS)之间的传送提供了方便。调解员收到的案件申请和回复的表格等案件资料均为电子文本。案件说明材料也会被记录和保存为共享电子文本,供 ACAS 调解员随时阅读,系统还设有自动提示功能,以帮助调解员管理案件资料。同时,ACAS 调解员调解案件的过程也被记录在案(而非事实调查部分),劳动法官在审理时有权随时调阅。这在一定程度上保持了案件处理的一贯性,也提升了 ACAS 在调解过程中对当事人继续诉讼的法律后果预测的准确性和权威性。[1]

另外,ACAS 也有仲裁功能,但只针对部分集体劳动争议,且不常被使用。

第二节 劳 动 法 庭

正如琳达和聂耳伦在回顾英国劳动管理体制发展历程时指出的:"整个(劳动管理)制度的形成是一系列因素共同作用的结果,它们不仅包括历史的传承、政治的选择和意识形态变化,也包括国家和超国家机构对劳动力市场和劳资关系'问题'和'解决途径'的观念和认识,还有意外事件的影响和权宜的需要等。"同理,英国劳动法庭三方参审机制的创制和运作过程也不可避免受到其历史和外部环境的影响。

探讨劳动法庭的初始构架,需要结合英国政府的放任主义传统来解读。20世纪的大部分时间,英国对劳动关系的调整主要是通过雇主和工会自愿进行的集体谈判来实现的,对于没有工会的行业,就由雇主单方决定,议会立法屈居次

---

[1] See Alan Neal, Linda Dickens (ed.), The Changing Institutional Face of British Employment Relations, Kluwer Law International, 2006, p. 29.

要地位。由于这种调整方式是自治式的,所以国家较少对其进行干涉和监控。放任主义得到了劳资关系双方和政府的支持。工会意识到这样的制度能够避免普通法院对其集体行动的限制,而雇主也希望避免过多的司法干预对他们自主管理的限制。

直到20世纪60年代,英国政府才开始检讨和修正原有的治理制度,设立了采用三方参审制的产业法庭。由于工会集体行动日趋频繁和激烈,放任主义的管理模式同社会稳定产生的矛盾也逐渐凸显。英国于1965年成立了工会和雇主协会皇家委员会(多诺万委员会),修正放任主义的管理制度和推进管理体制的改革。几乎与此同时,英国议会连续通过了劳动就业领域的多项法律,强化政府的干预。[①] 1964年《工业培训法》确立了现在劳动法庭的前身——产业法庭,该法第十二章授权设立产业法庭来处理劳动培训管辖补偿引起的纠纷。一年之后,政府将劳动合同纠纷和裁员补偿纠纷从地方法院划归产业法庭管辖。产业法庭创造性地采取了三方参审机制来处理劳动争议案件。它与英国普通法院陪审制的一个重要区别是,产业法庭运用非法律职业的陪审员参与裁决劳动纠纷,形成参审制的模式。

根据1964年《工业培训法》成立的产业法庭初步获得一些劳资领域的管辖权,其管辖范围包括1963年《劳动合同法》执行问题和培训费征收问题。随着1971年《劳动关系法》引入对个人不当解雇的保护机制,产业法庭的管辖权性质也转向了另外一个方向,产业法庭(后被更名为劳动法庭)逐渐拥有了处理个别劳动关系所有争议的权力,有权处理不当解雇保护、反歧视、最低工资和工时保护等劳动争议。

在创设产业法庭时,英国采用了不同于其普通法院系统的三方参审机制,除了源于其产业关系机制的特殊性,也有对当时政治环境的考量。第一,创设产业法庭源于政府采取的楔入劳资双方关系策略,故而离不开同当时的劳资关系主体——英国工业总会(CBI)和英国劳工联合会(TUC)的协商和合作。英国对劳资双方采取的放任主义已经有上百年的历史,政府作为后来者,构建劳动关系管制体制是离不开劳资双方的配合的。在1963年《劳动合同法》出台之后、产业法

[①] 其中比较著名的三部法律为1963年《劳动合同法》、1964年《工业培训法》、1965年《裁员补偿法》。时任英国劳工部长约翰·哈尔(John Hare)在介绍1963年《劳动合同法》时曾指出:"自愿的方法尽管不错,但前提是它们有效。近年来,在自愿的基础上的劳资纠纷解决有了一些进展,但仍然不够。法律途径虽然运用不多,但它确实有用,尤其是当以自愿的方式取得成效不大的时候。"

庭设立之前,社会上就有"目前的情形破坏了英国长期以来在法庭之外解决劳动争议的传统"的观点。为了使劳资双方能够接受政府对它们自治权的限制,政府赋予了双方组织在产业法庭参与裁决争议的权力,以淡化劳资双方对"外部法庭"干预的抵制。第二,尽管产业法庭主要是处理个别劳动争议,但劳工部一直都有将其管辖范围扩大的倾向,使其能够裁决集体劳动争议。劳资组织在法庭的参与权正是解决集体劳动争议所必需的。根据多诺万委员会的材料,劳工部在产业法庭刚成立不久就提请委员会考虑是否将产业法庭的管辖权扩大到集体劳动争议处理。①而处理集体劳动争议必然少不了劳资双方代表的参与。尽管该建议未被采纳,相关制度的安排却在建议提出前就已经预设了。该机构最初使用"产业法庭"而非"劳动法庭"也体现出当时对其管辖范围的这种思路。第三,20世纪70年代,人们普遍认为普通法院不适宜处理劳动方面的纠纷,采取三方参审制不仅能够判断孰对孰错,而且使其判决带有政治宣誓意味,便于劳资双方接受。产业法庭在其成立之初强调的并非司法性,而是其政治性和非正式性。非正式性是为了降低争议解决成本,提高处理效率。而政治性主要是为了让劳资双方代表的组织不仅能够接受法庭的裁决,并且愿意将其适用于产业关系(集体劳动关系)实践当中。

随着时间的推移,英国劳动关系出现了新的情况和变化,同时也给产业法庭的性质和地位带来了新挑战。

第一,工会和雇主组织的力量逐渐弱化,对它们在三方参审机制中的代表性的质疑不断出现。20世纪七八十年代,撒切尔夫人领导的保守党政府颁布了一系列法律,对工会的权力和活动进行限制,使得工会的政治影响力没有以前那么强大,工会的入会率也一直呈现快速下降的趋势。与此同时,工会作为三方中的一方对劳动关系调整体制的影响也就相应减弱。向劳动法庭提出诉请取代了以往的罢工手段,成为保证劳动场所秩序的措施。由于工会会员和集体谈判的减少,作为对应方的雇主组织发挥作用的机会也日渐减少,其影响力随之慢慢削弱。而不设工会组织的中小型企业在劳动关系中的地位则日益提高,因为这些企业雇用了全国约46%的劳动力。尽管传统的劳动者和雇主代表组织在劳动关系领域受到冷落,"而这些组织往往依旧为一些劳资关系机构所偏爱,或是作

---

① 劳工部当时的构想是:"产业法庭制度的重心应放在解决个别劳动者与其雇主的争议,但也应处理与工会有关的集体纠纷。"

为唯一被提名的对象,或作为参与者"①。这样就形成了参与裁审的劳资双方的"代表"同它们实际代表能力的差距。

第二,劳动法律对个别劳动权利的立法不断加强,造成劳动法庭司法性的提高和三方协商性的降低。英国政府通过立法逐步对个别劳动权利的各个方面都进行了规范,如就业权、休息权、解雇补偿和社会保障等。法律监管的范围延伸到劳资关系的许多领域,包括原先是由集体谈判调整的劳资事项,如工资待遇和劳动时间等问题。当事人提出的诉讼多是涉及个别劳动关系的争议,且有明确的法律法规作为依据,鲜有三方协商和讨价还价余地。诉讼的进行也没有必要通过当事人的代表组织,裁决结果也仅仅是法律权威的体现,而不再需要有什么特殊的政治宣誓意义,因此大部分案件涉及的争议问题都已经能从具有普遍执行力的法律上找到明确的答案。2000年5月,政府方面委托安德鲁·兰哥特(Andrew Leggat)爵士牵头成立一个工作组,对整个劳动法庭制度进行回顾和考核,并在2001年出具了一份名为《当事人的法庭:一套制度,一项服务》的报告。在这份报告中,尽管兰哥特拒绝了将"法庭"变为"法院"的建议,但是该份报告明确支持劳动法庭应具有更强的司法性——也就是强调应从法律角度判断是非,而劳动法庭司法性的加强对于参与裁判的工会和雇主代表的法律知识的要求也就会不断提高。

第三,劳动法律的复杂性显著提高,劳动法庭的法律专业性也随之增强。随着英国采用一些新的劳动法律原则,尤其是反歧视方面的法律,劳动法律变得异常复杂,裁审活动所涉及的复杂法律问题即使对职业法官来说也是一种挑战,更不用说非法律专业的陪审员了。劳动法本身已经变得越来越复杂,且劳动法庭已经获得了越来越多的管辖权,即19部劳动法案和规定所涉及的70多个法律领域,另外,法律的修改也呈现加速状态,在1997—2001年期间,劳动法有50多处改变。越来越多的劳动关系参与者开始反省,并认识到劳动法从根本上来讲并非外行人的法律。实践证明,由于管辖权的多样性和劳动法的复杂性都在提高,处理劳动法庭中的劳动争议对非法律人来说愈发是个挑战。

与此同时,三方参审制还导致劳动法庭运行效率的下降和成本的上升。由

---

① 长期以来,劳动陪审员是由工会和雇主组织推荐,然后由劳动法庭任命的。根据2004年《劳动法庭规则》之规定,这一制度仍然在使用。其中,有权推荐的工会必须是由认证官经过一套严格复杂的程序认证过的,因此很多没有申请参与认证的工会是被排除在外的。另外,如正文所述,将近一半的劳动者是在没有工会的中小企业中工作的,他们因为没有代表组织而无法推荐代表自己利益的陪审员参与劳动裁审。

于三方隶属于不同部门,而且劳资双方代表在其所属机构都有全职工作,因此组织和安排三方裁审是非常复杂和烦琐的。劳动法庭要根据各方时间表来统筹安排开庭日期,并支付劳资双方代表到庭的差旅费用。在20世纪90年代,每年维持劳动法庭运行的行政开支就已经达到约5200万英镑,其中大部分是差旅费用。针对这样庞大的运营支出,议会在1994年向助理劳工部部长提出质询,要求政府用一种与时俱进的态度审视法庭的运行,在控制财政支出和减少审理延误方面找到解决途径,以应对数量和复杂性都在增长的劳动争议案件。

为了应对上述变化,政府进行了一系列的改革。根据1998年《雇佣权利(争议解决)法案》,为了强调对个别劳动争议的关注,将"产业法庭"更名为"劳动法庭"。① 这次名称变更虽然没有重构劳动法庭的体例,但同传统"产业关系"下的集体协商模式进行切割的意味明显。同时,该法案首次允许独任法官替代三方参审机制来处理部分案件。②另外,2001年的兰哥特报告拒绝了1965年多诺万委员会提出的进一步将劳动法庭非正式化的改革方向,这也就意味着劳动法庭还是倾向于严格正式的司法模式。在2004年《劳动法庭规则》生效之后,职业独任法官审判的范围又进一步扩大。③ 同时,该法还规定了审前审查由首席法官独自进行。④ 由于审前审查涉及对所有与程序有关的初步问题、事项作出判断以及采取相应的法律措施,所以无论案件接下来是交由三方参审还是由该法官继续独自审理,审前审查对案件的后续走向都有着决定性的影响。因此,在一些评论员看来,劳动法庭的活动已经超出了劳资陪审团三方代表这一范畴。

另外,劳动法庭也在积极构建"新三方"来分流劳动争议案件,并因此取得了不小的成绩。所谓的"新三方",是指由一个外部机构劳动咨询调解仲裁局(ACAS)和两个劳动法庭内部机构即服务处(负责日常行政管理)与司法处(负责司法活动)相互协调来化解劳动争议的机制。其中,ACAS是独立在劳动法庭之外的机构,其运行模式是典型的三方协商机制。2004年《诉讼程序规章制度》进一步制度化了劳动法庭和ACAS的合作关系,该制度要求所有在劳动法庭立案的案件在庭审前接受ACAS这一外部三方机构的调解,同时劳动法庭还应及时向ACAS披露案件审理进度,以方便其随时在需要的时候再度介入调解。

---

① 参见1998年《雇佣权利(争议解决)法案》第1条。
② 参见1998年《雇佣权利(争议解决)法案》第2条。
③ 参见2004年《劳动法庭规则》第9条c款。
④ 参见2004年《劳动法庭规则》第18条。

ACAS在处理劳动争议方面保持着良好的纪录,它能调解成功37%已在劳动法庭立案的案件。① 其结果相当于将调解工作外包给专业性的三方协商平台,而不是由三方混合合议庭主持,减少了三方参审的使用率。另外,在劳动法庭服务处的组织下,预审法官(而且是职业法官)会展开庭前调查,帮当事人厘清诉求的性质,使当事人对继续诉讼的必要性有一个初步的判断,并允许当事人依据这个判断选择诉讼策略。根据劳动法庭2006年的数据,在劳动法庭立案的案件中,约30%的案件最终由于当事人选择撤诉而终止,其中大部分是在预审阶段发生的。② 也就是说,只有30%左右的案件最终是由劳动法庭裁审,如果扣除独任法官处理的案件,真正由三方参审的案件的比例就会更低。

需要强调的是,这种新三方机制虽然对劳动法庭传统的三方参审方式产生了冲击,但它以三方原则为基础来处理劳动争议的本质并未改变。当劳动争议案件在劳动法庭立案后,独任法官在预审和审判中的活动虽然弱化了三方参审在劳动法庭的内部应用,但是ACAS的介入调解又强化了三方协商在劳动调解方面之作用,实现了用外部的三方机构化解诉讼程序中的劳动争议。

就程序而言,普通法院的某些特点在劳动法庭中依然得到了体现。具体而言,劳动法庭沿袭对抗式诉讼程序,各方当事人要陈述并证明案情,法庭自身无调查权,也无权进行调解。不过,劳动法庭相较于普通法院具有更大的灵活性和非正式性,没有复杂的法律文书,也不受制于严格的证据规则,而且必须在立案后26周之内进行首次开庭。为了有效解决案件积压问题,英国于1989年建立了审前评议(pre-hearing review)机制,对案件进行评估,询问当事人是否继续诉讼,并要求当事人为法庭开庭审理交纳一定数量的押金。另外,英国保守党政府上台之后,于2013年引进了劳动争议处理收费制度,每案向当事人收取160英镑至1200英镑不等的诉讼费。劳动法庭处理的劳动争议案件也因此出现了骤降的现象。不过,2017年7月26日,最高法院判决政府这一做法违法,要求政府停止此做法,并退还已经收取的诉讼费用。对此,政府已经承诺改正,但仍强调要在保护公平正义和节约诉讼成本之间寻求新的平衡点。

对于不服劳动法庭和认证官裁决的案件,根据1975年《雇佣保护法》建立的劳动上诉法庭负责处理由此而上诉的案件。1996年《劳动法庭法》进一步明确了劳动上诉法庭的管辖权和组织架构。劳动上诉法庭的地域管辖权覆盖了英格

---

① See ETS 2006:28。
② Ibid.

兰、威尔士、苏格兰；案件管辖权涵盖了由劳动法庭和认证官作出的带有司法性质的裁决。劳动上诉法庭仅对上诉案件进行司法审查，即只对劳动法庭和认证官的程序瑕疵问题和法律适用问题进行审查，而不对案件事实进行再次认定。该做法是为了维护劳动法庭所特有的快速、经济、便民的纠纷解决机制的特点。劳动上诉法庭也是由三方人员组成，即一名法官（从高等法院和苏格兰民事最高法院的名单中选取）、两名或四名劳动关系专业人员（从具有产业关系知识和经验的候选名单中选取），且代表雇主和劳动者的专业人员人数是相等的，以避免裁决的偏差。劳动法庭、劳动上诉法庭和普通法院一样都需要遵循先例，并受上级法院判例的制约，但平级法院的判决对于这两个法庭只具有说服力（pervasive force）而没有拘束力（binding force）。

就法律程序问题而言，当事人如果对裁决不服，可以从劳动上诉法庭进一步上诉到苏格兰、威尔士的上诉法院（CA）和苏格兰的最高民事法庭，但前提是必须经过劳动上诉法庭或者是高级法官的许可。在极少数情况下，当事人可就相关法律适用问题进一步上诉到最高法院，但必须得到最高法院的许可。实践中，大部分上诉案件只能上诉到劳动上诉法庭。此外，当事人将案件进一步上诉到欧盟法院的可能性也是存在的，但随着英国脱欧程序的启动，这一可能性将不复存在。

结　　语

可以说,英国已经基本上形成了完整的劳动法律体系,法律所保护的劳动权利涵盖传统的集体谈判和个体权利的方方面面。这不仅体现了政府主动参与社会与经济管理的治国理念,而且体现了权利至上的法律原则。英国与我国在劳动法方面存在着巨大差异,但其中不乏可供借鉴的思路和方法,也有很多经验教训值得我们总结。

一、个别劳动法与集体劳动法的互动与互补

在英国,很多劳动标准存在于传统的集体合同之中,它们与国家的个别劳动法互相补充和配合,共同形成了英国特色的劳动保护体系。个别劳动法近二十年来逐渐获得充实和完善,而与此同时,集体谈判的力量却有所削弱,二者似乎存在着一种此消彼长的关系。事实上,个别劳动法与集体劳动法始终各有自己的固有领地和优势,不会被对方完全取代。例如,在工资领域,集体合同中规定的工资水平都是高于国家最低工资的,这也体现了集体合同在促进收入提高方面发挥着比国家直接立法更为重要的作用。

而且,个别劳动法和集体劳动法在落实劳动权利方面也存在着相互补充和互为支持的关系。集体合同往往是以个别劳动法为参照、结合本行业特点而制定出来的,因此它在很大程度上保障劳动基准能够获得高标准的执行。例如,很多劳动保护方面的基准法,已经成为集体合同的底线,企业劳动者甚至可以利用集体劳动关系机制来主张自己的劳动基准权利,在很大程度上节约了国家的执行成本。这也在一定程度上解释了英国个别劳动法虽然在数量上不具有优势,但实际劳动权利的水平却一直保持世界领先地位的缘由。

这种通过个别劳动法与集体合同配合规制劳动权利的方法,有很多值得我国劳动立法借鉴的地方。我国长期以来重视个别劳动立法,对集体合同在实践中的落实给予的重视不够。这就导致劳动者底线性权利成为常态性权利,集体合同无法起到提升保护标准的作用。另外,由于集体合同机制的弱化,无法对执行个别劳动法形成强力支持,导致个别劳动权利保护不到位的情况。所以,借鉴

英国个别劳动法与集体劳动法互补的模式可以有力地舒缓这一困境。

二、个别劳动法刚柔并济

英国个别劳动法在确立基准权利之时,没有墨守许多国家劳动基准广泛覆盖和刚性覆盖的做法,有意留出一些空间来适应某些特殊的传统和政策。如前文所述,英国全面覆盖的最低工资制度出台要晚于很多发达国家,但英国远早于欧洲其他国家在某些行业制定了最低工资标准,在这些行业的劳动者往往是集体谈判能力比较弱的,所以国家才进行一些直接干预。但是,对于那些集体劳动关系已经比较均衡的行业,英国立法者则提倡劳资双方通过集体谈判来厘定工资水平,从而保护双方进行集体谈判的权利和动力。

这也为我国个别劳动法的立法提供了新的思路。在个别劳动法立法过程中,并非只有大陆法系全面设定刚性基准权利这一条路可走,其实还可以考虑运用一些刚柔并济的立法手段来落实劳动者的基准权利。立法者可以把注意力放在最需要刚性劳动保护的行业和人群,通过立法强化雇主责任并严格落实。而对于那些劳动标准已经比较完善的行业和群体,立法者关注的重点不应是最低标准是否已实现,而是劳动标准的协商提升和保障机制是否完善。

三、劳动权利平衡保护

英国个别劳动法的另一个显著特点,是在制度设计过程中始终贯彻衡平法思想传统,注重对权利的均衡保护。一般认为,个别劳动法应是劳动者基本权利之法,但英国立法者对此类法律的价值取向进行了一些修正,让雇主的合理要求能够得到适当的尊重。例如,变更劳动合同的内容,根据变更的实质性程度高低,可以采用书面约定或书面通知的形式,允许以书面通知变更劳动合同的非实质性内容,改变了劳动合同变更事无巨细都需双方重新约定的僵化体制,此变通做法既符合现代工作场所变动性的特点,又顺应了工作形式灵活性的要求,维护了雇主的合理用工指挥权。相应地,英国个别劳动法在保护雇主权利的时候,也注意赋予劳动者与之相抗衡的权利。如在信息保护方面,英国法律规定,雇主有权要求劳动者根据规章或约定保守公司秘密,但与此同时,赋予劳动者对于雇主不当行为的"揭发权",从而保护公共利益、他人利益和自身利益。

此外,面对劳动关系的不断变化,英国采取两手准备来应对。一方面,英国政府近年来逐步放宽了雇主在劳动法上的责任。例如,将经济性裁员协商期缩减了一半,提高固定期限劳动者享受不当解雇的保护期等。另一方面,立法者和司法者又加强了对于零时和共享经济下的劳动者的保护,将其纳入劳动法的保护之下。这在某种程度上体现了劳动法在其当前经济形势下"降低标准、扩大覆盖"的思路。

劳动者与雇主之间关系并非一元的冲突关系,而是二元的对立与统一的关系,甚至是包含多元的矛盾与和谐的社会关系。通常情况下,劳动者作为劳动关系中相对弱势的一方,理应享受和获得法律的更多关注和保护,但不可否认的是,雇主在用工方面也有自己的合理诉求,也需要法律给予适当的保护。因此,在制定劳动法的过程中,倾斜保护应有一定的限制或制衡,防止出现矫枉过正的问题,从而伤及经济活力。英国在劳动立法中运用衡平理念保护双方基本权利的做法,无疑为我国劳动立法提供了有益的借鉴。

四、审慎厘定司法干预的界限

在处理劳动关系中最为敏感的解雇保护问题时,英国立法表现出了典型的传统与进步并存、干预与自治齿合的局面。首先,通过划分非法解雇和不当解雇,在非法解雇中保留了普通法对劳动合同的影响力,在不当解雇中引入劳动权利保护创新,确保不失传统也无阻进步。固然,将解雇保护这样一个法律行为切割成两个法律事实对待,在某种程度上增加了法律的复杂性,不利于法律的执行。然而,这样的切分除了在司法文化中保留了普通法传统之外,也有特别的作用,即可以针对劳动关系的灵活性情况进行对应保护。例如,不当解雇保护机制是为了保护较为稳定服务于某一雇主并且对继续雇佣存在合理预期的劳动者。那些主动选择短期劳动合同的劳动者由于不存在此类预期,因此难以享受到类似的保护。具体来说,英国劳动法为不当解雇保护设立了一个受雇期两年的门槛,从而排除对短期劳动者的适用。虽然这样的划分是否公平仍然存在争议,但其效果是给市场注入了活力。另外,立法者也考虑到此举可能会带来劳动关系短期化的风险,因此专门规定了固定期限劳动合同向无固定期限劳动合同转化的渠道,从而防止短期劳动合同被滥用。

此外,在确定不当解雇理由的时候,立法者尽量从正反两方面进行了规定,避免司法的武断。首先,立法列举自动构成不当的解雇理由,便于司法者作为依据来定性。其次,如果不是自动构成不当的解雇的理由,司法者不是直接认定解雇理由的正当性,而是检查雇主作出解雇决定的程序性要件是否符合规范,其中更为重要的是雇主对劳动者的违纪行为反应程度和认定的客观性。因为法律无法对实践中多样的情况作出具体规定,而如果要求司法对现实生活中林林总总的解雇理由逐一作出判断,则必然会损害法律的可预测性。我国《劳动合同法》将厘定解雇理由的权力交给企业规章制度带来的后果就是一个明证。同时,英国通过检验解雇程序正当性来判断解雇理由的正当性并非无源之水,而是建立在一套全面的纪律处分和解雇申诉程序之上的,从而有效减少了雇主滥用程序要件恣意解雇劳动者的情况。

英国劳动法经过长期的发展,基于其自身的传统和情况形成了相对鲜明的特点,其中不乏可供借鉴的经验,也有值得注意的教训。理解英国劳动法需要结合英国特殊的社会和历史背景,方能准确提炼出其规范体系。

扩展阅读文献

一、中文文献

1. 〔英〕琳达·狄更斯、聂尔伦编:《英国劳资关系调整机构的变迁》,英中协会译,叶静漪审校,北京大学出版社 2007 年版。

2. 潘峰:《论英国雇佣法上的相互信任默示条款及其启示》,载《政治与法律》2009 年第 7 期,第 128—136 页。

3. 〔英〕史蒂芬·哈迪:《英国劳动法与劳资关系》,陈融译,商务印书馆 2012 年版。

4. 孙国平:《英国行政法中的合理性原则与比例原则在劳动法上之适用——兼谈我国的相关实践》,载《环球法律评论》2011 年第 6 期,第 43—56 页。

5. 闫冬:《英国劳动基准立法》,载《中国劳动》2012 年第 12 期,第 31—34 页。

二、英文文献

1. Alan C. Neal, Collective Dismissals in the United Kingdom, in R. Cosio, *et al.*, (eds.), *Collective Dismissal in The European Union: A Comparative Analysis*, Wolters Kluwer, 2017, pp. 485-519

2. Deakins Simon, Gillian S. Morris, *Labour Law*, 6th edition, Hart Publishing, 2012.

3. Doyle Brian, *Disability Discrimination: Law and Practice*, 6th edition, Jodans, 2008.

4. Freedland Mark, Nicola Kountouris, *The Legal Construction of Personal Work Relations*, Oxford University Press, 2011.

5. Hugh Collins, *et al.*, (eds.), *Legal Regulation of the Employment Relation*, Wolters Kluwer, 2000.

6. M. Freedland, N. Kountouris, Some Reflections on the "Personal Scope" of Collective Labour Law, *Industrial Law Journal*, Vol. 46(1), 2017, pp. 52-71.

7. P. Smith, Labour Under The Law: A New Law of Combination, and Master and Servant, in 21st Century Britain? *Industrial Relations Journal*, Vol. 46(5-6), 2015, pp. 345-364.

8. Sheila Blackburn, *A Fair Day's Wage for a Fair Day's Work? Sweated Labour and the Origins of Minimum Wage Legislation in Britain*, Routledge, 2016.

第五编　美国劳动法

第一章　导　言

第一节　与美国劳动法有关的政治和司法制度

每个国家的劳动法都"镶嵌"在该国独特的政治和法律制度中。在介绍美国劳动法之前,我们将介绍与其有关的政治和法律知识,以帮助读者更好地理解美国劳动法。

一、美国的政党制度与劳动法

美国的政党制度呈现出明显的两党制,民主党和共和党是两个主要的全国性政党。无论是在政治、经济还是文化方面,两党的观点都有一定的差异。具体到劳动法,民主党希望加强政府监管来保护劳动者的利益,而共和党则主张大社会小政府,主张去监管化。虽然近些年来民主党对劳工的支持力度有所减弱,[①]但是基本不影响两党之间的差异。

另一组概念是自由派(liberal)和保守派(conservative)。一般来说,民主党人支持自由派政策,共和党人支持保守派政策。当然,这也并不是绝对的。比如,2018年6月宣布退休的安东尼·肯尼迪大法官就是由共和党总统里根提名的。在劳动法案件中,肯尼迪大法官基本上维持保守派的立场,但是在涉及民权案件时,他有时候持摇摆立场,并至少在同性恋婚姻案件中支持了自由派的

[①] 参见柯振兴:《奥巴马时代工会立法述评》,载《工会理论研究(上海工会管理职业学院学报)》2017年第2期。Also see Erik Loomis, Democrats and Labor: Frenemies Forever? http://bostonreview.net/politics/erik-loomis-democrats-and-labor-frenemies-forever, visited on Dec.19, 2017。

立场。

还需要注意的是,一些在想象中应比较中立的机构,如美国最高法院和处理工会争议的机构劳动关系委员会(National Labor Relations Board,NLRB),实际上都不可避免地被打上政治化的烙印。例如,NLRB的委员由总统提名并经参议院表决通过,民主党总统奥巴马上台后提名的委员组成委员会的多数后,委员会的一系列裁决都有利于工会。如今,共和党总统特朗普提名的委员重新占据委员会多数,新委员会也迅速推翻了奥巴马时代该委员会作出的几个重要裁决,并且重新作出的裁决明显有利于资方。[①] 最高法院的法官也有自己的意识形态,研究表明,最高法院的民主党人越多,就越可能作出有利于工会的判决。通常,多增加一个民主党大法官,最高法院作出有利于工会判决的可能性增加5%。[②]

二、美国的三权分立制度与劳动法

在美国,立法机关、行政机关和司法机关各自行使自己的权力,但是又相互制衡(check and balance)。从职权上看,国会进行劳动立法,政府执行法律的同时也颁布行政令和行政规章,法院则负责解决当事人之间的纠纷。在相互制衡方面,法院拥有宣布国会制定的法律因违宪而无效的权力,能对总统的行政令和政府部门发出的规章发布禁止令(injunction)。例如,在奥巴马执政时期,劳动部的加班费新政就被得克萨斯州地方法院叫停。对于最高法院的判决,国会可以通过立法推翻。例如,国会颁布《莉莉·莱德贝特公平薪酬法》,推翻了最高法院在Ledbetter v. Goodyear Tire & Rubber Co.[③]案中关于诉讼时效的判决;同时,国会也能审查政府的行政令。例如,奥巴马在任期内曾经颁布《平等支付和安全工作场所行政令》(Fair Pay and Safe Workplaces Rule),该行政令要求联邦政府的承包商在投标50万美元以上的合同时,必须公布过去三年内的任何违反劳动法的情况,此举也被称为"黑名单规则"(blacklist rule),对违反劳动法的企业形成制约。2016年,特朗普当选总统后,共和党占据多数的国会根

[①] See Sharon Block: Miscimarra's Parting Shot: Was It a December Massacre? https://onlabor.org/miscimarras-parting-shot-was-it-a-december-massacre/, visited on Dec. 19, 2017.
[②] See Pablo T. Spiller, Rafael Gely, Congressional Control or Judicial Independence: The Determinants of US Supreme Court Labor-relations Decisions, 1949-1988, *The RAND Journal of Economics*, Vol. 463, 1992, p. 481.
[③] 具体内容参见本编第四章第一节第三部分。

据《国会复核法》(Congressional Review Act)宣布废除了这一行政令。

三、美国的联邦制与劳动法

美国是典型的联邦制国家。美国《宪法》第十修正案将宪法未授予美国联邦政府的权利保留给各州。以最低工资为例,在联邦层面,美国最低工资标准是每小时 7.25 美元,州和地方可以设定相同或者更高的最低工资标准,但不能设定更低的标准。本编还会大量讨论关于工会、工资工时、反歧视等领域的地方立法。

不过,很多时候法官也会遇到关于联邦优先权(federal preemption)的棘手案件。以 Uber 司机的法律地位为例[1],Uber 公司认为,Uber 司机是独立承包人,不具有劳动者的身份,而西雅图市的地方立法则承认 Uber 司机有集体谈判的权利。Uber 公司向法院起诉称,《劳动关系法》只规定了劳动者的工会权利,并没有规定独立承包人的工会权利,可以认为国会故意不对这一问题进行规定。Uber 公司的主要法理依据来自 Machinists and Aerospace Workers v. Wisconsin Employment Relations Commission[2] 案判决。在该案中,美国最高法院判决指出,如果一个行为既不被《劳动关系法》所禁止,也不受《劳动关系法》所保护,可以认为是国会故意不去规范这一行为,州和地方不得对该行为立法。西雅图市议会反驳说,根据美国《劳动关系法》,五类职工被排除出劳动者的范围:公共部门的雇员、农业工人、家政工人、管理人员和独立承包人。但是,根据一些州法,前三类职工在不同程度上获得了工会权利。独立承包人的法律身份与前三类职工比较类似,而与管理人员不同。因此,即使《劳动关系法》没有赋予他们工会权利,州法和地方法律可以允许他们可以成立工会并进行集体谈判。目前,地方法院法官支持西雅图市议会的主张,Uber 一方已经向第九巡回法院上诉。[3]

四、美国的司法制度与劳动法

与美国的联邦制相对应,美国的法院系统也分为联邦法院和州法院。联邦法院和州法院的管辖权问题比较复杂,本编仅简要介绍和劳动法有关的部分。

---

[1] 具体内容参见本编第一章第三节第一部分。
[2] 427 U.S. 132 (1976).
[3] See David Gutman, Judge Temporarily Blocks Seattle Law Allowing Uber and Lyft Drivers to Unionize, http://www.seattletimes.com/seattle-news/transportation/judge-puts-blocks-for-now-seattle-law-allowing-uber-and-lyft-drivers-to-unionize/, visited on Nov.1, 2017.

一般来说,美国联邦地区法院审理涉及联邦事务的案件,如《劳动关系法》《民权法案》等都是国会通过的全国性法律,与这些法律有关的诉讼都是由联邦法院受理。从联邦法院的层级来看,每个州至少有一个地区法院(相当于基层法院),较大的州如加利福尼亚州(以下简称"加州")可能设立两至四个地区法院。再上一级就是巡回法院,全美 50 个州被划分为 11 个司法巡回区,加上首都华盛顿所在的哥伦比亚特区,一共设 12 个巡回法院。巡回法院之上就是最高法院。①

联邦法院体系之外,每个州还有州法院体系。州法院也有三个层级:初审法院、上诉法院和州最高法院。一般情况下,州最高法院的案件无法被上诉到最高法院,只有涉及联邦制定法和联邦宪法性的事项,才可以被上诉至联邦最高法院。个别劳动法的案件,只要不涉及联邦事务,通常皆由州法院处理,如解雇保护案件就是由各州法院审理。

第二节 美国劳动法的体系

一、个别劳动法和集体劳动法

美国劳动法也分为个别劳动法和集体劳动法。只不过,在本书的其他几编,反歧视法一般被归入个别劳动法部分,但是由于美国的反歧视法比较发达,本编将特别列出专章加以介绍。

需要注意的是,在美国,Labor Law 专指与工会有关的法律,主要调整集体劳动关系,而 Employment Law 则主要涉及调整个别劳动关系的法律。但是,在我国和部分欧洲国家,Labor Law 一般被直译为劳动法,涵盖个别劳动法和集体劳动法。为了本书概念上的统一,也为了对接国内的劳动法概念,本编在涉及 Labor Law 时往往直接使用劳动法这一术语。但是,读者在阅读美国劳动法文献时需要注意这个区别。

二、制定法与判例法

传统上美国是普通法国家,实行法官立法。诸如解雇保护等传统劳动法领

---

① 本编将涉及很多最高法院的判决,他们都是当事人从基层法院上诉至巡回法院,再一路上诉到最高法院的,我们无法将全部法院的观点一一列出,仅选择比较有价值的部分。

域,主要由各州法院的判例构成基本规则。

从20世纪开始,制定法也得到发展。在个别劳动法领域,主要的制定法包括规制经济性裁员的《职工调整和再培训通知法》(Worker Adjustment and Retraining Notification Act),规制工资工时的《公平劳动标准法》(Fair Labor Standards Act)以及规制劳动场所安全的《职业安全与健康法》(The Occupational Safety and Health Act)等。在反就业歧视法领域,基调性的法律是《民权法案》第七章(Title Ⅶ)。后又出台了《反年龄歧视法》(The Age Discrimination in Employment Act)、《反孕妇歧视法》(The Pregnancy Discrimination Act)等。同时,《残疾人法》(Americans with Disabilities Act)等法律也涉及反就业歧视。在集体劳动法中,主要的制定法是《劳动关系法》(National Labor Relations Act),又称《瓦格纳法》,该法具体规定了工会选举规则和雇主不当劳动行为的认定规则。后又出台了《塔夫脱-哈特莱法》(Taft-Hartley Act)和《兰德鲁姆-格里芬法》(Landrum-Griffin Act)。其中,《塔夫脱-哈特莱法》增加了工会方面不当劳动行为的认定规则,而《兰德鲁姆-格里芬法》增加了规制工会内部管理的内容。

此外,还要注意区别《统一解雇法案》(Model Uniform Termination Act)和《劳动法重述》(Restatement of Employment Law)。《统一解雇法案》由美国统一州法全国委员会(National Conference of Commissioners on Uniform State Laws)发布,该委员会已经向美国各州提供过170多项法规,这些法律文件不是真正意义上的法律,并不具有当然的权威性和约束力,仅仅为各州的立法提供一个范式或榜样。《劳动法重述》则是由美国法学会(American Law Institute)发布,同样没有法律约束力。

第三节 劳动者的基本概念

一、劳动者认定的两分法

(一)劳动者认定的两分法标准

美国劳动法采取劳动者和独立承包人(independent contractor[①])两分法。如果从业人员被认定为劳动者,则被纳入劳动法律的保护范围,如果被认定为独

---

① 在我国也被译为独立合同工。

立承包人,则不受劳动法的保护。区分劳动者和独立承包人通常有两种方法:控制权(right to control)标准和经济现实(economic reality test)标准。①

美国劳动关系的基本认定标准是控制权。控制权标准来源于普通法代理制度中的雇主责任原则(respondeat superior),《劳动关系法》(National Labor Relation Act)即采用了该标准。根据《代理法重述》(第二版),控制权标准包括雇主是否有权利控制劳动者完成工作的方式;劳动者是否融入雇主的业务,还是从事单独的业务;劳动者是否是低技术劳动者;雇主是否提供工具和材料;劳动者是否有一个连续和长期的雇佣;劳动者的报酬是否根据时间(如小时或者周)来计算,而不是根据工作本身;劳动者的工作是否成为日常经营的一部分,以及双方是否计划建立一个劳动关系。其中,最重要的判断标准莫过于雇主是否有权利控制劳动者完成工作的方式。

经济现实标准说覆盖的劳动者范围要比控制标准覆盖的宽泛一些,其主要认定标准包括:雇主控制劳动者的程度;劳动者获得利润或者遭受损失的机会;劳动者对业务的投资;雇佣关系的持久性;劳动者完成工作所需要的技能的程度以及在多大程度上工作是雇主业务的组成部分。

需要注意的是,在美国,不同法律的区分标准也不同。采取控制权标准的法律包括《劳动关系法》《雇佣退休和收入保障法》等,采取经济现实标准的法律包括《公平劳动标准法》《民权法案》《反年龄歧视法》《残疾人法》等。也有人认为,《反年龄歧视法》和《残疾人法》采用的劳动者定义事实上兼有控制标准和经济现实标准。② 这种不同法律采用不同的劳动者判断标准的模式与日本比较近似。

近几年来,由新泽西州最高法院在 Sam Hargrove v. Sleepy's, LLC 案中确立的 ABC 规则也受到广泛关注。加州最高法院已经决定接受 ABC 规则作为认定劳动关系的原则。③ 这个标准首先假设案件中的职工是法律意义上的劳动者,然后,除非雇主能证明存在以下情况,劳动关系才不会被认定。也就是说,雇主为了证明该职工不具有劳动者的身份,必须满足以下三条标准,分别是:

(1) 无论是合同约定还是事实上,该职工目前(并且继续)在工作中不受控制或者指挥。注意,这并不是说雇主控制职工工作的方方面面才算是雇主控制

---

① See Charles J. Muhl, What is an Employee? The Answer Depends on the Federal Law, *Monthly Law Review*, January 2002, pp.3-11.
② Ibid., p.6.
③ See Dynamex Operations W. v. Superior Court, 230 Cal. App. 4th 718 (2014).

职工的工作,即使该职工的工作存在一定的自主性,雇主也有可能满足这项条件。

(2) 这种服务不属于该项业务的通常组成部分,或者这种服务是在公司之外的工作地完成。

(3) 该职工通常从事的是一项独立的贸易、岗位、职业或者业务。

综上,ABC 规则的分析框架是先假设职工是一个劳动者,然后举证责任转移到雇主,由雇主来证明该职工不是劳动者。法院认为,传统的控制权标准中,没有一个因素是决定性的,法院要从总体上去考察,因此法官在审理案件时,个案之间差别很大。而使用 ABC 规则认定,需要满足的因素就比较确定。

(二) 认定标准两分法的当代困境

无论是控制权标准和经济现实标准,都是对劳动者认定采取两分法。两分法基本与 20 世纪上半叶的美国劳动关系相契合。首先,两分法与核心职工制相契合。20 世纪初期,美国开始进入机器大生产时代,工人数量急剧增长,传统的作坊管理方式已经不适应新形式。美国工厂开始采用福特制管理方式,将生产分成若干流水线,然后再将流水线切成若干环节,职工仅仅负责生产线的其中一环,并且服从工厂的指挥。而独立承包人常常从事工厂里比较边缘的工作,这些工作通常不属于机器大生产的必要组成部分。在这种制度下,比较容易判断谁是劳动者、谁是独立承包人。其次,两分法也与长期雇佣制度相契合。当时,很多企业都采取长期雇佣的政策,特别是有工会的企业(1950 年,私营企业中建立工会的比例曾经达到 31.5%)。一方面,工会在集体合同中设立了解雇保护条款,雇主只能根据正当理由解雇劳动者。另一方面,企业注重发展内部劳动力市场,让职工从进入企业伊始就接受培训,然后一步步提拔,这种方式也进一步降低了职工的流动率。因此,当一个人长期在一个用人单位工作,更容易被认定为劳动者。

从 20 世纪 70 年代开始,美国企业出现了劳动关系灵活化的趋势,自雇型劳动者、远程劳动、劳务派遣、外包等新型用工方式不断涌现,给劳动者的认定带来很多难题。而共享经济的出现,更凸显劳动关系两分法在当代劳动关系中的无力。共享经济的本意是,将个人闲置的时间和事物,通过一定渠道进行资源的重新优化配置。以网约车 Uber 公司为例,Uber 公司的一般模式是,开发一款应用程序(APP),凡是拥有汽车和驾驶证的人都可以申请成为 Uber 司机,通过 Uber 公司初步审核后即可签约。乘客登陆应用程序并发出乘坐需求,司机接受后将乘客运送到达目的地,乘客再通过信用卡支付费用。Uber 公司收到车费后,扣除部分费用和佣金,再将剩余车费返还给司机。此时,Uber 司机是否属于传统意义上的劳动者?① 如果 Uber 司机无法被认定为劳动者,他们就无法获得与劳动者身份相关联的失业保险、工伤保险、最低工资和加班工资,同时也无法获得联邦法律给予的反歧视、无薪病假(产假)等保护。

目前,法院已经初步作出判决且影响比较大的有以下四起案件:O'Connor v. Uber②,Cotter v. Lyft③,Lawson v. Grubhub Inc.④和 Razak v. Uber⑤。前两起案件的法官初步认为共享平台从业人员是劳动者,而后两起案件的法官却倾向于平台从业人员不是劳动者。

这里以 O'Connor v. Uber 为例。2015 年,加州的劳动标准执法处(California Labor Commissioner)曾认定 Uber 司机属于劳动者,有权获得失业保险等利益。之后,O'Connor 等司机向加州地方法院提起集体诉讼,要求 Uber 公司承认他们是劳动者。Uber 公司则要求法院依据简易程序驳回司机的起诉,但是被法官拒绝。

法院从五个方面审查了 Uber 公司对于司机的控制程度。

1. 工作量

Uber 公司认为,对于司机的工作量,公司仅仅要求每 180 天至少运送一位乘客,没有其他的要求。Uber 司机不需要接受公司的任何指令,完全根据自己的情况决定任务量。但是,法院指出,公司在职工手册中规定了接单比例,乘客发出请求被司机拒绝的都会记录在案,作为公司是否终止 Uber 司机合同的依据。职工手册显示:"60%的接单率太低,请将目标设定为 80%。如果你不能显著地提高接单率,公司可能暂停你的账户。"

---

① 参见柯振兴:《网约用工的规制路径及权益保障——以美国 Uber 司机为例》,载《工会理论研究(上海工会管理职业学院学报)》2017 年第 3 期。
② See O'Connor v. Uber Technologies, Inc. et al., C13-3826 EMC.
③ See Patrick Cotter, et al. v. Lyft, Inc., 13-cv-04065-VC. Lyft 也是网约车模式。
④ See Raef Lawson v. Grubhub, Inc., et al. 3:15-cv-05128. Grubhub 是外卖平台公司,司机首先在平台上注册,需要具备基本的条件,如拥有驾照和汽车保险、年满 19 周岁等。公司向司机发送订单后,司机可以选择接受或者拒绝。如果接受订单,司机需要前往餐馆取餐,开车路线由司机自己决定。司机到达餐馆或者取餐都应点击 APP 的通知按钮,餐馆也会给司机打分,但是很少有餐馆这样做。司机的送餐路线也由自己确定。在工作自由度方面,公司不会监督司机是否身穿公司的制服。在为 Grubhub 工作时,公司并不禁止职工打开其他共享平台的外卖 APP。和 Uber、Lyft 有所不同的是,关于司机的报酬,一般情况下,公司是按照外卖的次数计算服务费和奖金。如果司机完成了 75%的订单,公司则保证司机获得平均 15 美元/小时的最低工资。
⑤ See Razak, et al. v. Uber Technologies, Inc., et al., 2:16-cv-00573.

2. 工作方式和方法

Uber 司机提出，公司要求司机的着装显得专业化。公司回应称这只是建议。然而法院认为，Uber 的要求并不仅仅是建议。已经有证据显示，有司机因为未能符合着装要求而被终止合同。

3. 监督方式

因为 Uber 司机是开着自己的汽车运送乘客，Uber 公司主张无法对职工进行监督。然而，法院发现，Uber 的乘客被要求给 Uber 司机打分，Uber 司机的每一次承运都会受到顾客的监督（这种监督是为了 Uber 公司的利益，因为 Uber 公司将使用评分的排名来决定哪些司机会被排除）。因此，法院认为，司机可能在任何时间被观察到，Uber 公司对于司机的监督方式与方法的控制实际上是非常惊人的。正是在这个意义上，法官援引了福柯《规训与惩罚》一书中的句子来描述 Uber 公司的监督权力："有意识的和永久的可见状态保证了权力的自动运行。"

4. 工作时间

Uber 公司提出，司机可以选择任何时间工作。法官也认可这一点，但是同时指出，仅仅靠时间上的灵活性并不能排除雇佣关系的存在。

5. 其他因素

法院还考察了其他因素，比如，司机一般都拥有自己的车辆，并可以雇佣其他司机以自己的名义驾驶，但是法院同样认为，这些因素的重要性非常模糊。

综合上面的分析，法院拒绝了 Uber 公司通过简易程序驳回 Uber 司机的起诉的要求，该案进入正式审理阶段。法院认为，根据加州的法律，Uber 司机是否属于劳动者，既是法律问题也是事实问题，因此应由陪审团来决定 Uber 司机是否属于劳动者。然而，由于 Uber 司机的集体诉讼资格等程序问题，该案至今仍未进入正式审理程序。

二、个别劳动关系法中劳动者的特殊认定

1. 童工的规定

在美国，禁止童工的立法经历了一番周折。1916 年，美国国会通过了《基廷-欧文童工法》(The Keating-Owen Child Labor Act，也被称为 Keating-Owen Act)，禁止童工生产的货物进入州际贸易，这是美国第一部禁止童工法。1918

年,最高法院在 Hammer v. Dagenhart①案中宣布该法违宪。此后,国会尝试通过宪法修正案的方式推动禁止童工立法,但是没能成功。1938年,《公平劳动标准法》开始实施。该法首先规定了豁免条款,豁免的群体包括儿童演员、送报员、从事特定农业活动的儿童,以及为父母工作的儿童。其次,根据该法规定,14岁以下的儿童不得被雇佣;14岁到16岁之间的少年,可以在有限的时间内参加工作,但是这些工作不得影响学校的出勤,并且工作种类不得包括制造业、采矿业等劳工部认定的危险岗位;16岁到18岁之间的青年,工作时间不再受限,但是也不得从事劳工部认定的危险岗位,危险岗位包括屋顶工作、使用链锯的工作以及其他操作动力驱动的机器的工作。

同时,对于16岁到18岁的青年,法律也留有余地:他们虽然不能从事危险岗位的工作,但是可以成为这些岗位的学徒。不过,他们每天的在危险岗位工作的时间通常不能超过一个小时。

2. 实习生的规定

实习生只有被认定为劳动者,才能享有《公平劳动标准法》规定的最低工资和加班工资。2010年,美国劳工部工资工时部门发布了一个意见(Fact Sheet #71:Internship Programs Under The Fair Labor Standards Act)。根据该意见,如果符合以下要素,实习生将无法被认定为劳动者:(1)实习活动虽然包括实际操作雇主的设备,但是实习活动与教学环境下所接受的培训类似;(2)实习经历是为了实习生自己的利益;(3)实习生没有取代日常职工,其工作受到既有劳动者的近距离监督;(4)提供培训的雇主并没有从实习活动中获得即时的利益,相反,有些时候实习活动会妨碍雇主的正常经营;(5)实习生在结束实习时,并不必然会得到这份工作;(6)雇主和实习生都理解实习生在实习中所花的时间并不必然能获取报酬。

然而,劳工部的这个意见并未得到法院的认可。第二、六、九、十一巡回法院分别在不同的判决中拒绝采用劳工部的意见,反而更青睐主要利益标准。第二巡回法院在 Glatt v. Fox Searchlight Pictures, Inc.②案中指出,如果雇主在这段关系中得到的利益比实习生更多,那么实习生才会被认定为劳动者。法院认为,劳动者地位的认定需要考虑很多因素,比如,实习生接受的培训是否与其在学校接受的教学项目类似,他们是否得到学分,他们的工作是否只是协助而不是

---

① 247 U.S. 251 (1918).
② 791 F.3d 376 (2d Cir. 2015).

取代雇员等。

2017年,劳工部修改了2010年的标准,采纳了法院青睐的主要利益标准。一个实习生是否属于《公平劳动标准法》中的劳动者,需要考虑以下七种情况的程度:

(1) 实习生和雇主非常清楚地理解实习活动不存在预期报酬。任何对报酬的承诺,无论是明示还是暗示,都可认定实习生是一个劳动者。

(2) 实习提供的培训与教育环境下给予的培训的相似程度,包括与教育机构提供的诊所教学或者其他需要亲自参加的培训的相似程度。

(3) 与实习生的正常教育的捆绑程度(实习是否和课程相结合或者获得学分)。

(4) 是否通过适应学校的教学进度来调和实习与课程学习任务。

(5) 实习的期限是否限定在实习能为实习生带来益处的阶段。

(6) 实习生补充而不是取代有工资收入的劳动者的工作,同时实习活动向实习生提供非常显著的教育效益。

(7) 实习生和雇主都理解参加实习并不意味着实习结束后有权获得一份有工资的工作。

三、集体劳动法中劳动者的特殊认定

上文已经介绍了《劳动关系法》对于劳动者与独立承包人的区分采取控制权标准。① 同时,《劳动关系法》还将公共部门的雇员、农业工人等群体排除出劳动者的范围。

近年来,社会影响比较大的是私立大学的研究生(特指需要完成一定任务的助教和助研)是否属于劳动者。

在2004年的Brown University②案中,美国劳动关系委员会认为,助教和学校之间的关系主要是教育关系。要成为助教,首先就要成为一名学生。而让助教组织起来与学校进行集体谈判,会损害学术自由。何谓损害学术自由?比如,校方和助教就工作量进行谈判,助教要求减少问答题的数量以减少工作量,但是对命题教师来说,这是干涉学术自由,干涉教师对知识考察的安排。在该委

---

① 事实上,1935年《劳动关系法》并没有将独立承包人排除,在之后的《塔夫脱-哈特莱法》中才正式将独立承包人排除。
② 342 NLRB 483 (2004).

员会看来,学术自由是围绕传统学术所决定的根本性事务,如课程长短和内容、学生升级和毕业的标准、考试的管理以及其他行政和教学事务等,都是由学校和教师决定的事务。

不过,2016年,劳动关系委员会中由奥巴马提名的委员占多数,推翻了Brown University案的裁决,宣布私立大学的研究生可被认定为劳动者,可以组建工会。[①]

第四节 雇主的认定

一、雇主的认定标准

在雇主的认定标准方面,个别劳动法和集体劳动法差异不大,因此,本节对雇主概念的讨论将不作区分。

雇主阶层包括监管人员(supervisor)、管理人员(managerial employee)以及机密职工(confidential employee[②])。在现实认定中,争议比较多的是管理人员。《劳动关系法》第2条第11款对于管理人员的定义是,如果一名职工为了雇主的利益,有权代表雇主去雇佣、转移、中止、停工(layoff)、召回、提拔、解雇(discharge)、选派(assign)、奖励、处罚其他职工,负责任地指挥其他职工,协调职工的不满,或者有效建议采取以上这些行动,并且该职工行使上述权力不仅仅是日常办事或秘书办事的性质,而是需要独立作出判断,那么这名职工就是一个监管人员。

在In Re Oakwood Healthcare Inc.[③]案中,劳动关系委员会提出了监管人员的三个判断标准:第一,有权力行使美国《劳动关系法》第2条第11款提到的任一行为;第二,他们行使这样的权力不是日常办事或者秘书办事的性质,而需要作出独立的判断;第三,他们行使权力是为了雇主的利益。

在裁决书中,劳动关系委员会还对几个难点进行了解释。

"选派"是指选派职工到某个地方(如一个地点或者一个部门),确定一个工作时间(如是否轮班或者加班)或者把重要的任务交给职工,因此,选派的关键词

[①] See Board: Student Assistants Covered by the NLRA, https://www.nlrb.gov/news-outreach/news-story/board-student-assistants-covered-nlra-0, visited on Jan. 7, 2018.
[②] 如人力资源管理部门的职工,是雇主在人力资源部门的心腹。
[③] 348 NLRB 686 (2006).

在于：时间、地点和任务。如在医院，如果护士长的决定能影响护士或者助手的工作时间、工作地点和工作任务的任何一个因素，就可以认定其管理职能。"负责任地指挥其他职工"是指管理人员指挥其他职工，并且为其他职工的表现负责。如果有些其他职工表现得不好，管理人员就得承担不利后果。关于"独立作出判断"，如果一个判断仅仅是人们根据职业或者技术来作出判断，再让不熟练的职工去完成，这不是一个独立判断；独立判断针对的仅仅是作出决定时管理人员有一定的自主裁量权。最后，像护士长这类部分时间担任管理工作、部分时间仍然是普通职工的情况，他们是否是管理人员取决于其是否花费固定和大量的时间用于管理工作。其中，"固定"是针对日程安排而言，不是一个临时的顶替；而"大量的时间"一般是指其至少花费工作总时间的 10%—15% 用于管理工作。

在这里，还需要注意管理人员和专业人士（professional employee）之间的区别。现实中比较常见的专业人士包括律师，医生，科学家等，他们享有建立工会的权利，比一般的职工受过更好的教育和训练，在工作中也享有更高的自主性。同时，他们和管理人员有一些共同的特点，即对自己的业务都具有独立的职业判断（independent professional judgment），这些判断都会影响公司的政策，在现实中有时很难将二者区分开来。因此，最高法院在 NLRB v. Yeshiva University 案中指出，只要一个专业人士在一个行政岗位上，无论他作出的决定是否更多地基于管理政策而不是专业技能，都应该将其排除出专业人士的范围。也就是说，一个专业人士如果承担了监管或者管理的责任，就会被排除出专业人士的范围。

二、共同雇主判断标准

2015 年，民主党占多数的劳动关系委员会通过 Browning-Ferris 案确立了共同雇主新规则。① 在该案中，Browning-Ferris 公司的一些业务由 Leadpoint 公司派人来完成。该委员会指出，过去，共同雇主的判断标准主要是实际用工单位（也就是本案中的 Browning-Ferris 公司）是否对于劳动者有直接和立刻的控制。但是，这个标准已经不适合 21 世纪的工作场所，如果 Browning-Ferris 公司对于雇佣条件有间接的或者是未行使的（unexercised）控制，那么也应该和外包公司就违反劳动法律的行为承担责任。

同时，该委员会还对麦当劳加盟店的用工模式提出质疑。委员会总法律顾

---

① 资料来源：https://www.nlrb.gov/news-outreach/news-story/board-issues-decision-browning-ferris-industries，2018 年 1 月 7 日最后访问。

问认为麦当劳和各个加盟店构成共同雇主的关系,理由是麦当劳在很多方面实质性地控制麦当劳店职工的工作:在特许经营店加盟之前,麦当劳会对加盟店店长和经理进行培训;麦当劳提供的培训手册上包含职工数量规模、职工工作描述以及每一个工作任务需要多少时间完成等内容;在加盟店进行招聘时,麦当劳要求加盟店的招聘符合特定要求,并会为加盟店的高峰期提供工具帮忙安排排班。另一方面,麦当劳通过运营咨询商的身份来审查每一个加盟店的运作,并对其运营的改善和提高提出建议。比如,运营咨询商会指导加盟店店长减少职工配置,或者确保他们正确使用必备软件。

这种共同雇主新标准的优点是:首先,增加了责任人,这就好像在食物链中尝试找到负责任的一方。其次,为将来在不同加盟店之间组建工会铺平道路。

不过,共和党重新掌握劳动关系委员会后,委员会在2017年12月发布Hy-Brand案的裁决结果,推翻了Browning-Ferris案的共同雇主规则。共同雇主的认定恢复到之前的标准,只有当实际用工企业对劳动者存在直接和立刻的控制,用工企业和外包企业才构成共同雇主。然而,Hy-Brand案的裁决结果很快又被否定。原因是特朗普提名的委员会新委员威廉·伊曼努尔(William Emanuel)被发现其所在的律所曾经代理过Browning-Ferris案中的外包公司一方,因此委员会的监察部门认定伊曼努尔与Hy-Brand案存在利益冲突,故他参与其中的这个裁决结果被宣布无效。

第二章 个别劳动法

第一节 劳动关系的建立

一、招聘阶段的法律问题

在招聘时,用人单位往往会对劳动者进行一些背景调查。在美国,背景调查的方式有很多种,除了直接在面试中发问,还包括刑事记录调查、调查求职者的医疗记录、基因信息、药检记录以及测谎等。但是,用人单位的背景调查很可能会侵犯劳动者的隐私权,此时,就需要平衡雇主的知情权和求职者的隐私权。

在面试时,比较普遍的是询问应聘者的教育背景和工作经历,但是如果面试官在面试时询问家庭经济情况(如家里有几套房),会不会越界侵犯了求职者的隐私权?在 Cort v. Bristol-Myers Co.①案中,法官认为,原则上,如果所问的问题是对隐私权的不合理的、实质性的或者严重的干涉,那就侵犯了法律所保护的隐私权。但是,家庭以及家庭房产业类的信息,可能和工作本身没有重要的关系,也不属于对隐私权的不适当的侵犯,毕竟在美国,房产信息可以通过政府网站或者商业网站查到。

在面试中,是否可以询问求职者是否怀孕或者有怀孕的计划,或者询问是否已经结婚或者有孩子,仍然是存在争议的问题。公平就业机会委员会曾经以读者来信问答的方式提供了一份非官方意见(该意见不具有法律效力,仅供参考)。该意见认为,询问求职者是否怀孕以及有怀孕的计划,可能并不违反《民权法案》第七章关于就业歧视的规定,也不违反《反孕妇歧视法》。但是,这一提问很可能构成雇主决定是否录用的基础。因此,假设雇主最后没有录用并且雇主可能不合法地将性别或者是否怀孕作为雇佣前提,那么雇主所问的问题将是证明雇主歧视的有力证据。②

---

① 385 Mass. 300 (1982).
② 资料来源:https://www.eeoc.gov/eeoc/foia/letters/2007/pregnancy_discrimination.html,2018年1月7日最后访问。

关于信用记录,美国早在 20 世纪 70 年代就颁布了《公平信用报告法》(Fair Credit Reporting Act),对雇主的调查行为作了规定。按照该法,雇主在从信用报告机构获得消费信息报告之前(消费信息报告通常包括信用卡消费记录和还款记录),首先要书面通知求职者,因为用人单位可能会使用消费报告上的信息来决定是否录用。在得到求职者的书面同意之后,雇主还必须向出具消费报告的公司保证下列事项后方能得到消费信息报告:第一,通知求职者,得到他们的许可后方可获得消费报告;第二,遵守法律规定;第三,不允许对求职有歧视行为或者将消费报告用于不当用途。①

关于犯罪记录的调查,很多州要求州政府不得在岗位申请阶段询问申请者的犯罪记录②,或者不允许在面试的时候询问求职者的犯罪记录③,还有一些州将该义务扩大到私营企业。2015 年,时任总统奥巴马颁布行政令,要求联邦机构也实行该制度。不过,一般情况下总统的行政令不仅涉及联邦政府的雇员,也涉及联邦政府的合同工,但是这项行政令仅仅涉及联邦政府的雇员。

关于在招聘时,雇主是否可以仅仅凭借求职者过去有犯罪记录,不用考虑其他情况就可以拒绝求职者?美国有 43 个州和哥伦比亚特区允许私营雇主这么操作,但是有 6 个州要求私营雇主在拒绝求职者之前,至少考虑一下其他因素。下文各选取一个州为例。印第安纳州允许雇主询问犯罪记录,而有犯罪记录的求职者可能被禁止在健康护理、儿童护理等岗位工作。相反,在纽约州,雇主可以询问求职者的犯罪记录,但是禁止雇主绝对性地根据犯罪记录来决定是否雇佣,州法要求雇主在进行决策时必须考虑下列因素,如公共政策、工作岗位的特殊义务和责任、当初犯罪距今的时间、犯罪时求职者的年龄、犯罪的严重程度、对罪犯的改造等。

关于面试时雇主可否询问求职者的工资历史,根据彭博网的统计,目前有加利福尼亚州、特拉华州、马萨诸塞州、俄勒冈州、华盛顿州以及波多黎各州通过地方法律禁止雇主在面试时询问求职者的工资历史。另外,纽约、旧金山等城市也通过了类似的法案(纽约为第一个通过法案的城市)。

---

① See Using Consumer Reports: What Employers Need to Know, http://www.business.ftc.gov/documents/bus08-using-consumer-reports-what-employers-need-know, visited on Mar. 30, 2014.
② 一般申请表格会有"是否有犯罪记录"栏,并有一个方框用来打"√",但是现在这个方式被禁止,又称 ban the box。
③ See Louisiana Becomes Latest to 'Ban The Box' for State Jobs, https://www.law360.com/articles/805423/louisiana-becomes-latest-to-ban-the-box-for-state-jobs, visited on July 12, 2017.

支持者认为,现阶段美国依然存在男女工资不平等的现象。根据美国人口调查局的报告,同样是全日制的工作,女性的工资水平只有男性工资水平的80%。而如果现阶段女性工资水平低于男性,而未来的工资又是基于或者参考过去的工资水平而定,那么就会让工资的性别不平等现象长期化。因此,这样的法律更能让求职者通过自己的技能获得合理的工资,从而打破工资不平等的循环。

当然,并非每个州都支持这一立法。例如,密歇根州和威斯康星州都通过专门的法律,禁止本州的县市采取这类立法。又如,艾奥瓦州、北卡罗来纳州和田纳西州本身就要求地方县市在雇佣法领域不得超越州法的界限,因此这些州的县市也无法自行采取这类立法。

最后,关于劳动者的撒谎权的问题。在德国,联邦劳动法院在一系列判决中确认劳动者有权对雇主的非法提问给予不实回答。[1] 美国虽然没有这方面的立法,但是理查德·波斯纳法官曾经在一起案件中间接承认了职工的撒谎权。在Hartman Bros. Heating & Air v. NLRB[2]案中,争议点是工会会员(该案中是指已经在其他地方加入工会,并以应聘名义到新的工厂发展工会的人)是否可以通过撒谎隐瞒工会会员身份来得到工作。波斯纳法官认为,一个雇主不能仅仅因为一个人是工会会员或者工会组织者而拒绝录用该职工,因此,关于工会会员的谎言并不是非常严重的行为。如果该职工是工会会员,雇主可能会多关注该职工是否正常参加工作,但是如果雇主以此为由拒绝录用,那么法官很难支持雇主。

二、录用通知的法律效力

如果雇主决定雇佣一个人,就会向其发送录用通知书(offer letter)。但是,在这个人正式工作前,如果雇主又因为种种原因拒绝了这个人,就可能会给拟录用者带来损失。美国法院常常用承诺禁反言原则来处理这类问题。

在 Grouse v. Group Health Plan, Inc.[3]案中,Grouse 是一个药剂师,在得到 Group Health 公司的一个岗位之后,他从原来的工作单位辞职,并且拒绝了

---

[1] 参见〔德〕沃尔夫冈·多伊普勒:《德国劳动法(第11版)》,王倩译,上海人民出版社2016年版,第149页。
[2] 280 F. 3d 1110 (7th Cir. 2002).
[3] 306 N. W. 2d 114 (1981).

另一个单位的邀请。但是,因为 Grouse 无法向 Group Health 提交推荐信,他在 Group Health 的岗位被别人顶替。于是,Grouse 起诉 Group Health 要求赔偿损失。明尼苏达州最高法院应用承诺禁反言原则来支持原告的诉求,认为既然 Group Health 知道 Grouse 是从别的工作单位辞职而来,Group Health 如果不承担责任就会显失公平。[①] 不过有些地区的法院并不支持这样的判决,比如,在 May v. Harris Mgmt., Corp.[②]案中,法院认为,在解雇自由的模式下,雇主可以让劳动者先工作一天,然后马上将其辞退,这与不让职工入职的效果是一样的,都不需要承担损失。事实上,在 Grouse v. Group Health Plan 案中,Group Health 也是这么辩护的。

至于赔偿的额度,目前也没有统一的制度。比如,在 Toscano v. Greene Music[③]案中,原告为了到被告公司就职而辞去了原工作,但是被告公司后又没有让其就职。一审法院支持了原告,理由就是承诺禁反言原则,并判决高达 50 万美元的赔偿金,理由是如果没有被告的"工作",原告很可能在原工作单位工作到退休,而这个赔偿金大约就是原告在原公司工作到退休的收入总额。但是,二审法院推翻了这个判决,认为这个赔偿额的计算太牵强,因而不能得到支持(too speculative to support)。

三、劳动合同的形式和期限

美国对于劳动合同的形式基本上没有限制,口头合同也可以被履行。唯一的例外是,根据《防止欺诈条例》(Statute of Frauds),如果劳动合同持续一年以上,那么口头合同无法被履行。事实上,大部分美国劳动者都没有签订书面的劳动合同,有书面劳动合同的基本上是公司的管理和监管人员,以及部分高收入的劳动者。[④]

对于劳动合同违约诉讼,一个基本的问题是如何证明劳动合同的存在。一般来说,由声称存在劳动合同的一方承担举证责任。[⑤] 在美国,即使没有书面劳动合同,由于《公平劳动标准法》第 211 条(c)款规定,雇主必须制作和保留关于职工工资、工作时间和其他雇佣条件和实践的记录(record),这些记录应保存一

---

① 306 N. W. 2d 114 (1981).
② 928 So. 2d 140 (La. Ct. App. 2005).
③ 124 Cal. App. 4th 685 (2004).
④ See Mark A. Rothstein, et al., *Employment Law*, 4th edition, West Academic, 2009.
⑤ Ibid.

段时间,且劳动行政部门如果发起对雇主的调查,有权通过记录搜集关于劳动者工资、工作时间和其他雇佣条件和惯例的信息。因此,这些记录可以作为劳动关系存在的证据。

在劳动合同的期限方面,只要用人单位和劳动者建立劳动关系时没有约定劳动关系的期限,那么法律会默认(default)这是一个无固定期限劳动合同,并且在解雇方面实行任意解雇原则。同时,美国也存在固定期限劳动合同。雇主和劳动者根据合同的约定履行权利和义务。在解雇方面,如果固定期限劳动合同约定了解雇保护条款,而雇主在解除合同时没有遵守这些条款,则构成非法解雇。在 Krizan v. Storz Broadcasting Co.[1]案中,劳动者和用人单位签订的就是固定期限劳动合同。有一天,一名劳动者上班迟到了55分钟并且没有及时告知雇主,雇主就将其解雇。但是,法院在审理中发现,劳动者和雇主签订的合同中仅仅约定,只有当劳动者存在不服从上级等情况时雇主才可以解雇,而劳动者的迟到行为不属于劳动者不服从的情况,因此公司的解雇属于非法解雇。

需要强调的是,美国和欧洲对于固定期限劳动合同与无固定期限劳动合同区分的意义并不相同。在解雇方面,美国对于无固定期限劳动合同的解雇非常宽松,固定期限合同的解雇反而要遵守合同约定,因此比无固定期限劳动合同的解雇要严格。但是,欧洲恰恰相反,无固定期限劳动合同的解除非常严格,通常要符合法定的解雇条件;而固定期限劳动合同虽然也有解雇限制,但是只要合同到期,一般情况下劳动关系自动终止,因此固定期限劳动合同通常是以一种灵活用工的形式出现。

第二节 个别劳动法的基本内容

一、职工手册的法律地位

职工手册往往规定了职工必须遵守的基本规则,同时也是劳动者在企业内部履行各类义务、享受各项权利和待遇的依据。在美国,因为没有书面劳动合同,职工手册对于公司的人员管理显得更加重要。

对于职工手册的法律地位,各个州的规定有所不同,主要有以下几种:

---

[1] 145 So. 2d 636 (La. Ct. App. 1962).

(一) 传统合同理论(双务合同论)

传统的合同理论认为,合同由要约、承诺和对价构成。该理论也被一些法院所采用。在伊利诺伊州最高法院审判的 Duldulao v. St. Mary of Nazareth Hosp. Center① 案中,法官论证道:"首先,职工手册必须包含足够清楚的承诺,使得职工合理地相信一个要约已经发出。其次,职工手册必须散发给职工,使得职工了解它的内容并且合理地相信这是一个要约。再次,职工在学习后,必须通过开始工作或者继续提供劳动来表示接受了这个要约。最后,如果这些条件都具备,那么职工的工作就构成了一个对价。至此,一个有效的合同已经形成。"

(二) 单务合同

在美国法中,以合同双方的义务是否存在对价关系为标准,可以把合同分为单务合同和双务合同。双务合同需同时具备两个条件:合同双方当事人互负债务,双方的债务有对价关系。而单务合同则不同时具备这两个条件,即仅一方承担债务,或者是双方虽然互负债务但双方的债务无对价关系。

职工手册里的单务合同说基本上是第一种情况,即仅一方(劳动者一方)承担债务。将单务合同说引入,是为了解决传统合同的缺点,即缺乏一个双方的同意。职工手册基本都是用人单位制定并散发给职工,中间缺乏明显的谈判过程。

在明尼苏达州最高法院判决的 Pine River State Bank v. Mettille② 案中,法官解释了单务合同的四个要素(要约、传达、承诺、对价)以及职工手册是否具备这些要素。法官认为:带有承诺性质的职工手册的语言如处罚程序,可以构成一个充分的对价。传达(communication)要素的满足,是指职工手册被散发给职工。而承诺和对价这两个要素,在劳动者的继续提供劳动中得到满足。法官还特别指出,如果职工继续在岗位上工作,那就满足了对价条件,也就不需要再认定义务在技术上是相互(mutuality)的。

(三) 承诺禁反言原则

承诺禁反言原则也是一些法院论证职工手册的可执行性时经常援引的理论。当雇主面对大规模的从事相似工作的职工时,雇主可以通过向职工提供职工手册和劳动政策指南来传达劳动关系的条款。当职工阅读职工手册后,就会对职工手册中所承诺的内容产生合理的信赖,这种信赖对雇主有约束力。承诺禁反言原则的原理和单务合同的原理有些类似,因为两者都不需要返回的承诺

---

① 115 Ill. 2d 482 (1987).
② 333 N. W. 2d 622 (Minn. 1983).

(return promise)。两者的不同点在于,单务合同强调的是对价关系,即职工的继续工作代表职工接受了要约以及对价。而承诺禁反言原则强调的是合理的信赖利益,而不是承诺和对价因素。因此,采纳承诺禁反言原则的一个优势就是不需要寻找合同关系中的承诺和对价因素,只需要证明符合劳动者的合法期待。①

二、商业秘密和竞业限制

(一) 商业秘密

关于商业秘密的定义,美国统一州法全国委员会发布的《统一商业秘密法》(Uniform Trade Secret Act)认为商业秘密有两个要素:首先,商业秘密涉及的信息必须有独立的经济价值,这种价值来源于不被公众所知,并且不能被其他人以合理的方式容易地查明。其次,商业秘密持有方必须证明它已经使用了合理的手段来保证信息的秘密性。美国《侵权法重述》(Restatement of Torts)和《反不正当竞争法重述》(Restatement of Unfair Competition)也对商业秘密进行了规定,比如,《反不正当竞争法重述》对商业秘密的定义是,商业秘密是用于公司或者实体的一类信息,有充分的价值性和秘密性,使得公司相对于其他企业有实际或者潜在的经济优势。

在信息时代,对于商业秘密保护范围的讨论又有了新的发展。

Kravitz 是 PhoneDog 公司的劳动者,工作任务是在 Twitter② 上点评一些产品或者制作小视频,并附上公司网站的链接,引导他的推特上的关注者或者潜在的读者浏览 PhoneDog 公司网站。在工作了四年半以后,他的推特账户一共积累了 1.7 万个关注者。当他离开公司时,公司要求他交出推特的账号密码,然而 Kravitz 更改了密码,然后用该账户为新雇主服务,工作内容也是撰写产品评论并引导关注者等访问新雇主的网站。

Kravitz 因此被 PhoneDog 公司告上法庭。公司认为,Kravitz 用旧的推特账号引导关注者去新的竞争公司,侵犯了原公司的商业秘密。其结果是公司网站的浏览量减少,公司的广告收入下降。但是,Kravitz 认为,这些推特关注者信息都可以公开获得,并不属于商业秘密。一审法院支持了 Kravitz 的主张,公司

---

① See Matthew Finkin, et al., Working Group on Chapter of the Proposed Restatement of Employment: Employment Contract: Termination, *Employee Rights and Employment Policy Journal*, Vol. 13, 2009, pp. 122-123.

② 类似我国的微博。

随后上诉,双方最后在上诉法院经调解结束争议。①

(二) 竞业限制

在美国,大部分的州都承认竞业限制条款的有效性,但是加州是一个明显的例外。比如,加州不承认竞业限制条款的有效性。按照加州《营业与职业法典》(the California Business and Professional Code)第 16600 条:"除了本法另有规定,任何限制职工从事合法职业,贸易或者营业的合同都属无效。"按照该法规定,例外规定仅仅指营业的销售工作,或者合伙解散,以及类似的情况。之前,加州有些法院将这个例外规定进行了扩大解释,即法律并不认定竞业限制条款除了例外情况其他限制全部无效,而是对竞业限制条款进行合理的限制。但是,加州最高法院再次重申,法条没有模糊之处。如果立法机关仅仅希望限制不合理的或者过分的竞业限制条款,它会包括这样的语言。可以认为,加州最高法院再次维持了竞业限制无效的规定。

职工可以将竞业限制的合理性作为协议无须执行的抗辩。合理性包括时间限制的合理性、地域限制的合理性和工作内容限制的合理性。比如,关于工作内容限制的合理性,在微软公司诉李开复案中,李开复想从微软公司跳槽到谷歌公司被微软起诉要求履行竞业限制协议,李开复就认为,他在微软从事的是语言识别的工作,但是到谷歌是做搜索工作,属于两个不同的工作,微软不应该限制他。关于地域合理性,由法院根据个案情况分别作出判决。考虑到越来越多的公司业务都在全国甚至全球范围内完成,一些法院同意将竞业限制的地域范围扩大到全国。比如,在 Systems Concepts 案中,鉴于雇主的产品市场是一个全国市场,犹他州的法院支持其竞业限制的地域限制涵盖整个美国。但是,如果一些产品或者服务只是在本地,那么主张全国性的地域限制可能就得不到法律支持。在伊利诺伊州的 Donahue 案中,法院判决,雇主的生产和销售仅仅在伊利诺伊州北部,但是主张的竞业地域限制却包含了整个美国和加拿大,这个地域限制过于宽泛,因此法院不予支持。在另一件案子中,印第安纳州的法院也判决,职工仅仅在印第安纳州的北部工作,而竞业地域限制却涵盖了整个州,因此过于宽泛,不予支持。②

---

① See Jasmine E. McNealy, Who Owns Your Friends? PhoneDog v. Kravitz and Business Claims of Trade Secret in Social Media Information, *Rutgers Computer & Technology Law Journal*, Vol. 39, 2013, pp. 30-32.

② See Gillian Lester, Restrict Covenants, Employee Training, and the Limits of Transaction-Cost Analysis, *Indiana Law Journal*, Vol. 76, 2001, pp. 49-76.

在美国,竞业限制还有一个"蓝色铅笔"(blue pencil)规则的讨论。这个规则是指,如果雇主的竞业限制存在不合理之处,法院可对不合理之处进行限制,从而使得该协议可以得到执行。在亚拉巴马州和佛罗里达州,如果地域限制不合理,法院就有权力调整协议里的地域限制。① 而在伊利诺伊州,法院并没有采纳蓝色铅笔规则,认为这个规则会鼓励雇主在起草竞业协议时将时间和地域限制设置得过于宽泛。

三、职工的隐私权

(一)隐私权的一般规则

一般认为,隐私权最早由美国学者沃伦和布兰代斯于1890年在《哈佛法学评论》发表的《隐私权》一文中提出。最高法院在 Katz v. United States② 案中确立了"隐私的合理期待"作为是否存在隐私权的标准。"合理期待"分为主观和客观两个方面:前者是指一个人已经表现出对隐私的真实的(主观)期待,后者是指社会愿意承认该期待是合理的。值得注意的是,从表面上看,在美国法中"隐私的合理期待"主要适用于基于《宪法》第四修正案的刑事诉讼隐私保护领域。但是,侵权法领域的公共场所隐私保护的依据也主要是"隐私的合理期待"。而在职工隐私权的保护中,最重要的标准也是职工是否对隐私有合理期待。③

(二)职工隐私权的热点问题

1. 电子邮件

在 Smyth v. Pillsbury Co.④ 案中,法院判决阐释了"合理期待"标准的应用。Smyth 所在公司有一套电子邮件系统,公司向职工确认会尊重电子邮件的保密性。特别是,电子邮件不会被拦截或者作为终止劳动关系的理由。Smyth 用家里的电脑接收一封来自管理人员的电子邮件,然后和管理人员就公司的管理用电子邮件交换了意见。这些信息对公司管理有所贬低,可以说对管理层是潜在的威胁。但是,这些邮件被监控了。于是,Smyth 被公司解雇。Smyth 向法院起诉,认为公司侵犯了他的隐私权,也因此违反了公共政策,对其解雇属于非法

---

① 资料来源:http://www.btlaw.com/files/Uploads/Documents/Publications/Tom%20Gallo%202011%20Seminar%20Materials%20-%20AL%20FL%20SC%20TN.pdf,2018年3月1日最后访问。
② 389 U.S. 347(1967).
③ See Robert D. Sprague, From Taylorism to the Omnipticon: Expanding Employee Surveillance Beyond the Workplace, *J. Marshall J. Computer & Info. L.*, Vol. 25, 2007, pp. 1-36.
④ 914 F. Supp. 97(E.D. Pa. 1996).

解雇。

　　法院驳回了 Smyth 的起诉。法官分析了"合理期待"的两个因素：第一，劳动者在本案中并没有隐私权的合理期待。尽管公司曾经保证不会拦截电子邮件，但是因为电子邮件系统是整个公司共同使用，只要原告向其他人发表了非职业的(unprofessional)评论，任何合理期待就已经丧失。第二，法院也不认为一个理性人会认为雇主的拦截行为是一个显著的、高度冒犯的侵犯隐私权的行为。在法院看来，公司的防止电子邮件里出现不合适、不职业的评论甚至非法活动的权利要高于职工在这些评论里的隐私权。

2. 摄像头监控

　　在这方面比较有代表性的案件是 Hernandez v. Hillsides, Inc.[1]案。在本案中，被告 Hillsides, Inc. 是一家为被忽视儿童和受虐儿童服务的私人非营利机构，原告 Hernandez 和 Lopez 是这个机构的职工。该机构发现，在后半夜、原告离开单位后，一个不明身份的人会反复使用他们的电脑浏览黄色网页。这个行为已经违反了机构的政策，因为该机构运营的目的是成为儿童的安全港。因此，被告在原告的房间安装了一个摄像头用来监控，但是并没有通知原告。后来原告发现了摄像头，认为被告侵犯了其隐私权，便起诉到法院。在举证时，原告指出，他们有时候也会在房间里换衣服。即使几个公司高管有他们房间的钥匙，而且其房间有个"狗门"(doggy door)，有些人可以看到里面，但是他们仍然对房间的隐私有合理期待。

　　经过一审、二审，加州最高法院最后驳回了原告的起诉。法院依然是按照隐私权的"二要件"作出判决。首先，法院认可原告合理期待的诉由。除了原告提出的几点，法院还认为，被告没有明示的政策提到雇主可以用摄像头监控办公室。但是，对于第二个要件，法院认为，被告的行为并不构成对于理性人高度冒犯的行为，因为被告在使用摄像头监控时非常克制。比如，被告只在后半夜使用，争议摄像头仅仅对准电脑摆放的位置，等等。

3. 社交网络

　　在美国，加州等州的法律规定，禁止雇主为了进入职工的社交网络而向职工索要其社交账号和密码。如果职工拒绝交出其社交账号和密码，雇主不得解雇、处罚或者威胁解雇和处罚职工。雇主不得强迫劳动者加其为社交网络好友，或

---

[1] 211 P. 3d 1063 (Cal. 2009).

者强迫劳动者更改其社交账户的隐私级别。①

社交网络隐私权有时候也和劳动者的工会权利相关联。根据《劳动关系法》,法律保护劳动者为了互相帮助或者互相保护而采取一致行动,而在 Facebook 等社交网络的发言可能就是组建、引导或是准备一致行动,或者是与职工利益有关的一致行动有关系。例如,在一个非营利组织中,五名职工在 Facebook 上讨论他们的同事,并试图向经理抱怨该同事的工作表现,雇主发现后解雇了这五名职工。劳动关系委员会裁定该解雇违法,原因是这五名职工在 Facebook 上的讨论是一种一致行动,应受到法律保护。②

四、工资工时的规定

(一) 工作时间的认定

1. 工作时间的基本规定

《公平劳动标准法》是美国关于工资和工时规定的主要法律渊源。然而,对于工作时间的概念,该法仅定义了雇佣(employ),并没有给工作时间下定义。

1946 年,最高法院在 Anderson v. Mt. Clemens Pottery Co.③案判决中认为,可以被认定的工作时间"包括劳动者必须出现在雇主的经营场所内、值班或者在指定的工作场所中的全部时间"。据此,劳动者从工厂大门走到车间的时间可以被认定为工作时间,雇主应支付相应工资。判决公布后,很多劳动者向法院起诉要求雇主支付这段时间的工资。作为回应,国会通过了《门户对门户法案》(Portal-to-Portal Act),对这段工作时间进行了限制,规定下列两种情况不属于工作时间:第一,走路、骑车或者行走前往劳动者从事主要活动(principal activity)的实际履行地,或者从主要活动的实际履行地归来所占用的时间。第二,主要活动的预备活动(preliminary or postliminary)所占用的时间,即劳动者开始其工作之前或者停止工作之后的这段时间。对于什么是主要活动,最高法院认为:如果一个活动是主要活动的完整的和不可缺少的部分(integral and indispensable),那么它就是一个主要活动。

---

① 各州的具体规定参见 State Laws Ban Access to Workers' Social Media Accounts, https://www.shrm.org/resourcesandtools/legal-and-compliance/state-and-local-updates/pages/states-social-media.aspx, 2017 年 12 月 9 日最后访问。
② See The NLRB and Social Media, https://www.nlrb.gov/news-outreach/fact-sheets/nlrb-and-social-media, visited on Dec. 9, 2017.
③ 328 U.S. 680 (1946).

此外,最高法院还确立了微量原则(de minimis doctrine)。在日常工作中,如下班时间以后关闭门窗等花费的时间,从数量上看微不足道,记录又很麻烦,雇主可不支付该时间的工资。最高法院曾经在 Anderson v. Mt. Clemens Pottery Co.[1]案判决中指出,加班时间是否是微不足道的,需要考虑记录额外加班时间的操作难度、所需补偿时间的总和以及这种额外工作的常规性。但是,这一原则最近受到加州高等法院的挑战。在 Troester v. Starbucks 案中,加州高等法院认为星巴克应补偿职工下班后的工作时间——虽然每天只有几分钟,但是在过去的 17 个月中,该职工下班后的工作时间已经累积到 12 小时 50 分钟,因此星巴克应补偿该职工 102.67 美元的报酬。对于雇主很难记录这种微不足道的工作时间的问题,法官 Goodwin Liu 认为,雇主可以使用科技手段记录,或者妥善安排使得劳动者在下班后不再承担任何工作任务,或者雇主也可以估算一下该时间。

2. 工作时间认定的疑难问题

(1)更换衣服的时间是否计入劳动时间

在 IBP, Inc. v. Alvarez[2] 案中,劳动者起诉要求雇主补偿其支付穿上和脱下防护装备以及从更衣室走到肉制品加工车间的时间的工资。最高法院支持劳动者的诉求,认为穿上和脱下防护装备属于主要活动的完整的和不可缺少的部分。并且,从更衣室走到车间的时间也应该被计为工作时间。但是,最高法院指出,劳动者来到更衣室,等待穿上防护装备的时间不属于工作时间,劳动者的工作时间应从戴上第一副防护装备开始计算。

在 Sandifer v. United State Steel Corp.[3]案中,最高法院处理了另一种情况。根据《公平劳动标准法》第 203(o)条,雇主和工会可以在集体合同中约定,雇主无须支付"职工在每一个工作日开始或者结束时花费在换衣服上的时间"。钢铁厂职工 Sandifer 认为,雇主应该支付其穿上和脱下防护装备的时间的工资。问题在于,该第 203(o)条中的衣服是否包括这些防护装备?斯卡利亚代表最高院撰写了判决书。他综合了《韦氏词典》和《牛津英语词典》相关词条后认为,衣服是设计和用来覆盖身体并且通常被认为是穿戴的物品,安全帽、工作手套、束发带等都属于衣服,穿上和脱下衣服的时间都属于换衣服的时间,而根据集体合

---

[1] 328 U.S. 680 (1946).
[2] 546 U.S. 21 (2005).
[3] 134 S. Ct. 870 (2014).

同,雇主无须支付换衣服的时间的工资。①

(2) 待命时间

《公平劳动标准法》并没有给待命时间下定义。一般认为,职工被要求处于准备工作和能投入工作的状态(ready and available)的时间就是待命时间。待命的情况有很多种,雇主可以要求职工在办公地点一定距离内的地方待命,也可以要求职工在家里待命。

在 Bright v. Houston Northwest Medical Center Survivor, Inc.②案中,Bright 是医院的医疗设备工程师,医院对他提了三点要求:下班后随身携带寻呼机;必须保持待在距离医院 20 分钟路程内的地方;确保修理医疗设备时不受伤。Bright 要求医院补偿其待命时间的工资。法院认为,待命时间必须是劳动者无法有效地做自己想做的事情,而 Bright 的情况是,他在待命过程中依然可以有效使用这段时间,做自己想做的事情。因此,雇主不需要为此提供补偿。③

(二) 工时安排的法律问题

以美国的零售业为例,雇主通过软件来实时分析各个门店所需要的职工数量,影响职工数量的自变量包括上一年商店的销售趋势、国民经济活动的指标、天气的变化和政治压力等。根据这些数据,软件系统会形成一个相匹配的日程表,并提供给管理层。当相关自变量发生变化时,雇主也迅速作出相应的调整。

美国 LOFT 商场从 2007 年开始使用这种软件系统。该商场发言人称,使用该系统的目的是保证商场在正确的时间有正确数量的职工,从而为消费者提供最好的消费体验;同时,该系统也能保证职工工作日程安排总是有效率的。④ 但是,这种管理方式使得职工的工作时间变得不可预测,经常处于待命状态。Clark 是纽约曼哈顿 LOFT 商场的女职工,她的工作日程由商场根据消费者的人数情况安排:有时一个星期只需工作 15 小时,有时不但一个星期要工作 40 小时,周末还要加班。此外,她有时会被临时召去商场工作,还可能在上班时间被商场送回家休息。

由于工作时间安排缺乏规律,低收入劳动者更有可能面临家庭和工作之间

---

① 斯卡利亚还指出,眼镜、耳塞和防毒面具等不属于衣服。考虑到之后的内容涉及微量原则,此处不展开讨论。
② 934 F. 2d 671 (1991).
③ 参见沈同仙:《工作时间认定标准探析》,载《法学》2011 年第 5 期。
④ See Ramsay de Give: Shift Change: "Just-in-Time" Scheduling Create Chaos for Workers, https://www.nbcnews.com/feature/in-plain-sight/shift-change-just-in-time-scheduling-creates-chaos-workers-n95881, visited on Aug. 1, 2018.

的冲突,并承受更高的工作压力。同时,有些低收入者即使想从事第二份工作来增加收入,也会因为无法确定可以兼职的时间而不得不放弃。① 因此,已有一些地方立法尝试解决或者缓解职工的工作时间碎片化问题。

第一种立法方式是保障劳动者享有更加稳定和可预测性的工作日程。比如,按照旧金山市的规定,零售业公司必须提前两个星期向职工公布其工作日程安排。如果日程发生变动,雇主就要提供补偿:如果职工在七天之内的工作日程被改变,公司就要按照其正常的小时工资数额额外支付1—4小时的工资作为补偿。即使职工只是被要求处于随时待命状态,并没有真正去公司工作,公司也要支付其2—4小时的工资作为补偿(具体数额取决于通知期长短等因素)。

第二种立法方式是赋予劳动者在工作日程安排上的请求权(right to request)。在佛蒙特州、新罕布什尔州和旧金山市,地方立法保障职工在雇主制订工作日程时能发出自己的声音。同时,这些地方立法还保障职工不因对工作日程提出请求而被雇主歧视甚至报复。②

(三) 最低工资的相关规定

1. 最低工资的覆盖人群

在美国,按照《公平劳动标准法》,符合劳动者标准的人都有权获得最低工资,但是法律也规定了几种例外情况。

(1) 残疾人

在美国,残疾人职工虽然可以拿到工资,但是他们的工资水平往往低于最低工资(sub-minimum wage)。1938年,罗斯福总统签署《公平劳动标准法》时法律中有一些豁免条款,其中规定残疾人职工的工资可以显著低于最低工资。究其原因,是因为当时国家希望企业能多雇佣退伍老兵,这些老兵从战场归来后身上往往有伤病,找工作比较困难,因此将这一群体划出了最低工资的覆盖范围,以促进就业。

(2) 农业工人

这里的农业工人主要是指农场里的采摘工人,如采摘西红柿、葡萄等用于加工的工人。

---

① See At Least 17 Percent of Workers Have Unstable Schedules, https://www.epi.org/press/at-least-17-percent-of-workers-have-unstable-schedules/, visited on Aug. 1, 2018.

② See Julia Wolfe, Janelle Jones, and David Cooper:'Fair workweek' laws help more than 1.8 million workers, https://www.epi.org/publication/fair-workweek-laws-help-more-than-1-8-million-workers/, visited on Aug. 1, 2018.

根据美国《公平劳动标准法》,在加班工资问题上,农业工人被排除在法律保护之外。从立法的过程来看,这是当时的立法者与南方白人农场主之间相互妥协的结果。农业工人大部分分布在南方,特别是加州和佛罗里达州。

(3) 小费劳动者

在餐饮业,一部分餐馆的做法是,无论服务员是否获得小费,雇主都至少向服务员支付联邦最低工资;同时,法律也允许另一种情况,即小费可以抵消部分最低工资,也就是说,以小费为主要收入来源的服务员(tipped employee),其最低工资标准可以低于联邦最低工资标准。比如,现在联邦最低工资的标准是7.25美元/小时,而他们的最低工资是每小时是2.13美元/小时。不过,如果这些以小费为主要收入来源的服务员的工资收入在2.13美元/小时的基础上加上小费收入仍然无法达到联邦最低工资标准的,雇主就必须补足到联邦最低工资的水平。

2. 最低工资的标准

从2009年开始,联邦最低工资的标准就一直维持在7.25美元/小时,美国最低工资的增加基本上都是地方立法在推动。比如,从2017年1月1日开始,马萨诸塞州的最低工资提高1美元,至11美元/小时;加州的最低工资则提高0.5美元,至10.5美元/小时。而经济比较发达的城市如西雅图,市议会已经通过法案,计划到2021年,将最低工资逐步提高到15美元/小时。

还有一种情况是,一些州还立法禁止该州所辖的县市提高最低工资。比如,2016年年末,俄亥俄州州长卡西克签署法令,禁止该州的县和市政府将最低工资水平设定在州标准之上。该州的克利夫兰市之前一直想把最低工资最终提高到15美元/小时,而俄亥俄州的最低工资只有8.10美元/小时,尽管按计划会涨到8.15美元/小时。

(四) 加班工资

美国实行八小时工作制。早在1866年8月20日,新成立的美国劳工联合会(National Labor Union,NLU)就建议国会通过法案,强制实行八小时工作制。NLU团结了各种劳动者、农民和改革家来共同向国会施压,但是并未被通过。本来,1933年《全国工业复兴法》已经规定了八小时工作制,无奈该法案被最高法院判定违宪。直到1938年,《公平劳动标准法》才正式确立这一制度。①

按照《公平劳动标准法》,如果职工每周工作时间达到40小时以上,超出40小时的时间就是加班时间,加班费是平时工资的1.5倍。但是,加班费的适用对象并不涵盖全体劳动者,管理人员(executive)、行政人员和专业技术人员就是例外。具体而言,除了满足各自群体的工作任务,他们的年薪必须不低于23660美元。比如,一名职工从事监管工作,符合法律对管理人员的任务描述,同时年薪高于23660美元(周薪455美元),那么这名职工就属于管理人员,雇主无须向其支付加班费。② 此外,美国劳工部还有一个特殊规则:如果劳动者周薪超过455美元,并且年薪超过10万美元(包含奖金和佣金),从事管理、行政或专业技术人员的工作但并不满足法律对这三类劳动者的全部工作任务描述,则这些劳动者也属于豁免人群,即"高收入职工豁免"(highly compensated employee exemption)。

2016年奥巴马执政期间,劳工部发布了一个新规,将这三类劳动者的年薪上调到47476美元(周薪913美元),并将年薪上调至134004美元(包含奖金和佣金)。这些标准被提高后,满足条件的三类劳动者人数减少,也就意味着雇主需要向更多的人支付加班费。但是,在该新规正式实施前,得克萨斯州地方法院冻结了这一新规。劳工部虽然对地方法院的判决提出了上诉,但同时也要求法院中止相关案件的审理,并准备推出新版本的加班费规则。随后,特朗普成为新一任总统。

2019年3月,劳工部发布了新的规则,将三类劳动者的年薪标准调整为35308美元(周薪为679美元),同时将豁免的高收入劳动者年薪标准提高到147414美元。目前,该规则处于征求意见阶段,预计将于2020年1月1日起正式实施。

(五)产假和病假工资

关于产假和病假工资,在联邦法层面,1993年通过的《家庭和医疗假期法》(The Family and Medical Leave Act)规定,在私营企业(雇佣人数必须为50人以上)工作一年以上的职工,可享有12周的无薪产假。此外,从事临时性工作或者仅仅从事兼职的职工无法享受带薪产假。

---

① See Union Lobbies Congress to Mandate an Eight-hour Workday, Aug. 20, 1866, https://www.politico.com/story/2018/08/20/union-lobbies-congress-to-mandate-an-eight-hour-workday-aug-20-1866-778579, visited on Dec. 9, 2017.

② 具体的定义和测试请参见柯振兴:《美国劳动法》,中国政法大学出版社2014年版。

基于联邦立法的长期停滞，2004年，加州成为第一个提供带薪产假的州，劳动者可以从州残疾保险基金(State Disability Insurance Fund)里领取产假工资，产假期间工资为平时工资的55%。之后，新泽西州和罗得岛州也规定了带薪产假，只是产假工资水平也被打了折扣，产假工资也来源于职工自己缴纳的公共保险基金。旧金山市2017年4月通过的带薪产假法案则是一个突破，劳动者先从州残疾保险基金中领取相当于平时工资55%的产假工资，雇主则提供剩余45%的产假工资。此后，在旧金山工作的劳动者在休产假时可以拿到100%的工资。

五、仲裁程序

和我国劳动争议实行先仲裁后诉讼不同，美国的大部分个别劳动争议都是通过仲裁解决的。

仲裁制度的发展经历了两个阶段。在早期阶段，虽然美国在1925年就制定了《联邦仲裁法》(Federal Arbitration Act)，但最高法院判决对仲裁的发展非常不利。如在Wilko v. Swan[①]案中，最高法院判决，即使合同约定消费者和卖家发生争议后只能申请仲裁、不能向法院起诉，这类条款也会因为取消了消费者向法院起诉的权利而无效。仲裁真正开始发展是在1989年之后，最高法院推翻了Wilko v. Swan案的先例，确定在消费者、证券交易、银行等领域的仲裁条款都有效。在劳动法领域，1991年，最高法院通过Gilmer案确认，如果雇主和劳动者约定劳动争议通过强制仲裁解决，那么可以排除法院对年龄歧视案件的管辖权。最高法院同时指出，如果当事人同意让仲裁处理一个法定权利，那么发生纠纷后，当事人只能向仲裁机构(而不是法院)寻求解决方案，但是合同一方不能禁止对方享有法律赋予的实体性权利。

在实务中，争议比较大的是仲裁协议中是否可以约定集体行动豁免条款(collective action waiver)。与集体诉讼原理一样，劳动者为了同一个诉求，本可以加入同事提起的仲裁。但是，雇主往往会在仲裁协议中加入集体行动豁免条款，以限制劳动者的集体行动权，从而导致每个劳动者都只能单独提起仲裁。同时，相对于普通民事关系，劳动关系有其特殊性。美国《劳动关系法》第7条规定，职工为了相互帮助和保护，可以采取一致行动(如集体劳动法中的罢工)。劳

---

① 346 U.S. 427 (1953).

动关系委员会之前在 D. R. Horton①案和 MurphyOil②案中判定,集体诉讼是一种一致行动,豁免条款排除了劳动者的一致行动权,构成不当劳动行为,因此该条款不能被强制履行。

但是,法院系统对此有异议。第五巡回法院就否定了劳动关系委员会的判决③,支持豁免条款可以被强制履行,理由是《联邦仲裁法》和《劳动关系法》有冲突,《劳动关系法》第 7 条阻碍了仲裁的发展。而第七巡回法院则在 Lewis v. Epic System Corp.④案中支持该委员会的意见,认为一致行动权包括了参加集体诉讼的权利,是受《劳动关系法》保护的核心权利,是一种实体性权利,而不仅仅是程序上的权利。豁免条款取消了职工的实体性权利,因此不能被强制履行。在其他案件中,第九巡回法院支持第七巡回法院的意见,而第二巡回法院和第八巡回法院则坚持这类豁免条款没有违反《劳动关系法》。美国最高法院最后支持了第五巡回法院的意见,判定豁免条款可以被强制履行。

第三节 劳动合同的变更和解除

一、劳动合同(职工手册)的变更

在美国,对于合同变更有两种观点:一种认为合同变更需要新的对价,另一种则认为不需要新的对价。

前一种观点以 Doyle v. Holy Cross Hospital⑤案判决为代表。对于用人单位修改职工手册条款的行为,法院认为,用人单位对于职工手册的修改是单方修改,没有任何对价产生,因此这个修改对职工没有法律效力。一份合同的修改,和一份新合同的签订一样,需要新的对价才能使其成为有效合同并且可以被执行。一般地,对价意味着要约人的利益受损、接受要约的人获益,或者在谈判基础上的交换。该案中用人单位通过修改职工手册获益,反而是职工受损,因此不构成对价,所以此修改不能约束职工。

后一种观点以 Asmus v. Pacific Bell⑥案判决为代表。法院认为,要求修改

---

① 357 NLRB 184 (2012).
② 361 NLRB 72 (2014).
③ D. R. Horton, Inc. v. NLRB, 737 F. 3d 344, 362 (5th Cir. 2013).
④ 823 F. 3d 1147 (7th Cir. 2016).
⑤ 708 N. E. 2d 1140 (Ill. 1999).
⑥ 23 Cal. 4th 1 (Cal. 2000).

合同时提供额外的对价是双务合同的要求。而在单务合同中,不存在义务的相互性,不需要额外的对价,只需要合理的通知。因此,职工的继续工作构成劳动者的对价,使得单务劳动合同的变更有效。(原理参见前文的单务合同说)。

从司法实践来看,美国大多数州的法院采用后一种学说,即合同变更不需要额外的对价。

二、劳动关系的解除

(一) 劳动关系解除的基本原则:任意解雇原则

美国的个别劳动关系,其最大的特点就是任意雇佣、任意解雇(employment at will)。它的意思是,无论雇主的解雇理由是否合理(雇主甚至可以不提出理由),雇主都可以自由解雇任何劳动者,除非雇主与劳动者另有约定或因特殊事项不得解雇。

通说认为,美国的任意解雇原则来源于英国的主仆关系理论(master and servant)。英国当时的规则认为,劳动合同都是固定期限合同,具体的期限取决于合同双方的约定;如果没有约定,可根据贸易惯例确定。这一制度假定能保护双方免受对方投机行为的伤害。比如,在农业生产中,假定劳动合同的固定期限为一年,这样的话,即使冬天的时候农业劳作很少,主人也必须在秋收后保留仆人,以此保护仆人的利益。即使要解雇,主人也必须提供合理的通知期限或者正当理由。而仆人一方也必须遵守主人发出的合法和合理的命令。比如,主人出于安全考虑禁止抽烟,仆人必须服从。

早期的美国同样嫁接了这一原则。但是,到19世纪后半叶,这一原则越来越不适应社会的发展,原因是,主仆关系理论适用于家庭关系,但是美国已经超越了小家庭作坊时代,雇主开始雇佣越来越多的职工。因此,以主仆关系为代表的早期法律逐渐解体。而1872年贺拉斯·伍德(Horace Wood)的著作《关于主仆法的研究》(*A Treatise on the Law of Master & Servant*)的出版,意味着美国的任意解雇原则已经发展成熟。伍德在书中写道:"伴随我们的法律是不变的,即一个平常的或者不确定期限的雇佣被初步认定是任意的雇佣(hire at will),如果雇工想说明这是每年一次的雇佣,举证责任由该雇工承担……这是一个不确定期限的雇佣,可以按照双方的意愿终止。"

1884年,田纳西州的 Payne v. Western & Atlantic R. R. Co.[①]案判决是标志性的。法官指出,如果在劳动关系中没有约定合同期限,一般推定劳动关系是没有固定期限的。而任何没有固定期限的劳动关系都被假定适用任意解雇原则,即雇主可以在任何时刻以任何原因(无论是好原因和坏原因,甚至是没有原因)解雇职工。有意思的是,在这个案子里,法官对任意解雇的论证是从家庭关系开始:作为一个主人,我能自由解雇我的仆人吗?如果能,那么我能任意解雇我的农业工人吗?如果我能解雇一个,那么为什么不能解雇四个人呢?如果能解雇四个人,为什么不能解雇一百个、一千个?

(二) 任意解雇原则的例外

1. 简介

虽然美国的主流观点和实践是雇佣(解雇)自由,但是在当代社会,任意解雇原则也受到了一定的限制。

首先,一些制定法对任意解雇原则进行限制。比如,《劳动关系法》禁止雇主在解雇等决定中歧视工会积极分子,《民权法案》第七章禁止雇主在解雇等决定中基于种族、性别等因素对劳动者进行区别对待。在州的层面,蒙大拿州颁布了《反不当解雇法》(Wrongful Discharge from Employment Act),规定雇主只能基于合理事由解雇劳动者。在普通法方面,法院也发展出了任意解雇原则的三种例外情况:公共政策的例外、合同义务(职工手册)的例外以及合同法隐含的诚实信用和公平交易原则。

2. 任意解雇原则的三种例外情况

第一种是公共政策的例外,而第一个承认公共政策例外的是加州。在1959年的 Petermann v. International Brotherhood of Teamsters[②] 案中,Petermann 接到法院传票,要求他为他所在工作单位作证。工作单位要求他作伪证,但是被 Petermann 拒绝,Petermann 选择在法院诚实地回答问题。从法院回来后,Petermann 就被其工作单位解雇。法院认为,作伪证或者诱惑作伪证都属于违反刑法的行为,因此,在本案中适用公共政策判决解雇非法,可以督促有关各方尊重法律反对作伪证;如果判决该解雇合法,其实就是鼓励雇主和职工作伪证。之后,很多州都采纳了该原则,如华盛顿州的法院在 Danny v. Laidlaw Transit

---

[①] 81 Tenn. 507 (Tenn. 1884).
[②] 214 Cal. App. 2d 155 (1963).

Services, Inc.①案中就确认,如果职工从事下列行为而遭到雇主解雇,雇主的解雇就属于非法解雇:(1)拒绝从事非法活动;(2)履行公共责任或者义务的行为;(3)行使法律权利或者免责事项;(4)报告雇主非正当行为。

不过,各州对于公共政策的理解并不一致。首先,对于公共政策的法律渊源,每个州的认定不同,有些州规定公共政策来源于联邦、州以及地方的制定法、条例和判例法,有的州则规定为了保护公共利益而建立的职业或者行业行为的法则也算是公共政策的一种。其次,各个州对于公共政策的内容的认定也不同。

至于更具体的边界,法院也是根据个案分析。在 Gardner v. Loomis Armored Inc.②案中,华盛顿州的法院讨论了上述第二项公共责任或者义务的范围。该案案情是,某公司运钞车的保安在路途中看到有妇女被劫持,保安就去帮助解救妇女。但是,在此过程中,运钞车一直处于无人照管的状态,这违反了公司规定,公司因此将其开除。华盛顿州最高法院认为,为陷入困难的人提供帮助,也属于一种公共责任,因此公司的解雇属于违法解雇(需注意这一点其他州未必将其纳入)。

第二种是合同义务的例外,包括职工手册的例外。当雇主通过书面或者口头方式对雇佣条件特别是解雇条件作出承诺时,雇主就必须遵守。

第三种是诚实信用和公平交易原则。目前承认这一原则的州包括阿拉斯加、特拉华和蒙大拿等州。在阿拉斯加的 Mitchell v. Teck Cominco Alaska, Inc.③案中,原告以工作岗位为诱惑去追求一名女子,该女子投诉到公司,公司将原告解雇,原告提起非法解雇之诉。在法庭上,原告提出,公司每次向他了解情况,都没有耐心听他陈述,询问时间都不超过五分钟;同时,公司也没有提供一个公平的机会,之前有劳动者犯类似的错误,但是他们并没有因此被解雇,而原告却因此被解雇,公司也没有对此进行解释。综合案情,法院判决公司败诉,理由是诚实信用原则要求雇主在调查时必须做到最低限度的公平,而雇主的行为违反了这一原则。

特拉华州则将诚实信用原则归纳为下列四种情况:(1)解雇违反公共政策;(2)雇主歪曲了重要事实,而职工正是基于这个事实接受了一个新岗位或者仍然留在现在的岗位;(3)雇主利用其较高的谈判力量剥夺职工基于之前服务可

---

① 193 P. 3d 128 (Wash. 2008).
② 913 P. 2d 377 (1996).
③ 193 P. 3d 751 (Al. 2008).

确定获得的补偿;(4)雇主篡改或者操纵雇佣记录,从而造成一个虚构的解雇理由。

3. 特殊规定:内部检举人和经济性解雇

关于美国的解雇保护,内部检举人(whistleblower,也称为"告发人"或者直译为"吹哨人")的解雇保护制度非常完善。其中,内部检举人保护规则难点在于检举的内容和程序。

大多数州将检举的内容限定于违反法律的行为,这个法律是广义的法律,包括联邦法、州法以及当地的法律。很多州还将法律的范围扩展到行政法规,少数州则将法律的范围扩展到职业伦理。比如,在宾夕法尼亚州,受保护的检举不仅包括检举违反法律的行为,还包括违反那些用来保护公共利益或者雇主利益的行为规章或者职业伦理。

检举的方式理论上有很多,如召开新闻发布会、向媒体检举、向上级机关检举等,但是大多数州法规定,受保护的检举方法仅仅是向政府机关或者公共部门检举。需要注意的是,不同州对于公共部门的定义也不同,有的州包括联邦和州的行政机构,有的州还包括司法和立法部门。

此外,在向外界检举前是否需要提起内部调查程序,也是一个争议问题。以马里兰州为例,该州的《健康护理工人检举保护法》规定,在向州一级机构报告前,检举人需要经过内部报告程序。而该州的《职业安全和健康反报复法》则没有内部报告程序的规定,在该领域检举人可以直接向外界部门检举。

美国普通法对于非法解雇的保护并没有涉及经济因素。普通法对于解雇保护只有三种例外情况。直到20世纪八九十年代,美国才出现一些解雇保护的地方立法,经济因素才开始出现。

蒙大拿州的《反不当解雇法》规定,雇主解雇职工的合理原因包括企业因为生产经营的中断(disruption)或者其他合法的商业原因(legitimate business reason)两种情况。在维京群岛的《反不当解雇法》中,雇主可以解雇职工的合法情况包括企业生产经营的终止(cessation of business operation)或者因为经济困难需要裁减职工。

(三)关于裁员的特殊规定

美国对于经济性裁员的规制主要来自1988年《职工调整和再培训通知法》。该法并非针对全部雇主,所针对的是雇佣职工人数超过100人的雇主,并且这些职工在过去12个月内工作6个月以上或者每周平均工作时间不低于20

小时。

该法具体规定了两种裁员情况：工厂关闭（plant closing）和大规模裁员（mass layoff）。工厂关闭是指一个劳动场所被临时或者永久关闭，或者一个单独的劳动场所里一个或者多个车间被关闭，从而导致在30天内有50名以上职工（不包括兼职职工）失去工作。大规模裁员是指，虽然工厂没有关闭，但是在30天内一个单独劳动场所里的一个或者多个车间被关闭，从而导致超过50名职工（不包括兼职人员）失去工作（这个比例占整个车间的33%以上），或者500名以上职工失去工作（不包括兼职人员）。其中，失去工作是指：(1) 雇佣关系终止，而并不是因为合理理由被解雇，或者自愿离开，或者退休；(2) 下岗时间（layoff）超过6个月；(3) 连续6个月工作时间降低到50%以内。但是，如果雇主提供新的工作岗位，并且新岗位与旧岗位的距离属于合理通勤距离，而职工又拒绝前往，那么就不属于失去工作。

最后，按照该法规定，在上述两种情况下，雇主必须提前60天通知职工。

第三章　集体劳动法

第一节　美国工会的特征

一、由劳动者而不是企业组建工会

根据《劳动关系法》，工会必须由劳动者组建，而不是由企业组建。

这里有一个劳动法律文化冲突的经典例子。德国大众汽车公司在美国田纳西州投资建厂后，公司本来想按照德国公司的传统设立一个工人委员会（workers council）。在德国企业中，工人委员会享有广泛的权利。这些职能似乎与美国工会的功能很相似，但是由企业设立工人委员会却不符合美国的法律，因为工人委员会是由雇主成立的，就会带来是否存在雇主控制工会的嫌疑。正如《纽约时报》所报道的，它可能会被认为是公司赞助的非法工会（illegal company-sponsor union）。因此，大众汽车公司正确的做法应该是让工人成立自己的工会，如果工会能得到多数工人的支持，公司就承认该工会的法律地位。[①]

二、一元工会

排他性（exclusive）是美国工会的显著特征。按照美国《劳动关系法》第9条，在一个谈判单位（bargaining unit）里为了集体协商而被指派或者被选择出来的谈判代表，就是这个单位排他性的谈判代表。这个谈判代表由单位多数劳动者投票表决产生（majority，即工会取得50%以上劳动者的赞成票）。

同时，法律也排除了雇主与一个少数派工会集体谈判的可能性。以 Emporium Capwell v. Western Addition Community Organization[②] 案为例，工会代表劳动者与雇主签订的集体合同包含了禁止雇佣歧视的条款，即禁止基于种族、国家、性别或者年龄上的歧视。集体合同还规定了违反集体合同的申诉和

[①] See Steven Greenhouse, VW and Its Workers Explore a Union at a Tennessee Plant, http://www.nytimes.com/2013/09/07/business/vw-and-auto-workers-explore-union-at-tennessee-plant.html?_r=0, visited on Oct. 29, 2017.

[②] 420 U.S. 50 (1975).

仲裁程序。之后，一些劳动者向工会申诉，认为雇主在分配任务和晋升职工时存在种族歧视行为。工会对此事展开调查，但是拒绝了这部分职工要求进行纠察活动（picket）的请求。当雇主拒绝讨论相关事宜后，对处理结果不满的这些职工自行组织了纠察活动，并因此被雇主解雇。这些劳动者便就此向劳动关系委员会投诉。劳动关系委员会认为雇主和工会不存在违法行为，因为这部分职工的行动其实等于绕开工会要求雇主与其进行谈判，违反了谈判代表的排他性原则，所以被解雇是合理的。这部分职工后来起诉到法院，美国最高法院也认为，依照集体合同的程序规则，不认为这些人的分开抗议对于消灭种族歧视是必要的。

多元工会则以日本为代表。在日本，一个企业可能同时存在多个工会。比如，在一个拥有100名职工的工厂里，只要符合日本法律规定的成立条件，50名职工可以组建工会，5名职工也可以组建一个工会。

三、工会建立在企业层面而不是行业层面

法国、德国的工会模式与美国的工会模式的一个重要的区别是，美国将工会建在单个企业层面，而法国、德国则将工会建立在行业层面。以餐饮业为例，在法国，餐饮业联合会代表各餐饮企业与代表餐饮业劳动者的行业工会进行集体谈判，如果达成协议，政府会将谈判达成的工资和福利扩展到它们覆盖的全部的餐饮店和全部的餐饮业劳动者。

实际上，美国社会也在讨论如何向行业工会借鉴。Vox新闻网站的一篇文章认为，行业集体谈判的优势是，集体合同覆盖行业内的全部企业，如果工资上涨，则全部企业都必须接受。而企业工会的问题是，如果一家企业成立工会，工会代表劳动者通过谈判签订集体合同，劳动者工资上涨，企业成本上升，则企业可能会更加反对成立工会。①

密歇根大学法学院教授凯特·安德里亚斯（Kate Andrias）认为，这几年在很多城市开展的争取每小时15美元最低工资运动，可以看作是行业工会集体谈判的一种探索。这个运动致力于提高整个快餐业的最低工资水平，而不仅仅是单个企业的工资水平。比如，发生在2012年11月29日的纽约快餐店劳动者罢

---

① See Dylan Matthews, Europe Could Have the Secret to Saving America's Unions, http://www.vox.com/policy-and-politics/2017/4/17/15290674/union-labor-movement-europe-bargaining-fight-15-ghent, visited on Oct. 29, 2017.

工就是由来自麦当劳、汉堡王、肯德基等企业的几百名劳动者一起参与的罢工，并由服务业职工国际工会（Service Employees International Union，SEIU）提供支持。①

第二节 法律救济的程序和手段

处理集体争议的主要机构是劳动关系委员会，其主要职能有两项：第一，审批劳动者一方组建工会的选举申请并主持工会选举投票。第二，工会或者雇主认为其权利被侵犯，可以向委员会提出不当劳动行为之诉，由委员会作出裁决。② 委员会裁决的一般程序是：首先，地区分支机构受理工会或者雇主的申诉，在初步调查后决定是否立案。其次，如果决定受理，就通知双方当事人召开听证会。再次，听证会后，行政法官会根据案情作出初步裁决，并推荐劳动关系委员会采纳该裁决。最后，委员会将投票决定案件的最终裁决。委员会由五名委员组成，由总统提名并经参议院表决通过。③

不当劳动行为的救济方式主要有两种：第一，复职（reinstatement），即恢复劳动关系；第二，清偿积欠工资（back pay），补偿由于雇主不当劳动行为造成的劳动者一方的损失。以解雇工会积极分子为例，计算积欠工资的时间是从雇主的不当劳动行为（解雇决定）开始到复职为止。此外，虽然劳动关系委员会会尽快处理不当劳动行为，但是从不当劳动行为的发生到成立委员会裁定不当劳动行为，总是有一段过渡期。在这段时间里，雇主的不当劳动行为可能会持续，因此有时候委员会就会发布临时禁令，要求雇主暂时停止这些行为。

如果企业不服委员会的裁定，委员会可以向联邦巡回法院申请强制执行，企业也可以向巡回法院起诉委员会。因为委员会是一个准行政机构，巡回法院主要采取 Chevron 规则作为主要审查标准。最高法院在 Chevron U. S. A. Inc. v. Natural Resources Defense Council, Inc.④案中确立了该规则：首先，法院要审查国会是否就所争议的问题作出过明确的说明。如果国会的意图是明确的，法

---

① See Kate Andrias, The New Labor Law, *The Yale Law Journal*, Vol. 126(1), 2016, pp. 2-100.
② 不当劳动行为（unfair labor practice）是美国劳动法中非常重要的概念，指雇主和工会违反《劳动关系法》以及其他集体劳动关系立法的行为。
③ See The NLRB Process, https://www.nlrb.gov/resources/nlrb-process, visited on Dec. 19, 2017.
④ 467 U. S. 837 (1984).

院和行政机关都必须服从国会已经明确表达的意图。其次,如果国会并没有就所争议的问题作出过说明,或表达的意图比较模糊,那么法院的作用就在于判断行政机关的法律解释是否合理。即当法律对于所涉及的问题没有规定或规定比较模糊时,只要行政机关的解释是合理的,法院就予以尊重。

这里以 NLRB v. Town & Country Electric Inc.①案来说明。Town & Country 是一家没有成立工会的公司,在一次公司招聘中,11 名申请者都是 International Brotherhood of Electrical Worker(以下简称 IBEW)工会联合会的成员。IBEW 提出,如果申请者正式入职,IBEW 将为这些成员帮助 Town & Country 组建工会的行为支付报酬。公司拒绝对其中的 10 名申请者进行面试。虽然公司最后录用了其中的 1 名申请者,但是在工作几天后他也被公司解雇。被解雇的劳动者向劳动关系委员会提出不当劳动行为的指控。委员会认为,在考虑解雇行为是否构成不当劳动行为时,首先需要考虑这些人是否属于劳动者。《劳动关系法》并没有明确规定帮助企业建立工会的其他工会会员是否是劳动者,劳动关系委员会裁定这些人属于劳动者。公司不服,起诉到法院并最终上诉到最高法院,最高法院也认定他们是劳动者,其中一个理由就是根据 Chevron 规则尊重委员会的判断。

第三节 工会的组建

一、选举程序

工会的产生方式一共分为三种。第一是工会选举,核心是工会选举单位的确定;第二是谈判令(bargaining order);第三是企业和工会签订协议,企业自愿承认工会的合法地位。

(一)工会选举的一般程序

按照《劳动关系法》,如果劳动者想成立工会,首先需要获得谈判单位内 30% 以上职工的支持,方可向劳动关系委员会申请建立工会。劳动关系委员会应申请安排工会选举,工会必须得到 50% 以上职工的同意才能成立。

关于如何界定谈判单位,劳动关系委员会设定的主要标准是组成谈判单位的职工是否有一个"利益共同体"(community of interest),考虑的因素包括:劳

---

① 516 U.S. 85 (1995).

动者之间是否有不同的薪酬福利、工作时间、监督手段、培训和技术；劳动者之间的联系是否密切；从功能上，劳动者之间的工作是否结合为一体；历史上，这些劳动者是否是一个独立的谈判单元。

关于谈判单位，有两个劳动关系委员会的裁决值得关注。

第一个是"微型工会"模式。在 Specialty Healthcare[①] 案中，工会系统只寻求在注册护士群体中建立工会，劳动关系委员会认可了工会的做法。但是，雇主一方认为，如果要在谈判单位内成立工会，不能仅仅让注册护士加入工会，还应该将该单位内的其他劳动者，如社会服务助理、维护人员等，都纳入这个工会，然后一起进行是否成立工会的投票。劳动关系委员会反驳说，如果雇主认为某类劳动者被不适当地排除出谈判单位，那么此时举证责任转移到雇主，雇主需要证明这类劳动者与谈判单位内的职工共享一个"压倒性的共同利益"（overwhelming community of interest）。随后，雇主一方就该裁决上诉到第六巡回法院。第六巡回法院支持委员会的裁决，认为委员会对于哪些劳动者可被纳入谈判单位享有自由裁量权。

然而，2017年12月，这个裁决被共和党占多数的新一届劳动关系委员会推翻。

第二个是劳务派遣职工的谈判单位问题。劳动关系委员会曾经在2004年的 Oakwood[②] 案裁决中宣布，即使劳务派遣职工和正式职工享有一个利益共同体，但是如果他们的雇主不同意，他们就无法构成一个谈判单位。委员会的其中一个理由是，正式职工和劳务派遣职工利益不一致。

在 Miller & Anderson[③] 案中，委员会推翻了 Oakwood 案的裁决。委员会认为，在这个谈判单位中，既包括单独雇佣的职工，也包括劳务派遣职工，他们都为用人单位工作。因此，无论是单独受雇于用人单位还是因派遣受雇于用人单位，只要在同一个用人单位履行劳动义务，都符合法律的定义。

委员会还指出，Oakwood 案裁决要求在用人单位和派遣单位同意后，单独雇佣的职工和劳务派遣职工方能构成一个谈判单位，这并不现实。用人单位和劳务派遣单位是两个不同的商业主体，除了在业务上有联系，没有任何的共同点。综上，委员会确认，只要劳务派遣职工和正式职工构成一个"利益共同体"，

---

① 357 NLRB 83 (2011).
② 343 NLRB 659 (2004).
③ 364 NLRB 39 (2016).

就能被认定为一个谈判单位,应保证职工拥有最大程度的自由来行使职工权利。Oakwood 案的裁决否定了完全意义上的结社自由权。

(二)谈判令

谈判令这种方式比较特殊,来源于 NLRB v. Gissel Packing Co.[①]案。最高法院在该案中提到了劳动关系委员会提出的三个议题:(1)无论是《劳动关系法》还是《塔夫脱-哈特莱法》,都没有规定工会的产生仅仅限于通过选举这种方式来取得代表地位;(2)如果当建立工会的授权卡片的招募符合劳动关系委员会的标准,那就是足够可靠的标志,意味着职工希望通过谈判令来对抗违反《劳动关系法》拒绝承认已获多数授权卡片的工会的雇主;(3)当雇主有不当劳动行为,损害工会的支持并使得一个公平的选举不大可能时,谈判令是一个合适的救济方式。

最高法院围绕这三个问题进行了讨论。

首先,关于谈判令的法律地位,最高法院指出,按照《劳动关系法》第 9 条 a 款,工会的地位由多数职工指派(designate)或者选举产生。只要工会代表能展示多数支持的令人信服的证据,雇主就有义务与工会进行集体谈判。此外,1947 年《塔夫脱-哈特莱法》曾建议只保留选举方式作为唯一合法的工会产生方式,但是最终没有被写入法律。

其次,选举程序是最令人满意的确定工会是否得到多数雇主支持的方法。但是,选举的优势并不意味着通过卡片承认工会是完全无效的,因为当雇主对选举程序进行破坏时,卡片可能是最有效的——可能也是唯一的确保职工意愿实现的方法。

对于雇主提出的工会招募授权卡片劳动者会受到集体压力,最高法院认为,这种集体压力也可能出现在选举程序中,特别是在小型的谈判单位,每个投票人都可能会被游说。对于工会通过不实信息和强迫行为获得职工的授权卡片,最高法院也不认可。而如果被使用的卡片已经清楚地陈述了选举的目的,卡片的任务就应该是准确的。

在谈判令的具体运用上,最高法院具体区分了三种情况:

第一种是比较例外的情况,雇主的不当劳动行为非常粗暴和普遍,并且这种

---

① 之前我们谈到雇主言论界限时判例的名字也叫 NLRB v. Gissel Packing Co.。事实上,最高法院在这个案号下面一共审理了四个案子,这四个案子都是关于谈判令,只不过其中一个案子涉及雇主言论,最高法院也一并处理了。

行为的效果很难被传统的救济方式所消除,此时谈判令的发布就是合适的。

第二种情况,不当劳动行为没有那么普遍,但是仍然有破坏多数的力量和阻碍选举过程的趋势,此时,谈判令的发布就属于劳动关系委员会的裁量权范围。

第三种情况涉及的是微小或者不那么扩展的不当劳动行为。因为对选举机构的影响很小,所以没有必要使用谈判令。

需要注意的是,在随后的 Linden Lumber v. NLRB[①] 案中,最高法院强调,一个工会即使获得多数职工的授权卡片,但是当工会的地位被雇主拒绝承认后,工会仍然需要通过选举产生,除非雇主有不当劳动行为并且该行为伤害了选举程序。

现实中,大部分劳动者成立工会的情况都是通过投票选举产生。本编接下来主要介绍投票选举的情况。

二、招募工会会员

(一) 招募工会会员的基本规则

部分劳动者和工会积极分子在筹建工会时,第一步要做的就是招募(solicit)足够多的工会会员。但是,招募活动很可能与公司的经营管理相冲突。因此,法律比较注重保持劳动者的工会组建权与雇主的管理权或者财产权之间的平衡。《劳动关系法》并没有明确规定招募的规则,最高法院通过判例形成了如下规则:雇主禁止劳动者在工作时间进行招募活动的,除非有证据证明这样的禁令存在歧视性的目的,否则禁令一般有效。但是,除非雇主有证据证明其禁止招募行为是为了维护公司的生产或者纪律,否则即使招募行为发生在公司场地,雇主也不能禁止劳动者在非工作时间进行招募(如午餐或者休息时间)。

最高法院通过一系列判决确立了注重保护劳动者的工会组建权和雇主的管理权或财产权之间的平衡的规则。1945 年,最高法院在 Republic Aviation Corp. v. NLRB[②] 案中首次确定这一规则。在该案中,雇主认为该工会会员招募活动与公司的经营管理相冲突,并解雇了一个在午饭时间进行招募活动的劳动者。虽然《劳动关系法》并没有规定招募工会会员的具体规则,但最高法院认

---

① 419 U.S. 301 (1974).
② 324 U.S. 793 (1945).

为这样的解雇构成不当劳动行为。① 具体来说，雇主可以禁止劳动者在工作时间进行招募活动，除非劳动者有证据证明该禁令存在歧视性目的。但是，雇主不得禁止非工作时间的招募活动，除非雇主有证据证明该禁令是为了维护公司的生产或纪律。因此，雇主没有权利禁止劳动者在工作时间外招募工会会员，即使是在雇主的场地内招募也不能禁止。除非是在特殊情况下，这样的禁止对于保障公司的生产和纪律是合理的，否则就是对劳动者工会组建权的不合理的妨碍。

对于什么是"特殊情况"，最高法院并没有定义，而是根据各种不同的情况进行个案处理(case by case)。下文以 NLRB v. Baptist Hospital, Inc.②案为例来讨论这个规则的适用。

在1974年之前，Baptist 医院一直禁止在医院内进行工会会员招募活动。后来，劳联产联开始支持这家医院的劳动者组建工会。作为回应，医院决定，在医院内能被公众接触或者使用的场地不能进行工会会员的招募，这些场地包括大厅、礼品店、自助餐厅、医院一楼大厅、其他楼层的走廊、休息室以及卫生间。对于其他未对病人和访客开放的场地，劳动者可以在非工作时间开展招募工会会员的活动。劳动者投诉到劳动关系委员会，委员会认为，这样的安排妨碍了职工的工会组建权，构成了不当劳动行为。医院不服，提起诉讼并一直上诉到最高法院。

对于自助餐厅、礼品店和一楼大厅，最高法院认为，劳动者可以在非工作时间到这些地方招募工会会员。最高法院认为，病人离开其病房的楼层或者到自助餐厅吃饭，都必须得到特别的准许。病人通常都在医院的二楼以上区域，只是有些病人偶尔会到一楼大厅。而医院方面并没有提供关于病人使用自助餐厅、礼品店或者到访一楼大厅的次数。从这些证据可以合理推断，只有那些被认为能承受公共领域活动的病人才会被允许访问医院的这几个地方。并且，医院方也作证，至少发生在公共领域（如自助餐厅）的某些招募活动不大可能对病人产生显著的不利影响。因此，医院禁止劳动者在这些区域进行工会会员招募，理由并不充分。

对于二楼及以上楼层的走廊和休息室，最高法院并不同意劳动关系委员会的看法，并援引了其他案件的材料加以说明："在一定程度上，走廊里的拥挤会阻

---

① 参见《劳动关系法》第7条规定的工会权利包括职工的工会组建权。同时，该法第8条a款第1项规定，职工在行使第7条规定的权利时，雇主有干涉、限制或者强制行为的，构成不当劳动行为。
② 442 U. S. 773 (1979).

碍医务人员的工作并干扰病人和其他访客。走廊的快速且无障碍的通道对于医院有效率的运营和特定急救服务的成功是非常必要的……"因此,最高法院认为,劳动关系委员会没有充分的证据来推翻雇主的这一禁令。

还有一种情况是,招募活动的组织者并非本公司的劳动者,而是来自外界的工会组织(常常是地区的工会联合会),他们经常会到没有建立工会的公司去招募工会会员,并继而动员他们建立工会。这种招募活动有时候也会和公司的财产权发生矛盾。公司不许非本公司劳动者进入公司场地,理由是他们未经允许就进入公司场地,属于非法进入(trespass)。

美国最高法院在1956年的NLRB v. Babcock & Wilcox Co.[1]案中第一次就这个问题作出判决。Babcock & Wilcox公司一共有500多名劳动者,40%的劳动者就住在附近的城镇,其中有90%的劳动者开车上班,到达公司后将车停在公司的停车场。外界的工会组织就在停车场散发传单招募工会会员。公司随后禁止这些人进入停车场。该工会组织便向劳动关系委员会投诉。劳动关系委员会认为,这个停车场以及从停车场到大门的人行道,是散发传单的唯一的安全和可行的地方,因此公司的禁令构成不当劳动行为。公司则就这个决定向法院起诉。

最高法院并不同意劳动关系委员会的决定。首先,最高法院区分了劳动者和非劳动者在《劳动关系法》中的地位。如前所述,如果是本公司的劳动者在非工作时间招募工会会员,即使在公司的场地也是被允许的。但是,非本公司的劳动者就没有这样的权利。其次,最高法院认为,劳动者是否愿意去组建工会取决于劳动者从外界学习建立工会所带来的利益的能力。因此,假如工厂或者劳动者生活的区域的地理位置超过了可以与外界工会进行沟通的合理距离,那么雇主必须允许外界工会进入其场地进行招募。但是,在本案中,这个工厂靠近很多劳动者生活的社区,通常的信息传递方式,如通过邮件寄送到劳动者的家庭住址、在街道上与劳动者交谈、通过电话交谈等都是可行的。因此,当其他手段可行时,法律不允许外界的工会组织使用雇主的场地来招募工会会员。

Lechmere, Inc. v. NLRB[2]案是一个类似的案件。Lechmere Shopping Mall是一家沿着公路开发的商业区,Lechmere公司自己经营的商店在商业区的南端,商业区还分布着其他商店,商业区旁边就是公路。商业区的停车场由

---

[1] 351 U.S. 105 (1956).
[2] 502 U.S. 527 (1992).

Lechmere 公司及其他商店共有,同时停车场被宽约 46 英寸的植草带分开,植草带属于公共区域。食品和商业工人联合工会(United Food and Commercial Workers Union,UFCWU)想招募 Lechmere 公司的劳动者组建工会,便在一家当地的报纸上刊登广告,但是回应者寥寥。之后,该工会工作人员便去商业区的停车场,将传单贴在停车场里的汽车的挡风玻璃上,Lechmere 公司禁止了这种行为。他们又站到植草带向进入停车场的车辆派发传单。同时,他们还从机动车辆管理局(Department of Motor Vehicles,DMV)获得劳动者的名字和地址,将工会的宣传单寄到这些劳动者的家里,以及通过电话或者上门去招募工会会员。而劳动关系委员会和法院需要处理的问题是,公司禁止 UFCWU 到停车场派发传单,是否构成不当劳动行为?

最高法院再次重申了 NLRB v. Babcock & Wilcox Co. 案确立的标准,即当且仅当外界工会无法接触到劳动者时,平衡雇主和职工的利益才是必要和合适的。关于什么是"无法接触到劳动者"的情况,最高法院举例说明,如在伐木场、矿场以及高山度假村,那里的劳动者与建构我们社会的普通信息的流通处于隔绝状态,因此外界工会很难开展招募活动。

在本案中,UFCWU 接触劳动者的方式可以是邮件、电话或者上门,都能联系到很多劳动者,并且指示牌和广告也能满足这一目的。UFCWU 无法证明工会"无法接触到劳动者",所以最高法院认为,公司的禁令是合理的,不构成不当劳动行为。

此外,在工会招募过程中,还存在"精英名单"(excelsior list)规则。如果劳动者缺乏关于工会活动的其中一个可选项的信息,就会阻碍他们在投票中的自由选择权。委员会裁定,雇主必须向工会提供职工的总名单,又称"精英名单",以确保工会支持者能在投票前向每一个职工说明情况。

(二)招募的新方式:公司的电子邮件系统

随着信息化的到来,法律也开始处理一些新问题,如电子邮件和社交媒体对于工会会员招募的影响。以 Purple Communications[①] 案为例。该公司在其职工手册里规定,公司的电脑、互联网、电子邮件等公司设备只能用于公司事务,并列出几项禁止劳动者使用互联网的情况,其中包括禁止代表与公司没有专业或者商业联系的组织或者个人参加活动。

---

① 361 NLRB 126 (2014).

2012年秋,美国劳联产联试图在该公司组建工会,认为公司的电子通信政策妨碍了工会选举中劳动者的自由选择,构成不当劳动行为,并投诉到劳动关系委员会。首先,劳动关系委员会强调电子邮件对于办公室工作的重要性。根据2008年的一项统计,即使在公司的正常工作之外,约96%的劳动者会使用互联网、电子邮件或者手机来保持工作联系,并且雇主也接受了劳动者对于电子邮箱的一些私人使用。同时,劳动关系委员会还强调了电子邮箱与一般雇主财产的不同,认为电子邮箱因为其灵活性和性能而与早期的通信设备不同。一个劳动者使用电子邮箱几乎不会干扰其他人使用电子邮件系统或者增加使用成本。相反,公告栏在公告信息时只有有限的空间;复印机在复印时必须按顺序处理,并且任务太多时会堵塞;播音系统,每次只能发送一份信息。因此,电子邮件作为一种劳动者之间持续的和互动的通信手段,是之前的设备所不能提供的。

其次,委员会认为应该以 Republic Aviation 案为起点。在 Republic Aviation 案中,劳动者之间主要的沟通方式是面对面的口头沟通。而在本案中,电子邮件已经成为劳动者之间沟通的重要通道(一种新的有效的自然聚集地)和论坛(具有共同利益的劳动者寻求在影响工会组织生活和其他与劳动者的地位相关的问题上说服同事)。两者都是再正常不过的沟通方式,具有一定的可比性。根据 Republic Aviation 案的结论,劳动关系委员会认为,在非工作时间,除非雇主能证明特殊情况下使用电子邮件并不合适,能够合法进入雇主电子邮件系统的劳动者有权利使用电子邮件行使包括工会组建权在内的各项权利。

三、雇主的权利

(一)雇主的言论自由权

《劳动关系法》并没有对雇主和劳动者在工会组建过程中的言论自由权作出规定。NLRB v. Gissel Packing Co.[①]案是讨论雇主言论自由权的基础案例。

在该案中,Gissel 公司总裁得知劳动者要组建工会后,就找劳动者谈话,劝说他们放弃组建工会的想法。首先,他特别强调了1952年那场长时间的罢工"几乎使得公司破产",他担心劳动者可能正在忘记过去的教训。其次,他强调公司的财务仍然是如履薄冰,并且母公司在其他地方有足够的生产能力,因此一场罢工可能导致工厂的关闭。再次,拟参加罢工的劳动者年纪大,如果到社会上重

---

① 395 U.S. 575 (1969).

新找工作,他们的技能实用性也有限,因此,如果因为罢工失去了工作,可能很难再就业。最后,他警告那些不相信工厂会关闭的人,去考察一下附近好多有工会的工厂已经破产。

在工会选举前,总裁再次给劳动者写信,标题为"你们还在想另一场 13 周的罢工吗?"在选举前两天,总裁又一次给职工写信,标题是"让我们看一下记录",声称他们这个地区因为工会的要求,已经丧失了 3500 个岗位。此信的第一页画了一幅卡通画,展示了本公司的"坟墓"以及刻有其他公司名字的"墓碑",并声称这些公司都是工会的受害者。在选举前一天,他再次呼吁劳动者拒绝工会。他反复强调工厂的财务状况很危险,可能的罢工将伤害公司的正常运营,而劳动者的年龄和缺乏技能将使他们的再就业非常困难。最后,该公司的工会未能成立,工会向美国劳动关系委员会投诉,认为公司总裁的言论构成了不当劳动行为,并一直上诉到最高法院。

最高法院首先认为,雇主的言论自由不能被工会或者劳动关系委员会所侵害。《劳动关系法》第 8 条 c 款规定,任何看法、争论或者观点,只要不包含报复(对方)的威胁或者利益的承诺,都不是不当劳动行为的证据。但是,最高法院也认为,对雇主言论自由的准确范围的评估必须在劳动关系的背景下考察,雇主的权利不能大过法律赋予职工的工会组建权。

最高法院继而认为,只要雇主的言论不包含报复(对方)的威胁或者利益的承诺,雇主可以自由地发表其对于工会的任何一般性言论,或者关于特定工会的特定言论。雇主甚至可以对工会活动给公司带来的确切影响作出预测(prediction),但这种预测的措辞必须是在客观事实的基础上传达雇主的意见——一个它所不能控制但可能可以被证明的结果,或者管理层已经作出的决定。但是,如果雇主的声明仅仅是根据一个与经济现实无关并且只有他自己知道的原因,这个声明就不再是基于已掌握事实的合理的预测,而是基于误传和强迫的一个报复对方的威胁,这样的言论则不受法律保护。最高法院援引其他判决书指出,一个雇主只能告诉劳动者,他本人合理地相信破产是组建工会的可能的经济后果,这个经济后果也不受他的控制,且破产的警告不是仅仅基于他个人意志的经济报复的威胁。

在本案中,仔细审查公司总裁发出的材料,并不是基于可证明的经济后果的预测,而是一种报复对方的威胁。这些材料所传达的信息是公司处于严峻的经济状况,工会很有可能通过罢工获得潜在的不合理的要求,最后的结果就像这个领域其他工厂的状况所暗示的,就是关闭,而劳动者将很难再从别处找到工作。因此,这些言论不是预测工会活动将不可避免地导致工厂关闭,而是威胁无论经济形势好坏都要开除劳动者。最高法院指出,第一,雇主的基本假设是工会将举行传闻中的罢工(尽管工会直到现在还没有向工厂提出任何要求),但是雇主没有提出任何的证据来支持这一假设。雇主也承认,将本地区其他工厂关闭的原因归于工会活动,实际上并没有依据。第二,劳动者一般对于工厂关闭的传闻特别敏感,因此会将这种暗示当成强迫性的威胁而不是诚实的预测。

雇主抗辩说,关于被允许的预测言论与所禁止的威胁言论,它们之间的区别太模糊。相应地,劳动关系委员会的裁量权就变得不受控制。最高法院回应说,作为控制雇佣关系的雇主,对于雇佣关系也最了解,雇主不可能抱怨说他对自己的行为缺乏有效的指引。至于是预测言论还是威胁言论,确实是容易被逾越或者翻转的边缘地带(brinkmanship),但雇主能非常容易地使自己的观点为劳动者知晓,而不至于卷入这个边缘地带。最起码,它能很简单地控制自己不要故意夸大其词来误导职工,从而避免被认为是威胁性的言论。

(二)雇主能否给予劳动者即时利益

在 NLRB v. Exchange Parts Co.[①]案中,最高法院讨论了雇主是否有权利在即将选举工会举行时向劳动者提供经济利益。

在该案中,Exchange Part Co. 的劳动者计划在 1960 年 3 月 18 日举行工会选举。1959 年 12 月,公司领导宣布浮动假日(floating holiday,类似带薪休假,雇主提供的一项福利)放在 12 月 26 日,同时宣布 1960 年还有一个浮动假日。1960 年 2 月 25 日,公司领导与劳动者共进晚餐,公司领导宣布公司正在考虑 1960 年的额外假期是浮动假日还是劳动者生日;对于即将到来的工会选举,公司领导指出,工会扭曲了一些事实,即使没有工会劳动者也能得到一些利益,并力劝劳动者投票反对工会。

同年 3 月 4 日工会选举前,劳动者收到公司的卡片,载明内容有:(1) 公司的声明;(2) 历数了 1949 年以来公司给劳动者带来的利益;(3) 宣布 1960 年的福利是一个生日假期,以及一个新的假期加班工资计算系统——将提高劳动者在那几周的工资;(4) 宣布一个新的假期安排,使得劳动者能将周末和其他假期连接来延长休假时间。最后,筹建中的工会在选举中未能取得多数劳动者的支

---

① 375 U.S. 405 (1964).

持,工会未能成立。

劳动关系委员会认为,宣布生日假期、保证加班工资和假期福利都是公司吸引劳动者反对工会成立的行为,违反了雇主不得干涉工会组建的条款。

最高法院也认为,《劳动关系法》不仅禁止雇主的侵略性威胁行为和许诺行为,也禁止雇主作出迅速有利于劳动者的行为,因为这些行为的明确目的是侵犯劳动者的支持或者反对的自由选择权,是"天鹅绒手套里的拳头"(fist inside the velvet glove,即表面上很善良,但是暗藏危险)。

(三)工会建立后雇主能否关闭工厂

最高法院在 Textile Workers Union of America v. Darlington MFG. Co.① 案中讨论了这一问题。

Darlington 工厂坐落于南卡罗来纳州。1956 年,工厂的劳动者拟成立工会。工厂对此表示反对,并且威胁如果工会成立,工厂将因此关闭。1956 年 9 月,工会赢得选举后正式组建。Darlington 的老板 Millken 随后建议召开董事会,讨论关闭工厂事宜。同年 11 月份,工厂被关闭,工厂的机器设备也在 12 月份被拍卖。需要注意的是,Millken 除拥有 Darlington 外,还在其他地区拥有类似的工厂。工会向劳动关系委员会提出,关闭工厂的行为构成不当劳动行为,构成对工会支持者的歧视。

劳动关系委员会调查后认为,雇主关闭工厂是因为敌视工会,并且 Darlington 只是雇主拥有的工厂之一,雇主关闭 Darlington 而保留其他的工厂,等于是对已建立工会的工厂的一种歧视。因此,劳动关系委员会要求雇主支付 Darlington 劳动者的积欠工资,直到他们找到新工作为止,并且将他们列入 Millken 其他工厂招工的优先名单。Millken 不服,上诉到法院,上诉法院认为雇主有关闭工厂的权利。官司一直打到最高法院。

最高法院认为,工厂关闭分为整体关闭和部分关闭(partial closure,这里的部分关闭不是指关闭一个工厂的部分车间,而是指当雇主拥有不止一个工厂时,仅仅关闭其中的一个工厂)。对于整体关闭,最高法院认为,雇主可以关闭自己的工厂,即使这个关闭是对劳动者成立工会的报复,也不属于不当劳动行为。最高法院赞同上诉法院的说法:"法律不能强迫一个人成为劳动者或者保持劳动者的身份,也不能强迫一个人成为雇主或者保持雇主身份,双方都可以享有义务的

---

① 380 U. S. 263 (1965).

免除而从雇佣关系中撤出。"最高法院也认为,一些雇主的决定属于雇主管理特权的特殊事项,不会构成不当劳动行为。"如果一个商人想结束业务,我们没有从法律的立法目的看到任何清楚地显示该商人不能选择结束自己的业务的规定,也没有从对《劳动关系法》的任何清晰的司法判例中看到这点。"

此外,最高法院还指出这种行为与外逃工厂(runaway shop,指雇主为了逃避与工会集体谈判的义务,关闭已建立工会的工厂,将其转移到另一个地区并且聘用非工会会员的劳动者)之间的区别。最高法院认为,一个彻底的工厂清算不是给雇主带来类似的未来利益(future benefit),雇主这样做的原因更多的是反对工会而不是业务原因,但是这也不是《劳动关系法》所禁止的歧视行为。

而部分关闭则涉及歧视的问题。部分关闭会给其他工厂的工人带来压力(如果这种压力是可以合理预见的),毕竟其他工厂的劳动者会担心建立工会后工厂也会被关闭。最高法院认为,如果一个雇主决定关闭支持工会组织的工厂,并且雇主的行为符合以下三个条件,将构成不当劳动行为:(1)对另一个工厂感兴趣(不管这个工厂是否隶属于或者参与和被关闭工厂相同的商业活动),并有足够的物质上的承诺。即另一个工厂将从不鼓励工会活动中获得利益。(2)为了实现这个目标,关闭了原工厂。(3)与另一个工厂建立关系,使得另一个工厂的劳动者产生现实的可预见性的恐惧。即如果他们坚持工会组织的活动,他们的工厂也会被关闭。

最高法院判决指出,劳动关系委员会仅仅调查了 Darlington 关闭对其劳动者的可以预见的影响,没有调查这个关闭决定对于 Millken 所拥有其他工厂的劳动者是否产生可以预见的影响。因此,不能得出关闭 Darlington 工厂行为对于其他工厂的工会运动产生负面影响的结论,不能认定构成不当劳动行为。最高法院遂将案子发回劳动关系委员会重新审理。

劳动关系委员会按照新的规则裁定关闭 Darlington 的行为对 Millken 拥有的其他工厂的雇员产生了负面影响,因此构成了不当劳动行为。上诉法院也支持了这一裁决。1980 年,也就是 24 年之后,双方才达成和解,工厂一共向当初因关厂而失去工作的职工支付 500 万美元积欠工资,但是此时很多工人已经不在人世。

四、特殊情况

(一)纠察

《劳动关系法》并没有对"纠察"下一个定义。在 United Brotherhood of

Carpenters Local 1506（Eliason & Knuth of Arizona）[①]案中，劳动关系委员会认为，纠察是指人们拿着纠察的标语牌，在企业或者车间的进口处来回地巡逻。对于纠察来说，核心的行为不是仅仅举着纠察的标语牌，而是包含举着纠察的标语牌和在车间的进口处来回地持续地巡逻，由此造成纠察人员与欲进入车间的人员之间的对抗或者对峙（confrontation）。对抗成为纠察概念的核心，并在各类案件中得到确认。在 NLRB v. Furniture Workers[②] 案中，劳动关系委员会发现，纠察人员仅仅将纠察的标语挂在工厂门前的杆上或者树上，而纠察人员则坐在附近的汽车里，因此委员会认为这是一个不具备成立条件的纠察。法院则将该案发回重审，认为该委员会在考虑何种程度上的对抗才构成纠察活动时不够明确。1967 年，在 United Furniture Workers of America, AFL-CIO v. NLRB[③] 案中，该委员会再次确认纠察的一个必要条件是在工会会员与想进入工厂的劳动者、消费者或者供应商之间的对抗。

纠察一般有两个作用，第一是给雇主施加压力，要求雇主在集体谈判或者承认工会地位上作出让步。第二是向其他劳动者和与该企业有业务往来的公司传达其目标和要求，同时也向社会传达其目标和要求。由此可见，纠察行为是一种"行为和沟通"的混合体。

在这个意义上，我们区分了纠察和发传单的行为。对于想进入工厂的第三方群体，纠察不仅仅具有说服性，还带有制止性（deterrent），即通过设置纠察线对第三方群体施加影响。而发传单仅仅是说服性质，成功与否主要取决于观点是否具有说服力。[④]

仅仅有行为而无沟通的情况常常见于二次纠察（secondary picket）。假设 A 公司平时都把产品卖给一家独立的 B 公司。A 公司工会与雇主在集体谈判上有纠纷，便到 B 公司的门口举行纠察，要求 B 公司停止与 A 公司开展业务，这就是一个二次纠察。其实，B 公司和 A 公司内部的集体谈判没有直接联系，因此 A 公司的工会来到 B 公司开展纠察活动，并不存在任何实质上的沟通，不符合纠察的成立条件。此时，A 公司的工会构成了不当劳动行为，即 A 公司的工会为了强迫 B 公司停止与 A 公司的交易，存在威胁、强迫或者限制 B 公司的行为。

---

① 355 NLRB 159 (2010).
② 337 F. 2d 936 (2d Cir. 1964).
③ 388 F. 2d 880 (4th Cir. 1967).
④ See DeBartolo Corp. v. Gulf Coast Trades Counc., 485 U. S. 568 (1988).

在纠察中，还有一类特殊的纠察行为：为承认工会而斗争的纠察。筹建中的工会往往会在提交工会选举申请前争取更多职工的支持。但是，当一个还未正式宣告成立的工会实施下列纠察行为时，根据《劳动关系法》第8条b款7项，很有可能构成不当劳动行为。

第一，当雇主已经根据本法合法地承认了任何其他工会组织，该工会（本条中的工会都是指未正式宣告成立的工会）提出其他不合适的问题。

第二，在之前的12个月内，工厂已经根据本法举行了一次有效的选举。劳动者在之前的选举中不支持成立工会，之后该工会在工厂前进行纠察活动，纠察标语上写着"选举不公"，构成不当劳动行为。

第三，我们用Hod Carrier Local 840（Blinne Construction Co.）[①]案为例加以解释。1960年2月2日，三名劳动者想组建工会并要求雇主承认工会的地位，被雇主拒绝。2月8日，其中一名劳动者被雇主转移到其他工厂。当天，筹建中的工会开始举行纠察活动，要求雇主承认工会的地位，活动持续到1960年3月11日。其中，3月1日，工会就劳动者被调离的事情向劳动关系委员会申诉，认为雇主存在不当劳动行为。3月22日，劳动关系委员会驳回该申诉，此时，该工会才向劳动关系委员会提出工会选举的请求。根据《劳动关系法》，关于工会选举的请求应该在纠察开始后30天内提出，因此委员会并未批准这场选举。而法律之所以如此规定，是因为担心举行纠察的工会只代表少数人的利益，因此敦促该工会尽快申请选举。

（二）工作权利法

1. 工作权利法简介

工作权利法（Right to Work）并不是指一个特定的法案，而是美国很多州禁止工会对非工会会员收代理费或者将收取代理费作为雇佣前提的立法的统称。[②] 工作权利法和美国独特的工会结构有关。美国工会在单位中具有排他性的地位，一个单位只允许成立一个工会，代表全体劳动者（包括未参加工会的劳动者）与雇主进行集体谈判。而未参加工会的劳动者，不缴纳会费也能获得集体谈判的利益，就产生了"搭便车"的问题，如果不解决，逐利心理会让劳动者倾向于不加入工会却享受工会带来的利益。

[①] 135 NLRB 1153 (1962).
[②] 在阅读本书时，需要注意Right to Work一词的语境。在美国劳动法中，Right to Work指工作权利法，但是在欧洲一些国家，Right to Work指的是工作权。

对此，历史上有两个解决办法。第一个办法是封闭式工厂（closed shop），要求雇主只招收愿意加入工会的劳动者。一旦劳动者退出工会，雇主必须解雇他。封闭式工厂已经被 1947 年《塔夫脱-哈特莱法》所禁止。第二个办法是"工会工厂协议"（union shop contract），该协议要求新职工在入职后的一定期限内加入工会，否则就会被解雇，或者允许新职工不加入工会，但要和工会会员一样缴纳会费。《塔夫脱-哈特莱法》允许各州立法限制甚至禁止工会工厂协议，这也是工作权利法的由来。

共和党一直支持工作权利法。从意识形态来看，共和党一直主张小政府大社会，反对各种监管，主张个人自由，自然也反对工会强制非工会会员缴纳会费的做法。从政治角度来看，工会一直是民主党的票仓，如果工会能收取更多的会费，工会就会越来越强大，因此，即使为了击败民主党，共和党也必须支持工作权利法，打压工会力量。最新研究发现，当一个州通过了工作权利法，那么在总统选举中，该州民主党的选票会下降 3.5%。①

2. 州层面的工作权利法

工作权利法的地方立法有两波浪潮。第一波是《塔夫脱-哈特莱法》颁布后，北卡罗来纳、佐治亚等南方州迅速跟进，推行工作权利法。第二波则是在 2010 年之后，共和党在威斯康星、密歇根等州的地方选举中获胜，随后这些州均通过了工作权利法。② 2017 年，肯塔基州成为第 27 个通过该立法的州。

民主党则采取了两种抗争方式。一种是发动民众反对该法。比如，密苏里州的情况是，前任州长是民主党人，因此即使共和党人控制了州议会并通过了工作权利法，州长依然可以否决。2016 年州长选举后，新任州长为共和党人。共和党控制的州议会再次通过工作权利法后，新任州长也不再阻扰，该法随即生效。但是，该州的民主党人成功地将废除该州工作权利法纳入本州的公投项目，并动员选民通过公投程序废除了该法。③

另一种则是向法院起诉工作权利法违宪。工会认为，工作权利法是州政府在没有合理补偿的情况下征收了工会的财产，违反《宪法》第五修正案。威斯康星、西

---

① See J. Feigenbaum, et al., From the Bargaining Table to The Ballot Box: Political Effects of Right to Work Laws(No. w24259), National Bureau of Economic Research(2018), pp. 5-6.

② See Dau-Schmidt, Kenneth Glenn, Winston Lin, The Great Recession, the Resulting Budget Shortfalls, the 2010 Elections and the Attack on Public Sector Collective Bargaining in the United States, Hofstra Lab. & Emp. LJ, Vol. 29, 2011, p. 407.

③ See Missouri Blocks Right-To-Work Law, https://www.npr.org/2018/08/08/636568530/missouri-blocks-right-to-work-law, visited on Oct. 16, 2018.

弗吉尼亚等州通过工作权利法后,工会相继起诉,并且分别在威斯康星和西弗吉尼亚州基层法院胜诉。然而,西弗吉尼亚最高法院和威斯康星州上诉法院均推翻了州基层法院的判决,认为工会的理由并不成立,工作权利法继续有效。

3. 公立部门的工作权利法

早在1977年,最高法院在 Abood v. Detroit Board of Education[①]案中对工会会员费问题作出了如下裁定:如果非工会会员职工的代理费被用于集体谈判,则工会收取代理费合法。如果代理费被用于政治行动(如投放广告支持政党候选人),则工会收取代理费违反关于言论自由的《宪法》第一修正案。在当时的最高法院看来,集体谈判并不属于政治行动,因此需要区别对待。

2015年,最高法院受理了 Friedrichs v. California Teachers Association[②]案。原告瑞贝卡·弗利德利奇斯是加州一所公共学校的教师,因为与教师工会意见相左而退出工会。之后向法院起诉,认为工会向非工会会员的职工收取代理费这一行为违反了美国《宪法》第一修正案。理由是,公立部门工会如何使用工会经费体现了工会的政治主张,是一种公共言论。而美国《宪法》第一修正案保护言论自由,意味着公立部门不能强迫个人为其不认同的政治主张买单,因此公共部门工会不得强迫非工会会员的职工缴纳代理费。

当时,最高法院有五位反对工会的保守派法官和四名支持工会的自由派法官。正当人们以为公立工会一方即将败诉时,保守派法官斯卡利亚突然去世,最高法院投票结果为4∶4,并没有形成一个不利工会的判决。

2017年,这类案件又卷土重来。9月份,最高法院宣布将受理新的公立部门工会会费案(Janus v. AFSCME[③])。该案原告马克·亚努斯(Mark Janus)是伊利诺伊州公立部门的雇员,他没有加入美国州县和市政工人联合会(AFSCME)工会,但是被要求支付工会会费用于工会的集体谈判。他认为这是强迫他支持工会的议程,违反了《宪法》第一修正案的言论自由权,故向法院起诉。鉴于最高法院新任大法官尼尔·戈萨奇(Neil Gorsuch)属于保守派,保守派大法官人数再次占优,这次公立工会就没有那么幸运了。果然,保守派5票对自由派4票,工会一方败诉。

由塞缪尔·阿利托(Samuel Alito)大法官撰写的多数派意见再次肯定了工

---

① 431 U.S. 209 (1977).
② 136 S. Ct. 1083 (2016).
③ 585 U.S. ＿＿ (2018).

会会费和公共言论的关联。直接的关联是,公立部门的雇员由州政府拨款,由工会代表劳动者与州政府就工资等问题进行集体谈判,这直接关系州的财政问题,当伊利诺伊州政府想削减预算时,工会明确表示了反对,工会还反对保险金改革和税改等议题。对此,阿利托大法官写道,如果认为公立部门关于这些议题的言论不涉及重大的公共利益,恐怕也是不符合现实。判决书还列举了其他情况,比如,教师工会对政府的教育政策发声,有些工会甚至还对气候变暖等社会议题发声。因此,这种情况下还要求不支持这些主张的劳动者缴纳会费支持工会的主张,实在是有违言论自由的选择。

判决书还指出,虽然 1977 年最高法院在 Abood v. Detroit Board of Education 案中确认工会会费的合宪性,但是今天的公立工会比当年的更加强大,并且用于政治言论的财政支出也越来越多。该案判决对于言论自由的保护存在缺陷,并且在近几年的其他案件(如 Knox v. Service Employee[①] 和 Harris v. Quinn[②])中饱受批评,因此有推翻先例的必要。

而对于工会主张的搭便车问题,即不缴费的劳动者也能享受工会集体谈判的待遇,判决书回应道,相比宪法对言论自由的保护,搭便车问题就不是一个特别重要的问题了。

非工会会员不用再交会费,这将严重打击公立部门工会的实力。考虑到美国工会整体上已经非常弱,而公立工会算是其中还不错的一支,可以预见该判决对整个工会的负面影响都会很大。

第四节　集体合同的法律问题

一、集体合同的性质和特点

集体合同虽然是一种合同,但却是一种非常特殊的合同。关于集体合同的性质,有信托说、利他合同说、两个双务合同叠加说等。1944 年,最高法院在 J. I. Case Co. v. National Labor Relations Board[③] 案中认为,劳动者在集体合同中是受益的第三方(employee as a third party beneficiary to all benefits of the

---

① 567 U.S. 310 (2012).
② 573 U.S. ___ (2014).
③ 321 U.S. 332 (1944).

collective trade agreement)。沃尔特·H. E. 耶格(Walter H. E. Jaeger)认为,虽然集体合同适用利他合同原理的做法饱受批评,但是批评的人也承认这个原则已经被大部分的法院所采纳。①

关于集体合同的特点,克莱德·W. 萨默斯(Clyde W. Summers)总结了以下四点,以区别于普通合同。②

1. 多层次的合同当事人和复杂的条款

即使是最简单的集体合同,也至少涉及三方的关系:劳动者、雇主和工会。同时,有些时候,劳动者的人数更是数以万计。这是普通合同所不能涵盖的。而集体合同的条款也是相当复杂多样。

2. 合同的不完备性

合同的不完备性是指,集体合同不可能事无巨细地规定劳动关系的方方面面。其理由也是多样的,如谈判双方都希望把一些潜在问题暂时搁置以达成协议(毕竟不是每类劳动纠纷都会发生,而如果雇主和工会对每类可能的纠纷都进行谈判,则不太现实)。因此,当集体合同没有涵盖或者没有预见的问题发生时,就需要调整合同或者双方重新谈判。

3. 谈判关系的强迫性

按照《劳动关系法》,集体合同的双方都有谈判的义务。也就是说,只要雇员一方选出工会,工会再向雇主提出谈判的要求,即使雇主拒绝谈判,法律也会强迫其坐到谈判桌前。当然,法律只是强迫雇主一方参与谈判,并不会干涉谈判的具体内容。

4. 集体合同的承继性

形式上,大部分的集体合同都有一个固定的期限。待期限结束,合同便会终止,合同双方重新开始谈判。实践中,虽然新合同可能会改变一些条款,但是大部分的权利义务条款,无论是实体和程序的,一般都不会改变。

二、集体谈判的原则

(一)诚实信用原则

诚实信用原则是集体谈判的基本原则。首先,需要确认仅仅拒绝同意一个

---

① See Walter H. E. Jaeger, Collective Labor Agreements and the Third Party Beneficiary, *Boston College Law Review*, Vol. 1, 1960, pp. 125-150.

② See Clyde W. Summers, Collective Agreements and the Law of Contracts, *The Yale Law Journal*, Vol. 78, 1969, pp. 525-575.

建议或者一个提案很难被证明违反了诚实信用原则。例如，在 NLRB v. American National Insurance[①]案中，雇主坚持在集体合同中写入一个广泛的管理功能条款，这个条款给予雇主在很多雇佣的条件和条款中不受审查的自主权。而法律并不强迫集体谈判双方签订任何合同，劳动关系委员会也不能通过直接或者间接的方式强迫任何一方让步或者代理判断集体合同的实质性条款。

其次，什么情况属于雇主违反诚实信用原则的情况？我们以几个判例为例。在 NLRB v. A-1 King Size Sandwiches, Inc.[②]案中，雇主和工会在过去的 11 个月里进行了 18 轮谈判，已经达成了工会承认条款、工厂方位条款等。但是，在其他方面，雇主坚持对于工资、纪律、解除等条款有绝对权利，并有权从谈判单位移除工作岗位，还拒绝了工会的禁止歧视的提案。法院认为，雇主是在坚持对于与其职工有关的全部有意义的事项进行完全控制，这样的行为就不是诚实信用地进行集体谈判。

博尔维尔制度（Boulwarism）是通用公司前副总裁莱米尔·博尔维尔（Lemuel Boulware）首创的一种谈判策略。即在谈判中，一方直接给出最终的条件并拒绝给对方回旋的余地。比如，在和工会的谈判中，博尔维尔告诉劳动者，公司已经评估了劳动者的需求，给出了"最好的、最终的、最优的提议"，并拒绝进一步的谈判。因此，这种谈判策略以博尔维尔命名。这种谈判也违反诚实信用原则。

还有两类常见的违反诚实信用原则的情况是压迫性谈判和敷衍性谈判。其中，压迫性谈判（regressive bargain）是指，一个公司在进行了好几个月的谈判后，突然抛出一个最终方案，这个方案提出的薪资方案比之前的谈判都要苛刻，并且公司还提出，如果在最终方案上的谈判进入僵局，公司将启用替代措施。敷衍性谈判（surface bargaining）是指，公司在谈判中提出减薪等工会一方很明显会拒绝的要求，或者在谈判的时候，当工会提出议案时，公司代表只是问了几个问题，随后表示不接受任何议案，如果有其他的议案，下次会议再提。

有意思的是，按照诚实信用原则，即使是雇主没有与工会商量单方面给其职工加薪，并且加薪的幅度超过工会的预期，这种单方（unilateral）行为也违反了诚实信用原则。例如，在 NLRB v. Katz[③]案中，Katz 公司作出两个单方改变，一个是病假政策的变化，这个变化的整体效果是有利还是伤害职工利益，其实并不清

---

① 343 U.S. 395 (1952).
② 732 F. 2d 872 (11th Cir. 1984).
③ 369 U.S. 736 (1962).

楚。法院否定了这个政策,由于一部分职工认为政策增加了他们的利益,另一部分职工则认为损害了他们的利益,因此在集体谈判时会破坏工会的谈判能力。另一个是公司单方面提高工资。虽然工资是集体谈判都会涉及的议题,但是公司提供的工资数额比工会提出的数额更加慷慨。法院认为这也违反了诚实信用原则,因为公司回避了它的谈判义务,阻挠了法律的原本目标。

(二) 信息公开原则

NLRB v. Truitt MFG. Co.[①]案是第一个有关信息公开的重要判例。在集体谈判中,雇主的提议是小时工资增加 2.5 美分,而工会的提议是小时工资增加 10 美分,公司认为小时工资增加 10 美分会让公司陷入困境,双方因此陷入僵局。此时,工会要求雇主同意工会的会计师来检查雇主的会计账簿,以此来确定公司的报价是否合理。公司拒绝了工会的要求,理由是公司的财政信息不能在谈判桌上被公开,并且雇主已经给出了一个非常有竞争力的价格。劳动关系委员会认为公司的行为违反了诚实信用义务,最高法院也表示认可。最高法院认为:谈判的诚实信用原则要求任何一方谈判者的要求都必须是诚实的要求,公司认为工资水平提高后无法支付的声明也是如此。在谈判中,如果争论的是比较重要的条款,那么双方需要提供相应的证据。对于审判者来说,如果一个雇主只是机械性地(mechanically)重复其声明而没有付出哪怕是微小的努力去证实它,那么可以认定雇主没有履行诚实信用原则。之后,NLRB v. Acme Industrial Co.[②]案进一步确立了信息公开原则,即雇主有义务向工会提供任何有关的和有用的信息。

当然,雇主的信息公开也并非没有边界。Detroit Edison Co. v. NLRB[③]一案就涉及雇主的信息公开义务与雇主隐私权之间的矛盾。Detroit Edison 是一家工厂,Instrument Man B 是其中一个比较关键的部门。这家公司一直使用能力测试(aptitude test)来预测职工的工作表现,然后再使用一组标准化测试(也称 test battery)来预测 Instrument Man B 部门职工的表现。申请到 Instrument Man B 部门工作的人都要经过这个测试才能确定是否能到该部门工作。这个测试由 MPFB 等测试组成,以打分方式进行,申请者测试等级分为不被推荐、接受和推荐。后来,工程师认为这不是一个准确的筛选测试,便将测试等级修改为不

---

① 351 U.S. 149 (1956).
② 385 U.S. 432 (1967).
③ 440 U.S. 301 (1979).

被推荐和接受。相应地,两个等级的分数也被修改。同时,公司向每一个申请该部门的职工明确承诺这个测试成绩是保密的。

1971 年,围绕这个测试发生了争议。公司需要六名职工到 Instrument Man B 部门工作,但是公司内部没有一个人通过该测试,公司只能从其他地方借调职工到该部门。工会认为这个测试程序不公平,公司则拒绝公开测试的信息、申请者的测试试卷以及他们的分数。公司认为,对这些材料的彻底保密对于保证未来测试的公平和保证参加测试者的隐私都是必要的。随后,工会向劳动关系委员会提出,[①]公司隐瞒相关信息的行为构成不当劳动行为。劳动关系委员会同意工会的观点,要求企业公开信息。

劳动关系委员会承认企业信息保密的重要性,但是委员会认为,该测试信息公开可以保证以后的测试的公平性。最高法院认为委员会的观点没有说服力。最高法院认为,提供信息的义务取决于特定案件的环境(the circumstance of the particular case)。在本案中,在集体合同之下,公司使用能力测试作为职工晋升的标准,测试的有效性、机密性与有效性之间的关系等证据都已经被充分证实。一方面,委员会的救济措施并不能充分保护测试题的安全性,测试信息的公开可能将使测试题等信息落入职工之手。另一方面,对于特定职工的实际测试成绩的公开则有所不同。最高法院认为,职工的成绩和工会的抱怨有潜在的关联,而且公开相关信息的联邦法义务也不会使私人团体的伦理标准受到质疑。但是,公司只有在获得特定职工同意公开他们信息后才能公开。

最高法院最后强调,委员会的立场似乎建立在这样的命题之上:工会在可争辩的相关信息上的利益相对于其他合法利益必须永远处于统治地位。但是,这样绝对的规则从来没有被建立,最高法院也拒绝接受这样的原则。

SDBC Holding v. NLRB[②]是一个较新的判例。在该案中,SDBC 公司被 Brynwood Partner 公司出售。在和工会举行新集体合同谈判时,SDBC 公司要求工会作出让步,因为公司正在遭受财务损失。公司告诉工会,要么选择低工资的工作,要么到最后公司关闭。公司允许工会代表检查其上一年度的资产负债表,派出公司的律师和会计师陪同工会代表到办公室检查资产负债表并做笔记,但是不提供这些材料的复印件。劳动关系委员会认为公司此举违反了诚实信用的集体谈判义务,构成不当劳动行为。但是,上诉法院认为,因为公司的声明是

---

① 工会一开始是寻求仲裁,但过程复杂,此处从略。
② 711 F. 3d 281 (2d Cir. 2013).

建立在不愿意(unwillingness)支付,而不是没有能力(inability)支付的基础上,因此公司没有义务让工会获取它的财务记录。

三、集体合同条款

按照《劳动关系法》第 8 条 d 款,集体合同谈判的内容包括工资、工时以及雇佣的其他条款和条件(terms and conditions of employment)。根据 NLRB v. Wooster Division of Borg-Warner Corp.[①]案判决,集体合同的条款可分为强制性条款(mandatory subject)、许可性条款(permissive subject)和禁止性条款(prohibited subject)。区别这三类条款的法律意义在于:第一,如果是强制性条款,在双方谈判出现僵局后,则任何一方都可以诉诸经济武器如罢工。而如果是许可性条款,则工会不得因为谈判出现僵局而罢工;如果雇主拒绝在许可性条款上让步而导致谈判陷入僵局,雇主就可能构成违反谈判义务。第二,根据 UAW v. NLRB[②] 案的判决,如果没有合同一方的同意,另一方不得单方面变更强制性条款。第三,强迫谈判双方集中于雇佣关系的核心事务,不允许因为非核心的事务拖延谈判或者破坏谈判。第四,限制一方的谈判力量,使其不去入侵另一方对内部事务的控制。

NLRB v. Wooster Division of Borg-Warner Corp. 案的案情是,雇主和工会的谈判陷入僵局。雇主坚持要把以下两个条款写入集体合同:第一是投票条款,即工会在罢工前,要求工会会员对于雇主提出的最后一个要约进行投票。第二是承认条款,即要求工会排除由劳动关系委员会授权的国际工会(International Union)作为合同的当事人。工会虽然最后作出让步,把这两个条款写入集体合同,但随后又向劳动关系委员会提出雇主违反了谈判义务。劳动关系委员会认为,这两个条款都属于许可性条款而不是强制性条款,只要是雇主坚持将其作为集体合同的一部分而使谈判陷入僵局,都属于违反谈判义务。最高法院维持了委员会的裁决。最高法院指出,第一个条款不是强制性条款,因为它涉及的是雇主和职工的关系,而不是集体合同的条款或者条件。第二条也不是强制性条款,因为劳动关系委员会本身就要求雇主与本厂的工会谈判,并不要求国际工会参与。

---

① 365 U.S. 342 (1958).
② 765 F.2d 175 (1985).

在 Fibreboard Paper Products Corp. v. NLRB[①] 案中，Fibreboard 工厂已经设立了工会。工厂基于较高的维修和运营成本，希望通过将维修业务外包来降低成本。1959 年，工厂通知工会，在本期集体合同结束后，工厂决定将业务外包，从而节约成本。之后，对于工厂的外包给第三方的权利，双方进行了一些讨论，并决定在 6 月 30 日再次开会讨论。但是，在 6 月 30 日之前，工厂已经选择 Fluor 公司作为外包机构，Fluor 确认通过减少工人总数、降低加班费和附加福利等途径降低成本。在 6 月 30 日开会时，工厂代表对此安排进行了解释，但是工会认为工厂的做法构成了不当劳动行为，并向劳动关系委员会投诉。劳动关系委员会支持工会的主张，要求公司恢复原有的维修部门及相应的工作岗位，对于因为工作被外包而失去岗位的劳动者，公司需要支付积欠工资，并要求公司遵循法定义务与工会谈判。后工厂一方一直上诉到最高法院。

最高法院认为：首先，由于外包关系到工会会员的工作岗位，因此从字面上理解，外包条款可以属于法条中的"雇佣的条款和条件"。其次，从立法目的来看，《劳动关系法》的主要目标就是通过将劳资矛盾纳入集体谈判来推动劳资纠纷的和平解决。当时的立法者已经认识到，拒绝协商和谈判已经是劳资斗争的最频繁的原因之一。而将外包认定为强制性条款，有利于实现法律的目的，也就是将劳资关系的一个重要问题纳入立法者所建立的最有利于劳资和平的框架。同时，劳工领域的实践也强化了将外包作为集体谈判的强制性条款的结论。最后，工厂的外包决定也没有改变工厂的基本运营。工厂仍然经营维修业务，不需要考虑资本投资，工厂仅仅用承包人代替了现存的工人，在相似的工作条件下从事同样的工作，因此要求雇主将外包事务列入集体谈判也不会显著地限制其管理业务的自由。对于工会一方，工会对于工厂的维修和经营成本问题很难提出一个强大的解决方案，但是工会也要有机会来倾听管理层的关于人工成本太高的合法抱怨。综上，最高法院认为外包条款属于强制性条款。

这份判决书的另一个亮点在于大法官波特·斯图尔特（Potter Stewart）的协同意见书（Concurring Opinion）。斯图尔特大法官把雇主的管理决定分为三类；第一类对于雇佣关系有直接影响，如工作时间、解雇、退休等，这一类肯定是强制性条款；第二类对于雇佣关系只有间接影响，如广告支出、融资和销售等，这一类肯定是许可性条款；第三类的决定对于工作岗位的稳定性有直接的伤害，但

[①] 379 U. S. 203 (1964).

是它们属于公司的经营控制权的核心,不属于强制性条款,如投资于节约劳动力的机器。

17年以后,First National Maintenance Corp. v. NLRB①案成为又一个这一类型的重要案件。该案的案情是,First National Maintenance 公司(以下简称FNM)为商业客户提供家政、清洁、维护及相关的服务工作,在和每一个客户单独签合同以后再雇佣职工。服务于每个客户的职工都是独立的,不会将在某个客户服务的职工转移给另一个客户。客户向FNM支付实际的劳动成本以及费用。

1977年,客户Greenpark Care Center认为FNM提供的服务收费太高了,提出将费用减半。FNM认为费用减半后它能获取的利润有限,决定终止合同。此时,在Greenpark工作的原FNM职工已经成立了工会。工会提出要与FNM开会讨论这个事情。但是,FNM随后便通知其在Greenpark工作的职工他们将被解雇;FNM也拒绝和工会谈判,认为这个决定仅仅是一个商业决定。此案的焦点是,公司结束一个项目或者关闭一个工厂,是否属于集体谈判的强制性条款。

最高法院在处理这个案件时,首先回顾了Fibreboard案的审判思路。最高法院认为,在考虑此类问题时,需要平衡工会和管理层的利益。其中,工会的利益是它对于工作稳定性的合法关注。在这个案件中,工会要求谈判的主要目标就是寻求拖延或者停止这个关闭。为了实现这个目的,工会会提出让步或者其他选择的方案。因此,应赋予工会就工作稳定性的问题进行谈判的机会。而管理层的利益则复杂得多。如果在考虑关停该项业务时劳动力成本是很重要的因素,管理层就有动力自愿和工会就劳动力成本的问题进行商谈,寻求让步使得该业务继续产生利润。在其他时候,管理层对于决策的速度、灵活性和秘密性则有很高的要求,以满足商业机会和紧急事件的需要。而集体谈判的正常过程的公开将伤害一个商业转变的成功可能性或者增加对业务的经济伤害。

此外,最高法院还认为,当雇主纯粹因为经济原因关闭部分业务时,雇主对经营自主性的需要就超过了工会通过参与决策所获得的利益,这个决定就不是一个强制性条款。事实上,最高法院对雇主的决策行为和雇主决策行为对职工的影响进行了区分,并作了不同的判断。

---

① 452 U.S. 666 (1981).

Dubuque Packing Co.[①]案则是关于工厂转移(relocation)。按照 FNM 一案确定的规则,该案属于第三种情况,这个决策的焦点在于雇主企业的经济效益,同时又对雇佣关系带来直接的影响。

法院比较了 Fireboard 案中的外包和 FNM 案中的部分关厂,认为 Fibreboard 与工厂转移更适合进行类比。首先,外包和转移工厂都涉及职工的替代问题。其次,转移不像关厂,完全是一个商业决定,因为在转移工厂中,唯一的问题是去哪儿。最后,在转移工厂中,工会对于雇主的决定有实质的控制或者权利,像外包中的成本问题。

该案法官在先例的基础上,发展了一个新规则:首先,由劳动关系委员会的总律师(general counsel)证明雇主转移工厂的决定在本质上并没有伴随日常运营的基本改变。如果总律师能证明这点,就能确定雇主转移工厂的决定是谈判的强制性条款。其次,雇主可以提供证据来反驳上述主张,并证明在新工作地点的工作与之前工厂的工作存在显著性差异,证明先前工厂的工作已经整体上被终止,并没有被搬到新工厂,或者证明雇主的决定涉及经营范围和方向上的改变。此时,雇主可以提出能在证据上占优势的辩护:(1)劳动成本(直接或者间接的)不是决策的一个因素;(2)即使劳动成本是决定的一个因素,但工会没有作出劳动成本的让步,这一让步本来可以改变雇主转移工厂的决定。

关于第二点,法官继续澄清,如果雇主能证明,虽然劳动成本在决定转移工厂时是一个考虑因素,但是当机械设备现代化或者环境控制的成本高于工会提出的任何劳动成本的让步时,劳动成本将不再是考虑因素。相反,当工会有能力并且也提出让步,这一让步接近、满足或者超过推动雇主转移工厂决定的预期的成本或者利益时(即使这个决定在谈判过程中将有益于最终解决),雇主将有谈判义务。

在本案中,委员会的总律师已经证明了转移工厂是一个强制性的集体合同条款,但是雇主没能提供证据来反驳。

四、集体合同的仲裁

(一)仲裁和法院的关系

美国负责集体合同仲裁的机构叫联邦调解调停局(Federal Mediation and

---

① 880 F. 2d 1422 (D. C. Cir. 1989).

Conciliation Service, FMCS)。对于集体合同仲裁案件,一般都是由一名仲裁员完成,当然,有些情况下会有三名仲裁员,除了 FMCS 的仲裁员外,雇主方和工会方分别指定一名仲裁员。双方也会分别承担仲裁的费用。当工会和雇主签订集体合同后,如果雇主违反集体合同,工会可以请求法院强制雇主进入仲裁程序。

Textile Workers Union v. Lincoln Mills of Alabama[①]案是最高法院处理的第一例此类案件。在该案中,集体合同明确约定职工放弃罢工权利,同时双方通过仲裁解决集体合同纠纷。然而,纠纷发生后,工会要求仲裁机构仲裁,却遭到雇主的拒绝。于是,工会向法院提起诉讼,要求法院向雇主颁布强制令(injunction),强制雇主参加仲裁。

最高法院支持了工会的意见,理由是《劳资管理关系法》(Labor Management Relations Act)第 301 条规定,在一个影响商业的行业中,任何违反雇主和代表劳动者的劳动组织之间的合同的诉讼,或者任何劳动组织之间的诉讼,无论案件争议金额多大,也无论双方的公民身份,都可以由拥有管辖权的美国联邦基层法院受理。后来,最高法院将这一条款作为指导原则,指导联邦法院发展出一套关于集体合同执行的法律规则。

在后续案件中,最高法院明确了法院介入仲裁程序的程度。United Steelworkers of America v. American Manufacturing Co.[②]案是这方面的一个重要判例,该案案情是,一个劳动者受伤后,医生认为属于 25% 的永久性部分残疾,劳动者因此离开工作岗位并且要求得到工伤赔偿。之后,工会指出,根据集体合同的年资(seniority)条款,该劳动者有权返回工作岗位。同时,工会提出通过仲裁解决这一纠纷,但是遭到雇主拒绝。于是,工会向联邦基层法院起诉要求强迫雇主参加仲裁。法院发布了要求雇主参加仲裁的强制令,同时,基层法院还对案件本身作出了裁判,这受到最高法院的批评。最高法院指出,当双方同意将关于集体合同的全部问题都提交仲裁时,法院的作用是非常有限的;法院只关心集体合同是否规定双方寻求仲裁的条款,而对案件的判决属于仲裁员的工作。

(二)仲裁机构与劳动关系委员会的关系

这里以雇主对工会积极分子的歧视为例来展开。按照《劳动关系法》,雇主不能因为职工积极参加工会活动而将其解雇。歧视作为不当劳动行为的一种,

---

① 353 U.S. 448 (1957).
② 363 U.S. 564 (1960).

可以由劳动关系委员会处理。但是,如果集体合同也包含禁止歧视的条款,则仲裁机构也可以雇主违反集体合同而获得处理纠纷的权力。此时,两个机构如何协调?

第一种情况是,在仲裁机构作出决定后,劳动关系委员会是否应尊重它的决定? Spielberg Mfg. Co.[①]案对此作出了肯定的答复。在 Spielberg 案中,劳动关系委员会发展出了一套规则,当仲裁程序比较公平和正常,双方都同意接受仲裁结果的约束时,即使仲裁结果很明显地与法律的目标和政策不一致,劳动关系委员会也会尊重仲裁机构的决定。在后来的 Olin Corp.[②]案中,委员会宣布了尊重仲裁决定的新规则:第一,集体合同的争议与不当劳动行为有事实上的类似(factually parallel);第二,与处理不当劳动行为有关的事实已经被呈现给了仲裁员。这个新规则与 Spielberg 案确立的规则的区别是,新规则不再要求仲裁机构的决定与委员会之前的判决相一致,除非仲裁决定有非常明显的错误,并且这个错误相对于与法律相一致的解释是不可接受的。

第二种情况是,当工会向劳动关系委员会提出不当劳动行为的申诉后,委员会是否应该暂停,等仲裁机构作出决定后,再决定是否尊重仲裁员的决定。在 Collyer[③]案中,工会向劳动关系委员会提出申诉,认为雇主拒绝就集体合同进行谈判的行为构成了不当劳动行为。委员会驳回了工会的申诉,认为这个劳动争议首先应该由仲裁机构在集体合同的框架下进行解决。当然,委员会作出这个决定也是有前提的,应该考虑下列因素:争议发生在一个长期和富有成效的集体谈判关系中;雇主没有表明对于劳动者的保护性权利存在敌意;合同包含的条款规定的可仲裁纠纷的范围非常广泛,仲裁条款很清楚地包含所争议的事项;雇主愿意通过仲裁来解决问题,并且这个主张可信;劳动争议很明显适合仲裁作出决定。

(三)权利仲裁与利益仲裁

在集体劳动关系中,权利争议或者权利仲裁(grievance arbitration)是指劳资双方在适用和理解法定的权利或者已经生效的集体合同中的权利义务条款时产生的争议;利益争议(interest arbitration)是指在确定劳资双方权利义务或者修改现有权利义务过程中发生的争议。在美国,利益争议一般通过雇主和工会

---

① 112 NLRB 1080 (1955).
② 268 NLRB 573 (1984).
③ 192 NLRB 837 (1971).

的集体谈判来解决,双方可以使用罢工等经济武器。但是,在特殊情况下,利益争议也可以通过仲裁来解决。

一般情况下,外界不能干预利益争议的解决。在 H. K. Porter Co., Inc. v. NLRB[①]案中,因为对一个集体合同条款有争议,公司和工会的集体谈判持续了八年。劳动关系委员会认为,公司在谈判中并没有履行集体谈判的诚实信用原则,千方百计拖延谈判,因此,劳动关系委员会直接要求公司在集体合同中写入该条款。但是,最高法院否决了劳动关系委员会的决定。最高法院认为,《劳动关系法》的立法目的不是允许政府对于雇佣条款和条件的管制,而是确认雇主与其劳动者共同工作而建立的互相满意的条件。《劳动关系法》的一个重要原则是契约自由。虽然契约自由并不是绝对的,但是当双方无法达成合意时,如果允许劳动关系委员会强迫双方达成协议,将违反法律赖以建立的基本原则。

在特殊情况下,利益争议也可以通过仲裁解决。

在 Municipality of Metropolitan Seattle v. Public Employment Relations Commission[②]案中,5 名劳动者美国西雅图市的通勤池(Commuter pool,类似拼车公司)的职工,他们都是工会组织 Local17 的会员。1982 年,为西雅图服务的地铁公司打算将通勤池职工转移到地铁公司。此举涉及 29 人,这 5 人也包括在内。但是,地铁公司拒绝承认 Local17 作为这 5 名劳动者的合适的谈判单位,理由是整个通勤池工作已被转移,单独的集体谈判单位已经不存在,并且拒绝与 Local17 进行谈判。1985 年,Local17 向公共事业雇佣关系委员会(Public Employment Relations Commissions, PERC)申诉地铁公司的不当劳动行为。PERC 调查后,特派调查员(hearing examiner)要求地铁公司维持这 5 个人的劳动者地位,并要求地铁公司支付工会合理的律师费用和其他费用。PERC 还要求地铁公司履行集体谈判的义务。当 Local17 提出谈判要求后,如果公司和工会经过集体谈判,60 天内无法达成协议,任何一方可以要求 PERC 提供调解服务(mediation)。如果调解人员经过一个合理的集体谈判时间段后得出谈判进入僵局的结论,他可以将没有达成协议的条款提交仲裁机构进行仲裁。而仲裁机构的决定将是一个最终决定,对公司和工会都有法律拘束力。

上诉法院认可了 PERC 的决定。法院还特地将此案与 H. K. Porter Co., Inc. v. NLRB 案进行比较,认为劳动关系委员会仅仅规制私有部门的劳动关

---

① 397 U.S. 99 (1970).

② 88 Wn. 2d 925 (1977).

系,私有部门的集体谈判和公共部门的谈判有着根本的不同(一般情况下,公共部门的雇员没有罢工的权利,有些州例外,如伊利诺伊州的教师等群体可以罢工)。

地铁一方认为,强制性的利益仲裁与传统集体谈判以及集体谈判背后的原则相悖。法院则认可 PERC 的观点,当出现僵局时,利益仲裁作为一种救济手段对于使得双方进行有效率的谈判是必要的。虽然情况非常少,但是利益仲裁与集体谈判的原则并不矛盾,相反,它对于成功达成协议起到一定的促进作用。

关于利益仲裁的方法,一些州试图通过立法来规定标准,比如,威斯康星州《市政雇佣关系法》(Wisconsin Municipal Employment Relation Act)规定了十几条标准。实务中还有一种更简便的方法,就是根据雇主与工会提出的最后一次要约,取双方差额的平均数(split-the-difference)。

第五节 罢 工

一、罢工的权利人

(一) 有工会的情况

一般来说罢工都是由工会发起,由工会投票决定是否发起。

美国曾经出现一人罢工的判例。在 NLRB v. City Disposal Systems, Inc.[①]案中,工会与雇主的集体合同规定,当机动车处于不安全的情况时,雇主不应该要求职工驾驶车辆前往街道或者高速公路。职工拒绝驾驶不安全的车辆,并不构成违反集体合同。

詹姆斯·布朗(James Brown)是 City Disposal 公司的卡车司机。有一次,车辆出现了问题,但是公司依然要求布朗驾驶车辆出去工作。布朗拒绝了公司的要求,之后被工厂解雇。布朗随后将公司告到劳动关系委员会。劳动关系委员会支持了布朗的主张,认为他强迫公司履行集体合同不仅是代表自己的利益,也是为了其他职工的利益。在这种情况下,一名职工基于集体合同的权利所采取的行动理应受到法律的保护。最高法院也支持了劳动关系委员会的裁定。

(二) 没有工会的情况

除了组建工会的情况,《劳动关系法》第 7 条还规定了另一种情况:无论用人

---

① 465 U.S. 822 (1984).

单位是否有工会,劳动者的一致行动(concerted activity)都受到法律保护。NLRB v. Washington Aluminum Co.[①]案就是一个经典的案例。

1959年1月5日是一个极为寒冷的日子。这天早晨,当劳动者来到车间时,发现车间非常寒冷。这不仅是因为极端天气,还因为车间的大型锅炉在前一个晚上已经损坏,现在仍然无法运转。7:30,劳动者开始集合,其中一名劳动者Carson去领班Jarvis的办公室取暖,却发现领班的办公室也像车间一样冷得难受。领班大声说,如果这些劳动者有胆量,那就回家。Carson回到车间,发现其他的工友也都缩成一团,冷得发抖。于是,Carson对他们说:"Jarvis告诉我,如果我们有胆量,我们就回家。我决定回家,这里太冷了,无法工作。"Carson问其他工友有没有想回家的,经过一番讨论,工友们都决定跟着Carson回家。而当管理层来到工厂发现这一情况后,宣布这些人全部都被解雇。

美国劳动关系委员会认为,这些劳动者的行为属于一致行动,目的是抗议公司未能在车间提供足够的暖气。这样的行为应受到法律保护,对他们的解雇则构成不当劳动行为。但是,美国上诉法院认为,劳动者对工作不满后立刻离开公司,没有给公司机会作出让步以及避免停工,他们的行为并不属于法律所保护的一致行动。

最高法院并不同意上诉法院的意见。最高法院认为,法律对于一致行动提供了广泛的保护,并没有要求一致行动发生在职工提出要求之前、之后或者是同时;上诉法院如此解释法律会给职工增加责任,从而实质上取消职工参与一致行动的权利。

最高法院认为,这些人是劳动者的一部分,而这一小群劳动者没有成立工会或者被工会代表。事实上,没有任何代表能把他们的不满传达到雇主。在这种情况下,最好的方式就是他们自己来申诉。在他们离开工厂的前一天,他们中的好几个人已经向公司高管反复抱怨车间里寒冷的工作环境。这些抱怨基本上是他们个人自发的申诉,没有任何将采取一致行动的威胁作为支持,但是公司显然对此几乎没有进行任何考虑。

到1月5日,寒冷的天气终于将这些劳动者的个人抱怨集中起来,促使他们考虑更加有效的行动。没有任何谈判代表,也没有任何已经建立的可以利用来和公司进行谈判程序来传达他们的一致意见,这些人采取了最直接的手段来让

---

① 370 U.S. 9 (1962).

公司知道他们希望在一个更温暖的环境里工作。因此,他们在内部讨论后集体走出工厂,是希望他们的行为让公司注意到他们的抱怨,并对他们认为的悲惨的劳动条件带来一些改善。这些都足以支持劳动关系委员会的裁定。

二、不合法的罢工手段

美国法律没有规定罢工的法定形态。法院则通过判例的方式明确了哪些罢工手段属于不合法的罢工手段。

(一) 怠工

Elk Lumber[①]案是发生在 1950 年的基础性判例。在该案中,Elk Lumber 公司引进了一项新技术,提高了货车载货的工作效率。同时,公司也单方面改变了货车载货的工时单价,从每小时 2.71 美元降到了 1.52 美元,对劳动者来说,这意味着要做更多的工作才能获得之前的收入。一些劳动者向公司表达了不满,并维持之前的工作效率。公司便解雇了这些怠工的劳动者。劳动者则认为,这属于一致行动,受法律保护。劳动关系委员会裁定解雇合法并指出,这些劳动者被解雇是因为怠工导致劳动生产率下降,使得公司对他们很不满意,而不是他们的一致行动。

劳动关系委员会分析说,这些行动即使构成一致行动也不受法律保护。他们的目标是希望通过一致行动让雇主提高每小时的工资,虽然目的合法,但是手段并不合法,怠工构成了对于劳动合同条款的违反,是以自己的条款代替了雇主的条款继续工作。

Electronic Data Systems Corp.[②]则是一个比较新的判例。在该案中,EDS 为施乐(Xerox)提供通信服务,Eaton 是 EDS 的服务代表,她的任务是为施乐接听消费者关于电脑的电话。EDS 没有工会代表。顾客支持中心(CSC)接到施乐关于通信方面问题的电话后,会将这些问题转移到 EDS 的网络处理中心(NOC),后者的职责是为施乐解决电路问题。而具体为施乐解决电路问题的是 Rochester 电话公司。

1996 年 1 月 31 日下午,Eaton 和在 Rochester 公司工作的丈夫通电话,得知 Rochester 公司要举行罢工。于是,Eaton 将此消息用邮件方式发给同事,并和 NOC 的雇员直接通电话,告诉 NOC 的雇员不要转接服务到 Rochester 或者

---

① 91 NLRB 333 (1950).
② 331 NLRB 343 (2000).

与 Rochester 的雇员互动。因此，EDS 解雇了 Eaton。

劳动关系委员会裁定该解雇合法，理由是，当 Eaton 要求其他雇员不要打电话给 Rochester 或者转接服务到 Rochester 时，Eaton 是在请求 NOC 雇员停止他们的部分工作，相当于一场即兴的部分停止工作，性质类似于 Elk Lumber 案中的情形。

(二) 不忠诚

1953 年，最高法院在 NLRB v. Local Union No. 1229, Int'l Brotherhood of Electrical Workers (Jefferson Standard Broadcasting)[①]案中指出，要使职工的言论受到法律的保护，必须符合以下两条标准：第一，职工的言论只能涉及正在进行中的劳动争议。第二，职工的言论不得有不忠诚、粗心或者严重恶意地不真实的情况。

案件的具体情况是，在 Jefferson 公司与工会的谈判过程中，工会并没有举行罢工，而是发起了纠察行为，在海报和传单上申诉公司对于技术员的不公正对待。之后更是对公司的产品质量发起了言语刻薄的攻击，在公共场所一共派发了 5000 张传单给路人。公司因此解雇了 10 多名帮忙散发传单的职工。被解雇职工向劳动关系委员会申诉，认为公司的行为构成了不当劳动行为。劳动关系委员会认为，他们的行为并不是针对工资、工时或者工作条件，而是对公司的攻击，这种行为实际上是一种不服从或者不忠诚的行为，因此公司的开除理由是正当的。最高法院支持了这个裁决。在接下来的 Endicott Interconnect Technologies, Inc. v. NLRB[②] 案中，地方法院也是采用这个原则来审理。因此，最高法院已经明确地在一致行动与职工不忠诚之间画出了一条线。

2002 年，Endicott Interconnect Technologies, Inc.（以下简称 EIT）从 IBM 购买了一个工厂。完成并购后，EIT 进行了大规模裁员，大概裁掉了 200 多名职工。工会一方希望理查德·怀特（Richard White）到当地媒体发表看法，怀特是 EIT 职工同时也是工会会员。在媒体发表的文章里，怀特指出这一大规模裁员从长期来看会伤害公司，并认为这是商业上的漏洞。随后，公司高层反指怀特的言论是对公司的轻蔑，违反了公司的规章制度，并威胁要解雇怀特。随后，怀特再次在当地媒体的网络公共论坛（BBS）里批评公司，于是公司解雇了怀特。

劳动关系委员会裁定公司的解雇行为构成不当劳动行为。按照 Jefferson

[①] 346 U.S. 464 (1953).
[②] 453 F.3d 532 (D.C. Cir. 2006).

案确立的规则,首先,怀特的言论针对的是劳动争议;其次,怀特的言论并没有带有误导性,也不存在不准确、粗心大意或者其他法律允许之外的行为。但是,法院推翻了劳动关系委员会的裁定。法院主要分析了第二条裁判意见,怀特作为一个在 EIT 工作了 28 年的内部人士,在 EIT 收购 IBM 工厂并成为 IBM 供应商的关键时刻发表这样的言论,致使 IBM 副总裁马上打电话询问 EIT 是否有能力向 IBM 供货。这样的伤害足以使得公司可以合法解雇,而劳动关系委员会恰恰忘了 Jefferson 案已经确立了伤害性的不忠诚言论可以作为解雇的合法理由。

(三) 无法抗辩的理由

我们先以 International Protective Service[①] 案为例。International Protective Service 公司为美国阿拉斯加的政府大楼提供保安服务,这些大楼包括联邦法院、美国联邦调查局等政府机构。保安通常会在大楼的入口处巡逻。保安除了配枪,还被要求具有其他相关的资质。因此,公司对于保安的招聘非常严格。

1999 年 3 月,政府大楼要举行一个高级别会议,但是此时,代表保安的工会提出举行罢工,并向雇主提出集体合同相关的要求。但是,雇主认为这个时候提出罢工并不合适,高级别会议的召开需要安保,而且 Oklahoma 爆炸案的周年马上就要到了,一些城市正在受到炸弹爆炸的威胁。劳动关系委员会同意雇主的意见。委员会认为,罢工的权利并不是无限的。如果因为一场突然的停止工作,劳动者无法提供合理的警惕来保护雇主的工厂、设备或者产品免于可以预见的即将来临的危险,则这样的罢工是无法接受的。因此,确定工会罢工行动是否受法律保护的标准不是工会已经给了雇主一个罢工的准确的通知期,也不是罢工造成了实际的损害,而是这些保安的罢工使得雇主无法采取合理的措施保护其正常的经营,在本案中,就是使政府大楼以及会议人员暴露在可以预见的危险之中。

类似的案件还有 NLRB v. Federal Security, Inc.[②] 案。在该案中,法院认为,在犯罪率高的地方,房屋保安的罢工行为不受保护,因为这种罢工会对租户的安全造成威胁。同样,在 NLRB v. Marshall Car Wheel & Foundry Co.[③] 案中,Marshall 是一个钢铁厂,当铁水还在冲天炉里的时候,劳动者举行了一个未经宣布的罢工。由于铁水在冲天炉里留存的时间过长,对设备造成了很大的损

---

① 339 NLRB 701(2003).
② 154 F. 3d 751 (1998).
③ 218 F. 2d 409 (5th Cir. 1955).

害。法院认为这个罢工是不负责任的行为,不受法律保护。

(四)强迫性的行动

这里以劳动者的静坐为例。NLRB v. Fansteel Metallurgical Corp.[①]案发生在1939年。因为公司一方拒绝谈判,劳动者停止工作并占领了工厂(不愿意加入静坐队伍的工人被允许离开,而很多工会会员因为上夜班没有赶来,也没有加入)。晚上,公司管理层和警察来到大楼要求静坐劳动者离开,但他们拒绝离开,管理层遂宣布这些劳动者因为占领大楼而被解雇。

最高法院支持了这一解雇行为。最高法院认为,静坐、占领工厂的行为不仅仅是退出工作并表示对工作的不满,从而对雇主形成法律所允许的压力,而是对大楼的非法占领,阻碍雇主对大楼的合法使用,因此是一种通过强迫和暴力的方式强迫雇主接受劳方条件的行动。当工会决定诉诸这一强迫行动时,其行为就不再受法律的保护,相关劳动者也必须接受被雇主解雇的风险。

三、罢工人员的替代者

(一)基础性判例

工厂发生罢工后,为了维持生产,雇主不得不从外界临时雇佣工人维持生产。对于罢工人员和临时代替人员的法律地位,《劳动关系法》并没有规定,最高法院则通过一系列判决进行规制。

在NLRB v. Mackay Radio & Telegraph Co.[②]案中,最高法院判决,工厂可以从外界招聘工人来代替罢工者,如果罢工人员提出回以原来的工作岗位,雇主可以拒绝罢工人员的请求。罢工人员仅仅处于向公司申请岗位的状态,只有当工厂有合适的岗位出现时,他们才有机会复职。这里需要注意以下几点:第一,参与罢工的劳动者并没有失去他们的工作,直到罢工代替者找到其他工作。第二,从罢工开始之日起一年内,罢工人员仍享有在工会中投票的权利。如果罢工人员被解雇,就不再有劳动者身份,也就不再有在工会选举中投票的权利。第三,如果有合适的岗位,罢工人员有权利要求恢复原职。为了恢复原职,罢工人员必须发出一个无条件要约(unconditional offer)。雇主可以以商业理由拒绝罢工人员恢复原职,如其他空出来的岗位与其技能并不匹配等。此外,对于恢复原职的罢工人员,雇主必须恢复其全部的年资,但是他们可能无法使用年资来获取

---

① 306 U.S. 240 (1939).
② 304 U.S. 333 (1938).

更加偏爱的工作或者轮班制度。

更重要的是,最高法院认为,雇主从外面寻找工人替代罢工者,这不是不当劳动行为,并解释了原因:"虽然《劳动关系法》没有内容被解释为以任何方式干涉、阻碍或者消灭罢工的权利,但这并不表明雇主丧失了为保护和维持生产而提供生产岗位的权利(这些岗位都是罢工人员空出来的),同时,雇主也没有义务解雇那些来填补罢工人员空缺的替代者。"

(二) 后续判例

1. 不当劳动行为罢工

有些罢工并非因为经济原因,而是因为雇主有不当劳动行为,劳动者愤而罢工。需要注意的是,经济原因罢工与不当劳动行为罢工的后果并不相同:

第一,在不当劳动行为罢工中,如果罢工人员提出回到原来的工作岗位,可以要求雇主解雇罢工中的替代者;如果雇主没有实现罢工人员的要求,罢工人员可以得到积欠工资(从重新申请工作之日开始计算)。但是,在经济原因罢工中,罢工人员没有权利提出这样的要求。并且,即使雇主拒绝罢工人员的要求,罢工人员也没有权利获得积欠工资。

第二,在经济原因罢工中,罢工人员虽然还保留着职工的身份,但是一年后罢工人员就会丧失工会的选举权。在不当劳动行为罢工中,罢工人员一直被保留工会的选举权。

第三,即使工会和雇主在集体合同中签订了"不得罢工"的条款,该条款也只针对经济原因罢工,而不得限制不当劳动行为罢工。关于这一点,最高法院在 Mastro Plastics Corp. v. NLRB[①] 案中解释说,集体合同的条款主要是处理雇主和职工的经济关系,典型的集体合同主要处理雇佣和工厂的日常运转。但是,如果"不得罢工"条款包含不得进行不当劳动行为罢工,就是在集体合同存续期间消灭职工的罢工权。

2. 反歧视原则的运用

在雇主雇佣其他人代替原来的劳动者的情况下,很容易发生雇主对罢工人员和替代人员的区别对待,歧视罢工人员。NLRB v. Erie Resistor Corp.[②]案就是这方面的判例。

Erie Resistor 公司发生罢工后,雇主从外面招募一些人员代替罢工人员。

---

① 350 U.S. 270 (1956).
② 373 U.S. 221 (1963).

雇主还宣布将给替代人员一些额外的年资(super-seniority)。工会对此表示反对,认为这意味着雇主对罢工人员和替代人员进行区别对待,是一个非法的歧视行为。但是,雇主依然决定对于罢工的替代人员和返回工作的罢工人员增加20年的年资,虽然这些年资只在将来被解雇时有用(计算职工福利时会考虑职工的工龄)。随后,工会一方提出雇主的行为构成不当劳动行为。

劳动关系委员会认为,这种额外年资会对雇佣关系带来重大影响:第一,额外年资影响了全部罢工人员的工作年限;第二,相对于非罢工人员,额外年资对罢工人员的利益构成了损害;第三,无论是对于谈判单位内的职工还是新职工,额外年资都向罢工人员提供了劝诱,让他们放弃罢工;第四,这样的额外年资会对之前罢工的努力造成重大打击;第五,对于未来的集体谈判产生不利影响。在罢工后,额外年资会造成职工分裂。在工会内部,一部分是在罢工时返回工作而获得额外年资的会员,另一部分则是坚持罢工而没有获得年资的,这会使将来的工作很难开展。

劳动关系委员会总结说,额外年资举措对于罢工人员与非罢工人员、替代人员进行区别对待,从而给罢工和工会活动带来了破坏性的影响(destructive impact)。虽然额外年资计划的起因可能是为了维持生产,通过提供额外年资吸引罢工替代人员以及吸引罢工人员退出罢工。但是,这个商业目的不足以拯救这个行为的不法性。

在之后发生的 NLRB v. Great Dane Trailers, Inc.[①]案中,因为工会和雇主的集体谈判失败,工会一方组织了罢工。而雇主也发布规定,因为集体合同中雇主的义务因为罢工而结束,所以没有任何劳动者有权得到假期工资(vacation pay)。但是,随后雇主又宣布,任何参加罢工的劳动者如果回到工厂继续工作,就可以得到假期工资。工会认为雇主违反了关于歧视的法律规定,劳动关系委员会和法院都支持了工会。

在这个案例里,最高法院还讨论了认定歧视的规则:第一,如果能证明雇主的歧视行为对职工的权利是一种内在的损害(inherently destructive),那么雇主的反工会的态度本身就不需要被证明,即使雇主对歧视行为提供了商业考虑的解释,劳动关系委员会也可以不用考虑。第二,如果歧视行为的损害程度是比较轻微的(comparatively slight),那么雇主的反工会的态度就必须被证明,并且也

[①] 388 U.S. 26 (1967).

要考虑雇主的商业理由。将这个规则应用到本案,最高法院发现,雇主的歧视行为给职工所带来的损害已经被证明,同时没有证据表明雇主的合理动机,因此该行为构成不当劳动行为。

3. 重新上岗优先权

重新上岗优先权也是一个争议问题。在 NLRB v. Fleetwood Trailer Co., Inc.[①]案中,1964 年 8 月 5 日,工会宣布罢工。8 月 18 日,工会宣布接受公司的要约结束罢工,并要求罢工人员回到原岗位。8 月 20 日,当 6 名罢工人员申请恢复原职时,却被告知已经没有岗位。尽管这 6 名罢工人员一直没有工作,并且也胜任这些岗位,公司却在 10 月 8 日和 16 日从外面招聘了 6 名职工。直到 11 月份,这 6 名罢工人员才恢复原职。工会随后提起不当劳动行为的申诉,劳动关系委员会支持工会的申诉,要求公司支付该 6 名罢工人员从 10 月份本该可以恢复原职的日期到实际恢复原职这段时间的工资损失。最高法院同意劳动关系委员会的裁定,理由是:首先,当雇主拒绝让罢工人员恢复原职时,除非雇主能证明其行为是根据合法的和实质的商业原因(legitimate and substantial business justification),否则构成不当劳动行为。合法的和实质的商业原因的证明责任在于雇主,但是本案中雇主并没有进行证明。其次,根据上文 Great Dane 案的判决,如果雇主的行为对于劳动关系有内在的损害,劳动关系委员会可以裁决不当劳动行为成立,不用考虑雇主是否有敌视工会的态度。本案中,雇主拒绝让罢工人员恢复原职,也是一种对职工权利的损害,更何况雇主没有证明合法的和实质的商业原因,也不需要再深入讨论这点。

Laidlaw[②]案也是处理类似的问题。在该案中,罢工结束后雇主陆续收到罢工人员要求恢复原职的申请。比如,2 月 15 日,雇主收到五份申请,申请者被告知没有岗位可以复职,但是同时却有外界职工入职。雇主认为,2 月 15 日确实没有可供罢工人员复职的岗位,罢工人员申请失败后,也就不再享有恢复原职的权利。但是,法院认为,恢复原职这项基本权利并不取决于申请时是否有岗位。罢工人员的劳动者地位会一直持续到他们找到其他工作。因此,一旦有工作岗位空出并且罢工人员可以胜任,除非雇主能提出合理的和实质性的商业原因,否则罢工人员就有权要求恢复原职。

---

① 389 U.S. 375 (1967).
② 171 NLRB 1366 (1968).

第四章 反就业歧视法

第一节 反就业歧视法的基本问题

一、反就业歧视法简介

美国的反就业歧视立法过程是一段非常艰难的历史。种族歧视可以上溯到美国独立前的黑奴制时期。虽然美国内战废除了黑奴制,但是黑人仍然处于低人一等的地位,其选举权、就业权、受教育权都受到实际上的限制,甚至在餐厅、电影院等公共场所,他们都被与白人隔离开来。

直到富兰克林·罗斯福总统时代,美国才开始出现反就业歧视的政府行动(还不是联邦立法)。1941年,罗斯福总统签署第8802号行政令,禁止国防工业中的民族或者种族歧视。1948年,杜鲁门总统签署第9981号行政令,禁止军队中的种族隔离。1961年,肯尼迪总统签署第10925号行政令,要求政府和政府承包商在招聘以及对待雇员时不得考虑他们的种族、信仰、肤色或者祖籍国(national origin)。

在立法方面,1963年,国会通过《平等支付法》(The Equal Pay Act),禁止工资支付中的性别歧视。1964年,国会通过《民权法案》(The Civil Right Act),其中第七章规定了禁止雇主在招聘、薪酬、工作条件、解雇等行为中有任何基于种族、肤色、宗教、性别或者祖籍国的歧视;该法案于1991年得到修订。1967年,国会通过《反年龄歧视法》,禁止对40岁及以上的劳动者进行年龄歧视。1973年,国会通过《职业康复法》(Vocational Rehabilitation Act),禁止歧视残疾人。1990年,国会通过《残疾人法》,重申了禁止歧视残疾人。此外,2008年,国会通过《基因信息反歧视法》(The Genetic Information Nondiscrimination Act),禁止保险公司和雇主基于与潜在可遗传的疾病和健康条件有关的基因信息的歧视行为。

二、程序和救济问题

如果一个劳动者认为自己在职场上遭到歧视,必须首先向公平就业机会委员会（Equal Employment Opportunity Commission，EEOC）提出申诉。EEOC会审核劳动者的指控，如果初审后认为雇主没有违反反就业歧视法，EEOC会告知劳动者自行向法院起诉；如果EEOC认为雇主的情况很可能违反了反就业歧视法，EEOC会向法院起诉，控告雇主。

反就业歧视法提供的救济措施也包括恢复原职和支付积欠工资。一般来说，以下两种情况不适合恢复原职：第一，一个无辜的人已经占据了原先的岗位，不应该被赶走。第二，职工和雇主之间充满矛盾，使得恢复到和谐的能带来生产力的雇佣关系已经不可能。积欠工资是从歧视行为发生的第一天起计算，直到判决结果确定或者直至劳动者找到能进行比较的工作岗位为止。最后一天取决于具体情况，一般的规则是判决雇主承担责任那一天。此外，积欠工资有时间限制，从提起控诉开始，最多往前上溯两年。

除了恢复原职和支付积欠工资，法律还提供补偿金和赔偿金等选项。补偿性的赔偿（compensatory damage）包括未来的金钱损失、情绪的痛苦、不方便、疾病痛苦、精神创伤、愉悦生活的损失以及其他非金钱损失。惩罚性补偿主要针对恶意的行为及对于被保护权利的不顾后果的漠视行为。在决定惩罚性赔偿的数额时，需要考虑的因素包括歧视行为的本质和严重性、行为的时间和频率以及雇主的财产状况。此外，根据《民权法案》第七章第706条，法院有权让败诉的一方向胜诉的一方（prevailing party）支付胜诉一方的律师费。

三、时效问题

（一）一般案件的时效问题

按照《民权法案》的规定，原告必须在非法雇佣行为发生的180天内或者300天之内向EEOC提出申诉，至于是180天还是300天，取决于所在州的规定。

Ledbetter v. Goodyear Tire & Rubber Co.[①]案是关于时效的重要判例。从1979年开始，该案原告Ledbetter一直在固特异（Goodyear）轮胎公司工作。1998年，有人在她的邮箱里放了一份备忘录，上面列有她的底薪，每年大约4.4万美元，上面还列有工龄、职位以及与她工作岗位类似的3名同事的底薪，从每年5.3万到每年6.2万不等。Ledbetter认为她的主管是基于性别原因而给她

---

① 550 U.S. 618 (2007).

的工作打了差评,因为公司通常根据主管对职工的评价来决定工资水平,她的工资一直低于与她工作岗位类似的男同事的工资。1998年6月,她开始向EEOC申诉,并在11月份开始向法院起诉。

法院认为,Ledbetter应该在公司作出工资决策并传达给她后,在180天内向EEOC提出申诉,但是Ledbetter并没有。虽然她在向EEOC提出申诉时,在180天的时效内仍然获得薪水,但是这个薪水属于之前工资决定的延续,不是一个新的工资决策。因此,此时Ledbetter提出申诉,已经过了时效。

该案一直上诉到最高法院。最高法院以5∶4的投票结果支持了上诉法院的判决。判决书由大法官阿利托撰写。该判决认为,Ledbetter应该在公司的每一次歧视性工资决定作出并传达给她后,在180天内向EEOC提出申诉,但是Ledbetter没有这么做。在她向EECO提出申诉时,虽然公司在180天的时效内仍然向她支付了薪水,但是这个薪水属于之前工资决定的延续,不是一个新的工资决策。因此,Ledbetter此时提出申诉,已经过了诉讼时效。

最高法院也不同意按照"敌意工作环境"来处理本案。在National Railroad Passenger Corp. v. Morgan[1]案中,最高法院认为,因为原告主张敌意工作环境,那么原告的种族歧视的诉讼时效就不受《民权法案》第七章规制禁止。由于敌意工作环境由一系列单独的行为组成,但又集体性地构成一个单独的非法雇佣行为。因此,只要这种敌意工作环境持续到原告向EEOC提出申诉的前300天,原告就可以起诉。但是,在本案中,最高法院认为,Ledbetter的经历不是一个敌意工作环境,因为她的每一次薪酬支付都是一个单独的行为,是一个独立的可被辨认的和可以起诉的错误行为,因此,这只是一系列的错误行为,而不是敌意工作环境。

大法官露丝·金斯伯格(Ginsburg)则撰写了异议书。她认为,工资上的差异很难察觉(hidden from sight)。在本案中,Goodyear对于工资信息保密,职工对于其他同事的收入只有有限的渠道可以了解。而且,本案中并不是Ledbetter的涨薪被否决,而是大家都涨薪时男同事获得更高的工资。在自己的工资也有所增加的情况下,一个女职工很难立刻识别她是否经历着一个敌意的雇佣行为。金斯伯格写道:"这不是最高法院第一次判决一个限制解释《民权法案》第七章的案子,这与该法案的广泛的救济目的不相符合……现在,球又到了国会这边,立

---

[1] 536 U.S. 101 (2002).

法机关可以用行动来纠正最高法院对于《民权法案》第七章的'过度狭窄'的解释。"

在该案判决之后,为了响应金斯伯格的异议书,2007 年,美国国会中的民主党议员提交了《莉莉·莱德贝特公平薪酬法》(Lilly Ledbetter Fair Pay Act)的议案,但是当时执政的共和党一直阻挠这项议案的通过。随着奥巴马当选总统和民主党控制参众两院,该议案于 2009 年 1 月又重新进入立法程序,并被参众两院通过,奥巴马总统在 2009 年 1 月 29 日签署该法案,这也是他就任总统后签署的第一个法案。简言之,这个法案直接推翻了最高法院的判决。在该案中,Ledbetter 的利益遭受雇主的歧视性工资决定的影响,并且这个决定一直影响着她的工资支付。按照最高法院的"旧法",诉讼时效从雇主作出歧视性工资决定开始计算。但是,因为支付给 Ledbetter 的薪水受到了歧视性工资决定的影响,按照新法即使这个支付行为在诉讼时效之前已经开始,但是诉讼时效可以从最近一次收到薪水时开始计算。因此,只要 Ledbetter 在拿到薪水的 180 天以内向 EEOC 提出申诉,都不会受到诉讼时效的禁止。

(二)被迫解雇的时效问题

Green v. Brennan[①] 是 2016 年审理完毕的关于被迫解雇时效问题的案件。Green 是一个黑人,一直在美国邮政局工作。2008 年,Green 未能如愿在当地的邮政局获得晋升,他抱怨没有得到晋升是因为他的种族身份,并因此和上级的关系开始恶化。2009 年 12 月 11 日,他的上级向公司指控他故意拖延邮件的送达,这在美国可以构成一项刑事犯罪。随后,邮政局的总调查员前来调查,在调查期间,他的上级调整了他的工作岗位,使他处于赋闲的状态。同年 12 月 16 日,Green 与当地邮政局签订和解协议,根据协议,邮政局不再追究他的拖延邮件投递的问题,而 Green 要么选择退休,要么到另一个邮政局工作,即使另一个邮政局的工资显著低于他现在的工资。和解协议拟于 2010 年 3 月 31 日生效。2010 年 2 月 9 日,Green 选择退休并向邮政局递交了辞职书,辞职书拟于 3 月 31 日生效。

但是,2010 年 3 月 22 日,也就是 Green 递交辞职书后的第 41 天、签订和解协议后的第 96 天,Green 联系了 EEOC 的法律顾问,认为他的上级威胁对他进行刑事指控以及和他协商和解协议都是对当初 Green 指控他们种族歧视的一种

---

① 578 U. S. ____ (2016).

报复,并导致他被迫辞职,违反了《民权法案》第七章关于就业歧视的规定。

这里需要澄清一下,按照《民权法案》第七章的规定,原告必须在非法雇佣行为发生后的180天或者300天之内向EEOC提出指控,至于是180天还是300天,取决于原告所在州的规定。但是,Green在邮政局工作,属于联邦雇员,应适用与其所在州不同的诉讼时效,即如果该联邦雇员认为自己是就业歧视的受害者,那么他应该在歧视行为发生后的45天内向平等就业委员会的工作人员提出控告。

再回到案件本身。Green随后向法院起诉,但是基层法院和上诉法院都以诉讼时效过期宣布他败诉。上诉法院指出,歧视行为发生之日就是诉讼时效开始起算的日子,应该是2009年12月16日签订和解协议之日,而不是2010年2月9日Green决定辞职之日。照此计算,截至2010年3月22日,也就是他到EEOC提出控告的时候,已经超过了45天的诉讼时效。Green不服,认为诉讼时效应该从被迫辞职之日起计算,并上诉到最高法院。

最高法院最终推翻了上诉法院的判决,宣布诉讼时效从被迫辞职之日开始计算。最高法院认为,按照诉讼时效的标准规则(standard rule),诉讼时效开始于人们有了一个完整而现成的(complete and present)起诉理由。对于被迫辞职的案件,雇员都是在工作条件或者环境已经恶化到无法容忍的时候才会辞职,任何一个理性人都会在被迫辞职后才会起诉。只有当雇员真正被迫辞职时,他才会有一个完整而现成的起诉理由,此时诉讼时效才开始起算。回到本案,诉讼时效应该从2010年2月9日即Green辞职之日起算,因此依然在45天的诉讼时效之内。

第二节 反就业歧视法的一般原则

反就业歧视法最核心的内容就是如何判定雇主有歧视的行为。最高法院发展出了两个大的原则:区别对待(discrete treatment)和区别影响(discrete impact)。两者的区别是,区别对待是指雇主具有歧视劳动者的动机,而区别影响是指雇主并没有歧视劳动者的动机,但是一个表面上公平的政策导致了对特定群体的歧视性的后果,并且雇主无法用商业决策等理由来证明歧视性后果的正当性。

一、区别对待

(一)歧视动机的判断

区别对待原则主要考察雇主是否具有歧视劳动者的动机。这里又分为两种情况。前一种情况是雇主的决策是基于歧视的动机,后一种情况是,雇主的决策同时具有歧视的动机和其他合法的动机,此时,法律需要认定雇主的决策主要是基于歧视的动机还是其他合法的动机,才能确定雇主的责任。

在 Price Waterhouse v. Hopkins[①] 案中,原告安·霍普金斯(Ann Hopkins)是一名女强人,打扮比较中性,做事比较强势,一些男同事认为她不够女性化。她认为自己多年未获晋升是因为公司对女性的刻板印象(stereotype),对她有偏见,是一种性别歧视。而公司则认为,原告没有被晋升,是因为她在公司内人际关系不佳,很多人反对她晋升。最高法院认为,在本案中,公司的决定混合了一个合法的动机(如职工的人际关系不佳)和一个不合法的动机(如对女性的刻板印象、性别歧视)。此时,职工需要首先举证她是因为性别因素受到歧视,然后举证责任转移到公司,公司需要证明,即使不存在性别因素,公司也会作出一样的决定,这样才会被免除责任。

1991 年,国会对《民权法案》第七章进行修订,Price Waterhouse 案件判决被写入法律。如果职工证明种族、肤色、宗教、性别或者国籍是雇主决策的一个动机因素,即使该决策还存在其他动机,一个不合法的雇主决策已经成立。此时,如果雇主一方能证明,即使不存在不被允许的动机,雇主仍然会采取同样的决策,那么法院可以判决职工宣告性的救济(declaratory relief)或者禁令性的救济,以及要求雇主支付律师费和其他费用。但是,法院不得要求雇主支付赔偿金,也不得发布命令确认职工复职、晋升以及支付积欠工资。

不过,国会虽然在修订《民权法案》时吸收了 Price Waterhouse 案的判决,但是《反年龄歧视法》并未作相应的修订。因此,在 Gross v. FBL Financial Services, Inc.[②] 一案中,最高法院认为,既然《反年龄歧视法》并未修订,那么该法的动机标准未必与修订后的《民权法案》第七章的标准一致。最高法院判决,在年龄歧视案件中,劳动者首先必须证明年龄是雇主决策的主要因素(but-for,如果没有该事实的存在,事件就不会发生),而不仅仅是一个动机因素。

(二)证据标准

除了歧视性动机的认定标准,证据也是重要的环节。一般来说,雇主的言辞是证明雇主具有歧视性动机的直接证据。不过,直接证据在大部分时候是可遇不可求。因此,职工还需要寻找其他间接证据来证明雇主的歧视性动机。

---

① 490 U.S. 228 (1989).
② 557 U.S. 167 (2009).

在 McDonnell Douglas Corp v. Green[①]案中,最高法院确立了间接证据的基本原则。珀西·格林(Percy Green)是一个黑人劳动者,为了抗议工厂的歧视行为,原告和其他劳动者封锁了工厂。工厂随后解雇了格林。格林向公平就业机会委员会(EEOC)申诉称,工厂因为他的种族以及他一直参加民权运动的情况,拒绝让他复职。官司一直打到了最高法院。

最高法院要求职工首先对雇主的歧视行为提供初步证据(prima facie)。职工可以举证以下事项:(1)他/她属于种族中的少数群体;(2)对于雇主所寻找的申请者,他已经申请并且也胜任这项工作;(3)虽然符合资质,但是仍被拒绝;(4)在被拒绝后,这个申请岗位仍然开放,并且雇主继续寻找同样具有原告资质的申请者。完成这一步后,举证责任转移到雇主一方,雇主需要证明雇主拒绝聘用的原因是合法的,不包含歧视的因素(如在该案中,雇主就要举证拒绝让 Green 复职是因为他参与了一个封锁工厂的非法活动)。之后,雇员也可以继续举证来证明雇主的反驳仅仅是一种托词(pretext)。

(三)值得讨论的其他问题

这里还需要讨论几个问题。

第一,关于雇主举证责任的边界。有人认为,雇主必须提供占优势的证据(preponderance)才能证明其行为是非歧视的。但是,最高法院在 Texas Department of Community Affairs v. Burdine[②]案中指出,只要雇主就对其不利的行为提供一个可接受(admissible)的证据,那么就可以反驳由职工提供的初步证据所形成的雇主具有歧视行为的假设。

第二,关于托词的法律地位,也有不同的理解。第一种观点(pretext-only)认为,只要职工能证明雇主的托词是不可信的或者不是雇主行为的真正原因,职工就自动胜诉。第二种观点(pretext-maybe)认为,只要职工提出的初步证据加上职工证明雇主的托词是不可信的或者不是雇主行为的真正原因能基本满足胜诉的条件,就不需要职工证明雇主的决策是基于歧视或者其他非法动机。第三种观点(pretext-plus)认为,职工除了证明雇主的托词是不可信或者不是雇主行为的真正原因外,还必须提供额外的证据证明雇主的真正动机是出于歧视。在 St. Mary's Honor Ctr. v. Hicks[③]案中,最高法院采纳了第二种观点。在

[①] 411 U.S. 792 (1973).
[②] 450 U.S. 248 (1981).
[③] 509 U.S. 502 (1993).

Reeves v. Sanderson Plumbing Products, Inc.①案中,最高法院强调:"原告所提供的初步证据,加上有足够的证据证明雇主的抗辩是托词,那么可以允许事实的裁判者认定雇主存在非法的歧视行为。"

第三,关于"比较者"(comparator)的问题。比较者的信息是证明雇主的抗辩是否是托词的一个重要因素。最高法院在 McDonnell Douglas Corp. v. Green 案中也指出,该案还需要查清楚的一个事实是,参与关闭工厂的白人劳动者是否也因此被工厂开除并且他们的复职请求也被拒绝,比较者需要有足够的相似性才能进行有意义的比较。

此外,法院在 Coleman v. Donahoe② 案中提出的三个标准,也可以供参考:(1)比较者之间是否有共同的上级。法院认为,当职工共同的上级对待其中一名职工特别好(本来应该是平等对待),那就可以合理推断有一个不合法的敌意在起作用。如果他们的上级不是同一人,那么这个歧视的推论就弱一些,因为不同的决策者对于是否处罚职工以及处罚的程序可能取决于不同的因素。(2)有相同的行为标准。这里并不是指雇主是否用同样的方法将职工分类,而是指雇主是否将他们置于不同的雇佣政策之下。(3)所比较行为的严重性。

第四,关于隐性歧视的问题。隐性歧视,是指行动人并未意识到但却受其影响的对其他群体的歧视性态度或者刻板印象。认知心理学、认知神经学等领域有很多文章论证了隐性歧视的存在,但是隐性歧视并没有被纳入反歧视法。比如,在 Jackson v. Harvard Univ.③案中,法官认为,区别对待案件所关注的,是故意的歧视,而不是无意识的态度。又如,在 Price Waterhouse v. Hopkins④ 案中,撰写多数意见的大法官小威廉·布伦南(William Brennan)虽然承认隐性歧视现象的存在,但仍然要求职工去证明是否是隐性歧视导致了歧视行为。他写道:"当我们说性别在雇佣决定中发挥了一个动机性的作用时,我们说的是,如果我们问雇主在作出决定的那一刻决策的理由是什么,并且在我们收到的雇主的诚实的回复中,有一个决策原因就是申请者或者职工是女性。"换言之,当区别对待的行动发生时,在雇主作出决定的那一刻,雇主必须清醒地认识到他正在区别对待女性。

---

① 530 U.S. 133 (2000).
② 667 F.3d 835 (2012).
③ 721 F. Supp. 1397 (D. Mass. 1989).
④ 490 U.S. 228 (1989).

究其原因,除了隐性歧视仍然缺乏科学上的定论外,它还会带来很大的错案风险,[1]也与反歧视法的立法规则冲突。假设某公司想招聘一个经理岗位的人,面试了一名白人和一名黑人,黑人的面试成绩更好,而白人的工作经验更丰富。从公司业务考虑,雇主最终选择了工作经验更丰富的白人,但是雇主也承认,潜意识里他也更偏向于雇用白人职工。按照最高法院确立的规则,法官主要是通过评估各项事实来考察雇主是否基于种族招聘职工。既然雇主提出的抗辩是根据工作经验而不是基于种族录用白人职工,那么法官将考察这个白人是否具备良好的工作经验、工作岗位是否需要工作经验等事实。如果法官评估下来,这些事实基本符合雇主的抗辩,那么雇主的抗辩成立。此类案件的难以处理之处在于,若法院也将隐性歧视列入考察标准,等于绕过了事实评估的步骤,仅仅依靠雇主的心理活动进行定案。[2]

第五,统计方法的使用。美国最高法院最早在 Teamsters v. United States[3] 一案中肯定了统计方法的使用。在该案中,美国政府起诉田纳西州的一家企业,认为该企业在招聘司机时歧视黑人和西班牙裔的人。美国政府提供的证据是,当时这家企业共有 6472 名职工。其中,近 5% 的职工(314 名)是黑人,近 4% 的职工(257 名)是西班牙裔。但是,在司机队伍中,只有约 0.4% 的职工(8 名)是黑人,约 0.3% 的职工(5 名)是西班牙裔的职工。而在诉讼发生后,该 8 名黑人司机全部被开除。

在这里,政府进行了一个简单的比较,就提出了企业可能存在歧视行为的初步判断。最高法院对这一做法也表示认可。政府采用的是简单的概率论,如判决书所说的,如果没有其他解释,我们一般会期待,没有歧视色彩的招聘政策在种族和民族上会或多或少反映被招聘的人员所在的整个社区的人口结构。由于这个企业中有近 5% 是黑人和 4% 是西班牙裔的职工,因此我们也有理由期待在司机队伍中也应该保持大致的比例。但是,5% v. 0.4% 和 4% v. 0.3%,这个比例差距之大,足以让人怀疑该企业在招聘该批职工时是否存在差别对待。

最高法院总结说,在证明就业歧视时,统计方法也具有同样的证明力。当然,统计方法也不是不可反驳的,它们的出现有无限的可能性,并且像其他种类

---

[1] See Amy L. Wax, Discrimination as Accident, *Indiana Law Journal*, Vol. 74, 1999, pp. 1129-1397.
[2] See Patrick S. Shin, Liability for Unconscious Discrimination? A Thought Experiment in the Theory of Employment Discrimination Law, *Hastings Law Journal*, Vol. 62, 2010, pp. 67-102.
[3] 431 U. S. 324 (1977).

的证据一样,它们也可以被反驳。因此,它们的作用取决于事实和环境。

在之后的 Hazelwood School District v. United States① 一案中,最高法院依然认可这个统计方法,只是提醒下级法院在适用时必须谨慎,特别是必须寻找到合适的比较对象。Hazelwood 案的情况是:Hazelwood 是圣路易斯都会区(St. Louis)下辖的一个市(city),从 1969 年开始,该市的学校开始招聘黑人教师,并且人数逐年增加。截至 1972 年,该市 1107 名教师中有 16 人为黑人(黑人约占 1.4%)。1973 年,该市有 22 名教师为黑人(黑人约占 1.8%),而根据人口普查,此时整个圣路易斯都会区,有 15.4% 的教师为黑人,因此美国政府认为 Hazelwood 地区的教师招聘存在歧视。上诉法院同意美国政府的意见:整个地区的黑人教师比例是 15.4%,而 Hazelwood 地区的比例只有约 1.8%,比例差距之大,让人怀疑。

在该案中,最高法院不同意上诉法院的看法。最高法院认为,首先,虽然圣路易斯都会区的黑人教师比例是 15.4%,但是需要考虑的是,圣路易斯都会区下辖的其中一个市聘用的黑人教师比例特别高,达到 50%,而去掉这个特殊的城市后,圣路易斯都会区其他地方的黑人教师比例只有约 5.7%。其次,虽然截至 1973 年,Hazelwood 市的黑人教师比例是约 1.8%,但是,记录显示,在 1972—1973 学年新招聘的 282 名教师中,有 10 人是黑人(黑人比例约为 3.5%);在 1973—1974 学年新招聘的 123 名新教师中,黑人有 5 名(比例约为 4.1%)。这两年下来,在 405 名新教师中,黑人教师的比例是约 3.7%。如果拿这个 3.7% 的比例和整个都会区 5.7% 的比例比较,相差似乎不大,很难说有显著性。因此,最高法院否定了上诉法院的判决,将该案发回基层法院重审,并要求基层法院重新思考这些比例问题。

可以说,Hazelwood 案给了统计方法一个提醒,用于比较的数据必须合适,必要时,空间因素等都应列入考虑范围。

二、区别影响

最高法院最早在 Griggs v. Duke Power Co. ②一案中确立了区别影响原则。杜克电力公司允许没有高中学历的在职职工,在通过两个考试之后转入其他部门工作。黑人雇员的异议在于,虽然考试政策在表面上是平等的,但是由于

---

① 433 U.S. 299 (1977).
② 401 U.S. 424 (1971).

历史原因，以前的学校中白人和黑人处于隔离状态，黑人的受教育程度不如白人。从结果上看，有 58% 的白人通过了考试，但是只有 6% 的黑人通过考试。因此，这种考试制度对黑人雇员来说并不公平。虽然雇主也可以用商业上的必要性来抗辩，但是雇主未能提供证据证明这两个考试与是否成功完成工作任务有关。因此，雇主需要对歧视性的后果承担责任。

1991 年，国会修订了《民权法案》第七章，将 Griggs 案判决理念写入法条。雇员首先证明雇主的雇佣决定造成了基于种族、肤色、宗教、性别或者国籍的区别影响，并且雇主无法证明这个决定是和工作相关并且符合业务的必要性，此时雇主需要承担责任。

不过，《反年龄歧视法》并未作相应的修订，毕竟年龄歧视中的区别影响规则有其特殊之处。在 Smith v. City of Jackson① 案中，最高法院认为，Griggs 案确立的区别影响规则仍然适用于年龄歧视的案件，但是认定年龄歧视存在的标准更高。在 Griggs 一案中，雇主必须用业务的必要性来抗辩雇主的决策，而在年龄案件中，雇主只要证明雇主的决策具有合理性（reasonable factor other than age）即可免除责任。

区别影响还有另一种情况。在 Watson v. Fort Worth Bank & Trust② 案中，最高法院宣布，除了像 Griggs 案中的标准化测试，如果雇主制定的政策赋予下级较大的决策权，这类主观性较强的政策也可以接受审查。正如 Rowe v. General Motors Co. 案法官所指出的："当一个部门的升迁和流动政策基本上全部依赖于直接领导的主观评价和个人推荐，这就是一个方便歧视黑人的机制，其中很多歧视的情况都被秘密掩盖而经理实际上并不知情。完全依赖白人的决定性推荐的黑人要指望一个没有歧视的决定，我和其他人都表示怀疑。"③ 不过，最高法院在 Watson 案判决中认为，雇主也可以提出抗辩，如该主观性的评价标准是经营上的需要（business necessity）或者与工作相关（job relatedness）等。此时，雇主只需要提出证据证明其评价标准即可，劳动者需要再次举证存在可满足雇主的合法利益但又不会带来歧视性结果的其他测试和筛选方法。关于雇主的抗辩，Wards Cove Packing Co. v. Atonio④ 案判决再次强调，雇主的责任仅仅

---

① 544 U.S. 228 (2005)
② 487 U.S. 977 (1988).
③ 457 F.2d 348 (5th Cir. 1972).
④ 490 U.S. 642 (1989).

是提出证据,而不要求该证据有说服力(not persuasion burden),从而将主要的举证责任转移到劳动者,并强调在商业行为中,雇主比法院更专业,因此当劳动者提出存在其他可满足雇主合法利益的测试方式时,法院的处理尤其要慎重。不过,1991年修订的《民权法案》推翻了 Wards Cove 案的雇主举证规则,回到之前的 Griggs 案的标准,也就是劳动者首先要证明雇主的特定行为导致了基于性别、种族等因素的区别影响,雇主随后必须证明这个行为与工作有关也符合商业需要。即使雇主满足了这个条件,劳动者如果能证明雇主拒绝采纳另外一种符合雇主利益但是歧视后果更小的替代性政策,劳动者也能胜诉。

不过,Ricci v. DeStefano[①]案又为区别影响带来了新的不确定性。此案发生在康涅狄格州纽黑文市的消防部门。2003年,消防部门举办了一场可能影响晋升的考试。其中,有77人参加了晋升消防队副队长(lieutenant,也就是队长的副官)考试,考试结果如下:

族群	及格率	应考人数	及格人数
白人	58%	43	25
黑人	32%	19	6
拉丁人	20%	15	3

有41人参加了消防队队长(captain)的考试,考试结果如下:

族群	及格率	应考人数	及格人数
白人	64%	25	16
黑人	38%	8	3
拉丁人	38%	8	3

消防部门认为考试结果对黑人并不公平,不承认这个考试结果。但是,消防部门里的白人认为消防部门的决定对白人构成歧视,是一种区别对待,并起诉到法院。

最高法院认为,如果消防部门的行为是为了弥补过去种族歧视的过错,则只有当消防部门有强大的证据(strong basis in evidence)时,这种行为才是必需的。

---

① 557 U.S. 557 (2009).

也就是说,消防部门需要有强大的证据证明取消考试结果是合理的,才不构成对白人的歧视。同时,仅仅证明考试结果的显著性差异还不足以满足证据要求,政府还需要证明这个考试与能力有关,并且还要防止对方提出存在其他平等、有效且歧视程度较小的替代措施而没有采取。最高法院调查后发现,消防部门并没有证明考试与能力有关;消防部门还有其他替代措施,如修改考试中笔试和口试的占分比,客观上将黑人名额提高,成立评估中心,但是消防部门都没有采取。故最高法院判定消防部门败诉。

第三节 其他热点问题透视

一、性别歧视

(一) 孕妇的歧视问题

根据美国《民权法案》第七章,雇主不得基于性别歧视职工。1976年,最高法院在 General Electric Co. v. Gilbert[①] 案中认为,孕妇并没有被包含在反性别歧视的范围之内。1978年,国会通过《反孕妇歧视法》,推翻了最高法院的判决。该法首先对性别歧视进行扩大解释,即包括但不限于因为怀孕、儿童护理或者其他医疗状态而对女性进行歧视。其次,该法规定,对于怀孕女性,雇主须给予其与工作能力受到影响的人相同的对待。下文我们以最高法院审判的 UPS v. Young[②] 案来阐释相关规定。

Young 是 UPS 的一名司机,在她怀孕早期,医院建议她不要负重超过20磅的货物,以免伤到她和胎儿。Young 找到 UPS 的高管,希望公司能为其提供轻量的工作,但是被 UPS 高管拒绝。按照 UPS 的政策,只有在以下三种情况下,职工才可以被转到轻量的工作岗位:在工作中受伤的职工、短暂失去商业车驾驶执照的职工以及美国残疾人法规定的其他情况。按照 UPS 的政策,Young 不符合这三种情况,故即使她怀孕也仍然要完成其工作任务。该政策导致 Young 休完产假后只能休无薪的病假。后 Young 将 UPS 告上法庭。

基层法院判决 Young 败诉。上诉法院也同意基层法院的观点,并对 UPS 列举的情况一一作了说明:怀孕妇女和残疾职工不一样,医生要求的负重限制只

---

① 429 U.S. 125 (1976).
② 575 U.S.___ (2015).

是临时的,并且怀孕对她的生活能力没有很大影响;怀孕妇女和失去驾驶执照的职工不一样,就完成工作而言,对她们的工作安排没有法律上的限制;怀孕妇女与那些因为工作受伤的职工不同,这也很明显,因为怀孕不是因为工作的原因。上诉法院表示,能和 Young 进行比较的,可以是在举起婴儿时导致背部受伤的职工,或者是在工作之外从事志愿消防工作而使得负重能力受限的职工,但是按照 UPS 的政策,他们都没有权利获得工作调整。但是,职工如果能证明雇主拒绝采纳另外一种符合雇主利益但是歧视后果更小的替代性政策,也能胜诉。①

最高法院受理之后,重新考虑了双方的诉求。

按照 Young 的观点,只要有一名职工因为工作能力受到限制而获得调整工作岗位的待遇,而她没有得到类似的待遇,UPS 的行为即构成歧视。UPS 则认为,只要 Young 得到与一名没有怀孕但其他状况相同的职工的同等待遇,UPS 就不算构成歧视。

最高法院认为,Young 的观点太宽泛,基本上就是一个最惠国待遇条款(a most-favored-nation status)。当然,UPS 的观点也不对。在该案中,最高法院确立了折中的规则:

首先,Young 必须证明雇主存在怀孕歧视:(1) 提供证据证明她是受保护的职工(怀孕女职工);(2) 在她认为她的工作不够安全时,要求雇主进行调整,以不用完成原来的工作任务;(3) 雇主拒绝提供这样的调整;(4) 雇主为其他短暂的工作能力受限的职工提供了调整。

当职工证明上述事项后,举证责任转移到雇主一方,雇主必须证明其政策不是建立在歧视的基础上,而是一个中立的非歧视的商业原因。当然,不能是出于省钱之类的原因。之后,举证责任又回到职工,职工需要证明雇主的理由只是一个托词,雇主的政策给女性职工增加了巨大的负担,并且雇主用来论证这一巨大负担的理由并不足够充分。

最高法院举了一个例子。如果情况就像 Young 所说的,她应证明 UPS 能够调整很多负重能力受限的非怀孕女职工但却未能给负重能力受限的怀孕女职工提供工作调整机会;并且,她应证明 UPS 为负重能力受限的非怀孕女职工提

---

① 虽然国会修改了《民权法案》,并根据 Griggs 案确立了区别影响的一般规则,但是国会并没有将该规则写入《反年龄歧视法》。因此,在 Smith v. City of Jackson 案中,最高法院认为,反年龄歧视案的区别影响规则与一般反就业歧视中的区别影响规则不同。根据 Griggs 案的判决,雇主在抗辩时必须证明雇主的决策与工作相关并符合业务的必要性,但在年龄歧视案件中,雇主在抗辩时只要证明雇主的决策具有合理性即可。

供了多种选择,以证实 UPS 提出的未能向怀孕女职工提供工作调整机会的理由并不是那么充分。这些事实都能让陪审团从 UPS 没有向怀孕女职工提供工作岗位调整中推断出雇主含有故意歧视的动机。

虽然这场官司 Young 获得胜利,但是一部分原因应归因于 UPS 有一个透明的政策可以用来证明事实,并且这场官司打了好几年,当事人也必须能承受大量的时间和精力的付出。但是,对于大量的中低层女职工而言,她们或者不熟悉公司的政策,或者没有足够的时间和精力来证明歧视现象的存在。

事实上,美国《残疾人法》和《民权法案》第七章都要求雇主对于涉及的职工进行合理的工作调整,并且只有当这一调整可能给雇主造成过度的困难(undue hardship)时雇主才可以拒绝。而最高法院的判决意味着怀孕的女职工必须找到可以比较的对象来证明存在歧视,同时这也给雇主留下很多抗辩的空间。

民主党曾经向国会提交《怀孕员工公平法案》(Pregnant Workers Fairness Act,PWFA)草案。按照这个提案,雇主必须向怀孕的女职工提供合理的调整。但是,因为共和党的反对,这个法案并没有在国会闯关成功。不过,一些州已通过了与 PWFA 相类似的法案。例如,加州和夏威夷州的法案要求雇主为怀孕女职工提供合理的调整。伊利诺伊州州长 Pat Quinn 也签署了法案,并表示"没有一个怀孕妇女需要从生孩子和保住工作中作出选择"。这些法案已经开始发挥作用。在特拉华州,Nicole Villanueva 怀孕后,伴有心律失常,有时候呼吸短促,于是她向雇主提出从事一个任务较轻的办事职工作而不是比较繁重的工作,但是雇主拒绝了她的要求,认为她没有因为工作而受伤,并最终解雇了她。Nicole Villanueva 随后向法院起诉,该案最后调解结案,她也维护了自己的权利。

(二)真实职业资格

美国《民权法案》第七章规定:"当雇主基于宗教、性别和国籍聘用和雇佣职工时,如果宗教、性别或者国籍是一种真实职业资格,对于特定的业务或者企业的日常运营是合理的和必要的,那么这个雇佣行为就不违法。"在反歧视案件中,当职工有初步证据证明雇主的歧视行为后,雇主可以根据真实职业资格进行抗辩。这主要发生在性别歧视领域。

以西南航空一案(Wilson v. Southwest Airlines Co.[①])为例。1971 年,西南航空开始一个新的广告战略,以"爱"为主题,广告上出现的都是女性形象,广告

---

① 517 F. Supp. 292 (N. D. Tex. 1981).

内容是航空公司承诺将提供温柔的充满爱意的关心给消费者。伴随广告战略的是航空公司只雇佣女乘务员,机票代理的高级顾客联络处的岗位也只雇佣女性。女乘务员配以长靴和热裤,以靓丽的外表吸引男性顾客乘坐西南航空,带动了业绩增长。

格利高里·威尔森(Gregory Wilson)等男性求职者没能被航空公司录用,于是起诉西南航空,指控其性别歧视。西南航空回应说,女乘务员对于该岗位更有优势,特别是在安抚紧张的乘客和提供有礼貌的个性化的服务等方面。虽然乘客的乘坐环境受飞机飞行限制,但是,总体上女乘务员会更让乘客对航班满意。对于这一真实职业资格的抗辩,法院并不认同。法院认为,航空公司的做法不符合真实职业资格的限制条件,满足乘客的心理需要不是针对真实职业资格的唯一的可见的理由。事实上,在机票代理处,工作人员的主要任务是查验机票和行李;空乘人员的主要任务是帮助乘客登机和下飞机,指引顾客座位和指导使用飞机安全设备,以及在飞行过程中向乘客提供鸡尾酒和零食。这两个工作岗位基本上都是从事机械性的、没有性别指向的工作任务,男性完全可以胜任。西南航空还抗辩说,乘客看到的广告都是女乘务员但是上了飞机看到的却是男乘务员,会失望的。法院强调,这个理由不能支持真实职业资格的抗辩,真实职业资格要求的是业务的必要性,而不是业务的便利性。法院最后总结说,当招收一个性别的职工仅仅是被用来吸引另一个性别的顾客,但是招收另一个性别的职工并不会改变或者毁坏业务的核心功能时,真实职业资格的抗辩就会被否决。

那么,在哪些情况下真实职业资格的抗辩会起作用?一般认为,在涉及隐私性的、安全性的岗位,可以使用真实职业资格作为抗辩。前者如一些健康俱乐部的按摩师等。在 EEOC v. Sedita[①] 一案中,公司就抗辩说,公司招收的经理、经理助理等全是女性,因为这家健康俱乐部的会员全是女性,在有些情况下客户经理需要指导女会员做活动或者使用设备,会不可避免地触碰其隐私部位,因此为了保护客户的隐私,公司全部聘用女职工(该案最后也是调解结案)。关于安全性的岗位,比如,案件所涉工作岗位的职责是保障监狱安全,而女性从事该工作会有人身危险。法院认为,尽管真实职业资格的适应范围极为狭小,但是基于这种特别恶劣的工作环境,允许监狱的保安工作只招聘男性。

(三)性骚扰的法律问题

自 1970 年开始,越来越多的报告涉及职场性骚扰行为(从 1980 年以后,同

---

① 755 F. Supp. 808 (1991).

性的性骚扰也被纳入法律视野)。美国虽然没有专门制定与性骚扰相关的法律,但是通过最高法院的一系列判决,已建立了比较完整的反性骚扰法律体系。

美国法律认定的职场性骚扰,主要分为两种情况。第一种是交换(quid pro quo),指的是一个人通过明示或者暗示以提供工作、提供工作利益或者免除工作损害为条件换取职工同意性行为。第二种是敌意工作环境(hostile work environment),指的是工作场所的持续的性骚扰状况。前一种比较好判断,下面主要介绍后一种情况。

我们先看最高法院在1986年判决的Meritor Saving Bank,FSB v. Vinson[①]案。在该案中,西德尼·泰勒(Sidney Taylor)是银行的副主席,多次暗示下属米切尔·文森(Mechelle Vinson)与其发生性关系。文森虽然一直拒绝,但是因为担心丢掉工作,最后还是同意了,直到后来她有了稳定的男朋友,这种关系才结束。后文森起诉泰勒对其性骚扰,但是泰勒全部予以否认,银行也表示不知情。在诉讼中,泰勒还提出,虽然《民权法案》第七章禁止那些与雇佣条款、条件或者权利有关的歧视行为,但是国会关心的是那些看得见的损失或者是经济特征,而不是单纯的工作环境下的心理问题。

最高法院首先否定了泰勒的观点。最高法院认为,《民权法案》第七章规定的性别歧视条款并不仅仅限于经济的或者看得见的歧视。该第七章涉及的"雇佣条款、条件或者权利"表明国会的意图是规制男女之间区别对待的方方面面。接下来,最高法院开始讨论性骚扰的第二种情况——敌意工作环境的构成要件,认为不是所有的工作场所行为都可以被描述为一个影响雇佣条款、条件或者权利的性骚扰行为。一个符合起诉条件的职场性骚扰,必须是行为足够严重或者足够普遍以致改变了雇佣条件并形成了一个恶劣的工作环境,本案中泰勒的行为足以使得原告可以提起敌意工作环境之诉。在判决中,最高法院还认为,文森是否自愿并不是泰勒的抗辩理由,法院主要审查泰勒提出的性要求是否是不受欢迎的要求。

最高法院在Harris v. Forklift Systems,Inc.[②]案中对敌意工作环境的构成要件继续予以明确。首先,法律并不要求证明性骚扰行为严重影响职工的心理健康或者导致其遭受伤害,只要人们能合理地感知工作环境是敌意的或者恶劣的,就没有必要证明心理上的伤害。其次,关于一个工作环境是否存在敌意或者

---

① 477 US 57 (1986).
② 510 U.S. 17 (1993).

上级滥用权力的情况,最高法院认为,可以通过观察全部情况来决定,这些情况包括:歧视行为的次数和严重性,是一个身体上的威胁、羞辱还是仅仅是一个冒犯的言论,以及是否不合理地干扰了职工的工作表现。对于最后一点,即是否不合理地干扰了职工的工作表现,职工也不需要证明因为上级的骚扰行为使得自己实际的生产力下降。一个遭受歧视的理性人如果能证明骚扰行为改变了工作条件以至于工作更加难以完成,这就足够了。

在司法实践中,法官在 Henson v. City of Dundee[①] 案中提出了几个判断职场性骚扰是否成立的初步证据:(1) 职工属于受保护的阶级;(2) 职工遭受不受欢迎的性骚扰,包括性要求(sexual advance)、要求性利益(sexual favor)以及涉及性的言论或者行为;(3) 骚扰行为是基于性;(4) 骚扰行为影响了雇佣关系的条款、条件或者权利;(5) 能适用雇主责任原则。当然,这其中仍然有很多问题可以讨论。比如,如何定义"不受欢迎"?确定"不受欢迎"的标准又是什么?第九巡回法院在 Ellison v. Brady[②] 案中指出,判断性骚扰是否成立应该是以受害人的视角而不是普通民众的视角。法院的理由是:首先,法官相信无性别差异的理性人都倾向于偏向男性(male-biased)的视角,并且倾向于系统性地忽略女性的感受。其次,这一合理的女性标准也不会设立(相较于保护男性)一个保护女性的更高标准。相反,性骚扰的女性意识的检验会使女性能以平等姿态与男性一起参加工作。但是,也有法院并不认可这样的视角。

当确定存在性骚扰行为时,下一个就是责任问题。如果企业中层干部性骚扰下属,而雇主表示不知情,雇主是否还需要承担责任?

Burlington Industries, Inc. v. Ellerth[③] 案判决是一个经典判例。在 Burlington 公司里,泰德·斯沃维克(Ted Slowik)是一个中层干部,虽然他不是金佰利·艾勒特(Kimberly Ellerth)的直接上级,但是艾勒特所在的芝加哥办公室只有两人,艾勒特向她的同事汇报工作,该同事再向位于纽约办公室的斯沃维克汇报工作。艾勒特曾经有过三次工作上的事故,而斯沃维克也曾说他可以让艾勒特在公司过得很轻松,也可以让她过得很艰难。艾勒特后来终于获得晋升,斯沃维克也依然对她保持言语上的挑逗。在发生一系列事情后,艾勒特最终辞职。但是,她辞职的时候并没有写明辞职和斯沃维克的行为有关。三个星期后,

---

① 682 F. 2d 897 (11th Cir. 1982).
② 924 F. 2d 872 (9th Cir. 1991).
③ 524 U. S. 742 (1998).

她再次写信说明她的辞职是因为斯沃维克的性骚扰行为。在整个工作期间,她虽然知道公司有反性骚扰的规定,但是她并没有向她的直接上级(并非斯沃维克)反映过情况。后来,艾勒特向法院起诉,基层法院虽然认为斯沃维克的行为构成性骚扰,但是因为雇主不知道或者未能知道斯沃维克的行为,因此判定雇主免责。艾勒特一直上诉到最高法院。

最高法院以是否存在可见雇佣行为(tangible employment action)来区别两种情况。可见雇佣行为是指雇佣状况的显著变化,包括解雇、岗位调整、晋升未果等情况,都是雇主的管理人员使用企业的官方权力给下级施加压力的行为方式。如果出现可见雇佣行为,雇主就必须承担责任。但是,在本案中,艾勒特的晋升没有被阻拦,所以没有可见雇佣行为。因此,最高法院认为,雇主可以进行抗辩,如果雇主的证据占优势,就可免于责任。抗辩可以分两类:第一,雇主已经做到足够的注意来防止并立即纠正任何性骚扰行为;第二,职工未能利用雇主提供的任何防止或者纠正措施来避免伤害,并且这种未能利用是不合理的。

在处理推定解雇(constructive discharge)是否属于可见雇佣行为时,最高法院依然沿用了两分法。对于女性劳动者因为不堪管理人员的骚扰而被迫辞职并起诉要求雇主赔偿的,最高法院认为,如果职工的辞职是合理回应雇主批准的对其不利的行为,如羞辱性的降职、工资的极端下降等情况,以至于她必须面对无法忍受的工作环境而辞职,此时雇主需要承担责任。如果不是雇主批准的行为,那么职工必须说明恶劣的工作环境已经难以忍受,因此她的辞职属于一个合理的回应。此时,雇主也可以抗辩:第一,雇主已经实行了可操作的和有效的政策来报告和解决性骚扰的投诉;第二,原告不合理地未能使用雇主提供的预防或者救济的措施。最高法院采取两分法的理由是,如果不需要雇主的同意,一般情况下雇主没有特别的理由来怀疑职工辞职是不是因为在工作场所日常发生的情况。如果缺乏这样的同意,管理人员的不当行为是否受到雇主代理关系的影响就不是很确定,这种不确定性应允许雇主一方提出抗辩。

如果性骚扰不是来自管理人员而是同事,法院认为,此时雇主需要承担过失责任(negligence)。即如果雇主知道或者应当知道同事的不当行为,除非雇主能够举证证明其已经采取了立即和合适的纠正手段,否则雇主必须承担责任。

二、年龄歧视

美国《反年龄歧视法》禁止企业对40岁及以上的职工进行年龄歧视。《纽约时报》的一篇报道指出,①最近几年,向委员会投诉的年龄歧视的案件越来越多,2015 年有 20144 件,2016 年则有 21000 件,已经占到了委员会全部受理案件的 1/4。其中,招聘中的年龄歧视问题和裁员中的年龄歧视问题比较严重。

(一) 招聘中的年龄歧视问题

这里以 Rabin v. PricewaterhouseCoopers LLP 案为例。这一诉讼由 53 岁的 Steve Rabin 和另一名 47 岁的求职者提起。他们均有数年的会计和记账经验,但是求职时被普华永道拒绝。他们认为求职被拒是因为他们没有像其他求职者那样年轻的面孔。他们提供的证据包括:普华永道招聘宣传册上充满年轻的面孔,约 80% 职工都是 1980 年或者之后出生的,以及一名普华永道高管在《哈佛商业评论》上大力宣传公司年轻化的工作场所。虽然无法证明普华永道是在故意(intentional)筛选掉年纪大的求职者,但是原告方认为,这种政策导向使得公司大量招聘年轻人,40 岁及以上职工的比例非常低,构成对年长者的"区别影响"(disparate impact)型歧视。②

然而,案件起诉者仍然面临一个法律上的障碍,即《反年龄歧视法》对区别影响的规制是否只适用于职工而不适用于求职者。该法规定:"雇主因为个人的年龄,以限制、隔离或者分等级等各种方式剥夺或者意图剥夺任何人(individual)的工作机会,或者消极地影响职工(employee)的地位,都是非法。"美国第十一巡回法院在 Villarreal v. R. J. Reynolds 案中认为,该规定后半句提到的"消极地影响"的方式就是区别影响,应明确其只适用于职工而不适用于求职者。

据此,普华永道认为,原告提出的 disparate impact 不受《反年龄歧视法》的规制,并要求法院驳回起诉。然而,受理该案的旧金山联邦地区法院法官 Jon Tigar 拒绝了该要求。Tigar 法官认为:首先,该规定中既出现了 individual 也出现了 employee,从立法原意来看,国会在用词上的差异是一个深思熟虑的选择,其意图是在对区别影响进行规制时将所有人都纳入保护范围。其次,按照谢弗林原则,当法条有歧义时,法院应该尊重行政机构的合理解释。而该规定的解释机关——平等就业机会委员会一直允许将区别影响的保护范围扩大到求职者。

鉴于不同法院之间存在意见冲突,最终解决方案就是由最高法院作出终审裁决。

---

① See Elizabeth Olson, Shown the Door, Older Workers Find Bias Hard to Prove, https://www.nytimes.com/2017/08/07/business/dealbook/shown-the-door-older-workers-find-bias-hard-to-prove.html, visited on Dec. 19, 2017.

② See Jacob Gershman, Older Workers Challenge Firms' Aggressive Pursuit of the Young, https://www.wsj.com/articles/older-workers-challenge-firms-aggressive-pursuit-of-the-young-1492340404, visited on Dec. 19, 2017.

(二) 裁员中的年龄歧视问题

近年来,Intel 和 IBM 两家高科技企业都因为在裁员中涉嫌年龄歧视而遭到公平就业机会委员会的调查。

根据媒体披露,Intel 的情况是,在 2016 年的一轮裁员中,2300 名被裁职工的年龄中位数是 49 岁,而留下来的同行的年龄中位数为 42 岁。因此,有职工向公平就业机会委员会投诉。按照程序,委员会将审核 Intel 关于裁员的法律文件,以确定职工一方是否有足够的证据,从而决定是否代表职工向法院起诉。如果委员会认为不构成年龄歧视,职工一方仍可以自行起诉公司。

IBM 的情况是,从 2014 年开始,IBM 陆续裁减了 2 万多名 40 岁及 40 岁以上的职工,占全部被裁人数的 60%。委员会同样在调查 IBM,虽然 IBM 否认了年龄歧视的指控,表示公司是根据绩效和其他方法确定裁减人员名单的。

然而,劳动者试图通过诉讼维护权益也有一定的难度。最高法院判决的 Gross v. FBL Financial Services, Inc.[①]案,在举证责任方面为劳动者胜诉设置了很高的门槛。

1989 年,最高法院在 Pricewaterhouse v. Hopkins 案中为混合动机案件确立了举证责任规则。混合动机是指雇主的决定混合了合法的动机(如职工绩效)和非法的动机(如职工的性别和种族)。此时,职工需要率先举证证明其因为雇主的非法动机(也就是该案中的性别因素)受到了歧视,然后举证责任转移到雇主,雇主需要证明:即使没有这个非法动机,雇主也会作出同样的决定。

在 Gross v. FBL Financial Services, Inc. 案中,最高法院认为,《反年龄歧视法》独立于《民权法案》,Pricewaterhouse 案确立的举证规则并不当然适用于年龄歧视的情况。最高法院认为,在年龄歧视案件中,劳动者首先必须证明年龄是雇主决策的主要因素(but-for,如果没有该事实的存在,事情就不会发生),这个举证要求不可谓不高。2009 年,国会曾提出《保护老员工免受歧视法》(Protection Older Workers Against Discrimination Act)草案,要求年龄歧视案件的举证规则回归 Pricewaterhouse 案确立的规则,但是,由于受到商业群体等反对,该草案最终没能通过。

[①] 557 U.S. 167 (2009).

结　　语

在考察了美国劳动法的主要内容后,我们认为,当代美国劳动法呈现出三大特征:

一、集体劳动法立法停滞

一般来说,劳动关系存在三个层级的调整:首先是劳动合同,主要体现在个别劳动关系上。其次是集体劳动关系,工会作为职工代表,与企业进行集体谈判。最后是政府监管,为劳动者提供底线性的保护。

从本编开头罗列的美国集体劳动关系法中可以发现,该领域的立法在过去半个多世纪几乎是空白。最近一项国会立法《兰德鲁姆-格里芬法》是在1959年。过去半个多世纪都没有新的立法,以至于有学者感慨工会法已经死亡。[①] 目前,工会法领域主要依靠劳动关系委员会的裁决和最高法院对于既有工会立法的解释来回应新的时代问题。

相对应的是,工会力量已经大大萎缩。根据美国劳动统计局(Bureau of Labor Statistics)发布的最新工会人数报告,截至2016年年底,只有约10.7%的美国劳动者属于工会会员,其中,只有约6.4%的私营企业建立了工会。

二、个别劳动法崛起

由于美国集体劳动立法停滞,工会数量下降,集体劳动关系出现巨大的真空,导致美国越来越倚重立法来保护劳动者(包括联邦立法和地方立法),依赖公权力介入劳动关系。

工会式微后,劳动者必须和雇主就工资、工时、工作条件等问题进行直接谈判。虽然不排除个别雇主实行先进的人力资源管理制度,为职工提供比较好的待遇,但是也有很多雇主会利用其强势地位,要求劳动者接受对其不利的条款。此时,就需要法律的介入来帮助职工,如联邦法律规定了最低工资、无薪病假和

[①] See Cynthia L. Estlund, The Death of Labor Law? *Annual Review of Law and Social Science*, Vol. 2, 2006, pp. 105-123.

产假等标准,保障劳动者能体面地生活。有些州,如加州,还规定职工可以享受带薪产假。这些联邦和地方立法都可以有效减轻工会式微给劳动者带来的负面影响,为劳动者增加了一个保护伞。

三、总体上仍维持较高的自由度

尽管美国在过去几十年颁布了一系列保护劳动者的规定,但是与其他国家比较,美国的劳动保护仍居于较低水平,依然维持比较高的自由度。如解雇保护,尽管很多州规定了解雇自由的例外情况,但是依然有很多州保留了任意解雇原则。相比之下,法国、德国、日本等国家的解雇保护法律规定比美国更加严格;而且,这些国家工会发达,集体协商也可以提供更高水平的解雇保护。

从文化角度来看,从内在上区别于其他国家的美国例外论(American Exceptionalism)可能是构成美国与这些国家差异的重要原因。对于构成美国例外论的因素,李普塞特指出了五点:自由主义、平等主义、个人主义、平民主义(populism)和经济上的自由放任。[①] 李普塞特还特别指出,美国意义上的平等主义,包含了机会和尊重的平等,而不是结果或者条件的平等。

从解雇保护方面来看,美国鼓励劳动者的自由流动,而劳动者在被解雇后往往也能找到工作,因此美国似乎不大重视解雇保护立法。但是,美国比较重视机会上的平等,比较强调反就业歧视这类规则。

---

① See Seymour Martin Lipset, *American Exceptionalism: A Double-Edged Sword*, W. W. Norton & Company, 1997.

美国重要法律索引

分类	法规	英文名	实施年份
个别劳动关系法	公平劳动标准法	Fair Labor Standards Act	1938
	职工调整和再培训通知法	Worker Adjustment and Retraining Notification Act	1988
	职业安全与健康法	The Occupational Safety and Health Act	1970
工会法	谢尔曼法	The Sherman Act	1890
	克莱顿法	Clayton Act	1914
	铁路劳动法	Railway Labor Act	1926
	诺里斯-拉瓜迪亚法	Norris-La Guardia Act	1932
	劳动关系法	National Labor Relations Act	1935
	塔夫脱-哈特莱法	Taft-Hartley Act	1947
	兰德鲁姆-格里芬法	Landrum-Griffin Act	1959
反歧视法	平等支付法	The Equal Pay Act	1963
	民权法案	Civil Rights Act	1964
	反年龄歧视法	The Age Discrimination in Employment Act	1967
	反孕妇歧视法	The Pregnancy Discrimination Act	1978
	残疾人法	Americans with Disabilities Act	1990
	家庭与医疗假期法	Family and Medical Leave Act	1993
	基因信息反歧视法	The Genetic Information Nondiscrimination Act	2008

扩展阅读文献

一、教材类

1. Kenneth G. Dau-Schmidt, *et al.*, *Labor law in the Contemporary Workplace*, 2nd edition, West Academic, 2014.

2. Kenneth G. Dau-Schmidt, *et al.*, *Legal protection for the individual employee*, 5th edition, West Academic, 2016.

3. Laura J. Cooper, *et al.*, *ADR in the Workplace*, 3rd edition, West Academic, 2005.

4. Michael H. Harper, *et al.*, *Labor Law: Cases, Materials, and Problems*, 8th edition, Wolters Kluwer Law & Business, 2015.

5. Michael J. Zimmer, Charles A. Sullivan, *Cases and Materials on Employment Discrimination*, 9th edition, Wolters Kluwer Law & Business, 2017.

二、教辅读物类

1. Dennis R. Nolan, Richard A. Bales, *Labor and Employment Arbitration in a Nutshell*, 3rd edition, West Academic, 2017.

2. Douglas E. Ray, *et al.*, *Understanding Labor Law*, 3rd edition, LexisNexis, 2011.

3. Joel Friedman, *Employment Discrimination Stories*, 1st edition, West Academic, 2005.

4. Mack Player, Sandra Sperino, *Federal Law of Employment Discrimination in a Nutshell*, 8th edition, West Academic, 2017.

5. Robert A. Gorman, Matthew W. Finkin, *Basic Text on Labor Law, Unionization, and Collective Bargaining*, 2nd edition, West Academic, 2004.

6. William B. Gould IV, *A Primer on American Labor Law*, 5th edition, Cambridge University Press, 2013.

三、编著类

1. Bruce E. Kaufman (ed.), *Government Regulation of the Employment Relationship* (Vol. 42), Cornell University Press, 1997.

2. Cynthia L. Estlund, Michael L. Wachter (eds.), *Research Handbook on the*

Economics of Labor and Employment Law, Edward Elgar Publishing, 2013.

3. David Weil, *The Fissured Workplace: Why Work Became So Bad for So Many and What Can Be Done to Improve It*, Harvard University Press, 2014.

4. Ellen J. Dannin, *Taking Back the Workers' Law: How to Fight the Assault on Labor Rights*, Cornell University Press, 2006.

5. Katherine V. W. Stone, *From Widgets to Digits: Employment Regulation for the Changing Workplace*, Cambridge University Press, 2004.

6. Katherine V. W. Stone, Harry Arthurs (eds.), *Rethinking Workplace Regulation: Beyond the Standard Contract of Employment*, Russell Sage Foundation, 2013.

7. Lawrence B. Glickman, *A Living Wage: American Workers and the Making of Consumer Society*. Cornell University Press, 1997.

8. Matthew W. Finkin, et al., *Multinational Human Resource Management and the Law: Common Workplace Problems in Different Legal Environments*, Edward Elgar Publishing, 2013.

9. Paul C. Weiler, *Governing the Workplace: The Future of Labor and Employment Law*, Harvard University Press, 2009.

10. Roger Blanpain, et al., *The Global Workplace: International and Comparative Employment Law: Cases and Materials*, Wolters Kluwer Law & Business, 2014.

第六编　国际劳动法[①]

第一章　国际劳动法的历史演进

迄今为止,国际劳动立法的历史已有一百多年,国际劳动法的产生和发展与各国国内劳动法律制度有着密切的联系。各国劳动法是国际劳动法的基础,国际劳动法对各国的国内劳动法又会产生重大影响,两者互相促进、互相协调,缺一不可。同时,国际劳动法又是国际法的一个重要组成部分。

对于国际劳动法的历史演进,学界一般将其分为三个阶段:

第一阶段为国际劳动法的倡导和宣传阶段。从19世纪初到19世纪下半叶,主要是空想社会主义者、进步知识分子、政治家、企业家等对由国际行动来保护劳工的思想进行宣传、传播,以及一些民间团体和社会组织提出国际劳动立法的主张和设想。

第二阶段为国际劳动法的萌芽阶段。1901年,国际劳动立法协会成立;从19世纪末到20世纪初,通过国际会议和国际行动,国际劳动立法取得了初步成果。

第三阶段为国际劳动法的发展阶段。1919年,国际劳动组织成立。近百年来,国际劳动组织开展了卓有成效的国际劳动立法活动,国际劳动法已逐步发展

[①] 本编的研究得到周长征、徐小洪、乔健、李燕玲等的教示,在此表示感谢。

由于是用比较研究的方法和路径,须用统一名称、概念等来指称相关事物,故本编采用国际劳动法学界公认的国际劳动组织文件中有关英文指代及其对应中文翻译词语,以及该组织的学理通说。由于各国学说非常丰富,相互之间有矛盾和冲突,故各国国别与地区之学说一律不采,只采用国际劳动组织的说法。同时,经他国语言翻译后二次翻译之中文也一律不采。关于国际条约的中文版,由于中文书籍及网络中文版本不多,其翻译也有值得商榷之处,故本书对照英文版尽量选取较为合适的中文版,难免挂一漏万。

成国际法的一个自成体系的独立部分。

一、国际劳动法的倡导和宣传阶段

国际劳动法源于18世纪产业革命后西欧各工业化国家的劳动立法实践。产业革命推动了工业的发展,但是,大量使用童工和妇女、恶劣的劳动环境、过长的劳动时间等,使工人生活在水深火热之中。于是,工人阶级开展了长期的抗争,社会上的有识之士也抨击这些社会弊端。同时,资产阶级政府从统治阶级的长远利益出发,也意识到工业化发展既需要符合条件的劳动力,更需要社会的长期稳定。首先进行工业化的英国开始了劳动立法活动,以限制资本家无休止的贪婪欲望,从而缓和激烈的劳资冲突,并最终促进社会稳定与和谐。1802年,皮尔勋爵第一个向议会提交《学徒健康与道德法》议案,要求限定学徒的工作时间;同年,英国议会通过了《学徒健康与道德法》,规定纺织工厂童工的劳动时间每天不得超过12小时,这是近代第一部限制资本家剥削工人的法律。1819年,英国议会重新修订该法,规定禁止纺织工厂使用9岁以下的童工,16岁以下的学徒每天工作时间不得超过12小时。随后,英国又逐步制定了多部工厂法。不久,欧洲的德国、法国、瑞士等纷纷仿效,制定了工厂法。随着资本主义经济和各国工人运动的发展,越来越多的国家制定劳动法,以调整原来完全由市场调节的私权领域的劳资关系。19世纪下半叶,劳动法的调整范围逐渐扩大,超出了工厂法的范围,也超出了劳动标准内容,扩展到社会经济权利领域。1824年,英国议会废除了1799年《结社禁止法》,开始承认工人有劳动团结权。同年,英国颁布《关于雇主与雇员间争议仲裁的统一修正案》,真正确立了劳动争议处理制度。1871年,英国颁布了世界上第一部《工会法》,正式承认工会的合法地位,并承认工会有代表工人与雇主谈判并签订集体合同的权利。1876年,英国又通过《工会法修正案》,进一步承认工会为合法组织。

与此同时,西欧各国颁布和实施的劳动法与日益激烈的国际贸易竞争也产生了冲突。为了在国际贸易中取得优势,展开价格竞争,这就需要降低成本。而在既定的生产条件、技术水平下,最直接的降低成本的途径就是降低人工成本。所以每一个资本家都不愿意实施减少工作时间、改善劳动条件、提高工资等相关的劳动法规定。很显然,谁执行这些劳动法规定,谁就得支出高成本,谁就可能被竞争所淘汰。如此一来,各国制定的劳动法便难以落实。这些事实引起有识之士的注意,他们意识到工人劳动条件的改善单靠本国的劳动立法是难以收效的。因此,他们主张进行国际劳动立法,使各国共同遵守共同的劳动标准,开展公平竞争,以消除国际贸易竞争给工人劳动状况造成的不良影响。由此开始了国际劳动立法运动。

19世纪前半叶,最先倡导国际劳动立法的主要有英国空想社会主义者欧文和法国社会活动家勒格朗。他们从自身的经历中觉察到资本主义的种种弊端,开始对工人产生同情心,决心致力于工业社会改革事业。提倡国际劳动立法就是他们活动的一个重要方面,因此有人推崇欧文是现代国际劳动立法思想的先驱。1818年10月,"神圣同盟"召开会议,欧文向参加会议的各国首脑宣传进行国际劳动立法的必要,并建议成立一个委员会专门研究这个问题。但是,欧文的倡议并没有得到各国统治集团的理睬,他的努力没有产生任何效果。

与欧文同时代的法国社会活动家勒格朗则被认为是明确提出国际劳动立法思想的早期倡导人之一。19世纪40年代,勒格朗先后多次向法、德、英、瑞士等国政府建议,一再强调不订立国际条约就不可能真正保护工人权益,建议各国召集国际会议讨论劳动立法问题。1855年,他又向各国政治家提出一个国际劳动立法方案,其中包括实行每天12小时工作制、星期日休息,禁止18岁以下的青年和妇女做夜工,不准雇用12岁以下的童工,等等。可是,此类建议皆未被各国政府所接受。

19世纪前半叶,对于国际劳动立法的倡议,不仅各国政府拒绝接受,提倡自由竞争市场经济的经济学家也表示反对。他们指责劳动法本身就是对契约自由的干预与破坏,国际劳动立法更是对国家主权的侵犯。

19世纪后半叶,受马克思主义的影响,无产阶级成为一支重要的国际力量。同时,人道主义思想流行,主张自由放任的资本主义势力逐渐衰落。此时,许多政治家和理论家对国际劳动立法的意义和必要性有了清醒的认识,并进行了广泛的宣传,并在各国的工会会议和国际工会会议上多次讨论国际劳动立法问题。1886年,国际工人联合会(第一国际)召开第一次大会,除了通过马克思起草的宣言、号召用阶级斗争推翻资本主义制度外,在大会决议中也主张制定国际公约来改善工人的地位和生活。在随后的几次社会主义和工会组织的国际会议上,与会者继续讨论国际劳动立法问题,并提出了一些方案和建议。

二、国际劳动法的萌芽阶段

在国际劳动立法运动主张被认可后,各国政府开始重视这一问题。1880年,瑞士政府根据联邦议会决定正式发出通知,邀请各工业国参会,讨论签订国际劳动公约等议题。由于多数国家不愿参加会议,会议未能如期举行。瑞士政府这一行动是官方正式提出国际劳动立法问题的第一次尝试,虽暂时搁浅,但却引起各国各界人士对这个问题的更多重视。

1889年,第二国际巴黎代表大会通过了关于保护国际劳动立法的决议,明确提出了8小时工作制、禁止使用童工、保护女工、保障结社自由等国际劳动立法的基本原则。大会还通过了"国际工人保护立法"的决议,并要求各国工人敦促本国政府参加1890年在伯尔尼召开的国际劳动保护会议。

1889年,瑞士政府第二次向欧洲各国发出通知,邀请各国于第二年5月在瑞士伯尔尼开会,探讨国际劳动立法。除俄国外,其他各国都表示赞同,瑞士政府便开始会议的筹备工作。1890年2月初,德皇威廉二世下令给首相俾斯麦,指示他同包括瑞士在内的欧洲各国政府就举行一次国际会议进行商讨,讨论是否可以满足工人们在罢工和其他场合提出的要求,以寻求在这方面达成一项国际协定。除个别国家外,邀请的对象都是瑞士政府邀请参加伯尔尼会议的各个国家。德国建议同年3月15日在柏林举行国际会议,讨论工厂和矿山的劳动规范问题。由于当时德国势力强大,各国只能表示接受,将正在筹备中的大会由瑞士伯尔尼转移到德国柏林。

1890年3月,柏林会议召开。共有15个国家参加会议,讨论并通过了关于一系列问题的决议:星期日休息、童工的最低年龄、青年工每天最多工时、禁止女工童工从事危险工作、限制女工童工做夜工、保护矿工、实施公约的办法等。由于这些决议内容相当空泛,并无国际公约的法律效力,会后也没有任何国家将这些决议真正付诸实践。因此,这次会议只是在形式上通过了三项议案,实际上并没有起到任何效果,其结果是失败的。但是,由于这次会议是第一次由各国政府正式派代表讨论国际劳动立法的会议,因此对于促进国际劳动立法的产生具有重要的意义。

1891年8月,在布鲁塞尔举行的第二国际第二次代表大会将《从国内和国际角度看劳工保护立法的状况,以及为有效地制定和扩充劳工保护立法而应采取的手段》列为第一项议程,并对柏林会议进行了专门的评论。会议提出,柏林会议的召开固然是社会主义者取得的一次道义上的胜利,个别国家在劳工保护方面迈出了第一步,但也有许多国家以与它们进行工商业竞争的国家没有劳工保护法为由拒绝进一步的劳工立法。所以,为了防止资产阶级以劳工保护立法的国际性为借口拒绝本国立法,社会党人必须继续在本国努力推动。

1897年8月,在瑞士工人联合会的倡导下,近4000名各类工人组织的代表出席了在瑞士苏黎世举行的"劳动保护首届国际代表会议",他们来自13个欧洲国家和北美洲的美国。这次会议对星期日休息、童工最低年龄、8小时工作制、禁止夜间劳动、同工同酬等问题都提出了具体要求,并通过正式决议,要求瑞士政府恢复它在促进国际劳动立法方面所作的努力,尤其是要求它采取主动措施,为商请各国政府共同创立一个有关劳动事务的国际办事机构作出努力。

在这种大背景下,不少赞成国际劳动立法的经济学家、社会活动家和工会领袖商议成立国际劳动立法协会。1900年,国际劳动立法协会在巴黎正式宣布成立。该协会的宗旨主要有:联合一切相信国际劳动立法是必要的人;组织国际劳动机构;赞助劳动立法研究,传播有关劳动立法的信息;提倡制定关于劳动问题的公约;召开国际大会讨论劳动立法。

1901年,国际劳动立法协会在瑞士巴塞尔召开第一次代表大会,研讨柏林会议的决议,其中特别注意禁止妇女做夜工和取消妨害健康的工作两项内容。1902年,协会在德国科隆召开了第二次代表大会,讨论禁止使用白磷和白铅等问题。1905年,协会正式起草了两个公约草案,提交同年由瑞士政府发起召开的德国、匈牙利、意大利、法国、比利时、荷兰、英国、瑞士、瑞典、丹麦、西班牙、卢森堡和保加利亚共13个国家参加的伯尔尼国际会议。会议讨论并通过了两个公约:《关于禁止工厂女工做夜工的公约》《关于使用白磷的公约》。1905年伯尔尼会议通过的两个国际劳动公约不仅表明就劳动关系问题缔结国际公约是有可能性的,而且提供了缔约的初步经验。

国际劳动立法协会1912年第七次代表大会决定起草《关于禁止未成年工做夜工公约》和《关于女工和未成年工工作时间公约》。1913年,专家会议正式拟定了这两个公约草案,准备提交拟于1914年召开的国际会议通过。可是,第一次世界大战的突然爆发导致这次会议未能如期举行,国际劳动立法协会的工作也被迫停止。虽然国际劳动立法的进程因战争而不得不中断,但国际劳动立法活动慢慢为各国所接受,为后来的国际劳动组织的成立和发展奠定了扎实的基础。

三、国际劳动法的发展阶段

第一次世界大战结束后,随着各国工人及其组织力量的不断强大,国际协调的增强,一个崭新的国际组织——国际劳动组织诞生了。

国际劳动组织诞生后,国际劳动法的制定、实施等有了组织形态,国际劳动法运作有了领导者和积极推动者,从此,国际劳动法进入一个新的发展阶段。详细内容将在下文中详细论述。

第二章 国际劳动法导论

第一节 国际劳动法的概念与性质

国际劳动法,是指国际组织制定的国际公约或者其他法律文件。国际劳动法既包括在国际层次上缔结的实体法律规则,也包括关于这些实体规则的批准和执行的程序规则。国际劳动法可以分为国际劳动公法和国际劳动私法。通常所讲的国际劳动法主要是指国际劳动公法,即在国际层次上制定的关于劳动标准及其执行程序方面的规则。而国际劳动私法则是指在各国劳动法规定不同发生冲突的时候,决定如何适用法律的规则。

国际劳动法的制定目的在于为各国提供一套最低的劳动标准,因此有时国际劳动法也被称为国际劳动标准。在一些场合下,这两个概念具有同等的含义,可以相互替换。

国际劳动法在性质上属于国际法的一个分支。作为国际法的一种,国际劳动法是由主权国家之间缔结的条约组成的。国际劳动法主要表现为国际劳动公约以及其他国际组织制定的公约。公约属于条约的一种特殊形式。国际劳动组织制定的国际劳动公约,都是由国际劳动大会与会代表 2/3 以上多数表决同意的,因此代表了大多数国家的意愿。特别是经成员国批准以后,相关公约对各该成员国就具有国际法上的约束力。

第二节 国际劳动立法的原则

国际劳动立法所遵循的原则,在二战以前是 1919 年《国际劳动组织章程》(以下简称《章程》)中列举的九项原则,二战以后主要是 1944 年通过的《费城宣言》(Declaration of Philadelphia)中提出的各项原则。

一、《章程》的九项原则

《章程》所列的九项原则是:

第一,在法律上和事实上,人的劳动不应被视为商品;

第二,劳动者和雇主都有结社的权利,只要其宗旨合法;

第三,劳动者应该得到足以维持适当生活水平的工资;

第四,工厂的工作时间以每天 8 小时或每周 48 小时为标准;

第五,劳动者每周至少有 24 小时的休息,并尽量把星期日作为休息日;

第六,工商业不得雇用 14 岁以下的童工,并限制 14—18 岁男女青年的劳动时间和条件;

第七,男女劳动者做同等工作则应得同等的报酬;

第八,各国应根据其法律规定的劳动状况标准,给予合法居住在该国的外籍劳动者以同样的待遇;

第九,各国应设立监察制度,以保证劳动立法的实施,并保证监察人员中有妇女参加。

以上各项原则,反映在二战前制定的国际劳动公约和文献中,且大部分已经得到实现。因此,1944 年在美国费城举行的第 26 届国际劳动大会通过了《费城宣言》。该宣言对国际劳动组织的目标和宗旨重新作出规定,其中有些规定成为制定国际劳动公约和建议书的原则。

二、《费城宣言》的原则和目标

《费城宣言》第一部分提出四项基本原则:

第一,劳动不是商品;

第二,言论自由和结社自由是不断进步的必要条件;

第三,任何地方的贫穷对一切地方的繁荣都构成威胁;

第四,反对贫困的斗争需要各国在国内坚持不懈地推进,还需要国际上进行持续一致的努力。

《费城宣言》第二部分确认:全人类不分种族、信仰、性别,都有权在自由与尊严、经济、安全和机会均等的条件下谋求其物质生活和精神发展。

《费城宣言》第三部分具体规定了该组织所要达到的十项目标:

第一,充分就业和提高生活标准;

第二,工人所从事的工作应当能最充分地发挥他们的技能和成就,并得以为共同福利做出最大贡献;

第三,作为达到上述目的的手段,在一切有关者有充分保证的情况下,提供

训练和包括易地就业和易地居住在内的迁移和调动劳动力的方便;

第四,关于工资、收入、工时和其他工作条件相关的政策,应能保证将进步的成果公平地分配给一切人,将维持最低生活的工资给予一切就业的并需要此种保护的人;

第五,切实承认集体谈判的权利和在不断提高生产率的情况下劳资双方的合作,以及工人和雇主在制定与实施社会经济措施方面的合作;

第六,扩大社会保障措施,以便使所有需要此种保护的人得到基本收入,并提供完备的医疗;

第七,充分地保护各行业工人的生命和健康;

第八,提供儿童福利和产妇保护;

第九,提供充分的营养、住宅和文化娱乐设施;

第十,保证教育和职业机会均等。

《费城宣言》规定的原则与目标,是二战以后国际劳动组织进行各项活动所必须遵守的主要依据,也是其制定国际劳动公约和建议书所应遵循的基本原则。

第三节 国际劳动法的渊源

关于国际劳动法的渊源,有狭义说和广义说之分。

狭义说认为,国际劳动法就是指国际劳动组织制定的公约和建议书。广义说则认为,国际劳动法包括联合国的相关国际公约、地区性组织的文件、多边公约、双边条约等。这些国际文件,大体上可以区分为两大类:一类对批准它们的国家具有约束力,另一类则是作为指导成员国就某些事项采取行动而提出的意见或建议,供各国参考。

根据广义说,国际劳动法的主要渊源如下:

一、联合国的相关国际公约

依据联合国与所属的各专门机构签订的协议,联合国尊重后者在一定业务范围承担特殊的国际责任。对国际劳动组织来说,联合国尊重其根据其章程确定的宗旨以及对劳动事务采取国际行动的职权。但是,在联合国大会通过的文件中,尤其是关于人权领域的文件中,必然提及劳动方面的问题。例如,1948年《世界人权宣言》里含有关于劳动事务的规定,《公民权利与政治权利国际公约》

中含有反对歧视、反对强制劳动、保障结社自由权利等事项的规定,《经济、社会和文化权利国际公约》中更是包含大量关于不受歧视、劳动权、劳动者结社权、获得社会保障权、达到适当的生活水平和卫生标准的权利等事项的条款。总的来说,上述联合国通过的国际公约中关于劳动事务的规定大都比较抽象,不像国际劳动组织制定的国际劳动标准那么明确具体,这是因为前者规制的问题往往包含了相关问题的许多方面,所以难以达到每一方面的规定都细致的程度。有时候,这两个国际组织会对同一事项都制定国际公约,这对实施这些公约有互相促进的效果,但偶尔也会存在某些矛盾甚至内在冲突。

二、国际劳动组织的文件

(一)《章程》

《章程》,特别它的序言和不可分割的附件《费城宣言》,规定了许多关于劳动关系的总的原则。同时,国际劳动组织的各种机构,包括国际劳动大会和负责监督国际劳动公约实施的专门机构,常常从其中的某些原则引申出法律性的论断,从而使这些原则成为国际劳动法的一个直接的渊源。国际劳动组织的成员国既然承认了《章程》,就有义务遵守《章程》规定的这些原则。

(二)国际劳动公约和建议书

国际劳动组织制定的国际劳动公约和建议书涉及的事项,随着国际政治、经济和社会文化等方面的发展而不断充实和拓展。国际劳动公约和建议书有其别具一格的特点,主要包括:

第一,公约和建议书都是经国际劳动组织的全体成员国代表会议——国际劳动大会讨论通过的。国际劳动大会不仅有成员国的政府代表参加,而且各成员国的雇主代表和劳动者代表参加,三个方面的每一名代表都有独立的表决权。公约和建议书不需要大会代表一致通过,而是经出席代表的 2/3 多数票通过。公约在通过后,不需经过签字这个程序,而是直接送交各成员国批准。这在国际公约缔结程序上是首创。以上规定分别在《章程》第 3 条、第 4 条、第 19 条载明。

第二,从它们的法律性或法律效力上看,公约和建议书是有区别的。批准公约的国家对公约承担保证执行的国际义务,换句话说,公约对批准它的国家有国际法上的约束力。而建议书则不需要得到成员国的批准,从而对成员国也不产生必须严格执行的义务。建议书只是就有关事项向成员国提出采取行动的指导性意见或建议。

第三，公约的解释权不属于参与制定或批准公约的国家。《章程》第 37 条第 1 款规定，对《章程》本身和任何公约"在解释上发生的任何问题或争执，应提交国际法院判决"。

第四，《章程》第 1 条第 5 款规定，如果一个成员国已经批准了一些国际劳动公约，那么即使该国退出国际劳动组织，也"不应影响在公约规定期限内公约本身的以及有关的义务继续有效"。这里说的"有关的义务"，主要是指接受国际劳动组织对成员国实施公约状况的监督。不言而喻，既然这个国家已经退出国际劳动组织，所谓公约本身的以及有关的义务"继续有效"云云，实际上自然只能是道义上的。

第五，国际劳动组织依照其《章程》的规定，建立专门的机制对成员国实施公约的状况进行制度化的经常监督。

（三）国际劳动组织的决议和会议结论

有些劳动关系以及与之相关的一些关系的行为准则，由于它的综合性或其他原因，不方便或目前尚不适宜制定公约或建议书，但是又需要提出一些指导方针和原则，作为现有公约和建议书的补充，或者为今后进一步研究和解决这方面的问题提出原则和制度，对这类事项，往往采取由国际劳动大会通过决议的方式。在这些决议中，有一些被国际劳动组织监督实施公约的专门机构用作评价事态以及向当事国政府提出建议的重要依据，从而在实际上起到国际劳动标准渊源的作用。

国际劳动组织还就某些专门问题或就某个经济部门的问题召开专家会议或专门委员会会议，对一些非常实际的技术性问题作出决议和结论。比如，有关职业安全和卫生的各种专业业务规程，有关多国公司的社会政策声明，等等，都属于国际劳动标准的渊源之列。这些决议和结论的权威性不如公约和建议书，在不同会议上通过的决议和结论，其重要程度也是不相同的，但由于它们都是在有关专家和有关利害方的代表共同参与下作出的，所以常常以其对问题的深入周详的分析以及指出解决问题的切实意见而受到成员国的重视。

（四）解释

对于《章程》以及任何公约在解释上发生问题或争执，应提交国际法院判决。1946 年修改的《章程》，对这个问题作了补充规定，增加了解释的途径，即现行《章程》第 37 条第 2 款所规定的，除提交国际法院判决外，还可以由国际劳动组织理事会提议，经国际劳动大会核准，"成立裁判机构，以迅速判决由理事会或按公约规定向该裁判机构提出的关于解释公约方面所存在的任何纠纷和问题"。不过,裁判机构作出的判决不应与适用于解决此问题和纠纷的国际法院的判决或咨询意见相抵触。此外,在实际操作中,不时有成员国就某部公约的适用范围和条文的确切含义请求国际劳动局局长作出解释。在遇到这种情况时,局长往往将其观点,实际上也就是国际劳动局的解释,报告国际劳动组织理事会并刊载于国际劳动局的正式公报。这种做法虽然于法无据,《章程》并未规定局长有此权限,但已成为一种得到成员国默许的惯例。

(五)"判例法"

为监督成员国实施它们已批准的公约,国际劳动组织建立了专门的监督机制,并在这个机制中设有"实施公约和建议书专家委员会"和"结社自由委员会"等专门机构。这些专门机构在对一个国家实施公约的状况作出评价时,常常需要阐明公约的适用范围和公约条文的确切含义,并据此对当事国的行为是否切实遵守公约作出裁决。由这种裁决积累形成的"判例法",也是国际劳动法的一个辅助性渊源。

三、地区性组织的文件

二战以后,国际上出现了许多地区性组织,它们也制定了大量有关劳动事务的文件,但这些文件仅在该地区性组织的范围内,按照其各自规定的程序适用。

(一)欧盟文件

欧盟的文件包括两类:第一类是欧洲理事会制定的文件,第二类是欧洲共同体制定的标准。

欧洲理事会制定的主要文件包括:1950年《保护人权和基本自由公约》(其内容属于国际劳动法的范畴)、1961年《欧共体社会宪章》(其中有关劳动事务的条款内容在很大程度上是以国际劳动组织的有关标准作为基础的,只在少数事项的规定上有所不同)等。

欧洲共同体制定的标准主要有:1989年《工人基本社会权利宪章》、1991年《社会政策协议》等。

(二)其他地区性组织文件

例如,1969年美洲国家组织的《美洲人权公约》,1977年安第斯条约组织制定的社会安全及移民、劳工之相关文件等。又如,1981年非洲统一组织通过的《非洲人权和人民权利宣言》、1967年阿拉伯国家联盟通过的《阿拉伯劳动标准公约》等。这些地区性组织通过的文件中有关劳动事务的规定,也属于国际劳动法的渊源。

四、多边公约

例如,1992年8月,美国、加拿大、墨西哥三国共同签署了《北美自由贸易协定》,其附加协议《北美劳工合作协议》的内容涉及劳工标准等方面;①2016年,美国、智利、秘鲁、新西兰、文莱、澳大利亚、马来西亚、日本、墨西哥、加拿大分别签署了《跨太平洋伙伴关系协定》,其中第十九章也涉及劳工标准等内容。②

五、双边条约

双边条约是两个缔约国之间签订的、旨在保护本国侨民在他国有关劳动事务方面权益的条约,主要分为劳动条约(如移民工人、海员、季节工人、工资支付、储蓄的汇划等)和社会保险条约。也有发达国家与发展中国家之间签订这类双边条约的。

就劳动事务达成的双边条约,最初常被包括在综合性的双边条约里,如在友好条约、贸易与航运条约中作出规定等。后来,随着国际交往的扩大与频繁,出现了专门就劳动事务缔结双边条约的需要。

有关移民工人的双边条约往往涉及缔约一方的国民移居另一方并在另一方就业情况下的系统管理,以及在就业条件和社会保障方面保障移民工人在什么范围内享有与本国国民同等待遇的问题。二战结束以后,不少国家对外国移民和他们的就业逐步加强限制,使得有关移民工人的双边条约有较多的增加。

第四节 国际劳动法的局限性

国际劳动法较难得到成员国的普遍采纳。例如,国际劳动公约只有经过成员国的批准才能发生效力。而迄今所制定的180多个公约中,只有少数几个公

---

① 2018年9月30日,美国与加拿大、墨西哥达成了新的北美自由贸易协定——《美国—墨西哥—加拿大协定》。
② 2017年1月,美国总统特朗普在白宫签署行政命令,宣布美国正式退出《跨太平洋伙伴关系协定》。2017年11月,日本经济再生担当大臣茂木敏克与越南工贸部部长陈俊英在越南岘港举行新闻发布会,两人共同宣布除美国外的11国就继续推进《跨太平洋伙伴关系协定》正式达成一致,11国将签署新的自由贸易协定,名称为《全面与进步的跨太平洋伙伴关系协定》。

约获得100多个成员国批准,大多数公约只有半数左右的成员国批准,还有一些公约仅在少数几个成员国得到批准。究其原因,有以下四个主要方面:

第一,各国经济发展阶段不一样。例如,国际劳动公约和建议书的出发点是制定统一的最低劳动标准,但是各国处于不同的经济发展阶段,工业化程度和生活水平相差甚远,国际劳动法所规定的最低劳动标准很难被所有成员国所接受,部分标准对经济欠发达成员国来说是过高了,而对经济发达成员国来讲又过低了。

第二,对联邦制成员国批准公约有特别规定。如果依据成员国宪法制度不宜由联邦政府采取行动的,则联邦政府可在规定期限内将公约和建议书送交各州或邦的适当机关,以便制定法律或采取其他行动,联邦政府不再承担批准和实施的义务。

第三,有些经济发达成员国有公私法分立的传统,公法不干涉当事人的私法自治,即某些公约中的权利是由当事人通过集体谈判、订立集体合同来实现,国家公共权力并不进行干预,不属于其劳动立法的范围,故此类成员国不能批准涉及相关事项的劳动公约。

第四,大量发展中成员国由于具体的政治制度、意识形态、民族传统、社会文化等诸多因素难以批准某些涉及劳动权利的国际公约。

同时,国际劳动公约和建议书最后还是要由各成员国政府负责实施。国际劳动组织虽然有一套实施机制,例如,成员国定期向国际劳动局报告执行公约的措施,并对违反公约规定的成员国实行监督(申诉、控诉);成员国国内劳动者或雇主组织有权申诉,国际劳动组织内的成员国之间可以控诉其违反公约的行为等。但是,这两种监督程序在实际运作中都很难有效适用,各国国内劳动者或雇主组织也很少直接向国际劳动组织申诉本国政府违反公约,至于国家间的控诉就更少了。又如,对申诉、控诉事件的处理,国际劳动组织在《章程》中规定了处理程序,如由国际劳动局组成调查委员会进行调查,提出报告;如被诉的成员国不服从委员会建议,还可以将其提交国际法院裁决等。但是,国际劳动组织终究不是所谓的"世界政府",它对成员国无权采取实质性的强制性措施,最多给予道义上的公开谴责,再无更好和有效的制裁方式,故国际劳动公约的执行实质上还是取决于各成员国政府的自觉行为。国际公约的实施得不到有效保证,导致国际劳动法的效力弱于其他国际法。

第五节　国际劳动私法

国际劳动私法是在各国劳动法规定不同、发生冲突的时候决定如何适用法律的规范,因此国际劳动私法也可以称为"国际劳动冲突规范"或"国际劳动法律适用规范"。各国一般都把劳动关系(主要是雇佣关系)作为民事关系来调整,因此,劳动法的冲突规范属于国际私法(冲突法)的内容之一。

一般来说,劳动关系的调整应适用劳动所在地法。可是,劳动所在地可以是劳动关系的成立地(如劳动合同的签订地),也可以是劳动内容实际履行地(即劳动所在地),具体应该适用哪一个地方的法律呢?一般来说,劳动关系与劳务关系的一个区别就在于,劳动关系不仅仅要求提供一定的劳动成果或者履行一定的劳动义务,而且劳动使用者要对劳动者的劳动进行日常管理。可见,劳动合同的履行地与劳动关系双方的联系要比签订地更密切。根据国际私法上的最密切联系原则,这里的劳动所在地就是劳动合同的履行地。同时,劳动合同的履行地国家往往具有管辖的便利,因此从管辖的角度考虑也应该适用履行地国家的法律。

同时,在劳动关系中,由于劳动者一方通常处于相对弱势地位,因此在法律适用问题上也应该考虑其被雇主操纵的可能,对于劳动合同当事人的意思自治的范围,需要加以一定的限制。如 1980 年欧共体《罗马公约》第 6 条就规定,劳动合同当事人的选择不得剥夺法律的强制规则对劳动者所提供的法律保护。在当事人没有选择法律时,应适用履行合同时劳动者惯常履行其工作地国家的法律;如果劳动者并不惯常在一个国家工作,则适用其受雇的营业所所在国家的法律;但如果从整个情况看,合同与另一国有更密切的联系,则此合同应适用另一国的法律。

第六节　国际劳动关系的特点及其法律适用的基本原则

国际劳动关系是指发生在国际劳动力市场中的劳动关系。国际劳动力市场即两个以上国家之间进行劳动力交易的场所,包括第三国市场、外国市场和本国市场。

第三国市场是指两个或两个以上来自不同国家的雇主和劳动者在第三个国

家进行劳动力交易的市场,如甲国雇主在乙国承包工程、聘用丙国工人,这会涉及三个国家的劳动法律适用问题。

外国市场是指来自同一个国家的雇主和劳动者在另一个国家进行劳动力交易的场所,如甲国雇主在乙国承包工程、聘用甲国工人,这会涉及两个国家的劳动法律适用问题。

本国市场即外国雇主或劳动者与本国雇主或劳动者在本国进行劳动力市场交易的场所,这也会涉及两个国家的劳动法律适用问题。

国际劳动关系具有以下两个特点:

第一,主体多元性,雇主和劳动者分别来自不同的国家;

第二,适用法律多元化,在雇主、职工和履行地属于不同国家的情况下,应当适用的法律将源于不同国家;而不同国家的劳动法律体系不尽相同,如集体合同的覆盖范围、内容和法律效力等问题,各国的规定就不太一致。

在国际劳动关系中,法律适用的基本原则有以下三点:

第一,国际劳动公约效力优先,但仅对批准公约的国家适用该原则;

第二,国际协议优先,但仅对签订了双边或多边协议的国家适用该原则;

第三,涉及人的法律标准以适用本国法律为主;涉及工作地的法律标准以所在国法律为主。

第三章 国际劳动组织

第一节 国际劳动组织的发展历史

国际劳动组织成立于1919年,原为国际联盟的附属机构,1945年成为联合国负责国际劳动与社会政策事务的一个专门机构,是联合国机构中历史最悠久、地位十分重要的一个专门机构,其总部设在瑞士的日内瓦。国际劳动组织在1919年成立时只有42个成员国,截至2018年6月,国际劳动组织的成员国已经达到187个。当今的国际劳动组织已经成为一个具有广泛代表性和重要影响力的国际组织,为提高国际劳动标准做出了杰出的贡献。

在一战期间,经过美国劳工联合会的努力,协约国各国工会达成一致意见,认为应该在战争结束后的和平条约中写入一些保障劳动者利益的条款。各国工会组织的要求被战后的和平会议所采纳,并为此专门成立了一个劳动委员会,负责起草宣言和《国际劳动组织章程草案》。该委员会委员来自比利时、古巴、捷克斯洛伐克、法国、意大利、日本、波兰、英国和美国九个国家,委员会主席由美国劳工联合会主席塞缪尔·龚柏斯(Samuel Gompers)担任。1919年4月,该委员会完成了《章程》的起草工作。

在1919年4月的巴黎和会上,经各国政府代表的讨论通过,该《章程》成为《凡尔赛和约》第十三编,又被称为《国际劳动宪章》。《凡尔赛和约》第387至399条规定了国际劳动机关,第400至420条规定了程序问题,第427条规定了劳动的一般原则。据此,国际劳动组织很快就得以成立,并被作为国际联盟的一个自治的附属机构。1919年10月,国际劳动组织在华盛顿召开了首届国际劳动大会。首届大会制定了六个国际劳动公约和建议书,任命了理事会。国际劳动组织的成立是国际劳动法发展过程中的一个里程碑,大大丰富了国际劳动法的体系与内容,它制定的国际劳动公约和建议书是国际劳动法的最重要的法源。

巴黎和会之所以会同意成立国际劳动组织,主要是出于以下几方面的动机:

第一是人道主义的动机。各国工人的人数虽然越来越多,但是他们受到肆无忌惮的剥削,雇主们毫不考虑他们的健康、家庭生活和发展。这样一种不人道的现实越来越多地受到社会舆论的谴责。

第二是政治性的动机。工人队伍随着工业化的发展正在日益增长,如果没有劳动条件的改善,势必会发生社会骚动,乃至爆发革命。

第三是经济性的动机。因为改善劳动条件不可避免地会对生产成本造成影响,任何产业或者国家单独采取社会改革,都将会使自己处于比竞争对手相对不利的地位。

除了上述三个动机,巴黎和会的代表们还增加了一个原因,那就是工人们从战场和生产两个方面为战争结束做出了重要贡献。

二战期间,国际联盟解体,但是国际劳动组织作为一个独立的国际组织仍继续存在。1944年,战争仍未结束,国际劳动组织在美国费城召开第26届国际劳动大会,41个国家的代表参加了会议。这次大会通过了著名的《费城宣言》。《费城宣言》是国际劳动组织发展历史上的一个重要文件,它进一步阐明了国际劳动组织的宗旨与目标,成为《章程》的附件。

国际劳动组织从成立至今经历了三个发展阶段:

第一阶段,1919年至1940年,是国际联盟中的一个自治的专门机构;

第二阶段,1940年至1946年,由于二战爆发,国际联盟解体,它作为一个独立的国际组织继续存在;

第三阶段,1946年至今,它是联合国负责社会和劳工事务的一个专门机构。在联合国系统内,国际劳动组织是唯一一个拥有三方结构的机构,即除了政府代表外,雇主和劳动者代表作为平等的伙伴参与其管理机构的工作。

国际劳动局第一任局长是法国社会党人、政治家艾伯特·托马斯(Albert Thomas),曾在法国战时政府中担任军需部部长。托马斯上任不到两年,国际劳动组织就制定了16个公约和18个建议书。

1920年夏天,国际劳动组织迁到瑞士的日内瓦。虽然工作已经基本进入正轨,但不少成员国的态度却发生了转变,它们抱怨国际劳动组织制定了太多的公约,其刊物上的言论过于严厉,而且经费预算太高等,目的就是要削减其经费。在这种困难形势之下,当时的国际法院不顾法国政府的施压,判决国际劳动组织的管辖范围及于农业部门的劳动。这对国际劳动组织无疑是巨大的支持。

1926年,国际劳动组织设立了国际劳动标准的监督体系,该监督体系至今仍然在运作。同时,该监督体系设有专家委员会,成员由独立的法学家组成,负责审查各国政府的报告,并独立向国际劳动大会提交报告;他们任期三年,期满可以被重新委派。目前,专家委员会由 20 位在国际法和社会学领域具有较深资历和崇高声望的人士组成,他们以个人身份接受国际劳动组织的委派,以便对各国政府保持其独立性。

1932 年,托马斯去世,第二任局长是英格兰人海罗德·巴特勒(Harold Butler)。巴特勒上任不久就发生了世界性的经济大萧条,各国失业人数剧增,因此在国际劳动大会上,劳动者代表和雇主代表对于是否要减少工时发生激烈争执,但是争执没有取得什么结果。1934 年,在富兰克林·罗斯福总统(Franklin D. Roosevelt)当政期间,美国加入了国际劳动组织,虽然当时美国并不是国际联盟的成员。

1939 年,美国人约翰·魏奈特(John Winant)成为第三任国际劳动局局长。魏奈特曾经担任美国新罕布什尔州的州长以及美国社会保障体系首任长官。当时欧洲已经战云密布,瑞士距离战争发源地太近,因此,1940 年 5 月,魏奈特决定把国际劳动组织暂时迁到加拿大的蒙特利尔。1941 年,罗斯福总统任命魏奈特担任美国驻英国大使,取代约瑟夫·肯尼迪,于是爱尔兰人爱德华·费兰(Edward Phelan)成为第四任国际劳动局局长。费兰对国际劳动组织内部事务极其熟悉,并曾参加过《章程》的起草工作。

二战后,国际劳动组织于 1946 年与新成立的联合国签订协议,成为联合国专门负责劳动与社会事务的专门机构。1948 年,美国政治家戴维·摩尔斯(David Morse)成为国际劳动局第五任局长。摩尔斯曾经在杜鲁门政府中任要职,具有非凡的领导才能。他担任国际劳动局局长一职长达 22 年,在其任职期间,成员国增加了两倍,经费预算增加了五倍,职员人数增加了四倍。1960 年,国际劳动组织在瑞士日内瓦的总部设立了国际劳动研究所。1965 年,国际劳动组织在意大利北部的都灵市设立了国际培训中心。1969 年,国际劳动组织被授予诺贝尔和平奖,以纪念其成立 50 周年。

1970 年,英国人威尔弗莱德·简克斯(Wilfred Jenks)成为第六任国际劳动局局长。他和费兰是《费城宣言》的共同起草人。在简克斯任职期间,东西方国家集团之间发生了严重的分歧,劳动问题被政治化,简克斯以其丰富的经验和娴熟的外交手段成功地化解了多次危机。

1973 年,简克斯去世,法国政治家弗兰西斯·布兰夏(Francis Blanchard)成为第七任国际劳动局局长。在他任职期间,美国于 1977 年至 1980 年因为政治原因退出了国际劳动组织,这对国际劳动组织造成了极大的冲击,仅活动经费就减少了 1/4。不过,1980 年里根执政后,美国又重新回归国际劳动组织。

1989 年,米歇尔·汉塞纳(Michel Hansenne)接替布兰夏,成为国际劳动局第八任局长。汉塞纳原任比利时劳动人事部部长,他是冷战结束后的第一任国际劳动局局长,并于 1993 年获得连任。汉塞纳提出积极伙伴关系政策(active partnership policy),主张改变一切围绕着日内瓦总部进行活动与分配资源的旧体制,积极促进国际劳动组织在活动与资源方面的分散化。

1999 年 5 月,朱安·索马维亚(Juan Somavia)上任,成为第一个来自发展中国家的国际劳动局局长。索玛维亚是智利人,职业律师。他曾经担任过社会发展全球首脑会议的筹备会主席、联合国经济与社会理事会主席、智利驻外大使等职务。

第二节 国际劳动组织的结构、职能和主要活动

国际劳动组织由以下三部分组成:

第一是成员国代表大会,即国际劳动大会,每年召开一次;

第二是执行委员会,即国际劳动理事会,每年召开三次会议;

第三是常设秘书处,即国际劳动局。

此外,国际劳动组织还通过一些辅助机构,如地区会议和专家组,开展工作。

一、国际劳动大会

国际劳动大会是国际劳动组织的最高权力机关,在正常情况下,每年 6 月在瑞士日内瓦召开一次大会。每个成员国参加国际劳动大会的代表团由 2 名政府代表、1 名雇主代表和 1 名劳动者代表组成,在必要时,代表团成员还可包括若干名技术顾问。雇主代表和劳动者代表在大会上可自由发言,他们可以表达与政府代表不一致的意见,也可以发表与另一方不同的意见。国际劳动大会承担以下五项主要任务:

第一,修改《章程》。

第二,制定和修订国际劳动公约和建议书,并审查这些公约和建议书在各国的执行情况。

第三,批准国际劳动组织的工作计划、预算以及关于计划和预算执行情况的工作报告。

第四,讨论对全世界具有重大意义的劳工问题,但会议的中心议题是听取国际劳动局局长的报告。

第五,通过一些决议,为国际劳动组织的总决策和未来活动提供指导性的方针;举办世界性论坛,讨论社会和劳动问题。

大会还设立若干个委员会。一类委员会是常设的,即在每次召开大会时都要设立的,如总务、财务、提案以及实施公约和建议书等委员会;另一类是临时设立的,即根据大会议程上的议题,尤其是需要制定公约和建议书而设立的。委员会的任务是对提交大会的事项进行初步审议,并就审议结果提出报告、送交大会全体代表决定。

二、国际劳动理事会

国际劳动理事会是国际劳动组织的执行委员会,由参加国际劳动大会的代表每三年选举一次。国际劳动组织的各项活动都是以国际劳动理事会为中心而开展的。国际劳动理事会的主要工作是:

(1) 为大会和其他会议确定议程;

(2) 指导国际劳动局各项工作;

(3) 对国际劳动组织的总事务进行监督;

(4) 关注会议决定的实施情况并就应该采取的后继行动作出决定;

(5) 讨论年度预算;

(6) 决定设立国际劳动组织的其他机构和任命国际劳动局局长等,并由国际劳动局局长来负责国际劳动局各项活动的开展。

理事会下设若干常设委员会,如计划、财务与行政委员会,法律问题和国际劳动标准委员会,结社自由委员会,就业政策委员会,技术合作和多国企业委员会等,这些委员会都是三方性结构,所有代表享有独立平等的发言权和表决权。

理事会设主席1名,原则上由政府代表按地区轮流担任,任期一年,每年6月由理事会改选。副主席2名,分别从劳动者理事和雇主理事中产生。国际劳动理事会也具有三方性:理事会由56名理事组成,其中包括28名政府代表、14名劳动者代表和14名雇主代表。在28名政府理事中有10名常任理事,由理事会确定的"重要工业国"委派,不需要经过选举,是常任的。这10个"重要工业国"是:巴西、中国、法国、德国、印度、意大利、日本、俄罗斯、英国和美国。其余18人由出席大会的成员国政府代表选举确定。经选举产生的理事和副理事任期三年,在正常的情况下,理事会每年举行三次会议。

三、国际劳动局

国际劳动局是国际劳动组织的常设工作机构,是国际劳动大会、理事会和其他会议的秘书处,受理事会管理,总部设在日内瓦。它的主要职责是:

(1) 负责起草文件和报告,这些文件和报告是国际劳动组织各项大会和各专业会议的重要背景材料;

(2) 征聘和指导国际劳动组织在全世界进行技术合作的专家;

(3) 致力于各种研究和宣传活动,并发行内容广泛的专业性出版物以及与劳动事务和社会问题相关的各种专业性期刊;

(4) 向各成员国政府部门、雇主组织和工人组织提供技术援助,进行指导和提供咨询;

(5) 从事教育和研究工作,并与各国劳工部和社会事务部、雇主组织和工会团体紧密合作。

同时,国际劳动局也是一个行政机构,一个研究、文献和活动中心。来自世界各个成员国约 3000 名官员和技术专家在日内瓦总部、国际劳动组织承担技术合作项目的国家或国际劳动组织设在世界各地的 40 多个地区、区域和分支办公室负责具体行政管理工作。

国际劳动局在世界各个地区设有地区局,负责确定各地区的优先目标,并根据国际劳动组织的原则和政策协调组织各项活动,各地区局还就政治性区域发展问题向国际劳动局总部进行报告。国际劳动局在保证与三方代表密切协商的基础上,在国家一级和次区域一级通过开展各项技术活动来提供技术支持和指导。

国际劳动组织亚太地区局设在泰国首都曼谷,并在亚太地区下列国家的首都设有办事处或局:中国首都北京、斯里兰卡首都科伦坡、孟加拉国首都达卡、越南首都河内、巴基斯坦首都伊斯兰堡、印度尼西亚首都雅加达、菲律宾首都马尼拉、印度首都新德里、斐济首都苏瓦以及日本首都东京。此外,国际劳动组织还在尼泊尔设立高级技术顾问代表其开展工作。

国际劳动组织在世界各地还设有 16 支多功能专家咨询组。其中,亚太地区的多功能专家咨询组设在泰国曼谷,南亚地区多功能专家咨询组设在印度的新德里,南亚和太平洋地区多功能专家咨询组设在菲律宾的马尼拉。这些办事机构负责帮助国际劳动组织的三方合作伙伴制定和实施体面劳动的国家级计划，促进国际劳动组织原则的实施和价值的实现。

国际劳动局局长任期五年。国际劳动局下设国际劳动标准、就业、社会保护和社会对话四个技术部门，并设有局长办公室、性别平等局、技术合作、会务、人事、新闻出版等部门，以及国际劳动组织国际培训中心（都灵）和国际劳动研究所等。

四、国际培训中心

设在意大利都灵的国际培训中心，是国际劳动组织和意大利政府于1964年联合建立的。起初它是一个技术和职业培训机构，后来发展成为一个招收研究生和高层次的在职培训机构。

该中心是在就业、劳工权利、社会保护和开发管理领域实施国际劳动组织培训计划的重要部门，也是为整个联合国系统服务的培训中心。在该中心众多的培训领域中，常年设立、提供关于职业安全、卫生相关主题的两至三周的培训课程。每年的培训主题都不固定，而是根据一些国际技术合作计划和活动设立。国际劳动组织负责安全工作计划的机构定期向该中心提供技术援助和人员，以支持其职业安全、卫生课程。

该中心每年出版培训课程手册，其中包括每次课程的时间、地点、上课的语言以及参加培训的费用等。

五、国际劳动研究所

国际劳动研究所建立于1960年，设在瑞士日内瓦。其主要作用是促进国际劳动组织及其三方代表就所关心的和正在出现的问题进行政策研究和公开讨论。它为国际劳动组织提供三项重要服务：

第一，为国际劳动组织成员国与国际学术界及其他公众提供非正式对话的讲坛。这种非正式和灵活的交流，使国际劳动组织能检验新的思路和举措，而不受协商或公开承诺的制约。

第二，帮助确定可能与国际劳动组织有关的劳工政策问题。

第三，提供教育计划、支持国际劳动组织的培训活动，支持国际劳动组织三方代表建立它们本国的研究和政策分析机构。

六、地区会议

为了与世界不同地区保持经常联系并了解其经济和社会发展情况,国际劳动组织分别在亚洲和太平洋、非洲、美洲、欧洲和中亚以及阿拉伯五个地区设有办事处,定期召开某一地区的会议。地区会议是对国际劳动大会的一种补充。在国际劳动组织总框架内,把某一地区的政府、雇主和劳动者代表召集在一起,共同研究与该地区有关的问题。这些会议在发展和实施国际劳动组织的政策方面起着重要的作用。

各地区办事处的地点是:亚洲和太平洋地区设在曼谷;非洲地区设在亚的斯亚贝巴;美洲地区设在利马;欧洲和中亚地区设在日内瓦;阿拉伯地区设在贝鲁特。

七、产业委员会

国际劳动组织理事会按照重要的经济活动部门设立了22个产业委员会。产业委员会为某一经济部门从事活动的政府、雇主和劳动者代表提供机会,就各国在本产业面临的社会和劳工问题交流情况和交换观点。

产业委员会得出的结论,一方面为理事会拟订国际劳动大会议程和安排国际劳动组织活动提供参考;另一方面为各成员国拟订有关产业的劳工政策和社会政策提供参考。

八、国际劳动组织的主要活动

国际劳动组织的主要活动包括以下几个方面:

第一,制定全球的政策和计划,以促进基本的人权,改善工作和生活条件,扩大就业机会。

第二,从事劳动立法。主要体现在制定国际劳动公约和建议书,以帮助各国实施国际劳动标准。

第三,开展技术合作。为扩大该组织的影响力,推动国际劳动标准的实施,该组织在二战后逐步开展技术合作活动。主要与一些相关的国际机构开展合作,也依靠发达国家资助,对发展中国家提供劳动领域的技术合作与援助。技术合作的主要形式是通过在各地设立多功能工作队和地区办事机构促进成员国的工作,举办研讨会、培训班,派出专家提供咨询服务以及援建小型项目等。

第四,开展劳动领域的研究和信息传播。国际劳动局各部门每年结合工作计划开展大量的劳动与社会领域的调研,组织出版有关调研报告和期刊,为成员国提供信息服务等。

第三节 国际劳动组织公约和核心劳动标准的法律性质

一、立法条约说和合同条约说

在国际法学研究中,关于国际劳动组织公约的法律性质,曾有立法条约(treaty-laws)说和合同条约(treaty-contracts)说的激烈争论。为了调和这两种学说,后来又出现折中说。

立法条约说认为,国际劳动组织公约是由国际立法机构(international legislative body)通过的国际法,允许世界各个国家任意加入,成员国立法机构批准公约的行为隐含该成员国对现存国际法制度的尊重。该学说认为,成员国的义务系来自国际劳动组织,而非其他成员国。

合同条约说认为,国际劳动组织公约具有合同的性质,该合同是由具有共同目的的所有成员国订立,义务的形成本质上是对国家主权的限制,因此国际劳动大会仅具有草拟公约的功能,只有批准公约的行为才被赋予法律上的强制力。

折中说认为,国际劳动组织公约未被成员国批准前虽不对其产生义务,但该公约仍开放给其他国家自由加入,因此它同时具有立法条约和合同条约之特征。

还有学者提出,国际劳动组织公约的法律性质应属于国际法上的新兴条约类型,因此必须与立法条约、合同条约甚至是传统国际法条约有所区别,应将国际劳动组织公约界定为具有"准立法性质的条约"(quasi-legislative treaties)。

除了以上理论之外,还有学者将讨论焦点转移到多边条约(multilateral treaty)中规范行为(regulatory act)和条件行为(conditional act)的区别,认为国际劳动大会通过公约是规范行为,成员国批准公约则属于条件行为,而义务的产生来自条件行为。

二、关于核心劳动标准的法律性质

针对核心劳动标准,国际劳动组织在1998年《关于工作中的基本原则和权利宣言》第2条明确提出:"即使没有批准这些劳动公约,仅凭作为国际劳动组织成员的事实,所有成员国都有义务真诚地根据《国际劳动组织章程》的要求,尊重、促进和实现这些公约所包含的基本权利之原则。"由此,核心劳动标准是否具有国际法的强制约束力成为国际社会关注的问题。

《国际法院规约》第38条被普遍认为是对国际法渊源的最权威的说明。根据该条的规定,国际法的主要渊源有:确立当事国明示承认的规则的一般或特殊国际条约、作为通例的依据而被接受为法律的国际习惯和为文明各国所承认的一般法律原则等。就国际习惯而言,根据多数学者的观点,国际习惯是指在国际交往中由各国前后一致地不断重复所形成的,并被广泛接受为有法律拘束力的行为规则、原则或制度。

根据法学基本理论,法律规范包括法律规则和法律原则。法律规则要么有效,要么无效,但不能判断法律原则有效还是无效;法律规则规定特别的权利和义务,而法律原则表达的是一般和灵活的目标。1998年《关于工作中的基本原则和权利宣言》强调对核心劳动标准的"尊重、促进和实现",而不是"履行""执行"或"遵守",这表明核心劳动标准是国际劳动法的基本原则和权利,而不是法律规则,不能被严格履行和执行。另外,核心劳动标准不具有绝对性,这也印证了其作为法律原则所具有的特征。

对于国际劳动组织的各个成员国来说,作为法律原则的核心国际劳动标准尽管不具备一般国际法的强制约束力,但它提供了一种适应不断变化的外部环境的灵活性,给各国政府留下了较大的自主活动和决策的空间。同时,国际劳动标准也代表着国际劳动立法的实践和方向,对各国劳动关系的治理有很强的指引功能。

第四节 国际劳动标准的独特法律特征

从一般意义上讲,国际劳动标准肯定是国际法的组成部分之一,具有国际法的一般特征。但是,与一般的国际法相比,它又具有自己独特的法律特征。

一、制定方式不同

立法的三方性。一般来说,国际法都是由有关政府代表参与制定的,而国际劳动标准的制定具有三方性特点。三方性是国际劳动组织一切活动的重要原则,也是其他国际组织所不具有的独特原则。也就是说,负责制定国际劳动标准的国际劳动大会由各成员国派出的政府、雇主、劳动者三方代表参与,而不只是政府代表参与;在公约和建议书草案的讨论和通过时,各国的三方代表都可以独立地投票与发表意见。

二、适用范围不同

适用的国内性。从适用范围来看,一般国际法调整的是国家之间的政治、经济、文化交往等各方面的关系,而不是各国内部的社会关系。但是,国际劳动标准具有明显的国内性,即绝大多数公约和建议书都是以调整成员国国内劳动关系为目标,只有极少数公约和建议书涉及国与国之间的关系问题。故国际劳动标准的适用范围基本上仅限于成员国内部,对成员国的劳动立法起规范、指导和参考作用,以国际劳动立法促进国内立法。

三、执行灵活性不同

国际劳动标准的弹性。一般来说,国际法的条文对各签约国一律适用,不存在降低标准或双重标准问题。国际劳动标准虽然普遍适用于所有成员国,但在草拟条文时,除一些基本劳动公约外,往往都考虑到各个国家由于自然条件、社会条件、经济条件、生产发展水平或者其他特殊情况所造成的劳动状况的差异,不采用绝对划一的办法,而是规定一些必要的补充办法,也存在一些变通做法,以适应各类国家的具体情况。不少公约还允许批准国只遵守其中的主要条款,对达不到的条款也可暂时予以保留。有的公约甚至只要求成员国遵守其中某些重要条款,不一定需要遵守全部条款。如《最低就业年龄公约》《社会保障最低标准公约》等,都存在灵活性规定。

四、生效方式不同

批准的自主性。一般来说,国际法签约后,就具有相应的法律效力,签约国即承担了对该法予以实施的法律义务。但是,国际劳动标准制定后,各国在批准方面享有自主性。国际劳动公约和建议书虽然是在由全体成员国参加的国际劳动大会上以 2/3 的多数票通过的,但通过以后并不直接发生效力,而是必须由成员国政府批准后才能对批准国产生约束力。而对一个公约批准与否,完全由成员国自主决定。除了八项核心劳动标准以外,对于其他绝大多数公约来说,如果成员国没有批准,除了要它们定期报告不能批准的障碍外,并无任何强制手段加以干预。

至于国际劳动建议书,在被制定通过后,只是供成员国在劳动立法时进行参考,并不需任何批准手续。因此,各成员国对国际劳动标准是否批准和采纳,主要是依据本国的具体情况反复斟酌后作出决定。

五、监督程序不同

监督程序的严格性。一般来说,国际法的实施原则上是由相关的国际组织进行监督,但无严格的监督程序。而国际劳动标准在实施方面有着严格的监督程序。新的公约由国际劳动大会通过后,各成员国有义务在一年内或最多在18个月内将其呈报该国立法机关,以便制定法律或采取其他相关行动。如立法机关予以批准,则由政府以书面形式报告国际劳动局,进行注册登记。国际劳动组织对已批准公约的实施建立了强有力的监督机制,分为一般监督和特殊监督两种方法。

此外,有学者还指出,国际劳动标准具有低水平性,即国际劳动标准应当相对低水平,以便世界各国都可以适用。

第五节　国际劳动标准的制定

一、法律文件的通过

国际劳动组织成立之初的主要任务是通过建立一套综合的法律和实践准则,改善工人的生活和工作条件。国际劳动组织的创始者认为,通过政府、劳资各方的共同努力制定劳工标准将是比较切合实际的,同时也是可靠的和可被广泛采纳的。

公约是一种法律文件,经批准才能生效,在国际性法律义务方面具有约束力。建议书则不要求成员国予以批准,但建议书必须在政策发展、立法和实践方面提供权威性指导。

一般来说,从国际劳动理事会决定就一个论题制定一部国际标准,到国际劳动大会通过这一论题的法律文件,大约要经过三年半的时间。在此期间,理事会将与世界各地的国际劳动组织的三方代表磋商两次,并在大会上就这一问题进行讨论。

无论是公约还是建议书,都是经国际劳动大会2/3多数同意并以投票的方式通过的。如果公约和建议书非常陈旧、不再使用,则可按照一个类似的程序由大会予以废除或撤销。大会已经撤销了从来就没有使用过的一些公约和建议书。2000年,大会撤销了5部公约;2002年,大会撤销了20部建议书。一旦关于《章程》的修改意见获得批准,国际劳动大会也能够废除那些已经付诸实施的公约。当国际劳动组织2/3的成员国,其中包括10个主要工业国家中的5个,批准或接受这一修改意见时,它就可以生效。

二、公约和建议书的提交与报告

当国际劳动大会通过公约和建议书时,成员国需将公约和建议书的文本提交给相关的权威机构,该机构通常是各该国的立法机关,同时还要附上能表明政府观点的陈述或者建议,以便就这一法律文书采取行动。从公约和建议书通过的那一刻起,该机构必须在12—18个月期间履行下述两方面的义务:提供实施最新通过标准的动因,并且就制定国际劳动标准活动所取得的最新成果提出概括性结论;或者提出该国政府没有义务提交批准或应用这一法律文书的建议。

然而,即使没有批准公约和建议书的计划,成员国也必须按照理事会的要求向国际劳动组织报告公约和建议书中所涉及的各该国在法律和实践方面的形势,并说明在何种程度上可以实施或拟议实施的状况。同时,这些报告必须指出妨碍或拖延对一部公约批准的原因。据相关调查报告分析,专家委员会指出,国际劳动大会应在着眼于提高国际劳动标准有效性的基础上进行总结和汲取教训,并就国际劳动组织的成员国如何从本国法律和实践的角度来处理主旨议题方面提供比较性研究。

三、公约的批准

虽然成员国在对公约承担特殊责任的前提下仍坚持自愿承担公约义务的原则,但是,成员国必须对基本国际劳动公约予以优先考虑,并且须在三方性原则的基础上按时且定期地进行回顾。如果成员国取得了政府或主管当局的同意,就应与国际劳动局负责批约的部门取得联系。由于《章程》中关于公约的批准形式方面没有规定特别的要求,因此宜根据各个国家宪法和实践中的具体情况作具体处理。

许多公约中都包含一些声明性条款。在某些情况下,在批准某一公约时,这一声明是强制执行的。而在其他情况下,如一项声明条款是具有选择性的,则只有当批约国希望某些例外、特例是有利于它自己的或扩大公约的适用范围时,这项声明条款才是必要的。然而,除非公约中包含某些特殊条款,允许批约国在批约时对批约所承担的责任进行限制或规定,否则国际劳动组织是不接受带有保留性质的批约的。

四、公约和建议书的应用

按照《章程》的要求,一个成员国一旦批准了一部公约,就要保证"采取行动使这部公约的各项条款付诸实施"。因此,批约国负有将所批公约在法律上使其生效的义务,同时还应确保它在实践中的运用。

此外,《章程》第 22 条要求批约国定期向国际劳动组织提供报告,说明实施公约各项条款所采取的措施。同时,即使成员国尚未批准国际劳动组织关于基本人权的公约,但从它们是国际劳动组织的成员来考虑,这些成员国仍需承担义务,真正地促进和实现下列基本原则:允许自由结社以及切实重视集体谈判的权利;消除各种形式的强迫或强制劳动;有效地废除童工;消除就业和职业方面的歧视。

第六节 国际劳动标准的法律效力和适用原则

国际劳动公约和建议书是国际劳动立法的主要形式,但它们的法律效力并不相同。

国际劳动公约是具有法律效力的文件,在国际劳动公约获得大会通过后,原则上各成员国要在一年或 18 个月内将公约提交其国内有关机关审议,并作出是否批准的决定。如果会员国批准某个公约,那么该公约就对其具有约束力。

国际劳动建议书仅具有参考性,不要求成员国批准,没有约束力,其主要目的在于为各成员国劳动立法提供指导,促使各成员国的国内立法朝着建议书确定的方向发展。

国际劳动标准的适用原则有以下两点:

第一,自愿性。即各成员国基于自愿原则批准公约。

第二,灵活性。即各成员国适用国际劳动公约制定和修改本国法律时,可以根据公约的弹性规定选择适合本国国情的标准。

第七节 成员国对国际劳动标准承担的义务

成员国在加入国际劳动组织时都曾正式声明接受《章程》。可见,《章程》中关于成员国对公约和建议书的义务,对所有成员国都具有约束力,不论其是否对公约执行了批准的程序。

根据国际劳动组织的规定,成员国对国际劳动标准主要承担以下义务:

一、将公约和建议书提交给本国主管机关的义务

按照《章程》规定,各成员国保证最迟在大会闭幕后一年内(或因特殊情况不能在一年内办理的,则应尽早但无论如何不得迟于大会闭幕后的18个月内)将国际劳动大会通过的公约和建议书提交本国的主管机关,以便制定法律或采取其他行动。各成员国政府还应将公约和建议书提交本国主管机关的情况、主管机关本身及其采取的立法和行动的详细情况报告国际劳动局局长。

各国政府在把公约和建议书提交给主管机关审议时,提出何种建议是完全自由的,既可以向立法机关提出接受该公约和建议书的建议,也可以提出不接受、暂缓接受或留待进一步研究的建议。国际劳动组织关心的重点在于:每一部公约和建议书都能被提交给成员国的立法机关审议,而不是仅仅把那些建议接受的公约和建议书提交给立法机关。其用意是确保每一部公约和建议书都有机会在成员国的立法机关得到辩论,以引起它们对每一部公约和建议书所涉及的事项注意,同时也让世界各国政府、雇主和劳动者对当前共同关心的重要劳动和社会问题的观点有所了解。

二、就未批准的公约和建议书向国际劳动局提交报告的义务

在把公约和建议书提交主管机关以后,成员国对建议书和未获主管机关同意的公约不再负有义务,但应按国际劳动组织理事会的要求,每隔适当时间就未经批准的公约和建议书向国际劳动局局长提交报告。报告内容包括:与这部公约和建议书相关的本国的法律与实际情况;将该公约和建议书在本国付诸实施的具体措施说明;阻碍或推迟该公约批准的困难,采纳或实施建议书的问题及修改意见。

三、将已批准的公约付诸实施的义务

《章程》规定,公约一旦获得一国主管机关的同意,该国应当采取必要的行动使该公约的各项条款生效。

公约在一国生效可以通过多种方式,并不是都必须采取立法措施。一部公约是否必须经过立法措施方可在本国生效取决于:第一,公约涉及事项的性质;第二,公约本身是否有条款明确要求通过立法措施确保其实施;第三,相关成员国规范劳动事务的习惯,如在有的国家劳动事务是通过立法加以规范的,而在另一些国家则是按照惯例或者劳资双方达成的集体合同来规定的。

四、定期向国际劳动局提交报告的义务

按照《章程》规定,各成员国应就实施其已批准的公约所采取的措施向国际劳动局定期提交报告。报告应按照理事会要求的格式和具体项目编写。

五、对有关质询给予答复

质询由专家委员会提出,分为直接询问和评论意见两种,前者直接送有关成员国,不予公布;后者在专家委员会报告中公布。成员国有义务对质询给予答复。专家委员会对直接询问三次答复都不满意的,改为评论意见予以公布。

对专家委员会审议报告中评论意见的讨论在国际劳动大会标准实施委员会上进行。标准实施委员会由出席国际劳动大会的成员国三方代表组成,在大会期间开展工作。它的主要任务是在专家委员会审议报告的基础上,挑选一些在实施已批准公约方面存在较大问题的重点国家进行审议,并建议这些国家作出改进。

六、对违反公约的各类指控接受调查和质询

根据《章程》规定,各国政府、雇主和工会都有权针对某一成员国未能切实遵守和履行已批准的公约规定的情况向国际劳动局局长提出指控,有关国家政府必须给予详细答复。这种指控分为申诉、控诉和特别控诉三种程序。

申诉程序是指工人组织和雇主组织认为本国政府或其他国家政府不遵守其已批准的公约,可向国际劳动局理事会提出申诉。一项申诉被接受后,理事会即指定成立一个临时的三方委员会,对申诉事项进行调查,并提出结论和处理意见

建议，交由理事会通过。

控诉程序是指一成员国政府可以向国际劳动局指控另一成员国政府不遵守其已批准的公约，前提条件是该国必须已批准了同一公约。参加国际劳动大会的三方代表以及理事会也可提出此类控诉。对控诉的处理程序与申诉相似，但所成立的机构为调查委员会，调查结果刊登在国际劳动局出版的正式公报上。

特别控诉程序专门适用于违反劳动结社自由的情况，主要是工会针对本国政府或其他国家政府违反《结社自由和保护组织权利公约》（第87号公约）的指控。任何成员国，不论是否批准第87号公约，都有可能成为特别控诉对象。1951年，国际劳动局理事会成立由三方代表组成的常设机构——结社自由委员会，由它来处理违反劳动结社自由的指控。

第四章 个体核心劳动标准

第一节 禁止童工

童工制度开始于工业革命,是现代化工业的产物。由于机器的使用简化了劳动程序,降低了劳动强度,从而使普遍使用童工成为可能。一些有识之士在工业革命初期就开始关注童工问题。对于童工及未成年工给予必要的保护是各国在劳动立法中最先重视的问题之一。

对童工及未成年工的保护,早在国际劳动组织于1919年成立后就已经得到重视及落实。国际劳动大会通过的关于保护童工和未成年工的公约和建议书主要围绕以下几个方面:准许就业的最低年龄、禁止和消除最有害形式的童工劳动、强制体格检查、限制夜间工作、采矿业未成年人的保护。除专门针对童工及未成年工的劳工公约外,在一般国际劳动标准中,诸如关于职业安全和卫生、工作时间、带薪年休假、废除强制劳动,以及对未成年工的未来和发展至关重要的关于就业、职业指导与职业培训等领域的许多公约和建议书里,也都有针对童工及未成年工的特殊规定,如禁忌工作范围的规定。

国际劳动组织针对工业、农业及海上等不同方面,制定了一系列最低年龄公约,包括1919年《(工业)最低年龄公约》、1920年《(海上)最低年龄公约》、1921年《(农业)最低年龄公约》、1921年《(扒炭工和司炉工)最低年龄公约》、1932年《(非工业就业)最低年龄公约》、1936年《(海上)最低年龄公约(修订)》、1937年《(工业)最低年龄公约(修订)》、1937年《(非工业就业)最低年龄公约(修订)》、1959年《(渔民)最低年龄公约》和1965年《(井下工作)最低年龄公约》。这些公约都是仅适用于有限经济部门、保护儿童及未成年人最低就业年龄的公约。

在总结上述《(工业)最低年龄公约》等十部公约的基础上,1973年,第58届国际劳动大会通过《准予就业最低年龄公约》(第138号公约),要求成员国承诺执行此项国家政策,以保证有效地废除童工,并将准予就业或工作的最低年龄逐步提高到符合年轻人身心最充分发展的水平。该公约在获得通过三年后,于1976年6月19日生效。这是国际劳动组织核心劳动标准保护体系中为禁止儿童劳动、达到全面废除童工目标的最为全面的公约。

第 138 号公约是国际劳动组织成立后第一个也是最早的全面保护童工及未成年人用工权益的公约。《准予就业最低年龄公约》与联合国《儿童权利公约》等国际上重要的保护儿童权利的公约一起,为童工和未成年人的用工保护提供了全面的法律保障。

第 138 号公约第 1 条规定,凡本公约对其生效的成员国,应承诺执行此项国家政策,以保证有效地废除童工,并将准予就业或工作的最低年龄逐步提高到符合年轻人身心最充分发展的水平。该公约第 3 条规定,准予从事但其性质或工作环境很可能有害年轻人健康、安全或道德的任何职业或工作类别,其最低年龄不得小于 18 岁。该公约还规定了一些例外,例如,在主管当局与有关的雇主组织和工人组织协商后,可准予年轻人从 16 岁起就业或工作,条件是必须充分保护有关年轻人的健康、安全和道德,且这些年轻人必须在有关的活动部门受过适当的专门指导或职业训练。

国际劳动组织理事会连续召开的关于童工保护的讨论,提出了国际劳动组织体系内对童工保护的不足。1997 年 2 月,在阿姆斯特丹召开的国际童工大会上,国际劳动局局长再次重申了制定最有害童工形式公约的重要性。1998 年,国际劳动大会通过了《关于工作中的基本原则和权利宣言》,把禁止童工列为国际劳动组织成员国必须遵守的四项基本原则之一,而不论其成员国是否已批准相关公约。

国际劳动组织于 1996 年在其第 83 届大会上通过了《关于消除童工问题的决议》,1998 年在其第 86 届大会上通过了《关于工作中的基本原则和权利宣言》,联合国大会于 1989 年 11 月 20 日通过了《儿童权利公约》;同时,关于最有害的童工形式的某些内容已被包括在其他国际公约之中,特别是 1930 年《强迫劳动公约》和 1956 年联合国《废止奴隶制、奴隶贩卖及类似奴隶制的制度与习俗补充公约》,都成为 182 号公约的制定依据。第 182 号公约正是依据联合国《儿童权利公约》及国际劳动大会的相关决议而制定的。

1999 年 6 月召开的国际劳动组织第 87 届大会通过《关于禁止和立即行动消除最有害的童工形式公约》(第 182 号公约)及其同名建议书,把禁止和消除最有害的童工形式作为主要优先目标,公约于 2000 年生效。公约规定,最有害形式的童工劳动包括:

第一,所有形式的奴隶制或类似奴隶制的做法,如出售和贩卖儿童、债务劳

役和奴役,以及强迫或强制劳动,包括强迫或强制招募儿童,用于武装冲突;

第二,使用、招收或提供儿童卖淫、生产色情制品或进行色情表演;

第三,使用、招收或提供儿童从事非法活动,特别是生产和贩卖有关国际条约中界定的麻醉品;

第四,工作性质或是在其中从事工作的环境,很可能损害儿童健康、安全或道德。

《关于禁止和立即行动消除最有害的童工形式公约》是建立在《准予就业最低年龄公约》基础之上的,通过对有害童工的形式予以禁止以达到进一步保护儿童的目的,意在弥补后者的不足。同时,在两者关系上,《关于禁止和立即行动消除最有害的童工形式公约》并不取代《准予就业最低年龄公约》,也不仅仅是后者的补充,前者在诸如适用范围、具体实施监督条款的落实等规定上均超越了后者。

第182号公约第1条以体系性义务的方式对批准该公约的成员国在有效废除童工方面的责任作出了规定。虽然公约第1条并未直接给出一个明确的用工年龄,但结合公约第2条的规定可以发现,公约实际上对成员国为达到有效废除童工的目的而制定的最低用工年龄设定了诸多限制和众多义务。公约第3—8条则在此基础上,就各种用工年龄、用工情况的例外及豁免作出了明确的解释和规定。当然,公约也明确指出,此种例外及豁免应以"成员国与有关的雇主组织和工人组织(如存在此种组织)协商"以及公约要求遵循的程序加以落实和执行。公约对各种用工年龄的豁免及例外规定,源于公约起草者们对不同成员国的经济发展水平、不同行业特点及工作环境等因素的充分考量。

第182号公约指出,为使儿童脱离最有害的童工形式劳动,各成员国必须优先制定和实施将消除最有害的童工形式作为重点的行动计划。各成员国要考虑到教育对消除童工现象的重要性,必须采取有效的和有时限的措施,以便防止雇佣儿童从事最有害的童工形式劳动;还要为儿童脱离最有害的童工形式劳动,以及为其康复和与社会结合提供必要和适宜的支援;保证脱离最有害的童工形式劳动的儿童能享受免费教育,并在条件可能的情况下接受职业培训;查明和接触处于特殊危险境地的儿童,同时还要考虑女孩的特殊情况。可见,制止最有害形式的童工劳动,依然是为了儿童的身心健康发育。

第138号公约第9条指出,主管当局应采取一切必要措施,包括规定适当的惩罚,以保证公约诸条款的有效实施。国家法律或条例、主管当局应规定何种人员有责任遵守实施公约的条款。国家法律或条例、主管当局应规定雇主应保存登记册或其他文件并使其可随时取用;这种登记册或其他文件应包括雇主所雇佣的或为其工作的不满18岁的人的姓名、年龄或出生日期,并尽可能有正式证明。第182号公约第5条要求,各成员国在同雇主组织和工人组织磋商之后,必须建立或指定适宜机制,监督落实公约规定的实施。同时,各成员国须指定主管机关,负责实施落实该公约的规定。该公约第7条提出,各成员国须采取所有必要措施,包括规定和执行刑事制裁或其他必要制裁,以保证有效实施和执行、落实该公约发生效力的各项规定。

第138号公约在对各种不属于最有害的童工形式进行排除时,都强调要经过三方协商。例如,因经济和教育设施不够发达,如规定最低就业年龄为14岁时,低于18岁的年轻人从事可能有害年轻人健康的劳动时,都必须经过三方协商。各成员国只能在同雇主组织和工人组织磋商后,才能建立或制定适宜的机制落实公约的实施。只有主管当局在与有关的雇主组织和工人组织协商后,才能对有限的职业或工作豁免适用本公约。

第182号公约规定,只有在同有关雇主组织和工人组织磋商之后,国家法律或条例才可以确定那些很可能损害儿童的健康、安全或道德的工作类型。各成员国只能在同雇主组织和工人组织磋商后,才能建立或制定适宜的机制落实公约的实施。总之,国际劳动组织对各种劳动年龄的界限进行了规定,在根据成员国情况进行变通的时候,都必须依据三方协商的原则。

第二节 禁止强迫劳动

一、《强迫劳动公约》概述

在现代社会,人们普遍接受和认同个人享有不受强迫或强制劳动的权利,这也是"体面工作"的核心内容。享有不受强迫或强制劳动的权利与个体获得社会公平对待息息相关。1930年,国际劳动组织第14届大会通过了《强迫劳动公约》(第29号公约),呼吁成员国在尽可能短的时间内禁止使用强迫劳动,并将其定义为犯罪。第29号公约第一次对强迫或强制劳动作出了明确的定义,该定义具有广泛的影响力,直至现在仍为国际劳动组织、国际社会及各国所引用。

第29号公约附录四列举了"有关强迫劳动的国际文件",该附录所列文件"可以帮助唤起消除所有形式的强迫或强制劳动行动的标准性工具供其使用,指出了可能会作为政策指导的来源,或在成员国已批准一部公约的情形下引起的与强迫劳动的预防有关的义务"。因此,对废除强迫劳动国际劳动标准主要内容的论述,也应当借鉴该附录所列的文件内容。

第 29 号公约第 2 条第 1 款规定,强迫或强制劳动,指以任何惩罚相威胁,强迫任何人从事的非本人自愿的一切劳动或服务。此处的"惩罚",无须采取刑事惩罚的形式,也可能是采取使其丧失权利或特权的形式。该定义指出,强迫劳动具有两个特征,即使用强迫的手段和劳动者的非自愿性。其中,强迫体现在以惩罚相威胁,这是从强迫者的角度、从客观方面进行的判断;非自愿性则是从被强迫者的角度、从主观方面进行的判断。强迫者客观方面的"以任何惩罚相威胁的强迫"与劳动者主观方面的"非自愿"相结合,构成了强迫劳动的完整概念。同时,第 29 号公约第 2 条第 2 款列出了不属于强迫劳动的五项例外,为防止各国滥用这五项例外,公约在描述例外的同时对其进行了严格的限制。

在强迫劳动的设立程序上,第 29 号公约第 8 条、第 9 条规定,任何决定使用强迫或强制劳动的权力属于有关领域的最高民政当局,一切有权征用强迫或强制劳动的当局,在决定使用这种劳动前应查明以下内容:

(1) 待进行的劳动或服务对于被征从事劳动或服务的村镇具有直接的重要利益;

(2) 该劳动或服务有现实的或迫切的必要性;

(3) 为进行这一劳动或服务,尽管提供了至少不低于该地区同类劳动或服务的工资标准和劳动条件,仍无法找到自愿的劳动力;

(4) 考虑到现有的劳动力状况及其劳动能力,使这种劳动或服务不致对他们造成过重的负担。

在参加强迫劳动的人员范围上,第 29 号公约第 11 条规定,只有年龄在 18 岁以上、45 岁以下的身体健壮的成年男子,得被征用从事强迫或强制劳动。同时,还应遵守下列限制和条件:

(1) 尽可能先经一名政府指定的医官确定,有关人员未患有传染病,其体力足以承担要求他们从事的劳动并能适应其劳动条件;

(2) 学校教师、学生和一切行政官员均予豁免;

(3) 每一村镇留有维持家庭和社会生活必不可少的一定数量的身体健壮的成年男子;

(4) 尊重夫妻关系和家庭关系。

另外,该公约还规定,强征劳动的比例在任何情况下均不得超过25%。

二、《废除强迫劳动公约》概述

如果说《强迫劳动公约》是在殖民地时代为反对殖民主义下的奴隶制所作出的国际努力,那么《废除强迫劳动公约》则是在20世纪50年代殖民主义结束之时,国际社会对逐渐增长的出于政治目的而产生的强迫劳动现象的重新关注和回应。1957年,《废除强迫劳动公约》获得通过,并于1959年正式生效。

《废除强迫劳动公约》第1条以列举的形式列明公约所禁止的五种使用强迫或强制劳动的情形,包括:

(1) 作为一种政治制度、政治教育的手段,或者作为对持有、发表某些政治观点以及表现出同既定的政治、社会或经济制度对立的思想意识的人的一种惩罚;

(2) 作为动员和利用劳动力以发展经济的一种方法;

(3) 作为一种劳动纪律的措施;

(4) 作为对参加罢工的一种惩罚;

(5) 作为实行种族、社会、民族或宗教歧视的一种手段。

《废除强迫劳动公约》不仅仅是《强迫劳动公约》的修订版,还与后者相辅相成,虽然它在立法模式上与后者不同,在适用范围上也超越了后者,囊括了监狱强迫劳动,并扩大了因政治目的而导致的强迫劳动的范围。作为《强迫劳动公约》的必要补充,《废除强迫劳动公约》在禁止强迫劳动或义务劳动方面的范围更加广泛,要求更加严格,不留任何余地。在立法目的上,反映了国际社会对强迫劳动问题的注意力正在逐步转向更大范围内存在的、把强迫劳动作为一种发展经济或政治压制手段的现象。

另外,由于《废除强迫劳动公约》并未对何谓"强迫劳动"进行界定,故《强迫劳动公约》中"强迫劳动"的概念适用于本公约。

第三节 消除就业和职业歧视

一、《就业和职业歧视公约》概述

反歧视与平等,作为人类文明社会的基本构成元素,其重要性一直得到国际社会的高度认同与接受。对于就业和职业歧视问题,国际社会的态度经历了忽视、否认到采取补救行动的转变。国际社会逐渐意识到，之前的《对男女工人同等价值的工作付予同等报酬公约》仅把歧视的范围限定在男女平等及同等报酬方面，并不足以对其他领域内的歧视行为进行规制。于是，1958年，国际劳动大会通过了《就业和职业歧视公约》，作为第一个全面解决就业和职业平等及歧视问题的公约，它在适用范围上超越了《对男女工人同等价值的工作付予同等报酬公约》，涵盖了就业与职业领域中一切可能的歧视形式。

二、对就业和职业歧视的界定

国际劳动组织1958年《就业和职业歧视公约》(第111号公约)第1条通过效果导向的立法模式，对歧视的具体含义进行了界定，指出就该公约而言的歧视所包含的三个构成要素，即事实构成、区别对待所依据的标准和此种区别对待所造成的不利后果，并以直接或间接歧视两种方式或两种方式的糅合实现之。

公约明确了构成歧视的七种情况，即根据种族、肤色、性别、宗教、政治观点、民族血统或社会出身所作出的任何区别、排斥、优惠，其结果是剥夺或损害在就业和职业上的机会和待遇上的平等。公约允许成员国经与本国劳动者组织和雇主组织协商后将其他原因包括进来。就业和职业歧视关系到雇佣、晋升、岗位派遣、终止、补偿、工作条件甚至性骚扰。歧视发生的环境不同，可能采取的形式也不同，可以是直接或间接的。

直接歧视，是指仅仅由于某一些人属于某一特殊群体而被规则、做法和政策排除，或给予他们以优惠，如岗位广告中明确规定只招男性职工。

间接歧视，是指表面中性的标准和做法对一个或多个特定群体中大部分成员造成负面影响，如要求应聘者必须达到一定的身高，可能会超比例地排除妇女和某些民族群体的成员。

体制性歧视，是指社会模式、制度结构和法律构成中所固有的或被制度化的歧视，它反映并复制歧视性的做法和结果，如对于少数民族有差别的或劣等的培训条件。

此外，该公约条款表明，中立的外国人或来自同一国家却属于不同族群和文化背景的公民，亦属于该公约规定的歧视所包含的范围。除上述原因产生的歧视外，其他原因产生的歧视并不包括在该公约内，亦不属于该公约的适用范围，而是反映在国际劳动组织制定的其他公约中。

第五章 劳动就业

第一节 联合国有关劳动就业的立法

一、将就业权规定为人权的内容

联合国先后通过了一系列国际公约以保护基本人权,就业权作为人权的重要组成部分,也为联合国国际公约所保护。

《世界人权宣言》第23条规定,人人有权工作,有权自由选择职业,有权享受公正和合适的工作条件并享受免于失业的保障;人人有同工同酬的权利,不受任何歧视;每一个工作的人,都有权享受公正和合适的报酬,保证使其本人和家属有一个符合人的尊严的生活条件,必要时辅以其他方式的社会保障;人人有为维护其利益而组织和参加工会的权利。

联合国《经济、社会和文化权利国际公约》规定公约的缔约国承认人人享有工作权,包括人人应有凭其自由选择和接受的工作谋生的权利,并采取适当步骤来保障这一权利。该公约要求缔约各国为工作权的充分实现采取可行的步骤,这些步骤包括技术的和职业的指导和训练,并在保障个人基本政治和经济自由的条件下达到稳定的经济、社会和文化的发展以及充分的生产就业的计划、政策和技术。为保障人人享有工作的权利,该公约还要求缔约各国承认人人有权享受公正和良好的工作条件,特别是平等就业的保障,女性有权享受公平的工资和同等价值的工作享有同等报酬,没有任何歧视,保证妇女享受不差于男子所享受的工作条件,并享受同工同酬;人人在其行业中有适当的提级的同等机会,除资历和能力的考虑外,不受其他考虑的限制;保证人人享有安全和卫生的工作条件。

二、消除就业歧视

在一系列国际公约中,联合国都明确,人人享有平等就业的权利,消除就业歧视,并加强对特定群体就业权利的保护。

1965年年底,联合国大会决议通过《消除一切形式种族歧视国际公约》。该公约要求缔约国承诺禁止并消除一切形式的种族歧视，保证人人有不分种族、肤色、民族或人种地在工作、自由选择职业、享受公平优裕的工作条件、免于失业的保障、同工同酬、获得公平优裕报酬等方面的平等权利。

三、保护妇女的平等就业权

1979年年底，联合国大会决议通过《消除对妇女一切形式歧视公约》，对保护妇女平等就业权作出了规定。根据该公约的规定，缔约各国应采取一切适当措施，消除在就业方面对妇女的歧视，以保证她们在男女平等的基础上享有相同权利。尤其是：第一，人人有不可剥夺的工作权利；第二，享有相同就业机会的权利，包括在就业方面相同的甄选标准；第三，享有自由选择专业和职业、提升和工作保障、一切福利和条件、接受职业培训和进修，包括实习培训、高等职业培训和经常性培训的权利；第四，同等价值的工作享有同等报酬（包括福利）和平等待遇的权利，在评定工作的表现方面，也享有平等待遇的权利；第五，享有社会保障的权利，特别是在退休、失业、疾病、残疾、年老或在其他丧失工作能力的情况下，以及享有带薪度假的权利；第六，在工作条件方面享有健康和安全保障，包括保障生育机能的权利。

同时，该公约还要求缔约各国采取适当措施，避免妇女的工作权因结婚、生育而受到损害。此类措施有：第一，禁止以怀孕、产假以及婚姻状况为理由予以解雇的歧视，违反规定者予以制裁；第二，实施带薪产假或具有同等社会福利的产假，而不丧失原有工作、年资或社会津贴；第三，鼓励提供必要的辅助性社会服务，特别是通过促进建立和发展托儿设施系统，使父母得以兼顾家庭义务和工作责任并参与公共事务；第四，对于怀孕期间从事确实有害于健康的工种的妇女，给予特别保护。

四、保护移徙工人平等就业权

1990年年底，联合国大会决议通过《保护所有移徙工人及其家庭成员权利国际公约》。该公约要求缔约国依照关于人权的各种国际文件，尊重并确保所有在其境内或受其管辖的移徙工人及其家庭成员享有该公约所规定的各项权利，不因性别、种族、肤色、语言、宗教或信念、政治见解或其他意见、民族、族裔或社会根源、国籍、年龄、经济地位、财产、婚姻状况、出身或其他身份地位等而有任何区别。

五、保护残疾人的平等就业权

2006年年底,联合国大会决议通过《残疾人权利公约》,要求缔约国确认残疾人在与其他人平等的基础上享有工作权,包括在开放、具有包容性和对残疾人不构成障碍的劳动力市场和工作环境中,为谋生自由选择或接受工作的权利。为保障和促进包括在就业期间致残者在内的残疾人的工作权的实现,缔约国应当采取包括立法在内的适当步骤。此类步骤有:第一,在一切形式就业的一切事项上,包括在征聘、雇佣、就业条件、继续就业、职业提升以及安全和健康的工作条件方面,禁止基于残疾的歧视;第二,保护残疾人在与其他人平等的基础上享有公平和良好的工作条件,包括机会均等和同等价值工作同等报酬的权利,享有安全和健康的工作环境,包括不受骚扰的权利,并享有申诉的权利;第三,确保残疾人能够在与其他人平等的基础上行使工会权;第四,使残疾人能够切实参加一般技术和职业指导的方案,以及保障残疾人获得职业介绍服务、职业培训和进修培训;第五,在劳动力市场上促进残疾人的就业机会和职业提升机会,协助残疾人寻找、获得、保持和恢复工作;第六,促进自营就业、创业经营、创建合作社和个体开业的机会;第七,在公共部门雇佣残疾人;第八,以适当的政策和措施,包括平权行动方案、奖励和其他措施,促进私营部门雇佣残疾人;第九,确保在工作场所为残疾人提供合理便利;第十,促进残疾人在开放劳动力市场上获得工作经验;第十一,促进残疾人的职业和专业康复服务、保留工作和恢复工作方案的建立。

六、保护儿童的就业权

1989年,联合国大会通过《儿童权利公约》。该公约规定,儿童享有包括职业教育在内的受教育权利和免受包括强迫劳动在内的经济剥削的权利。公约要求缔约国鼓励发展包括职业教育在内的不同形式的中学教育,使所有儿童均能享有和接受这种教育,并采取适当措施,诸如实行免费教育和对有需要的人提供津贴。公约要求缔约国确认儿童有权受到保护,以免受到经济剥削和从事任何可能妨碍、影响儿童教育或有害儿童健康、身体、心理、精神道德及社会发展的工作。公约的缔约国应当通过立法规定受雇的最低年龄以及有关工作时间和条件的适当规则。

第二节 国际劳动标准中的就业标准

一、就业政策

1919年,国际劳动大会根据"预防或采取措施制止失业"的有关提议,制定了《失业公约》。1934年,国际劳动大会制定《保证非自愿失业者救济或补助公约》及《失业者失业保险和多种救济形式建议书》。1964年,国际劳动大会制定《就业政策公约》(第122号公约)和《就业政策建议书》(第122号建议书),提出各国应实行积极的政策,以及促进充分的、自由选择的、生产性就业的基本理念。公约和建议书阐述了就业政策的目标、原则和类型,提出了解决与经济不发达有关的就业问题的政策建议。1964年《就业政策公约》及建议书是国际就业领域第一份比较全面、系统的纲领性文件。

(一)《就业政策公约》

国际劳动组织第122号公约的基本目标是促进充分的、自由选择的和生产性的就业。"充分的"就业,是指向一切有能力工作并寻找工作的人提供工作。公约要求成员国将制定、实施促进充分就业的政策作为基本目标,以刺激经济增长和经济发展,提高人们的生活水平,满足劳动力需要和解决失业问题。

第122号公约是促进性公约,充分考虑了就业与经济发展水平密不可分的关系,给成员国留有较大的灵活空间。就业政策的制定应考虑本国的经济发展阶段和水平,考虑就业目标与其他社会经济目标之间的关系,政策的实施应适合本国的条件和习惯做法,为实施而采取的措施应在社会经济政策框架内加以确定并定期予以审议。公约规定,就业政策的制定、实施应与有关方面特别是雇主组织和劳动者组织进行协商。

就业政策应尽力保障所有愿意工作的人都获得工作,这种工作应有充分的机会获得适合于其工作岗位所需的技能,以便在此岗位上利用这种技能,发挥自己的才干,并不受歧视。公约重申了非歧视原则,指出每个劳动者不论其种族、肤色、性别、宗教信仰、政治见解、民族血统或社会出身如何,都有选择职业的自由。

(二)《就业政策建议书》

1964年第122号建议书中的就业政策的目标为:

第一,为促进经济增长和发展,提高人们的生活水平,满足对劳动力的需求,解决失业和不充分就业的问题,各成员国应宣布并实行积极的政策,其目的在于促进充分的、自由选择的和生产性的就业。

第二,政策应保证下列要求:向一切有能力工作并寻找工作的人提供工作,此种工作应尽可能是生产性的,每个劳动者都有选择职业的自由。

第三,政策应适当考虑经济发展的阶段和水平,以及就业目标同其他经济和社会目标之间的相互关系,其实施办法应符合各国的条件和惯例。

1964年《就业政策建议书》分为就业政策的目标,就业政策的总原则,就业政策的一般和选择性措施,与经济不发达有关的就业问题,雇主、劳动者及其组织的行动,以促进就业为目标的国际行动,关于实施办法的建议七个部分。在附件中,该建议书还就就业政策的一般和选择性措施、同经济不发达有关的就业问题等提出了具体的解决办法。可以说,该建议书是对各国就业政策、就业实践和就业理论的高度概括和总结,是一份对成员国具有重要指导意义和参考价值的文件。

二、失业保护

促进就业与失业保护是相辅相成的,促进就业是防止失业的积极措施,而积极的失业保护措施可以促进就业。最主要的关于失业保护的劳动标准是1934年《失业补贴公约》(第44号建议书)和《失业补贴建议书》(第44号建议书)、1935年《(未成年人)失业建议书》(第45号建议书)、1944年《收入保障建议书》(第67号建议书)以及1952年《社会保障(最低标准)公约》(第102号公约)等。

进入20世纪80年代,1952年第102号公约有关失业津贴的各项条款所规定的保护水平已经低于工业化国家实行的补偿制度,需要用更高的标准加以补充。1988年,第75届国际劳动大会通过了《促进就业和失业保护公约》(第168号公约)和同名建议书(第176号建议书)。第168号公约是对1934年第44号公约的修订。所以,在第168号公约生效后,国际劳动组织不再接受成员国对第44号公约的批准申请。

第168号公约提出的一些原则对所有成员国普遍适用。例如,公约提出各成员国应采取适当步骤对其失业保护制度和就业政策加以协调,为此,应设法确保其失业保护制度,特别是提供失业津贴的办法,要能促进生产性的和自由选择的充分就业,而不会造成雇主不想积极提供、劳动者不想积极谋求生产性就业。

第168号公约是在第102号公约有关条款基础上的新发展和补充,是以工业化国家实施的积极的劳动力市场政策为主要参照点而制定的,反映了失业保护制度的一些基本思路和方向。但是,第 102 号公约的有关条款对于那些需要建立失业补偿制度的发展中国家来说,至今仍然具有现实指导意义。因此,第 102 号公约和第 168 号公约都是失业保护方面的重要公约。

三、就业服务和职业介绍所

由于职业介绍所服务对象的特殊性,对于私营职业介绍所地位的认识,以及劳动标准对私营职业介绍所的规定都经历了缓慢的演变过程。从 1919 年《失业公约》(第 2 号公约)和同名的建议书(第 1 号建议书)通过起的一段时间里,劳动标准只支持国家垄断的公共职业介绍所,对于收费的私营职业介绍所采取限制甚至是严厉禁止的态度。当时的认识是,既然劳动力不是商品,就不应将为劳动者介绍工作作为商业行为从中牟利。因此,为劳动者提供免费的、平等的职业介绍服务是公共部门的职责。

虽然早期的劳动标准有主张禁止收费职业介绍所的明显倾向性,但是收费职业介绍所作为一种职业中介却一直存在和发展着。除经济利益驱动原因外,更重要的还是由于私营收费职业介绍所确实在劳动力市场中作为就业服务的一种形式发挥了为公共职业介绍所拾遗补阙、满足求职者需求的作用。可见,开办私营收费职业介绍所是劳动力市场的需要。1933 年《收费职业介绍所公约》(第 34 号公约)对收费职业介绍所的限制已经有所松动,规定成员国在批准第 34 号公约后,允许有 3 年的期限用于取消营利性收费职业介绍所,且在此期限内禁止开办新的收费职业介绍所。尽管第 34 号公约对收费职业介绍所的规定与先前的标准相比有细微变化,但其出发点还是想取消。

1948 年《职业介绍设施公约》(第 88 号公约)规定,成员国应拥有公共的、无偿的职业介绍设施。其主要任务是,以最佳方式把就业市场组织起来,成为保持充分就业、开发利用生产力资源的全国性计划的组成部分。该公约还主张公共职业介绍设施与非营利性的私营职业介绍所进行合作。

1949 年《收费职业介绍所公约(修订)》(第 96 号公约)被视为是关于就业服务的劳动标准从国家垄断的概念向承认多元化概念演变的一个转折点。第 96 号公约将收费职业介绍所区分为营利性职业介绍所和非营利性职业介绍所两类。

营利性职业介绍所,是指任何为从一方或另一方获得直接或间接物质利益而充当中间人,以便为一劳动者找到工作或为一雇主找到劳动者的个人、公司、机构、办事处或其他组织;非营利性职业介绍所,是指公司、机构、办事处或其他组织,它们不追求物质利益,但从为其提供服务的雇主或劳动者那里收取中介服务费,获得定期捐款或酬金。

第96号公约允许成员国在逐步取消营利性职业介绍所和制定规章制度对包括营利性职业介绍所在内的收费职业介绍所进行管理之间作出选择。如选择前者,即逐步取消营利性职业介绍所,则可不再规定取消的期限,取消与否取决于公共职业介绍所能否提供同样的服务。同时,在公共职业介绍所服务范围未能涉及的领域,允许营利性职业介绍所的存在,主管部门对于这类属于逐步取消范围之外的营利性职业介绍所实行许可证制度。如选择后者,即允许各类收费职业介绍所存在,则国家要进行监督,对营利性职业介绍所实行许可证制度。同时,该公约还规定,主管部门应当对各类收费职业介绍所的收费进行审核管理。

20世纪60年代以后,私营职业介绍所进入一个大发展阶段,与公共职业介绍所相比,私营职业介绍所虽还处于次要和补充的地位,但已经是不可或缺的。1994年第81届国际劳动大会提出应着手修订第96号公约,1997年第85届国际劳动大会完成修订工作并通过《私营就业机构公约》(第181号公约)。

与第96号公约相比,第181号公约有以下特征:

第一,承认私营就业机构的积极作用,指出"灵活性在劳动力市场运转中的重要性"和私营就业机构在运转良好的劳动力市场中可能发挥的作用。

第二,不再强调私营就业机构的营利特征,而是重视其提供就业服务的内容。公约将私营就业机构定义为提供劳动力市场服务、独立于公共机构的自然人或法人。其服务内容包括使劳动力的供给与需求双方直接建立雇佣关系、为用人企业代雇劳动者、提供就业信息等。公约还明文规定,私营就业机构不得直接或间接地、全部或部分地向劳动者收取任何酬金或是让其承担费用。

第三,增加对劳动者的保护条款,包括保护劳动者的政治权利和个人隐私。如规定私营就业机构处理劳动者个人资料须以保护这些资料以及根据国家法律和惯例保证尊重劳动者隐私的方式加以处理。

四、职业指导和培训

1975年,国际劳动组织通过《人力资源开发中职业指导和职业培训作用公约》(第142号公约)和同名建议书(第150号建议书)。又于2004年通过了《人力资源开发:教育、培训和终身学习建议书》。其中,第 142 号公约是职业指导和培训中的核心公约。

第 142 号公约要求批准公约的成员国制定综合性的和相互协调的关于职业指导和职业培训的政策和计划,通过公共职业介绍机构把职业指导和职业培训同就业紧密联系起来。同时,公约指出,有关政策和计划应考虑到经济、社会和文化发展的阶段和水平,以及人力资源开发与其他经济、社会和文化目标之间的关系;公约还要求这些政策和计划应通过适合本国情况的方法来贯彻,其目的是提高个人对工作和社会环境的理解能力,通过个人和集体去影响工作和社会环境。这些政策和计划应鼓励并协助所有人在平等和毫无歧视的基础上,在考虑到社会需求的情况下,按照自己的利益和愿望去发挥并运用其工作能力。因此,公约要求成员国建立和发展开放、灵活和补充的普通教育、技术和职业教育、教育和职业指导与职业培训制度。

第 142 号公约的主要框架包括:

第一,建设富有效率的国家培训制度,如合作式制度、以企业为主的制度、国家主导型制度。

第二,强调政府与私营部门的职责分担新模式。这一模式的关键点在于:公共和私营部门权益者可以在不同领域发挥作用,这种不同应当体现在政策和国家引导的激励措施之中。

第三,维护培训的公平,降低社会排斥。为预防社会排斥,特别是劳动力市场的排斥,应当提高脆弱群体的教育和培训水平,增加失业者、处于各种不利条件者接受培训的机会。

第四,构建以就业能力为核心的培训模式。

公约强调了提供职业信息和职业指导的重要性,要求此种信息和指导应包括职业选择、职业培训及这方面的受教育机会、就业状况和就业前景、晋升的可能性、工作条件、工作中的安全与卫生以及不同的经济、社会、文化活动部门和各层次的其他方面的职业生活。此种信息还应辅以关于集体合同和劳动法规定的权利义务等一般情况的信息。

五、残疾人的职业康复和就业

1955 年《残疾人职业康复建议书》(第 99 号公约)是国际劳动组织历史上最早的一项专门针对残疾人就业权利的标准。建议书对成员国建立职业康复机构、提供残疾人就业指导、扩大残疾人就业机会、促进就业保护、加强职业康复机构与医疗机构之间合作等提出了建议。

1983年《残疾人职业康复和就业公约》(第159号公约)和建议书(第168号建议书)是这一领域的最新标准。第159号公约规定,残疾人是指由于被正当承认的身体或精神上的损伤致使其获得和保持合适的职业并得以提升的前景大为降低的个人。就该公约而言,职业康复的目的是使残疾人能获得和保持合适的职业并得以提升,从而使其与社会结合或重新结合为一体。公约要求成员国根据国家条件、实践和可能,制定和实施有关残疾人职业康复和就业的国家政策,并定期进行审查。有关政策旨在保证为各类残疾人提供适当的职业康复措施,增加残疾人在公开的劳动力市场中的就业机会。政策应以残疾人与一般劳动者机会均等原则为基础,还应遵守男女残疾人的机会和待遇均等原则。因此,为落实残疾人与其他劳动者就业机会和待遇均等而采取的特殊积极措施,不应被视为对其他劳动者的歧视。

第三节 国际劳动组织的绿色就业理念

绿色就业术语首次出现是在1994年澳大利亚工会理事会和澳大利亚自然保护基金会共同发布的《工业中的绿色就业报告》中。此后,不断有研究和论文引用该术语。2007年,联合国环境规划署(UNEP)、国际劳动组织以及国际工会联盟(ITUC)共同发起了绿色就业协议,通过该协议来评价、分析以及促进就业情况对于气候变化的影响和作用。关于绿色就业的定义,有一些学者着重于与环境相关的职业或技能,如与环保相关的就业;还有一些学者着重于行业或特定项目的就业,其产品会带来一定的环境收益。联合国环境规划署认为:"绿色就业是指在农业、制造业、研发部门、行政和服务部门的对保护或恢复环境有重要作用的工作。这些就业有助于保护生态系统和生物多样性;通过高效率的手段去减少能源、材料、水的消耗;使经济去碳化;最小化或者避免各种形式的浪费和污染。"此外,UNEP还认为绿色就业应该是体面的工作。比如,可以提供足够工资的工作,有安全的工作条件、就业保障、合理的职业前景以及劳动者权益等。如果一份工作有剥削性质、有害健康、无法支付工资或使劳动者过着贫穷的生活,则不能称之为绿色就业。也有学者认为,凡是用于促进清洁环境、应对气候变暖的投资所带来的一系列就业,都可归入绿色就业范畴。

在 2007 年《绿色就业全球倡议》中,国际劳动组织和联合国环境规划署把绿色就业的概念描述为:绿色就业是指那些可以减少企业和经济部门对环境的影响,最终实现可持续发展,同时又符合"体面劳动"的工作,主要包括保护生态系统和生物多样性的工作,通过高效的策略减少能源、材料和水消耗的工作,经济低碳化的工作,最大限度地减少或者避免产生各种废弃物和污染的工作。

2008 年,国际劳动组织在和联合国环境规划署等相关国际组织联合出版的《绿色就业报告》中指出,绿色就业是指在农业、工业、服务业和管理领域任何有利于保护或恢复环境的体面工作。

绿色就业可以帮助人类解决 21 世纪面临的两大挑战:防止危险的、潜在的又不可控的气候变化发生,保护人类赖以生存的自然环境;为人们提供体面的工作,从而在全球人口快速增长的背景下,实现人类自身的发展和尊严,改变目前全球尚有一亿人口不能从经济和社会发展中受益的状况。[1]

世界各国推行的绿色就业政策,都直接或间接地表达了经济效应和就业效应两个层面的政策预期。从经济效应角度而言,绿色就业能提高能效和降低能耗,可以补偿结构转型增加的成本;从就业效应角度而言,投资可再生能源和清洁能源比投资化石能源创造的就业率更高,可以吸纳更多的劳动力。经济效应和就业效应,在不同的绿色就业类型下,其政策表现和政策需求是不同的。

作为一个新兴概念,国际社会对绿色就业的认识尚且处于不断深化的过程中,而且,由于绿色就业的动态性以及各国经济水平的差异,绿色就业在各国的界定标准也各不相同,目前尚未形成一个为各国普遍接受的标准。

绿色就业不仅是对工作内容的判定,更是一种对工作性质理解的进步。绿色就业并不一定是全新的工作,它既涵盖传统行业中的某些岗位,如制造业和建筑业中从事绿色技术的环节,也包括新兴绿色产业中的岗位,但并不是绿色产业中的所有岗位全为绿色就业。此外,同一岗位根据其所处的行业不同,有些是绿色就业,而有些则不属于绿色就业。

根据行业属性与发展阶段的不同,可以将绿色就业分为原生绿色就业、过程绿色就业、终端绿色就业。

原生绿色就业指的是从事本来就对环境有利、节约能源的工作,如从事传统农业、城市绿化、可再生能源的利用、清洁能源技术等工作。原生绿色就业的本

---

[1] 《绿色工作:在低碳、可持续发展的世界实现体面劳动》,联合国环境规划署 2008 年 9 月,第 9 页。

质是高效利用自然资源和对环境无害化,其岗位大部分与可再生能源有关。相对于传统能源行业而言,可再生能源行业偏向劳动密集型,特别是建筑业、制造业和安装业。

过程绿色就业指的是在生产过程中通过提高能效、减少碳排放改善生产过程的就业,涵盖了制造业中的大部分岗位。过程绿色就业的本质是将已有的就业岗位绿色化,或在加工过程中注入新的绿色就业元素。它既涉及现存行业的既有就业机会的新需求,如强调能效、向可再生能源转变等;又代表了一些新的就业机会。

终端绿色就业指的是废物回收、生态修复等一系列针对环境恶化所采取的补救措施而产生的岗位。主要是指将有害健康、污染环境的废弃物进行无害化处理,包括废弃物回收利用、生态修复等。

任何行业的绿色就业岗位都可以被分解归类到上述三大类别中。

从发达国家的经验来看,绿色就业的经济贡献首先体现在对就业增长的促进作用上。就现状而言,绝大部分的就业增长出现在发达国家。更重要的是,发达国家已经认识到,为促进绿色就业的发展必须采取相应的对策。其中,首要的是注重与绿色就业相关的绿色技能的培养,使劳动力真正适应可持续发展的需要。特别是在新的能源格局出现后,要实现完全满足社会经济需要的就业,必须通过培训和教育的方式才能够实现这种过渡。

对大多数发展中国家而言,发展大型生态系统将带来许多就业机会。同时,发展中国家若不对环境等绿色经济领域进行投资,则可能给经济发展带来巨大的风险,无论是从规模上还是从长期性来看,都可能发生不可逆转的损害,这种迹象已经在包括中国在内的许多发展中国家显现。

随着对绿色就业关注度的提高,绿色技能的需求也会日益增强。人们逐渐意识到几乎所有的工作都需要某种程度上的绿色技能,并且这种技能是可持续发展的技能。绿色就业岗位需要具备更好的一般性能力,如环境意识、企业家精神、适应能力、战略能力、创新性和营销技能,然而绿色技能的发展需要科学技术,如工程学和数学技能。配套的相关政策措施也应该保持一致性,以确保绿色技能的发展能够帮助实现经济政策目标和环保政策目标。在向绿色经济转型的过程中,技能缺口主要体现在受教育水平和产业结构升级两个方面。

实际上,不同的绿色就业产生的就业效应也不尽相同。绿色就业的净效应将给就业市场带来更多机遇,但也会对劳动者提出新的绿色技能与素养要求;其

"绿色"属性将有利于男女平等就业问题的改善;劳动者可以获得既"体面"又"绿色"的工作。此外,绿色就业将影响地区的贫富差距。

总之,作为世界经济复苏的重要推手,绿色就业必将在未来引领就业市场潮流,虽然向绿色就业转型是一个长期的过程。绿色就业转型要考虑行业特征、岗位属性、所处产业链的阶段、技术培训和消费模式等方方面面的因素。绿色就业不只是一个新概念,而是需要行动起来将其落实到各行各业的实践中,必须消除认识上的单一理解。

第四节 国际劳动组织的体面劳动理念

一、体面劳动的提出与推动

(一)体面劳动的概念

在1999年第87届国际劳动大会上,国际劳动局新任局长朱安·索马维亚向大会提交了题为《体面劳动》(Decent Work)的主旨报告,将体面劳动确定为国际劳动组织当前的主要目标。该报告提出体面劳动是指"男女在自由、公正、安全和具有人格尊严的条件下,获得体面的、生产性的可持续工作机会。其核心是工作中的权利、就业平等以及社会保障和社会对话"。朱安·索马维亚为国际劳动组织确立了四大战略目标,即保障劳工标准、创造就业、加强社会保护、促进社会对话。同时,促进性别平等贯穿于四大目标之中。在第87届国际劳动大会上,世界各国政府、雇主和劳动者三方代表对体面劳动和四大战略目标均给予高度肯定,认为体面劳动为在劳动领域制定政策提供了概念指导,四大战略目标为劳动相关各方指明了实际工作的方向,将经济与社会问题、宏观经济政策与创造就业、安全与增长、权利与民生、就业与社会等各个方面有机结合起来。与会代表鼓励国际劳动组织积极落实体面劳动和四大战略目标。

(二)国际劳动组织对体面劳动的推动

首先,在国际劳动组织内部,对其秘书处的结构进行了调整,对应四大战略目标设立了四大部门:劳工标准、就业、社会保护和社会对话,每个部门由一名执行主任负责。除了直接向局长汇报工作的行政和业务部门外,其他业务司局主要归于四大部门,以利于形成合力;此外,还专门成立了性别平等局,为推动实现各战略目标提供机构保障。

其次,对国际劳动组织编排计划预算的方式也进行了改革,将原先分散的各种计划活动按照四大战略目标进行归类和编排,并相应分配预算。每个计划列出拟实现的目的,并通过测评指标进行比对,引入了按结果进行管理的管理模式,新的计划预算获得理事会的好评。实践也证明,按四大战略目标编制的计划预算可以更好地跟踪和评估活动的执行情况,提高执行率和实际效果。

2001年,第13届国际劳动组织亚洲地区会议在日内瓦召开,会议的主题是"体面劳动在亚洲"。

在2001年6月第89届国际劳动大会上,朱安·索马维亚提交题为《削减体面劳动的不足:一项全球性的挑战》的主旨报告,提出以国际劳动标准为手段促进确立体面劳动的具体标准框架、参考依据和监督程序。同时,报告还指出:"标准制定行动是体面劳动变为现实的必要工具。"

2002年,第15届国际劳动组织美洲地区会议在日内瓦召开,会议的主题是"全球化与美洲的体面劳动"。

在2004年第92届国际劳动大会上,朱安·索马维亚做了题为《一个公平的全球化:国际劳动组织的作用》的报告。报告指出,为了实现为所有人创造机会的公平的全球化,体面劳动应成为每个国家和国际社会追求的全球目标。采纳把体面劳动作为全球目标的建议,将帮助指导全球治理进程朝着为所有人提供更公平的机会和结果的方向发展。

2007年4月,国际劳动组织推出了"体面劳动国别计划",以支持各成员国体面劳动的实施并助推体面劳动成为各国发展战略的重要组成部分。

2007年,国际劳动组织为多边体系编制了《体面劳动主流化实用工具》,得到联合国系统行政首长协调委员会同意。

2008年,国际劳动组织通过了《促进社会正义、实现公平的全球化宣言》,将体面劳动的概念制度化,把体面劳动从倡议上升为所有成员国都必须实现的目标。宣言呼吁所有成员国将充分和生产性就业、体面劳动置于经济和社会政策的核心,落实国际劳动组织的四大战略目标;强调四大战略目标不可分割、彼此关联和相互促进的关系,要求成员国采取全面、综合的办法予以贯彻落实;明确了成员国、劳动组织及其他相关国际机构在促进体面劳动方面各自应发挥的作用。为监测成员国在实现体面劳动方面取得的进展,国际劳动组织根据该宣言的要求,经过专家会议、劳动统计师大会和理事会讨论,推出了体面劳动测评指标体系,列出在就业机会、工时、收入、工作环境、社会保障、待遇平等、劳动者和雇主代表性等多个领域的主要指标和附加指标,涉及就业总量与人口比例、失业率、青年失业率、童工数量、工作时间、工会比例等20多项数据。

为应对2008年金融危机造成的社会影响以及对就业的冲击,国际劳动组织于2009年6月通过了《全球就业协定》。协定列出了各国政府、国际劳动组织和多边机构可采取的政策措施,以应对危机,保障体面劳动,推动经济、社会和环境的可持续发展。

2013年10月,在第105届国际劳动大会上,国际劳动组织理事会将全球供应链中的体面劳动作为一般性讨论项目提上议事日程。

(三) 其他国际会议和国际组织对体面劳动的推动

除了国际劳动组织积极支持和推动体面劳动以外,其他国际会议和国际组织也积极呼吁并推动全球范围内的体面劳动的实现。

2000年4月,第四届国际自由工联世界大会在南非德班召开,朱安·索马维亚提出:"全球化经济的最基本的检验是看它能否为所有人提供体面的工作。这是我提出的全球化的试金石。如果体面的工作能被组织起来并提供给人们,那全球化的价值就得到了证明。"

2000年,联合国召开落实社会发展世界首脑会议(1995年)精神的特别会议,明确支持国际劳动组织实施体面劳动计划,并将其作为今后需要大力推动的主要工作内容。

2000年,南非总统姆贝基在他代表不结盟运动致冲绳八国首脑会议的函件中阐明:"人人享有体面的生活标准、充足的营养、卫生保健、教育和体面劳动是南北共同的目标。"

2005年,联合国世界首脑会议在千年发展目标的减贫目标下加上了一个新的子目标——为所有人创造充分的生产性就业、实现体面劳动。同时,联合国系统开始改革,提出"提供一体化服务"。至此,体面劳动国别计划成为联合国发展援助框架的重要组成部分。

2006年7月,联合国经济和社会理事会年会的主题是"体面劳动"。

2007年4月,在瑞士日内瓦召开的联合国专门机构负责人委员会会议上,与会人员一致同意将就业和体面劳动问题纳入联合国的工作体系中。

2007年,联合国经济和社会理事会通过了再次认同体面劳动理念的部长级宣言。

2016年7月,在二十国集团劳动会议上,与会各国工会代表表示,在当前全球经济的态势和数字化变革的大背景下,工会应积极发挥作用,协助政府推动落实联合国《2030年可持续发展议程》提出的各项发展目标,以创新应对发展环境变化,敦促企业履行社会责任,培养高素质劳动者,创造高质量就业,减少收入、性别等不平等因素,实现经济全面增长和体面劳动。至此,体面劳动已逐渐成为很多国家政府、联合国所属机构以及其他国际组织发展合作的中心目标。

（四）我国对体面劳动的推动

在我国,体面劳动也已成为政府重要的工作目标。

2001年,中国政府与国际劳动组织就有关体面劳动议程签署谅解备忘录。

在2007年第96届国际劳动大会上,中国政府代表强调,国际劳动组织成员国政府、雇主和劳动者三方代表需要进一步采取切实的行动,通过对话与合作,为实现公平的全球化和经济增长与变革中的体面劳动创造条件。

2007年4月,国际劳动组织北京局与中国劳动和社会保障部、中华全国总工会、中国企业联合会签署了"体面劳动与中国国别计划",决定在促进就业、促进和谐劳动关系、改进社会保护和促进劳动者基本权益四个领域开展合作。

2008年1月,时任国家主席胡锦涛在出席"经济全球化与工会"国际论坛开幕式并致辞时提出,"让广大劳动者实现体面劳动,是以人为本的要求,是时代精神的体现,也是尊重和保障人权的重要内容"。

2012年5月,国际劳动组织与中国政府、雇主和劳动者三方代表讨论了新的体面劳动国别计划,决定将合作计划集中在三个领域:促进就业优先战略、构建和谐劳动关系和改善收入分配机制、改进社会保障体制并促进安全生产。

2013年劳动节前夕,国家主席习近平在同全国劳动模范代表座谈时强调,"要坚持社会公平正义,排除阻碍劳动者参与发展、分享发展成果的障碍,努力让劳动者实现体面劳动、全面发展"。

以上种种表明,实现体面劳动是我国构建社会主义和谐劳动关系的重点。

二、倡导体面劳动产生的原因

国际劳动组织提出体面劳动,不是偶然的。20世纪80年代,信息技术的发展引起生产方式的变革,世界开始进入全球化时代;20世纪80年代末90年代初,冷战结束,意识形态和不同政治制度的阻隔不复存在,经济全球化浪潮迅速席卷全球。经济全球化在加速资本全球流动、促进技术进步,给人们带来多样化生活选择的同时,也给劳动领域带来了深刻的负面影响。

在发达国家,削减社会福利,裁减职工,非规范就业的比重越来越大;在一些国家,雇主竞相压低工资和生产成本,非法雇用大量童工,劳动条件恶化,非人道现象严重;在不少国家,集体谈判和工人参与等工会权利遭到削弱;它扩大了发达国家和发展中国家的社会群体之间的不平等,使那些缺乏技术和受教育程度较低的工人的工作岗位毫无保障,处于更加脆弱的境地。这些负面影响恰恰是体面劳动面临的现实缺陷,即缺乏充足的就业机会、不完善的社会保障、被剥夺工作的权利以及社会对话的不足。

一时间,反对全球化的社会运动一浪高过一浪。如何解决全球化社会层面的问题,是国际社会和世界各国在全球化条件下必须面对的问题。发达国家认为,由于发展中国家低廉的劳动力,造成世界贸易中的不公平竞争,并危及发达国家工人的就业岗位。发展中国家认为,与发达国家相比,发展中国家的相对优势是相对低廉的劳动力,这种比较优势不应受到质疑。20世纪90年代中期,关于社会条款的争论多次发生在双边和多边会议中。然而,由于意见分歧严重,解决全球化社会层面问题的探索陷入僵局。

朱安·索马维亚来自智利,他是国际劳动组织历史上第一个来自发展中国家的局长。朱安·索马维亚提出,必须继续追寻以发展中国家和发达国家都能接受的方式将社会最低标准置入全球经济的目标。他提出的"给人人以体面劳动"的新观念,作为检验"全球化的试金石",对不同国家劳动者的普遍需求作出了积极回应,形成了从整体上推进四项战略目标的体面劳动理念,比较全面地反映了当前维护全世界劳动者权益的迫切要求。

三、体面劳动的内涵

体面劳动中的"劳动"一词内容广泛,它包括工薪劳动者、自营就业者、家庭工人以及在非正规经济领域的各种活动。"体面"实际上是人类在社会或者组织中能在展示自己的行为和容颜上获得愉悦的一种自我满足心态,或者受到社会赞誉的文化审美比较的结果的社会反映。

国际劳动组织提出,体面劳动意味着劳动者从事生产性的劳动,其权利能得到有效的保护,并且有足够的收入和充分的社会保护。同时,它也意味着有足够的工作岗位,也就是使所有人都能得到有收入的工作机会。它是通往经济和社会发展最佳途径的标志。在这一道路上,无须牺牲工人权利和社会标准就可实现就业、收入和社会保护。佛罗伦斯·博内特(Florence Bonnet)等学者认为,体面劳动的内涵有宏观、中观、微观三个层面之分。在宏观层面,国家应该制定相应的法律法规、建立相关的制度和机构,以确保全社会劳动者在没有压迫、有合理安全保障的环境下工作,能获得足够的收入来维持自身和家庭的生活,并得到持续的个人发展机会;在中观层面,体面劳动要求企业在致力于自身利益高效运转的过程中,也要保护劳动者的体面权益;在微观层面,体面劳动要求劳动者要获得平等的就业机会和安全的工作环境。[①]

具体来看,体面劳动包括以下六个方面的内容:

第一,从就业的渠道来看,体面劳动希望为寻求就业的人提供就业机会。

第二,从就业的公正和平等待遇来看,实现体面劳动的目标并不只是为了创造就业岗位,而是创造出质量可让人接受的就业岗位。

第三,在安全的工作环境方面,应保证提供安全的工作条件,防止工伤事故、伤害和职业病。

第四,在失业保障方面,应当为所有劳动者作出安排,使他们在遇到健康问题、工伤事故、生病、丧失就业能力以及需要养老和获得救济时能得到帮助。

第五,在就业和培训机会方面,体面劳动追求在全部工作生涯中应有培训和提高工作技能的机会,并应该能获得晋升和提拔的机会。

第六,在参与和激励方面,体面劳动追求劳动者应有机会参与那些直接对他们产生影响的决策,如工作原则等有关决定;表达意见和集体参与应该有表达不满和提出质疑的可能性,并有代表劳动者权益的组织提供帮助。

衡量体面劳动的标准应涵盖国际劳动标准中以下三方面的内容:

第一,"核心劳工标准"或称"工人的基本权利",包括结社自由、进行集体谈判、禁止强迫劳动、禁止14岁以下儿童参加劳动、同工同酬以及消除就业歧视。

第二,就业方面的指标,包括劳动者参与就业的比例、工作年龄人口就业比例、失业率、企业的就业面和就业状况、非自愿性的全日制工作、合同工作、稳定性的工作、就业技能、基尼指数、低于最低年龄的劳动力比例和贫困化指标。

第三,社会保障和工作条件方面的指标,包括社会保障的覆盖面(享受社会保障者在全部人口总数所占的比例)、职业伤害和疾病(受伤害者比例)、工时(劳动者工作时间超过国家规定的周工时标准或低于一半的标准)。

---

① See Florence Bonnet, et al., A Family of Decent Work Indexes, *International Labor Review*, Vol. 142(2), 2003, pp. 213-238.

四、体面劳动的特点

体面劳动一经提出,就获得国际社会的高度关注和共识,这与体面劳动的特点密切相关:

第一,体面劳动是以发展中国家和发达国家都能接受的方式出现的,它将各项权利和其他发展目标融合共存(也可以说是妥协的产物)。

第二,体面劳动是经济全球化时代的社会政策目标和措施,它既是工会运动的目标,也是劳、资、政三方的目标。作为一种社会政策,体面劳动越来越深地嵌入到全球治理之中。

第三,在实施方面,体面劳动既尊重普遍性原则,又尊重各国不同的发展模式;各国可确定实现体面劳动的优先重点,探索适合本国情况的体面劳动实现模式。

第四,体面劳动反映了不同社会制度下各国劳动者的普遍需求,把复杂的国际法变为劳动者可以感受和触及的事物。体面劳动既包含了就业、社会保护和有尊严的劳动(废除童工劳动和强迫劳动、消除就业和职业歧视)等主要目标,也包含了实现这些目标所必不可少的工会权利(结社自由和集体谈判)和社会对话等基本手段,比较全面地反映了劳动者的基本权益。而且,它是以国际法作为支撑的,用法律手段强化了对劳动者的保护。

第六章 劳动条件

第一节 国际劳动标准中的工资标准

随着最低工资立法在世界各国的逐步实现,国际劳动组织制定并经国际劳动大会通过了若干关于确定最低工资和保护工资的国际劳动标准。

有关工资的国际劳动公约主要有以下几个:1928年《确定最低工资办法公约》(第26号公约)、1938年《工资及工时统计公约》(第63号公约)、1946年《(海上)工资、工时和人员配置公约》(第76号公约)、1949年《(海上)工资、工时和人员配置公约(修订本)》(第93号公约)、1949年《保护工资公约》(第95号公约)、1951年《(农业)确定最低工资办法公约》(第99号公约)、1951年《同酬公约》(第100号公约)、1958年《(海上)工资、工时和人员配置公约(修订本)》(第109号公约)、1970年《确定最低工资公约》(第131号公约)。

相对应的建议书是:1928年《确定最低工资办法建议书》(第30号建议书)、1949年《保护工资建议书》(第85号建议书)、1951年《(农业)确定最低工资办法建议书》(第89号建议书)、1951年《同酬建议书》(第90号建议书)、1958年《(海上)工资、工时和人员配置建议书》(第109号建议书)、1970年《确定最低工资建议书》(第135号建议书)。

一、确定建立随时调整的最低工资制度

第131号公约第1条第1款明确规定:"凡批准本公约的国际劳动组织成员国,承诺建立一种最低工资制度,其范围包括雇佣条件适合于该范围的一切工薪劳动者群体。"该公约第4条第1款再次强调了最低工资制度,并提出最低工资要随时进行调整:"凡批准本公约的成员国,应创造和(或)保持适合本国条件和要求的办法,以便确定根据第1条应予包括的各类工薪劳动者群体的最低工资,并随时进行调整。"

二、明确建立最低工资制度的目的

第135号建议书第1条规定:"最低工资确定机制应是战胜贫困并确保满足

所有工人及其家庭需要的整体政策的一个组成部分。"第 2 条规定："最低工资确定机制的最基本目的是为工薪劳动者群体得到可容许的最低水平工资提供必要的社会保护。"

三、最低工资制度的主要内容

最低工资制度的主要内容有：最低工资标准的适用范围，最低工资水平标准的确定，确定最低工资的方法，最低工资制度的实施。

（一）最低工资标准的适用范围

第 131 号公约第 1 条规定，"其范围包括雇佣条件适合于该范围的一切工薪劳动者群体"。第 135 号建议书进一步规定，应将这一规定范围内的人数和群体数保持在最低限度。该建议书还规定，可通过确定一种普遍适用的单一最低工资，或确定一系列适用于各特定劳动者群体的最低工资。

第 131 号公约要求批准公约的成员国在与有代表性的雇主组织和劳动者组织协商后，确定最低工资标准的适用群体范围。该公约第 1 条第 2 款规定，各国主管当局应在征得有关的、有代表性的雇主组织和劳动者组织（如存在此种组织）的同意或与它们充分协商后，确定应包括在该范围内的工薪劳动者群体。

第 135 号建议书第 3 条（最低工资制度的覆盖范围）规定：

第一，最低工资制度应适用于第 131 号公约第 1 条所覆盖的工薪劳动者群体，既可以制定适用于全部对象的单一最低工资，也可以制定适用于特定劳动者群体的一系列最低工资；

第二，如果是单一最低工资制度，则：(1) 在不同的地区，可以因生活成本差别而制定不同的最低工资率；(2) 不应该损害决定的效果，不论是过去的还是将来的，最低工资应比特定劳动者群体的一般最低工资高。

（二）最低工资水平标准的确定

关于国际劳动标准的第 131 号条约和第 135 号建议书系统总结了在确定最低工资水平时需要考虑的各种相关因素，主要有：

第一，根据国家的一般工资水平、生活费用、社会福利保障和其他阶层人员的相对生活标准，最低工资要能满足劳动者及其家庭成员的生活需要。

第二，与之相关的经济因素，包括经济发展水平、劳动生产率水平以及实现和保持高就业水平的愿望。

（三）确定最低工资的方法

不论是最低工资制度的适用范围，还是最低工资标准的确定和调整，国际劳动组织均强调要与相关的雇主组织和劳动者组织协商。

第131号公约第1条第2款要求最低工资制度的适用范围采取三方机制确定：各国主管当局应在征得有关的、有代表性的雇主组织和劳动者组织（如存在此种组织）的同意或与它们充分协商后，确定应包括在该范围内的工薪劳动者群体。

第131号公约第4条第2款、第3款要求最低工资的制定、实施和修改采取三方机制，第135号建议书对该规定进行了补充说明。公约第4条第2款规定，关于制定、实施和修改上述办法，应和有关的雇主组织和工人组织进行充分协商，如不存在这类组织，则和有关的雇主代表和劳动者代表协商。第135号建议书第7条进行了具体阐释，列明公约第4条第2款所规定的协商应该包括以下事项：

（1）确定最低工资水平的标准选择和应用问题；

（2）确定最低工资率；

（3）适时调整最低工资率；

（4）实施最低工资立法所面临的问题；

（5）收集数据，开展研究，为最低工资确定部门提供信息。

第131号公约第4条第3款规定，根据现行确定最低工资办法的性质，只要情况适合，应使下述人员能直接参与该办法的实施：

（1）有关的雇主组织和劳动者组织的代表，若不存在这类组织，则为有关的雇主代表和劳动者代表，参与各方应基于平等的基础。

（2）公认有资格代表国家整体利益的人士，其任命需经与有关的、有代表性的雇主组织和劳动者组织（如存在此种组织）充分协商，且此种协商应符合国家法律或惯例。第135号建议书第8条又作了补充：对于已经建立机构为最低工资确定部门提供建议的国家，或者由政府负责确定最低工资的国家，依照第131号公约第4条第3款，这些机构有参与实施最低工资确定机制的运行的资格。

（四）最低工资制度的实施

第131号公约第2条规定，最低工资制度应具有法律效力，并不得予以降低；不执行最低工资者，不论是一人还是多人，应处以适当的刑罚或其他制裁。该公约第5条规定，为保证有关最低工资的全部规定的有效实施，应采取恰当的措施，如建立一种适宜的监察制度，并采取其他必要措施。

第135号建议书作了更详尽的规定，认为这些必要的措施还包括：

第一，以易懂的语言或方言向劳动者宣传有关最低工资的规定；

第二，雇佣一批数量充足、训练有素的监察员，并授予其完成监察最低工资制实施所必需的权力与便利条件；

第三，对违反最低工资规定的行为给予适当的制裁；

第四，简化法律规定和程序，以便劳动者能够切实有效地运用最低工资立法所赋予他们的权利，获得其因工资偿付过少而应得部分的权利，以及联合雇主组织和劳动者组织共同保护劳动者免受虐待或成为牺牲品。

四、工资支付方式、时间和地点

第95号公约和第85号建议书认为，应保障劳动者按时得到其应得的全部工资，保障劳动者享有使用其工资的充分自由权，以及不容许对劳动者的工资进行任何非法的扣除或扣留，保证劳动者得以依赖其工资收入维持本人与家庭的生计。第95号公约和第85号建议书分别从工资支付方式、发放时间和发放地点等方面确立了世界范围内工资保障的一般规定。

（一）工资支付方式

第95号公约第3条规定，应用货币支付的工资，应一律支付法定货币。禁止用记名期票、付款凭证、息票或以其他据称可代替法定货币的形式来支付工资。劳动者对其所得的工资有自由处置的权利。

同时，该公约第4条规定，在产业或职业部门，如由于该产业或职业性质以实物津贴的方式支付部分工资已有惯例或合乎需要，国家法律或条例、集体合同或仲裁裁定可允许部分工资以实物津贴的方式支付。但是，在任何情况下，都不得允许以含高度酒精的烈性酒或毒品的形式支付工资。

（二）工资发放时间

第95号公约第12条规定，工资应定期支付，其间隔期限应由国家法律或条例规定，或由集体合同、仲裁裁定加以确定。在雇佣合同终止时，应按国家法律或条例全部结清工资。第85号建议书对此作了进一步详细规定，对于以小时、日或周计算报酬的劳动者，每月至少发放工资两次，间隔期最多为16天；对于按月或年计酬的劳动者，每月至少发放一次工资；而对于按计件劳动或产量来获得报酬的劳动者，每月至少发放两次工资，间隔期最多为16天。

（三）工资发放地点

第95号公约第13条规定，当工资用货币支付时，其发放只应在工作日和工作场所或工作场所附近进行；禁止在酒店或其他类似地方发放工资。

五、工资的扣押和应享有的优先债权

(一) 工资的扣押

第 95 号公约规定,为防止雇主方面以某种借口任意扣押或转让劳动者的工资,只有在国家法律、条例规定或集体合同、仲裁裁定予以确定的条件下和范围内,才能对工资进行扣除、扣押或转让。禁止以保留和取得工作为条件扣除劳动者工资,也禁止扣押或转让维持劳动者及其家属生活所需的那部分工资。

(二) 劳动者享有的优先债权

第 173 号公约和第 180 号建议书规定,为保证在企业倒闭或判决清偿时劳动者享有优先债权,应优先保护劳动者因就业而伴生的债权,以使劳动者能在非优先债权人获得其份额之前,从破产雇主的资产中获得偿还。优先权包括因工资而拥有的债权、因所从事的工作而在假日报酬方面拥有的债权、因其他形式的有酬缺勤而拥有的债权及遣散金。另外,应有担保机构担保劳动者的债权,在雇主因破产而无法偿债时,劳动者因就业而产生的对其雇主的债权,由担保机构保证偿还。

在《体面劳动议程》中,国际劳动组织鼓励成员国通过实施最低工资标准来减少有工作贫困现象,为弱势劳动者提供社会保障。2012 年,欧盟委员会也表示,各成员国应建立"体面和可持续的工资制度","确定适当水平的最低工资标准,可以扼制有工作贫困现象上升的势头,也是确保体面工作质量的重要因素"。但是,关于最低工资到底应该确立在什么样的水平,各国的争论仍在继续。

第二节　有关工时与休息休假的国际劳动标准

自 1919 年国际劳动组织成立以来,制定的有关工时与休息休假的重要公约和建议书包括 1919 年《(工业)工时公约》(第 1 号公约)、1921 年《(工业)每周休息公约》(第 14 号公约)、1930 年《(商业和办事处)工时公约》(第 30 号公约)、1935 年《40 小时工作周公约》(第 47 号公约)、1957 年《(商业和办事处)每周休息公约》(第 106 号公约)、1957 年《(商业和办事处)每周休息建议书》(第 103 号建议书)、1962 年《缩短工时建议书》(第 116 号建议书)、1990 年《夜间工作公约》(第 171 号公约)、1990 年《夜间工作建议书》(第 178 号建议书)、1994 年

《非全日制工作公约》(第175号公约)、1994年《非全日制工作建议书》(第182号建议书)、2011年《关于家庭工人体面劳动的公约》(第189号公约)和2011年《关于家庭工人体面劳动的建议书》(第201号建议书)。该类公约和建议书涉及工作时间、周休息时间、带薪假期、逐步缩短工时、非全日制工作、夜间工作、家庭工人最低保护等内容,集中体现了国际劳动组织关注的工作时间的重心。

一、关于工作时间的规定

1919年《国际劳动宪章》第4条原则规定,工厂工作时间以每天8小时或每周48小时为标准。

第1号公约规定,每天工作8小时,每周工作48小时。其他例外情形为:在企业中担任监督、管理职务者和机密事务者可以例外;每周一天或几天的工作时间少于8小时,其余各天工时可多于8小时,但所多工时不得超过1小时;如遇当前、迫近的事故,或遇机器、工作场所需要之紧急工作或不可抗力时,可以超过规定时限,但仅以避免该企业的正常生产遭受严重障碍所必要的工时为限。

1930年,第30号公约将这一制度的适用范围扩展到商业和办公场所。1935年,第47号公约进一步减少了周工作时间。1962年,第116号建议书正式对"正常工时"和"工作时间"作了明确定义,把第1号公约规定的8小时工作日和48小时工作周作为正常工时的最高限度。在此基础上,该建议书还提出了缩短工时的一般原则和逐步减少工时的措施:

第一,应逐步减少正常工时,同时不降低劳动者的原有工资;

第二,采用适合本国国情和实际并符合各个产业条件的方法,促使雇主遵守逐步减少正常工时的原则;

第三,逐步减少正常工时的原则应与法律法规和集体合同等方式相一致,并以和国情以及各产业活动需要相适应的方式生效;

第四,根据既有的正常工作周工时数,制定并实施逐步减少工时的措施;

第五,实施逐步缩短工时的措施时,重点应是那些需有付出特别繁重的体力和脑力劳动的产业和职业,或对劳动者健康有害的、妇女和青年人比较集中的产业和职业。

二、关于休息休假的规定

(一)周休息时间

1919年《国际劳动宪章》第5条原则规定,工人每周应至少有24小时的休息,并尽量把星期日作为休息日。1921年《工业企业中实行每周休息公约》(第14号公约)规定,凡公营、私营工业或其他分部所雇佣的全体职工均应于每7天的期间内享有至少24小时的连续休息时间。在可能的情况下,此项休息时间应与本国或当地的风俗或习惯相适应。该公约准许有一些例外,但应在尽可能的范围内补偿职工的休息时间。

1957年第106号公约进一步扩大了每周休息制的使用范围,具体包括:公营、私营商业企业雇佣的人员,以及在事业和行政管理机构主要从事办公室工作的人员(包括自由职业者);只雇佣雇主家庭成员的企事业机构,以及高级管理职位的人员可以作为例外,不执行本公约的规定。该公约还规定,应采取适当措施,保证有关每周休息的条款得到正确执行。此外,1957年第103号建议书还倡议每周至少有36小时休息时间,并提出在可能情况下应安排连续休息36小时。

(二) 带薪年休假

1936年《带薪年休假公约》(第52号公约)正式确立了带薪年休假制度。该公约规定,凡适用本公约的人员,在连续服务满一年后,有享受带薪年休假的权利,假期至少应有6个工作日。未满16岁的人,包括学徒在内,连续工作满一年后,此项假期至少得有10个工作日,且公共及惯例假日不应包括在带薪年休假之内。同时,该公约允许有例外情况,但须坚持职工在一年内有最低限度的年休假。凡在带薪年休假期间从事有报酬工作者,雇主享有取消其休假期间领取报酬的权利;职工在未享受应得的带薪年休假之前,由于雇主之责任而被解雇的,有权按其应得的年休假天数领取规定的报酬。

1970年,国际劳动大会通过《带薪年休假公约(修订)》(第132号公约)。该公约适用于除海员以外的一切受雇人员。

第132号公约规定,凡适用本公约的人员,有权享受最低期限的带薪年休假;连续服务一年时间,其带薪年休假不应少于3个工作周;一年内服务少于12个月的,有权享受按比例削减的带薪年休假;有权享受带薪年休假的最低服务时间,由国家主管机关确定,但不得超过6个月。带薪年休假可以分若干次享受,但其中一次应至少包括两个不间断的工作周;正式和按惯例的节假日不应被计算在最低年休假之内;在整个休假期间,职工至少应领取正常报酬或平均报酬;休假的时间应由雇主和职工或其代表协商确定,但应考虑到工作的需要和职工放松的可能性;放弃或通过用津贴等其他任何方式补偿而放弃最低带薪年休假权的协议均无效。此外,对于职工在享受带薪年休假期间从事有报酬的活动,违背设置年休假目的的,可制定专门的规定。

(三) 带薪脱产学习

带薪脱产学习是职工在特定时期的工作时间内,为接受教育而离开工作岗位,并享有适当报酬的资格权利。

1974年,国际劳动大会通过的《带薪脱产学习公约》(第140号公约)和同名建议书(第148号建议书)规定,每一成员国都应当以适合本国条件和惯例的方法制定与实施相应政策,允许职工带薪脱产学习;必要时,这项政策可以分阶段实施;职工享有带薪脱产学习的权利不应当由于种族、肤色、性别、宗教信仰、政治见解、民族血统或社会地位等原因而被否定;带薪脱产学习时期应等同于实际工作时期,以便确定由国家法律法规、集体合同、仲裁裁决或其他与国家实践对社会福利和其他就业相关的权利的要求。

三、有关非全日制工作的规定

1994年《非全日工作公约》(第175号公约)和同名建议书(第182号建议书)对非全日制工人进行了界定。

"非全日制工人"是指其正常工时少于可比全日制工人的受雇人员。其中,"正常工时"得按每周或以一定就业时段的平均值计算。"可比全日制工人"是指与有关非全日制工人相比的下列全日制工人:具有相同类型的就业关系;从事相同或相似类型的工作和职业,并在相同的部门、企业或行业就业。但是,受部分失业影响的全日制工人,即使其正常工时因经济、技术或结构原因被集体或临时性地削减,也不被视为非全日制工人。

四、关于家政工人工作时间与休息休假的规定

《世界人权宣言》提出要关注家政工人,像任何其他的工人一样,家政工人也应有权要求对他们的工时进行限制。如果缺乏工作时间的规定,家政工人就不可能公平地或始终如一地获取工作报酬。

2011年《关于家政工人体面劳动的公约》(第189号公约)强调了对家政工人的工时、加班、日休和周休、带薪年假和待工期制定标准的重要性,其目的是使家政工人获得其他工人享有的平等的保护水平。公约第10条规定,各成员国须根据国家法律、法规或集体合同采取措施,确保家政工人在正常工作时间、加班

补贴、每天和每周休息时间以及带薪年休假方面享有与一般工人的同等待遇。每周须至少连续休息24小时。此外,凡家政工人不能随意自由支配的、需在住户家中随时听候可能的工作安排的时间段应被视为工作时间,具体事宜由国家法律法规、集体合同或符合国家惯例的任何其他措施来确定。

为了使正常工时方面的规定为家政工人提供切实的保护,与第189号公约同名的第201号建议书第9条规定,可要求家政工人每周、每月或每年处于等待工作状态下的最多小时数,以及可进行衡量的方法。在家政工人的正常休息时间因等候工作而被打乱时,有权要求一段补休时间。

关于家政工人的年休假和享有公假的权利,第189号公约已作出规定,即家政工人带薪年休假的最少时限应该与其他行业的工人一样。此外,第201号建议书还在其第13条作了重要的补充,家政工人用于陪伴其住户成员度假的时间不应算作家政工人带薪年休假的一部分。

第七章　集体劳动权

国际劳动法学界一般根据权利的主体的不同,将劳动权分为个别劳动权利和集体劳动权利。①

1998年,国际劳动大会通过《关于工作中的基本原则和权利宣言》及其后续措施,提出八个"核心劳动标准"(Core Labor Standards)。其中,明文涉及和确认了劳动者结社权和集体谈判权。但是,对于罢工权没有通过公约的标题予以确认,也无专门章节进行论述,只是提及。

总的来说,世界各国基本上都是通过承认国际宣言和公约(如《国际人权宪章》等)和加入国际组织的国际公约(如《联合国国际劳动组织公约》以及地区公约等)来对劳动者结社权和集体谈判权给予法律保障,(如集体申述机制②),并通过对国际公约的执行和实施监督来确保各该权利的实现;而由于国际公约并不涉及罢工权的实施,世界各国的普遍做法都是在国内立法中予以规定。

第一节　劳动者结社权

在西方早期资本主义阶段,尤其是产业革命时期,劳资冲突非常严重,在劳动关系的各个方面,资方都占有绝对优势地位,掌控着生产、经营、管理的方方面面,国家劳动关系政策则是自由放任主义。对于资方的残酷剥削,工人们本能地奋起反抗,从原始抵抗发展到进行怠工、停工、罢工和成立早期工会等。在该阶段,许多国家的法律严厉禁止工人组织工会和进行罢工。例如,法国1791年颁

---

① 参见贾俊玲主编:《劳动法学》(第二版),北京大学出版社2013年版;常凯主编:《劳动法》,高等教育出版社2011年版;王全兴:《劳动法》(第四版),法律出版社2017年版;林嘉主编:《劳动法和社会保障法》(第四版),中国人民大学出版社2016年版;郭捷、冯彦君、郑尚元、谢德成:《劳动法学》,高等教育出版社2014年版;《劳动和社会保障法学》编写组:《劳动和社会保障法学》(第二版),高等教育出版社2017年版等诸多教材。

② "应牢记的是,有些经济和社会权利或许不能整合于传统的个人申诉制度,可是经某种形式的集体申诉制度能够得到更好的保障。"〔瑞典〕格德门德尔·阿尔弗雷德松、〔挪威〕阿斯布佐恩·艾德编:《〈世界人权宣言〉:努力实现的共同标准》,中国人权研究会组织翻译,四川人民出版社1999年版,第494页。

布的《夏勃里埃法》、英国 1799 年颁布的《结社法》和意大利 1859 年颁布的《撒丁岛大区刑法典》①就是这类法律的典型代表。根据规定,对于发动罢工和倡导工会的组织者,应给予监禁和罚款的惩处。虽然当时社会现状对工人极为不利,但是工人们并没有停止斗争。相反地,越来越多的工人组织起来,经过谈判、协商失败、罢工、再谈判的反复较量,最终迫使部分雇主与工会签订了改善劳动者劳动和生活条件的协议。

19 世纪中期以后,随着生产力水平的提高和社会民主化的推进,同时也是为了避免罢工冲突带来的经济损失,越来越多的雇主出于经济等方面考虑,开始与工会谈判并签订劳资协议。相应地,欧洲许多国家的当权政府出于缓和劳资冲突、稳定社会秩序、巩固自身统治等一系列考量,将过去对劳资关系的自由放任政策调整为积极干预政策,以保护工人为目的的工厂立法不断涌现。1871 年,英国颁布的《工会法》第一次承认了工人的结社权;二战后,部分资本主义国家宪法规定了劳工结社权。例如,《魏玛宪法》第 159 条规定:"为保护及增进劳工条件及经济条件之结社自由,无论何人及何种职业,均应予以保障。规定及合同之足以限制或妨碍此项自由者,均属违法。"②意大利《宪法》第 39 条规定"组织工会是自由的"③。韩国《宪法》第 33 条规定:"为提高劳动条件,劳动者享有自主的团结权、团体交涉权和团体行动权。"④

一、《国际人权宪章》有关劳动者结社权的规定

二战前,国际社会试图通过国际手段保障人权的尝试宣告失败。⑤ 人权问题在二战以前一向被认为是国内管辖事项,只是在个别领域或者个别问题上,才有和人权保护有关的国际法存在,其中比较重要的如保护少数者、禁止奴隶制度、国际劳动保护、对外国人伤害的国家责任和国际人道待遇等。在两次世界大战之间,虽然随着国际联盟和国际劳动组织的建立和发展,国际组织对人权领域已经有所涉足,但是人权的国际保护仍然局限于个别领域,而且国际劳动法等在

---

① 1861 年意大利统一后,该法典适用范围扩展至托斯卡纳大区以外的意大利全境。
② 资料来源:http://baike.baidu.com/link? url=IKmaHnJx68CVTloY_VB_GikKQR4jWckMqLsNN-hgemigAF5fQZjFuQAew4g8X0kGwln8rcPdAdCatszyyh4j2q,2016 年 12 月 10 日最后访问。
③ 《世界各国宪法》编辑委员会编译:《世界各国宪法》(欧洲卷),中国检察出版社 2012 年版,第 749 页。
④ 同上书,第 240 页。
⑤ See Lee Swepston, Human Rights Law and Freedom of Association: Development Through ILO Supervision, *International Labour Review*, Vol. 1371 (2), 1998.

当时也是偏重行政和技术标准,并不突出人权的旗帜。

维护和促进人权与基本自由是联合国这一世界上最大、最有影响的普遍性国际组织的根本宗旨和原则之一,而人权保护的国际化趋势早在联合国成立之前就已萌芽。1948年,联合国通过《世界人权宣言》(The Universal Declaration of Human Rights)[①]。《世界人权宣言》共有30条,列举了各种政治权利、公民权利以及经济、社会和文化权利,并将各种政治权利、公民权利作为一类人权与经济、社会和文化权利进行了区分,用前20条规定前一类人权。其中,第20条第1款规定"人人有权享有和平集会和结社的自由。"第23条第4款规定"人人都有为维护其利益而组织和参加工会的权利。"[②]该宣言与1966年通过的《公民权利与政治权利国际公约》《经济、社会和文化权利国际公约》及其《任择议定书》共同构成《国际人权宪章》(International Bill of Human Rights)的基础。此后,许多国际人权条约或其他国际文件得到通过或发展,联合国的人权机制建设也得以不断进步和完善。《世界人权宣言》中的许多内容如果是国际习惯法规则,则无疑是具有法律约束力的。

《公民权利与政治权利国际公约》(International Covenant on Civil and Political Rights)第22条第1款规定,人人有权享受与他人结社的自由,包括组织和参加工会以保护其利益的权利。同时,该条第2款要求,对此项权利的行使不得加以限制,除非法律规定的限制以及在民主社会中为维护国家安全、公共安全、公共秩序,保护公共卫生、道德或他人的权利和自由所必需的限制。此外,该条末段指出,该条不应禁止对军队、警察行使此项权利加以合法的限制。换言之,除军人、警察之结社权可以法律限制外,其他公民不论种族、肤色、性别、语言、宗教、政治或其他见解、国籍或社会出身、财产、出身或其他身份(第2条第1款),其结社自由均应受到合法的保障。[③]

1966年联合国大会通过的《经济、社会和文化权利国际公约》[④]第8条第1款规定:"本公约缔约各国承担保证:

甲、人人有权组织和参加他选择的工会,以促进和保护他的经济和社会利

---

① 《世界人权宣言》英文全文,http://www.un.org/en/universal-declaration-human-rights/index.html,2016年12月10日最后访问。
② 刘海年主编:《〈经济、社会和文化权利国际公约〉研究》,中国法制出版社2000年版,第298页。
③ 《公民权利与政治权利国际公约》中文全文:http://www.un.org/chinese/hr/issue/ccpr.htm,2016年12月10日最后访问。
④ 《经济、社会和文化权利国际公约》中文全文:http://www.pkulaw.cn/fulltext_form.aspx/pay/fulltext_form.aspx? Gid=100666767&Db=eagn,2016年12月10日最后访问。

益;这个权利只受有关工会的规章的限制。对这一权利的行使,不得加以除法律所规定及在民主社会中为了国家安全和公共秩序的利益或为保护他人的权利和自由所需要的限制以外的任何限制;

乙、工会有权建立全国性的协会或联合会,有权组织或参加国际工会组织;

丙、工会有权自由地工作,不受除法律所规定及在民主社会中为了国家安全和公共秩序的利益或为保护他人的权利和自由所需要的限制以外的任何限制;

丁、有权罢工,但应按照各个国家的法律行使此项权利。"

此外,该条第2款指出,"本条不应禁止对军队、警察或国家行政机关成员行使此项权利加以合法的限制。"换言之,除军人、警察及国家行政机关成员之结社权可以法律限制外,其他公民不论任何种族、肤色、性别、语言、宗教、政治或其他见解、国籍或社会出身、财产、出身或其他身份(第2条第2款),该公约所宣布的权利均应受到合法的保障。①

二、国际劳动组织有关劳动者结社权的规定

1919年,巴黎和会通过的《凡尔赛和平条约》第十三部分中的《国际劳动组织章程草案》的序言,就把"承认结社自由原则"作为改善工人处境的一项"当务之急"。1944年通过的《费城宣言》进一步重申,奠定国际劳动组织基础的基本原则之一是"言论自由和结社自由是不断进步的必要条件"。②

1921年,国际劳动组织通过了《农业工人的集会结社权利公约》(第11号公约),这是该组织通过的第一个有关劳动者结社权的公约。该公约规定,国际劳动组织成员国已批准公约者,应承允保证从事农业的工人与工业工人有同等的集会结社权,并废除限制农业工人集会结社权的一切法令或其他规定。③ 该公约使得过去只承认工业工人有组织工会的权利扩大为也承认农业劳动者享有同样的权利。

1948年《结社自由和保护组织权利公约》的主要内容是在第2条、第3条、第4条中阐述的。第2条规定:"工人和雇主应毫无区别地有权不经事先批准建

---

① 资料来源:http://www.pkulaw.cn/fulltext_form.aspx/pay/fulltext_form.aspx? Gid=100666768&Db=eagn,2016年12月10日最后访问。
② 参见林燕玲:《国际劳工标准》,中国工人出版社2002年版,第106页。
③ 参见《中华人民共和国国务院公报》1984年第14期。

立和参加他们自己选择的组织,其唯一条件是遵守有关组织的章程方可加入他们自己选择的组织。"①首先,此处的"毫无区别",既指工人和雇主没有区别地都可以建立和加入自己选择的组织;也指所有工人,不论他们的职业、性别、种族、信仰如何不同,在行使建立和加入自己选择的组织的权利时,不应受到差别对待。但是,对军人、警察等特殊劳动者的结社权,国际劳动公约规定,批准手续、批准与否不应当成为阻挠自由建立工会或雇主组织的方法。其次,结社权是参加"自己选择的组织",即工人和雇主享有充分的选择自由,有权按照自己的志愿建立或加入相应的组织,各国应当允许工会组织的多元化,保证本国工会有实行多元化体制的可能性。而工人组织和雇主组织在结社自由领域享有的基本权利由该公约第 3 条来规范:"工人组织和雇主组织均应有权制定各自组织的章程和规章,充分自由地选举其代表,自行管理与安排活动,并制订其行动计划。公共当局应避免进行任何旨在限制这种权利或妨碍其合法行使的干涉。"②该公约第 4 条规定了行政当局应当维护工人组织和雇主组织的独立性。"行政当局不得解散工人组织和雇主组织或者干涉他们的活动",而应以法律为依据。

三、欧盟法关于劳动者结社权的规定

1950 年欧洲理事会《保护人权和基本自由公约》第 11 条第 1 款规定,每个人均有权成立和参加工会以保护其个人权益。

第二节　集体谈判权

一、国际劳动组织关于集体谈判权的规定

1944 年,第 26 届国际劳动大会通过《费城宣言》,提出"切实承认集体谈判权利"的要求。

1949 年《组织权利和集体谈判权利公约》(第 98 号公约)被国际劳动组织视为是对第 87 号公约的补充,重申了鼓励和促进劳资集体谈判的原则。该公约禁止在就业方面发生任何排斥工会的行为,公约第 1 条规定:"工人应享有充允的

---

① 国际劳工组织北京局:《国际劳工公约和建议书(1919—1994)(第一卷)》,国际劳工组织北京局 1994 年版,第 98 页。
② 同上书,第 99 页。

保护,以防止在就业方面发生任何排斥工会的歧视行为。"①该公约还明确禁止对工人组织和雇主组织进行干涉或相互干涉,特别是对工人组织的干涉。其第2条规定:"工人组织和雇主组织均应享有充分的保护,以防止在组织的建立、运转和管理等方面发生一方直接或通过代理人、会员干涉另一方的任何行为。"②其第4条规定:"必要时应采取符合国情的措施,鼓励和推动在雇主组织同工人组织之间最广泛地发展、适用集体合同的自愿谈判程序,以便通过这种方式确定就业条款和条件。"③工会据此可以进行集体谈判、罢工等。第98号公约主要是从权利的角度规定政府应当鼓励和保护集体谈判机制的运用,因此其规定也比较有原则。

在此基础上,国际劳动组织于1981年通过了《促进集体谈判公约》(第154号公约)及其建议书(第163号建议书)。第154号公约第8条规定:"为促进集体谈判而采取的措施的制定或适用不应妨碍享有集体谈判的自由。"其核心意思是使所有的经济活动部门涉及的各行业的雇主同各类工人的集体谈判得以进行,使集体谈判逐渐扩展到确定劳动和就业条件、解决雇主和工人间的关系、解决雇主或其组织同一个或数个工人组织之间的关系上。④ 第163号建议书则主要规定了集体谈判的方法。

除第87号和第98号公约外,其后制定的几个有关劳动结社权的主要公约还有1971年通过的《工人代表公约》(第135号公约)及其建议书(第143号建议书)。其中,第135号公约规定,凡企业内工人代表应享有切实的保护,使其在按照现行法律、集体合同或其他共同同意的安排行事时,不会因其工人代表的地位或活动、工会会籍以及参加工会活动而受到任何有损其权益的歧视行为,包括解雇在内。该公约还规定,企业对工人代表应给予适当便利,使其能迅速和有效地执行职务。第143号建议书则列举了能保证有效地保护工人的各种措施。

二、欧盟法中关于集体谈判权的规定

2000年《欧洲联盟基本人权宪章》第28条规定,工人和雇主或其代表性组织,依照欧盟法律及其国内法律和惯例,有权进行协商并达成适当层次的集体合

---

① 国际劳工组织北京局:《国际劳工公约和建议书(1919—1994)(第一卷)》,国际劳工组织北京局1994年版,第164页。
② 同上。
③ 同上书,第165页。
④ 同上书,第247—248页。

同;在发生利益冲突的情况下,也有权采取集体行动(包括罢工行动)来维护其自身利益。

第三节 罢 工 权

罢工现象早已存在,但直到二战以后它才被西方发达国家确立为法定权利。同时,国际劳动组织也多次以判例方式提及罢工权,并认可一些如占领工作场所、怠工和按章怠工等非常规形式的罢工,但是迄今都没有对罢工作出正式的定义。①

一、《国际人权宪章》关于罢工权的规定

联合国《经济、社会和文化权利国际公约》在第 8 条第 1 款丁项中规定了"有权罢工,但应按照各个国家的法律行使此项权利"。该公约没有把"有权罢工"的主体规定为工会。同时,公约在第 8 条第 2 款指出,各缔约国可以用法律限制军人、警察及公务员的罢工权。② 鉴于各国的实际情况,《关于缔约国依据〈经济、社会和文化权利国际公约〉第 16 条及第 17 条提交报告的形式和内容的修订指导准则》对公约第 8 条进行了详细的说明和阐释,从而使该第 8 条规定更加具体和具有可操作性。

二、国际劳动组织关于罢工权的规定

在国际劳动组织确定的八个核心劳动公约中,第 87 号公约、第 98 号公约的条文没有对罢工作出明确规定。多年以来,国际劳动组织通过的大会决议、委员会声明、决定等都有涉及罢工权的内容。在国际劳动组织处理的有关劳工事务案例中,也有一些有关罢工权的案例。在提交给国际劳动组织审议的指控中,也有很大比例是涉及罢工权的案例。

三、欧盟法中关于罢工权的规定

1961 年《欧共体社会宪章》第 6 条第 4 款规定,为确保有效行使集体谈判

---

① See Bernard Gernigon, et al., ILO Principles Concerning the Right to Strike, *International Labour Review*, Vol.137 (4), 1998.
② 资料来源: http://www.pkulaw.cn/fulltext_form.aspx/pay/fulltext_form.aspx? Gid=100666768&Db=eagn,2016 年 12 月 10 日最后访问。

权,在发生劳资争议时,劳工应享有罢工权。1989年《工人基本社会权利宪章》第12条规定,劳工与雇主有协商并缔结合同的权利,劳工有行使集体行动的权利,包括罢工。2000年《欧洲联盟基本人权宪章》第28条规定,工人和雇主或其代表性组织,依照欧洲共同体法律及其国内法律与措施,有在适当层级上进行协商及签订集体合同的权利。在发生利益冲突的情形下,有权采取集体行动(包括罢工行动)来维护其自身利益。

第八章　国际劳动公约实施的监督机制

国际劳动组织为了推动国际劳动标准的广泛实施，在制定公约的同时，也相应建立了一套公约实施的监督机制，对成员国遵守国际劳动公约的情况进行监督。这套监督机制结合了成员国的自我监督、成员国之间的互相监督以及专家监督，把专家的技术评估与成员国政府、雇主和劳动者三方代表的联合审议结合起来，在实践中被成员国广泛接受，相当富有成效。这套监督机制可归纳为三种类型：

第一种是一般监督机制，主要以审议各国政府提交的政府报告为基础；

第二种是争议解决机制，主要包括申诉与控诉程序等；

第三种是特殊监督机制，主要是对实施关于结社自由的公约的监督。

第一节　国际劳动公约实施的一般监督机制

一、一般监督机制概述

一般监督机制（regular supervision）以成员国按照《国际劳动组织章程》的规定提交实施公约状况的报告为基础，由专家委员会审阅，审阅结果形成专家委员会报告，提交每年国际劳动大会的公约与建议书实施委员会讨论，最后形成对有关国家要求其改善立法和实践的建议。

根据《国际劳动组织章程》第22条的规定，①各成员国应该按照理事会要求的格式和具体项目编写年度报告，向国际劳动局汇报其已批准公约的各项规定在本国的实施情况，或者报告未批准公约在本国立法和实际做法情况。成员国提交的报告有四种：

1. 首次报告

首次报告是指成员国在批准公约生效后的第二年第一次向国际劳动组织提

---

① ILO, Constitution of International Labour Organization, https://www.ilo.org/dyn/normlex/en/f?p=1000:62:0::NO:62:P62_LIST_ENTRIE_ID:2453907:NO, visited on Dec. 10, 2016.

交的详细报告。首次报告应详尽汇报该公约中各项规定在本国的实施情况。

正常情况下,成员国提交首次报告后,要等到两年以后再提交第二次报告。

如果提交首次报告后的下一年度,恰逢批准了该公约的所有成员国都要提交定期报告,则在上一年度已经提交了首次报告的成员国也必须随同其他成员国一起提交报告。这就会导致该成员国在连续两年中提交了一份首次报告和一份两年度报告,而不是常见的相隔一年再提交。需要注意的是,该成员国以后的报告仍要按照适用于该公约的期限提交,专家委员会还可以要求其提交不定期的详细报告。

2. 定期报告

根据公约的不同,定期报告分为两年期报告和五年期报告。

在首次报告提交之后,十项优先公约成员国必须自动每两年提交一次详细报告。这十项优先公约是第 29 号、第 81 号、第 87 号、第 98 号、第 100 号、第 105 号、第 111 号、第 122 号、第 129 号、第 144 号公约。而对这十项优先公约以外的其他公约,成员国只需每五年提交一次简单报告。但是,如果专家委员会认为由于某个成员国国内法律或实践方面发生变化,出现了可能会影响公约实施的情况,就会要求该成员国提交一份详细的报告。

3. 不定期报告

不定期报告在提交期限上并没有明确的规定,无论何时,只要成员国面临以下情况,就必须向专家委员会提交一份详细的报告:

(1) 由专家委员会主动提出或者在标准实施委员会的倡议下提出要求成员国提交一份详细的报告时。

(2) 当成员国要求专家委员会考虑未遵守公约的申述、申诉或者结社自由委员会建议的后续活动时,成员国应该提交一份详细报告。

(3) 在收到各国或国际雇主、工人组织提出的评论意见后,专家委员会根据政府答复或者未答复情况认为有理由要求成员国提交一份详细报告时。

(4) 当没有收到政府提交的报告或者没有收到政府对监督机构评论意见的答复时,专家委员会要求政府自动在下一年度提交一份详细报告。如果政府屡次未能作出答复或是答复显然不够充分,专家委员会可能会在可获得信息的基础上审查有关事项。

4. 报告的豁免

报告的豁免意味着,对于不再符合现实需要的公约,专家委员会不要求成员国再提交任何形式的报告。目前,适用报告的豁免的公约有第 15 号、第 20 号、第 21 号、第 28 号、第 34 号、第 35 号、第 36 号、第 37 号、第 38 号、第 39 号、第 40 号、第 43 号、第 48 号、第 49 号、第 50 号、第 60 号、第 64 号、第 65 号、第 67 号、第 86 号和第 104 号公约。①

无论何种形式的报告,都必须按照理事会要求的格式和具体项目编写。政府提交的报告的主要内容包括以下方面:

(1) 说明成员国其国内法律是否符合公约的规定;

(2) 说明成员国为有效实施公约而建立的行政管理机构及相关机构的运作情况;

(3) 说明成员国为了实现公约确定的目标,在国内采取了哪些具体的措施,以及如何克服在全面实施公约过程中遇到的困难;

(4) 说明成员国的法院或其他法庭就公约的实施问题作出了哪些原则性的决定;

(5) 说明成员国为了确保有效实施公约而采取了哪些具体的方法和措施;

(6) 附加劳动监察员报告的内容摘要以及违反公约事件的情况;

(7) 说明该报告的副本是否抄送了雇主和工人组织,并附加这些组织提出的意见。

二、一般监督的审查机构

1926 年,国际劳动大会通过决议设立了"实施公约和建议书专家委员会"(以下简称"专家委员会")和"大会公约和建议书实施委员会"(以下简称"标准实施委员会")两个机构。这两个机构通过审议成员国政府提交的有关公约和建议书的实施情况报告和专家委员会报告进行经常性的监督,专门负责成员国已经批准公约的实施。

(一) 专家委员会

1. 专家委员会的构成

专家委员会是在一般监督程序中对国际劳动标准的实施情况进行评价、监督的主要机构。专家委员会成员经国际劳动局局长提名,由理事会任命,任期三年,可以连任,任期也是三年。目前,专家委员会由 20 名精通法律和社会事务

---

① 参见刘旭:《国际劳工标准概述》,中国劳动社会保障出版社 2003 年版。

的、具有劳动条件和劳动行政管理方面专业知识的、经验丰富的人士组成。国际劳动局局长在提名时,会考虑委员来源的广泛性。委员来自世界各个地区,有利于委员会在评议时充分了解世界的各种立法制度、经济制度和社会制度之间的差别。

2. 专家委员会的职责

专家委员会的主要职责就是审议成员国政府提交的报告,包括:审议成员国提交的汇报实施已经批准公约所采取的相关具体措施的年度报告;审议成员国对相关公约的批准或未批准报告,以及送达建议书的各条款已经实施或打算实施的具体措施的报告;审议成员国对非本国领土公约实施情况的报告。专家委员会进行审议时,所依据的信息来源不仅仅局限于政府提交的报告,还包括可以收集到的各方面信息。这类信息包括官方公布的法律、法规公报,集体合同文本和法院判决书,国际劳动组织其他机构(如调查委员会和结社自由委员会)作出的结论,以及雇主和工人组织的评论等。

3. 专家委员会的评论

如果专家委员会发现成员国政府没有完全遵守已经批准的公约,或者没有完全履行《国际劳动组织章程》所规定的涉及公约和建议书的义务,就要采取评论的方式表达其观点,以此引起有关国家政府对该问题的重视,并要求相关成员国政府采取措施解决问题。专家委员会的评论有直接质询和评论意见两种形式。

直接质询主要针对较为轻微的问题,或者由于有关国家没有提供足够的资料、难以作出准确的评价的情况,通常由国际劳动局以专家委员会的名义向相关政府提出一些技术性问题,或要求其就已经掌握的情况作出进一步的澄清。一般不将案件刊发在专家委员会的年度报告书中。成员国有义务对质询作出答复。专家委员会对质询三次答复不满意的,则改为评论意见予以公布。

评论意见主要针对性质严重或持续时间较长的未履行义务的情况。评论意见会刊发在专家委员会的年度报告书中。一般情况下,专家委员会的年度报告是在每年12月作出,以便提交第二年6月的国际劳动大会。[①]

上述直接质询和评论意见均会正式送交有关国家政府,并要求其作出答复。

---

① ILO,Conference Committee on the Application of Standards,https://www.ilo.org/global/standards/applying-and-promoting-international-labour-standards/conference-committee-on-the-application-of-standards/lang--en/index.htm,visited on Dec. 10,2016,visited on Dec. 10,2016.

专家委员会对有关报告和资料进行审议后得出结论,编写专家委员会报告,提交下一届国际劳动大会审议。

(二) 标准实施委员会

1. 标准实施委员会的构成

标准实施委员会是在一般监督程序中对国际劳动标准实施情况进行评价、监督的重要机构。从1927年开始,每一届国际劳动大会都设立一个三方性的标准实施委员会来审议专家委员会提交的报告。该委员会由来自成员国政府、雇主和劳动者三方代表和顾问共150多人组成。由于标准实施委员会中政府、雇主和劳动者三方代表的人数可能不同,因此委员采取加权表决制,以保证三方投票的平等性。按照传统,该委员会从政府组选出一名代表担任主席,并分别从雇主组和劳动者组各选出一名代表担任副主席。

2. 标准实施委员会的职责

标准实施委员会主要审议专家委员会已经审议过的报告,审议的基本文件是专家委员会报告。然而,标准实施委员会的审议不是对专家委员会工作的复审,也不是一种上诉机构,而是为政府、雇主和劳动者三方就标准实施问题提供一个直接对话的机会,客观上还有动员国际舆论的作用。

审议的重点报告为:各成员国为贯彻已批准公约所采取的措施,以及各成员国提供的有关检查结果的资料;各成员国根据《国际劳动组织章程》第19条送交的有关公约和建议书的资料与报告;各成员国根据《国际劳动组织章程》第35条对非本土领土公约的实施所采取的措施。

每届国际劳动大会期间,标准实施委员会的会议分为两个阶段进行。第一阶段是一般性辩论阶段,主要审议涉及劳动标准批准与实施,以及成员国履行《国际劳动组织章程》规定的与劳动标准有关的义务方面的各种问题;第二阶段是个案审议阶段,一般要求那些在专家委员会报告中提到的未全面履行《国际劳动组织章程》义务或者未实施已批准公约的政府作出陈述。标准实施委员会的三方代表就专家委员报告中对个案的技术性结论和政府的陈述发表各自的意见,通过这种观点的交流,促进三方对劳动标准的理解,维护劳动标准的权威性。

3. 标准实施委员会的结论报告

标准实施委员会必须对一般性辩论和个案审议的情况与结论出具报告。该报告通常分为一般性辩论总报告和个案审议报告两大部分。个案审议报告除详细介绍案情外,还对未充分履行其义务的国家进行点名,并附加委员会对案件的审议结论。此外,在许多情况下,该报告还会提出一些建议,如邀请国际劳动组织的专家来解决问题,或是对成员国进行技术援助。①

上述报告应提交国际劳动大会全体会议审议,经国际劳动大会全会通过后,将送达所有成员国政府。成员国政府在编写下一次提交国际劳动局的报告时,应该特别注意标准实施委员会报告的相关内容,最好能作出积极的回应。

三、对一般监督机制的评价

由于大多数成员国政府都能认真履行向监督机构提交报告的义务,而且大多数案例表明,经过专家委员会提出评论的案件,可以有效促进相关国家采取措施积极解决问题,使得该国的法律和实际做法更加接近或完全符合已批准的公约。

一般监督机制具有积极的作用,但是,一般监督机制在实际运用中也有一定的局限性。首先,专家委员会和标准实施委员会作为监督机构,无权对成员国实行任何形式的惩罚。专家委员会只是对个案进行技术分析和作出客观评论的机构,而标准实施委员会则是政府、雇主和劳动者三方自由发表意见的论坛。其次,监督完全根据书面材料进行,对于相关材料的质量要求非常高。而各国政府报告里的资料难以满足这一要求,还需要其他相关资料辅助。单纯通过这些材料,难以如实、客观地评价一个国家履行义务的情况。

第二节 国际劳动公约实施的争议解决机制

根据《国际劳动组织章程》的规定,各成员国政府、雇主和工会都有权向国际劳动局指控某一成员国未能切实遵守和履行已批准公约的规定。被指控的成员国政府必须作出详细答复。这种指控是对一般监督程序的必要和有用的补充,分为申诉(representations)、控诉(complaints)和特别控诉三类。

一、申诉

申诉是指,工人组织和雇主组织如认为本国政府或其他国家政府不遵守其

---

① ILO, Conference Committee on the Application of Standards, https://www.ilo.org/global/standards/applying-and-promoting-international-labour-standards/conference-committee-on-the-application-of-standards/lang--en/index.htm, visited on Dec. 10, 2006

已批准的公约,可向国际劳动局提出指控。一项申诉被接受后,理事会应立即指定成立一个临时的三方委员会,对申诉进行调查,提出结论和处理建议,由理事会予以通过。

被国际劳动局理事会接受的申诉必须具备如下条件:

第一,必须以书面形式提交;

第二,必须由雇主或者工人组织提交;

第三,必须针对国际劳动组织的一个成员国;

第四,必须涉及被申诉成员国已经批准的一部公约;

第五,必须说明被申诉的成员国在其管辖范围内具体在什么方面未能实施上述公约。

根据《国际劳动组织章程》第 24 条、第 25 条的规定,国际劳动局收到申诉后,应当通知被申诉政府,并立即将申诉送交理事会负责人。理事会在决定接受该项申诉后,应立即成立一个临时的三方委员会,审议有关事项。该委员会的会议是非公开进行的,全部处理程序都秘密进行。理事会如果在规定期限内没有收到该政府的声明,或者收到该政府的声明后认为不满意,理事会有权将申诉和当事政府答复该申诉的声明予以公布。三方委员会对申诉的实质问题调查完毕后,向理事会提出结论和处理建议,理事会就此召开非公开的审议会议。如果被申诉政府在理事会中没有代表,则应当邀请该政府派代表出席理事会审议相关事项的会议。该政府代表有权按照与理事会成员同等的条件发言,但是没有表决权。最后,理事会应对申诉作出自己的结论,指出申诉所涉及的事项在哪些方面当事政府已经作出了令人满意的处理,哪些方面还应该采取进一步的行动或作出进一步的澄清。

二、控诉

控诉是指一成员国政府可以向国际劳动局指控另一成员国政府没有切实遵守双方都已经批准的公约。参加国际劳动大会的三方代表和理事会也可提出此类控诉。

被国际劳动局理事会接受的控诉必须具备如下条件:

第一,必须以书面形式提交;

第二,必须由国际劳动组织的成员国提交;

第三,必须针对国际劳动组织的一个成员国;

第四,必须涉及被控诉成员国已经批准的一项公约,并且当事的两个成员国都批准了该部公约;

第五,必须说明被控诉的成员国在其管辖范围内具体在哪些方面未能实施上述公约。

对控诉的处理程序与申诉相似,但所成立的机构为调查委员会。调查委员会由三名知名人士组成,独立开展工作,具有准司法性质。所有成员国,无论与控诉有无直接关系,都有义务将所掌握的与控诉事项有关的一切资料提供给调查委员会。

根据《国际劳动组织章程》第26条至第34条的规定,调查委员会在充分审议控诉资料后,应当提出报告。报告的内容包括调查委员会对一切有关事实的认定,这些事实关系到对各方争议作出决定。报告中还要提出调查委员会认为适宜的关于处理该案件应当采取的步骤和采取这些步骤的期限建议。国际劳动局局长应将该报告送交理事会以及该控诉案件涉及的有关各国政府,并将调查结果刊登在国际劳动局正式公报上。各有关政府应在收到报告的3个月内通知国际劳动局局长是否接受调查委员会报告中的提议;若不接受,是否将该案提交国际法院。案件一旦被提交国际法院,国际法院就可以作出确认、更改或撤销调查委员会的任何调查结论或建议的裁决。国际法院的裁决是最终裁决。

如果任何成员国在指定时间内不执行调查委员会报告或国际法院的裁决,理事会可提请国际劳动大会采取其认为明智和适宜的行动,以保证上述建议得到确实的履行。

三、特别控诉

"特别控诉"是指各国政府、工人组织或雇主组织就结社自由问题提出的指控。

特别控诉可以由下列主体提出:

第一,政府;

第二,与控诉事项有直接利益关系的国内雇主或者工人组织;

第三,与国际劳动组织有协商关系的国际雇主或者工人组织;

第四,其他国际性雇主或工人组织。

第三节 国际劳动公约的特殊监督机制

一、特殊监督机制概述

特殊监督机制专门适用于违反结社自由的情况,即适用特别控诉。其特殊之处在于,任何成员国,不论是否已经批准第87号公约,都可成为被指控的对象。

在通过1948年《结社自由和保护组织权利公约》和1949年《组织权利和集体谈判权利公约》两个公约以后,国际劳动组织于1950年与联合国经济与社会理事会(Economic and Social Council, ESC)达成协议,建立了关于结社自由问题的特殊监督机制。无论被指控国家是否已经批准关于结社自由的公约,国际劳动组织都可以受理关于违反结社自由公约,尤其是侵犯工会权利的所有指控。根据规定,各国政府、工人组织或雇主组织都可以通过特殊监督机制就违反结社自由提出指控,但在实践中,提出指控最多的是工人组织。需要明确的是,特殊监督机制不取代常规监督程序,也不取代申诉或控诉程序,而是对上述程序的补充。

二、特殊监督机构

(一)实况调查和调解委员会

实况调查和调解委员会始建于1950年。该委员会由国际劳动组织理事会任命的独立人士组成,是一个事实认定机构,主要任务是对关于结社自由问题的指控作出事实认定,并且被授权就指控事项同有关政府共同探讨通过达成协议解决问题的可能性。

在特别控诉案的接受、管辖和移送方面,具体规定如下:

如果被控诉对象是国际劳动组织的成员国,原则上,只有得到有关国家政府的同意,才能把一个案件送交实况调查和调解委员会调查。但是,如果有关国家已经批准了关于结社自由的公约,就可以不受上述原则的约束。

如果被控诉对象不是国际劳动组织的成员国,可能会出现两种情况:(1)在征得被控诉成员国政府同意后,将控诉案移交给实况调查和调解委员会;(2)如果没有得到当事成员国政府的同意,则要考虑其他处理办法。

事实上,只有在极少数情况下,有关政府才同意将案件送交实况调查和调解委员会，所以该委员会实际上很少开展工作。

（二）结社自由委员会

结社自由委员会成立于1951年，是一个由理事会三方成员组成的常设机构。该委员会由一名独立人士作为主席，九名委员为分别来自理事会的政府、雇主和工人组织的各三名理事。该委员会每年召开三次会议，在作出决定时，一般寻求一致同意的结果，而对那些有争议的问题则可以适用表决程序。

该委员会的主要职责是对收到的控诉案件进行审查，决定是否需要将其提交理事会。只要是符合条件的政府、雇主或工人组织提交的控诉，不论被控诉的政府是否批准了有关结社自由的公约，都是可以立案的。立案后，国际劳动局局长应将控诉材料送达有关政府，有关政府应当就控诉内容提交答复意见。

结　语

当前,经济全球化已经发展到前所未有的规模。新的科学技术使劳动力、资本和产品跨过国境,更为轻便、自由、快捷地流动,构筑了一个实质上影响着全球每一个人的、相互依赖的世界经济网络。

经济全球化给更多人创造了机会和利益。然而同时,在世界范围内,数以百万计的劳动者与雇主们也在面对着新的挑战。近几十年,最穷的国家和最富的国家之间的贫富差距越拉越大。有鉴于此,国际社会达成共识,建立一个基本的"游戏"规则是极其重要的,它会使全球化的发展为每一个地球公民提供走向富裕的平等机会。

全球化所带来的挑战与国际劳动标准之间的关联变得前所未有的紧密。

"劳动力不是商品。"确实,劳动力不像手机或智能机器人,不是可以通过谈判获得最低价格和最高利润的、单调的商品。劳动是每个人日常生活中最重要的一部分,对人之为人的尊严、安宁和发展而言,是至关紧要的。经济的发展应该包括就业机会的创造和工作条件的发展,使人们能够在自由、安全和有尊严的环境中工作。总之,经济并不是为了其自身在繁荣,而是为了改善人类生活而发展。国际劳动法正是旨在确保经济发展的这一目标,即改善人类生活、保障人的基本尊严。

在经济全球化环境下,为实现体面工作的目标,需要在国际层面上采取行动。国际社会对于前述挑战的回应,部分地体现为对以下方面法律关系的建构:贸易、金融、环境、人权和劳动关系。为了对这一系列法律关系的建构有所贡献,国际劳动组织制定并促成国际劳动标准,以保障经济发展与体面工作二者并行不悖。国际劳动组织所持有的三方结构,使这些国际劳动标准能够得到政府、雇主和劳动者的支持。因此,可以说国际劳动标准是最基本、最低程度的、由经济全球化过程中所有参与者共同促成的社会标准,是一种"人类共识"。

关于上述社会标准的国际法律构架,为全球化经济铺设了同等条件的竞技场。对一些政府和雇主而言,它们本以为通过降低劳动标准可以获得国际贸易中的较大相对优势。但是,在前述国际法律框架的帮助下,它们不得不抵御住这样的诱惑。因为长期来看,降低劳动标准并不能给任何一方带来好处,它会使"低工资、低技能和高返工率"的企业泛滥成灾,而同时,在这个国家里高端人才的雇佣却处于不稳定状态。由于国际劳动标准是由政府和社会诸方共同实施的最低程度的社会标准,当某方失信不履行义务时,其他诸方即使履行,其努力亦会付之东流。所以,为了自身的利益,诸方在实施这些标准时只能互相监督,共同进退。

外国投资者对于高劳动标准所带来的效率提升并不是一无所知。许多国际上的研究表明,外国投资者在选取要投资的国家时,相比低廉的劳动力价格,更为看重的是劳动力的质量和政治经济的稳定。同时,也难以找到确切证据证明,一个不尊重劳动标准的国家在全球化竞争中能够更有优势,能够成为"地球赢家"。

经济发展应立足于人们对于法律的接受和认可。立法与执法机构需要保障权利,确保合同得到遵守,这对于经济发展而言是不可或缺的。当一个市场由公正的法律和法律执行机构加以治理时,这个市场便更具效率,人人都可以从中获利。劳动力市场更不例外。实施国际劳动标准能带来公正的劳动市场行为,一系列国内法律得到执行,对于雇主和劳动者而言,这意味着一个高效率和稳定的劳动力市场。

国际劳动标准是经过政府、雇主和工会协商,由世界各国的资深专家和学者反复研究、讨论产生的"人类智慧结晶"。它们代表了国际社会就如何在全球层面上解决特定劳动问题的多数意见,是世界各地经验与智识的集大成者。政府、雇主和工会各自的代表组织、国际机构、跨国公司和非政府组织都将从这样的集成中获益良多,可以将这些标准运用到政策制定、目标实现和日常行动中。国际劳动标准的规则性使得它们可以在国内法律体系和行政管理过程中被人们加以适用,也可以作为国际法的一部分促进国际社会的进一步融合,走向"大同社会"。

从1919年到2018年这一百年中,历届国际劳动大会制定的公约与建议书涉及劳动法和社会政策的许多方面。而且这些国际劳动标准的总趋势是范围日益扩大,不论涉及的问题还是适用的人员,有些已超越传统的劳动法领域,涉及公民权利以及刑法、财产法等方面。

这一切说明了国际劳动法的生命力,它正在茁壮成长着,正在散发它独有的清香和魅力。

我们确信,国际劳动法终将为各国劳动者铸造一条通往体面工作之路!

扩展阅读文献

一、中文文献

1. 杜晓郁:《全球化背景下劳工标准分析》,中国社会科学出版社 2007 年版。
2. 国际劳工局:《有效保护家政工人:为制定劳动法提供的指导》,国际劳工局出版处 2012 年版。
3. 国际劳工局:《2012—2013 全球工资报告:工资和公平增长》,国际劳工局出版处 2012 年版。
4. 国际劳工局:《工作的平等:不断的挑战》,国际劳工局出版处 2011 年版。
5. 国际劳工局:《世界社会保障报告(2010—2011)》,中国劳动社会保障出版社 2011 年版。
6. 国际劳工局:《致力于社会正义和公平全球化的社会保障》,国际劳工局出版处 2011 年版。
7. 国际劳工局:《全球工资趋势和各国工资政策发展状况》,国际劳工局出版处 2011 年版。
8. 国际劳工局:《争取社会正义和公平全球化的社会保护底线》,国际劳工局出版处 2011 年版。
9. 国际劳工局:《国际劳工公约和建议书(1994—2007)》,国际劳工局出版处 2010 年版。
10. 国际劳工局:《加速反童工劳动的行动》,国际劳工局出版处 2010 年版。
11. 国际劳工局:《游戏规则:国际劳工标准简介》,国际劳工局出版处 2008 年版。
12. 国际劳工局:《全球工资状况:进展与挑战》,国际劳工局出版处 2007 年版。
13. 国际劳工局:《童工劳动的终结:可望可及》,国际劳工局出版处 2006 年版。
14. 国际劳工局:《劳动世界的格局改变》,国际劳工局出版处 2006 年版。
15. 国际劳工局:《反强迫劳动全球联盟》,国际劳工局出版处 2005 年版。
16. 国际劳工局:《最低工资:社会对话的催化剂还是经济政策的工具》,国际劳工局出版处 2004 年版。
17. 国际劳工局:《组织起来争取社会正义》,国际劳工局出版处 2004 年版。
18. 国际劳工局:《国际劳工组织在职业安全与卫生领域的标准相关活动》,国际劳工局出版处 2003 年版。
19. 国际劳工局:《工作中的平等时代》,国际劳工局出版处 2003 年版。

20. 国际劳工局:《集体谈判和体面劳动议程》,国际劳工局出版处2006年版。

21. 国际劳工局:《结社自由的实践:若干经验教训》.国际劳工局出版处2008年版。

22. 国际劳工局:《结社自由:国际劳工组织理事会自由结社委员会有关决议与原则文集》,国际劳工局出版处1996年版。

23. 国际劳工组织中国和蒙古局:《工作中的平等和无歧视(中国)工作手册》,国际劳工局出版处2010年版。

24. 国际劳工组织北京局:《国际劳工组织掠影》.国际劳工局出版处2007年版。

25. 郭曰君等:《国际人权救济机制和援助制度研究》,中国工人出版社2015年版。

26. 工人日报工会工作部编:《国际劳工组织与劳工公约知识读本》,中国劳动社会保障出版社2002年版。

27. 劳动和社会保障部劳动工资研究所编:《中国劳工标准体系研究》,中国劳动社会保障出版社2003年版。

28. 李薇薇、Lisa Stearns主编:《禁止就业歧视:国际标准和国内实践》,法律出版社2006年版。

29. 林燕玲:《国际劳工标准与中国劳动法比较研究》,中国工人出版社2015年版。

30. 林燕玲:《国际劳工标准》,中国工人出版社2002年版。

31. 刘海年主编:《〈经济、社会和文化权利国际公约〉研究》,中国法制出版社2000年版。

32. 刘铁民、朱常有、杨乃莲编著:《国际劳工组织与职业安全卫生》,中国劳动社会保障出版社2004年版。

33. 刘旭:《国际劳工标准概述》,中国劳动社会保障出版社2003年版。

34. 刘有锦编译:《国际劳工法概要》,劳动人事出版社1985年版。

35. 莫荣主编:《国际劳工标准体系比较研究》,中国劳动社会保障出版社2015年版。

36. 石美遐主编:《全球化背景下的国际劳工标准与劳动法研究》,中国劳动社会保障出版社2005年版。

37. 佘云霞、王祎编著:《国际劳工标准》,中国劳动社会保障出版社2007年版。

38. 佘云霞:《国际劳工标准:演变与争议》,社会科学文献出版社2006年版。

39. 王家宠:《国际劳动公约概要》,中国劳动出版社1991年版。

40. 杨燕绥主编:《劳动与社会保障立法国际比较》,中国劳动社会保障出版社2001年版。

41. 曾令良主编:《国际人权公约的实施及中国的实践》,武汉大学出版社2015年版。

42. 赵小仕、李雨晴:《国际劳工标准与认证》,中国劳动社会保障出版社2014年版。

43. 张新国:《劳工标准问题研究》,经济管理出版社2010年版。

44. 周长征:《全球化与中国劳动法制问题研究》,南京大学出版社2003年版。

45. 〔瑞典〕格德门德尔·阿尔弗雷德松、〔挪威〕阿斯布佐恩·艾德编:《〈世界人权宣言）：努力实现的共同标准》，中国人权研究会组织翻译，四川人民出版社1999年版。

二、外文文献

1. Alberto Odero, Horacio Guido, *ILO Law on Freedom of Association: Standards and Procedures*, Geneva: International Labour Office, 1995.

2. International Labour Organization, *Freedom of Association: Digest of Decisions and Principles of the Freedom of Association Committee of the Governing Body of the ILO*, 5th edition, Geneva: International Labour Office, 2006.

3. International Labour Organization, *Fundamental Rights at Work and International Labour Standard*, Geneva: International Labour Office, 2003.

4. International Labour Organization, *Special Procedures for the Examination in the International Labour Organization of Complaints Alleging Violation of Freedom of Association*, Geneva: International Labour Office, 2006.

5. Kaushik Basu, *et al.*, *International Labor Standards: History, Theory, and Policy Options*, Hoboken: Wiley-Blackwell, 2003.

6. Robert J. Flanagan, William B. Gould IV, *International Labor Standards: Globalization, Trade, and Public Policy*, Stanford: Stanford Law and Politics, 2003.

后　　记

　　编写一部外国劳动法学著作的念头由来已久,但真正着手时却又不禁踌躇:在有关国外劳动法的译著越来越多,学者获取第一手外文文献也越来越便利的背景下,为何还要编写一部外国劳动法学著作?又要写一部怎样的外国劳动法学著作?是为了给学生提供一本教科书,还是为了给对市场经济发达国家劳动法律感兴趣的研习者一部外国劳动法的导论?这些似乎都是理由,但又不仅仅如此。在我们看来,编写一部外国劳动法学著作更重要的是:其一,提供一个外国法的中国视角。不只是介绍外国的制度,更重要的是站在中国劳动法律问题的视角选择论题、素材并进行体系梳理,这与翻译的文献具有根本性的区别。其二,提供一个制度框架。劳动法的制度纷繁庞杂,中国如此,其他市场经济国家也莫不如此。在进行劳动法律比较研究的过程中,研习者往往易于迷失在个别的制度或者规则中,但实际上,法律制度发挥作用的基本模式应当是整体用力,强调体系效应。因此,通过有限的文字对主要市场经济国家的制度框架作一个体系梳理,不仅是在介绍外国的制度,更重要的是为劳动法的比较研究提供一个全景式的框架,避免制度介绍和比较迷失于个别的规则中,只见树木不见森林。上述目的是本书选题和体系构成的基本指引。

　　毫无疑问,外国劳动法是一个宏大的主题,各个国家的劳动法律著述已经汗牛充栋,"外国"更是一个庞大的范畴。在有限的篇幅中如何完成对国内读者有意义的外国劳动法介绍,是本书选题和写作过程中颇为困难的问题。目前各位读者所看到的,更多是对比较法律传统中的法系划分、我国法律移植和借鉴的传统以及各国劳动法律的世界影响力等各方面因素综合考量的结果。因此,在内容上既有主要大陆法系国家如德国、日本、法国的劳动法,又有主要英美法系国家如美国和英国的劳动法,并在此基础上对国际劳动法的主要内容加以阐述。上述劳动法律都是影响其他国家、影响我国、具有一定程度上"母法"意义的法律制度。这种选择尽管有挂一漏万之嫌,但通过对其劳动法律的研习,应当可以形成对世界主要国家和国际劳动法律体系的概览。

　　在一个较为有限的篇幅内,将上述各国的劳动法既进行整体展现又予以深度发掘,将国际劳动法既作纵向发展描述又作横向基准比较,需要具有十分深厚的知识储备和研究积累。为了完成这一艰巨的任务,我们精心组成了研究团队,团队成员均具有长期在国外学习和研究的经历,不仅对相关国家的劳动法有较为扎实的系统研究,而且对这些国家的社会文化背景有较为深刻的了解和体验。我们希望结合自身多年的研究和积累,尽可能对各国繁杂的劳动法律进行准确提炼和把握,尽可能体现较高的专业素养和学术品位,尽可能以独特的学术背景、知识结构和敬业精神保证本书的科学、完整、新颖、准确。同道合作,共执一笔,此为我们多年海外求学的一次集中的成果展示,也是我们在改革开放四十周年之际对国内劳动法学研究的一次倾心的学术奉献!

当然,面对外国劳动法的博大精深,我们的研究还刚刚起步,后续的国别比较研究还有待逐步深入。受能力所限,本书不可避免存在错失之处,恳请读者批评指正。

华东政法大学对本书予以教材立项,北京大学出版社各位编辑对本书精心编辑,华东政法大学李凌云副教授为本书的立项和出版做了大量协调工作,在此一并致谢。

编者谨识

2018 年 12 月